BATTLES
MAP BY MAP
지도로 보는 전쟁사

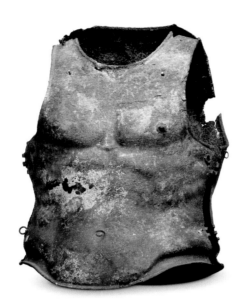

BATTLES
MAP BY MAP
지도로 보는 전쟁사

DK 전쟁사 편집위원회

장용원 옮김 | 신효승 감수

10

서기 1000년 이전

차례

 Penguin Random House

Original Title: Battles Map by Map
Copyright © 2021 Dorling Kindersley Limited
Foreword copyright © 2021 Peter Snow
A Penguin Random House Company

Korean translation copyright © 2024 by Korea National Open University Press
Korean translation rights arranged with Dorling Kindersley Limited

이 책의 한국어판 저작권은 Dorling Kindersley Limited와 독점계약한
(사)한국방송통신대학교출판문화원에 있습니다. 저작권법에 의하여
한국 내에서 보호를 받는 저작물이므로 무단 전재와 복제를 금합니다.

www.dk.com

DK 지도로 보는 전쟁사

초판 1쇄 펴낸날 | 2024년 6월 17일

지은이 | DK 전쟁사 편집위원회
추천 서문 | 피터 스노
옮긴이 | 장용원
한국어판 감수 | 신효승
펴낸이 | 고성환
출판위원장 | 박지호
편 집 | 신경진
펴낸곳 | (사)한국방송통신대학교출판문화원

출판등록 1982년 6월 7일 제1-491호
주소 03088 서울시 종로구 이화장길 54
전화 1644-1232
팩스 02-742-0956
press.knou.ac.kr

ISBN 978-89-20-04914-9 04900
ISBN 978-89-20-04915-6 04900 (세트)

책값은 뒤표지에 있습니다.
잘못 만들어진 책은 바꿔드립니다.

54

1000-1500년

100

1500-1700년

참여 필자

토니 앨런
케이 셀텔
R. G. 그랜트
필립 파커
Dr. 애리고 벨리코냐

자문

Prof. 필립 사빈(영국 킹스 칼리지 런던, 전략학)

추천 서문

피터 스노

저명한 작가이자 언론인이며 방송인이다. 전쟁사에 관한 여러 책을 저술했을 뿐 아니라 뉴스, 다큐멘터리, 역사 프로그램 등 다양한 TV 방송에 출연했다. 또한 역사 속 중요한 사건들의 지리적 배경을 연구하는 일을 사명으로 여겨 왔다.

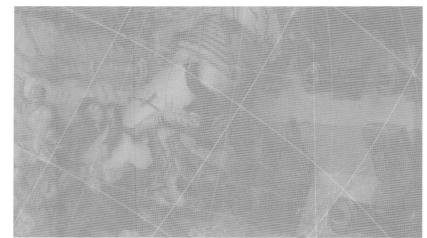

140

1700-1900년

옮긴이

장용원

대학에서 경영학을 공부하고 회사에서 30여 년을 근무하다 퇴직 후 바른번역 소속 전문 번역가로
활동하고 있다. 옮긴 책으로는 《보통 사람들의 전쟁》, 《뱅크 4.0》, 《자율주행》,
《XPRIZE 우주여행의 시작》, 《자, 게임을 시작합니다》 등이 있다.

한국어판 감수

신효승

연세대학교 대학원에서 〈20세기 초 국제 정세 변동과 한인 무장 독립운동〉으로 박사 학위를
받았다. 현재 동북아역사재단 연구위원으로, 심도 있고 폭넓게 전쟁사를 연구하고 있다.
저서로 《신미양요》, 《(전쟁으로 보는) 한국 근대사: 조선, 세계의 화약고》,
공저로 《조선전쟁 생중계》, 《고려전쟁 생중계》 등이 있다.

200

1900년부터 현재까지

MIX
Paper | Supporting
responsible forestry
FSC® C018179

이 책은 지속 가능한 미래를 위해 Forest Stewardship Council®
인증을 받은 종이로 제작했습니다. 자세한 내용은 다음을 참고하세요.
www.dk.com/our-green-pledge

추천 서문

전쟁과 그 전쟁을 구성하는 전투는 시대를 초월하는 인간 경험의 특징이다. 싸움은 다른 모든 수단이 실패했을 때 갈등을 해결하는 최후의 수단이다. 전투는 피비린내 나는 것이지만 역사는 이것을 무시할 수 없다. 이 책은 이런 전투 중에서 가장 중요한 것만 골라, 이전에 본 적 없는 방식으로 알기 쉽게 설명해 준다. 각 전투의 우여곡절을 설명하고 보여 주려면 전투를 한눈에 조감할 수 있는 지도만 한 것이 없을 것이다.

이 책에 나오는 모든 전투는 각기 나름대로 결정적인 역할을 한다. 어떤 전투는 국경선을 바꾸거나 국가의 흥망을 결정해 세계 지도의 모양을 바꾼다. 어떤 전투는 국경선 내에서 벌어져 내전과 혁명에 결정적 전기로 작용한다. 기원전 490년 마라톤 전투는 페르시아군의 서진에 제동을 걸었고, 1260년 아인 잘루트 전투는 몽골군을 막았고, 1521년 테노치티틀란 전투는 아즈텍 제국을 무너뜨리고 멕시코를 출범시켰으며, 1526년 모하치 전투는 1683년에 오스만 제국이

빈 공성전에서 패배할 때까지 헝가리 대부분의 지역을 오스만 제국에 복속시켰다. 영국 본토 항공전과 스탈린그라드 전투는 제2차 세계대전의 결정적 사건이었다. 1645년에 크롬웰이 네이즈비 전투에서 승리하며 영국의 통치체제가 바뀌었고, 1600년에는 도쿠가와 이에야스가 세키가하라 전투에서 승리하며 도쿠가와 막부가 일본에서 250년 넘게 집권할 수 있었다. 1942년에 미국이 미드웨이 해전에서 거둔 승리는 제2차 세계대전에서 일본의 패배를 앞당기는 데 결정적인 역할을 했다. 어떤 전투는 전설이 되는 위대한 상징적 승리의 불꽃으로 작용해 다른 횃불을 밝힌다. 에티오피아가 이탈리아를 격파한 1896년의 아두와 전투는 아프리카인의 식민 지배에 대한 저항의 신호탄이 되었다. 비록 패배했지만 1389년의 코소보 전투는 외국 침략자에 대한 자랑스러운 저항의 상징이 되어 세르비아인들은 아직도 이 전투를 기념하고 있다.

이 책은 각 전투의 주요 특징을 자세히 묘사하고 있다. 지도에서 움직임을 나

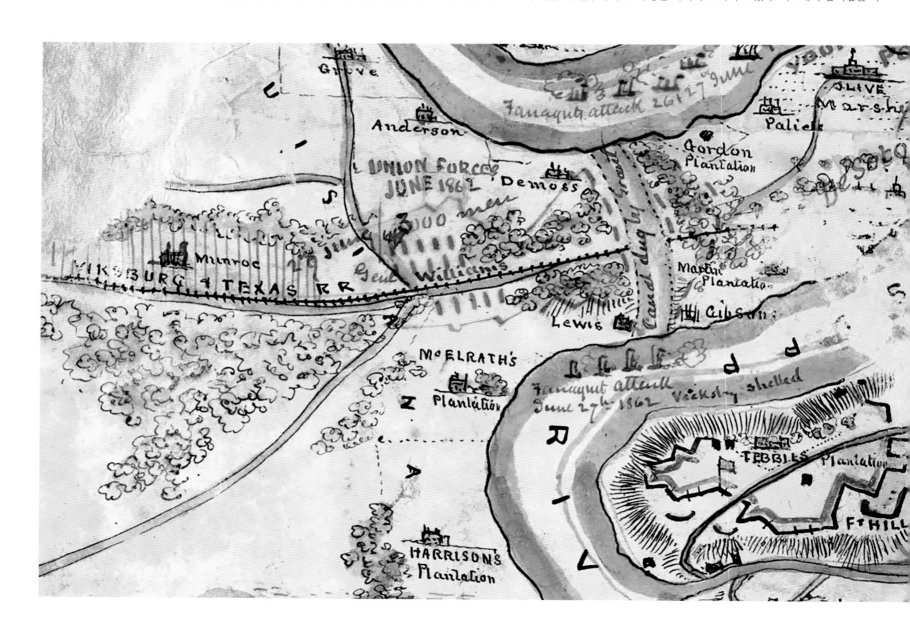

타내는 화살표는 신중하게 세운 계획이 바로 틀어지는 혼란에 지휘관이 어떻게 대처했는지를 보여 준다. 1871년에 독일 참모총장 헬무트 폰 몰트케는 어떤 전투 계획도 적과의 첫 접전에서 살아남지 못한다는 사실을 깨달았다. 이 책을 통해 1757년 로이텐 전투에서 프리드리히 대왕이 뛰어난 리더십을 발휘해 적의 왼쪽 측면으로 대규모 병력을 보내 오스트리아 군대를 공격할 기회를 잡는 것을 볼 수 있다. 또한 1815년 워털루 전투에서 게프하르트 레베레히트 폰 블뤼허가 이끄는 프로이센 군대가 나폴레옹 군대의 오른쪽 측면을 급습한 것이 역사상 가장 중요한 전투 중 하나를 결정짓는 데 얼마나 큰 역할을 했는지도 쉽게 이해할 수 있다. 1346년 크레시 전투에서 영국 왕 에드워드 3세가 크레시의 능선에서 전장을 한눈에 내려다보며 상황에 맞게 전술을 조정해 승리를 거두는 과정도 볼 수 있다. 1805년 아우스터리츠 전투에서 나폴레옹 군대의 장군 반담과 생틸레르가 차지하려고 돌격한 프라첸 고지의 전략적 중요성도 알 수 있다.

세기에서 세기로 이어지는 이 전투 지도의 또 다른 특징은 전투 양상의 변화를 묘사한 것이다. 2천 년 동안 전투는 칼과 창과 활을 이용한 근접전이었다. 그러다 14세기 무렵에 화약이 등장해 전쟁의 양상을 바꾸기 시작한다. 1526년 파니파트 전투에서 인도의 코끼리는 바부르 군대 대포의 상대가 되지 못했다. 그리고 마침내 엔진의 발명으로 1916년 솜 전투 때 처음 등장한 탱크와 장갑차는 이후 1918년 아미앵 전투에서 제1차 세계대전의 주전장이었던 참호 밖으로 싸움을 끌어냈다. 이 추세는 1942년 엘 알라메인 전투와 1991년 사막의 폭풍 전투의 대규모 기동전으로 이어졌다.

앞으로도 문명의 부침에 따라 전쟁이 지속해서 일어난다면 이 책은 각 전투의 승패에 관한 필수 지침서로 남을 것이다.

피터 스노

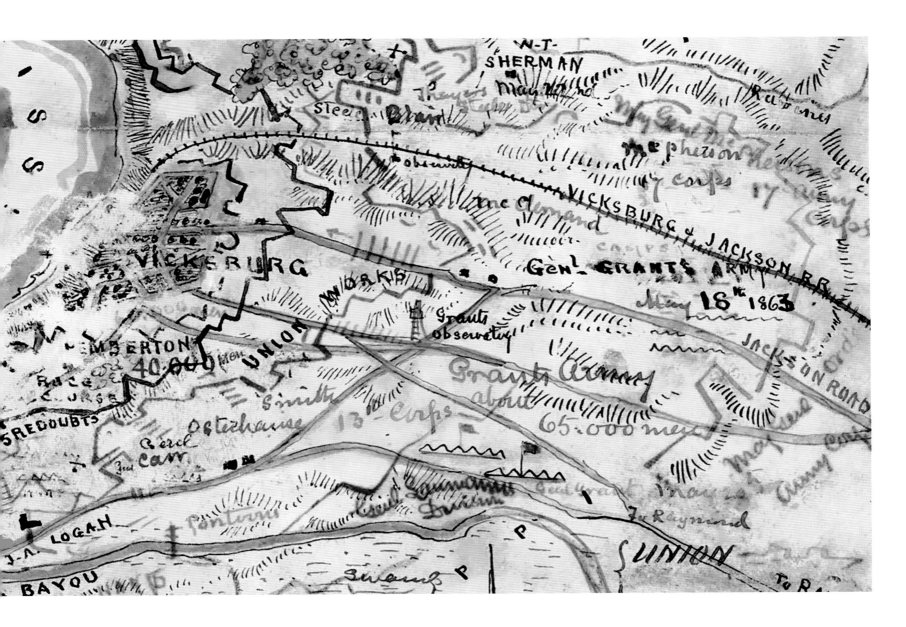

서기 1000년 이전

인류 문명이 발달함에 따라 조직화된 군사력도 발전하기 시작했다.
제국은 전장에서 이기기도 하고 지기도 했으며,
기병대나 전차병대 같은 특수 부대가 등장해 보병과 함께 전투에 나섰다.

서기 1000년 이전

서기 1000년까지는 조직적인 전쟁이 시작되는 시기였다.
군대는 점차 규모가 커졌고, 보병을 보완하기 위해 다양한 무기와 기병이 도입되었다.
규모가 큰 국가는 전문 군대를 육성했지만, 새로운 무기와 전술과 부대 편성 방식을
전투에 도입한 신생 세력의 도전을 끊임없이 받았다.

△ **이집트의 스핑크스**
이 스핑크스는 람세스 2세(재위 기원전 1279-1213년) 통치 기간에 만들어진 것이다. 기원전 1274년에 그가 카데시에서 히타이트를 상대로 벌인 전투에는 양측에서 대규모 전차 부대가 참전했다.

기원전 3000년경 메소포타미아에 도시가 생겨나면서 외부 세력으로부터 도시를 방어할 전문 전사가 필요해졌다. 기원전 1500년경에는 일부 도시 국가가 제국이 되면서 영토 확장을 위해 싸우기 시작했다. 이집트와 히타이트가 패권을 놓고 다툰 것이 그 사례다. 이들은 전투에서 전차를 사용했는데 그 결과 기동성이 월등히 높아졌다. 몇 세기 뒤 야금술의 발전으로 청동검보다 치명적인 철제 무기가 보급되었다. 아시리아는 기원전 800년경에 공성 무기를 개발해 아무리 견고한 성벽이라도 취약하게 만들 수 있었다.

시민군에서 전문 군인으로

제국은 점점 커졌다. 하지만 가장 큰 제국이었던 아케메네스 왕조의 페르시아 제국은 그리스의 작은 도시 국가들을 이기지 못했다. 시민으로 구성된 중무장 보병인 그리스의 호플리테스는 기원전 5세기에 팔랑크스로 알려진 직사각형의 밀집 대형을 이룬 채 긴 창을 휘두르는 방식으로 두 차례에 걸친 페르시아의 침략을 물리쳤다. 이 전술은 300년 동안 지중해 동부 지역 전쟁의 표준이 되었

▷ **로마 황제의 죽음**
이 콥트교 성화는 3세기에 기독교 순교자 성 메르쿠리우스가 이교도였던 율리아누스 황제를 죽이는 환상을 그린 것이다. 황제의 죽음을 신의 정의로 묘사하고 있다.

다. 마케도니아의 알렉산드로스 대왕이 완성한 팔랑크스는 기병 및 경보병과 유기적으로 결합해, 기원전 334-323년에 걸친 여러 차례 원정을 통해 페르시아 제국을 정복하는 데 큰 도움이 되었다. 하지만 팔랑크스는 여러 차례의 개선에도 불구하고 운용이 힘들어 마케도니아는 지중해의 군사 강국으로 떠오른 로마 군대에 무릎을 꿇고 말았다. 로마는 기원전 4세기부터 정치적 공세와 근접 보병 전술을 결합해, 먼저 이탈리아를 정복한 뒤 지중해 전역을 수중에 넣었다. 로마 군단이 무적은 아니었지만 수 세기를 거치며 점점 잘 훈련되고 전문화되어 북쪽으로는 영국, 동쪽으로는 시리아에 이르기까지 새로운 속주를 합병했고, 거의 모든 반대 세력을 무릎 꿇렸다. 하지만 언제까지나 야만족의 침략으로부터 긴 국경을 방어할 수는 없으리라는 사실은 점점 분명해졌다.

변화하는 전장

기원전 221년에 통일 국가가 된 중국도 비슷한 변화를 맞이했다. 통일 전에 벌어진 여러 내전의 결과 보병과 석궁병을 포함한 대규모 육군과 상당한 규모의 해군력을 보유하게 되었고, 뛰어난 전략에 초점을 맞추게 되었다. 중국은 북쪽 변경에서 유목민인 흉노족의 압박을 받았는데, 말을 탄 채 활을 쏘는 이들은 무서운 적이었다. 로마의 동쪽 후계국이었던 비잔티움 제국은 620년대에 이슬람이라는 새로운 종교

초기의 전쟁

조직적인 전쟁은 아프리카와 고대 근동 지역에서 시작되었다. 이집트는 제국을 확장하고 반란을 일으키는 국가를 진압하기 위해 전쟁을 벌였다. 이후 철제 무기가 등장하면서 전쟁의 효율성이 높아졌다. 로마가 대규모 보병 부대의 편성을 완성했고, 그 결과 제국이 탄생했다. 이 제국은 476년에 게르만족의 손에 무너지고 말았다. 8세기에는 중국과 프랑크족의 세력 확장, 바이킹의 첫 영국 침공 등이 있었다.

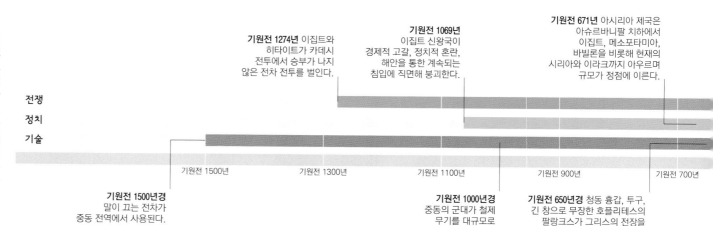

기원전 1274년 이집트와 히타이트가 카데시 전투에서 승부가 나지 않은 전차 전투를 벌인다.

기원전 1069년 이집트 신왕국이 경제적 고갈, 정치적 혼란, 해안을 통한 계속되는 침입에 직면해 붕괴한다.

기원전 671년 아시리아 제국은 아슈르바니팔 치하에서 이집트, 메소포타미아, 바빌론을 비롯해 현재의 시리아와 이라크까지 아우르며 규모가 정점에 이른다.

전쟁
정치
기술

기원전 1500년   기원전 1300년   기원전 1100년   기원전 900년   기원전 700년

기원전 1500년경 말이 끄는 전차가 중동 전역에서 사용된다.

기원전 1000년경 중동의 군대가 철제 무기를 대규모로 받아들인다.

기원전 650년경 청동 흉갑, 투구, 긴 창으로 무장한 호플리테스의 팔랑크스가 그리스의 전장을 지배하기 시작한다.

◁ **바이킹의 롱십**
바이킹은 롱십을 이용해 해안선을 따라 군대를 수송하거나 강을 거슬러 항해했다. 이 배는 다른 배를 습격하거나 침략할 때도 사용되었지만 그들끼리 해상 전투를 할 때도 사용되었다.

> **"나는 이탈리아인과 전쟁을 하러 온 것이 아니라 로마에 대항하는 이탈리아인을 돕기 위해 왔다."**
>
> 한니발 바르카, 기원전 217년

로 뭉친 아랍 군대에 많은 영토를 잃었다. 기동력이 뛰어나고 기습 공격에 능한 아랍 군대는 곧 대규모 부대에 필요한 전술에 익숙해졌다. 페르시아인이나 일부 튀르크 부족 등 이들이 정복한 지역의 주민은 아랍국의 군사력 공급원이 되었고, 그 결과 이들은 경쟁국에 우위를 점할 수 있었다.

비잔티움 제국이 살아남은 반면, 서방의 로마 제국은 쇠퇴하여 6세기까지 연이어 등장한 게르만 국가에 영토를 내주었다. 이들 국가는 초기에는 유목 생활을 하는 전투 집단의 전통을 유지해, 도끼와 창을 휘두르며 한쪽이 도망칠 때까지 싸우는 것이 전쟁이라고 생각했다. 하지만 점차 전문적인 반영구적 군대를 양성해 나갔다.

7-8세기 유라시아를 거쳐 유럽에 등자가 도입되며 기병의 안정성이 크게 향상되었다. 등자의 도입으로 잘 훈련된 보병이 부족해지면서 떠오른 중장기병의 우세가 더욱 강화되었다. 중장기병은 11세기까지 군대의 중추를 이루었던 기사의 전신이었다.

군대는 헝가리의 마자르족이나 스칸디나비아의 바이킹 같은 새로운 침략자들과 계속 맞닥뜨렸다. 하지만 1000년경에는 대부분의 침략군을 물리칠 수 있는, 이전보다 더 중앙집권화된 국가가 유럽에 자리 잡기 시작했다.

▷ **로마를 공포에 떨게 하다**
16세기에 그려진 프레스코화로 기원전 218년 제2차 포에니 전쟁 중에 카르타고군이 알프스를 넘는 모습을 묘사한 것이다. 카르타고의 지휘관 한니발은 전투 코끼리를 이용해 로마 병사와 말을 겁에 질리게 만들었다.

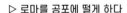

기원전 490년
아테네의 호플리테스가 마라톤에서 자신보다 훨씬 큰 규모의 페르시아 군대를 물리치고 페르시아의 첫 번째 그리스 침공을 막아 낸다.

기원전 216년
카르타고 장군 한니발이 제2차 포에니 전쟁 중 칸나에에서 로마 군대를 격파한다.

622년 예언자 무함마드가 메카에서 메디나로 이주하며 이슬람 시대와 아랍 정복의 시대를 연다.

634년 이슬람 군대가 야르무크에서 비잔티움 제국을 물리친다. 이 승리는 시리아와 팔레스타인의 정복으로 이어지고, 아랍이 북아프리카를 정복하는 길을 닦는다.

751년 당나라 군대가 탈라스강에서 아바스 군대에 패해 중앙아시아 서쪽으로 향하는 중국의 영토 확장이 끝난다.

793년 바이킹이 최초로 영국을 침략한다. 이로부터 250년 동안 바이킹의 북서부 유럽 해안선 침공이 시작된다.

| 기원전 500년 | 기원전 300년 | 기원전 100년 | 100년 | 300년 | 500년 | 700년 | 900년 |

기원전 331년
마케도니아의 알렉산드로스 대왕이 가우가멜라에서 페르시아의 통치자 다리우스 3세를 격파한다.

기원전 200년경
로마 군대가 개량된 단검 글라디우스 히스파니엔시스를 채택한다.

기원전 27년 율리우스 카이사르가 입양한 후계자 옥타비아누스가 최초의 로마 황제가 된다.

476년 외부의 침략이 계속되자 로마에 고용되었던 게르만족 장군이 서로의 마지막 황제를 퇴위시킨다.

581년 분열의 시기를 거친 뒤 수나라가 중국을 재통일한다.

771년 샤를마뉴가 프랑크 왕국의 통치자가 된 뒤 프랑크 왕국은 영토 확장을 거듭해 서유럽의 넓은 지역을 차지한다.

900년경 중국의 연금술사가 화약을 발명한다. 이후 화약은 불꽃놀이와 원시적인 화기에 이용된다.

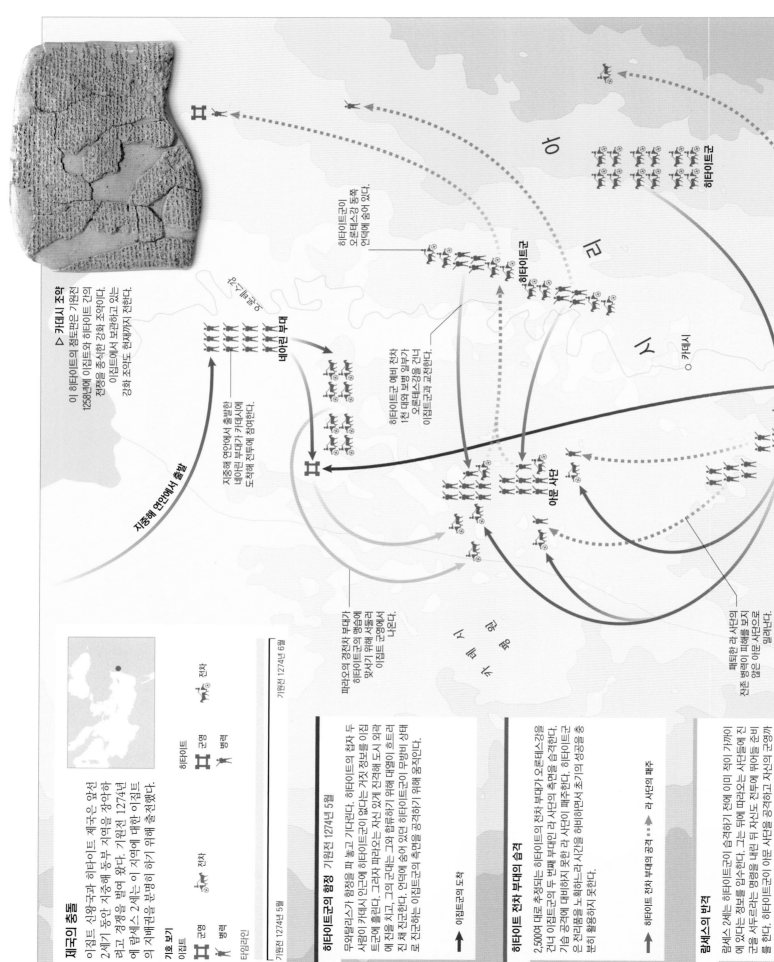

△ 카데시 조약
이 히타이트의 점토판은 기원전 1258년에 이집트와 히타이트 간의 전쟁을 종식한 강화 조약이다. 이집트에서 보관하고 있는 강화 조약의 현재까지 전한다.

히타이트군이 오론테스강 동쪽으로 퇴각하고, 이집트군은 추격하지 않는다.

히타이트군

히타이트군이 오론테스강 동쪽 언덕에 숨어 있다.

히타이트군

히타이트군 예비 전차 1천 대와 보병 일부가 오론테스강을 건너 이집트군과 교전한다.

네아린 부대

지중해 연안에서 출발한 네아린 부대가 카데시에 도착해 전투에 참여한다.

지중해 연안에서 출발

파라오의 경전차 부대가 히타이트군의 야영에 맞서기 위해 서둘러 이집트 군영에서 나온다.

매퇴한 라 사단의 전존 병력이 피해를 보지 않은 아문 사단으로 밀려난다.

카데시로 진군하는 라 사단이 강 건너에서 재들의치는 히타이트 전차 부대의 기습 공격을 받는다.

라 사단

아문 사단

오론테스강

카데시

제국의 충돌

이집트 신왕국과 히타이트 제국은 앞선 2세기 동안 지중해 동부 지역을 장악하려고 경쟁을 벌여 왔다. 기원전 1274년에 람세스 2세는 이 지역에 대한 이집트의 지배권을 보장받기 위해 출전했다.

기호 보기

이집트
ㅂ 군영
전차
병력
타임라인

히타이트
ㅂ 군영
전차
병력

기원전 1274년 5월

1 히타이트군의 함정 기원전 1274년 5월

무왈릴리스가 함정을 파 놓고 기다린다. 히타이트의 첩자 두 사람이 카데시 인근에 히타이트군이 없다는 거짓 정보를 이집트군에 흘린다. 그러자 파라오는 자신 있게 진격해 도시 외곽에 전열을 짜고, 그의 군대는 그와 합류하기 위해 대열이 흐트러진 채 진군한다. 인덕에 숨어 있던 히타이트군이 무방비 상태로 진군하는 이집트군의 측면을 공격하기 위해 움직인다.

→ 이집트군의 도착

기원전 1274년 6월

2 히타이트 전차 부대의 습격

2,500여 대로 추정되는 히타이트의 전차 부대가 오론테스강을 건너 이집트군의 두 번째 부대인 라 사단을 습격한다. 기습 공격에 대비하지 못한 라 사단의 병사들은 히타이트군의 전리품을 노획하느라 시간을 허비하면서 조기의 성공을 충분히 활용하지 못한다.

···> 라 사단의 패주
→ 히타이트 전차 부대의 공격

3 람세스의 반격

람세스 2세는 히타이트군이 습격하기 전에 이미 적이 가까이에 있다는 정보를 입수한다. 그는 뒤에 따라오는 사단들에 진군을 서두르라는 명령을 내린 뒤 전투에 뛰어들 준비를 한다. 히타이트군이 아문 사단을 공격하고 자신의 군영까지 위험하자 람세스 2세는 전차에 올라 군대를 지휘하며 반격에 나선다. 기동력이 뛰어난 이집트 전차 부대는 히타이트군을 압도하고 전세를 뒤집는다.

→ 이집트 전차 부대의 공격

카데시 전투

3,000여 년 전 이집트의 파라오 람세스 2세는 군대를 이끌고 히타이트 제국과 오랫동안 분쟁을 벌이던 시리아 지역으로 쳐들어갔다. 그 결과 카데시 외곽에서 벌어진 이집트와 히타이트 전차 부대 간의 싸움은 상세한 정보가 남아 있는 가장 오래된 전투다.

람세스 2세는 기원전 1279년에 아버지 세티 1세의 뒤를 이어 이집트 신왕국의 통치자가 되었다. 그는 오늘날 시리아 북부 지역의 아무루를 놓고 아나톨리아에 근거지를 둔 히타이트 제국과 오랫동안 전쟁을 이어 갔다. 기원전 1275년에 람세스 2세는 아무루 지역에서 히타이트 동맹군을 상대로 문제를 펼쳐 성공을 거두었다. 이듬해 그는 생북으로 동쪽에서 히타이트 제국으로 삼아 전과를 위업을 달성하려고 했다. 하지만 이번에는 히타이트의 통치자 무와탈리스 2세가, 이집트 사관의 표현에 따르면 '신과 제국을 뒤덮었고 그 수가 메뚜기 떼와 같았다'는 군대를 파견하여 이에 맞섰다.

이집트와 히타이트는 모두 전장에서 정예 부대를 정예 타격군으로 활용했다. 히타이트군은 3인당 3인용 전차를 사용했고, 이집트군은 마부와 궁수가 탄 가벼운 2인

용 전차를 사용했다. 기원전 1274년에 카데시 외곽에서 벌어진 전차는 전차 악에 대한 통치자가 되었다. 이 전투에 대한 생생한 기록은 이집트인들이 남겼는데, 이들은 이 전투에서 영웅적 승리를 거두었다고 주장했다. 하지만 다른 증거에 따르면 이 전투는 결론을 내릴 수 없는 무승부였다. 아무루는 여전히 히타이트 수중에 남아 있었고, 아무루를 둘러싼 씨움은 이후에도 간헐적으로 지속되었다. 16년 뒤 두 제국 사이의 구정 분쟁은 기록으로 남은 가장 오래된 국제 강화 조약에 의해 종식되었다. 당시 이 조약은 은판에 새겨졌다. 이에 따라 두 강대국 사이의 상대적 평화의 기간은 다음 세기 내내 이어졌다.

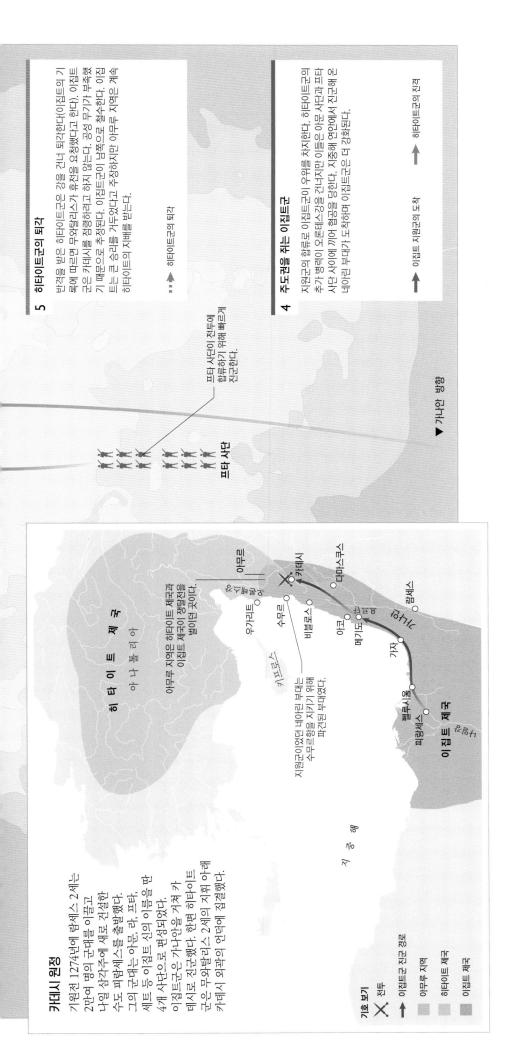

카데시 원정

기원전 1274년에 람세스 2세는 2만여 명의 군대를 이끌고 나일 삼각주에 새로 건설한 수도 피람세스를 출발했다. 그의 군대는 아몬, 라, 프타, 세트 등 이집트 신의 이름을 딴 4개 사단으로 편성되었다. 이집트군은 가나안을 거쳐 카데시로 진군했다. 한편 히타이트군은 무와탈리스 2세의 지휘 아래 카데시 외곽의 안뎨에 집결했다.

기호 보기
- ✗ 전투
- → 이집트군 진군 경로
- 아무루 지역
- 히타이트 제국
- 이집트 제국

맵: 히타이트 제국 / 아나톨리아 / 아무루 / 우가리트 / 비블로스 / 카프로스 / 지중해 / 이집트 제국 / 멤피스 / 피람세스 / 펠루시움 / 가자 / 메기도 / 이크 / 다마스쿠스 / 카데시 / 람세스 / 히가스

아무루 지역은 히타이트 제국과 이집트 제국이 쟁탈전을 벌이던 곳이었다.

지원군이었던 네아린 부대는 수므를 지키기 위해 따로 파견된 부대였다.

4 주도권을 쥐는 이집트군

지원군의 합류로 이집트군이 우위를 차지한다. 히타이트군의 추가 병력이 오론테스강을 건너자만 이들은 이윤 사단과 모타 사단 사이에 끼어 협공을 당한다. 지중에 연이어서 진군해 온 네아린 부대가 도착하며 이집트군은 더 강화된다.

- → 이집트 지원군의 도착
- → 히타이트군의 전진

5 히타이트군의 퇴각

반격을 받은 히타이트군은 강을 건너 퇴각한다(이집트의 기록에 따르면 무와탈리스가 휴전을 요청했다고 한다). 이집트군은 카데시를 점령하려고 하지 않는다. 공성 무기가 부족했기 때문으로 추정된다. 이집트군이 남쪽으로 철수한다. 이집트는 큰 승리를 가두었다고 주장하지만 아무루 지역은 계속 히타이트의 지배를 받는다.

- ⋯► 히타이트군의 퇴각
- ↑ 히타이트군의 전진

맵: 모타 사단 / 히가스

모타 사단이 전투에 합류하기 위해 빠르게 진군한다.

▼ 가나안 방향

람세스 2세
재위 기원전 1279-1213년

후대 이집트인에게 '위대한 조상'으로 알려진 람세스 2세는 기원전 1279년에 이집트 신왕국의 통치자가 되었다. 그는 히타이트와 전쟁을 벌였을 뿐만 아니라 남쪽의 누비아이 원정에 성공했고, 세르덴해적을 무찌르기도 했다. 이집트 남부의 아부심벨 신전을 비롯해 고대 이집트의 많은 훌륭 한 신전의 66년에 걸친 그 의 통치 기간에 건설되 었다.

전차전

전차는 기원전 1800년경부터 기원전 600년경까지
여러 문화권에서 전쟁을 지배했다.
이후에도 켈트 세계와 카르타고에서
인도와 중국에 이르는 다양한 문화권에서
기원전 3세기까지 계속 사용되었다.

△ 아시리아 군대
기원전 7세기에 제작된 부조(浮彫)로
틸투바 전투(기원전 650년경)의
한 장면을 묘사한 것이다. 아시리아
군대의 정예 전사들이 전차를 타고
있는 모습을 볼 수 있다.

기원전 2500년경에 오나거(아시아 야생 나귀)나
소가 끄는 수레가 오늘날의 유럽과 중동 지역에
서 처음으로 사용되었다. 이와 함께 초기의 전차
가 등장했다. 하지만 전차가 본격적으로 사용된
것은 말이 가축화되고 살 달린 바퀴가 발명된 기
원전 1800년경이 되어서였다. 중앙아시아에서
기원한 것으로 추정되는 전차는 중국, 인도, 중동
그리고 에게해 지역과 중부 유럽에서 벌어진 전
쟁에 꾸준히 등장했다.

전차전은 청동기 시대 후기(기원전 1550-1200년
경)와 철기 시대(기원전 1200-550년경) 초기에
절정에 달했다. 히타이트, 미타니, 이집트, 가나
안, 아시리아, 바빌로니아 등의 국가는 모두 전차
수천 대를 군에 배치했다. 이집트군과 가나안군은 말 두 마리가 끄는 가벼운 전차
를 선호했는데, 기동이 쉬운 대신 마부와 궁수 한 사람만 탈 수 있었다. 이에 비해
아시리아, 카르타고, 인도, 중국 등 다른 문화권에서는 말 서너 마리가 끄는 더 무
거운 전차를 사용했다. 이 전차에는 창병을 포함해 더 많은 인원이 탈 수 있었다.
전차 부대는 보통 군의 정예 타격 부대로서 보병, 그리고 나중에는 기병의 지원을
받았다.

기병의 부상

기원전 8세기 무렵부터 전장에서 기병의 인기가 올라가면서 전차 사용이 줄어들
었다. 기병대는 모병하고 장비를 갖추고 훈련하는 데 돈이 덜 들었을 뿐만 아니라
유지 관리도 쉬웠다. 기원전 9세기에 벌어진 카르카르 전투가 아마 전차가 전장을
지배한 마지막 전투였을 것이다. 하지만 그 이후에도 전차(악명 높은 낫 전차 포
함)는 수 세기 동안 전투에 등장했고, 나중에는 전차 경주가 스포츠로서 인기를
얻었다.

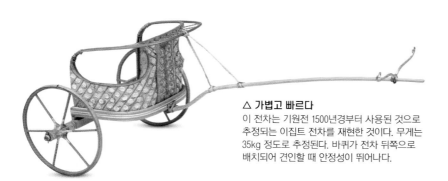

△ 가볍고 빠르다
이 전차는 기원전 1500년경부터 사용된 것으로
추정되는 이집트 전차를 재현한 것이다. 무게는
35kg 정도로 추정된다. 바퀴가 전차 뒤쪽으로
배치되어 견인할 때 안정성이 뛰어나다.

전투 중인 파라오
이집트 왕 투탕카멘(재위 기원전 1334-1325년)의 관에 그려진 그림으로 말 두 마리가 끄는 전차를 탄 왕이 적에게 활을 쏘는 모습이다. 왕은 보병의 호위를 받고 있다.

페르시아군의 원정

페르시아는 기원전 492년에 그리스 침공에 나섰지만 폭풍우로 함대가 파괴되는 바람에 원정을 포기했다. 기원전 490년 다티스와 아르타페르네스 지휘하에 두 번째 침공이 시작되었다. 페르시아군은 남쪽 항로를 따라 에레트리아와 아테네를 향해 항해했다. 에레트리아는 순식간에 무너졌다. 페르시아군은 다시 출항해 아테네에서 북동쪽으로 42km 떨어진 마라톤에 상륙했다.

기호 보기
✕ 주 전투
⬛ 페르시아 제국
➡ 기원전 492년 페르시아 함대 경로
➡ 기원전 490년 페르시아 함대 경로

페르시아군이 에레트리아와 아테네로 가는 도중에 낙소스섬을 점령하고 파괴한다.

빠른 승리

마라톤 전투는 큰 전투가 아니었다. 단 하루 동안 벌어진 전투에서 그리스군 1만 명이 페르시아군 2만 5천 명과 싸웠다. 중무장 보병인 호플리테스로 이루어진 그리스군은 팔랑크스로 불리는 밀집 대형을 갖추고 근접전을 벌였다. 이들의 전술은 활과 투창을 사용하며 원거리 전투를 선호하던 페르시아군을 놀라게 했다. 이 전투로 인해 그리스의 호플리테스는 무시무시한 보병이라는 명성을 얻었다.

기호 보기
그리스 병력
페르시아군
군영 / 병력 / 기병 / 함대

타임라인
기원전 490년 9월 12일 ——— 기원전 490년 9월 13일

교전

아테네군과 아테네 동맹군이 수가 훨씬 더 많은 적을 향해 돌진한다. 페르시아군이 중앙에서 반격을 가하지만, 양쪽 측면이 궤멸된다.

1 그리스군의 공격 기원전 490년 9월 12일

아테네 동맹군이 페르시아군을 막기 위해 해안가 평야에 진을 친다. 며칠 동안 대치한 끝에 밀티아데스가 공격하기로 한다. 창과 방패로 무장한 호플리테스로 구성된 그의 군대가 밀집 진형으로 페르시아군을 향해 돌진한다. 페르시아군은 투창병, 궁수, 기마병 등 다양한 병사로 구성되어 있다.

➡ 그리스군의 공격

2 돌격과 반격

그리스 전선 중앙의 호플리테스가 빗발치는 화살 세례를 받고 땅바닥에 넘어지며 전열이 흐트러진다. 적이 우왕좌왕하는 모습을 본 페르시아 보병이 반격을 시작한다. 팔랑크스 진형을 다시 갖추려고 애를 쓰던 그리스의 호플리테스가 후퇴한다.

➡ 페르시아군의 공격   ⇢ 그리스군의 후퇴

3 그리스군의 측면 공격

페르시아군이 중앙에서 호플리테스를 밀어붙인다. 하지만 양 측면에서는 밀집 대형을 이룬 그리스의 중무장 보병이 약졸로 분류되어 좌우 날개로 밀려난 페르시아의 보병을 공격한다. 적의 공격에 압도당한 측면의 페르시아 보병이 전장에서 도망친다.

➡ 그리스군의 공격   ⇢ 페르시아군의 패주

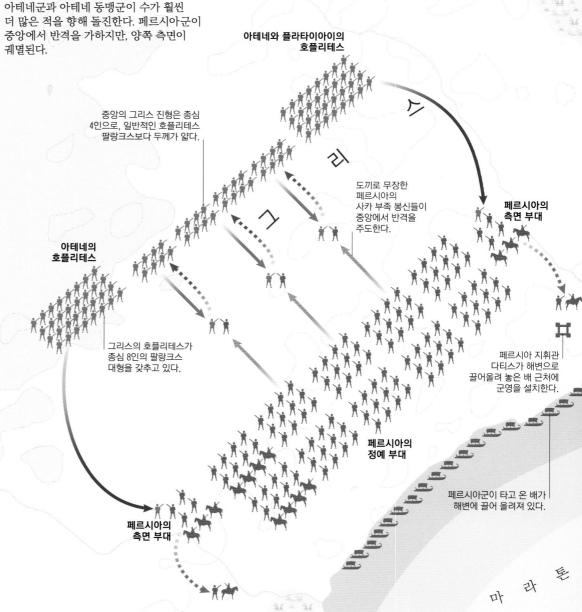

아테네와 플라타이아이의 호플리테스

중앙의 그리스 진형은 종심 4인으로, 일반적인 호플리테스 팔랑크스보다 두께가 얇다.

도끼로 무장한 페르시아의 사카 부족 봉신들이 중앙에서 반격을 주도한다.

페르시아의 측면 부대

아테네의 호플리테스

그리스의 호플리테스가 종심 8인의 팔랑크스 대형을 갖추고 있다.

페르시아의 정예 부대

페르시아의 측면 부대

페르시아 지휘관 다티스가 해변으로 끌어올려 놓은 배 근처에 군영을 설치한다.

페르시아이 타고 온 배가 해변에 끌어 올려져 있다.

마라톤

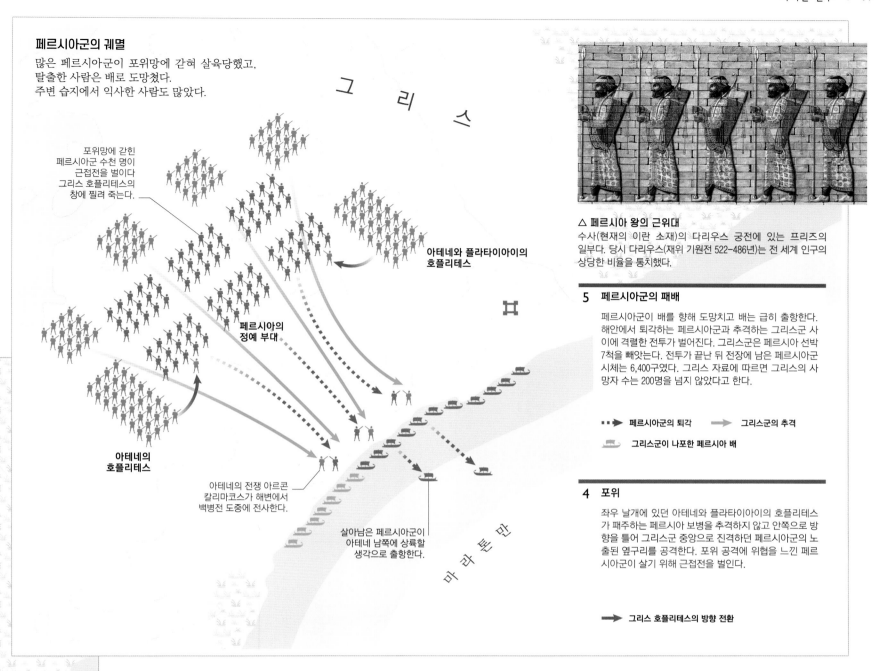

페르시아군의 궤멸
많은 페르시아군이 포위망에 갇혀 살육당했고,
탈출한 사람은 배로 도망쳤다.
주변 습지에서 익사한 사람도 많았다.

그 리 스

포위망에 갇힌
페르시아군 수천 명이
근접전을 벌이다
그리스 호플리테스의
창에 찔려 죽는다.

아테네와 플라타이아이의
호플리테스

페르시아의
정예 부대

아테네의
호플리테스

아테네의 전쟁 아르콘
칼리마코스가 해변에서
백병전 도중에 전사한다.

살아남은 페르시아군이
아테네 남쪽에 상륙할
생각으로 출항한다.

마 라 톤 만

△ **페르시아 왕의 근위대**
수사(현재의 이란 소재)의 다리우스 궁전에 있는 프리즈의
일부다. 당시 다리우스(재위 기원전 522-486년)는 전 세계 인구의
상당한 비율을 통치했다.

5 페르시아군의 패배

페르시아군이 배를 향해 도망치고 배는 급히 출항한다.
해안에서 퇴각하는 페르시아군과 추격하는 그리스군 사
이에 격렬한 전투가 벌어진다. 그리스군은 페르시아 선박
7척을 빼앗는다. 전투가 끝난 뒤 전장에 남은 페르시아군
시체는 6,400구였다. 그리스 자료에 따르면 그리스의 사
망자 수는 200명을 넘지 않았다고 한다.

▸▸▸ 페르시아군의 퇴각   ⟶ 그리스군의 추격

🛶 그리스군이 나포한 페르시아 배

4 포위

좌우 날개에 있던 아테네와 플라타이아이의 호플리테스
가 패주하는 페르시아 보병을 추격하지 않고 안쪽으로 방
향을 틀어 그리스군 중앙으로 진격하던 페르시아군의 노
출된 옆구리를 공격한다. 포위 공격에 위협을 느낀 페르
시아군이 살기 위해 근접전을 벌인다.

⟹ 그리스 호플리테스의 방향 전환

마라톤 전투

습지대로 인해
두 개울 사이의
평야만 전장으로
사용할 수 있다.

기원전 490년에 페르시아 황제 다리우스 1세가 파견한 군대가 마라톤 해안에 상륙해
그리스 본토를 침공했다. 그리스의 도시 국가 아테네와 동맹국 플라타이아이의 병사들은
수적으로 크게 열세였지만 페르시아군에 맞서 용감하게 싸웠다.

기원전 5세기 초에 영토를 확장하던 아케메네스 왕조의 페르시아 제국은
인도 북부에서 유럽 동남부에 이르는 광대한 지역을 지배했다. 페르시아 제
국은 아나톨리아 서부(현재의 튀르키예 서부)의 이오니아까지 복속시켰다.
그리스의 도시 국가 아테네와 에레트리아는 페르시아의 지배에 저항하는
이오니아의 반란을 지원했다. 반란은 기원전 494년, 다리우스 1세에 의해
진압되었다. 아테네와 에레트리아를 응징하겠다는 다리우스 1세의 결심은
기원전 490년에 그리스 침공으로 이어졌다.
　바다를 건너온 페르시아군이 마라톤에 상륙하자 아테네군은 상륙지에
서 적과 맞서기 위해 밀티아데스 등의 지휘하에 마라톤으로 진군했다. 그리

스에서 가장 군국주의적이었던 스파르타는 참전을 요청받았지만 제전 기간
이라 당장 참가할 수 없다고 했다. 마지막 순간에 작은 도시 국가 플라타이
아이만 아테네에 원군을 파견했다.
　이 전투는 주로 그리스 역사가 헤로도토스의 기록을 통해 알려졌는데,
세부 내용이 상당 부분 불확실하고 일부는 신화화되어 있다. 그리스가 승리
했다는 소식은 전령 페이디피데스가 42km를 달려가 아테네에 전한 것으
로 알려져 있다. 현대 마라톤의 이름은 여기에서 유래했다. 페르시아에 재
앙이라기보다는 차질이었던 이 패배로 인해 그리스에 대한 페르시아의 전
면적 침공은 10년이나 지연되었다.

테르모필레 전투

영웅적인 행동과 자기희생으로 유명한 테르모필레 전투는
스파르타가 이끈 그리스의 호플리테스가 페르시아 제국의
대규모 군대에 맞서 싸운 지연작전이었다.
스파르타군은 우세한 군대에 맞서 3일 동안 산의 통로를 지키다가
배신자 때문에 패배했다.

기원전 480년, 페르시아 제국은 10년 전 다리우스 1세가 마라톤 전투(18-19쪽 참조)에서 패배한 뒤 잠시 포기했던 그리스 정복을 재개했다. 다리우스 1세의 아들이자 후계자인 크세르크세스 1세(재위 기원전 486-465년)는 군사를 이끌고 헬레스폰트 해협(오늘날 튀르키예의 다르다넬스 해협)에서 배다리를 이용해 아시아에서 유럽으로 건너간 뒤 그리스의 해안선을 따라 진군했다. 연안으로는 대규모 함대가 그 뒤를 따랐다(22쪽 참조). 평소 분열되어 있던 그리스의 도시 국가들은 이 공동의 위협에 맞서 협력하기로 했다. 스파르타는 페르시아군의 진격을 막기 위해 레오니다스 왕의 지휘하에 호플리테스 300명을 북쪽으로 보냈고, 다른 도시국가들도 군대를 파견해 스파르타군에 합류시켰다. 그리스군 7천 명가량이 테르모필레

고개에 진을 쳤다. 테르모필레 고개는 그리스 중부 동해안에 있는 칼리드로모산과 바다 사이의 좁은 지역에 난 통로다. 이들이 마주한 페르시아군은 규모가 엄청났다. 정확한 숫자는 알려지지 않았지만 10만 명이 넘은 것으로 추정된다.

테르모필레 전투로 페르시아군의 진격 지연이 얼마나 의의가 있었는지에 대해서는 논쟁의 여지가 있다. 이 전투 이후에 페르시아군은 아테네를 점령했다. 페르시아군은 살라미스 해전(22-23쪽 참조)의 패배로 일부 병력이 철수하고, 이듬해 나머지 병력이 플라타이아이에서 패배한 다음에야 완전히 물러갔다. 하지만 테르모필레 전투는 유럽인의 도덕적 우월성의 상징이 되어 그리스뿐만 아니라 유럽 문화 전반에서 전설적인 위상을 차지하고 있다.

> "저녁은 저승에서 먹을지도 모른다고 생각하고
> 아침을 먹어라."
>
> 전투 전날 스파르타의 레오니다스 왕이 부하들에게 한 말

스파르타의 호플리테스

페르시아군과 싸우는 호플리테스의 모습이 담긴 기원전 5세기의 술잔이다.

고대 그리스에서 스파르타는 상비군을 보유한 유일한 도시 국가였다. 스파르타의 남성 시민은 엄격한 군사 훈련 제도에 따라 전쟁에 대비한 훈련에 일생을 바쳤고, 그 밖의 일은 노예가 담당했다. 군인들이 비상근 시민군이었던 다른 도시 국가들은 스파르타 전사들의 능력에 경외심을 느꼈다. 테르모필레 전투에서 보여 준 것과 같은 강인함과 규율 덕분에, 스파르타는 아테네가 바다에서 그랬던 것처럼 육상 전투에서 가장 뛰어난 도시 국가였다.

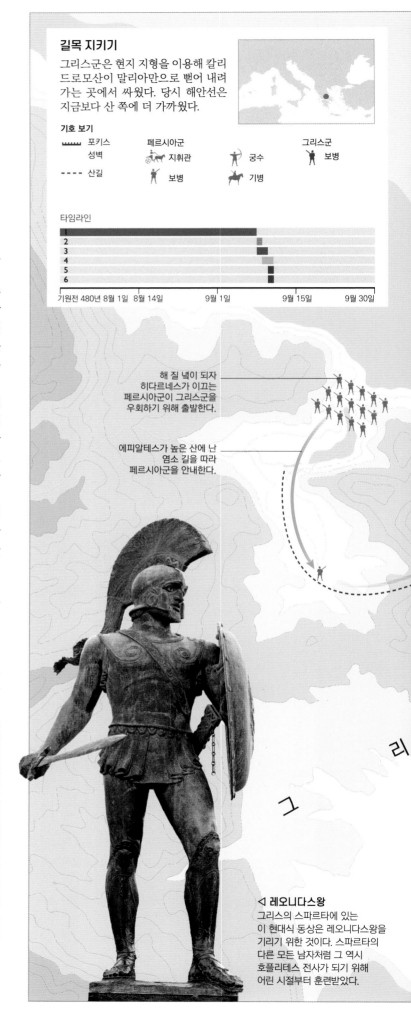

길목 지키기

그리스군은 현지 지형을 이용해 칼리드로모산이 말리아만으로 뻗어 내려가는 곳에서 싸웠다. 당시 해안선은 지금보다 산 쪽에 더 가까웠다.

기호 보기

	페르시아군		그리스군
▬▬▬ 포키스 성벽	🐎 지휘관	🏹 궁수	🧍 보병
---- 산길	🧍 보병	🐎 기병	

타임라인

1	2	3	4	5	6

기원전 480년 8월 1일   8월 14일   9월 1일   9월 15일   9월 30일

해 질 녘이 되자 히다르네스가 이끄는 페르시아군이 그리스군을 우회하기 위해 출발한다.

에피알테스가 높은 산에 난 염소 길을 따라 페르시아군을 안내한다.

◁ **레오니다스왕**
그리스의 스파르타에 있는 이 현대식 동상은 레오니다스왕을 기리기 위한 것이다. 스파르타의 다른 모든 남자처럼 그 역시 호플리테스 전사가 되기 위해 어린 시절부터 훈련받았다.

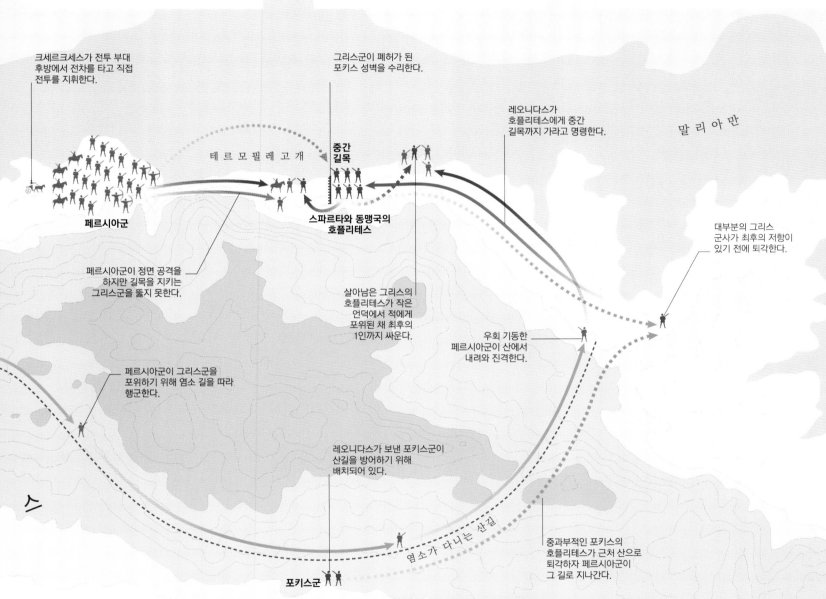

1 전투 준비 기원전 480년 8월~9월 초

그리스군은 페르시아군의 압도적인 수적 우세를 예상하고 테르모필레 고개의 가장 좁은 곳인 중간 길목에 진을 친다. 어느 때든 양측에서 제한된 수의 병사들만 교전할 수 있는 곳이다. 그럼에도 불구하고 페르시아군이 도착하자 그 모습을 본 많은 그리스 지휘관이 철수할 것을 주장한다.

➡ 그리스군의 포진

2 첫 교전 9월 8일

크세르크세스가 나흘을 지체한 뒤 정면 공격 명령을 내린다. 궁수 수천 명이 일제히 화살 세례를 퍼붓지만, 갑옷을 입은 호플리테스에게 거의 영향을 미치지 못한다. 그러자 메디아인과 키시아인으로 구성된 보병이 떼를 지어 돌격한다. 하지만 포키스 성벽 앞에서 팔랑크스 진을 치고 있던 그리스군에 학살당한다. 크세르크세스는 마지못해 최정예 부대인 이모탈(불사신이라는 뜻-옮긴이)을 전투에 투입하기로 한다.

➡ 페르시아군의 공격   ┅➤ 페르시아군의 화살 세례

3 교착 상태에 빠진 전투 9월 8~9일

페르시아의 이모탈 1만 명이 파상 공세를 펼친다. 레오니다스 왕은 여러 도시에서 파견된 군사를 돌아가며 연속적으로 최전선에 배치한다. 그는 때때로 후퇴하는 척하며 페르시아군을 끌어들인 뒤 반격하는 방법을 사용한다. 크세르크세스가 그리스군의 저항이 약해지고 있다고 생각하고 다음 날 공격을 재개하지만 큰 손실을 입고 다시 후퇴한다.

크세르크세스가 전투 부대 후방에서 전차를 타고 직접 전투를 지휘한다.

그리스군이 폐허가 된 포키스 성벽을 수리한다.

레오니다스가 호플리테스에게 중간 길목까지 가라고 명령한다.

말리아 만

중간 길목

테르모필레 고개

페르시아군

스파르타와 동맹국의 호플리테스

페르시아군이 정면 공격을 하지만 길목을 지키는 그리스군을 뚫지 못한다.

살아남은 그리스의 호플리테스가 작은 언덕에서 적에게 포위된 채 최후의 1인까지 싸운다.

대부분의 그리스 군사가 최후의 저항이 있기 전에 퇴각한다.

우회 기동한 페르시아군이 산에서 내려와 진격한다.

페르시아군이 그리스군을 포위하기 위해 염소 길을 따라 행군한다.

레오니다스가 보낸 포키스군이 산길을 방어하기 위해 배치되어 있다.

스

염소가 다니는 산길

포키스군

중과부적인 포키스의 호플리테스가 근처 산으로 퇴각하자 페르시아군이 그 길로 지나간다.

6 최후의 저항과 그 이후 9월 10일

살아남은 스파르타군과 테스피아군이 레오니다스의 시신을 포키스 성벽 뒤의 언덕으로 옮긴 뒤 최후까지 페르시아군과 싸운다. 테베군은 항복한다. 전투가 끝나자 크세르크세스는 그가 입은 손실에 대한 보복으로 레오니다스 시신의 목을 자르고 몸을 십자가에 못 박는다. 포키스 성벽이 허물어지고 페르시아군은 진격을 계속한다.

┅➤ 스파르타군과 테스피아군의 최후의 저항

5 레오니다스의 죽음 9월 10일

페르시아군의 우회 기동 소식을 들은 레오니다스는 패배를 직감한다. 그는 대부분의 군사에게 퇴각 명령을 내린 뒤 이들의 퇴각을 엄호하기 위해 스파르타군 300명과 함께 고개에 남는다. 테스피아군 700명과 테베군 400명도 남아 스파르타군을 지원한다. 새벽이 되자 레오니다스는 페르시아군을 대적하기 위해 부하들을 이끌고 개활지로 나간다. 크세르크세스는 기병과 경보병을 내보낸다. 레오니다스가 화살을 맞고 전사한다.

┅➤ 그리스군 주력 부대의 퇴각   ➤ 레오니다스의 최후의 저항

➤ 페르시아군의 공격

4 배신당하는 그리스군 9월 9~10일

에피알테스라는 현지인이 그리스군을 배신하며 크세르크세스에게 새로운 희망을 안겨 준다. 에피알테스는 염소가 다니는 산길을 이용해 페르시아군을 그리스군 진지 후방으로 안내하겠다고 제안한다. 스파르타의 왕 레오니다스는 이 길을 방어하기 위해 포키스군 1천 명을 배치한다. 하지만 페르시아군 2만 명이 나타나자 포키스군이 교전을 포기하고 뒤로 물러난다.

➡ 페르시아군의 우회 기동   ┅➤ 포키스군의 퇴각

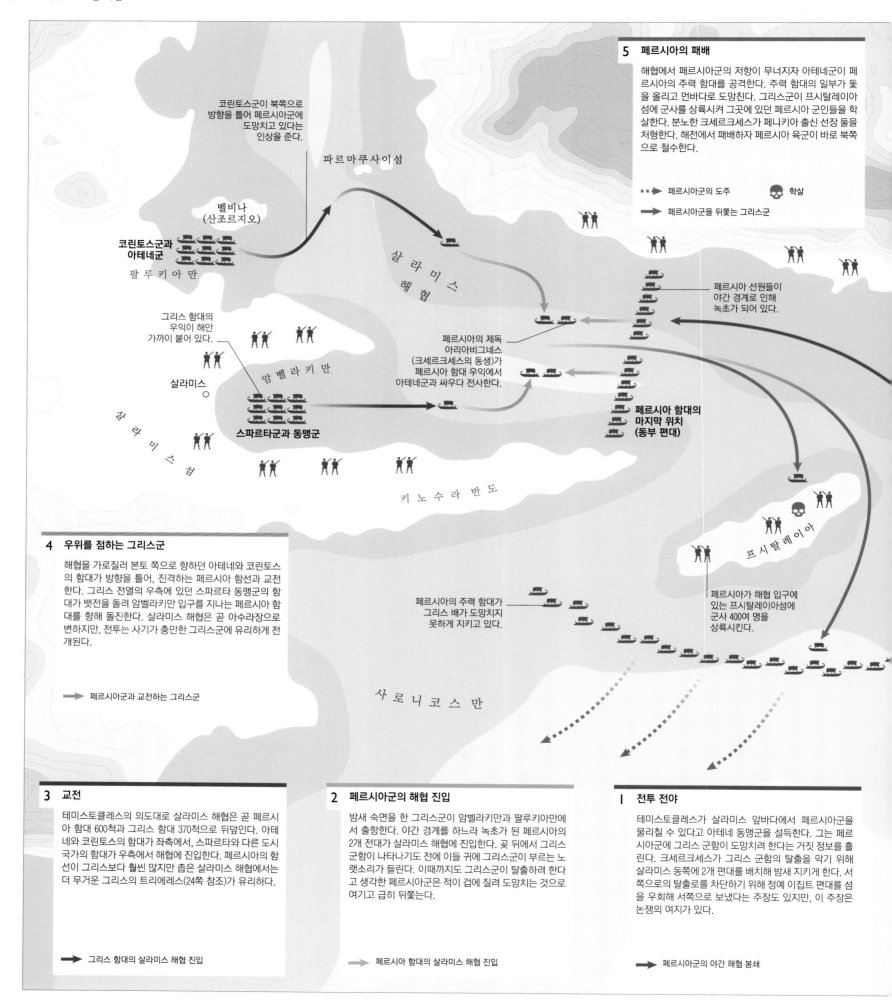

5 페르시아의 패배

해협에서 페르시아군의 저항이 무너지자 아테네군이 페르시아의 주력 함대를 공격한다. 주력 함대의 일부가 돛을 올리고 먼바다로 도망친다. 그리스군이 프시탈레이아섬에 군사를 상륙시켜 그곳에 있던 페르시아 군인들을 학살한다. 분노한 크세르크세스가 페니키아 출신 선장 둘을 처형한다. 해전에서 패배하자 페르시아 육군이 바로 북쪽으로 철수한다.

■▶ 페르시아군의 도주 💀 학살

➡ 페르시아군을 뒤쫓는 그리스군

코린토스군이 북쪽으로 방향을 틀어 페르시아군에 도망치고 있다는 인상을 준다.

파르마쿠사이섬

벨비나 (산조르지오)

코린토스군과 아테네군

팔루키아만

살라미스 해협

페르시아 선원들이 야간 경계로 인해 녹초가 되어 있다.

그리스 함대의 우익이 해안 가까이 붙어 있다.

페르시아의 제독 아리아비그네스 (크세르크세스의 동생)가 페르시아 함대 우익에서 아테네군과 싸우다 전사한다.

암벨라키만

살라미스

스파르타군과 동맹군

살라미스섬

페르시아 함대의 마지막 위치 (동부 편대)

키노수라 반도

프시탈레이아

페르시아가 해협 입구에 있는 프시탈레이아섬에 군사 400여 명을 상륙시킨다.

4 우위를 점하는 그리스군

해협을 가로질러 본토 쪽으로 향하던 아테네와 코린토스의 함대가 방향을 틀어, 진격하는 페르시아 함선과 교전한다. 그리스 전열의 우측에 있던 스파르타 동맹군의 함대가 뱃전을 돌려 암벨라키만 입구를 지나는 페르시아 함대를 향해 돌진한다. 살라미스 해협은 곧 아수라장으로 변하지만, 전투는 사기가 충만한 그리스군에 유리하게 전개된다.

➡ 페르시아군과 교전하는 그리스군

페르시아의 주력 함대가 그리스 배가 도망치지 못하게 지키고 있다.

사로니코스만

3 교전

테미스토클레스의 의도대로 살라미스 해협은 곧 페르시아 함대 600척과 그리스 함대 370척으로 뒤덮인다. 아테네와 코린토스의 함대가 좌측에서, 스파르타와 다른 도시국가의 함대가 우측에서 해협에 진입한다. 페르시아의 함선이 그리스보다 훨씬 많지만 좁은 살라미스 해협에서는 더 무거운 그리스의 트리에레스(24쪽 참조)가 유리하다.

➡ 그리스 함대의 살라미스 해협 진입

2 페르시아군의 해협 진입

밤새 숙면을 한 그리스군이 암벨라키만과 팔루키아만에서 출항한다. 야간 경계를 하느라 녹초가 된 페르시아의 2개 전대가 살라미스 해협에 진입한다. 곶 뒤에서 그리스 군함이 나타나기도 전에 이들 귀에 그리스군이 부르는 노랫소리가 들린다. 이때까지도 그리스군이 탈출하려 한다고 생각한 페르시아군은 적이 겁에 질려 도망치는 것으로 여기고 급히 뒤쫓는다.

➡ 페르시아 함대의 살라미스 해협 진입

1 전투 전야

테미스토클레스가 살라미스 앞바다에서 페르시아군을 물리칠 수 있다고 아테네 동맹군을 설득한다. 그는 페르시아군에 그리스 군함이 도망치려 한다는 거짓 정보를 흘린다. 크세르크세스가 그리스 군함의 탈출을 막기 위해 살라미스 동쪽에 2개 편대를 배치해 밤새 지키게 한다. 서쪽으로의 탈출로를 차단하기 위해 정예 이집트 편대를 섬을 우회해 서쪽으로 보냈다는 주장도 있지만, 이 주장은 논쟁의 여지가 있다.

➡ 페르시아군의 야간 해협 봉쇄

살라미스 해전

기원전 480년에 살라미스섬 앞바다에서 벌어진
대규모 해전은 세계사의 전환점으로 여겨진다.
그리스의 도시 국가들이 페르시아의 통치자 크세르크세스 1세의
군대에 맞서 결정적인 승리를 거두면서 고대 그리스 문명이
살아남을 수 있었다.

기원전 490년의 마라톤 전투(18-19쪽 참조) 패배는 페르시아 제국에 씻을 수 없는 불명예였다. 10년 뒤 페르시아의 통치자 크세르크세스는 이전보다 더 큰 규모의 육군과 해군을 이끌고 제2차 그리스 침공을 시작했다. 페르시아는 페니키아, 이집트, 이오니아 등 지중해 주변의 피지배 주민으로부터 강력한 해군을 그러모을 수 있었다. 페르시아의 공격을 예상한 그리스 도시 국가들은 공동 방어 계획을 세웠지만 걸핏하면 다투는 바람에 단합이 잘되지 않았다. 기원전 482년에 아테네는 테미스토클레스의 주도 아래 대규모 선박 건조 사업을 벌여 그리스의 해상 강국이 되었다.

기원전 480년, 크세르크세스가 침공을 시작했을 때 육지에서는 페르시아군이 무적이었다. 하지만 살라미스 해전으로 인해 바다에서는 아테네와 동맹국이 우위에 있다는 사실이 분명해졌다. 이 전투가 끝난 뒤 크세르크세스는 마르도니우스에게 그리스 정복을 완수하라며 일부 병력을 남겨둔 채 나머지 병력을 이끌고 페르시아로 철수했다. 하지만 이듬해 마르도니우스가 패배하며 그리스를 지배하려던 페르시아의 시도는 좌절되었다. 그다음 세기는 아테네를 중심으로 한 그리스 문명의 황금기였다. 그리스는 철학, 예술, 정치사상에서 큰 업적을 남겼다.

아이갈레오스산

크세르크세스가 해협이 잘 내려다보이는 아이갈레오스산에서 해전을 지켜본다(정확한 위치는 논쟁의 여지가 있다).

아티카

△ **테미스토클레스 (기원전 524년경-459년)**
아테네의 위대한 장군이자 정치가인 테미스토클레스는 그리스의 해군 역량을 키워야 한다는 전략적 비전이 있었다. 그 결과 그리스가 살라미스 해전에서 승리하고 지중해 일대를 지배할 수 있었다.

피레우스

페르시아 함대의 최초의 위치

바다 위 최후의 결전

그리스의 갤리선과 페르시아의 함대가 살라미스의 좁은 해협에서 충돌했다. 페르시아군은 사기가 높은 적에게 기동력과 전투력에서 밀렸다.

기호 보기

그리스		페르시아	
🏃 육군	⚓ 항구	🏃 지휘관	🚩 함대
🚣 함대		🚣 육군	

타임라인

기원전 480년 9월	기원전 480년 10월

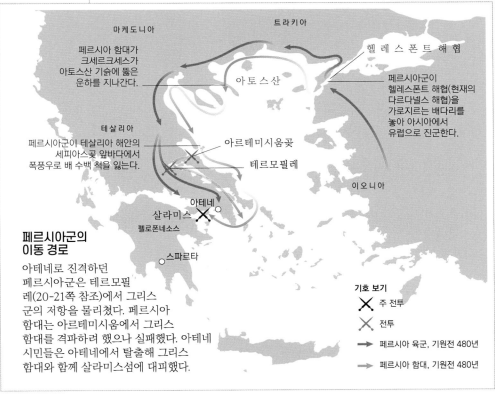

마케도니아 · 트라키아

페르시아 함대가 크세르크세스가 아토스산 기술에 뚫은 운하를 지나간다.

헬레스폰트 해협

아토스산

페르시아군이 헬레스폰트 해협(현재의 다르다넬스 해협)을 가로지르는 배다리를 놓아 아시아에서 유럽으로 진군한다.

테살리아

페르시아군이 테살리아 해안의 세피아스곶 앞바다에서 폭풍우로 배 수백 척을 잃는다.

아르테미시움곶

테르모필레

이오니아

아테네

살라미스

펠로폰네소스

스파르타

페르시아군의 이동 경로

아테네로 진격하던 페르시아군은 테르모필레(20-21쪽 참조)에서 그리스군의 저항을 물리쳤다. 페르시아 함대는 아르테미시움에서 그리스 함대를 격파하려 했으나 실패했다. 아테네 시민들은 아테네에서 탈출해 그리스 함대와 함께 살라미스섬에 대피했다.

기호 보기

✕ 주 전투

✕ 전투

➡ 페르시아 육군, 기원전 480년

➡ 페르시아 함대, 기원전 480년

전시의
고대 그리스인

고전 시대 그리스의 도시 국가들은 육지와 해상 모두에서
독특한 전투 스타일을 발전시켰다.
그리스의 시민군은 근접 전투에 뛰어난 당대 최고의 보병으로
널리 이름을 떨쳤다.

기원전 4~5세기에 그리스 군대는 호플리테스로
알려진 중무장 보병이 주축을 이루었다. 청동 투
구와 퀴라스(흉갑), 그레이브(정강이받이)를 착용
한 호플리테스는 커다란 방패를 들었고 창을 주
무기로 사용했다. 호플리테스는 보통 종심 8열의
밀집대형인 팔랑크스 대형을 이루어 어깨를 맞대
고 싸웠다. 이때 각자의 방패로 왼쪽 옆 사람의 노
출된 측면을 막았다.

　종종 서로 전쟁을 벌였던 그리스의 도시 국가
들은 군대를 조직하는 방법이 모두 달랐다. 스파
르타에서는 모든 남자가 어릴 때부터 엄격한 훈련
을 받았기에 강인하고 규율 잡힌 보병이 탄생했다.
하지만 민주적인 아테네에서는 군사 복무가 자유
남성 시민의 비상근 의무였고, 호플리테스가 공식
적으로 받는 훈련도 거의 없었다. 아테네 시민은

△ 호플리테스의 투구
기원전 4세기에 만들어진 이 청동
투구는 의식용이었을 것으로 추정
된다. 반은 독수리고 반은 사자인
신화 속 동물 그리핀으로 장식되
어 있다.

자신의 장비를 스스로 준비해야 했다. 그래서 너무 가난해서 장비를 마련할 수 없
는 시민은 함선의 노잡이를 자원했다. 노예는 경보병의 산병(散兵)으로 활용했는
데 전문 궁수, 투석병, 투창병 등이 이들을 지원했다.

　그리스 시민군이 싸우려는 의지가 강한 것은 고향에 대한 애착 때문이었다. 펠
로폰네소스 전쟁(기원전 431-404년)에서처럼 그리스 도시 국가 간의 싸움은 살
인적인 근접전 속에 방패와 방패가 맞부딪치는 팔랑크스와 팔랑크스의 충돌이었
다. 그리스 보병의 자질은 널리 인정받았고 페르시아를 비롯한 여러 나라에서 이
들을 용병으로 고용했다.

아테네의 트리에레스

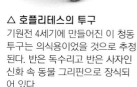

후대에 그려진 이 그림에서
볼 수 있듯이 아테네의 트리
에레스는 노잡이 170여 명이
3단으로 배치된 노를 젓는 민
첩한 군함이었다. 소수의 전
투병이 탄 이 군함은 주로 청
동으로 덮은 뱃머리의 충각
으로 적 함선의 흘수선 아래
쪽에 구멍을 내서 침몰시키
는 방법을 이용했다.

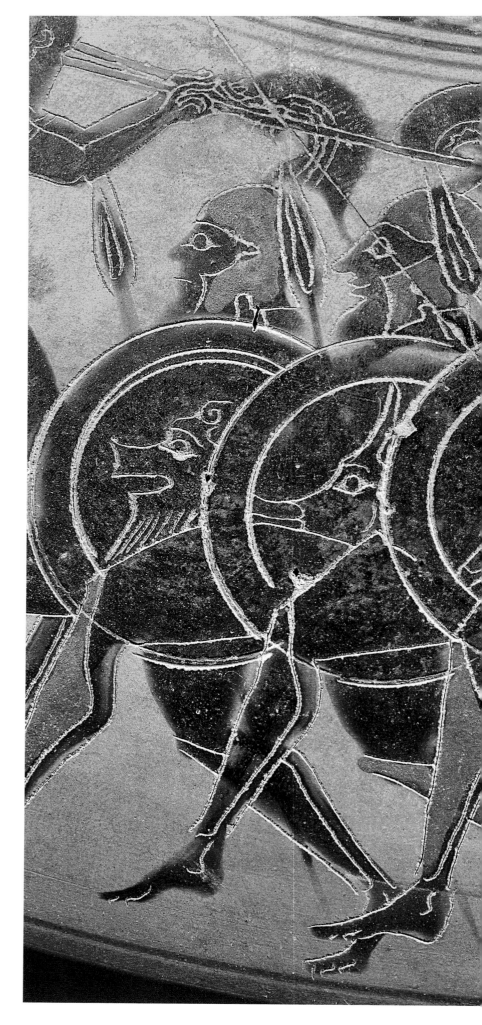

밀집 대형
기원전 6세기의 꽃병에 그려진 그림으로 말총으로 장식한 투구를 쓴 호플리테스가 전투에 돌입하는 모습을 묘사한 것이다. 이들은 밀집된 팔랑크스 진형을 갖추고 방패 벽 뒤에서 창으로 찌르는 방식으로 싸웠을 것으로 추정된다.

이소스 전투

기원전 333년, 시리아 북부에서 벌어진 이소스 전투는 알렉산드로스 대왕이 페르시아 제국의 대군을
상대로 승리를 거둔 중요한 전투였다. 이 승리를 계기로 그는 지중해 동부의 지배권을 장악해
페르시아의 침공에 대비할 수 있었다.

기원전 4세기에 마케도니아는 그리스 북쪽 변경에 있는 왕국이었다. 마케도니아는 필리포스 2세 치하에서 아테네와 그리스의 다른 도시국가들을 정복했다. 그리스의 주도권을 장악한 필리포스는 그리스의 적이었던 아케메네스 왕조의 페르시아 제국을 공격하기로 했다. 필리포스의 아들 알렉산드로스는 이 계획을 물려받았다. 페르시아는 기원전 5세기에 벌어진 그리스와의 전쟁(18-25쪽 참조)에서 패배한 뒤 아나톨리아에 있는 그리스의 도시 국가들을 다시 장악하고 있었다. 알렉산드로스는 이들 도시국가를 해방시키고 페르시아 대왕 다리우스 3세를 전투에 끌어들이기 위해 원정을 떠났다.

알렉산드로스 군의 중심에는 마케도니아의 정예 기병(헤타이로이)과 마케도니아에 이웃한 테살리아에서 온 기병의 지원을 받는 보병이 있었다. 도시 국가 출신의 그리스 군사들은 별다른 역할을 하지 못했다. 실제로 용병으로 고용되어 페르시아군 쪽에서 싸운 그리스인이 더 많았다. 그래도 알렉산드로스는 자신을 그리스 문명의 대의를 위해 싸우는 십자군으로 여겼다. 이 전투에서 승리한 알렉산드로스는 그것만으로는 욕망을 다 채우지 못해 더 큰 모험을 꿈꾸었고, 결국 인도까지 진출한다.

마케도니아의 알렉산드로스
기원전 356-323년

이소스의 이 모자이크에 나온 알렉산드로스는 스무 살에 아버지로부터 마케도니아의 왕좌를 물려받았다. 그는 그리스의 도시 국가들에 자신의 권위를 각인시킨 뒤 페르시아 제국의 정복에 나서 기원전 331년에 목표를 달성했다. 그의 군사적 위업은 중앙아시아와 인도 북부에까지 이어졌다. 알렉산드로스는 병에 걸려 33세의 나이에 바빌론에서 사망했다.

> "우리 마케도니아 사람들은 지난 몇 세대 동안
> 위험과 전쟁이라는 학교에서 혹독한 훈련을 받아 왔다."
>
> 알렉산드로스 대왕, 이소스에서 군사들에게 한 연설

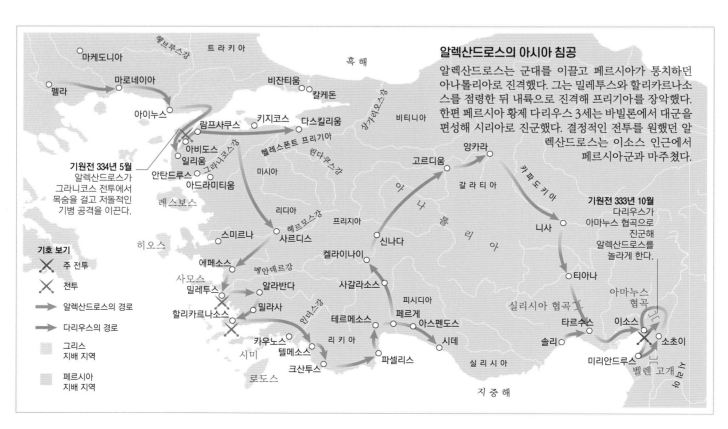

알렉산드로스의 아시아 침공

알렉산드로스는 군대를 이끌고 페르시아가 통치하던 아나톨리아로 진격했다. 그는 밀레투스와 할리카르나소스를 점령한 뒤 내륙으로 진격해 프리기아를 장악했다. 한편 페르시아 황제 다리우스 3세는 바빌론에서 대군을 편성해 시리아로 진군했다. 결정적인 전투를 원했던 알렉산드로스는 이소스 인근에서 페르시아군과 마주쳤다.

기원전 334년 5월
알렉산드로스가 그라니코스 전투에서 목숨을 걸고 저돌적인 기병 공격을 이끈다.

기원전 333년 10월
다리우스가 아마누스 협곡으로 진군해 알렉산드로스를 놀라게 한다.

기호 보기
✕ 주 전투
✕ 전투
→ 알렉산드로스의 경로
→ 다리우스의 경로
▢ 그리스 지배 지역
▢ 페르시아 지배 지역

1 포진 기원전 333년 11월

양측 군대가 산과 바다 사이의 평원에서 맞닥뜨린다. 다리우스가 수적 우위를 활용하기 어려운 좁은 지역이다. 페르시아군이 피나루스강 건너편 목책 뒤에서 방어 태세를 취한다. 다리우스는 정예 근위대인 이모탈의 호위를 받으며 후방의 전차에서 지휘한다. 반면 알렉산드로스는 마케도니아군 우익에 배치된 헤타이로이 기병대의 선두에서 공격을 이끈다.

2 교전

페르시아군 산병이 마케도니아군 오른쪽 측면을 통과하려고 하지만 알렉산드로스의 경기병에게 저지당한다. 바다 근처에서는 파르메니온 휘하의 테살리아 기병이 페르시아군 기병의 공격을 받지만 버텨 낸다. 중앙에서는 마케도니아의 팔랑크스가 강을 건너지만 대열이 흐트러지며 민첩한 그리스 호플리테스 용병에게 밀린다.

3 마케도니아군의 돌파

전투가 불리하게 돌아가자 알렉산드로스가 페르시아군 좌측을 향해 맹렬하게 돌격한다. 그는 정예 헤타이로이의 선두에서 말을 달려 페르시아군 측면의 기병과 경보병을 무너뜨린다. 안쪽으로 방향을 튼 헤타이로이 기병대가 페르시아군 사이를 뚫고 들어가 다리우스까지 위협한다.

→ 페르시아군의 진격　→ 마케도니아군의 진격

→ 알렉산드로스 기병대의 돌격

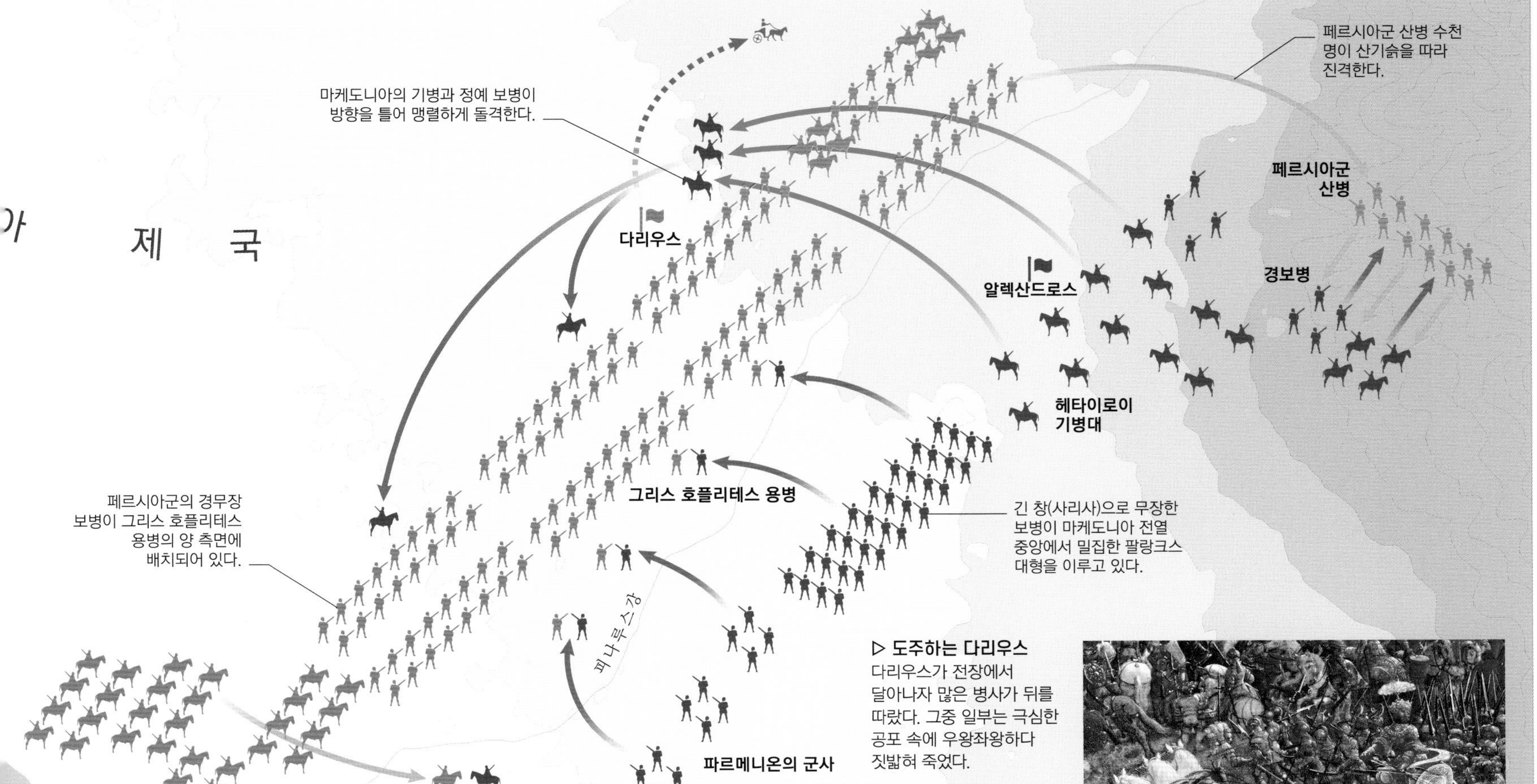

제 국

마케도니아의 기병과 정예 보병이 방향을 틀어 맹렬하게 돌격한다.

페르시아군 산병 수천 명이 산기슭을 따라 진격한다.

다리우스

페르시아군 산병

알렉산드로스

경보병

헤타이로이 기병대

페르시아군의 경무장 보병이 그리스 호플리테스 용병의 양 측면에 배치되어 있다.

그리스 호플리테스 용병

긴 창(사리사)으로 무장한 보병이 마케도니아 전열 중앙에서 밀집한 팔랑크스 대형을 이루고 있다.

피나루스강

▷ 도주하는 다리우스
다리우스가 전장에서 달아나자 많은 병사가 뒤를 따랐다. 그중 일부는 극심한 공포 속에 우왕좌왕하다 짓밟혀 죽었다.

파르메니온의 군사

테살리아 기병

4 전투의 뒤끝

파르메니온 휘하의 테살리아 기병이 페르시아군 오른쪽 측면으로 반격하자 그리스의 호플리테스 용병이 마케도니아군에 둘러싸인다. 다리우스가 전장에서 도망쳐 산을 통해 동쪽으로 탈출한 뒤 전차에서 말로 갈아타고 도주의 속도를 높인다. 알렉산드로스가 다리우스의 보물을 차지할 뿐 아니라 그의 아내와 딸까지 포로로 잡는다.

알렉산드로스 군의 부사령관 파르메니온이 좌익의 기병을 지휘한다.

→ 헤타이로이 기병대의 호플리테스 포위
→ 테살리아 기병대의 반격
⇢🐎 다리우스의 도주

역경의 극복

알렉산드로스(약 4만 명)보다 군사가 훨씬 많았던 다리우스는 적을 함정에 끌어들였다고 여겼지만 알렉산드로스는 경험 많은 자신의 군대가 이길 것을 확신했다.

기호 보기
페르시아군

▌ 사령관　　　🧍 보병　　　🐎 기병

마케도니아군

▐ 사령관　　　🧍 보병　　　🐎 기병

타임라인

기원전 333년 11월 5일　　　　　　　　　기원전 333년 11월 6일

정면 승부

알렉산드로스는 야간 공격을 할 수 있었음에도 자신보다 훨씬 더 큰 규모의 페르시아 군대와 벌판에서 정면 대결을 펼치기로 했다. 그의 자신감에는 이유가 있었다.

기호 보기

마케도니아군

🚶 보병

🐎 기병

🐎 군영과 군수품 수송 마차

페르시아군

🚶 보병

🐎 기병

🐎 전차

타임라인

기원전 331년 9월 29일   기원전 331년 10월 1일

전투에 이르기까지

기원전 333년에 이소스 전투에서 승리한 알렉산드로스는 페르시아의 점령지 티레와 가자를 빼앗았다. 이집트를 점령한 알렉산드로스는 마케도니아 통치의 거점으로 알렉산드리아라는 새 도시를 건설했다. 그는 기원전 331년에 티레에서 병력을 소집한 뒤 동쪽으로 진군해 가우가멜라 전투에서 다리우스와 맞섰다.

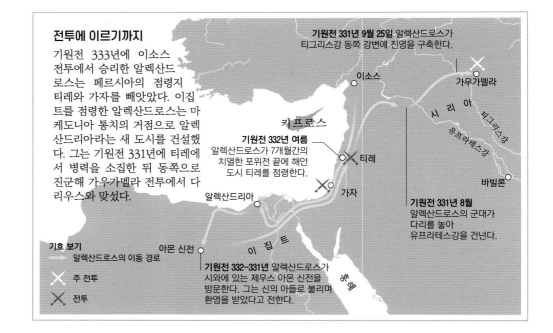

기원전 331년 9월 25일 알렉산드로스가 티그리스강 동쪽 강변에 진영을 구축한다.

이소스

가우가멜라

시 리 아

키프로스

티그리스강

유프라테스강

기원전 332년 여름 알렉산드로스가 7개월간의 치열한 포위전 끝에 해안 도시 티레를 점령한다.

티레

바빌론

가자

알렉산드리아

기원전 331년 8월 알렉산드로스의 군대가 다리를 놓아 유프라테스강을 건넌다.

아몬 신전

이 집 트

홍 해

기원전 332–331년 알렉산드로스가 시와에 있는 제우스 아몬 신전을 방문한다. 그는 신의 아들로 불리며 환영을 받았다고 전한다.

기호 보기

→ 알렉산드로스의 이동 경로

✕ 주 전투

✕ 전투

다리우스의 공격

다리우스 3세는 전차를 최대한 활용하기 위해 전투에 앞서 벌판의 돌을 제거했다. 하지만 알렉산드로스의 군대는 전차와 기병의 초기 맹습을 슬쩍 피하며 막아 냈다.

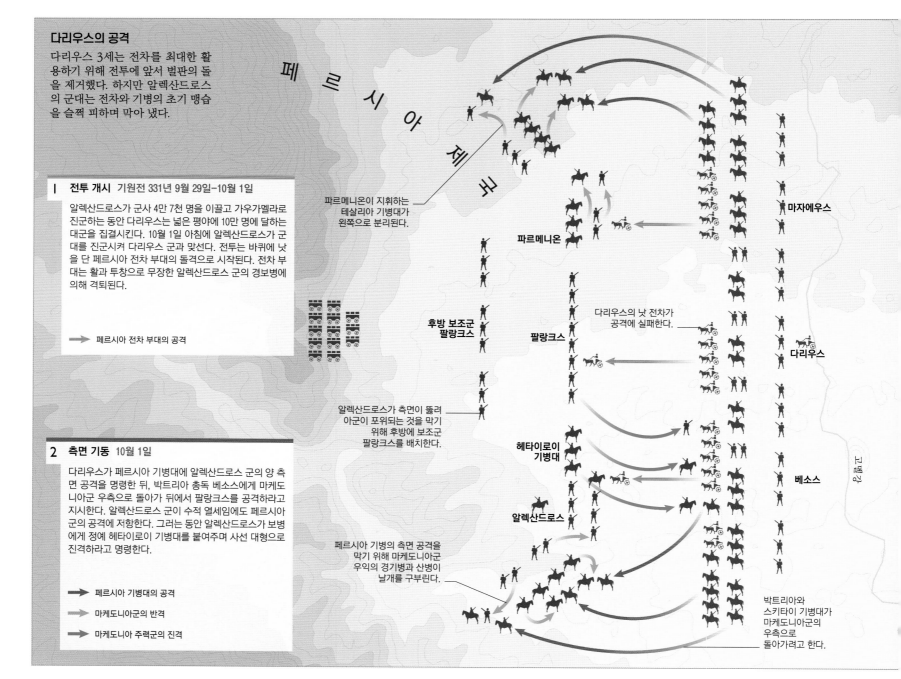

페 르 시 아 제 국

1 전투 개시 기원전 331년 9월 29일-10월 1일

알렉산드로스가 군사 4만 7천 명을 이끌고 가우가멜라로 진군하는 동안 다리우스는 넓은 평야에 10만 명에 달하는 대군을 집결시킨다. 10월 1일 아침에 알렉산드로스가 군대를 진군시켜 다리우스 군과 맞선다. 전투는 바퀴에 낫을 단 페르시아 전차 부대의 돌격으로 시작된다. 전차 부대는 활과 투창으로 무장한 알렉산드로스 군의 경보병에 의해 격퇴된다.

→ 페르시아 전차 부대의 공격

파르메니온이 지휘하는 테살리아 기병대가 왼쪽으로 분리된다.

마자에우스

파르메니온

후방 보조군 팔랑크스

팔랑크스

다리우스의 낫 전차가 공격에 실패한다.

다리우스

알렉산드로스가 측면이 뚫려 아군이 포위되는 것을 막기 위해 후방에 보조군 팔랑크스를 배치한다.

헤타이로이 기병대

베소스

2 측면 기동 10월 1일

다리우스가 페르시아 기병대에 알렉산드로스 군의 양 측면 공격을 명령한 뒤, 박트리아 총독 베소스에게 마케도니아군 우측으로 돌아가 뒤에서 팔랑크스를 공격하라고 지시한다. 알렉산드로스 군이 수적 열세임에도 페르시아 군의 공격에 저항한다. 그러는 동안 알렉산드로스가 보병에게 정예 헤타이로이 기병대를 붙여주며 사선 대형으로 진격하라고 명령한다.

알렉산드로스

페르시아 기병의 측면 공격을 막기 위해 마케도니아군 우익의 경기병과 산병이 날개를 구부린다.

박트리아와 스키타이 기병대가 마케도니아군의 우측으로 돌아가려고 한다.

고멜강

→ 페르시아 기병대의 공격

→ 마케도니아군의 반격

→ 마케도니아 주력군의 진격

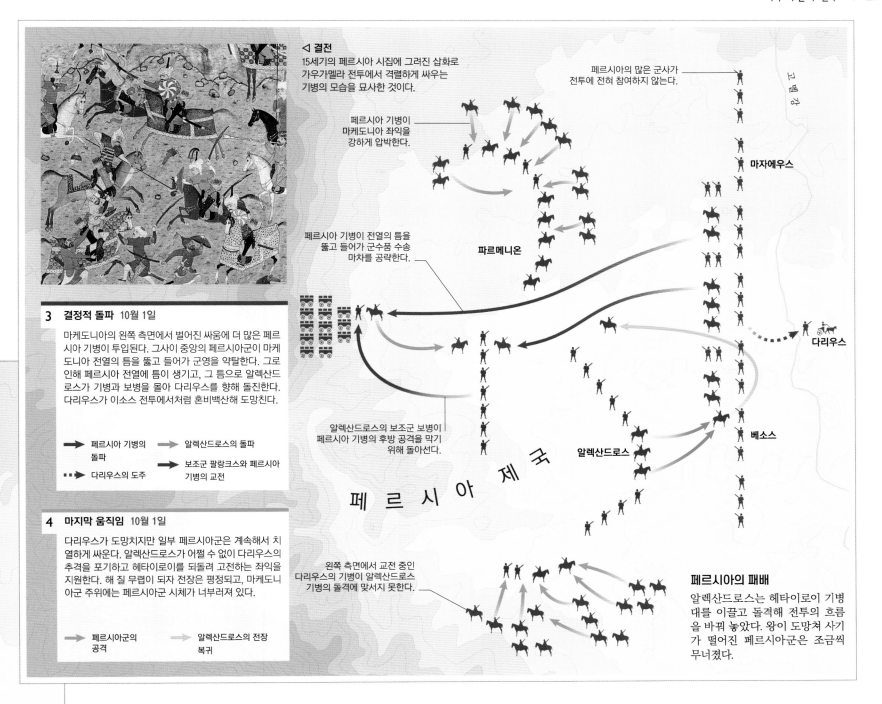

◁ **결전**
15세기의 페르시아 시집에 그려진 삽화로 가우가멜라 전투에서 격렬하게 싸우는 기병의 모습을 묘사한 것이다.

페르시아의 많은 군사가 전투에 전혀 참여하지 않는다.

페르시아 기병이 마케도니아 좌익을 강하게 압박한다.

마자에우스

파르메니온

페르시아 기병이 전열의 틈을 뚫고 들어가 군수품 수송 마차를 공략한다.

다리우스

3 결정적 돌파 10월 1일
마케도니아의 왼쪽 측면에서 벌어진 싸움에 더 많은 페르시아 기병이 투입된다. 그사이 중앙의 페르시아군이 마케도니아 전열의 틈을 뚫고 들어가 군영을 약탈한다. 그로 인해 페르시아 전열에 틈이 생기고, 그 틈으로 알렉산드로스가 기병과 보병을 몰아 다리우스를 향해 돌진한다. 다리우스가 이소스 전투에서처럼 혼비백산해 도망친다.

알렉산드로스의 보조군 보병이 페르시아 기병의 후방 공격을 막기 위해 돌아선다.

베소스

알렉산드로스

페르시아 제국

→ 페르시아 기병의 돌파
→ 알렉산드로스의 돌파
┅▶ 다리우스의 도주
→ 보조군 팔랑크스와 페르시아 기병의 교전

4 마지막 움직임 10월 1일
다리우스가 도망치지만 일부 페르시아군은 계속해서 치열하게 싸운다. 알렉산드로스가 어쩔 수 없이 다리우스의 추격을 포기하고 헤타이로이를 되돌려 고전하는 좌익을 지원한다. 해 질 무렵이 되자 전장은 평정되고, 마케도니아군 주위에는 페르시아군 시체가 너부러져 있다.

왼쪽 측면에서 교전 중인 다리우스의 기병이 알렉산드로스 기병의 돌격에 맞서지 못한다.

페르시아의 패배
알렉산드로스는 헤타이로이 기병대를 이끌고 돌격해 전투의 흐름을 바꿔 놓았다. 왕이 도망쳐 사기가 떨어진 페르시아군은 조금씩 무너졌다.

→ 페르시아군의 공격
→ 알렉산드로스의 전장 복귀

가우가멜라 전투

가우가멜라 전투는 마케도니아의 정복자 알렉산드로스 대왕에게 매우 중요한 승리를 가져다준 전투였다. 기원전 331년에 오늘날의 이라크에서 벌어진 이 전투로 강력하던 아케메네스 왕조의 페르시아 제국이 멸망하고 알렉산드로스의 지배하에 들어갔다.

기원전 333년에 이소스 전투(26-27쪽 참조)에서 페르시아를 꺾고 이집트까지 점령한(이집트는 이전에 페르시아에 정복당했다) 알렉산드로스는 파라오의 후계자를 자처하며 자신이 신의 아들이라는 사실을 더 믿게 되었다. 마케도니아가 페르시아보다 싸움을 잘한다고 확신한 그는 자신에게 유리한 조건을 제시한 다리우스 3세의 평화 제안을 거부하고 페르시아와 결전을 벌이기로 했다. 알렉산드로스는 유프라테스강을 따라 직진하는 예측 가능한 경로를 피해 북동쪽으로 진군해 유프라테스강과 티그리스강의 상류를 건넜다. 한편 다리우스는 자신이

통치하는 아시아 각지에서 대군을 그러모아 알렉산드로스와 맞서기 위해 진군했다. 대규모 기병을 최대한 활용하기 위해 가우가멜라 마을(오늘날 이라크 쿠르디스탄의 도후크) 인근의 벌판에서 싸웠지만 참패했다. 패주하는 페르시아군을 뒤쫓던 알렉산드로스는 바빌론과 페르시아의 공식적인 수도 페르세폴리스를 점령하고는 불태워 버렸다. 다리우스가 박트리아 총독 베소스에게 살해된 뒤 알렉산드로스는 페르시아의 왕위를 계승했다. 이후 그는 다시 원정을 떠나 기원전 323년에 죽기 전까지 중앙아시아와 인도 북부까지 제국의 영토를 확장했다.

기마전
세밀하게 조각된 알렉산드로스 대왕 석관의 대리석 부조는 기원전 4세기 후반에 제작된 것으로 추정된다. 이 사진은 오늘날의 튀르키예에 있는 이 소스에서 알렉산드로스가 승리한 전투(26-27쪽 참조)에 참전한 기병의 모습이다.

알렉산드로스의 군대

마케도니아의 사령관 알렉산드로스 대왕(기원전 356-323년)은 역사상 가장 뛰어난 군대 중 하나를 이끌었다. 광대한 페르시아 제국을 정복했고, 나아가서 중앙아시아와 인도 북부까지 진출했다.

알렉산드로스 군대의 강점은 전쟁과 관련한 그의 조국 마케도니아의 전통과 고대 그리스 도시국가(22-23쪽 참조)의 전통을 융합한 것이었다. 마케도니아인은 거친 전사 민족으로, 기마에 능한 귀족들은 개인의 용기와 전투에서의 용맹함을 최고의 가치로 여겼다. 이들은 그리스인으로부터 훈련된 보병, 즉 통일된 밀집대형을 이루고 싸우는 보병의 중요성을 배웠다.

△ **전설을 기리는 작품**
알렉산드로스 사후에 많은 조각가가 그를 본뜬 작품을 만들었다. 이 조각상은 그가 죽고 나서 약 2세기 후인 기원전 323년에 제작된 것이다.

전투 대형

알렉산드로스는 마케도니아 귀족으로 구성된 기병대인 헤타이로이를 이끌고 선두에서 전투를 지휘했다. 수천 명에 이르는 헤타이로이는 창과 코피스라고 불리는 구부러진 짧은 칼을 들고 싸웠다. 이들은 언제나 영예로운 위치로 여겨지던 전열의 오른쪽에 배치되어 적의 심장부로 돌진하는 기습 공격 부대로 활동했다. 마케도니아의 남쪽에 이웃한 테살리아에서 모집한 기병대는 왼쪽 측면에 배치되었다. 중앙에는 훈련된 전문 보병 256명이 팔랑크스 대형을 이루고 긴 창을 휘둘렀다. 이 밖에도 알렉산드로스의 군대에는 헤타이로이와 함께 오른쪽 공격 부대의 일원이었던 정예 하이파스피스트(방패 부대)에서부터 다양한 경무장 궁수와 산병에 이르기까지 여러 가지 역할을 수행하는 보병이 있었다. 저돌적이고 카리스마 넘치는 리더가 이끈 이 혼성 부대는 전장에서 무시무시한 힘을 발휘했다.

마케도니아의 팔랑크스 대형

마케도니아 보병은 종횡으로 최대 16줄까지 병사를 배치한 밀집 대형을 이루고 싸웠다. 팔랑크스 대형을 이룬 병사들은 6m 길이의 '사리사'라는 창을 양손으로 잡고 휘둘렀다. 뒷줄에 배치된 병사가 치켜든 사리사는 날아오는 화살을 막는 데 도움이 되었다.

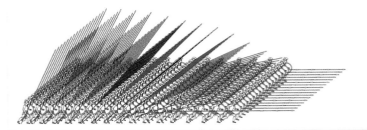

양국 해군의 전술

로마 해군의 군함은 대부분 3단으로 노를 배치한 육중한 퀸퀴어림으로, 노잡이만 300명이 필요했다. 돌이나 화살을 날려 보내는 투석기로 무장한 각 배에는 병사가 100명 넘게 승선하고 있었는데, 이들의 목표는 적의 배로 건너가 점령하는 것이었다. 로마군보다 함선 운용 능력이 뛰어났고 퀸퀴어림도 가벼웠던 카르타고의 전술은 뱃머리에 달린 충각으로 적의 군함을 들이받아 침몰시키는 것이었다.

로마 해군의 퀸퀴어림

로마군의 출발

로마 함대는 로마 근처의 오스티아에서 출항해 핀티아스(리카타)에서 병사와 군마를 태웠다. 집정관 만리우스 불소와 아틸리우스 레굴루스가 이끈 함대는 시칠리아 해안을 따라 서쪽으로 출발했다. 군함의 수가 로마군과 비슷했던 카르타고 함대는 하밀카르와 한노의 지휘 하에 횡렬로 전개하며 로마 함대의 진로를 막았다.

기호 보기
- ✕ 주 전투
- → 카르타고 함대
- → 로마 함대
- ▢ 카르타고 점령지
- ▢ 로마 점령지
- ▢ 시라쿠사 점령지

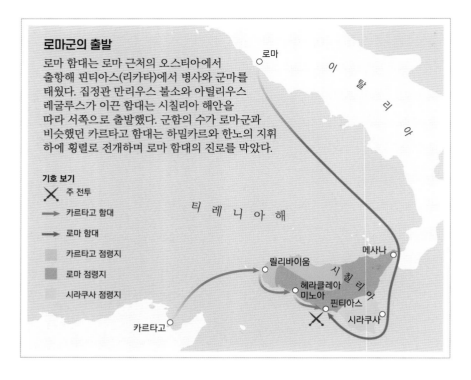

교전

카르타고군은 수송선 때문에 기동이 자유롭지 못한 로마 함대를 분리해 고립시키는 공격적 전술을 택했다. 하지만 분리된 로마의 전대들은 공격을 받으면서도 결사적으로 저항했다.

1 카르타고의 함정

적의 공격을 유도하기 위해 의도적으로 전력을 약하게 배치한 카르타고 함대의 횡렬진 중앙으로 로마 함선이 쐐기 대형으로 돌진한다. 하밀카르의 명령에 따라 중앙의 함선이 도망치는 시늉을 하며 뒤로 빠지자 로마의 선두 전대가 추격에 나서고, 이로 인해 속도가 느린 후방의 함선과 분리된다. 하밀카르가 도망치던 배를 돌려 싸우라는 명령을 내리자 대혼전이 시작된다.

- → 로마의 진격
- ┄▶ 카르타고의 퇴각과 선회
- →

2 공격받는 로마 함대

로마의 선두 전대가 앞으로 돌진하자 중앙 전대와 후미 전대는 카르타고 함대의 좌우 날개에 배치된 군함의 공격에 노출된다. 카르타고의 좌측 날개는 군마 수송선을 예인하는 전대를 에워싸며 공격해 들어가고, 한노 휘하의 갤리선은 '트리아리'로 불리는 후방의 예비 전대와 교전하기 위해 돌진한다. 이렇게 해서 전방, 중앙, 후방 셋으로 전선이 분리되어 치열한 전투가 벌어진다.

- → 카르타고의 공격

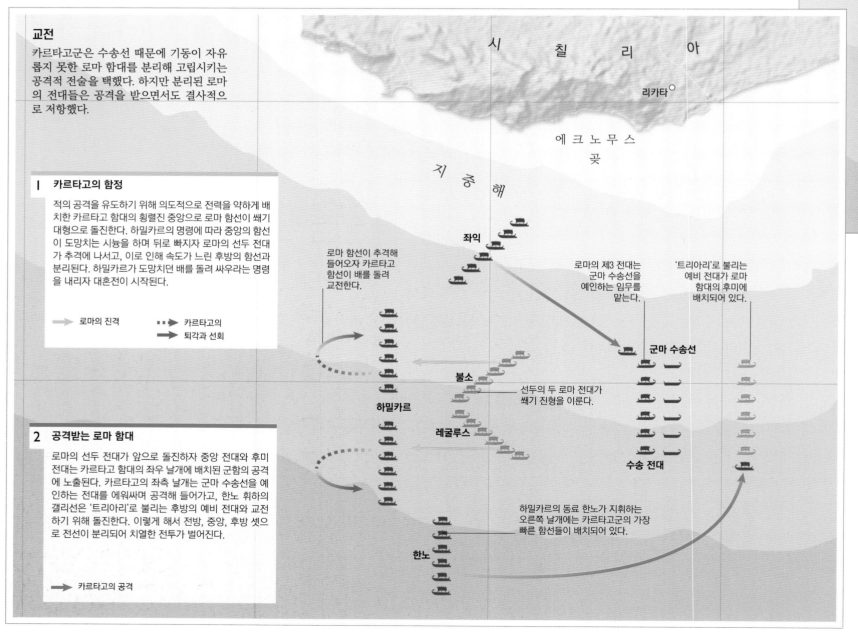

로마 함선이 추격해 들어오자 카르타고 함선이 배를 돌려 교전한다.

로마의 제3 전대는 군마 수송선을 예인하는 임무를 맡는다.

'트리아리'로 불리는 예비 전대가 로마 함대의 후미에 배치되어 있다.

선두의 두 로마 전대가 쐐기 진형을 이룬다.

하밀카르의 동료 한노가 지휘하는 오른쪽 날개에는 카르타고군의 가장 빠른 함선들이 배치되어 있다.

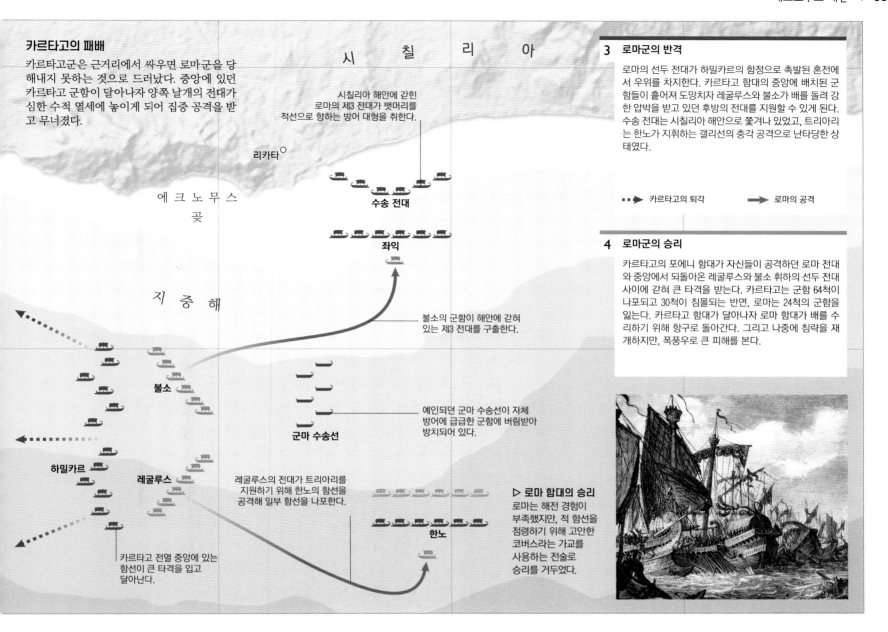

카르타고의 패배

카르타고군은 근거리에서 싸우면 로마군을 당해내지 못하는 것으로 드러났다. 중앙에 있던 카르타고 군함이 달아나자 양쪽 날개의 전대가 심한 수적 열세에 놓이게 되어 집중 공격을 받고 무너졌다.

시칠리아

리카타

에 크 노 무 스
곶

지 중 해

시칠리아 해안에 갇힌 로마의 제3 전대가 뱃머리를 적선으로 향하는 방어 대형을 취한다.

수송 전대

좌익

불소의 군함이 해안에 갇혀 있는 제3 전대를 구출한다.

불소

예인되던 군마 수송선이 자체 방어에 급급한 군함에 버림받아 방치되어 있다.

군마 수송선

하밀카르

레굴루스

레굴루스의 전대가 트리아리를 지원하기 위해 한노의 함선을 공격해 일부 함선을 나포한다.

한노

카르타고 전열 중앙에 있는 함선이 큰 타격을 입고 달아난다.

3 로마군의 반격

로마의 선두 전대가 하밀카르의 함정으로 촉발된 혼전에서 우위를 차지한다. 카르타고 함대의 중앙에 배치된 군함들이 흩어져 도망치자 레굴루스와 불소가 배를 돌려 강한 압박을 받고 있던 후방의 전대를 지원할 수 있게 된다. 수송 전대는 시칠리아 해안으로 쫓겨나 있었고, 트리아리는 한노가 지휘하는 갤리선의 충각 공격으로 난타당한 상태였다.

▪▸ 카르타고의 퇴각   ▸ 로마의 공격

4 로마군의 승리

카르타고의 포에니 함대가 자신들이 공격하던 로마 전대와 중앙에서 되돌아온 레굴루스와 불소 휘하의 선두 전대 사이에 갇혀 큰 타격을 받는다. 카르타고는 군함 64척이 나포되고 30척이 침몰되는 반면, 로마는 24척의 군함을 잃는다. 카르타고 함대가 달아나자 로마 함대가 배를 수리하기 위해 항구로 돌아간다. 그리고 나중에 침략을 재개하지만, 폭풍우로 큰 피해를 본다.

▷ 로마 함대의 승리
로마는 해전 경험이 부족했지만, 적 함선을 점령하기 위해 고안한 코버스라는 가교를 사용하는 전술로 승리를 거두었다.

에크노무스 해전

기원전 256년 카르타고 함대와 로마 공화국 함대 간에 벌어진 에크노무스 해전은 배 700여 척과 병력 30여만 명이 참전한 역사상 가장 큰 해전 중 하나다. 이 전투에서 승리한 로마는 지중해 서부 해역 전반의 제해권을 확보했다.

기원전 3세기 중엽에 북아프리카의 도시 국가 카르타고는 무역과 해군력을 바탕으로 지중해 서부의 제국을 통치했다. 카르타고의 패권은 강력한 육군을 앞세워 이탈리아를 장악하며 부상한 로마 공화국의 도전을 받았다. 카르타고와 로마는 전략적·경제적으로 큰 가치가 있는 시칠리아를 놓고 제1차 포에니 전쟁(기원전 264-241년)을 벌였다. 육지에서의 우세만으로는 충분하지 않다는 사실을 깨달은 로마는 바닥부터 시작해 해군을 건설했다. 이들은 카르타고 해군의 함선 운용 능력을 절대 따라잡을 수 없다는 사실을 깨닫고 대못이 박힌 나무 가교 코버스를 고안해 냈다. 코

버스는 적의 배를 움직이지 못하게 한 다음 병사들을 적의 배로 건너가게 하기 위한 장치였다. 그러기 위해 배에 병사도 가득 태웠다.

기원전 256년, 시칠리아를 둘러싼 전쟁이 교착 상태에 빠지자 로마는 북아프리카로 침략해 카르타고를 공격하려고 바다를 통해 육군을 보냈다. 카르타고는 에크노무스곶 앞바다에서 로마군을 막으려다 대패하고 말았다. 로마의 북아프리카 침공은 결국 실패로 끝났지만, 로마는 이 전투를 통해 해군력에서 우위를 점하게 되었고, 그 결과 시칠리아의 지배권을 확보했다.

지중해를 차지하기 위한 싸움

카르타고는 에크노무스에서 로마군을 막기 위해 가용 해군력을 총동원했다. 카르타고의 패배로 세력 균형의 추는 로마로 이동했다.

기호 보기

로마			카르타고
선두 전대	트리아리	수송선	군함

타임라인

칸나에 전투

제2차 포에니 전쟁(기원전 218-201년)이 시작되자
카르타고의 장군 한니발 바르카는 군사를 이끌고 알프스를 넘어
로마 공화국 영토를 침공했다. 그의 침공은 기원전 216년에 칸나에 전투에서
로마군을 괴멸하면서 최고조에 달했다.
이 전투는 군사 전술의 걸작이라는 평을 듣는다.

제1차 포에니 전쟁(32-33쪽 참조)에서 카르타고가 패배함으로써 로마 공화국은 이탈리아와 시칠리아를 지배하게 되었다. 그래도 카르타고는 북아프리카와 스페인 남부를 통치하는 강대국으로 남아 있었다. 기원전 221년, 26세 때 스페인 주둔군 사령관이 된 한니발은 제1차 포에니 전쟁에서 패배한 아버지 하밀카르의 복수를 할 기회를 기다렸다. 기원전 219년에 한니발이 로마와 동맹을 맺고 있던 스페인 도시 사군툼을 점령하자 로마가 전쟁을 선포했다. 한니발은 로마가 통치하던 이탈리아를 침공해 여러 전투에서 승리를 거두었다. 그중 최고는 칸나에 전투였다. 하지만 한니발은 로마를 공격하는 위험

까지는 무릅쓰지 않았다. 파비우스 막시무스를 비롯한 집정관들이 지휘하던 로마군은 강화 조약 체결을 거부하고 소모전을 벌이며 한니발이 전투에서 이길 기회를 더는 주지 않았다. 카르타고군은 결정적인 전투 없이 15년 동안 이탈리아에 머물렀다. 기원전 204년에 로마가 북아프리카를 침공하자 카르타고는 한니발의 군사를 불러들였다. 기원전 202년, 한니발이 자마 전투에서 패배하자 카르타고는 로마와 강화 조약을 맺어야 했다. 한니발은 기원전 182년에 망명지에서 자살했고, 카르타고는 기원전 149-146년에 벌어진 제3차 포에니 전쟁에서 로마에 패배해 멸망했다.

> "한니발은 탁월한 전술가였다. 역사상 칸나에 전투보다
> 더 훌륭한 전술의 표본은 없다."
>
> 시어도어 에어 올트 도지, 미국 역사학자, 1893년

양익 포위

군사 역사학자들은 칸나에 전투를 '양익 포위'의 대표적인 사례로 꼽는다. 적군을 양쪽 측면에서 포위하여 빠져나갈 수 없는 함정에 빠뜨리는 전술이다.

기호 보기

⬛ 마을

카르타고군	로마군
군영	군영
켈트인 보병과 스페인 보병	보병
켈트인 보병과 스페인 기병	로마 기병
누미디아 기병	동맹군 기병
리비아 병사	

타임라인

기원전 216년 8월 2일 ─────────── 8월 3일

기호 보기

✕ 주 전투
✕ 전투
➜ 한니발의 경로
⬛ 기원전 218년 카르타고
⬛ 기원전 218년 로마와 동맹국

기원전 218년 늦여름 한니발이 갈리아족을 물리치고 론강을 건넌다.

기원전 218년 12월 한니발이 그의 이탈리아 침공을 막기 위해 파견된 로마군을 격파한다.

기원전 217년 6월 21일 전해에 북쪽의 티키누스 호수에서 로마군을 물리친 한니발이 트라시메노 호수에서 매복 공격으로 로마군을 격파한다.

기원전 218년 여름 로마군이 마실리아에 상륙하지만 카르타고군 저지에 실패한다.

기원전 218년 봄 한니발이 보병 9만 명과 기병 1만 2천 기를 이끌고 출정한다.

마실리아 · 코르시카 · 로마 · 사르데냐 · 티레니아해 · 지중해 · 시칠리아 · 에브로강 · 사군툼 · 뉴 카르타고 · 스페인 · 카르타고 · 아프리카 · 트레비아 · 칸나에

칸나에까지 한니발의 경로

한니발은 군사를 이끌고 적대 지역을 통과해 이탈리아로 진군했다. 그는 트레비아강과 트라시메노 호수에서 벌어진 전투에서 로마군을 격파했다. 그가 칸나에의 보급 기지를 점령하자 로마는 그를 치기 위해 대군을 파견했다.

1 전투 배치 기원전 216년 8월 2일

로마군과 카르타고군이 아우피두스 강변의 벌판에 진을 친다. 8월 2일 이른 아침에 로마군이 집정관 아이밀리우스 파울루스와 테렌티우스 바로의 지휘하에 강을 건너, 강과 남쪽 언덕 사이의 제한된 공간에서 전열을 갖춘다. 한니발도 도전을 받아들여 응전 태세를 갖춘다.

→ 전투 대형을 갖추는 카르타고군
→ 전투 대형을 갖추는 로마군

2 한니발의 초승달 대형

한니발의 군대는 켈트인, 스페인 원주민, 누미디아인, 리비아인 등 카르타고 제국의 각지에서 온 병사들로 구성되었다. 기병은 강하지만 보병은 로마군에 비해 수적으로 크게 열세다. 한니발은 밀집된 로마 보병이 중앙을 공격하도록 유도하기 위해 휘하의 보병을 초승달 모양으로 얇게 배치한다. 그리고 중앙에는 스페인 보병과 소모용 성격이 강한 켈트인 보병을 배치한다.

3 교전

초기 몇 차례의 교전 끝에 로마 보병이 압박해 들어간다. 중앙의 켈트인 보병과 스페인 보병이 뒤로 물러나자 로마 보병이 뒤따라 진격한다. 초승달 좌우에 배치된 리비아 중무장 보병은 자기 자리를 고수한다. 그사이 하스드루발의 기병이 왼쪽 측면에서 로마의 중무장 기병을 격파해 도망치게 만든다.

→ 로마 보병의 압박 전진
--▶ 로마 기병의 도주
→ 카르타고 기병의 진격
--▶ 켈트인 보병과 스페인 보병의 후퇴

4 포위된 로마군

한니발의 리비아 군대가 중앙으로 방향을 틀어 로마군을 측면에서 공격하자 로마 보병은 삼면으로 포위된다. 우익에 배치된 누미디아 기병대가 로마 동맹군 기병대를 전장에서 몰아내자 하스드루발의 기병대가 로마 보병의 뒤로 돌아 뒤에서 공격한다. 로마 보병은 소수의 인원만 탈출에 성공하고 전멸한다.

→ 로마군의 압박 전진
→ 리비아 보병의 공격
→ 누미디아 기병의 진격
→ 켈트인 보병과 스페인 보병의 공격
--▶ 로마 기병의 후퇴

아우피두스강

하스드루발의 중무장 기병대가 로마 기병대를 전장에서 쫓아내지만 추격은 자제한다.

파울루스의 기병

카르타고 기병대가 로마 보병을 완전히 포위한다.

로마 보병

하스드루발의 기병

리비아 보병

리비아 보병이 양 측면에서 로마 보병을 공격한다.

바로의 기병

한니발의 보병

리비아 보병

한노의 기병

켈트인 보병과 스페인 보병이 후퇴하며 로마 보병을 끌어들인다.

바를레타 방향 ▶

▲ 카노사 디 풀리아 방향

△ 알프스를 넘는 한니발

한니발은 보병과 기병 외에 노새와 코끼리 약 37마리를 대동하고 알프스를 넘어, 로마 공화국을 공격하러 가는 여정에서 적대 지역과 해군을 피할 수 있었다.

알레시아 전투

기원전 52년의 알레시아 포위 공격은 로마 장군 율리우스 카이사르의 갈리아 정복 작전의 절정이었다. 카이사르는 베르킨게토릭스가 이끈 갈리아족 반란군을 포위하여 분쇄하고 지원군을 격퇴했다. 카이사르의 승리로 갈리아는 이후 500년 동안 로마의 지배를 받는다.

오늘날의 프랑스, 벨기에, 스위스와 인근 지역을 포함하는 갈리아는 여러 켈트 부족이 살던 곳이다. 율리우스 카이사르는 기원전 58년부터 여러 차례의 전투를 거쳐 이 부족들을 정복했다. 하지만 패배한 부족들을 잔인하게 다뤄 원성을 샀다. 기원전 53-52년 겨울, 아르베르니족의 족장 베르킨게토릭스가 다른 여러 켈트족의 지지를 받아 반란을 일으켰다. 카이사르는 요새화된 도시 아바리쿰을 공략해 보급품 부족에서 잠시 벗어났지만, 아르베르니족의 본거지인 게르고비아를 공격하다 패퇴했다. 베르킨게토릭스는 이동 중이던 카이사르의 군대를 공격했지만, 그의 기병대가 카이사르군에 쫓겨났다. 그는 후퇴하는 로마군을 계속 공격했다. 하지만 전면 공격에 나섰다가 패배하고 말았다. 베르킨게토릭스는 프랑스 동부의 언덕에 있는 알레시아로 철수해 강력한 방어 태세를 취했다.

카이사르는 언덕에 자리 잡은 강력한 갈리아 군대를 공격하는 것은 어리석은 짓이라고 생각했다. 특히 게르고비아 공성전 이후 이런 생각이 굳어졌다. 그 대신 그는 갈리아군을 포위해 굶겨 죽이기로 했다. 로마군은 해자를 파고 나무와 흙으로 성벽을 설치해 16km 길이의 포위망을 구축했다. 베르킨게토릭스는 포위망이 완성되기 전에 기병을 내보내 다른 켈트족 족장들에게 구원을 요청하게 했다. 후방으로부터 공격받을 것을 예상한 카

위치 보기

이사르는 첫 번째 포위망 외곽으로 또 다른 방어시설을 구축하게 했다. 그렇게 해서 로마군은 안과 밖 양쪽 방어시설 가운데 놓이게 되었다. 8만 명에 이르는 알레시아의 갈리아군은 곧 식량이 부족해졌다. 베르킨게토릭스는 식량을 아끼기 위해 노인과 여자, 아이들에게 성을 떠나라고 명령했다. 카이사르가 이들의 로마 방어선 통과를 허용하지 않자 이들은 양 군대 사이에서 굶어 죽었다. 9월 말에 대규모 지원군이 알레시아 외곽에 도착했다. 로마군은 수적으로 열세였지만 방어시설 덕분에 연이은 갈리아군의 공격을 막아낼 수 있었다. 전투는 갈리아군의 필사적인 총력전을 카이사르군이 격퇴함으로써 끝을 맺었다. 카이사르가 진영을 누비며 병사들을 독려하고, 게르만 용병 기병을 내보내 적의 배후에서 공격하게 한 것이 주효했다. 지원군은 쫓겨났고, 베르킨게토릭스는 항복했다.

마지막 전투

갈리아군은 바깥에서 공격하는 지원군과 협공해 포위망을 돌파하려고 했다. 이들은 레아산 기슭의 로마 진영에 약점이 있다는 사실을 발견했다. 갈리아군이 이 지역을 공격하는 것을 본 카이사르는 반격을 지휘하는 한편 게르만인 기병에게 적의 후위로 돌아가 공격하라고 명령했다. 지원군은 혼란에 빠져 흩어졌다.

기호 보기
로마군
- ᜴᜴᜴᜴ 로마군의 포위선
- ᜴᜴᜴᜴ 로마군의 방어선
- ⊟ 로마 진영
- 🯅 로마군
- ➡ 카이사르의 움직임
- 🐎 게르만인 기병
- ➤ 게르만인의 공격

갈리아군
- ⊟ 갈리아 구원 부대 진영
- 🯅 갈리아군
- ➤ 갈리아군의 진격

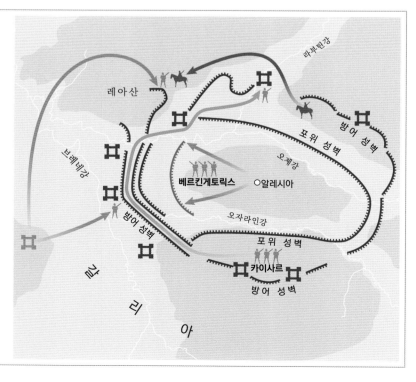
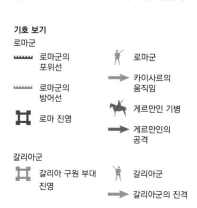

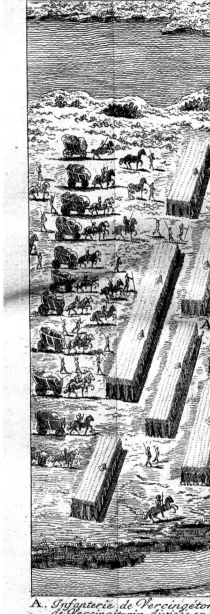

Tome II.

A. Infanterie de Vercingétor de Vercingétorix divisée en t faisant face de quatres côtés. l'Ennemi E. Emplacement de l Cavalerie qui tourne la monta

△ **알레시아의 서막**
18세기 지도로 이동 중이던 카이사르 군대를 공격하다 실패한 모습을 시간 순서와 관계없이 형식적으로 묘사한 것이다. 알레시아로 철수한 갈리아군은 카이사르 군대에 포위된다.

▽ **게르만인 기병**
카이사르는 원정 기간 내내 게르만인 기병을 효과적으로 활용했다. 게르만인 기병이 갈리아 기병을 공격할 준비를 하고 있다.

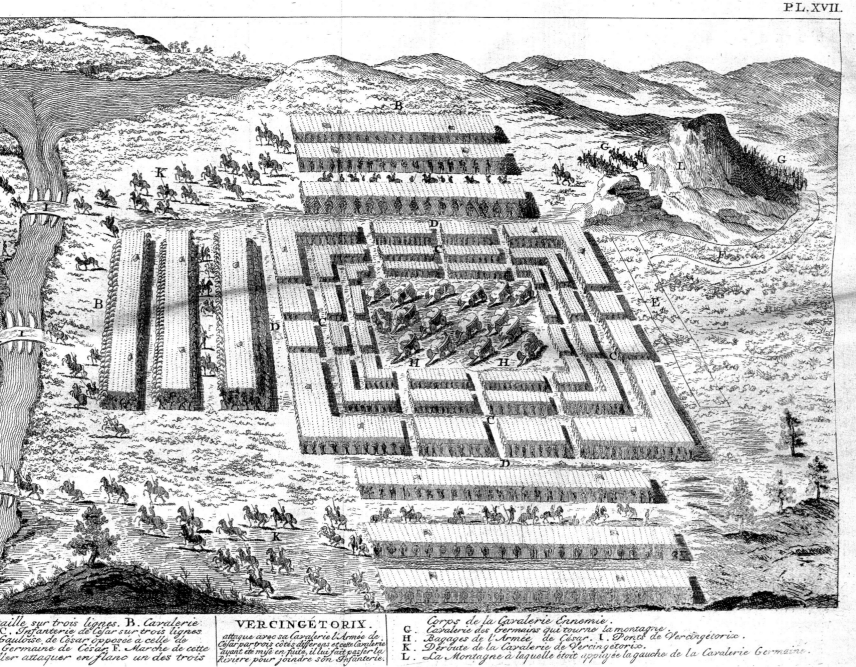

taille sur trois lignes. B. Cavalerie
C. Infanterie de César sur trois lignes
Gauloise, de César opposée à celle de
Germaine de César. F. Marche de cette
ler attaquer en flanc un des trois

VERCINGÉTORIX.
attaque avec sa Cavalerie l'Armée de
César par trois côtés différens et cette Cavalerie
ayant été myse en fuite, il lui fait passer la
Riviere pour joindre son Infanterie.

Corps de la Cavalerie Ennemie.
G. Cavalerie des Germains qui tourne la montagne
H. Bagages de l'Armée de César. I. Ponts de Vercingétorix.
K. Déroute de la Cavalerie de Vercingétorix.
L. La Montagne à laquelle étoit appuyée la gauche de la Cavalerie Germaine.

◁ **방어 진형**
카이사르군이 군수품 수송 마차를 가운데
두고 방어형 방진을 치고 있다.

△ **도주하는 갈리아군**
로마군에 패한 갈리아 기병이 아군 진영으로
도망치고 있다.

트라야누스의 기둥
다뉴브강에서 거둔 트라야누스 황제의 승리를 기념
하기 위해 113년 로마에 세운 트라야누스의 기둥으
로, 원정 기간 로마 군인들의 생활을 생생하게 보여
준다. 군단병들은 방벽, 도로, 다리 등을 건설하는
데 많은 시간을 보냈다.

로마 군단 레기오

고대 로마는 군대의 힘과 효율성을 통해
세계 최고의 제국을 건설하고 유지했다.
군단병 레기오나리우스는 전투에서만 무시무시한 힘을
발휘한 것이 아니라 뛰어난 공병이기도 했다.

로마 군대는 군단병 약 5천 명으로 편성된 레기오
로 나뉘었는데, 군단병은 기원전 1세기부터 완전
한 직업 군인이었다. 이들은 대부분 20년간 현역
으로 복무하기로 계약한, 로마 시민권을 가진 남성
이었다. 군단병 중에는 빈곤층 출신이 많았는데,
정기적인 급여와 은퇴 후 농지를 받을 수 있다는
전망에 매료된 사람들이었다. 군단병은 부하(켄투
리아) 80명을 지휘하는 켄투리오('백부장'으로 번
역됨-옮긴이)까지 올라갈 수 있었다. 각 레기오는
코호르스 10개로 구성되었고, 코호르스는 켄투리
아 6개로 구성되었다. 레기오는 로마 시민권이 없
는 피지배 주민 중에서 모집한 보조군의 지원도 받
았다. 이들 보조군은 300명으로 이루어진 레기오
기병대에 추가로 기병 전력을 제공하기도 했다.

△ **로마 동전**
이 동전에 새겨진 인물은 로마의
초대 황제 아우구스투스다.
그의 통치 기간에 군단병들은
1년에 225데나리우스를 받았다.

숙련된 병력

군단병은 기강 있는 뛰어난 보병이었다. 큰 방패와 투구, 퀴라스(흉갑)로 몸을 보
호하고 무거운 투창 두 개와 짧은 칼 하나로 무장한 군단병은 다양한 대형을 이루
며 유연하게 싸울 수 있는 훈련을 받았다. 이들은 작은 '스콜피온'에서 큰 발리스타
(노포)나 오나게르까지 다양한 투석기를 사용했다. 군단병은 전투에서는 무적이
아니었지만(특히 기마 궁수에 취약했다), 기술자로서는 타의 추종을 불허했다. 공
성전을 위해 이들이 한 토목 공사 중 일부는 혀를 내두르기에 충분하다. 대표적인
사례로 기원전 73년에 마사다의 산악 요새를 공략하기 위해 구축한 버팀벽과 경
사로를 들 수 있다. 대부분의 로마 도로망과 영국에 있는 하드리아누스 방벽 같은
거대한 변방의 방어시설을 구축한 것도 군단병이었다.

테스투도

거북이를 뜻하는 라틴어에서 이름을 따온 테스투
도는 로마 군단병이 돌이나 화살 같은 발사 무기의
공격을 받을 때 쓰던 대형이다. 병사들이 밀집 대형
을 이룬 채 일부는 긴 방패를 머리 위로 올려 거북
이 등껍질처럼 위를 막고, 나머지 병사들은 앞과 옆
에 방패 벽을 친다. 테스투도는 적의 대규모 궁수를
만났을 때 특히 유용했는데, 덕분에 군단병들은 쏟
아지는 화살을 뚫고 적에게 접근할 수 있었다.

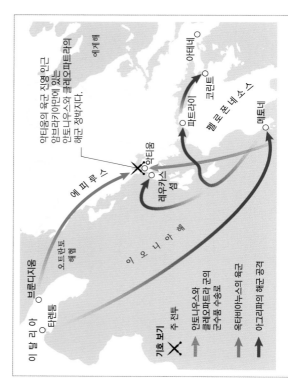

악티움 해전

기원전 31년에 벌어진 악티움 해전은 기원전 44년 로마의 독재자 율리우스 카이사르가 원로원 의원들에게 암살된 이후 벌어진 권력 투쟁의 정점이었다. 카이사르의 양자 옥타비아누스는 악티움 해전에서 정적 마르쿠스 안토니우스와 클레오파트라를 물리치고 로마의 유일한 지배자로 등극했다.

기원전 43년, 한때 율리우스 카이사르가 가장 신임하는 장군이었던 마르쿠스 안토니우스와 카이사르의 양자 옥타비아누스, 정치가 레피두스와 함께 삼두 정치(정치적 동맹)를 결성하고 로마 공화국을 통치했다. 이후 10년이 지나는 동안 이 불안정한 연정은 경쟁심 때문에 깨졌다. 옥타비아누스는 로마를 장악했고, 그사이 안토니우스는 이집트 통치자 클레오파트라 7세와 정치적(그리고 성적) 관계를 형성하며 지중해 동부의 부유한 땅에 세력 기반을 구축했다. 기원전 32년에 안토니우스와 클레오파트라는 그리스 서부 해안의 악티움에 기오와 대규모 함대를 모아뒀다.

안토니우스는 이탈리아 침공을 계획했던 것 같지만 옥타비아누스가 선수를 쳤다. 두 세력은 기원전 31년 여름내 대치했다. 그러다 안토니우스와 클레오파트라는 해전을 통해 문제를 해결하고, 만약 실패하면 탈출하기로 했다. 결국 두 사람은 탈출했지만 은밀히 이미 정해져 있었다. 지중해 동부 지방은 옥타비아누스의 군대에 함락되었고, 기원전 30년에 안토니우스와 클레오파트라는 자살했다. 이집트는 로마 통치하에 들어갔고, 3년 뒤 옥타비아누스는 로마의 유일한 통치자가 되었다.

육지와 바다로부터의 위협

기원전 32년 가을, 안토니우스와 클레오파트라는 악티움을 비롯한 여러 그리스 기지에 육군과 해군을 집결했다. 기원전 31년에 옥타비아누스의 공격적인 해군 사령관 마르쿠스 빕사니우스 아그리파는 그리스 해안의 주요 거점을 연속해 어느 정도 성공을 거두었다. 그는 안토니우스와 클레오파트라 군으로 향하는 해상 보급품 수송을 방해하기도 했다. 그러는 사이 옥타비아누스는 이탈리아에서 이피로스로 군대를 맞은편에 진영을 구축했다.

기호 보기

✕ 주 전투

안토니우스와 클레오파트라군의 군수품 수송로

옥타비아누스의 육군

아그리파의 해군 공격

해군의 재앙

옥타비아누스의 군대에 둘러싸이자 안토니우스와 클레오파트라는 바다를 통해 탈출하려고 했다. 이들은 뒤이어 일어난 전투에서 살아남아 이집트에 도착하지만, 함대와 육군 병력 대부분을 잃었다.

기호 보기

옥타비아누스 군 — 군영, 병사, 함대

안토니우스 군 — 군영, 병사, 함대, 이집트 전대

타임라인 1 2 3 4

기원전 31년 9월 2일 오전 6시 · 정오 · 오후 6시

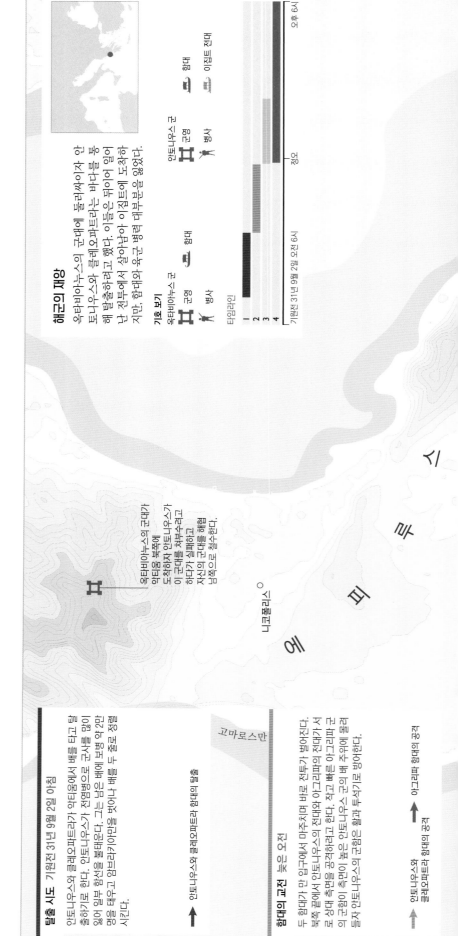

옥타비아누스의 군대가 악티움 북쪽에 도착하자 안토니우스가 이 군대를 차수하려고 하다가 실패하고 자신의 군대를 해협 남쪽으로 철수한다.

나르폴리스

고마로스만

1 탈출 시도 기원전 31년 9월 2일 아침

안토니우스와 클레오파트라가 악티움에서 배를 타고 탈출하기로 한다. 안토니우스가 전열함으로 군사를 많이 잃어 일부 함선을 불태운다. 그는 남은 배에 보병 약 2만 명을 태우고 암브라키아만을 벗어나 배를 두 줄로 정렬시킨다.

→ 안토니우스와 클레오파트라 함대의 탈출

2 함대의 교전 늦은 오전

두 함대가 만 입구에서 마주치며 바로 전투가 벌어진다. 북쪽 끝에서 안토니우스의 전열이 먼저 충돌하기도 한다. 안토니우스가 전열에 군사를 많이 잃어 일부 함선을 불태운다. 그는 남은 배에 보병 약 2만 명을 태우고 암브라키아만을 벗어나 배를 두 줄로 정렬시킨다.

→ 안토니우스와 클레오파트라 함대의 공격

→ 아그리파 함대의 공격

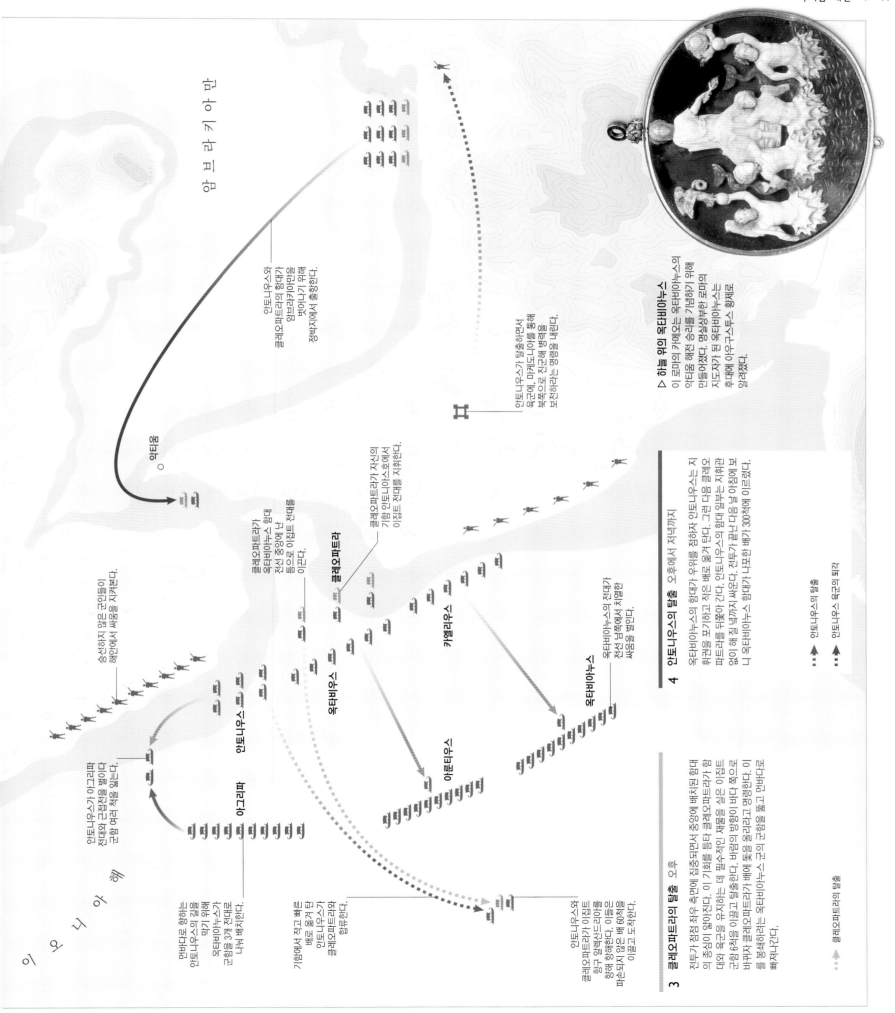

암브라키아 만

이오니아 해

악티움

클레오파트라의 함대가 암브라키아만을 벗어나기 위해 정박지에서 출항한다.

안토니우스가 탈출하면서 후군에, 마케도니아들을 통해 북쪽으로 진군해 병력을 보전하라는 명령을 내린다.

△ 하늘 위의 옥타비아누스
이 로마의 카메오는 옥타비아누스의 악티움 해전 승리를 기념하기 위해 만들어졌다. 영광상부한 로마의 지도자가 된 옥타비아누스는 후대에 아우구스투스 황제로 임명됐다.

연바다로 향하는 안토니우스의 길을 막기 위해 옥타비아누스가 군함을 3개 전대로 나눠 배치한다.

승선하지 않은 군인들이 해안에서 싸움을 지켜본다.

안토니우스가 아그리파 전대와 근접전을 벌이다 군함 여러 척을 잃는다.

기함에서 작고 배로 별로 옮겨 탄 안토니우스가 클레오파트라와 합류한다.

아그리파

안토니우스

클레오파트라 옥타비아누스 함대 전선 중앙에 난 틈으로 이집트 전대를 이끈다.

옥타비아누스

클레오파트라

클레오파트라가 자신의 기함 안토니우스호에서 이집트 전대를 지휘한다.

카엘리우스

아룬티우스

옥타비아누스의 전대가 전선 남쪽에서 지명한 싸움을 벌인다.

옥타비아누스

클레오파트라가 이집트 항구 앞쪽으로 이들을 항해 항해한다. 이들은 수 파손되지 않은 배 60척을 이끌고 도착한다.

3 클레오파트라의 탈출 오후

전투가 점점 좌우 중앙에 전중되면서 배치된 함대 이 중심이 얇아진다. 이 기회를 틈타 클레오파트라가 함대로 육군을 유지하는 네 필수적인 재물을 실은 이집트 군함 6척을 이끌고 탈출한다. 바람의 방향이 바다 쪽으로 바뀌자 클레오파트라가 배에 돛을 올리라고 명령한다. 이를 분쇄하려는 옥타비아누스 군의 군함을 뚫고 안바다로 빠져나간다.

4 안토니우스의 탈출 오후에서 저녁까지

옥타비아누스의 함대가 우위를 점하자 안토니우스는 지휘권을 포기하고 직은 클레오파트라의 배로 옮겨 탄다. 그런 다음 클레오파트라를 뒤쫓아 간다. 안토니우스의 함대 일부는 지휘관 없이 해 질 날까지 싸운다. 전투가 끝난 다음 날 아침에 보니 옥타비아누스 함대가 나포한 배가 300척에 이르렀다.

안토니우스의 탈출

안토니우스 육군의 퇴각

클레오파트라의 탈출

토이토부르크 숲의 전투

서기 9년 9월, 푸블리우스 퀸크틸리우스 바루스가 이끈 로마군이
작센 지방의 숲속에서 게르만 전사들의 매복 공격을 받고 전멸했다.
이 군사적 참사로 로마 제국은 다시는 라인강 동부 지방의 게르마니아까지
통치 영역을 확장하지 못하게 된다.

1세기 초에 아우구스투스 황제 치하의 로마는 게르마니아 북부 지방을 정벌하기로 했다. 9년 여름에 레가투스(군 사령관) 퀸크틸리우스 바루스는 3개 군단과 기병대, 게르만인 보조군(로마군에 종군하는 게르만인 전사)으로 편성된 군대를 이끌고 오늘날의 니더작센으로 원정을 떠났다. 바루스는 케루스키족 족장 아르미니우스를 동반했는데, 아르미니우스는 신뢰할 만한 게르만인으로 로마 시민권을 받은 사람이었다. 아르미니우스는 비밀리에 다른 부족의 족장들과 바루스의 군대를 공격할 계획을 세워 놓았다. 로마군이 겨울 주둔지를 향해 서쪽으로 행군하고 있을 때 아르미니우스가 바루스에게 근처에서 반란이 일어났다는 거짓 정보를 흘렸다. 로마군은 반란을 진압하려고 진로를 바꿨다가 매복에 걸려들었다. 로마군은 나중에 이 학살을 설욕하지만, 게르만인은 독립을 유지할 수 있었다. 게르만인의 급습은 결국 로마 제국의 붕괴에도 영향을 끼친다.

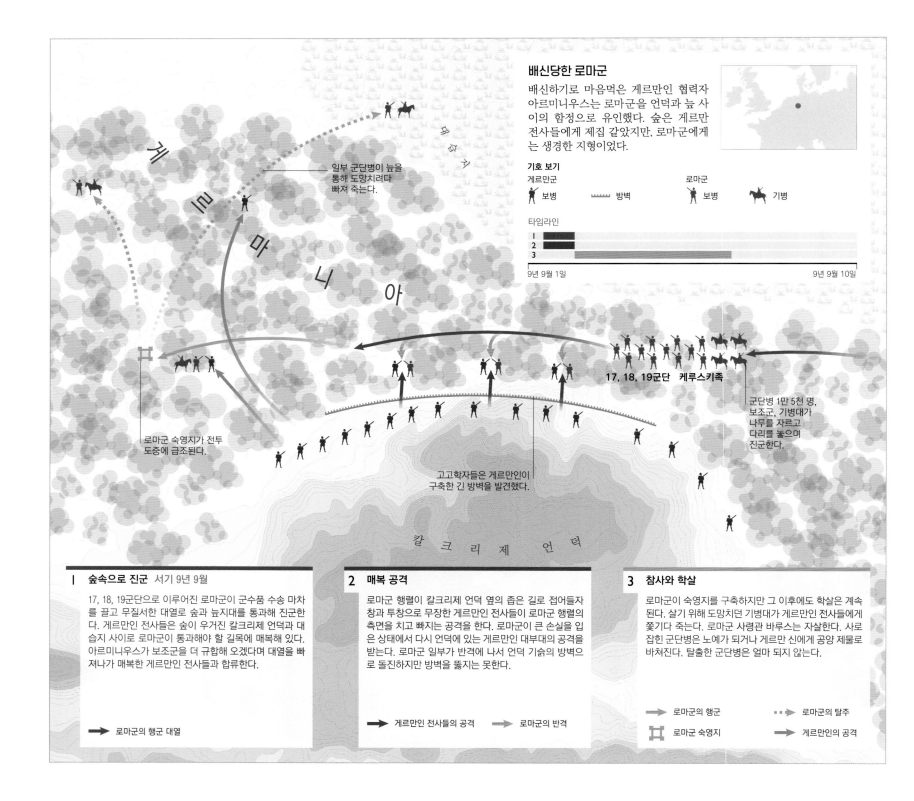

배신당한 로마군

배신하기로 마음먹은 게르만인 협력자 아르미니우스는 로마군을 언덕과 늪 사이의 함정으로 유인했다. 숲은 게르만 전사들에게 제집 같았지만, 로마군에게는 생경한 지형이었다.

기호 보기

게르만군
🚶 보병   ⌇⌇⌇⌇ 방벽

로마군
🚶 보병   🏇 기병

타임라인
1
2
3
9년 9월 1일   9년 9월 10일

일부 군단병이 늪을 통해 도망치려다 빠져 죽는다.

17, 18, 19군단   케루스키족

군단병 1만 5천 명, 보조군, 기병대가 나무를 자르고 다리를 놓으며 진군한다.

로마군 숙영지가 전투 도중에 급조된다.

고고학자들은 게르만인이 구축한 긴 방벽을 발견했다.

칼 크 리 제 언 덕

1 숲속으로 진군 서기 9년 9월

17, 18, 19군단으로 이루어진 로마군이 군수품 수송 마차를 끌고 무질서한 대열로 숲과 늪지대를 통과해 진군한다. 게르만인 전사들은 숲이 우거진 칼크리제 언덕과 대습지 사이로 로마군이 통과해야 할 길목에 매복해 있다. 아르미니우스가 보조군을 더 규합해 오겠다며 대열을 빠져나가 매복한 게르만인 전사들과 합류한다.

➜ 로마군의 행군 대열

2 매복 공격

로마군 행렬이 칼크리제 언덕 옆의 좁은 길로 접어들자 창과 투창으로 무장한 게르만인 전사들이 로마군 행렬의 측면을 치고 빠지는 공격을 한다. 로마군이 큰 손실을 입은 상태에서 다시 언덕에 있는 게르만인 대부대의 공격을 받는다. 로마군 일부가 반격에 나서 언덕 기슭의 방벽으로 돌진하지만 방벽을 뚫지는 못한다.

➜ 게르만인 전사들의 공격   ➜ 로마군의 반격

3 참사와 학살

로마군이 숙영지를 구축하지만 그 이후에도 학살은 계속된다. 살기 위해 도망치던 기병대가 게르만인 전사들에게 쫓기다 죽는다. 로마군 사령관 바루스는 자살한다. 사로잡힌 군단병은 노예가 되거나 게르만 신에게 공양 제물로 바쳐진다. 탈출한 군단병은 얼마 되지 않는다.

➜ 로마군의 행군   ┅➤ 로마군의 탈주
⊞ 로마군 숙영지   ➜ 게르만인의 공격

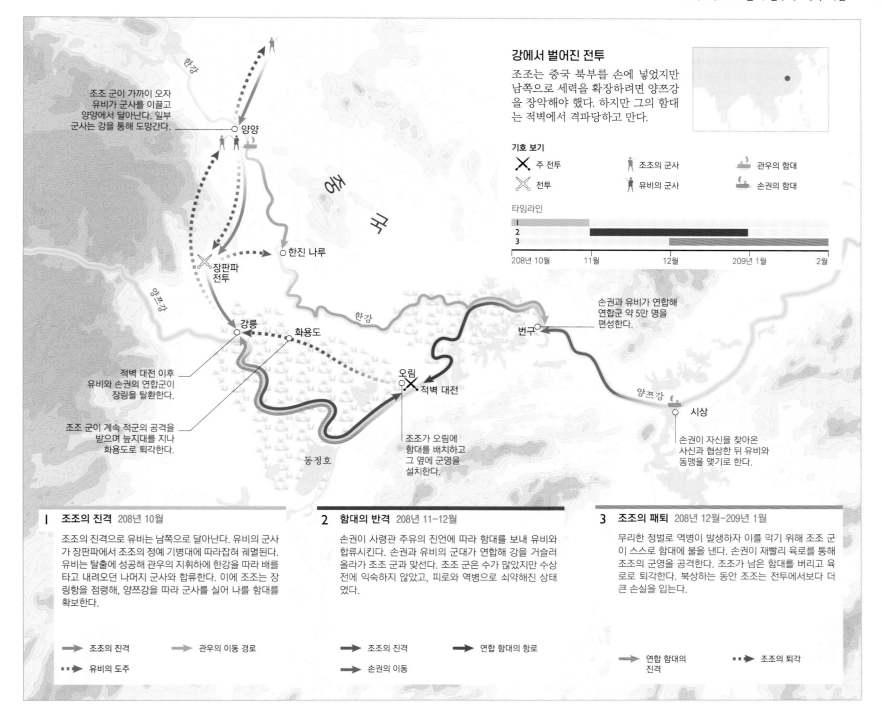

강에서 벌어진 전투

조조는 중국 북부를 손에 넣었지만 남쪽으로 세력을 확장하려면 양쯔강을 장악해야 했다. 하지만 그의 함대는 적벽에서 격파당하고 만다.

기호 보기

✕ 주 전투　　🧍 조조의 군사　　🚣 관우의 함대
✗ 전투　　🧍 유비의 군사　　🚣 손권의 함대

타임라인

| | 208년 10월 | 11월 | 12월 | 209년 1월 | 2월 |

조조 군이 가까이 오자 유비가 군사를 이끌고 양양에서 달아난다. 일부 군사는 강을 통해 도망간다.

손권과 유비가 연합해 연합군 약 5만 명을 편성한다.

적벽 대전 이후 유비와 손권의 연합군이 장링을 탈환한다.

조조 군이 계속 적군의 공격을 받으며 늪지대를 지나 화용도로 퇴각한다.

조조가 오림에 함대를 배치하고 그 옆에 군영을 설치한다.

손권이 자신을 찾아온 사신과 협상한 뒤 유비와 동맹을 맺기로 한다.

1　조조의 진격 208년 10월

조조의 진격으로 유비는 남쪽으로 달아난다. 유비의 군사가 장판파에서 조조의 정예 기병대에 따라잡혀 궤멸된다. 유비는 탈출에 성공해 관우의 지휘하에 한강을 따라 배를 타고 내려오던 나머지 군사와 합류한다. 이에 조조는 장링항을 점령해, 양쯔강을 따라 군사를 실어 나를 함대를 확보한다.

2　함대의 반격 208년 11-12월

손권이 사령관 주유의 진언에 따라 함대를 보내 유비와 합류시킨다. 손권과 유비의 군대가 연합해 강을 거슬러 올라가 조조 군과 맞선다. 조조 군은 수가 많았지만 수상전에 익숙하지 않았고, 피로와 역병으로 쇠약해진 상태였다.

3　조조의 패퇴 208년 12월-209년 1월

무리한 정벌로 역병이 발생하자 이를 막기 위해 조조 군이 스스로 함대에 불을 낸다. 손권이 재빨리 육로를 통해 조조의 군영을 공격한다. 조조가 남은 함대를 버리고 육로로 퇴각한다. 북상하는 동안 조조는 전투에서보다 더 큰 손실을 입는다.

→ 조조의 진격　　→ 관우의 이동 경로
⇢ 유비의 도주

→ 조조의 진격　　→ 연합 함대의 항로
→ 손권의 이동

→ 연합 함대의 진격　　⇢ 조조의 퇴각

적벽 대전

한나라 말기 중국을 분열했던 내전 중에 일어난 결정적 사건인 적벽 대전은 양쯔강과 그 주변에서 일어난 전투였다. 두려움의 대상이었던 군벌 조조가 패배하면서 중국을 통일하여 통치하려는 조조의 시도는 좌절되었다.

400년 가까이 중국을 통치했던 한 왕조는 184년에 태평교 장각이 중심이 되어 일어난 황건적의 난에 의해 국세가 기울었다. 중국은 여러 군벌에 의해 분열되었는데, 그중 가장 강한 군벌은 중국 북부를 장악한 무자비한 조조였다. 208년에 조조는 20만 명이 넘는 대군을 이끌고 한 왕조에 충성하는 경쟁자 유비를 치기 위해 남쪽으로 향했다. 조조의 군대에 맞설 수 없었던 유비는 시상에서 양쯔강 대부분을 장악하고 있던 남부 지역의 강자 손권과 동맹을 맺었다. 손권의 사령관 주유는 오늘날의 우한 근처에 있는 적벽에서 조조 군을 물리쳤다. 이 전투를 계기로, 뒤이은 몇 차례의 전투 끝에 220년 중국은 위(양쯔강 북쪽), 촉(남서쪽), 오(남동쪽)의 '삼국'으로 분할되었다.

△ **전투 전의 조조**
조조는 뛰어난 시인이었다. 19세기에 제작된 일본의 목판화로 적벽 대전을 앞두고 조조가 〈단가행〉을 읊는 모습을 묘사한 것이다.

고대 중국의 전쟁

중국에서 조직적인 전쟁의 뿌리는 상나라(기원전 1600년경-1046년)와 주나라(기원전 1046-256년)까지 거슬러 올라간다. 전쟁은 중국 내의 경쟁국 사이에서 일어나거나 영토 확장을 위해 벌어졌다.

상나라와 주나라의 군대는 전차를 탄 귀족과 경무장한 노예 징집병 위주로 구성되었다. 이런 추세는 춘추 시대(기원전 771-476년)까지 이어졌다. 활은 초기의 주요 무기였다. 활, 과(戈, 갈고리 모양의 단검이 달린 긴 병기), 석궁으로 무장한 훈련된 보병은 전차병과 함께 전국 시대(기원전 476-221년)에 등장했다.

기병의 시대

전국 시대 이후로 기병이 전차병을 대체하기 시작했다. 말 갑옷에 대한 언급은 3세기부터 문헌에 등장하지만, 실제로 사용하기 시작한 것은 이보다 몇 세기 전일 것으로 추정된다. 갈수록 많은 수의 이민족 기마 보조군이 중국인 기마병을 보조하기 시작했다. 서기 306년에 진나라의 중앙 권력은 8왕의 난으로 무너졌고, 초원지대의 유목민인 흉노족과 선비족이 중국 북부에 나라를 세웠다. 이들 군대의 주요 타격력은 중무장 창기병과 기마 궁수였고, 이런 추세는 수당 시대(581-907년)까지 계속되었다.

기록에 따르면 중국 군대는 현대 유럽 군대보다 규모가 컸으며 반독립적인 군단으로 구성되었다. 전선은 수 킬로미터까지 뻗어 있었고, 야전 방벽이 설치되었다. 패배는 신의 노여움과 관련이 있었기에 통치자는 거의 전투에 나서지 않았다.

◁ 청동검
사진에서 보는 전국 시대의 청동검과 같은 무기는 효과적인 전투 도구였을 뿐만 아니라 소지자의 신분을 나타내는 상징이기도 했다.

병마용

기원전 210년 9월에 진시황이 죽자 오늘날의 시안 근처에 있는 거대한 능에 매장되었다. 그와 함께 수만 명으로 추정되는 테라코타 병사가 전투 대형으로 배치된 채 묻혔다. 그중 병마용 수천 개를 고고학자들이 발굴했다. 병마용은 당시 중국 군대의 군복과 장비를 엿볼 수 있는 희귀한 자료다.

당나라 무덤의 벽화
오늘날의 시안 인근에 있는 건릉 지하 무덤의 복도와 방에 그려진 벽화는 서기 700~800년 이후로 거의 온전하게 보존되어 있다. 무장한 남자들이 말을 탄 모습은 사냥하는 장면으로 추정된다.

크테시폰 전투

363년, 율리아누스는 메소포타미아(오늘날의 이라크)에 있는
사산 왕조의 페르시아 원정길에 올랐다. 크테시폰 전투에서
승리했지만 전반적인 원정 결과는 참담했다. 율리아누스는 전사했고,
로마는 굴욕적인 강화 조약을 받아들여야 했다.
신 플라톤주의로 복원하려던 율리아누스가 원정 도중 사망하면서
로마 제국에 지속적인 기독교의 우위가 확립되었다.

로마 제국과 페르시아 제국 사이의 장기적 갈등은 359년에 페르시아의 통치자
샤푸르 2세가 아르메니아와 메소포타미아 북부 지방에 대한 로마의 지배권에 도
전하면서 다시 불붙었다. 명성을 갈망하던 로마의 젊은 황제 율리아누스는 샤푸
르의 영토 중심부를 공격하기로 했다. 율리아누스는 크세티폰 전투에서 승리했
지만, 원정이 실패로 돌아가며 퇴각하던 도중에 전사했다. 샤푸르는 로마에 빼앗
겼던 메소포타미아 땅을 되찾았고, 아르메니아에 대한 페르시아의 종주권을 인
정받았다.

313년, 율리아누스의 전임 황제 콘스탄티누스는 기독교를 로마 제국 내의 합
법적인 종교로 받아들였다. 율리아누스는 기독교 지배력의 확산을 막고 다신교
와 신플라톤주의를 복원하려고 했다. 그의 죽음으로 그런 임무는 끝나고 기독교
가 로마의 공식 국교로 자리를 굳히기 시작했다.

율리아누스의 원정 실패

율리아누스는 전장에서 유능한 지휘관이
었지만, 치밀한 계획에도 불구하고 메소포
타미아의 적대적 환경에서 원정군의 군량
조달 문제를 해결하지 못했다.

기호 보기

✕ 주 전투
⚔ 전투

■ 페르시아 제국

로마군
■ 로마 제국
🚢 함대
🧍 보병

타임라인

	363년 3월	4월	5월	6월	7월	8월
2						
3						
4						

▷ 율리아누스의 죽음
16세기에 제작된 플랑드르의
태피스트리로 율리아누스 황제가
메소포타미아 원정 도중에 창에
찔려 말에서 떨어져 죽는 모습을
묘사한 것이다.

3월 율리아누스가
아르메니아군과 합세해
북쪽에서 공격해 내려오라고
하며 일부 병력을 보낸다.

6월 27일 율리아누스가 전사하자
군단병들이 지휘관 중 한 사람인
요비아누스를 황제로 선출한다.

6월 하순 로마군이
북쪽으로 행군하며
샤푸르 군의 맹렬한
공격을 막아 낸다.

7월 초 새 황제 요비아누스가
두라에서 사산 왕조의 사절과
강화 조약을 협상한다.

5월 하순
율리아누스 군 함대가
유프라테스강에서
티그리스강으로
운하를 따라 항해한다.

6월 상순 율리아누스가 배가 페르시아군
손에 넘어가는 것을 막기 위해 동쪽으로
출발하기 전에 배를 불태운다.

1 원정의 시작 363년 3월 5일–5월

율리아누스는 안티오키아에 병력 6만 5천 명을 집결하고
3월 5일에 유프라테스강을 향해 출발한다. 군량과 무기를
실은 함대가 칼리니쿰에서 기다리고 있다. 율리아누스가
남쪽으로 내려가며 피리사보르와 마요살말라를 포위 공
격하여 점령한다. 아르메니아의 공격 위협으로 샤푸르의
주력군이 뒤로 물러나 있었기 때문에 큰 저항을 받지 않
는다.

➜ 율리아누스 군의 이동 경로
➜ 아르메니아로 파견되는 로마군

2 공허한 승리 5월 29일–6월 2일

5월 29일에 율리아누스가 크테시폰에서 페르시아군과
대규모 전투를 벌인다. 페르시아군의 사상자는 2,500명
이지만 로마군은 70명의 사상자밖에 없어 로마군이 승리
한다. 하지만 크테시폰 요새는 예상보다 견고한 것을 확
인한다. 승리한 지 5일 만에 율리아누스는 크테시폰 포위
공격을 포기한다.

➜ 티그리스강을 건너 진격하는 율리아누스 군

3 율리아누스의 퇴각 6월 2–15일

율리아누스가 계속해서 수사 쪽으로 진군하려고 하지만
기대했던 아르메니아 원군이 도착하지 않는다. 샤푸르의
페르시아 본대가 가까이 다가오자 율리아누스가 북쪽으
로 방향을 틀어 로마 영토를 향해 퇴각한다. 페르시아군
이 군량 조달을 방해하기 위해 그가 가는 길목의 농작물
을 불태우고 반복적으로 로마군을 공격한다.

▪▪▷ 율리아누스의 퇴각 경로

4 사망과 그 여파 6월 26일–7월

샤푸르의 군대가 사마라에서 로마군을 기습 공격한다. 율
리아누스가 갑옷도 제대로 챙겨 입지 않고 싸움에 뛰어들
었다가 전사한다. 그의 후계 황제로 선출된 요비아누스가
사기가 떨어진 군대를 이끌고 더위와 굶주림에 시달리며
퇴각한다. 이제 샤푸르의 자비에 기대야 하는 요비아누스
가 굴욕적인 조건의 강화 조약에 동의한다.

▫▫▷ 요비아누스의 퇴각 경로

아르메니아
아미다
티그라노케르타
니시비스
니네베
아르빌
싱가라
카르하이
칼리니쿰
안티오키아
유프라테스강
티그리스강
팔미라
두라
아나트하
마랑가
사마라
틸루타
디아키라
유프라테스강
피리사보르
마요살말라
크테시폰
바빌론
수사
메소포타미아
로마 제국
페르시아 제국

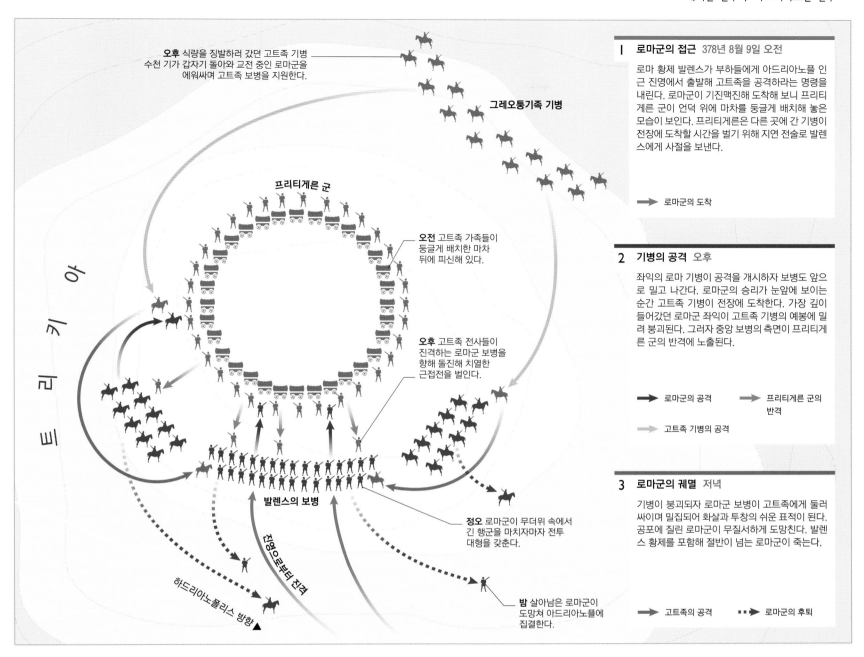

오후 식량을 징발하러 갔던 고트족 기병 수천 기가 갑자기 돌아와 교전 중인 로마군을 에워싸며 고트족 보병을 지원한다.

그레오퉁기족 기병

프리티게른 군

오전 고트족 가족들이 둥글게 배치한 마차 뒤에 피신해 있다.

오후 고트족 전사들이 진격하는 로마군 보병을 향해 돌진해 치열한 근접전을 벌인다.

트라키아로

발렌스의 보병

정오 로마군이 무더위 속에서 긴 행군을 마치자마자 전투 대형을 갖춘다.

진영으로부터 전진

하드리아노플리스 방향 ▲

밤 살아남은 로마군이 도망쳐 아드리아노플에 집결한다.

1 로마군의 접근　378년 8월 9일 오전

로마 황제 발렌스가 부하들에게 아드리아노플 인근 진영에서 출발해 고트족을 공격하라는 명령을 내린다. 로마군이 기진맥진해 도착해 보니 프리티게른 군이 언덕 위에 마차를 둥글게 배치해 놓은 모습이 보인다. 프리티게른은 다른 곳에 간 기병이 전장에 도착할 시간을 벌기 위해 지연 전술로 발렌스에게 사절을 보낸다.

→ 로마군의 도착

2 기병의 공격　오후

좌익의 로마 기병이 공격을 개시하자 보병도 앞으로 밀고 나간다. 로마군의 승리가 눈앞에 보이는 순간 고트족 기병이 전장에 도착한다. 가장 깊이 들어갔던 로마군 좌익이 고트족 기병의 예봉에 밀려 붕괴된다. 그러자 중앙 보병의 측면이 프리티게른 군의 반격에 노출된다.

→ 로마군의 공격　　→ 프리티게른 군의 반격

→ 고트족 기병의 공격

3 로마군의 궤멸　저녁

기병이 붕괴되자 로마군 보병이 고트족에게 둘러싸이며 밀집되어 화살과 투창의 쉬운 표적이 된다. 공포에 질린 로마군이 무질서하게 도망친다. 발렌스 황제를 포함해 절반이 넘는 로마군이 죽는다.

→ 고트족의 공격　　▪▪▶ 로마군의 후퇴

아드리아노플 전투

378년에 족장 프리티게른이 이끈 고트족 전사들은 아드리아노플(오늘날의 튀르키예 북서부) 외곽에서 로마군을 격파했다. 이 전투는 로마 제국 쇠퇴의 전조였다. 로마 제국은 나중에 '야만인' 부족의 통치하에 들어간다.

로마 지배의 종말

발렌스는 '야만인'을 정복할 수 있다는 자신의 능력을 과신한 나머지 준비와 정찰이 미흡한 상태에서 진격했다. 이 전투는 한때 지배적이었던 로마 보병이 점진적으로 쇠퇴하는 단계의 하나였다.

기호 보기

로마군		고트족 군		
🚶 보병	🐎 기병	🚶 보병	🐎 기병	🛒 마차

타임라인

	378년 8월 9일 오전 6시	정오	오후 6시	자정
1				
2				
3				

4세기에 로마 제국은 '야만인'으로 여겨지던 이주민과 국경 침범 문제로 자주 부딪혔다. 나중에 서고트족으로 알려지는 게르만 부족인 테르빙기족은 376년에 국경을 넘어 트라키아에 정착할 수 있도록 허락받았다. 하지만 속주 관리들로부터 박해를 받자 테르빙기족은 다른 고트 부족인 그레우퉁기족과 힘을 합쳐 반란을 일으켰다. 이들은 곧 동로마 제국의 수도인 콘스탄티노플(예전의 비잔티움)까지 위협하게 되었다. 2년 동안 지속된 전투 끝에 동로마 황제 발렌스는 서로마 황제 그라티아누스가 약속한 지원군이 오기 전에 자신이 직접 지휘권을 쥐고 고트족을 격파해 공을 세우기로 했다. 이 전투의 패배로 로마인들은 충격에 휩싸였지만 그 영향은 제한적이었다. 382년에 고트족이 로마군에 복무하는 대가로 땅을 받으면서 평화가 회복되었다. 하지만 이 전투는 후일의 재앙을 예고하는 전조였다. 로마는 410년에 서고트족에게 약탈당한다.

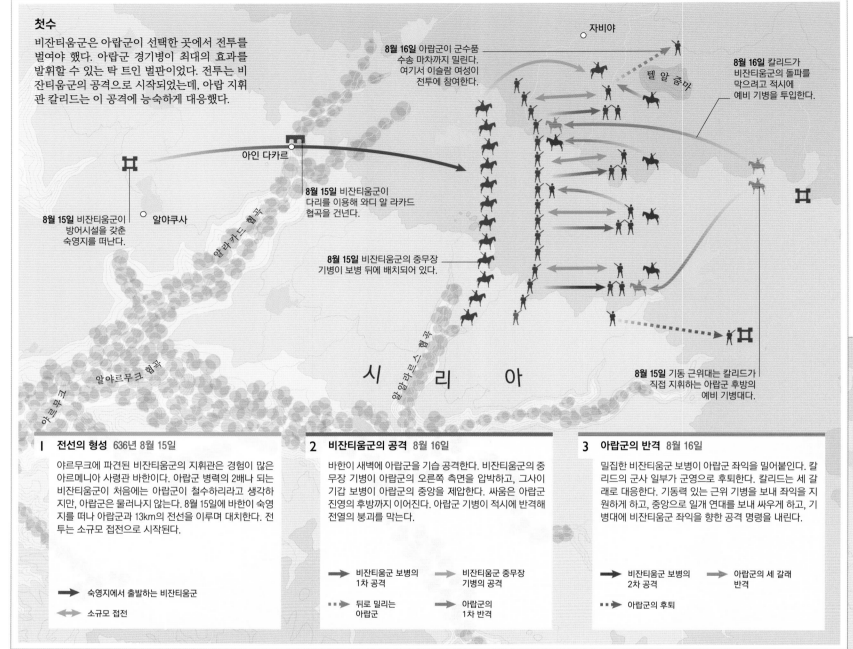

첫수

비잔티움군은 아랍군이 선택한 곳에서 전투를 벌여야 했다. 아랍군 경기병이 최대의 효과를 발휘할 수 있는 탁 트인 벌판이었다. 전투는 비잔티움군의 공격으로 시작되었는데, 아랍 지휘관 칼리드는 이 공격에 능숙하게 대응했다.

자비야

8월 16일 아랍군이 군수품 수송 마차까지 밀린다. 여기서 이슬람 여성이 전투에 참여한다.

텔 알 쥬마

8월 16일 칼리드가 비잔티움군의 돌파를 막으려고 적시에 예비 기병을 투입한다.

아인 다카르

8월 15일 비잔티움군이 다리를 이용해 와디 알 라카드 협곡을 건넌다.

알야쿠사

8월 15일 비잔티움군이 방어시설을 갖춘 숙영지를 떠난다.

알 라카드 협곡

8월 15일 비잔티움군의 중무장 기병이 보병 뒤에 배치되어 있다.

알야르무크 협곡

알 알란 협곡

시 리 아

8월 15일 기동 근위대는 칼리드가 직접 지휘하는 아랍군 후방의 예비 기병대다.

알야르무크

---

1 전선의 형성 636년 8월 15일	**2** 비잔티움군의 공격 8월 16일	**3** 아랍군의 반격 8월 16일
야르무크에 파견된 비잔티움군의 지휘관은 경험이 많은 아르메니아 사령관 바한이다. 아랍군 병력의 2배나 되는 비잔티움군이 처음에는 아랍군이 철수하리라고 생각하지만, 아랍군은 물러나지 않는다. 8월 15일에 바한이 숙영지를 떠나 아랍군과 13km의 전선을 이루며 대치한다. 전투는 소규모 접전으로 시작된다.	바한이 새벽에 아랍군을 기습 공격한다. 비잔티움군의 중무장 기병이 아랍군의 오른쪽 측면을 압박하고, 그사이 기갑 보병이 아랍군의 중앙을 제압한다. 싸움은 아랍군 진영의 후방까지 이어진다. 아랍군 기병이 적시에 반격해 전열의 붕괴를 막는다.	밀집한 비잔티움군 보병이 아랍군 좌익을 밀어붙인다. 칼리드의 군사 일부가 군영으로 후퇴한다. 칼리드는 세 갈래로 대응한다. 기동력 있는 근위 기병을 보내 좌익을 지원하게 하고, 중앙으로 일개 연대를 보내 싸우게 하고, 기병대에 비잔티움군 좌익을 향한 공격 명령을 내린다.
→ 숙영지에서 출발하는 비잔티움군 ↔ 소규모 접전	→ 비잔티움군 보병의 1차 공격　→ 비잔티움군 중무장 기병의 공격 ⇢ 뒤로 밀리는 아랍군　→ 아랍군의 1차 반격	→ 비잔티움군 보병의 2차 공격　→ 아랍군의 세 갈래 반격 ⇢ 아랍군의 후퇴

야르무크 전투

636년, 기독교 국가인 비잔티움 제국이 시리아에서 패배하며 이슬람을 신봉하는
아랍 세력이 부상했다. 이후 한 세기 동안 이슬람 군대는 중앙아시아에서부터 대서양까지
이르는 지역에서 개가를 올렸다.

627년, 비잔티움 황제 헤라클리우스가 니네베에서 사산 왕조의 페르시아 제국에 대승을 거두며 중동에서 비잔티움이 지배하는 새 시대의 도래를 예고하는 듯했다. 하지만 전쟁을 벌이던 이들 제국의 눈에 띄지 않는 곳에서 아라비아의 여러 부족이 예언자 무함마드의 가르침에 기반을 둔 종교인 이슬람의 기치 아래 단결하고 있었다. 632년에 무함마드가 사망한 뒤 아랍군은 신앙을 전파하는 임무를 띠고 아라비아를 떠났다. 아랍군은 634년에 유능한 장군 칼리드 이븐 알왈리드의 지휘 아래 비잔티움의 손에서 다마스쿠스를 빼앗았다. 헤라클리우스는 이 도전에 대응해 시리아 북부의 안티오키아에서 대군을 모았다. 헤라클리우스의 군대

가 남진하는 동안 칼리드는 수적으로 열세인 그의 군대를 야르무크 강변에 집결하고 전투를 준비했다.

야르무크에서의 패배는 비잔티움 제국에 엄청난 영향을 끼쳤다. 비잔티움 제국은 이후 8세기 동안 더 버티지만 이 전투 뒤의 역사는 대부분 생존을 위한 투쟁의 기록이었다. 사산 왕조는 636년에 카디시야에서 결정적인 패배를 당했다. 아랍군 덕분에 750년경에는 다마스쿠스에 기반을 둔 우마이야 왕조가 오늘날의 파키스탄에서 이베리아반도에 이르는 제국을 통치하게 된다.

알야두

알야르무크

야르무크

이슬람의 팽창

661년에 우마이야 왕조가 시작될 무렵 아랍은 페르시아, 레반트, 이집트를 통치하고 있었다. 그 뒤 아랍은 정벌을 통해 콘스탄티노플까지 점령했다. 이슬람으로 개종한 북아프리카의 베르베르족은 이베리아반도를 침공해 프랑크 왕국을 위협했다.

기호 보기

✕ 주 전투
→ 이슬람군

■ 프랑크 왕국
■ 비잔티움 제국

■ 632년 무함마드가 사망할 때까지
■ 632-661년 초기 칼리프 왕국
□ 661-750년 우마이야 왕조

평야 지대 전투

칼리드 이븐 알왈리드는 야르무크에서 비잔티움군을, 그들이 꺼리는 전투로 끌어들였다. 뛰어난 전술과 기병대의 기량에 힘입어 아랍군은 6일에 걸친 전투에서 승리했다.

기호 보기

🏰 다리

비잔티움군
⊟ 숙영지
🚶 보병
🐎 기병

아랍군
⊟ 군영
🚶 보병
🐎 기병
🐎 예비 기병

타임라인

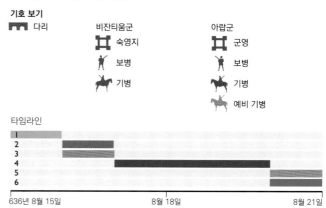

636년 8월 15일 | 8월 18일 | 8월 21일

아랍군의 승리

거듭된 공격이 실패로 돌아가 비잔티움군이 지쳐 사기가 떨어지자 아랍군이 대규모 기병 공격으로 비잔티움군을 궤멸한다.

8월 20일 아랍군 보병이 비잔티움군 측면을 공격한다.

8월 19-20일 아랍군 기병이 야간 기습으로 협곡을 가로지르는 유일한 다리를 장악한다.

8월 20일 아랍군 기병대에 공격당한 비잔티움군 중무장 기병이 전장에서 도망친다.

자비야

8월 20일 비잔티움군 보병이 아랍군 기병과 협곡 사이에 갇힌다.

아인 다카르

4 교착 상태에 빠진 전투 8월 17-19일

아랍군 전선을 돌파하기 위한 비잔티움군의 거듭된 공격으로 양측 모두 많은 사상자를 낸다. 적진을 돌파하지 못하자 바한이 협상을 시도한다. 하지만 칼리드는 적은 병력으로 거둔 성공에 고무되어 싸움을 선택한다. 적군의 사기가 떨어진 것을 감지한 칼리드가 기병을 한군데로 집결해서 강력한 타격을 가할 계획을 세운다.

🐎 한데 뭉친 아랍군 기병대

5 비잔티움군의 궤멸 8월 20일

8월 20일 아침, 칼리드가 기병대에 비잔티움군 좌측을 총공격하게 한다. 동시에 보병이 비잔티움군 정면을 공격한다. 때마침 비잔티움군 방향으로 모래 폭풍이 불어 비잔티움군의 혼란이 가중된다. 비잔티움군의 중무장 기병이 패주하자 보병이 적의 공격에 노출된다. 비잔티움군 기병이 재편성을 시도하지만 때를 놓친다.

→ 아랍군 보병의 정면 공격
→ 아랍군 기병의 공격
→ 비잔티움군 기병의 재편성 시도

6 비잔티움군 보병의 도주 8월 20일

왼쪽 측면이 뚫리자 많은 비잔티움군 병사가 전장에서 도망친다. 알라카드 협곡을 가로지르는 유일한 다리는 이미 칼리드의 병사들이 장악하고 있다. 일부 비잔티움군 병사가 가파른 절벽 아래로 떨어져 죽는다. 비잔티움군 지휘관 바한은 전투 이후 추격전 도중에 사망한 것으로 추정된다. 아랍군의 추격은 다마스쿠스까지 이어진다.

▪▪▪▶ 비잔티움군 보병의 도주

▷ **비잔티움 기병**

상아에 조각된 6세기의 그림으로 비잔티움군 기병과 보병의 모습을 묘사한 것이다. 갑옷을 입은 기병은 적의 전선을 돌파하는 데 활용되었는데 이들은 일반적으로 활과 창, 칼로 무장했다.

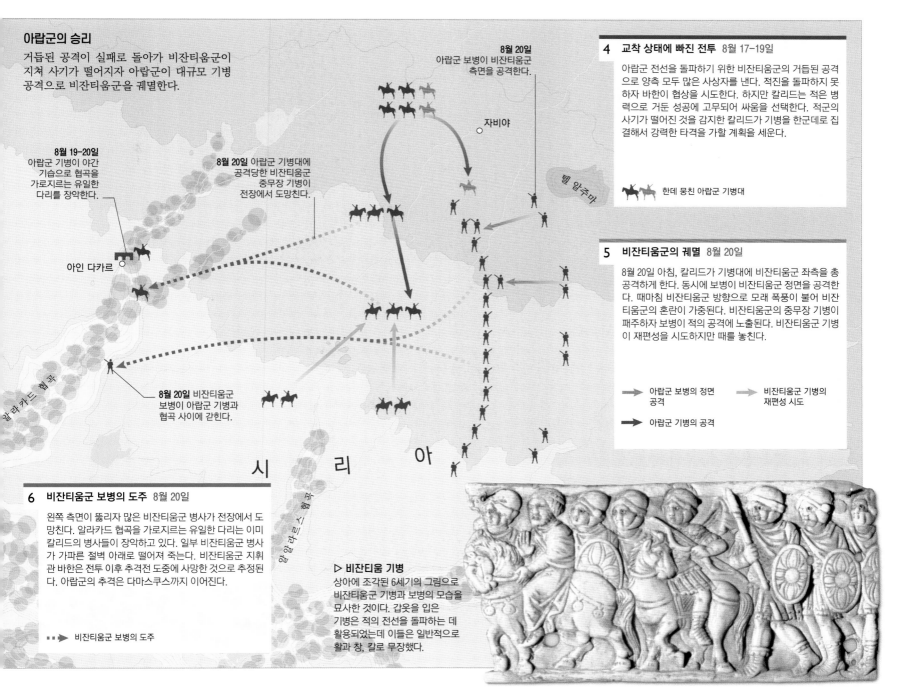

투르 전투

732년에 프랑스 중부 지방에서 벌어진 투르 전투(푸아티에 전투)는
기독교계 프랑크 왕국이 우마이야 왕조의 이슬람계 국가에 승리한 전투였다.
프랑크 왕국이 패했더라면 서유럽의 더 많은 지역이 이슬람의 지배를 받았을 것이다.

711년에 북아프리카에서 지브롤터 해협을 건넌 이슬람의 우마이야 왕조는 이베리아반도와 프랑스 남부 지방 대부분을 정복했다. 732년, 코르도바의 에미르였던 압둘 라흐만 알가비키는 군대를 이끌고 북상해 기독교계 아키텐 공국으로 쳐들어갔다. 아키텐 공국의 통치자 오도 공작은 카롤루스 마르텔이 실권을 쥐고 있던 숙적 프랑크 왕국으로 도망쳐 도움을 요청했다. 마르

텔은 아키텐 공국의 종주권을 약속받고 오도를 돕기 위해 군사를 소집했다. 압둘 라흐만은 투르의 수도원을 약탈하러 가던 길에 프랑크군을 만났다. 전투에서 패한 아랍군은 그해 원정을 포기하고 철수했다. 이 전투는 아랍의 팽창이 정체되는 여러 사건 중 하나에 지나지 않지만, 서구의 기독교 세계를 지켜낸 상징적인 사건으로 남아 있다.

△ **그랑드 크로니크 드 프랑스(프랑스 대연대기)**
전투 장면을 그린 15세기의 그림으로 시대에 맞지 않게 예전의 전사를 당시의 기사처럼 묘사한 것이다. 프랑크 왕국의 백합 문양도 보인다.

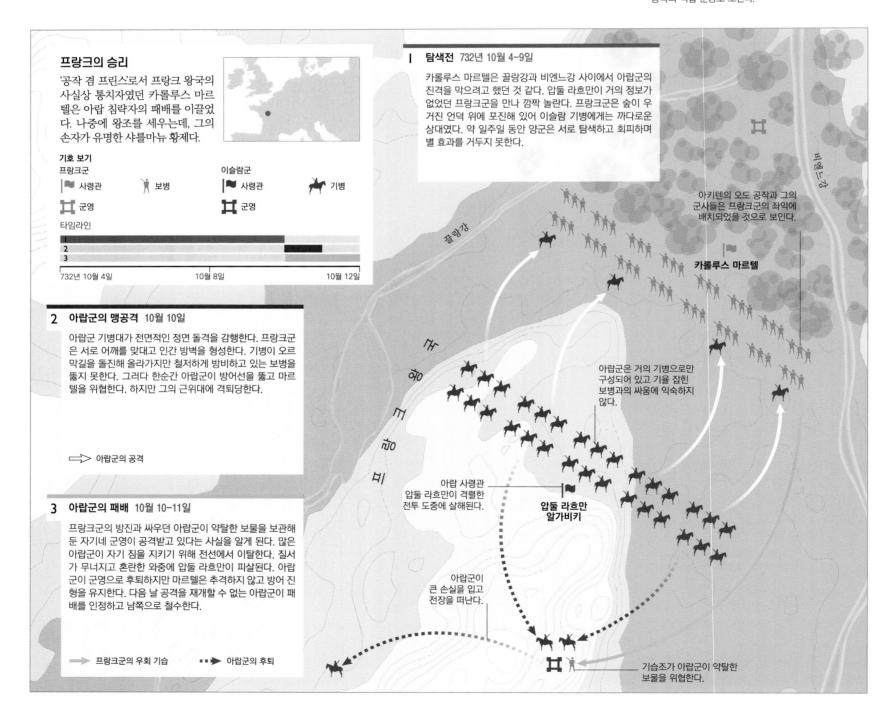

프랑크의 승리

'공작 겸 프린스로서 프랑크 왕국의 사실상 통치자였던 카롤루스 마르텔은 아랍 침략자의 패배를 이끌었다. 나중에 왕조를 세우는데, 그의 손자가 유명한 샤를마뉴 황제다.

기호 보기

프랑크군
| 사령관 | 보병

이슬람군
| 사령관 | 기병

⊞ 군영   ⊞ 군영

타임라인

732년 10월 4일 · 10월 8일 · 10월 12일

2 아랍군의 맹공격 10월 10일

아랍군 기병대가 전면적인 정면 돌격을 감행한다. 프랑크군은 서로 어깨를 맞대고 인간 방벽을 형성한다. 기병이 오르막길을 돌파하지만 철저하게 방비하고 있는 보병을 뚫지 못한다. 그러다 한순간 아랍군이 방어선을 뚫고 마르텔을 위협한다. 하지만 그의 근위대에 격퇴당한다.

⇨ 아랍군의 공격

3 아랍군의 패배 10월 10~11일

프랑크군의 방진과 싸우던 아랍군이 약탈한 보물을 보관해 둔 자기네 군영이 공격받고 있다는 사실을 알게 된다. 많은 아랍군이 자기 짐을 지키기 위해 전선에서 이탈한다. 질서가 무너지고 혼란한 와중에 압둘 라흐만이 피살된다. 아랍군이 군영으로 후퇴하지만 마르텔은 추격하지 않고 방어 진형을 유지한다. 다음 날 공격을 재개할 수 없는 아랍군이 패배를 인정하고 남쪽으로 철수한다.

⇨ 프랑크군의 우회 기습   ┅▶ 아랍군의 후퇴

탐색전 732년 10월 4~9일

카롤루스 마르텔은 끌랑강과 비엔느강 사이에서 아랍군의 진격을 막으려고 했던 것 같다. 압둘 라흐만이 거의 정보가 없었던 프랑크군을 만나 깜짝 놀란다. 프랑크군은 숲이 우거진 언덕 위에 포진해 있어 이슬람 기병에게는 까다로운 상대였다. 약 일주일 동안 양군은 서로 탐색하고 회피하며 별 효과를 거두지 못한다.

아키텐의 오도 공작과 그의 군사들은 프랑크군의 좌익에 배치되었을 것으로 보인다.

카롤루스 마르텔

끌랑강

비엔느강

아랍군은 거의 기병으로만 구성되어 있고 기율 잡힌 보병과의 싸움에 익숙하지 않다.

아랍 사령관 압둘 라흐만이 격렬한 전투 도중에 살해된다.

압둘 라흐만 알가비키

아랍군이 큰 손실을 입고 전장을 떠난다.

기습조가 아랍군이 약탈한 보물을 위협한다.

1 아우크스부르크 공격 955년 8월 8일

오토 1세는 불추가 지휘하는 마자르족이 바이에른과 슈바벤을 위협하고 있다는 소식을 듣는다. 그가 울름으로 병력을 이동해 숙적이었던 로트링겐 공 콘라트를 비롯한 다른 공국의 군대와 합세한다. 마자르족 기마 궁수가 함께 이동하는 보병과 공성 무기 때문에 이동 속도를 높이지 못한다. 8월 8일에 마자르족이 아우크스부르크 성문을 공격하지만 시민들이 울리히 주교의 지휘 아래 시를 지켜 낸다.

2 오토 1세의 계략 8월 9-10일

오토 군의 접근을 눈치챈 불추가 방향을 틀어 싸우러 간다. 오토 1세는 마자르족 궁수가 효과적으로 공격하기 어려운 숲길을 택한다. 마자르족이 먼저 공격에 나서 오토 군 후미의 군수품 수송 마차를 공략한다. 콘라트가 이끄는 프랑켄 기병이 반격해 마자르족을 몰아낸다.

3 패주와 추격 8월 10-12일

두 군대가 아우크스부르크 앞에서 총력전을 벌인다. 근접전에 익숙하지 않은 마자르족 기병이 곧 전장을 빠져나간다. 오토 1세가 미리 그 지역의 병사를 시켜 도하를 봉쇄한 데다 폭우로 강물마저 불어 탈출이 어려워진다. 마자르족 기병 대부분이 이틀 동안 오토 군의 추격을 받고 학살당한다. 오토 군은 마자르족 지휘관들을 처형하고 포로는 신체를 불구로 만든 뒤 돌려보낸다.

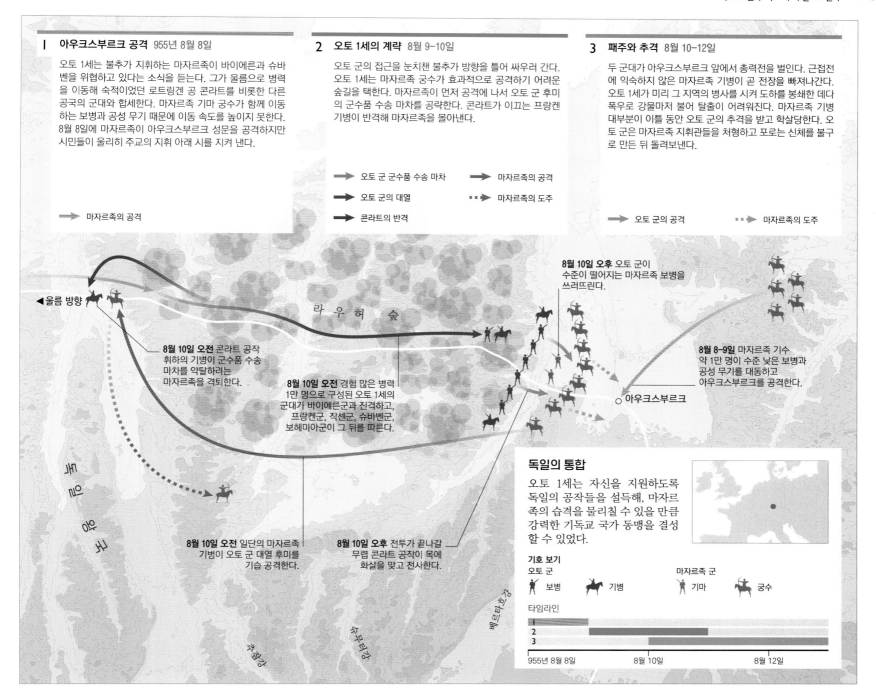

→ 마자르족의 공격
→ 오토 군 군수품 수송 마차
→ 오토 군의 대열
→ 콘라트의 반격
→ 마자르족의 공격
┄→ 마자르족의 도주
→ 오토 군의 공격
┄→ 마자르족의 도주

8월 10일 오후 오토 군이 수준이 떨어지는 마자르족 보병을 쓰러뜨린다.

◀ 울름 방향

8월 10일 오전 콘라트 공작 휘하의 기병이 군수품 수송 마차를 약탈하려는 마자르족을 격퇴한다.

라우헌 숲

8월 10일 오전 경험 많은 병력 1만 명으로 구성된 오토 1세의 군대가 바이에른과 진군하고, 프랑켄군, 작센군, 슈바벤군, 보헤미아군이 그 뒤를 따른다.

8월 8-9일 마자르족 기수 약 1만 명이 수준 낮은 보병과 공성 무기를 대동하고 아우크스부르크를 공격한다.

○ 아우크스부르크

8월 10일 오전 일단의 마자르족 기병이 오토 군 대열 후미를 기습 공격한다.

8월 10일 오후 전투가 끝나갈 무렵 콘라트 공작이 목에 화살을 맞고 전사한다.

독일의 통합

오토 1세는 자신을 지원하도록 독일의 공작들을 설득해, 마자르족의 습격을 물리칠 수 있을 만큼 강력한 기독교 국가 동맹을 결성할 수 있었다.

기호 보기

오토 군		마자르족 군	
보병	기병	기마	궁수

타임라인

1
2
3

955년 8월 8일   8월 10일   8월 12일

레히펠트 전투

955년에 독일 왕 오토 1세가 이끈 군대는 유럽을 공포에 떨게 만든 유목민 마자르족 기병을 물리쳤다. 이 전투의 승리로 오토 1세는 신성 로마 제국 황제의 길로 들어섰고, 마자르족은 기독교계 헝가리 왕국을 세운다.

마자르족은 900년경에 오늘날의 헝가리로 이주해 온 초원지대의 유목민이었다. 마자르족 기병은 독일을 비롯한 기독교계 유럽 지역을 휩쓸고 다니며 약탈을 일삼았다. 이들은 8세기 말에서 9세기 초에 프랑스와 독일, 북부 이탈리아를 통합했던 카롤루스 제국의 해체로 반사 이익을 누렸다. 제국이 해체되어 마자르족과 싸울 군대를 파견할 수 없었기 때문이다. 936년, 작센 공작 오토 1세가 독일 왕으로 즉위했다. 그의 꿈은 샤를마뉴의 제국을 재건하는 것이었다. 954년 오토 1세가 권력을 확고히 하기 위해 반란을 일으킨 독일 공작들과 싸우고 있는 사이에 마자르족이 독일을 습격했다. 이듬해에 마자르족은 부유한 도시 아우크스부르크를 약탈하기 위해 다시 돌아왔다. 독일의 공작들을 설득해 규합한 오토 1세는 레히펠트에서 마자르군을 격파했다. 그러고 나서 그는 이탈리아로 진군해 이탈리아 국왕 자리에도 올랐다. 962년, 교황이 오토 1세에게 신성 로마 제국 황제의 관을 수여했다. 이후 마자르족은 정착민이 되어 기독교로 개종한 뒤 1001년에 헝가리 왕국을 세웠다.

기타 주요 전투: 서기 1000년 이전

라키시 공성전
기원전 701년

성벽으로 둘러싸인 유대 도시 라키시에 대한 아시리아의 공격은 자세한 정보가 남아 있는 가장 오래된 공성전이다. 서아시아 최고의 군사 강국이었던 아시리아는 이스라엘의 유다 왕국에 종주권을 행사했다. 기원전 701년, 아시리아의 세나케립 왕(재위 기원전 705-681년)은 아시리아의 권위에 반기를 든 유다 왕 히스기야를 응징하기 위해 군대를 이끌고 유다로 향했다.

오늘날의 이라크에 있는 니네베의 세나케립 왕 궁전 벽에 새겨진 프리즈는 아시리아군이 사용한 공성 기술을 보여 준다. 궁수와 투석병이 성벽 위 군사들에게 화살과 돌을 날리는 동안 다른 군사들은 흙으로 성벽에 경사로를 쌓는다. 한쪽은 성벽을 부수려고 경사로를 따라 쇠메를 매단 바퀴 달린 공성 무기를 밀어 올리고, 다른 쪽은 성벽에 사다리를 걸고 올라간다. 라키시를 점령한 아시리아군은 격렬하게 보복했다. 이 프리즈에는 유다군이 고문과 학살을 당하는 모습, 도시가 약탈당하는 모습, 주민이 포로로 끌려가는 모습이 담겨 있다. 하지만 같은 해 세나케립은 유다 왕국의 수도 예루살렘을 점령하는 데 실패했다.

△ 니네베에 있는 아시리아 왕궁의 프리즈에는 공성전의 모습이 자세하게 새겨져 있다.

시칠리아 원정
기원전 415-413년

기원전 415년에 아테네의 해상 원정대가 시칠리아를 향해 출항했다. 이 원정은 펠로폰네소스 전쟁(기원전 431-404년)의 전환점이 되었다. 펠로폰네소스 전쟁은 고대 그리스의 강력한 두 도시 국가 아테네와 스파르타 간의 장기간에 걸친 패권 다툼이었다.

아테네는 스파르타에 충성하며 필요한 곡물 대부분을 공급하는 시칠리아의 그리스 도시 시라쿠사를 목표로 삼았다. 조심성 많은 아테네 사령관 니키아스는 마침내 장기간의 포위전을 시작했고, 그의 요청에 따라 아테네는 대규모 지원군을 파견했다. 아테네 함대는 시라쿠사의 대항구(大港口)를 점령했고, 육군은 시라쿠사를 고립시키기 위해 포위 방벽을 쌓았다. 하지만 스파르타 원군이 도착해 포위 방벽 구축을 방해하며 시라쿠사 방어를 강화했다. 기원전 413년에 전세가 뒤집혔다. 아테네군은 심각한 보급품 부족에 시달리다 9월에 포위전을 포기했다. 하지만 스파르타군이 아테네의 함대를 파괴했고, 니키아스는 육군 철수에 실패했다. 아테네군은 계속 공격을 받다가 결국 항복했다. 그 후에도 아테네는 에게해에서 9년간 싸웠지만 결국 항구가 봉쇄당하며 항복했고 펠로폰네소스 전쟁이 끝났다.

장평 대전
기원전 262-260년

기원전 3세기에 여러 나라로 분열되어 있던 중국에서 가장 강한 나라는 진나라와 조나라였다. 두 나라 모두 보병과 기병으로 구성된 대규모 군대를 보유하고 있었다. 기원전 265년, 진의 소양왕은 힘이 약한 한나라가 다스리던 상당을 공격했다. 그러자 조의 효성왕은 한을 돕기 위해 군사를 파견했다. 기원전 262년에 조나라 군대는 오늘날의 산시성에 있는 장평에서 진나라 군대와 충돌했고 그 뒤로 교착 상태가 이어졌다. 기원전 260년에 조의 효성왕은 신중한 사령관 염파를 공격적인 조괄로 교체했다. 조괄은 방어시설을 갖춘 진의 진지를 향해 성급하게 공격해 들어갔다. 진의 사령관 백기는 기병을 동원해 진격해 오는 조나라 군대를 포위했다. 46일에 걸친 포위 공격이 이어졌고, 수차례의 포위망 탈출 시도가 실패한 끝에 조나라 군대는 항복했다. 백기는 거의 모든 군사를 학살했다. 이후 40년이 지나지 않아 진나라는 중국을 통일했다.

자마 전투
기원전 202년

오늘날의 튀니지에서 벌어진 자마 전투는 로마 공화국과 북아프리카의 도시 국가 카르타고 사이에 벌어진 제2차 포에니 전쟁(기원전 218-201년)의 마지막 전투였다. 기원전 218년에 한니발이 이끈 카르타고군은 이탈리아 원정을 떠났다. 한니발은 10년 넘게 이탈리아 남부를 점령했지만 로마를 무너뜨리지는 못했다.

기원전 204년, 푸블리우스 코르넬리우스 스키피오가 이끈 로마군이 북아프리카에 상륙해 카르타고를 위협했다. 다급해진 카르타고는 한니발의 군대를 이탈리아에서 불러들였다. 한니발이 스키피오를 향해 진격하자 스키피오도 자신만만하게 전투에 나섰다. 싸움은 카르타고 전투 코끼리의 돌격으로 시작되었다. 산병의 공격을 받은 전투 코끼리는 로마 보병 대열 사이에 열어 둔 통로로 도망쳤다. 그러자 보병들이 잔혹한 전투를 벌였고, 양측 모두 큰 손실을 입었다. 그사이 로마 기병은 카르타고 기병을 전장에서 멀리 쫓아냈다. 추격에서 돌아온 로마 기병은 카르타고 보병 후방을 공격해 궤멸해 나갔다. 한니발 군이 대패해 카르타고는 굴욕적인 강화 조약을 맺었다. 한니발은 망명길에 올랐고, 로마는 제국 건설의 큰 발걸음을 내디뎠다.

△ 17세기의 태피스트리로 코끼리를 탄 카르타고군이 로마군에 돌격하는 모습을 묘사한 것이다.

파르살루스 전투
기원전 48년 8월 9일

파르살루스 전투는 로마 장군 율리우스 카이사르가 로마 공화국의 최고 권력을 차지하는 과정의 핵심 단계였다. 기원전 49년에 갈리아의 켈트족을 상대로 수년간의 원정을 성공적으로 마친 카이사르는 군사를 이끌고 루비콘강을 건너 로마로 향했다. 이것이 내전의 시작이었다. 그 당시 로마의 최고 권력자였던 폼페이우스는 그리스로 탈출해 새로 군대를 조직했다. 그사이 카이사르는 스페인에 있던 폼페이우스의 옛 군대를 격퇴했다.

이듬해에 카이사르는 아드리아해를 건너 폼페이우스를 추격했다. 폼페이우스는 첫 전투인 디라키움 공방전에서 우위를 차지했지만 그 기회를 활용하지 못했다. 보급품이 부족했던 카이사르는 테살리아로 이동했고 그 뒤를 병력이 두 배가 넘는 폼페이우스군이 추격했다. 결국 폼페이우스는 파르살루스에서 카이사르군과 교전을 벌이기로 했다. 경험은 부족하지만 병력 규모상 우세한 보병으로 카이사르의 노련한 군단병을 묶어둔 뒤, 기병을 우회시켜 후방에서 카이사르의 군단병을 공격한 계획이었다. 하지만 카이사르는 산병과

예비 보병을 풀어 폼페이우스의 기병을 몰아내는 한편, 군단병을 쉴 새 없이 앞으로 몰아붙여 적의 보병 본대를 격파했다. 폼페이우스는 이집트로 도망치다가 살해당했고, 카이사르는 로마의 독재자로 군림하다 기원전 44년에 암살되었다.

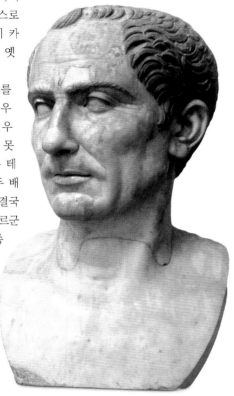

▷ 율리우스 카이사르의 대리석 흉상이다.

오장원 전투
234년

220년에 한나라가 망하자 중국은 남서쪽의 촉한, 남동쪽의 손오, 북쪽의 조위로 갈라져 싸움을 벌였다. 유명한 촉한의 재상이자 장군인 제갈량은 조위를 치기 위해 여러 차례 북벌에 나섰다. 오늘날의 산시성에 있는 오장원에서 벌어진 전투는 그의 다섯 번째이자 마지막 북벌이었다.

촉군은 위수까지 진군했는데 그곳에는 이미 위군이 방어 진지를 구축하고 있었다. 초반에 습격과 소규모 싸움이 몇 차례 벌어진 끝에 전투는 소강상태로 들어갔다. 제갈량의 도발과 모욕에도 불구하고 위 황제 조예는 사령관 사마의의 출전을 허락하지 않았다. 보급 기지에서 멀리 떨어져 있던 촉군은 식량을 조달하기 위해 농사를

지었다. 100일 이상 대치가 지속된 끝에 제갈량이 수년간의 전쟁으로 심신이 피폐해져 죽자 사기가 떨어진 촉군은 퇴각했다. 하지만 사마의는 제갈량의 죽음이 속임수일지도 모른다고 생각해 촉군이 퇴각하는데도 공격하지 않았다.

역사학자들은 오장원 전투를 싸우지 않고 승리를 거둔 전투의 사례로 치켜세운다. 조위가 피 한 방울 흘리지 않고 승리를 거둔 지 30년 만에 사마의의 손자가 진나라를 세웠다.

밀비우스 다리 전투
312년 10월 28일

로마 제국의 권력을 놓고 경쟁하던 콘스탄티누스와 막센티우스가 밀비우스 다리에서 벌인 전투는 기독교가 세계 종교로 부상하는 계기가 된 중요한 사건이었다. 306년에 콘스탄티누스는 영국의 요크에서 황제로 즉위했고, 같은 해 막센티우스는 로마에서 황제로 선포되었다.

312년에 콘스탄티누스가 군대를 끌고 와 막센티우스에게 도전장을 내밀자 막센티우스는 평소답지 않게 로마 인근에서의 공개 전투를 받아들였다. 막센티우스 군은 일부가 무너진 밀비우스 다리와 급조한 배 다리를 건너 티베르강을 등진 채 콘스탄티누스 군과 대치했다. 콘스탄티누스는 당시 기독교인이 아니었지만, 후대의 기록에 따

르면 전투 전날 밤에 하느님의 보호 아래 싸우면 전장에서 승리를 거둘 것이라는 환상을 보았다고 한다.

다음 날 벌어진 전투는 비교적 빨리 끝났다. 콘스탄티누스의 보병과 기병이 돌격해 들어가자 막센티우스 군은 혼란에 빠졌다. 겁에 질린 막센티우스 군이 강 건너 성벽 뒤로 퇴각하려다가 다리가 무너져 물에 빠져 죽었다. 막센티우스도 그중 하나였다. 다음 날 콘스탄티누스는 로마를 점령하고 막센티우스의 목을 잘라 거리에 끌고 다니게 했다. 콘스탄티누스는 이후 기독교로 개종했고, 기독교는 억압받던 소수 종교에서 로마 세계의 지배적인 종교로 변모하기 시작했다.

콘스탄티노플 공방전
717년 7월-718년 8월

아랍 우마이야 왕조의 콘스탄티노플 공방전이 실패하면서 한 세기에 걸친 이슬람의 영토 확장이 저지되었고, 기독교계 비잔티움 제국은 이후로도 7세기 동안 존속할 수 있었다. 비잔티움 수도의 방어는 아랍의 묵인하에 황위를 찬탈한 지 얼마 되지 않은 레오 이사우로스 황제가 이끌었다. 아랍군의 지휘관은 경험이 많은 장군 마슬라마 이븐 압드 알말리크였다. 아랍의 대규모 육군은 헬레스폰트 해협을 건넜고, 함대는 보스포루스 해협에 진입해 콘스탄티노플을 육지와 바다 양쪽에서 포위했다.

하지만 해군의 봉쇄는 그리스의 불로 무장한 비잔티움 군함에 의해 무력화되었

다. 그리스의 불은 아랍군이 방어할 수 없었던 초기 형태의 화염 투척 무기였다. 717-718년에 걸친 혹독한 겨울에 콘스탄티노플은 바다를 통해 식량을 충분히 공급받았지만, 아랍군은 식량 부족과 모진 추위, 질병에 시달렸다. 718년 봄에 아랍군은 포위망을 강화하려고 했으나 육군과 해군 지원군이 콘스탄티노플로 오는 도중에 비잔티움군에 요격당해 실패로 돌아갔다. 게다가 718년 여름에 불가르 칸국이 북쪽으로부터 아랍군을 공격해 들어오자 마슬라마는 철수할 수밖에 없었다. 콘스탄티노플은 이보다 훨씬 뒤인 1453년이 되어서야 무슬림의 손에 넘어갔다(96쪽 참조).

△ 12세기 필사본의 삽화로 비잔티움군이 전투 중 적함을 향해 그리스의 불을 사용하는 모습을 묘사한 것이다.

1000-1500년

고대 제국의 폐허에서 등장한 국가들은 점점 더 큰 전투를 벌이고,
요새와 공성전이 전투의 주요 특징으로 떠오른다.
최초로 화약 무기가 등장해 존재감을 드러내며 전장의 미래를 예고한다.

1000-1500년

서기 1000년부터 기마 전사가 전장을 지배했지만
영토 확보는 벌판에서 벌어진 전투보다 공성전을 통해 이루어지는 경우가 더 많았다.
장궁, 파이크(장창), 최초의 화약 무기로 무장한 보병 중심의 대규모 군대가
중앙집권화된 국가에 널리 퍼지며 점차 균형이 바뀌었다.

11세기 무렵이 되자 유럽 국가 대부분이 친위대를 주축으로 한 군대에 방어를 의존했다. 친위대는 귀족이 토지 소유의 대가로 기마 전사를 국가에 제공하는 봉건 제도를 통해 유지되었다. 여기에 농노로 구성된 군사가 추가되었다. 전장에서 말을 탄 기사가 무서워 보이기는 했지만, 보병은 헤이스팅스 전투(58-59쪽 참조)에서처럼 방패 벽을 만들거나 창을 고슴도치 가시처럼 곧추세워 기병의 공격에 대항할 수 있었다.

봉건 군대는 약 40일 정도만 복무했는데 튼튼한 요새를 정면 공격하는 것은 쉬운 일이 아니었다. 석축 요새와 성벽으로 둘러싸인 도시가 점점 늘어났는데, 이것은 1066년 이후 노르만인의 잉글랜드 정복에서 보듯이 새로 정복한 영토를 통제하기 위한 수단이었다. 보급선을 끊어 방어군을 항복하게 만드는 방법이 효과적일 때가 많았지만, 오나게르(무거운 돌을 던지는 투석기)나 이동식 공성탑, 공성추를 이용한 공성전은 중세 전투에서 필수적이었다.

유럽 국가들은 11세기 후반부터 시작된 십자군 전쟁을 통해 첫 번째 확장 전쟁을 경험했다. 이슬람군은 기갑 기병대가 위압감을 주며 돌격하던 전술을 버리고 기마 궁수가 적군을 괴롭히는 전술로 바꾸어 하틴 전투(69쪽 참조)에서와 같은 승리를 거두었다. 하틴 전투의 승리는 결국 예루살렘 재정복으로 이어졌다. 하지만 무슬림과 유럽의 기독교 국가들은 곧 몽골 제국(78-79쪽 참조)이라는 무시무시한 적을 마주해야 했다. 몽골은 뛰어난 군사 조직과 기마 궁수, 무자비한 무력 사용을 바탕으로 거대한 유라시아 제국을 건설했고, 이슬람계 아바스 왕조와 동유럽 국가들을 황폐화했다.

보병의 부상

유럽에서는 보병이 전장에서 두각을 나타내기 시작했다. 13세기 후반에 석궁과 장궁이 보급되면서 보병의 공격력이 강화되었다. 기사의 사슬 갑옷을 관통하는 활을 쏠 수 있게 되었기 때문이다. 이 때문에 판금 갑옷이 개발되었는데, 판금 갑옷은 더 단단했지만 값이 비싸고 거동이 불편해 이제 중갑 기병은 과거에 누렸던 전장에서의 우위를 되찾을 수 없었다. 갈수록 자신감이 붙자 마을에서 양성한 군대는 파이크로 승리를 거둘 수 있었다. 예를 들어 코르트리크 전투(98쪽 참조)에서 플랑드르 주민들은 프랑스 기사단을 물리쳤다.

영국과 프랑스 간의 100년 전쟁(1337-1453년)에서는 보병이 우위를 차지하는 새로운 형식의 혼합군이 등장했다. 처음에 프랑스군은 기마 돌격이라는 그 당시 일반적인 전술을 들고 나왔다. 하지만 영국군

▽ **교전 중인 궁수**
《세인트 올번스 연대기》에 나오는 15세기의 그림으로, 1415년의 아쟁쿠르 전투(90-91쪽 참조)에서 영국의 장궁병이 프랑스 기사의 공격을 격퇴하는 모습을 묘사한 것이다.

△ **공성 무기**
그림의 모형과 같은 중세의 꼬임식 투석기는 성을 수비하는 군사들에게 심각한 피해를 입힐 수 있었다. 하지만 약해진 지점을 공격하지 않는 한 성벽을 뚫지는 못했다.

변화하는 역할

중세의 문헌은 기사 이야기로 도배되어 있지만 보병은 군대에 필수적인 존재였다. 국가가 더욱 조직화되고 새로운 무기가 개발됨에 따라 군대는 이전에 기마 전사에 의존했던 것처럼 보병에 의존하게 되었다. 자원이 풍부해지면서 전투의 규모가 더 커졌고, 경쟁 가문과 파벌 사이의 내전도 더 흔하게 일어났다.

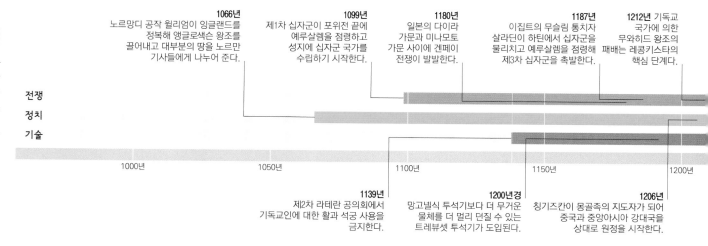

1066년
노르망디 공작 윌리엄이 잉글랜드를 정복해 앵글로색슨 왕조를 끌어내고 대부분의 땅을 노르만 기사들에게 나누어 준다.

1099년
제1차 십자군이 포위전 끝에 예루살렘을 점령하고 성지에 십자군 국가를 수립하기 시작한다.

1180년
일본의 다이라 가문과 미나모토 가문 사이에 겐페이 전쟁이 발발한다.

1187년
이집트의 무슬림 통치자 살라딘이 하틴에서 십자군을 물리치고 예루살렘을 점령해 제3차 십자군을 촉발한다.

1212년 기독교 국가에 의한 무와히드 왕조의 패배는 레콩키스타의 핵심 단계이다.

전쟁
정치
기술

1000년   1050년   1100년   1150년   1200년

1139년
제2차 라테란 공의회에서 기독교인에 대한 활과 석궁 사용을 금지한다.

1200년경
망고넬식 투석기보다 더 무거운 물체를 더 멀리 던질 수 있는 트레뷰셋 투석기가 도입된다.

1206년
칭기즈칸이 몽골족의 지도자가 되어 중국과 중앙아시아 강대국을 상대로 원정을 시작한다.

> "만물을 주재하시는 하느님의 뜻에 따라 전쟁의 기술과 기사도의 정수는 최고의 군마와 함께… 플랑드르의 평민과 보병 앞에 무너졌다."
>
> 《겐트 연대기》, 코르트리크 전투기, 1302년

△ 강력한 보호 장비
볼 가리개가 넓고 목을 보호하기 위해 뒤쪽에 테두리를 덧댄 살렛은 15세기에 인기를 끌었다. 궁수와 석궁병은 얼굴 가리개가 없는 살렛을 썼다.

은 보병으로 이에 맞섰고, 크레시 전투(82-83쪽 참조)와 아쟁쿠르 전투(90-91쪽 참조)에서 장궁병이 프랑스 귀족들에게 끔찍한 대가를 치르게 했다.

전장에서 활과 파이크가 창과 칼을 대체할 무렵에 화약 무기가 등장하기 시작했다. 화약 무기는 결국 앞선 무기들을 대체하며 전쟁에 혁명을 일으킨다. 1130년경에 중국 송나라 군대는 화약을 연료로 발사체를 쏘는 '화창(火槍)'을 개발했다. 화창은 곧 널리 보급되었고, 공성전을 할 때는 크기를 키운 화창이 사용되었다. 유럽에서는 1326년에 이탈리아에서 초기 대포가 사용되면서 화약 무기가 등장했다. 1450년대에 주철 포신과 철제 포탄이 개발되면서 처음으로 대포가 성벽을 파괴할 수 있었다. 휴대용 총은 아직 원시적이었을 뿐 아니라 다루기 힘들었고 인도나 일본 같은 지역에서는 전통적인 형태의 전투가 계속되고 있었지만, 유럽의 전장은 화약 시대의 문턱에 들어서고 있었다.

▷ 해전
19세기에 우타가와 구니요시가 그린 그림으로 단노우라 전투(68쪽 참조)에서 패한 다이라 가문의 귀신들이 승자인 미나모토 요시쓰네가 탄 배에 복수하는 모습을 묘사한 것이다.

1314년 스코틀랜드 왕 로버트 브루스가 배넉번에서 잉글랜드의 에드워드 2세를 물리치고 스코틀랜드 독립을 쟁취한다.

1337년 영국과 프랑스 사이에 100년 전쟁이 발발한다.

1415년 영국의 장궁병이 아쟁쿠르에서 프랑스군을 참패시킨다.

1453년 콘스탄티노플이 오스만 제국의 술탄 메흐메트 2세에게 함락되어 비잔티움 제국이 종말을 고한다.

1492년 그라나다 점령으로 레콩키스타가 끝나고 스페인이 기독교 통치로 복귀한다.

| 1250년 | 1300년 | 1350년 | 1400년 | 1450년 | 1500년 |

1279년 쿠빌라이 칸이 중국 남부 지방 정복을 마치고 중국 전역을 몽골족의 원나라 통치하에 둔다.

1346년 유럽 최초로 대포가 중요하게 사용된 곳이 크레시 전투다.

1363년 모든 영국인이 의무적으로 일요일마다 장궁 쏘는 훈련을 해야 하는 법이 제정된다.

1400년경 알갱이 화약의 발명으로 점화가 쉬워져 대포의 신뢰성이 높아진다.

헤이스팅스 전투

1066년 9월 말에 노르망디 공작 윌리엄은 영국 왕위에 대한
권리를 행사하기 위해 영불 해협을 건넜다. 2주 뒤 그는 북쪽에서
다른 침략군을 격퇴하고 막 돌아온 앵글로색슨 군대를 헤이스팅스
인근에서 물리쳤다. 전투 후반에 영국 왕 에드워드가 전사하면서
윌리엄의 승리의 대미를 장식했다.

1066년 1월, 자식이 없던 참회왕 에드워드의
죽음으로 영국 왕위 계승을 둘러싼 싸움이 시
작되었다. 노르망디 공작 윌리엄은 에드워드가
자신에게 왕위를 약속했다고 주장했고, 노르웨
이 왕 하랄 하르드라다는 에드워드 이전에 영
국 왕이었던 덴마크의 왕으로부터 왕권을 물려
받았다고 주장했다. 앵글로색슨의 귀족들이 에
드워드의 처남 헤럴드 고드윈슨을 왕으로 선택
하자 두 사람은 자신의 권리를 지키기 위해 영
국을 침략하기로 했다. 하르드라다가 먼저 헤
럴드와 사이가 멀어진 그의 동생 토스티그의
군대와 연합해 북쪽에 상륙한 뒤 공격을 시작
했다. 하르드라다는 처음에 풀포드에서 앵글로
색슨 백작들을 상대로 승리를 거두었지만, 9월

25일에 스탬퍼드 브리지 전투에서 전사하면서
정복 전쟁을 끝마쳤다.

헤럴드는 노르만인의 침공에 대비해 경계를
강화하기 위해 서둘러 남쪽으로 진군했지만,
노르만군이 이미 남쪽 해안에 상륙했다는 소
식을 들었다. 10월 14일에 헤이스팅스 전투에
서 헤럴드가 (자신을 계승했을 수도 있었던 동
생 레오프와인과 거스와 함께) 전사하면서 영
국은 지도자 공백 상태에 빠졌다. 남은 앵글로
색슨 왕자 에드거를 중심으로 결집하려는 시
도가 있었지만 나라를 통치하기에는 그의 나이
가 너무 어려 실패로 돌아갔다. 서서히 런던으
로 진군해 들어간 윌리엄은 성탄절에 영국의
왕으로 즉위했다.

동시 침공

하랄 하르드라다와 토스티그
는 북쪽에 상륙해 요크로 진군
한 뒤 풀포드 전투에서 에드윈
백작과 모카 백작을 격파했다.
헤럴드는 재빨리 북쪽으로 진
군해 스탬퍼드 브리지 전투에
서 하르드라다를 꺾었다. 그는
급히 런던으로 되돌아왔지만,
9월 28일에 상륙한 윌리엄 공
작이 재결집하기 전에 공격하기
에는 너무 늦었다. 헤럴드는 윌
리엄이 런던으로 공격해 들어
오기 전에 그를 차단하기 위해
헤이스팅스에서 맞섰다.

9월 20일 하랄
하르드라다와
토스티그는 우즈강을
거슬러 올라가 풀포드
전투에서 승리한다.

노섬브리아
우즈강

스탬퍼드
브리지

북해

요크

9월 25일
하르드라다와
토스티그가
스탬퍼드 브리지
전투에서
전사한다.

풀퍼드

리칼

노팅엄

레스터

동 앵글리아

머시아

9월 말-10월 6일
헤럴드가
군대를 이끌고
320km를 행군해
런던으로 간다.

런던

10월 14일
헤이스팅스

10월 6-7일 런던에 도착한 헤럴드가
지원군을 기다리자는 조언을 무시하고
남쪽으로 향한다.

웨식스

서식스

페븐시

영불 해협

생발레리쉬르솜

8-9월 바람의 방향이 맞지 않아
윌리엄 공작의 도항이 지연된다.

노르망디

디브쉬르메르

기호 보기

✕ 주 전투
✕ 전투
➡ 노르웨이군
➡ 노르만군
➡ 헤럴드의 북쪽 진군
➡ 헤럴드의 윌리엄 공격

노르만인의 공격

윌리엄은 빠르게 승리하지 못하면 고
립될 수 있었음에도 늦여름에 침공
했다. 사실 그는 아무런 방해 없이 상
륙했고, 헤럴드는 전체 병력이 다 도
착하기 전에 교전을 벌였다.

기호 보기

노르만군		앵글로색슨군	
🚩 사령관	🐎 기병	🏹 영국 왕기	🚩 허스칼
🧍 보병	🏹 궁수	🧍 피르드	🏹 궁수

타임라인

2
3
4
5
6

1066년 10월 13일 0시   10월 14일 0시   10월 15일 0시

말포스천(?)

3 노르만군의 첫 공격 실패 오전 중반

노르만 궁수들이 일제히 활을 쏘자 보병이 센락 언덕 위
로 돌격한다. 보병을 지원하기 위해 기병이 뒤따른다. 하
지만 노르만군의 화살은 앵글로색슨 보병의 방패 벽에 막
혀 효과를 발휘하지 못한다. 그러자 뒤이은 돌격도 추진
력을 잃는다. 앵글로색슨군의 전열이 견고하게 유지된다.

➡ 노르만군의 공격   ➡ 노르만군의 퇴각

2 노르만군의 전투 배치 오전 9시경

윌리엄 군 약 8천 명이 텔햄 언덕에서 계곡 바닥의 습지대
로 내려온다. 노르만 군사들이 가운데 배치되고, 브르타
뉴·앙주·푸아티에에서 온 군사들은 좌익에, 피카르디·플
랑드르에서 온 군사들은 우익에 배치된다. 궁수가 전선
맨 앞에 배치되고 그 뒤에 보병이 배치된다. 윌리엄 군의
중추인 기마 기사 약 2천 명은 후방에 자리 잡는다.

1 앵글로색슨군의 전개 1066년 10월 13-14일

점점 늘어난 헤럴드의 군사들이 오늘날의 배틀 인근에 진
을 친다. 그중 일부는 요크에서부터 행군해 온 군인들이
다. 아침이 되자 7천 명에 이르는 앵글로색슨군이 센락 언
덕을 따라 전개한다. 허스칼(갑옷을 입고 도끼로 무장한
정예군)이 가운데 배치되고 경무장한 피르드(지역 민병
대)는 좌우 날개에 배치된다. 헤럴드 군은 상대적으로 궁
수가 적다.

4 브르타뉴군의 도망 늦은 오전

노르만군이 반복해서 공격하지만 앵글로색슨군이 막아 낸다. 어느 순간 브르타뉴군이 윌리엄이 전사했다는 소문에 언덕 아래로 도망친다. 앵글로색슨의 일부 군사가 방패 벽 밖으로 나와 이들을 추격한다. 윌리엄이 브르타뉴군을 다시 결집해 추격해 오는 앵글로색슨군을 무찌른다.

5 노르만군의 거짓 퇴각 이른 오후

브르타뉴군의 성공을 목격한 윌리엄이 몇 차례 거짓 후퇴를 명령해 앵글로색슨군을 끌어낸다. 앵글로색슨군의 방패 벽 대열이 얇아지기 시작한다. 하지만 앵글로색슨군은 아직도 능선을 지키고 있고, 노르만군은 앵글로색슨군을 몰아내지 못한다. 이 무렵에 양군은 격렬한 전투로 지쳐 있는 상태다.

6 앵글로색슨군의 패배 늦은 오후

해 질 녘이 되자 노르만군이 재개한 일제 화살 발사와 잇따른 돌격이 성공을 거두기 시작한다. 해럴드와 그의 동생들이 전사한다. 앵글로색슨군은 지도자를 잃은 상태에서 한동안 싸우다가 사기가 꺾여 무질서하게 후퇴한다. 노르만군이 앵글로색슨군을 추격해 섬멸한다.

▪▪▶ 노르만군의 퇴각　　　➡ 앵글로색슨군의 공격

➡ 노르만군의 공격

➡ 노르만군의 공격　　　▪▪▶ 노르만군의 거짓 퇴각

▪▪▶ 앵글로색슨군의 퇴각

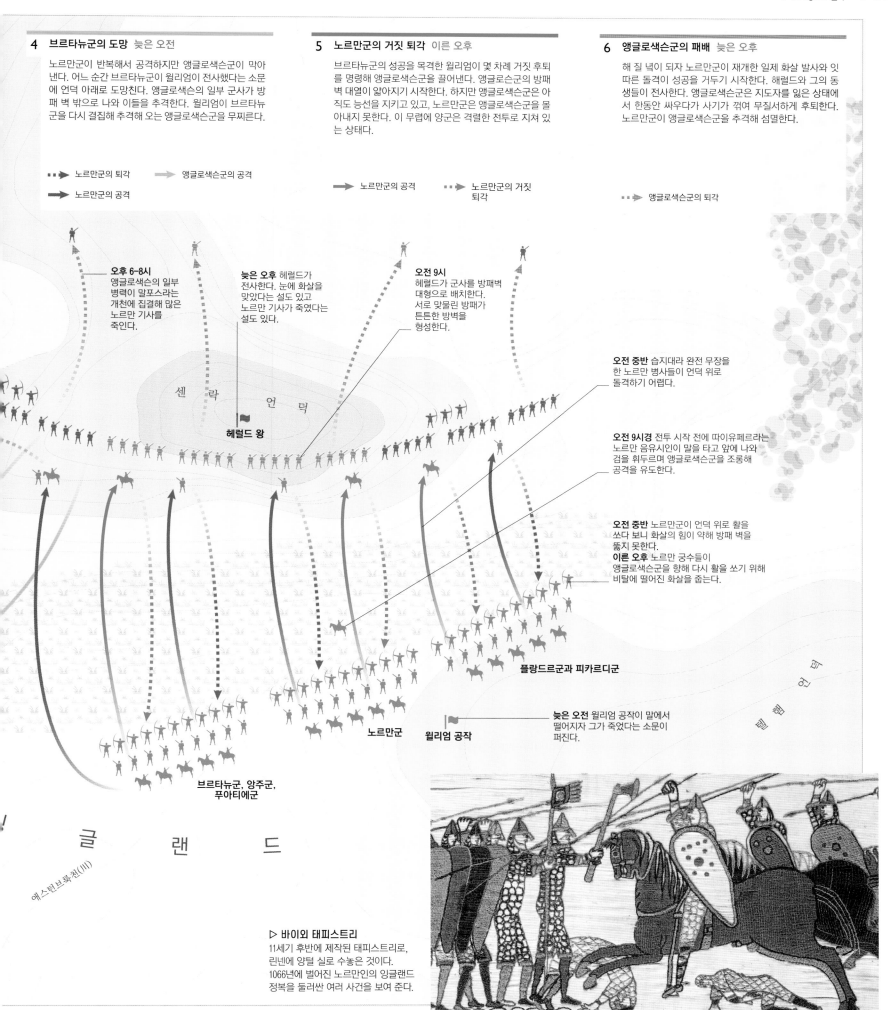

오후 6~8시 앵글로색슨의 일부 병력이 말포스라는 개천에 집결해 많은 노르만 기사를 죽인다.

늦은 오후 해럴드가 전사한다. 눈에 화살을 맞았다는 설도 있고 노르만 기사가 죽였다는 설도 있다.

오전 9시 해럴드가 군사를 방패벽 대형으로 배치한다. 서로 맞물린 방패가 튼튼한 방벽을 형성한다.

센 락　언 덕

헤럴드 왕

오전 중반 습지대라 완전 무장을 한 노르만 병사들이 언덕 위로 돌격하기 어렵다.

오전 9시경 전투 시작 전에 따이유페르라는 노르만 음유시인이 말을 타고 앞에 나와 검을 휘두르며 앵글로색슨군을 조롱해 공격을 유도한다.

오전 중반 노르만군이 언덕 위로 활을 쏘다 보니 화살의 힘이 약해 방패 벽을 뚫지 못한다.
이른 오후 노르만 궁수들이 앵글로색슨군을 향해 다시 활을 쏘기 위해 비탈에 떨어진 화살을 줍는다.

플랑드르군과 피카르디군

노르만군

윌리엄 공작

늦은 오전 윌리엄 공작이 말에서 떨어지자 그가 죽었다는 소문이 퍼진다.

브르타뉴군, 앙주군, 푸아티에군

잉 글 랜 드

애스턴브룩천(川)

▷ **바이외 태피스트리**
11세기 후반에 제작된 태피스트리로, 린넨에 양털 실로 수놓은 것이다. 1066년에 벌어진 노르만인의 잉글랜드 정복을 둘러싼 여러 사건을 보여 준다.

노르만인

911년, 프랑스의 샤를 3세는 노르드인 롤로와
그 일파에게 노르망디 땅을 하사했다.
이들은 프랑스 관습을 받아들이면서 노르만인이 되어
중세 유럽의 주요 세력으로 부상했다.

△ 전투 헬멧
12-13세기의 전형적인 노르만
헬멧으로 코 보호대가 달려 있다.
서부와 중부 유럽에서도 비슷한
모양의 헬멧이 사용되었다.

앵글로색슨 세계에서 노르만인은 보통 노르만인
의 잉글랜드 정복, 헤이스팅스 전투(58-59쪽 참
조), 중세 잉글랜드 왕국 건국, 프랑스 땅 일부에
대한 영국 왕의 영유권 주장 등과 연관되어 있다.
하지만 이들은 남부 이탈리아와 레반트(오늘날의
서아시아)에서도 적극적으로 활동했다.

지평의 확장

노르드인은 기독교와 프랑스어뿐만 아니라 프랑스
인이 선호하는 기마 전투까지 받아들였다. 노르만
기사는 영주 밑에서 복무하거나 용병으로 활동하
며 유럽 전장에서 흔히 볼 수 있는 존재가 되었다.

노르만인은 비잔티움 제국이나 교황 또는 랑고바르드족 국가들의 용병으로 지중
해까지 진출했다. 그들은 로베르 기스카르(1015년경-1085년)의 지휘 아래 대제국
을 건설했는데, 전성기에는 영토가 이탈리아 남부, 시칠리아, 북아프리카 일부, 그
리스와 알바니아의 서부 해안에 걸쳐 있었다. 기스카르의 아들 타란토의 보에몽
은 제1차 십자군 원정(1096-1099년)에 참전하여 시리아에서 안티오키아 공국을
세우고 공작을 자처했다.

공포를 자아내는 평판과 인상적인 정복 활동에도 불구하고 노르만인의 힘은
우수한 무기, 무궁무진한 인력, 혁신적인 전술에서 나온 것이 아니었다. 이들의 성
공 비결은 널리 알려진 잔인성, 추진력과 야망, 확실한 축성(築城) 그리고 정복한
땅을 관리할 때 기존 권력의 역학 관계를 이용한 노르만 통치자들의 능력과 교활
함이었다.

◁ 해협을 건너는 바이킹
11세기 프랑스 필사본의 삽화로
919년에 브르타뉴의 마을을
습격하기 위해 항해하는 바이킹의
모습을 묘사한 것이다. 같은 세기에
영국을 침공한 노르만인처럼
갑옷을 입고 카이트 실드(연 모양의
방패)를 들고 있다.

▷ 격돌하는 군사들
15세기의 그림으로 헤이스팅스
전투를 묘사한 것이다. 11세기에
있었던 전투를 그렸음에도 15세기의
무기, 갑옷, 병종(兵種)을 보여 준다.
심지어 앵글로색슨군에 기마
기사까지 있다.

만지케르트 전투

1071년, 비잔티움의 황제 로마노스 4세 디오예니스는
제국의 동쪽 국경을 침범하던 셀주크튀르크를 공격했다.
그는 만지케르트 전투에서 패해 포로가 되었고
이 패배로 아나톨리아의 대부분이 셀주크튀르크로 넘어갔다.

비잔티움 제국은 10세기와 11세기 초에 군사력의 부활을 통해 동쪽 국경을 강화했지만 연이어 즉위한 나약한 황제로 인해 입지가 약해졌다. 동시에 아랄해 인근에서 시작된 이슬람 왕조 셀주크튀르크는 아나톨리아의 강력한 위협으로 부상했다. 1068년에 황제로 즉위한 로마노스는 분열된 비잔티움 군대를 강화하기 위해 연이은 개혁을 시작했다. 그는 아르메니아와 시리아로 원정을 떠났지만 결정적 승리를 거두지는 못했고, 1069년에는 셀주크튀르크와 조약을 체결했다.

1071년에 이 조약을 갱신하기 위해 협상하던 중 로마노스는 셀주크가 차지하고 있던 땅을 빼앗으려고 기습적으로 아나톨리아를 가로질러 진군했다. 반 호수에 이르자 그는 요제프 타카네이오테스 장군에게 공포의 바랑인 친위대를 포함한 병력의 반을 내주어 킬라트 요새를 점령하러 보내고, 자신은 셀주크 수비대를 무찌르고 만지케르트를 빼앗았다.

셀주크의 술탄 알프 아르슬란은 비잔티움군의 공격 소식을 듣고 만지케르트로 진군해 로마노스와 싸움을 벌였다. 병력이 절반밖에 없었던 로마노스는 포로로 잡혔다. 일주일 뒤에 석방되었지만 이미 권위가 떨어진 로마노스는 옛 동맹자 두카스 가문에 의해 폐위되었다. 아나톨리아에서는 10년 동안 내전이 이어졌고, 아나톨리아 땅 대부분이 셀주크에 점령당했다.

> "목표를 달성하지 못하면 순교자가 되어
> 천국으로 가겠다."
>
> 알프 아르슬란, 만지케르트 전투 직전

비잔티움 제국

그리스어를 쓰는 로마 제국의 동부 지방은 5세기 때 야만족의 침략에서 살아남아 콘스탄티노플에 기반을 둔 비잔티움 제국이 되었다. 7세기에 아랍의 침공으로 북아프리카를 잃었지만, 슬라브 침략자들로부터 발칸반도의 대부분을 되찾았다. 셀주크 제국과 뒤이은 오스만제국 등 새로운 이슬람 세력이 부상하면서 많은 영토를 잃었고, 1453년에 오스만 제국의 술탄 메흐메트 2세에 의해 콘스탄티노플이 함락되었다.

로마노스 4세에게 왕관을 씌워 주는 그리스도를 새긴 11세기의 상아 판이다.

△ 비잔티움 군대
로마노스의 군대는 비잔티움군 본대를 비롯해 노르만인, 튀르키예인, 불가리아인, 아르메니아인, 바랑인 친위대 등의 용병과 동맹군으로 구성되어 있었다.

첫 번째 활동 1071년 8월 23-24일

로마노스가 짧은 포위전 끝에 셀주크로부터 만지케르트를 되찾는다. 그는 브리에니오스 장군을 보내 적을 정찰하게 한다. 셀주크군과 조우한 브리에니오스가 급히 퇴각한다. 그러자 로마노스가 적의 전력을 탐색하기 위해 아르메니아 장군 바실라케스를 보내지만 전멸한다.

- ⚔ 셀주크 수비대의 패배
- ⚔ 셀주크군과 소규모 접전
- → 비잔티움군의 정찰
- ┈▶ 비잔티움군의 퇴각

8월 23일 비잔티움군이 만지케르트를 탈환한다. 요새 안에 있던 수비대가 항복한다.

비잔티움-셀주크 전쟁

튀르키예 유목 민족인 셀주크튀르크는 1048년에 트레비존드 인근 지역을 공격하면서 비잔티움 제국을 침범하기 시작했다. 알프 아르슬란이 술탄이 되면서 점차 침범이 잦아지다가 1064년에는 아르메니아 수도 아니를 점령했다. 초기에는 비잔티움군에 쫓겨났지만 1067년에서 1069년 사이에 아나톨리아의 주요 비잔티움 도시를 점령해서 로마노스의 만지케르트 원정을 불러일으켰다.

기호 보기

- ⚔ 주 전투
- 셀주크의 영토와 봉토
- 알프 아르슬란이 획득한 땅(1065-1073년)
- 셀주크의 속국과 동맹국
- 비잔티움 제국
- 비잔티움의 동맹국
- 1071년 이후 셀주크에 빼앗긴 아나톨리아 땅
- → 로마노스 디오예니스의 경로
- → 알프 아르슬란의 경로

지도 지명: 콘스탄티노플, 흑 해, 트빌리시, 세바스티아, 트레비존드, 테오도시오폴리스, 에르주룸, 아니, 아나톨리아, 만지케르트, 힐라트, 반 호수, 호이, 멜리테네, 타르수스, 에데사, 안티오키아, 알레포, 모술, 지중해, 다마스쿠스, 바그다드, 예루살렘

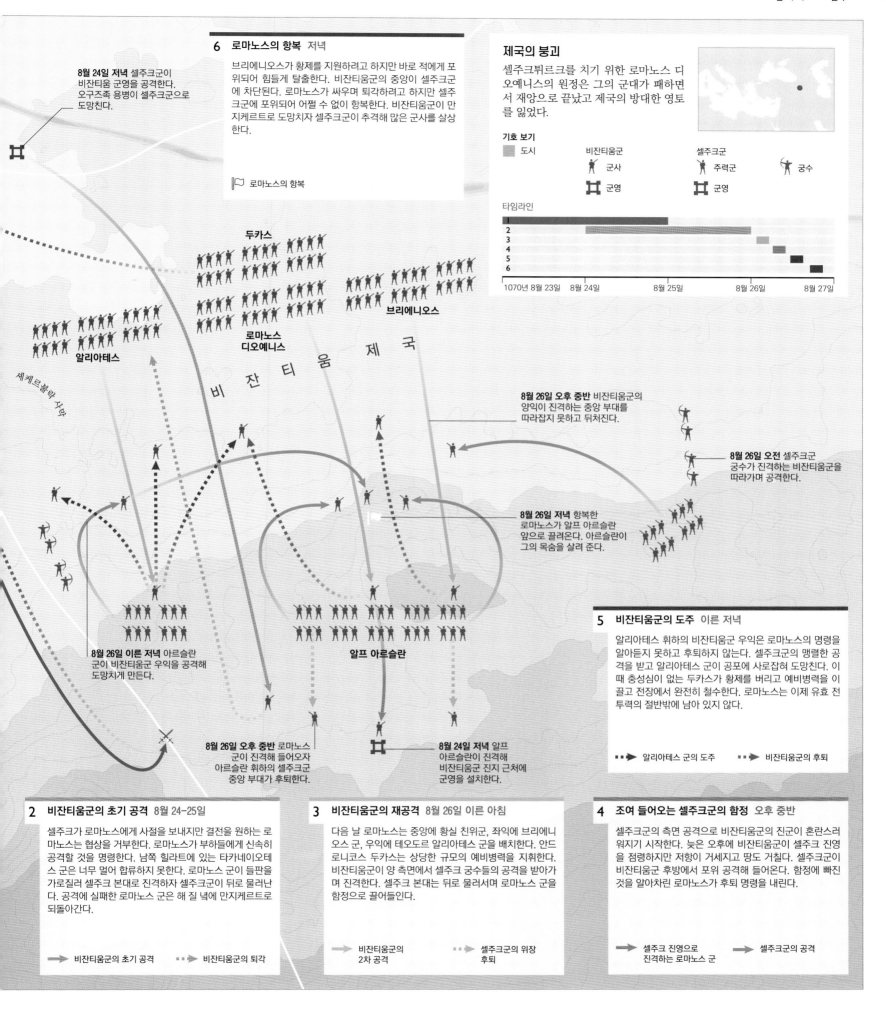

6 로마노스의 항복 저녁

브리에니오스가 황제를 지원하려고 하지만 바로 적에게 포위되어 힘들게 탈출한다. 비잔티움군의 중앙이 셀주크군에 차단된다. 로마노스가 싸우며 퇴각하려고 하지만 셀주크군에 포위되어 어쩔 수 없이 항복한다. 비잔티움군이 만지케르트로 도망치자 셀주크군이 추격해 많은 군사를 살상한다.

⚑ 로마노스의 항복

8월 24일 저녁 셀주크군이 비잔티움 군영을 공격한다. 오구즈족 용병이 셀주크군으로 도망친다.

제국의 붕괴

셀주크튀르크를 치기 위한 로마노스 디오예니스의 원정은 그의 군대가 패하면서 재앙으로 끝났고 제국의 방대한 영토를 잃었다.

기호 보기

	도시		비잔티움군		셀주크군		
		🏃	군사	🏃	주력군	🏹	궁수
		⊞	군영	⊞	군영		

타임라인

1070년 8월 23일   8월 24일   8월 25일   8월 26일   8월 27일

두카스

로마노스 디오예니스

브리에니오스

알리아테스

세케르불타 사막

비 잔 티 움 제 국

알프 아르슬란

8월 26일 오후 중반 비잔티움군의 양익이 진격하는 중앙 부대를 따라잡지 못하고 뒤처진다.

8월 26일 오전 셀주크군 궁수가 진격하는 비잔티움군을 따라가며 공격한다.

8월 26일 저녁 항복한 로마노스가 알프 아르슬란 앞으로 끌려온다. 아르슬란이 그의 목숨을 살려 준다.

8월 26일 이른 저녁 아르슬란 군이 비잔티움군 우익을 공격해 도망치게 만든다.

8월 26일 오후 중반 로마노스 군이 진격해 들어오자 아르슬란 휘하의 셀주크군 중앙 부대가 후퇴한다.

8월 24일 저녁 알프 아르슬란이 진격해 비잔티움군 진지 근처에 군영을 설치한다.

5 비잔티움군의 도주 이른 저녁

알리아테스 휘하의 비잔티움군 우익은 로마노스의 명령을 알아듣지 못하고 후퇴하지 않는다. 셀주크군의 맹렬한 공격을 받고 알리아테스 군이 공포에 사로잡혀 도망친다. 이때 충성심이 없는 두카스가 황제를 버리고 예비병력을 이끌고 전장에서 완전히 철수한다. 로마노스는 이제 유효 전투력의 절반밖에 남아 있지 않다.

▪▪▶ 알리아테스 군의 도주   ▪▪▶ 비잔티움군의 후퇴

2 비잔티움군의 초기 공격 8월 24-25일

셀주크가 로마노스에게 사절을 보내지만 결전을 원하는 로마노스는 협상을 거부한다. 로마노스가 부하들에게 신속히 공격할 것을 명령한다. 남쪽 힐라트에 있는 타카네이오테스 군은 너무 멀어 합류하지 못한다. 로마노스 군이 들판을 가로질러 셀주크 본대로 진격하자 셀주크군이 뒤로 물러난다. 공격에 실패한 로마노스 군은 해 질 녘에 만지케르트로 되돌아간다.

➤ 비잔티움군의 초기 공격   ▪▪▶ 비잔티움군의 퇴각

3 비잔티움군의 재공격 8월 26일 이른 아침

다음 날 로마노스는 중앙에 황실 친위군, 좌익에 브리에니오스 군, 우익에 테오도르 알리아테스 군을 배치한다. 안드로니코스 두카스는 상당한 규모의 예비병력을 지휘한다. 비잔티움군이 양 측면에서 셀주크 궁수들의 공격을 받아가며 진격한다. 셀주크 본대는 뒤로 물러서며 로마노스 군을 함정으로 끌어들인다.

➤ 비잔티움군의 2차 공격   ▪▪▶ 셀주크군의 위장 후퇴

4 조여 들어오는 셀주크군의 함정 오후 중반

셀주크군의 측면 공격으로 비잔티움군의 진군이 혼란스러워지기 시작한다. 늦은 오후에 비잔티움군이 셀주크 진영을 점령하지만 저항이 거세지고 땅도 거칠다. 셀주크군이 비잔티움군 후방에서 포위 공격해 들어온다. 함정에 빠진 것을 알아차린 로마노스가 후퇴 명령을 내린다.

➤ 셀주크 진영으로 진격하는 로마노스 군   ➤ 셀주크군의 공격

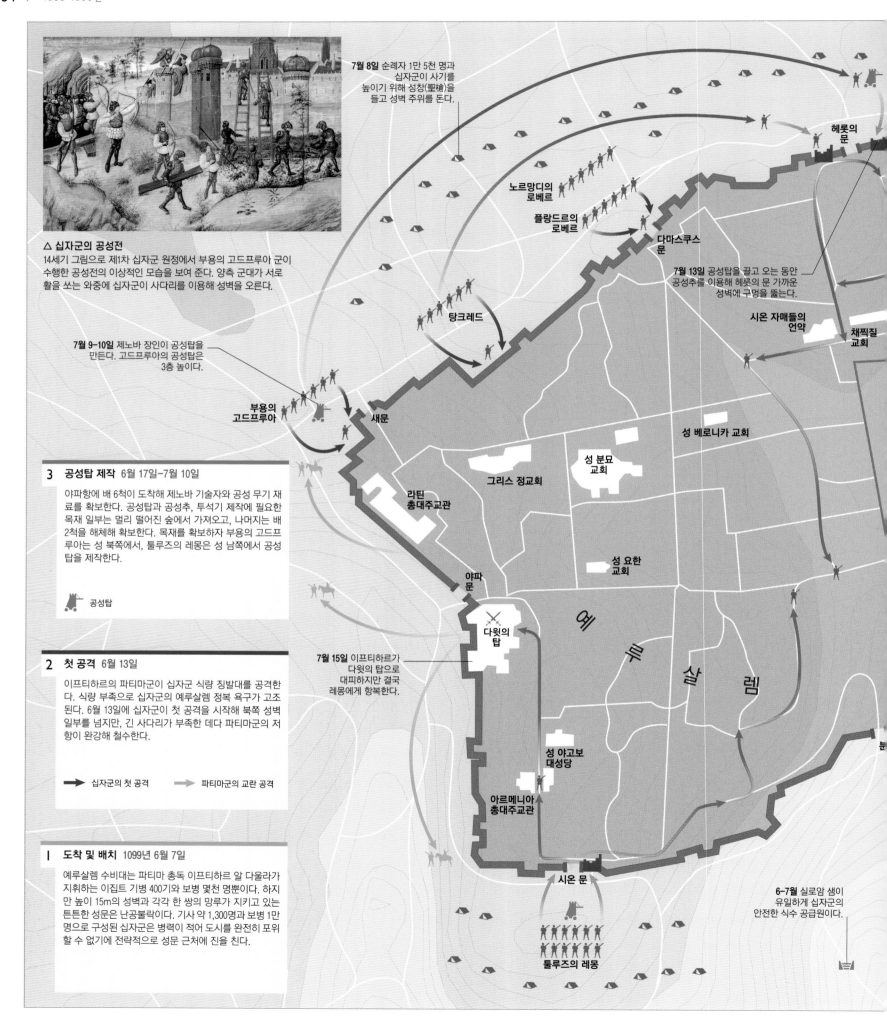

△ 십자군의 공성전

14세기 그림으로 제1차 십자군 원정에서 부용의 고드프루아 군이 수행한 공성전의 이상적인 모습을 보여 준다. 양측 군대가 서로 활을 쏘는 와중에 십자군이 사다리를 이용해 성벽을 오른다.

7월 8일 순례자 1만 5천 명과 십자군이 사기를 높이기 위해 성창(聖槍)을 들고 성벽 주위를 돈다.

노르망디의 로베르

플랑드르의 로베르

다마스쿠스 문

헤롯의 문

7월 13일 공성탑을 끌고 오는 동안 공성추를 이용해 헤롯의 문 가까운 성벽에 구멍을 뚫는다.

시온 자매들의 언덕

채찍질 교회

탕크레드

7월 9-10일 제노바 장인이 공성탑을 만든다. 고드프루아의 공성탑은 3층 높이다.

부용의 고드프루아

새문

성 베로니카 교회

성 분묘 교회

그리스 정교회

라틴 총대주교관

3 공성탑 제작 6월 17일-7월 10일

야파항에 배 6척이 도착해 제노바 기술자와 공성 무기 재료를 확보한다. 공성탑과 공성추, 투석기 제작에 필요한 목재 일부는 멀리 떨어진 숲에서 가져오고, 나머지는 배 2척을 해체해 확보한다. 목재를 확보하자 부용의 고드프루아는 성 북쪽에서, 툴루즈의 레몽은 성 남쪽에서 공성탑을 제작한다.

🛒 공성탑

야파 문

성 요한 교회

예

루

다윗의 탑

7월 15일 이프티하르가 다윗의 탑으로 대피하지만 결국 레몽에게 항복한다.

살

렘

2 첫 공격 6월 13일

이프티하르의 파티마군이 십자군 식량 징발대를 공격한다. 식량 부족으로 십자군의 예루살렘 정복 욕구가 고조된다. 6월 13일에 십자군이 첫 공격을 시작해 북쪽 성벽 일부를 넘지만, 긴 사다리가 부족한 데다 파티마군의 저항이 완강해 철수한다.

➡ 십자군의 첫 공격　　➡ 파티마군의 교란 공격

성 야고보 대성당

아르메니아 총대주교관

1 도착 및 배치 1099년 6월 7일

예루살렘 수비대는 파티마 총독 이프티하르 알 다울라가 지휘하는 이집트 기병 400기와 보병 몇천 명뿐이다. 하지만 높이 15m의 성벽과 각각 한 쌍의 망루가 지키고 있는 튼튼한 성문은 난공불락이다. 기사 약 1,300명과 보병 1만 명으로 구성된 십자군은 병력이 적어 도시를 완전히 포위할 수 없기에 전략적으로 성문 근처에 진을 친다.

시온 문

툴루즈의 레몽

6-7월 실로암 샘이 유일하게 십자군의 안전한 식수 공급원이다.

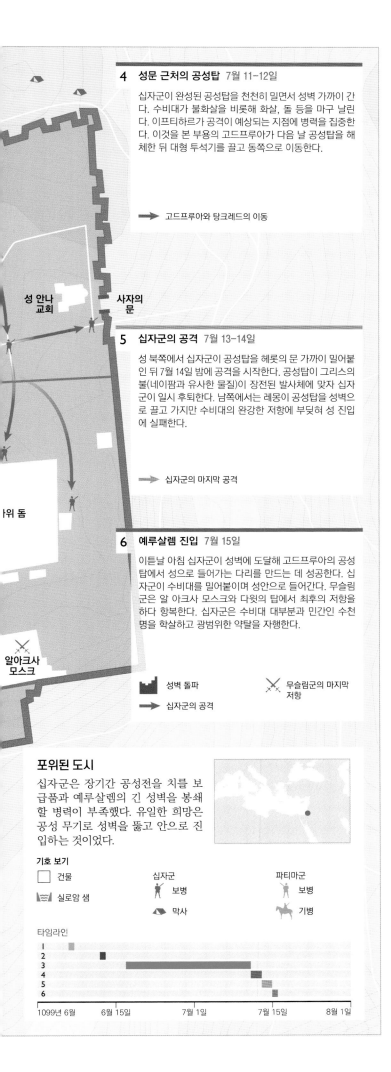

4 성문 근처의 공성탑 7월 11-12일

십자군이 완성된 공성탑을 천천히 밀면서 성벽 가까이 간다. 수비대가 불화살을 비롯해 화살, 돌 등을 마구 날린다. 이프티하르가 공격이 예상되는 지점에 병력을 집중한다. 이것을 본 부용의 고드프루아가 다음 날 공성탑을 해체한 뒤 대형 투석기를 끌고 동쪽으로 이동한다.

→ 고드프루아와 탕크레드의 이동

성 안나 교회

사자의 문

5 십자군의 공격 7월 13-14일

성 북쪽에서 십자군이 공성탑을 헤롯의 문 가까이 밀어붙인 뒤 7월 14일 밤에 공격을 시작한다. 공성탑이 그리스의 불(네이팜과 유사한 물질)이 장전된 발사체에 맞자 십자군이 일시 후퇴한다. 남쪽에서는 레몽이 공성탑을 성벽으로 끌고 가지만 수비대의 완강한 저항에 부딪혀 성 진입에 실패한다.

→ 십자군의 마지막 공격

바위 돔

6 예루살렘 진입 7월 15일

이튿날 아침 십자군이 성벽에 도달해 고드프루아의 공성탑에서 성으로 들어가는 다리를 만드는 데 성공한다. 십자군이 수비대를 밀어붙이며 성안으로 들어간다. 무슬림군은 알 아크사 모스크와 다윗의 탑에서 최후의 저항을 하다 항복한다. 십자군은 수비대 대부분과 민간인 수천 명을 학살하고 광범위한 약탈을 자행한다.

알아크사 모스크

▮ 성벽 돌파   ✕ 무슬림군의 마지막 저항

→ 십자군의 공격

포위된 도시

십자군은 장기간 공성전을 치를 보급품과 예루살렘의 긴 성벽을 봉쇄할 병력이 부족했다. 유일한 희망은 공성 무기로 성벽을 뚫고 안으로 진입하는 것이었다.

기호 보기

☐ 건물

📐 실로암 샘

십자군
🛡 보병
⛺ 막사

파티마군
🛡 보병
🐎 기병

타임라인

1					
2					
3					
4					
5					
6					
1099년 6월	6월 15일		7월 1일	7월 15일	8월 1일

예루살렘 공성전

무슬림 통치자로부터 예루살렘을 탈환하기 위해 1096년 고향을 떠난 제1차 십자군은 목표를 달성하는 데 거의 3년이 걸렸다. 십자군은 지쳐 있었고 보급품도 부족했지만 성벽을 돌파하는 데 성공했다. 하지만 방어하던 사람들을 집단 학살한 사건은 영원히 십자군의 오명으로 남아 있다.

1095년에 비잔티움 황제 알렉시오스 콤니노스는 국경을 침범하려는 무슬림 셀주크튀르크를 격퇴하기 위해 도움을 호소했다. 교황 우르바노 2세가 이에 응해 예루살렘을 무슬림 통치에서 해방시키기 위한 십자군 원정을 요청했다. 대의에 동조한 기사 수천 명이 부용의 고드프루아, 타란토의 보에몽, 툴루즈의 레몽 백작 등의 지휘 아래 1097년 4월까지 콘스탄티노플에 모여들었다. 그들은 아나톨리아를 가로지르는 고된 여정을 시작했다. 셀주크군의 공격으로 많은 기사가 목숨을 잃었고, 안티오키아 공성전의 장기화와 점령한 도시를 지키기 위한 수비대 배치 등으로도 많은 병력이 소모되었다. 1099년 6월, 예루살렘에 도착했을 때 그들은 지쳤고 사기도 떨어져 있었다. 고드프루아는 원정이 실패할지도 모른다고 생각했지만 필사적인 노력 끝에 성벽을 돌파하는 데 성공했다. 고드프루아를 예루살렘의 왕으로 선출한 십자군은 1099년 8월에 예루살렘을 탈환하기 위해 쳐들어온 이집트군을 격파했다. 그리고 안티오키아, 트리폴리, 에데사, 예루살렘을 기반으로 한 십자군 국가들을 하나로 묶었다. 무슬림 통치자들이 그들을 완전히 몰아내는 데 거의 두 세기가 걸렸다.

십자군의 원정 경로

십자군은 콘스탄티노플에 집결했다. 도릴라이움에서 셀주크군을 격퇴한 십자군은 동쪽으로 진격했다가 오랜 공성전 끝에 안티오키아를 점령했다. 1099년 6월에 마침내 예루살렘에 도착했다.

기호 보기

✕ 주 전투

✕ 전투

☐ 1096년 무슬림 영토

▮ 1096년 비잔티움 제국 영토

→ 제1차 십자군의 경로

레냐노 전투

신성 로마 제국의 황제 프리드리히 바르바로사가
북부 이탈리아의 반항적인 도시들을 굴복시키기 위해 벌인
이 전쟁은 1176년 밀라노 인근 레냐노에서 절정에 이르렀다.
이탈리아 보병은 굳건히 맞서 프리드리히 기사단의 돌격을 분쇄하고
황제의 야망에 치명타를 날렸다.

독일 왕이자 신성 로마 제국 황제였던 프리드리히 바르바로사('붉은 수염'이라는 뜻)는 북부 이탈리아 도시 국가들의 통치권을 되찾고 세수를 확보하기 위해 수년간 노력했다. 1154년에 프리드리히는 그 도시들을 제국의 영토로 되찾아 교황의 영향권 안에 들어가는 것을 막기 위해 여섯 차례에 걸친 원정 중 첫 번째 원정을 떠났다. 1167년에 이탈리아의 북부 도시들은 교황 알렉산데르 3세의 지원을 받아 롬바르디아 동맹을 결성했다. 이로 인해 1174년에 프리드리히는 다섯 번째 이탈리아 원정을 떠났지만 레냐노에서 실패로 끝났다.

원정 초기에는 수사와 아스티를 점령하며 성공을 거두었다. 하지만 1175년 4월에 알레산드리아 공성전에서 실패를 맛보았다. 그러다 원정은 지지부진한 협상의 수렁에 빠졌다. 게다가

독일에 요청한 지원군도 오지 않았다. 드디어 1176년 5월에 주로 기사로 구성된 원군 약 2천 명이 알프스를 넘어오자 프리드리히는 근위 기사들만 이끌고 북쪽으로 마중을 가서 밀라노 근처 파비아에 있는 진지로 데려왔다.

롬바르디아 동맹은 프리드리히 몰래 레냐노 근처에 군대와 카로초(아래 박스 참조)를 집결시켰다. 이어진 전투에서 패배한 프리드리히는 목숨까지 잃을 뻔했다. 그는 어쩔 수 없이 알렉산데르 3세와 조약을 체결하고 이탈리아 북부 도시의 자치권을 인정해야 했다. 이탈리아 보병은 제국 기사들을 상대로 승리를 거두었을 뿐만 아니라 독립된 도시 국가로서의 미래도 확보했다.

> "백성은 군주에게 법을 내리는 것이 아니라 군주의 명령에 복종하는 것이다."
>
> 프리드리히 바르바로사, 신성 로마 제국 황제

카로초

이탈리아의 북부 도시에서 군기(軍旗) 같은 공동체의 상징을 전장으로 운반하는 데 사용한 카로초는 나무로 만든 대형 짐마차였다. 12세기에 밀라노에서 처음 쓰기 시작했다. 몇 필의 소가 끄는 카로초에는 십자가와 제단, 미사를 집전하는 사제가 타기도 했다. 마르티넬라라고 불리는 종도 실었고, 나팔수가 뒤를 따르며 롬바르디아 군사들에게 전투 신호를 보냈다. 카로초는 군인들의 집결지 역할을 했다. 카로초를 빼앗기는 것은 엄청난 치욕으로 여겨졌으므로 목숨을 걸고 지켰다.

19세기 그림으로 레냐노에서 카로초를 지키는 모습을 묘사한 것이다.

롬바르디아군의 승리

롬바르디아 동맹군 보병은 민병대가 기마 기사를 상대로 어떻게 싸우면 되는지 보여 주었다. 프리드리히는 롬바르디아 보병과 기병 사이에 끼어 굴욕적인 패배를 당했다.

기호 보기

롬바르디아 동맹군		제국군	
🐎	기병	🏹 궁수	🐎 기병
🏃	보병		

타임라인

1		
2		
3		
4		
5		
6		

1176년 5월 29일 오전 4시 · 오전 10시 · 오후 4시

밀라노 기병대의 제국군 공격
1176년 5월 29일 동틀 무렵

밀라노군이 레냐노와 보르사노 사이의 전략적 요충지에 카로초를 중심으로 보병을 배치한다. 앞서가던 밀라노 기사 700명이 프리드리히의 선봉대와 마주친다. 밀라노군은 소수의 이 제국군을 처리한다. 프리드리히는 롬바르디아 동맹군이 와 있다는 사실을 알게 된다.

→ 롬바르디아군 선봉대 → 제국군 선봉대

◀ 프리드리히의 진지

이른 오후 롬바르디아군이 도착해 밀라노군 기병과 합류한다.

◁ **성 유물함 흉상**
금박을 입힌 프리드리히 1세의 청동 흉상은 12세기에 아헨에서 제작된 성 유물함(성 유물을 담는 용기)이다.

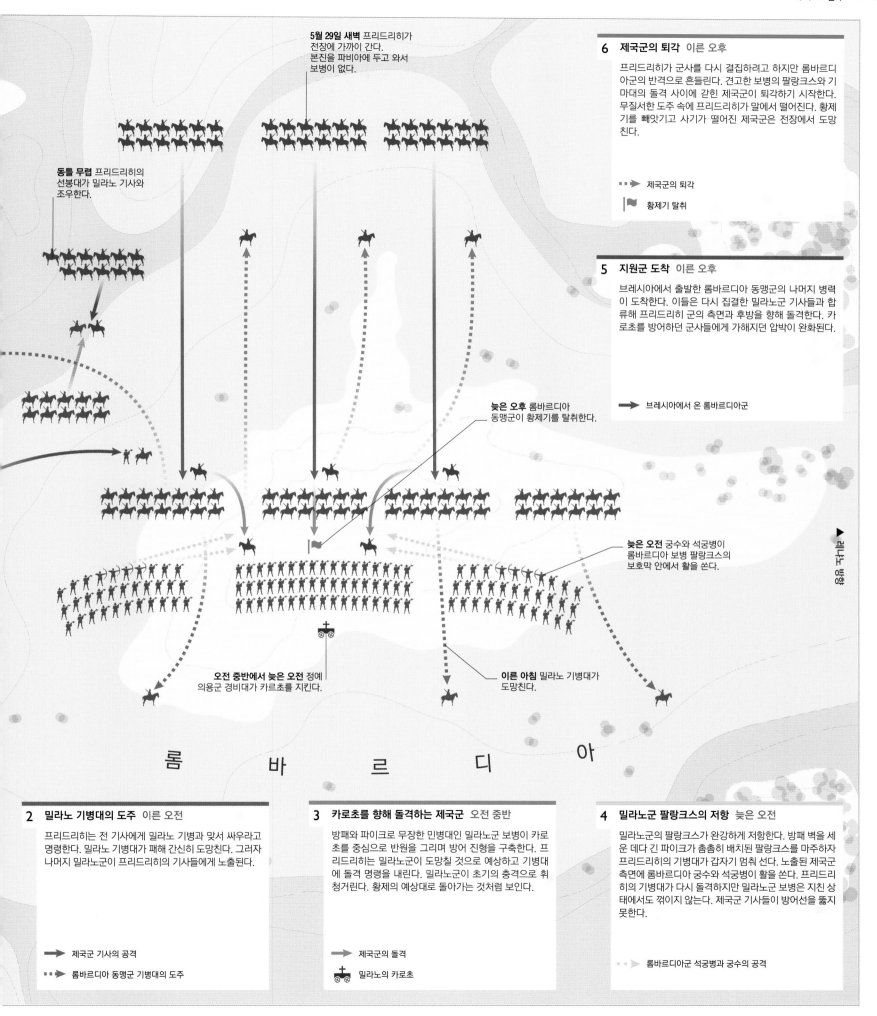

6 제국군의 퇴각 이른 오후

프리드리히가 군사를 다시 결집하려고 하지만 롬바르디아군의 반격으로 흔들린다. 견고한 보병의 팔랑크스와 기마대의 돌격 사이에 갇힌 제국군이 퇴각하기 시작한다. 무질서한 도주 속에 프리드리히가 말에서 떨어진다. 황제기를 빼앗기고 사기가 떨어진 제국군은 전장에서 도망친다.

┅┅▶ 제국군의 퇴각

▌▌█ 황제기 탈취

5 지원군 도착 이른 오후

브레시아에서 출발한 롬바르디아 동맹군의 나머지 병력이 도착한다. 이들은 다시 집결한 밀라노군 기사들과 합류해 프리드리히 군의 측면과 후방을 향해 돌격한다. 카로초를 방어하던 군사들에게 가해지던 압박이 완화된다.

──▶ 브레시아에서 온 롬바르디아군

5월 29일 새벽 프리드리히가 전장에 가까이 간다. 본진을 파비아에 두고 와서 보병이 없다.

동틀 무렵 프리드리히의 선봉대가 밀라노 기사와 조우한다.

늦은 오후 롬바르디아 동맹군이 황제기를 탈취한다.

늦은 오전 궁수와 석궁병이 롬바르디아 보병 팔랑크스의 보호막 안에서 활을 쏜다.

오전 중반에서 늦은 오전 정예 의용군 경비대가 카르초를 지킨다.

이른 아침 밀라노 기병대가 도망친다.

롬 바 르 디 아

피나 주 평원

2 밀라노 기병대의 도주 이른 오전

프리드리히는 전 기사에게 밀라노 기병과 맞서 싸우라고 명령한다. 밀라노 기병대가 패해 간신히 도망친다. 그러자 나머지 밀라노군이 프리드리히의 기사들에게 노출된다.

──▶ 제국군 기사의 공격

┅┅▶ 롬바르디아 동맹군 기병대의 도주

3 카로초를 향해 돌격하는 제국군 오전 중반

방패와 파이크로 무장한 민병대인 밀라노군 보병이 카로초를 중심으로 반원을 그리며 방어 진형을 구축한다. 프리드리히는 밀라노군이 도망칠 것으로 예상하고 기병대에 돌격 명령을 내린다. 밀라노군이 초기의 충격으로 휘청거린다. 황제의 예상대로 돌아가는 것처럼 보인다.

──▶ 제국군의 돌격

🛒 밀라노의 카로초

4 밀라노군 팔랑크스의 저항 늦은 오전

밀라노군의 팔랑크스가 완강하게 저항한다. 방패 벽을 세운 데다 긴 파이크가 촘촘히 배치된 팔랑크스를 마주하자 프리드리히의 기병대가 갑자기 멈춰 선다. 노출된 제국군 측면에 롬바르디아 궁수와 석궁병이 활을 쏜다. 프리드리히의 기병대가 다시 돌격하지만 밀라노군 보병은 지친 상태에서도 꺾이지 않는다. 제국군 기사들이 방어선을 뚫지 못한다.

┅┅▶ 롬바르디아군 석궁병과 궁수의 공격

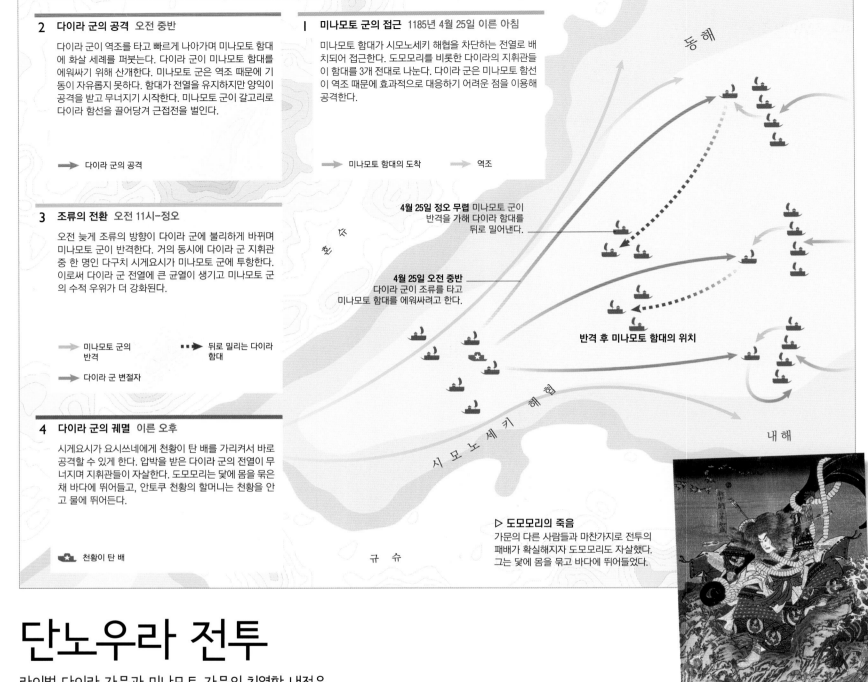

2 다이라 군의 공격 오전 중반

다이라 군이 역조를 타고 빠르게 나아가며 미나모토 함대에 화살 세례를 퍼붓는다. 다이라 군이 미나모토 함대를 에워싸기 위해 산개한다. 미나모토 군은 역조 때문에 기동이 자유롭지 못하다. 함대가 전열을 유지하지만 양익이 공격을 받고 무너지기 시작한다. 미나모토 군이 갈고리로 다이라 함선을 끌어당겨 근접전을 벌인다.

→ 다이라 군의 공격

3 조류의 전환 오전 11시–정오

오전 늦게 조류의 방향이 다이라 군에 불리하게 바뀌며 미나모토 군이 반격한다. 거의 동시에 다이라 군 지휘관 중 한 명인 다구치 시게요시가 미나모토 군에 투항한다. 이로써 다이라 군 전열에 큰 균열이 생기고 미나모토 군의 수적 우위가 더 강화된다.

→ 미나모토 군의 반격
···▶ 뒤로 밀리는 다이라 함대
→ 다이라 군 변절자

1 미나모토 군의 접근 1185년 4월 25일 이른 아침

미나모토 함대가 시모노세키 해협을 차단하는 전열로 배치되어 접근한다. 도모모리를 비롯한 다이라의 지휘관들이 함대를 3개 전대로 나눈다. 다이라 군은 미나모토 함선이 역조 때문에 효과적으로 대응하기 어려운 점을 이용해 공격한다.

→ 미나모토 함대의 도착   → 역조

동해

4월 25일 정오 무렵 미나모토 군이 반격을 가해 다이라 함대를 뒤로 밀어낸다.

4월 25일 오전 중반
다이라 군이 조류를 타고 미나모토 함대를 에워싸려고 한다.

반격 후 미나모토 함대의 위치

4 다이라 군의 궤멸 이른 오후

시게요시가 요시쓰네에게 천황이 탄 배를 가리켜서 바로 공격할 수 있게 한다. 압박을 받은 다이라 군의 전열이 무너지며 지휘관들이 자살한다. 도모모리는 닻에 몸을 묶은 채 바다에 뛰어들고, 안토쿠 천황의 할머니는 천황을 안고 물에 뛰어든다.

⚓ 천황이 탄 배

시 모 노 세 키 해 협

내 해

규 슈

▷ **도모모리의 죽음**
가문의 다른 사람들과 마찬가지로 전투의 패배가 확실해지자 도모모리도 자살했다. 그는 닻에 몸을 묶고 바다에 뛰어들었다.

단노우라 전투

라이벌 다이라 가문과 미나모토 가문의 치열한 내전은
1185년 4월에 단노우라 해전에서 막을 내렸다. 다이라 함대가 시모노세키 해협에서 대패하면서
일본은 미나모토 요리토모의 지배하에 들어갔다.

1180년에 일본은 미나모토 가문이 라이벌인 다이라 가문을 수도 교토의 지배적 지위에서 축출하려고 하면서 내전에 돌입했다. 3년 뒤 미나모토 가문은 다이라 가문을 몰아내는 데 성공했다. 다이라 가문은 5세이던 안토쿠 천황과 함께 서부 지방으로 도망쳤다. 미나모토 가문이 요시쓰네와 그의 사촌 요시나카로 분열되면서 다이라 가문은 잠시 숨을 돌릴 수 있었다. 1184년 초에 요시쓰네가 우지강 전투에서 이기면서 가문을 다시 결속했다. 요시쓰네는 남쪽으로 다이라를 추격해 1184년 3월에 이치노

타니성을 급습했다. 다이라 가문은 함대를 이끌고 탈출할 수밖에 없었다. 안전한 육상 피난처를 상실한 다이라 가문은 추격해 오는 미나모토 함대의 공격에 시달렸다. 그러다 다이라 함대는 좁은 시모노세키 해협의 단노우라에 갇혀 버린 탓에 대패했다. 함대는 파괴되었고 어린 황제와 고위 지휘관들은 목숨을 잃었다. 1185년에 요시쓰네의 이복형 미나모토 요리토모가 일본의 실질적 통치자가 되었다. 이후에 그는 가마쿠라 막부(1192-1333년)의 초대 쇼군이 되었다.

해협에서 벌어진 전투

시모노세키 해협은 일본의 주요한 두 섬 사이에 있는 해협으로 강한 역조가 흐른다. 다이라 군은 이 조류를 유리하게 이용하려고 했다.

기호 보기

⚓ 미나모토 함대   ⚓ 다이라 함대

타임라인

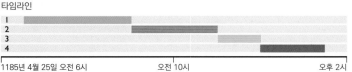

하틴 전투

1187년 7월, 예루살렘의 왕 기 드 뤼지냥은 살라딘(살라흐 앗 딘)이 공성전을 벌이고 있던 티베리아스 요새를
구하기 위해 출발했다. 그의 군대는 하틴 근처 건조한 광야에서 아이유브군에 포위되어 궤멸되었다.
몇 달 지나지 않아 살라딘의 군대는 직접 예루살렘에 입성하게 된다.

팔레스타인의 십자군 국가들은 1180년대에 쇠
퇴기에 접어들었다. 유럽에서 새로 오는 기사는
거의 없었고, 예루살렘의 새 국왕 기 드 뤼지냥
은 왕위 계승 분쟁 끝에 1186년에야 왕위에 오
를 수 있었다. 1187년 초, 기의 동맹인 샤티옹
의 르노가 이집트에서 시리아로 가던 무슬림
캐러밴을 습격하면서 이집트 아이유브 왕조의
술탄 살라딘과 합의한 휴전이 결렬되었다. 이에
대한 보복으로 살라딘은 7월 2일에 티베리아스
요새를 포위했다. 십자군이 구원하러 오도록
유도하기 위한 것이었다. 그러자 기는 티베리아

스에서 서쪽으로 30km 떨어진 세포리아에 십
자군을 소집했다. 하지만 그는 그 자리를 지키
면서 살라딘이 오기를 기다리자는 조언을 무시
하고 물이 없는 광야를 가로질러 행군했다. 이
틀 뒤 기의 군대는 하틴에서 궤멸되었고, 기와
그의 왕국 예루살렘은 재앙에 직면했다. 십자
군의 요새인 아크레, 티베리아스, 카이사리아,
야파에 이어 마침내 1187년 10월 2일에 성도
예루살렘이 함락되었다. 이 사건은 충격이 워
낙 커서 예루살렘을 해방하기 위한 제3차 십자
군 원정으로 이어졌다.

사막의 교전

기는 동맹군의 조언을 무시하고 살라딘과
대적하기 위해 십자군을 이끌고 사막을 가
로질러 갔다. 지친 데다 물마저 부족했던 십
자군은 살라딘 군의 손쉬운 표적이 되었다.

기호 보기

🏃 십자군 보병　　🏰 십자군 군영　　🏃 아이유브군 보병

🐎 십자군 기병　　〰️ 샘　　🏹 아이유브군 기마 궁수

🐎 아이유브군 기병

타임라인

1
2
3

1187년 7월 3일 오전 0시　　정오　　7월 4일 오전 0시　　정오

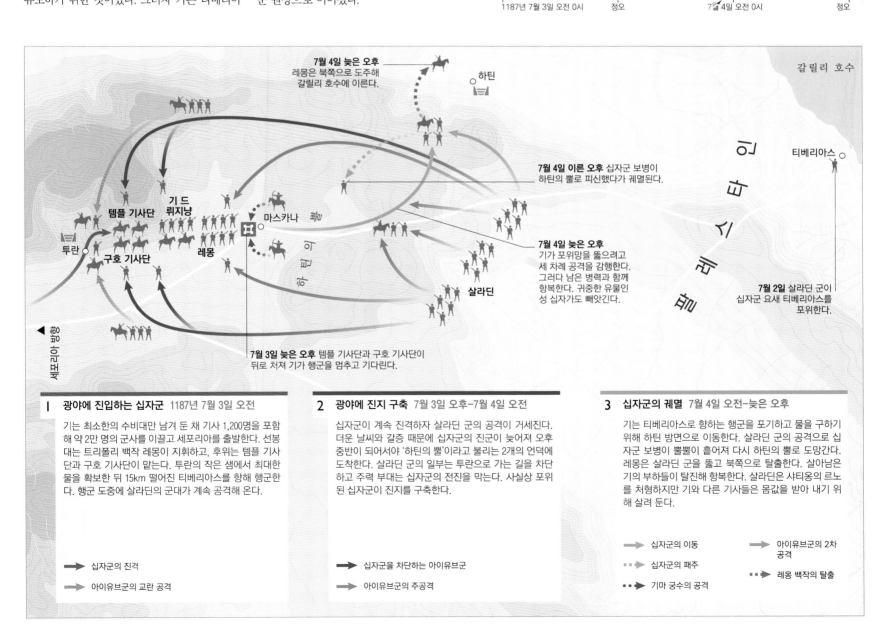

갈릴리 호수

7월 4일 늦은 오후 레몽은 북쪽으로 도주해 갈릴리 호수에 이른다.

하틴

7월 4일 이른 오후 십자군 보병이 하틴의 뿔로 피신했다가 궤멸된다.

티베리아스

기 드 뤼지냥

마스카나

템플 기사단

투란

구호 기사단

레몽

살라딘

7월 4일 늦은 오후 기가 포위망을 뚫으려고 세 차례 공격을 감행한다. 그러다 남은 병력과 함께 항복한다. 귀중한 유물인 성 십자가도 빼앗긴다.

7월 2일 살라딘 군이 십자군 요새 티베리아스를 포위한다.

7월 3일 늦은 오후 템플 기사단과 구호 기사단이 뒤로 처져 기가 행군을 멈추고 기다린다.

1 광야에 진입하는 십자군 1187년 7월 3일 오전

기는 최소한의 수비대만 남겨 둔 채 기사 1,200명을 포함
해 약 2만 명의 군사를 이끌고 세포리아를 출발한다. 선봉
대는 트리폴리 백작 레몽이 지휘하고, 후위는 템플 기사
단과 구호 기사단이 맡는다. 투란의 작은 샘에서 최대한
물을 확보한 뒤 15km 떨어진 티베리아스를 향해 행군한
다. 행군 도중에 살라딘의 군대가 계속 공격해 온다.

➡️ 십자군의 진격

➡️ 아이유브군의 교란 공격

2 광야에 진지 구축 7월 3일 오후-7월 4일 오전

십자군이 계속 진격하자 살라딘 군의 공격이 거세진다.
더운 날씨와 갈증 때문에 십자군의 진군이 늦어져 오후
중반이 되어서야 '하틴의 뿔'이라고 불리는 2개의 언덕에
도착한다. 살라딘 군의 일부는 투란으로 가는 길을 차단
하고 주력 부대는 십자군의 전진을 막는다. 사실상 포위
된 십자군이 진지를 구축한다.

➡️ 십자군을 차단하는 아이유브군

➡️ 아이유브군의 주공격

3 십자군의 궤멸 7월 4일 오전-늦은 오후

기는 티베리아스로 향하는 행군을 포기하고 물을 구하기
위해 하틴 방면으로 이동한다. 살라딘 군의 공격으로 십
자군 보병이 뿔뿔이 흩어져 다시 하틴의 뿔로 도망간다.
레몽은 살라딘 군을 뚫고 북쪽으로 탈출한다. 살아남은
기의 부하들이 탈진해 항복한다. 살라딘은 샤티옹의 르노
를 처형하지만 기와 다른 기사들은 몸값을 받아 내기 위
해 살려 둔다.

➡️ 십자군의 이동

⋯➡️ 십자군의 패주

•••➡️ 기마 궁수의 공격

➡️ 아이유브군의 2차 공격

•••➡️ 레몽 백작의 탈출

아르수프 전투

1187년에 예루살렘을 점령한 살라딘(살라흐 앗 딘)은
기독교의 유럽에 무적의 존재로 보였다. 4년 뒤 영국 왕 리처드 1세는
예루살렘을 탈환하기 위한 제3차 십자군 원정에 참전해 성지에 도착했다.
십자군은 아르수프에서 살라딘 군에 큰 타격을 입히며
살라딘이 무적이 아니라는 사실을 보여 주었다.

1187년, 이슬람 국가 아이유브의 지도자 살라딘의 예루살렘 점령은 기독교를 믿던 유럽에 충격과 분노를 주었다. 곧바로 예루살렘을 되찾고 성지를 재탈환하기 위한 제3차 십자군 원정(1189-1192년)이 시작되었다.

십자군은 초반에 어려움을 겪었다. 1190년 6월에 독일군 사령관 프리드리히 바르바로사 황제가 살레프강을 건너다가 익사했고, 필리프 2세 휘하의 프랑스 십자군은 1189년에 시작된 아크레(십자군의 첫 번째 목표 중 하나) 공성전에서 교착 상태에 빠졌다. 영국 왕 리처드 1세('사자왕')가 도착해서야 아크레에 대한 마지막 공격을 서두를 수 있었고, 아크레는 결국 1191년 7월 12일에 함락되었다. 필리프와 레오폴트는 많은 프랑스 및 독일 십자군을 이끌고 집으로 돌아가 버렸다. 게다가 십자군이 포로를 학살하는 바람에 살라딘은 격분했다.

리처드는 야파를 점령해 예루살렘 공격 거점으로 삼기 위해서 남쪽으로 밀고 내려갔다. 마침내 두 군대가 아르수프 외곽에서 처음으로 전면전을 펼쳤다. 이 전투에서 리처드가 승리하면서 4년 전에 하틴에서 당한 기 드 뤼지냥의 패배(69쪽 참조)를 대갚음했다. 하지만 완전한 승리는 아직 요원했다. 1192년 9월에 두 사람 사이에 체결된 조약에 따라 기독교인들은 다시 예루살렘을 방문할 수 있게 되었다. 하지만 예루살렘 자체는 여전히 무슬림의 손에 남아 있었다.

> "그들은 한 사람처럼 함성을 내지르며 … 한꺼번에 돌진했다."
>
> 바하 알 딘, 십자군에 대한 묘사, 12세기경

아르수프로 가는 길

8월 22일, 리처드는 아크레를 떠나 야파를 향해 남쪽으로 내려갔다. 그는 살라딘의 군대에 포위되지 않으려고 해안을 따라 이동했다. 살라딘은 교란 공격으로 리처드를 막을 수 없음을 깨닫고, 숲 때문에 아이유브군이 쉽게 발각되지 않을 아르수프에서 리처드 군을 차단하기로 했다.

8월 3일 프랑스의 필리프 2세가 십자군 원정을 포기한다.
8월 20일 리처드가 포로 2,700명을 죽인다.
8월 25일 십자군의 후위가 맹습을 받고 간신히 벗어난다.

안티오키아 공국
트리폴리 백국
키프로스
트리폴리
다마스쿠스
티레
아크레
카이사리아
아르수프
야파
예루살렘
지중해
아이유브 술탄국

기호 보기
✕ 주 전투
➤ 리처드 1세의 행군
■ 1189년 제3차 십자군이 시작될 때 남아 있던 십자군 영토

바다와 숲 사이

십자군이 계속 남쪽으로 내려오자 살라딘은 아르수프 숲과 지중해 사이의 좁은 들판에서 십자군과 싸울 준비를 했다.

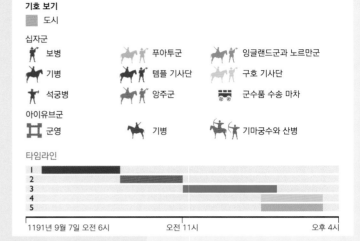

기호 보기
■ 도시

십자군
🏃 보병
🐎 기병
🏹 석궁병

🐎 푸아투군
🐎 템플 기사단
🐎 앙주군

🐎 잉글랜드군과 노르만군
🐎 구호 기사단
🐎 군수품 수송 마차

아이유브군
⊟ 군영
🐎 기병
🏹 기마궁수와 산병

타임라인
1
2
3
4
5
1191년 9월 7일 오전 6시 · 오전 11시 · 오후 4시

1 전투 준비 1191년 9월 7일 이른 아침

아이유브군이 숲속에 있다는 정찰병의 보고를 받고 리처드가 병력 약 1만 2천 명을 방어 대형으로 편성한다. 선봉에는 템플 기사단, 가운데는 푸아투군·잉글랜드군·노르만군, 후위에는 구호 기사단을 배치한다. 각 부대는 기사와 호위 보병으로 구성되어 있다.

➤ 십자군의 도착

2 살라딘 군의 교란 공격 오전 9시-11시

십자군이 아르수프에서 약 9.6km 떨어진 들판에 도착하자 살라딘 군이 연이어 교란 공격을 한다. 살라딘 군의 보병 궁수가 화살 세례를 퍼붓는다. 이번에는 기마 궁수가 달려와 활을 쏜다. 그런 다음 십자군을 유인해 대열을 깬 뒤 공격하려고 방향을 틀어 달아난다.

•••➤ 아이유브군의 교란 공격

3 휘청이는 십자군 좌익 오전 11시-오후 2시

십자군의 전열이 흐트러지지 않자 살라딘이 리처드 군 후미에 있는 구호 기사단을 맹공격한다. 아이유브군이 가까이 접근하다가 리처드 군 석궁병의 공격을 받고 사상자를 낸다. 구호 기사단 단장 가니에 드 나블루스가 리처드에게 공격하게 해 달라고 요청하지만, 리처드는 적이 지칠 때까지 대형을 유지하라고 한다.

➤ 아이유브군의 공격

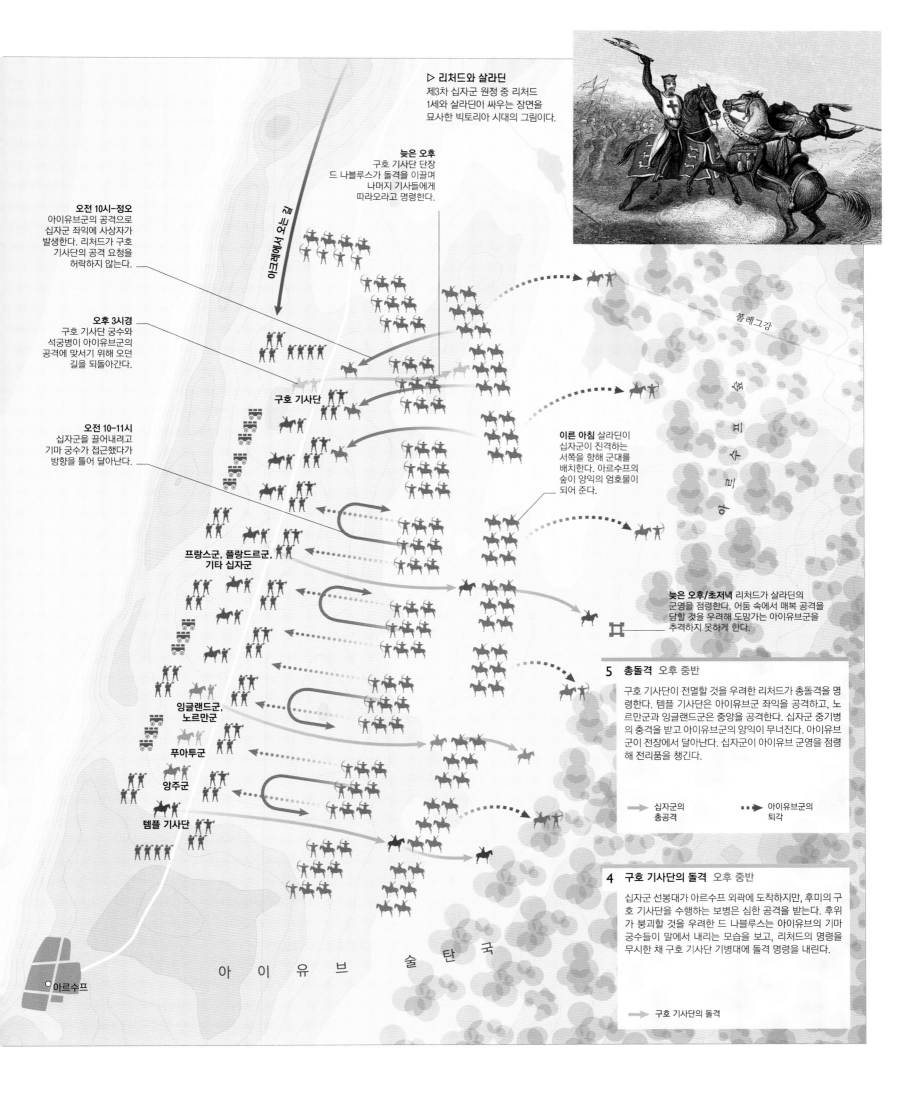

▷ 리처드와 살라딘
제3차 십자군 원정 중 리처드
1세와 살라딘이 싸우는 장면을
묘사한 빅토리아 시대의 그림이다.

늦은 오후
구호 기사단 단장
드 나블루스가 돌격을 이끌며
나머지 기사들에게
따라오라고 명령한다.

오전 10시-정오
아이유브군의 공격으로
십자군 좌익에 사상자가
발생한다. 리처드가 구호
기사단의 공격 요청을
허락하지 않는다.

오후 3시경
구호 기사단 궁수와
석궁병이 아이유브군의
공격에 맞서기 위해 오던
길을 되돌아간다.

오전 10-11시
십자군을 끌어내리고
기마 궁수가 접근했다가
방향을 틀어 달아난다.

이른 아침 살라딘이
십자군이 진격하는
서쪽을 향해 군대를
배치한다. 아르수프의
숲이 양익의 엄호물이
되어 준다.

플레그강

숲 비 사 미 이

구호 기사단

프랑스군, 플랑드르군,
기타 십자군

늦은 오후/초저녁 리처드가 살라딘의
군영을 점령한다. 어둠 속에서 매복 공격을
당할 것을 우려해 도망가는 아이유브군을
추격하지 못하게 한다.

5 총돌격 오후 중반

구호 기사단이 전멸할 것을 우려한 리처드가 총돌격을 명
령한다. 템플 기사단은 아이유브군 좌익을 공격하고, 노
르만군과 잉글랜드군은 중앙을 공격한다. 십자군 중기병
의 충격을 받고 아이유브군의 양익이 무너진다. 아이유브
군이 전장에서 달아난다. 십자군이 아이유브 군영을 점령
해 전리품을 챙긴다.

→ 십자군의 총공격   ▶ 아이유브군의 퇴각

잉글랜드군,
노르만군

푸아투군

앙주군

템플 기사단

4 구호 기사단의 돌격 오후 중반

십자군 선봉대가 아르수프 외곽에 도착하지만, 후미의 구
호 기사단을 수행하는 보병은 심한 공격을 받는다. 후위
가 붕괴할 것을 우려한 드 나블루스는 아이유브의 기마
궁수들이 말에서 내리는 모습을 보고, 리처드의 명령을
무시한 채 구호 기사단 기병대에 돌격 명령을 내린다.

→ 구호 기사단의 돌격

아 이 유 브 술 탄 국

○아르수프

십자군과
사라센

서유럽의 십자군이 무슬림이 지배하는
지중해의 동부 지방을 침공하면서
기독교계의 기갑 기사와 이슬람계의 민첩한 기병이 수행하는
대조적인 전투 방식이 서로 충돌했다.

기독교인에게 사라센으로 알려진, 십자군(1095-1492년)에 저항했
던 무슬림 군사들은 대부분 중앙아시아 출신이었다. 이들은 기동과
각개전투에 능숙한 기마 전사로 움직임이 빨랐다. 주로 활로 무장
한 사라센 기병은 적이 지칠 때까지 근접전을 피하다가 적이 지치면
가까이 다가가 마지막 일격을 날렸다. 무거운 갑옷을 입은 십자군
기사들은 사라센의 기동력을 따라잡을 수 없었다. 기사들은 기병
돌격과 백병전을 선호했는데, 그것이 최고의 용맹함을 보여 주는 행
위라고 생각했다. 반면에 무슬림 군대는 도주하는 척하며 적을 속
이는 방법을 선호했다.

문화의 충돌

십자군은 불완전하긴 했지만 사라센 전술에 적응했다. 기마 기사를
호위하기 위해 보병을 배치했고, 사라센 궁수에 대응하기 위해 제노
바 석궁병(84-85쪽 참조)을 투입했다. 십자군의 무거운 갑옷은 더
위에 취약했지만 화살로부터 몸을 보호해 주었다. 이들은 템플 기
사단 같은 종교적 전투 교단을 설립해 기사의 신비로움을 더했다.
사라센도 경무장 기마 궁수와 함께 중갑 기병을 채용했다. 그 결과
비대칭적이나마 균형이 이루어져 승리는 장군의 능력과 기타 요인
에 좌우되었다.

◁ 효과적인 무기 선택
찌르거나 베는 데 효과적인 무기인 양날검은
기독교도 기사의 표준 장비였다.

리처드 1세 (1157-1199년)

'사자왕'으로 알려진 리처드 1세는 영국
왕위를 물려받은 지 1년 만에 제3차 십자
군 원정 길에 올라 팔레스타인으로 떠났
다. 그는 아르수프 전투(70-71쪽 참조)와
야파 전투(1192년)에서 사라센 술탄 살라
딘과 싸우며 뛰어난 전술적 기량과 용맹
함을 보여 주었지만, 주목표였던 예루살
렘 탈환에는 실패했다. 1194년에 영국으
로 돌아온 그는 5년 뒤 프랑스에서 공성
전을 벌이다 전사했다.

교전
12세기의 채색 필사본에 실린 그림으로 제1차
십자군 원정(1096-1099년) 때 공성전 도중 무
슬림 전사와 기독교도 기사의 교전 모습을 보
여 준다. 성벽을 기어오르려는 중무장한 십자
군을 향해 사라센 궁수가 활을 쏘고 있다.

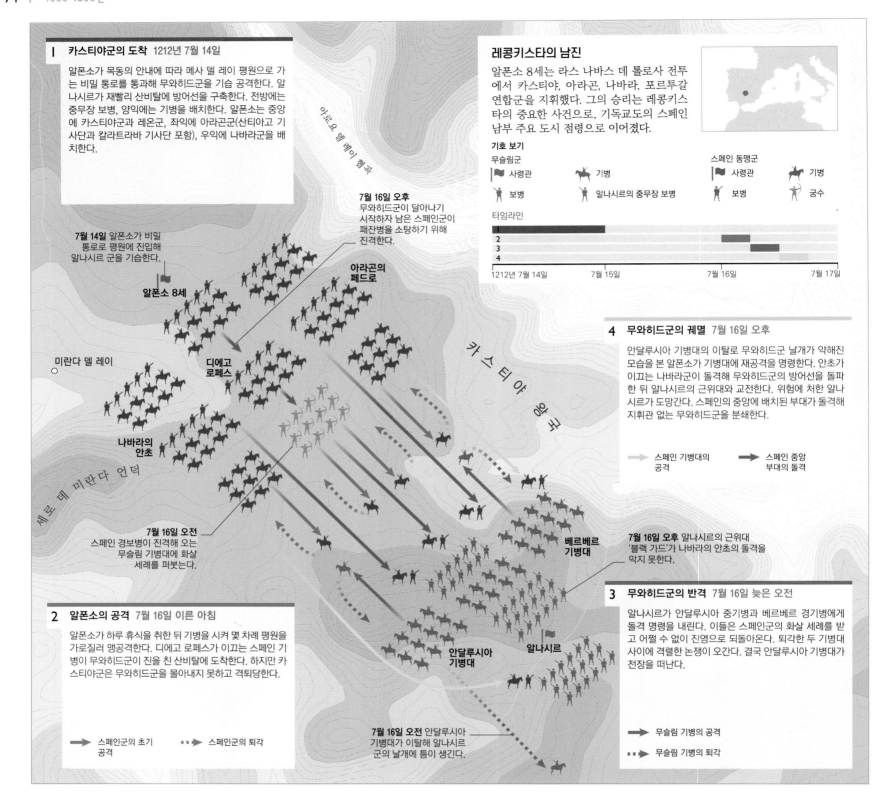

1 카스티야군의 도착 1212년 7월 14일

알폰소가 목동의 안내에 따라 메사 델 레이 평원으로 가는 비밀 통로를 통해 무와히드군을 기습 공격한다. 알나시르가 재빨리 산비탈에 방어선을 구축한다. 전방에는 중무장 보병, 양익에는 기병을 배치한다. 알폰소는 중앙에 카스티야군과 레온군, 좌익에 아라곤군(산티아고 기사단과 칼라트라바 기사단 포함), 우익에 나바라군을 배치한다.

아로요 델 배이 협곡

7월 14일 알폰소가 비밀 통로로 평원에 진입해 알나시르 군을 기습한다.

7월 16일 오후
무와히드군이 달아나기 시작하자 남은 스페인군이 패잔병을 소탕하기 위해 진격한다.

알폰소 8세

아라곤의 페드로

미란다 델 레이

디에고 로페스

카스티야 평원

나바라의 안초

세로 데 미란다 언덕

7월 16일 오전
스페인 경보병이 진격해 오는 무슬림 기병대에 화살 세례를 퍼붓는다.

베르베르 기병대

안달루시아 기병대

알나시르

2 알폰소의 공격 7월 16일 이른 아침

알폰소가 하루 휴식을 취한 뒤 기병을 시켜 몇 차례 평원을 가로질러 맹공격한다. 디에고 로페스가 이끄는 스페인 기병이 무와히드군이 진을 친 산비탈에 도착한다. 하지만 카스티야군은 무와히드군을 몰아내지 못하고 격퇴당한다.

→ 스페인군의 초기 공격　　⇢ 스페인군의 퇴각

7월 16일 오전 안달루시아 기병대가 이탈해 알나시르 군의 날개에 틈이 생긴다.

레콩키스타의 남진

알폰소 8세는 라스 나바스 데 톨로사 전투에서 카스티야, 아라곤, 나바라, 포르투갈 연합군을 지휘했다. 그의 승리는 레콩키스타의 중요한 사건으로, 기독교도의 스페인 남부 주요 도시 점령으로 이어졌다.

기호 보기

무슬림군		스페인 동맹군	
🚩 사령관	🐎 기병	🚩 사령관	🐎 기병
보병	알나시르의 중무장 보병	보병	궁수

타임라인

1
2
3
4

1212년 7월 14일　　7월 15일　　7월 16일　　7월 17일

4 무와히드군의 궤멸 7월 16일 오후

안달루시아 기병대의 이탈로 무와히드군 날개가 약해진 모습을 본 알폰소가 기병대에 재공격을 명령한다. 안초가 이끄는 나바라군이 돌격해 무와히드군의 방어선을 돌파한 뒤 알나시르의 근위대와 교전한다. 위험에 처한 알나시르가 도망간다. 스페인의 중앙에 배치된 부대가 돌격해 지휘관 없는 무와히드군을 분쇄한다.

→ 스페인 기병대의 공격　　➡ 스페인 중앙 부대의 돌격

7월 16일 오후 알나시르의 근위대 '블랙 가드'가 나바라의 안초의 돌격을 막지 못한다.

3 무와히드군의 반격 7월 16일 늦은 오전

알나시르가 안달루시아 중기병과 베르베르 경기병에게 돌격 명령을 내린다. 이들은 스페인군의 화살 세례를 받고 어쩔 수 없이 진영으로 되돌아온다. 퇴각한 두 기병대 사이에 격렬한 논쟁이 오간다. 결국 안달루시아 기병대가 전장을 떠난다.

➡ 무슬림 기병의 공격　　⇢ 무슬림 기병의 퇴각

라스 나바스 데 톨로사 전투

1212년, 안달루시아의 평원에서 기독교도 왕의 연합군이 필사적인 돌격을 감행해 칼리프 알나시르의 이슬람 군대를 꺾었다. 이 승리는 기독교도가 스페인의 이슬람 영토를 재탈환하는 레콩키스타의 전환점이 되었다.

카스티야의 왕 알폰소 8세(재위 1158-1214년) 통치 기간에 기독교 국가들은 스페인 남부의 이슬람 토후국을 상대로 다시 공세를 펼쳤다. 이들 토후국은 1140년대에 무라비트 왕조가 몰락한 뒤 혼란에 빠져 있었다. 알폰소가 남쪽으로 밀고 내려갔지만 모로코에서 발흥한 새로운 무슬림 강자 무와히드 왕조에 의해 저지당했다. 1211년, 무와히드 왕조의 칼리프 무함마드 알나시르는 세비야에서 북쪽으로 진군해 핵심 요새 살바티에라를 점령했다. 이듬해 봄에 알폰소는 아라곤 왕, 나바라 왕, 포르투갈과 프랑스의 동맹군과 함께 알나시르를 치기 위해 남쪽으로 진군했다. 알폰소는 7월까지 기다렸다가 라스 나바스 데 톨로사에서 알나시르 군을 기습 공격했다. 무와히드 왕조가 패배하면서 기독교도들은 급속히 세력을 확장했다. 결국 알폰소의 손자 페르난도 3세가 1236년에 코르도바를 함락했고, 1248년에는 무와히드 왕조의 수도 세비야마저 무너뜨렸다.

뮤레 전투

프랑스 기사이자 귀족인 시몽 드 몽포르는 1213년 9월에 십자군을 이끌고
프랑스 남서부의 이단 카타리파(派)를 응징하러 갔다.
요새화된 도시 뮤레에서 십자군보다 수적으로 월등히 우세한
아라곤과 툴루즈의 대군과 맞닥뜨렸다.
그는 예상치 못한 대담한 돌격을 감행해 아라곤군을 궤멸하고
왕을 죽여 카타리파의 대의에 일격을 날렸다.

12세기 프랑스 남서부에서는 카타리파(또는 알비주아파)로 알려진 기독교 이단이 퍼져 나갔다. 카타리파는 북쪽으로부터 독립을 확보하려는 지역 귀족들의 비호를 받았다. 1208년, 교황 인노첸시오 3세는 카타리파를 토벌하기 위해 알비 십자군으로 알려진 십자군을 소집했다. 많은 기사가 모여들었고 시몽 드 몽포르가 이들을 지휘했다. 십자군은 여러 요새를 점령하며 카타리파를 격파하기 시작했지만, 툴루즈의 백작 레몽 6세가 카타리파로 돌아서고 아라곤의 왕 페드로 2세가 레몽 6세를 지원하면서 거센 저항에 부딪혔다. 레몽과 페드로는 뮤레에서 패배했지만 카타리파는 완전히 제거되지 않았다. 그러다 1229년에 프랑스 왕 루이 9세가 개입해서야 평화 협정이 체결되었다. 이후 카타리파는 1244년에 몽세귀르에서 잔인하게 학살당한 뒤 프랑스의 중요한 세력으로서의 지위를 상실했다.

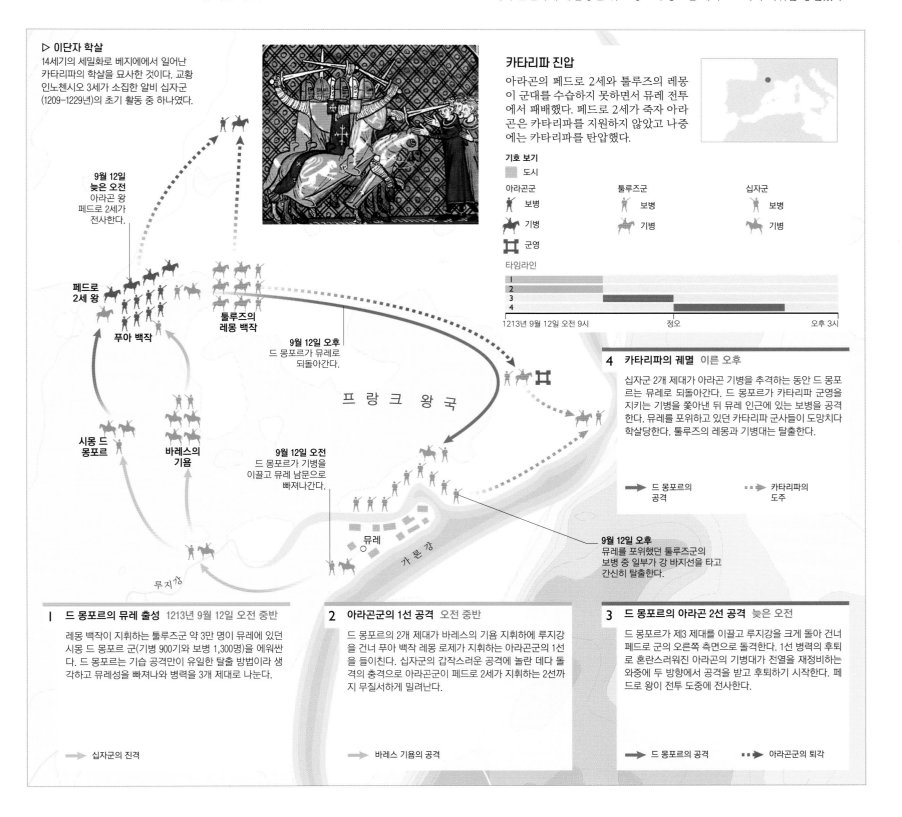

▷ **이단자 학살**
14세기의 세밀화로 베지에에서 일어난 카타리파의 학살을 묘사한 것이다. 교황 인노첸시오 3세가 소집한 알비 십자군(1209-1229년)의 초기 활동 중 하나였다.

카타리파 진압

아라곤의 페드로 2세와 툴루즈의 레몽이 군대를 수습하지 못하면서 뮤레 전투에서 패배했다. 페드로 2세가 죽자 아라곤은 카타리파를 지원하지 않았고 나중에는 카타리파를 탄압했다.

기호 보기

■	도시

아라곤군	툴루즈군	십자군
보병	보병	보병
기병	기병	기병
군영		

타임라인

1
2
3
4

1213년 9월 12일 오전 9시 　　　 정오 　　　 오후 3시

9월 12일 늦은 오전
아라곤 왕 페드로 2세가 전사한다.

페드로 2세 왕

푸아 백작

툴루즈의 레몽 백작

9월 12일 오후
드 몽포르가 뮤레로 되돌아간다.

프 랑 크 왕 국

시몽 드 몽포르

바레스의 기욤

9월 12일 오전
드 몽포르가 기병을 이끌고 뮤레 남문으로 빠져나간다.

뮤레

가론강

루지강

4 카타리파의 궤멸 이른 오후

십자군 2개 제대가 아라곤 기병을 추격하는 동안 드 몽포르는 뮤레로 되돌아간다. 드 몽포르가 카타리파 군영을 지키는 기병을 쫓아낸 뒤 뮤레 인근에 있는 보병을 공격한다. 뮤레를 포위하고 있던 카타리파 군사들이 도망치다 학살당한다. 툴루즈의 레몽과 기병대는 탈출한다.

→ 드 몽포르의 공격　　⇢ 카타리파의 도주

9월 12일 오후
뮤레를 포위했던 툴루즈군의 보병 중 일부가 강 바지선을 타고 간신히 탈출한다.

1 드 몽포르의 뮤레 출성 1213년 9월 12일 오전 중반

레몽 백작이 지휘하는 툴루즈군 약 3만 명이 뮤레에 있던 시몽 드 몽포르 군(기병 900기와 보병 1,300명)을 에워싼다. 드 몽포르는 기습 공격만이 유일한 탈출 방법이라 생각하고 뮤레성을 빠져나와 병력을 3개 제대로 나눈다.

→ 십자군의 진격

2 아라곤군의 1선 공격 오전 중반

드 몽포르의 2개 제대가 바레스의 기욤 지휘하에 루지강을 건너 푸아 백작 레몽 로제가 지휘하는 아라곤군의 1선을 들이친다. 십자군의 갑작스러운 공격에 놀란 데다 돌격의 충격으로 아라곤군이 페드로 2세가 지휘하는 2선까지 무질서하게 밀려난다.

→ 바레스 기욤의 공격

3 드 몽포르의 아라곤 2선 공격 늦은 오전

드 몽포르가 제3 제대를 이끌고 루지강을 크게 돌아 건너 페드로 군의 오른쪽 측면으로 돌격한다. 1선 병력의 후퇴로 혼란스러워진 아라곤의 기병대가 전열을 재정비하는 와중에 두 방향에서 공격을 받고 후퇴하기 시작한다. 페드로 왕이 전투 도중에 전사한다.

→ 드 몽포르의 공격　　⇢ 아라곤군의 퇴각

레그니차 전투

1241년 4월, 실롱스크의 공작 헨리크 2세는 레그니차 인근에서
몽골 침략군과 전투를 벌였다. 그의 군대는 퇴각하는 척하는 기마 유목민의
전형적인 기만전술에 속아 산산조각이 났고 헨리크 2세도 전사했다.
하지만 폴란드와 헝가리를 정복하기 직전에 몽골군이 철수한 덕분에
유럽은 더 큰 참화를 피할 수 있었다.

1223년에 칭기즈칸(78쪽 참조)의 군대는 러시
아를 침공했다. 몽골 기병이 마을을 습격하고
흑해 연안의 대초원에 살던 튀르키예의 부족인
쿠만족을 물리쳤다. 쿠만족은 헝가리 왕 벨러
4세로부터 피난처를 제공받고 기독교로 개종
했다.

1237년, 새로운 대칸 오고타이가 다시 러시
아를 침공했다. 그는 쿠만을 돌려달라고 요구
했지만 벨러왕이 거부하자 1241년에 이것을
구실로 헝가리를 침공했다. 몽골군은 러시아
를 휩쓴 뒤 부대를 둘로 나누었다. 바투 칸과
수부타이의 부대는 직접 헝가리를 공격하고,
바이다르와 카단이 지휘하는 양동 부대는 북
쪽 폴란드로 쳐들어가 헝가리와 폴란드의 연합
을 막기로 했다. 몽골군은 폴란드 북부 지방을

유린한 뒤 남쪽으로 방향을 틀어 1241년 3월
에 폴란드 수도 크라쿠프를 약탈하고 불태웠
다. 몽골군을 막을 수 있는 폴란드의 마지막 군
대는 실롱스크 공작 헨리크 2세의 3만 대군이
었다. 그는 불과 이틀 거리에 보헤미아의 바츨
라프가 지원군 5만 명을 이끌고 오고 있다는
사실을 모른 채 몽골군을 공격하기로 했다.

4월 9일, 헨리크 군은 레그니차에서 대패했
다. 이틀 뒤 남쪽의 몽골군은 모히에서 헝가리
군을 격파했다. 폴란드와 헝가리는, 12월에 오
고타이의 사망 소식이 전해지면서 몽골 지휘관
사이에 권력 다툼이 일어나 몽골군이 철수한
뒤에야 압제에서 벗어날 수 있었다.

몽골군의 침입

헨리크 2세는 몽골 지원군이 곧 도
착할지도 모른다고 생각해 레그니차
에서 몽골군과 맞섰다. 하지만 몽골
군의 기동력과 뛰어난 전술에 밀려
패배했다.

기호 보기

폴란드군		몽골군	
🚩 사령관	🏃 보병	🚩 사령관	🐎 경기병
🐎 기병		🐎 중기병	

타임라인

1241년 4월 9일 ──────────────── 4월 10일

△ **몽골군의 우위**
14세기에 제작된 실롱스크 필사본의 삽화로 민첩한 몽골
기마 궁수가 독일과 폴란드의 중기병에 맞서는 전투
장면을 묘사한 것이다.

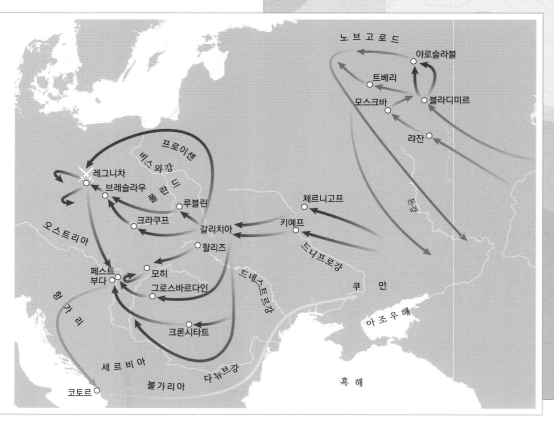

몽골군의 원정, 1237-1242년

1237년 말에 몽골군의 제2차 유럽 침공이
시작되었다. 몽골군은 러시아의 공국들을
기습 공격해 블라디미르, 모스크바, 트베르
를 약탈했다. 1241년 초, 바투 칸(몽골 제국
의 서부 지역 사령관)은 키이우를 거쳐 카르
파티아산맥을 가로질러 진군했다. 그런 뒤 갈
리치아에서 부대를 둘로 나누었다. 한 부대는
북쪽 폴란드로 쳐들어가 결국 레그니차에서
실롱스크의 헨리크 공작과 싸움을 벌였고,
다른 부대는 남쪽으로 내려가 모히 전투에서
헝가리군을 격파했다. 몽골군의 원정은, 레
그니차 전투에서 승리한 카단이 헝가리 왕
벨러 4세를 달마티아 해안을 따라 불가리아
로 추격하던 도중 1242년에 바투 칸이 몽골
로 되돌아가며 끝이 났다.

기호 보기

⚔ 주 전투

➡ 1237년과 1238년 사이 겨울, 몽골군의 원정

➡ 1241년 몽골군의 원정

➡ 1242년 카단의 원정

➡ 몽골군의 철수 경로

I 포진 1241년 4월 9일

헨리크가 레그니차에서 북서쪽으로 이동해 전장에 접근한다. 헨리크는 병력을 4개 제대로 편성한다. 전면에는 정예 독일 기사단과 템플 기사단, 그 뒤에는 훈련 수준이 떨어지는 폴란드 징집병과 모라비아 광부군을 배치한다. 양익에는 크라쿠프의 술리스와프와 오폴레의 미에슈코가 지휘하는 기병대를 배치한다. 헨리크는 후위를 맡고 몽골의 바이다르와 카단의 2만 병력은 넓게 호를 그리듯 포진한다. 중앙에는 중기병이, 양익에는 경기병이 배치되어 있다.

2 헨리크 공작의 공격

헨리크 공작이 1진의 기병대에 몽골군 중앙을 공격하라고 명령한다. 격렬한 근접전을 예상하고 쇄도하던 유럽 기병대에 몽골 기병의 화살 세례가 쏟아진다. 몽골 기병은 300m 떨어진 과녁을 명중시키는 뛰어난 궁수다. 기사와 말이 고꾸라지자 돌격의 동력을 잃은 유럽 기병대가 방향을 돌려 헨리크의 진영으로 되돌아간다.

3 2차 공격

1진의 기병대가 후퇴하는 모습을 본 술리스와프와 미에슈코가 기병을 이끌고 몽골군 진영으로 돌격한다. 몽골군 선봉대가 뒤로 물러나며 폴란드군을 끌어들이자 몽골 경기병이 뒤에서 폴란드군을 에워싸기 시작한다. 어느 순간 몽골 기병이 폴란드어로 "퇴각, 퇴각!"하고 소리치자 계략에 말려든 폴란드군이 방향을 돌려 퇴각하기 시작한다.

→ 폴란드군의 공격　┅► 폴란드군의 후퇴
▻ 몽골군의 기만적 후퇴　→ 몽골군의 접근

4 덫에 걸리다

폴란드군의 혼란을 목격한 헨리크 공작이 4진을 이끌고 전투에 뛰어든다. 이때 몽골군은 또 다른 덫을 놓는다. 폴란드군 앞에 미리 가져다 놓은 갈대 더미에 불을 붙인 것이다. 짙은 연기가 폴란드군의 시야를 가려 혼란이 가중된다. 몽골군 양익이 포위망을 조이며 폴란드군의 조직적인 퇴각의 희망을 꺾는다.

5 헨리크 군의 궤멸

몽골 궁수로 인해 폴란드군 사상자가 늘어난다. 헨리크 공작이 몽골 중기병과 근접전을 벌인다. 폴란드군 고위 지휘관 몇 명이 전사한다. 함정에 빠진 것을 깨달은 헨리크 공작이 탈출을 시도하지만 팔이 창에 찔린다. 몽골군이 의기양양하며 헨리크 공작의 목을 벤다.

6 뒷이야기 4월 9일

간신히 몽골군 포위망을 뚫고 탈출에 성공한 몇몇 폴란드와 독일 기병도 멀리 가지 못하고 대부분 몽골 경기병에게 제거된다. 바이다르와 카단이 죽은 적병의 한쪽 귀를 잘라 내라고 명령한다. 귀를 담은 자루 9개가 전리품으로 바투 칸에게 보내졌다고 한다. 헨리크 공작의 머리는 창에 꽂혀 레그니차 성벽 주위를 돌게 된다.

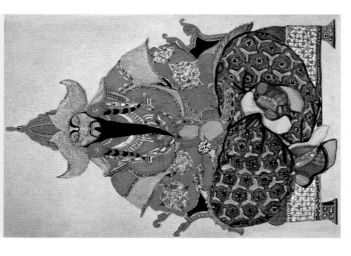

테무친 보르지긴
(1162년경-1227년)

몽골 제국

1206년에 몽골의 부족장 테무친은 칭기즈칸이라는 이름을 얻고 중앙아시아 초원의 몽골 부족을 통합했다.

수 세기 동안 중국 제국의 신민, 약탈자, 침입자, 용병 노릇을 하던 이 부족은 두 세기를 이어 가는 제국을 건설했다.

13세기 초, 중국은 남쪽의 송나라와 북쪽의 금나라로 갈라졌다. 칭기즈칸은 처음에 송나라와 연합해 금나라의 금의 목두수가 하나라와 대적했다. 그러다 서쪽으로 이동해 카스피해 연안의 호라즘 제국을 정복하고, 1223년에는 칼카강 전투에서 러시아 연합군을 격파했다. 1227년에 칭기즈칸이 죽었지만 몽골의 영토 확장은 계속되었다. 송나라은 송나라부터 금나라로부터 송의 옛 수도를 되찾으려고 하자 몽골은 송나라를 공격해 중국 정복을 완성했다. 몽골군은 거침없이 서족으로 뻗어 나갔고, 1294년에 몽골 제국이 정점에 다다랐을 때 제국 영토는 서해에서 다뉴브강까지 이어졌다.

본질적으로 기병 전대인 몽골군은 중무장한 칭기병과 그보다 수가 많은 활을 쏘는 경기병으로 구성되었다. 몽골군은 기동전의 대가이자 뛰어난 전술가로 동시대의 다른 군대보다 우월했다. 군사들은 주로 몽골 부족 전사였지만 현지 보조군의 지원도 받았다. 1274년과 1281년에 일본을 침공했을 때는 중국군과 고려군의 지원을

받기도 했다. 칭기즈칸은 처음에 거대 제국을 4개 칸국(하위 제국)으로 분할되어 네 아들에게 나뉘었고, 셋째 아들 오고타이가 아버지 뒤를 이어 대칸(통치자)으로 등극했다. 이런 대칸의 전통은 1294년에 칭기즈칸의 손자 쿠빌라이 칸이 사망할 때까지 계속되었다. 이후 여러 칸국은 서로 떨어져나갔지만 그 영향력은 15세기까지 계속되었다.

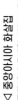

◁ 중앙아시아 화살집
몽골에서 유래한 것으로 추정되는 이 화려한 장식의 중앙아시아 화살집은 몽골의 기마 궁수가 화살을 보관하기 위해 만든 것이다. 이런 화살집은 청나라 시대(1644~1912년)에 이르기까지 수 세기 동안 사용되었다.

칭기즈칸('세계의 통치자')으로 더 잘 알려진 테무친 보르지긴은 소수 씨족의 족장 집안에서 태어났다. 그는 여러 해에 걸쳐 공격적인 전사이자 유능한 외교관으로 명성을 쌓았다. 칭기즈칸은 무사다운 군대를 이끌고 20년 이상 지속된 정복 활동을 시작해 마침내 아시아 대주의 전체와 인접한 영토를 통치했다.

전투 중인 군대
14세기에 섬황을 목제한 이 그림은 칭기즈칸 군이 서하의 요새를 모아 공격하는 장면으로 추정된다. 몽골군은 중국군으로부터 공성전을 배워, 성벽 너머로 화염탄을 쏘는 거대한 투석기를 사용했다.

페이푸스호 전투

노브고로드 공화국을 향한 튜턴 기사단의 동진은
마침내 1242년 4월에 페이푸스호의 얼음 위에서 저지되었다.
알렉산드르 넵스키 왕자는 그곳에서 침략군을 무찌르고
가톨릭 십자군의 열정으로부터 동방 정교회를 지켜 냈다.

1198년, 교황 인노첸시오 3세는 전임 교황과 마찬가지로 십자군의 발트해 동부 지방 원정을 요청하면서 해당 지역 이교도를 기독교로 개종시키기 위한 오랜 원정의 시작을 알렸다. 발트해 연안 지역을 확보한 튜턴 기사단은 1240년에 노브고로드 공화국(러시아 북부의 정교회 국가)을 침공해 프스코프를 점령했다. 이듬해, 귀족과의 갈등으로 추방당했던 20세의 알렉산드르 넵스키 왕자가 프스코프를 되찾았다. 1242년 3월에 도르파트 주교령의 주교 겸 왕자 헤르만이 지휘하는 기사단이 노브고로드 공격을 재개했다. 알렉산드르는 진격 차단에 나섰고 오늘날의 러시아와 에스토니아 국경에 있는 얼어붙은 페이푸스호 위로 십자군을 유인했다. 그의 승리로 튜턴 기사단의 노브고로드 점령 야욕은 꺾였지만, 프로이센과 리투아니아 원정은 15세기 초까지 계속되었다.

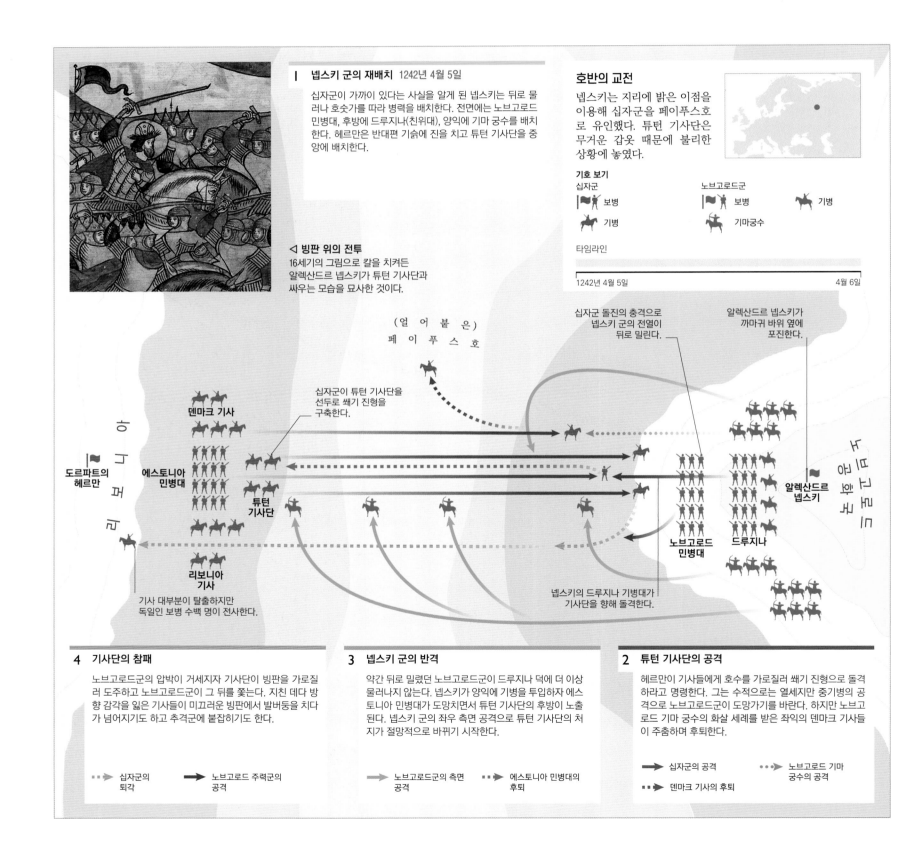

넵스키 군의 재배치 1242년 4월 5일

십자군이 가까이 있다는 사실을 알게 된 넵스키는 뒤로 물러나 호숫가를 따라 병력을 배치한다. 전면에는 노브고로드 민병대, 후방에 드루지나(친위대), 양익에 기마 궁수를 배치한다. 헤르만은 반대편 기슭에 진을 치고 튜턴 기사단을 중앙에 배치한다.

◁ **빙판 위의 전투**
16세기의 그림으로 칼을 치켜든 알렉산드르 넵스키가 튜턴 기사단과 싸우는 모습을 묘사한 것이다.

호반의 교전

넵스키는 지리에 밝은 이점을 이용해 십자군을 페이푸스호로 유인했다. 튜턴 기사단은 무거운 갑옷 때문에 불리한 상황에 놓였다.

기호 보기

십자군		노브고로드군	
보병		보병	기병
기병		기마궁수	

타임라인

1242년 4월 5일 — 4월 6일

(얼어붙은) 페이푸스호

십자군 돌진의 충격으로 넵스키 군의 전열이 뒤로 밀린다.

알렉산드르 넵스키가 까마귀 바위 옆에 포진한다.

덴마크 기사

십자군이 튜턴 기사단을 선두로 쐐기 진형을 구축한다.

도르파트의 헤르만

에스토니아 민병대

튜턴 기사단

알렉산드르 넵스키

노브고로드 민병대

드루지나

리보니아 기사

기사 대부분이 탈출하지만 독일인 보병 수백 명이 전사한다.

넵스키의 드루지나 기병대가 기사단을 향해 돌격한다.

4 기사단의 참패

노브고로드군의 압박이 거세지자 기사단이 빙판을 가로질러 도주하고 노브고로드군이 그 뒤를 쫓는다. 지친 데다 방향 감각을 잃은 기사들이 미끄러운 빙판에서 발버둥을 치다가 넘어지기도 하고 추격군에 붙잡히기도 한다.

3 넵스키 군의 반격

약간 뒤로 밀렸던 노브고로드군이 드루지나 덕에 더 이상 물러나지 않는다. 넵스키가 양익에 기병을 투입하자 에스토니아 민병대가 도망치면서 튜턴 기사단의 후방이 노출된다. 넵스키 군의 좌우 측면 공격으로 튜턴 기사단의 처지가 절망적으로 바뀌기 시작한다.

2 튜턴 기사단의 공격

헤르만이 기사들에게 호수를 가로질러 쐐기 진형으로 돌격하라고 명령한다. 그는 수적으로는 열세지만 중기병의 공격으로 노브고로드군이 도망가기를 바란다. 하지만 노브고로드 기마 궁수의 화살 세례를 받은 좌익의 덴마크 기사들이 주춤하며 후퇴한다.

┈▷ 십자군의 퇴각
━▶ 노브고로드 주력군의 공격

━▶ 노브고로드군의 측면 공격
┈▷ 에스토니아 민병대의 후퇴

━▶ 십자군의 공격
┈▷ 노브고로드 기마 궁수의 공격
┈▶ 덴마크 기사의 후퇴

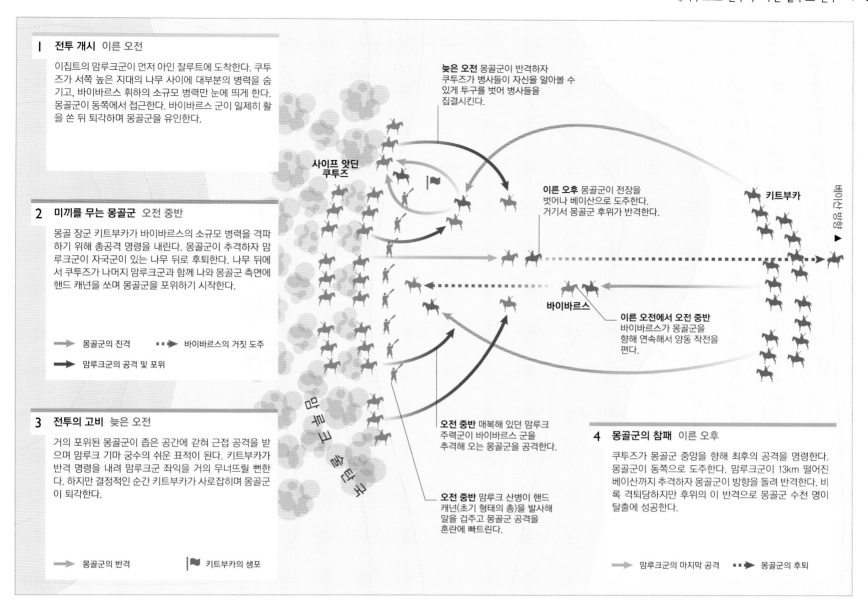

1 전투 개시 이른 오전

이집트의 맘루크군이 먼저 아인 잘루트에 도착한다. 쿠투즈가 서쪽 높은 지대의 나무 사이에 대부분의 병력을 숨기고, 바이바르스 휘하의 소규모 병력만 눈에 띄게 한다. 몽골군이 동쪽에서 접근한다. 바이바르스 군이 일제히 활을 쏜 뒤 퇴각하며 몽골군을 유인한다.

2 미끼를 무는 몽골군 오전 중반

몽골 장군 키트부카가 바이바르스의 소규모 병력을 격파하기 위해 총공격 명령을 내린다. 몽골군이 추격하자 맘루크군이 자국군이 있는 나무 뒤로 후퇴한다. 나무 뒤에서 쿠투즈가 나머지 맘루크군과 함께 나와 몽골군 측면에 핸드 캐넌을 쏘며 몽골군을 포위하기 시작한다.

→ 몽골군의 진격   ▪▪▶ 바이바르스의 거짓 도주

→ 맘루크군의 공격 및 포위

3 전투의 고비 늦은 오전

거의 포위된 몽골군이 좁은 공간에 갇혀 근접 공격을 받으며 맘루크 기마 궁수의 쉬운 표적이 된다. 키트부카가 반격 명령을 내려 맘루크군 좌익을 거의 무너뜨릴 뻔한다. 하지만 결정적인 순간 키트부카가 사로잡히며 몽골군이 퇴각한다.

→ 몽골군의 반격   🚩 키트부카의 생포

늦은 오전 몽골군이 반격하자 쿠투즈가 병사들이 자신을 알아볼 수 있게 투구를 벗어 병사들을 집결시킨다.

이른 오후 몽골군이 전장을 벗어나 베이산으로 도주한다. 거기서 몽골군 후위가 반격한다.

사이프 앗딘 쿠투즈

키트부카

바이바르스

이른 오전에서 오전 중반 바이바르스가 몽골군을 향해 연속해서 양동 작전을 편다.

오전 중반 매복해 있던 맘루크 주력군이 바이바르스 군을 추격해 오는 몽골군을 공격한다.

오전 중반 맘루크 산병이 핸드 캐넌(초기 형태의 총)을 발사해 말을 겁주고 몽골군 공격을 혼란에 빠트린다.

4 몽골군의 참패 이른 오후

쿠투즈가 몽골군 중앙을 향해 최후의 공격을 명령한다. 몽골군이 동쪽으로 도주한다. 맘루크군이 13km 떨어진 베이산까지 추격하자 몽골군이 방향을 돌려 반격한다. 비록 격퇴당하지만 후위의 이 반격으로 몽골군 수천 명이 탈출에 성공한다.

→ 맘루크군의 마지막 공격   ▪▪▶ 몽골군의 후퇴

아인 잘루트 전투

몽골은 50년이 조금 넘는 기간에 아시아 대부분을 지배하는 거대 제국을 건설했다.
1260년에 무적으로 보였던 몽골군이 예루살렘에서 북쪽으로 90km 떨어진 아인 잘루트에서 패배했다.
이집트의 맘루크 왕조의 군대는 아인 잘루트에서 몽골군을 매복 공격해 궤멸했다.

1256년, 몽골은 이미 아시아와 동유럽 지역 대부분을 정복했다. 그해 몽골의 대칸 몽케는 동생 훌라구에게 중동과 이집트 맘루크 왕조를 정복하라는 명령을 내렸다. 훌라구의 대군은 요새를 차례차례 점령해 갔고 1258년 2월에 바그다드에 쳐들어가 아바스 왕조를 멸망시켰다. 1260년에 훌라구는 맘루크 왕조의 술탄 쿠투즈에게 사절을 보내 이집트의 항복을 요구했다. 쿠투즈는 항복을 거부하며 사절을 처형했다. 이때 훌라구는 몽케의 사망 소식과 함께 새 대칸을 선출하는 회의를 소집한다는 연락을 받았다. 이 소식에 마음을 빼앗긴 훌라구는

(게다가 중동에는 말을 먹일 목초지가 거의 없다는 것을 알고 있기에) 대부분의 병력을 철수시키고 나머지는 키트부카 장군에게 맡겼다. 이 소식을 들은 쿠투즈는 몽골군과 싸우기 위해 바이바르스 장군을 대동하고 북쪽으로 진군했다.

이어진 아인 잘루트 전투의 패배로 무적이라는 몽골군의 명성이 깨졌고, 힘의 균형은 이집트의 맘루크 왕조 쪽으로 기울었다. 곧이어 맘루크 왕조는 다마스쿠스와 알레포를 점령했다.

운명적인 매복 공격

맘루크군은 치고 빠지는 전술을 사용해 몽골군을 유인했다. 맘루크 장군 바이바르스는 해당 지역의 지리를 이용해 운명적인 함정을 파 놓았다. 쿠투즈는 나중에 암살당하고 바이바르스가 그 자리를 차지한다.

기호 보기

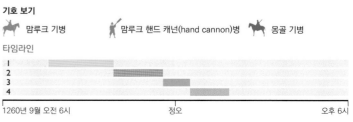

🐎 맘루크 기병   🏹 맘루크 핸드 캐넌(hand cannon)병   🐎 몽골 기병

타임라인

1	
2	
3	
4	

1260년 9월 오전 6시   정오   오후 6시

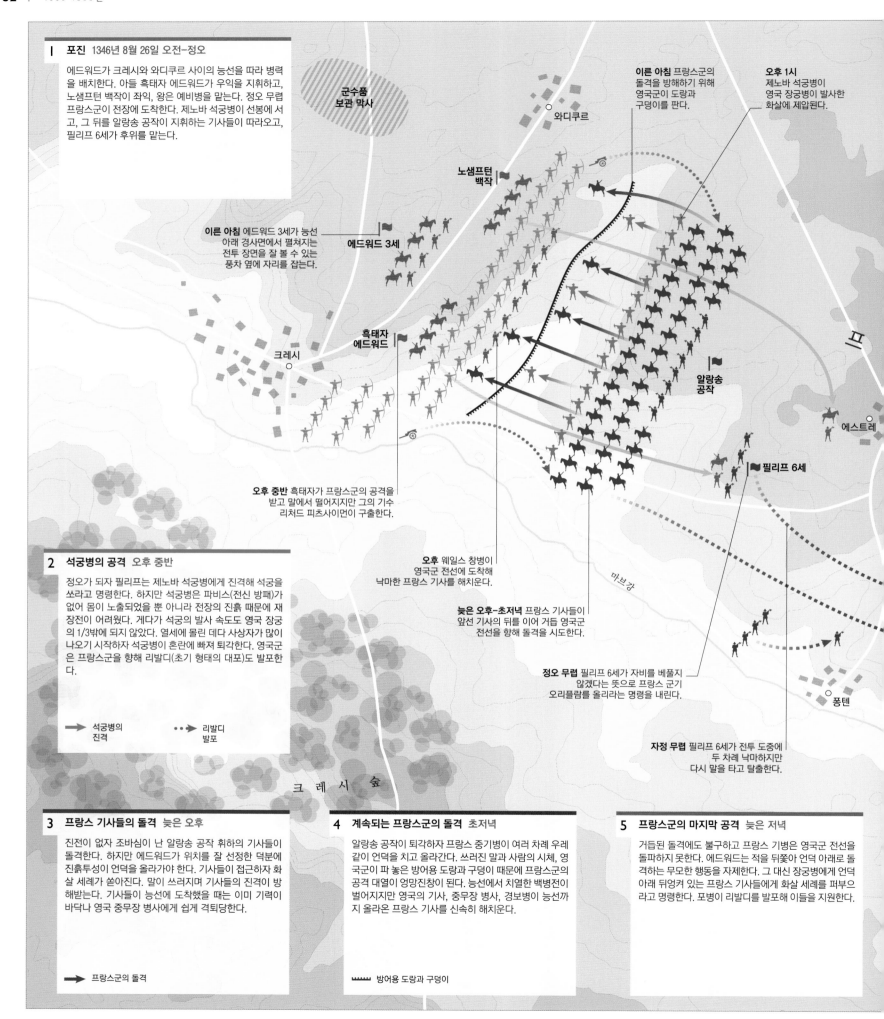

I 포진 1346년 8월 26일 오전-정오

에드워드가 크레시와 와디쿠르 사이의 능선을 따라 병력을 배치한다. 아들 흑태자 에드워드가 우익을 지휘하고, 노샘프턴 백작이 좌익, 왕은 예비병을 맡는다. 정오 무렵 프랑스군이 전장에 도착한다. 제노바 석궁병이 선봉에 서고, 그 뒤를 알랑송 공작이 지휘하는 기사들이 따라오고, 필리프 6세가 후위를 맡는다.

이른 아침 프랑스군의 돌격을 방해하기 위해 영국군이 도랑과 구덩이를 판다.

오후 1시 제노바 석궁병이 영국 장궁병이 발사한 화살에 제압된다.

이른 아침 에드워드 3세가 능선 아래 경사면에서 펼쳐지는 전투 장면을 잘 볼 수 있는 풍차 옆에 자리를 잡는다.

노샘프턴 백작

에드워드 3세

흑태자 에드워드

크레시

군수품 보관 막사

와디쿠르

알랑송 공작

프

에스트레

필리프 6세

오후 중반 흑태자가 프랑스군의 공격을 받고 말에서 떨어지지만 그의 기수 리처드 피츠사이먼이 구출한다.

오후 웨일스 창병이 영국군 전선에 도착해 낙마한 프랑스 기사를 해치운다.

늦은 오후-초저녁 프랑스 기사들이 앞선 기사의 뒤를 이어 거듭 영국군 전선을 향해 돌격을 시도한다.

마브강

정오 무렵 필리프 6세가 자비를 베풀지 않겠다는 뜻으로 프랑스 군기 오리플람를 올리라는 명령을 내린다.

자정 무렵 필리프 6세가 전투 도중에 두 차례 낙마하지만 다시 말을 타고 탈출한다.

퐁텐

2 석궁병의 공격 오후 중반

정오가 되자 필리프는 제노바 석궁병에게 진격해 석궁을 쏘라고 명령한다. 하지만 석궁병은 파비스(전신 방패)가 없어 몸이 노출되었을 뿐 아니라 전장의 진흙 때문에 재장전이 어려웠다. 게다가 석궁의 발사 속도도 영국 장궁의 1/3밖에 되지 않았다. 열세에 몰린 데다 사상자가 많이 나오기 시작하자 석궁병이 혼란에 빠져 퇴각한다. 영국군은 프랑스군을 향해 리발디(초기 형태의 대포)도 발포한다.

→ 석궁병의 진격

•••▶ 리발디 발포

크 레 시 숲

3 프랑스 기사들의 돌격 늦은 오후

진전이 없자 조바심이 난 알랑송 공작 휘하의 기사들이 돌격한다. 하지만 에드워드가 위치를 잘 선정한 덕분에 진흙투성이 언덕을 올라가야 한다. 기사들이 접근하자 화살 세례가 쏟아진다. 말이 쓰러지며 기사들의 진격이 방해받는다. 기사들이 능선에 도착했을 때는 이미 기력이 바닥나 영국 중무장 병사에게 쉽게 격퇴당한다.

➤ 프랑스군의 돌격

4 계속되는 프랑스군의 돌격 초저녁

알랑송 공작이 퇴각하자 프랑스 중기병이 여러 차례 우레같이 언덕을 치고 올라간다. 쓰러진 말과 사람의 시체, 영국군이 파 놓은 방어용 도랑과 구덩이 때문에 프랑스군의 공격 대열이 엉망진창이 된다. 능선에서 치열한 백병전이 벌어지지만 영국의 기사, 중무장 병사, 경보병이 능선까지 올라온 프랑스 기사를 신속히 해치운다.

⌒⌒⌒ 방어용 도랑과 구덩이

5 프랑스군의 마지막 공격 늦은 저녁

거듭된 돌격에도 불구하고 프랑스 기병은 영국군 전선을 돌파하지 못한다. 에드워드는 적을 뒤쫓아 언덕 아래로 돌격하는 무모한 행동을 자제한다. 그 대신 장궁병에게 언덕 아래 뒤엉켜 있는 프랑스 기사들에게 화살 세례를 퍼부으라고 명령한다. 포병이 리발디를 발포해 이들을 지원한다.

△ 기사의 몰락
1447년에 그려진 플랑드르 필사본의 삽화로 크레시에서 벌어진 치열한 전투를
묘사한 것이다. 이 전투는 전장에서 기사의 유용성이 줄어들고 있다는 것과
함께 영국이 세계 강국으로 부상했다는 사실을 보여 준다.

6 프랑스군의 참패 8월 26일 저녁-8월 27일 아침

알랑송 공작을 비롯한 여러 지휘관이 전사하며 프랑스군의 공격이 약화된다. 자정이 지나자 필리프가 남은 예비병을 이끌고 퇴각한다. 다음 날 아침 프랑스군 추가 병력이 크레시에 도착하지만 영국 기사들이 돌격해 이들을 물리친다. 프랑스군 병력 손실은 수천 명에 달했지만, 영국군 사상자는 기껏해야 몇백 명이었다.

→ 영국군의 마지막 공격   ▪▪▸ 프랑스군의 퇴각

장궁의 승리

에드워드 3세의 크레시 전투 승리는 100년 전쟁의 전환점이었다. 이 전투의 승리로 영국군은 칼레에 안전한 기지를 구축했고, 장궁은 전장의 핵심 무기로 지위를 굳혔다.

기호 보기
⬛ 마을

영국군		프랑스군	
⚑ 사령관	🐎 기병	⚑ 사령관	
🏹 장궁병	⚔ 군수품 보관 막사	🏹 제노바 석궁병	
🧍 포병		🧍 보병	
🐎 보병		🐎 기병	

타임라인

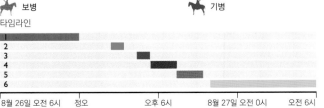

8월 26일 오전 6시   정오   오후 6시   8월 27일 오전 0시   오전 6시

크레시 전투

1346년 8월, 크레시에서 영국이 프랑스를 상대로 거둔 승리에
가장 큰 역할을 한 것은 장궁이었다. 신속하게 발사할 수 있는 장궁 덕분에
영국군은 필리프 6세가 이끈 프랑스 기사들을 꺾을 수 있었다.
이 전투를 통해 영국 왕 에드워드 3세는 오랫동안 간헐적으로 이어진
두 세력 간의 투쟁인 100년 전쟁 초기에 프랑스에 우위를 점했다.

에드워드 3세의 프랑스 왕위 계승권 주장은 1337년에 프랑스를 상대로 한 전쟁으로 이어졌다. 영국은 1340년에 슬로이스 해전에서 승리했지만 결정적인 승리는 아니었다. 1346년 7월, 에드워드는 1만 5천 명의 병력을 이끌고 노르망디에 상륙했다. 에드워드는 슈보시(습격, 방화, 약탈로 사람들을 공포에 떨게 하는 행위)를 자행할 의도로 프랑스 북부의 도시를 차례대로 공격했다. 하지만 파리에 가까워지자 프랑스 대군이 접근해 와서 북쪽으로 물러날 수밖에 없었다. 북상하던 영국군은 솜강 남쪽의 황폐한 땅에 갇힐 뻔했으나 8월 24일에 블랑슈타크에서 도강을 결행했다. 그제야 에드워드는 자신이 선택한 크레시의 지형에서 프랑스군과 맞서 싸울 수 있었다.

필리프는 적어도 영국군의 2배가 되는 프랑스군이 이길 것으로 생각했다. 하지만 전투 결과 프랑스 기사 수천 명과 프랑스 귀족 수십 명이 목숨을 잃었고, 영국군이 칼레로 진격하게 되었다. 1347년에 영국군은 칼레를 점령했다.

> **"노르만인의 긍지가 위세를 떨치던 곳, 사자들이 싸움을 지배하는구나."**
>
> 〈크레시〉에서, 프랜시스 터너 폴그레이브, 1881년

크레시 회전

1346년 7월 12일, 에드워드 3세는 생바스트 라 우그에 상륙해 프랑스군을 놀라게 했다. 초기에 영국군은 아무런 방해도 받지 않고 슈보시를 자행했다. 영국군이 파리로 진격하자 필리프 6세는 군대를 소집해 영국군을 북쪽으로 밀어냈다. 프랑스군은 솜강을 건너는 모든 다리를 봉쇄했다. 에드워드는 이 봉쇄를 뚫고 솜강을 건너 크레시에서 필리프와 맞섰다.

기호 보기
⚔ 주 전투
→ 에드워드 3세의 경로

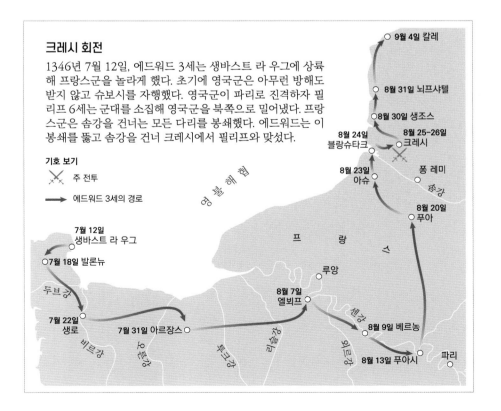

9월 4일 칼레
8월 31일 뇌프샤텔
8월 30일 생조스
8월 24일 블랑슈타크
8월 25-26일 크레시
퐁 레미
8월 23일 아슈
8월 20일 푸아
7월 12일 생바스트 라 우그
루앙
7월 18일 발론뉴
8월 7일 엘뵈프
8월 9일 베르농
두브강
7월 22일 생로
7월 31일 아르장스
8월 13일 푸아시
파리
프랑스
영국 해협
비르강

기사와 석궁병

기사의 모험담으로 널리 알려진 갑옷 입은 기사는 중세 유럽의 전사 중에서 최고의 지위를 누렸다. 하지만 전장에서는 군사적·사회적 엘리트인 기사가 장궁이나 석궁으로 무장한 궁수의 상대가 되지 못할 때가 많았다.

창, 검, 철퇴, 도끼 등으로 무장한 기사는 말을 타고도 싸웠지만 땅 위에서도 싸웠다. 이들에게 전투는 싸울 만한 상대와 근접전을 벌여 개인의 힘과 용기를 시험하는 것이었다. 반면 거리를 두고 싸웠던 궁수는 이런 기사도적 전쟁 개념을 직접적으로 위협하는 요인이었다. 적 기사에게 불붙은 궁수는 전쟁의 참혹한 위협을 당할 수 있었다. 중세의 일부 교황은 전쟁에서 활 사용을 금지했지만 실제로 전장에 영향을 주지 못했다.

전투가 벌어지면 보통 동력하는 기병을 상대로 궁수가 석궁이나 장궁을 사용해 공격을 개시했다. 뛰어난 석궁병은 영국군에서 가장 무서운 병사였다. 석궁은 상대적으로 기계식 래버를 사용해 활줄을 뒤로 당겼을 것으로 보인다.

◁ 중폐의 석궁
윌리엄 헨리 8세의 근위병에서 나온 유럽 석궁으로 기계식 래버를 사용해 활줄을 뒤로 당겼을 것으로 보인다.

은 화살을 메기는 시간이 훨씬 빨랐지만 궁수에게 뛰어난 기술과 힘이 필요했다. 적 기사의 동작에 맞서 입집매쳄을 갖추고 쓰는 장궁의 위력은 기관총 같음 정도로 비슷했다. 두구와 판금 감옷 때문에 기사에게 타격을 줄수 없도 여섯 발을 쓸 수 있었다. 두구와 판금 감옷 때문에 기사에게 타격을 줄수 없음 때는 말을 겨냥했다. 16세기에 화약 무기가 활을 대체하면서 기사와 궁수가 전장을 지배하던 시대는 끝이 난다.

△ 크레시 전투의 궁수
크레시 전투(82-83쪽 참조)에서 제노바의 석궁병은 웨일스와 잉글랜드의 장궁병과 맞섰었다. 창 무기사이드의 연기에 나오든 이 그림에서보다 더 먼 거리를 두고 벌어진 싸움에서 장궁이 더 효과적이라는 사실이 입증됐다. 석궁병은 방패를 가져오지 않았고 화살 재장전에 시간이 걸렸을 근 아니라 진흙 때문에 어려움을 겪었다.

▽ 14세기의 공성전 그림
장궁병이 쏜 기름 달린 화살이 수비군에게 큰 타격을 입히는 모습을 묘사한 것이다. 일반적으로는 석궁이 더 뛰어난 공성 무기였다. 더 정확하게 조준할 수 있었을 뿐 아니라 재장전하는 동안 몸을 숨길 수 있었기 때문이다.

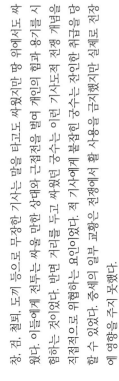

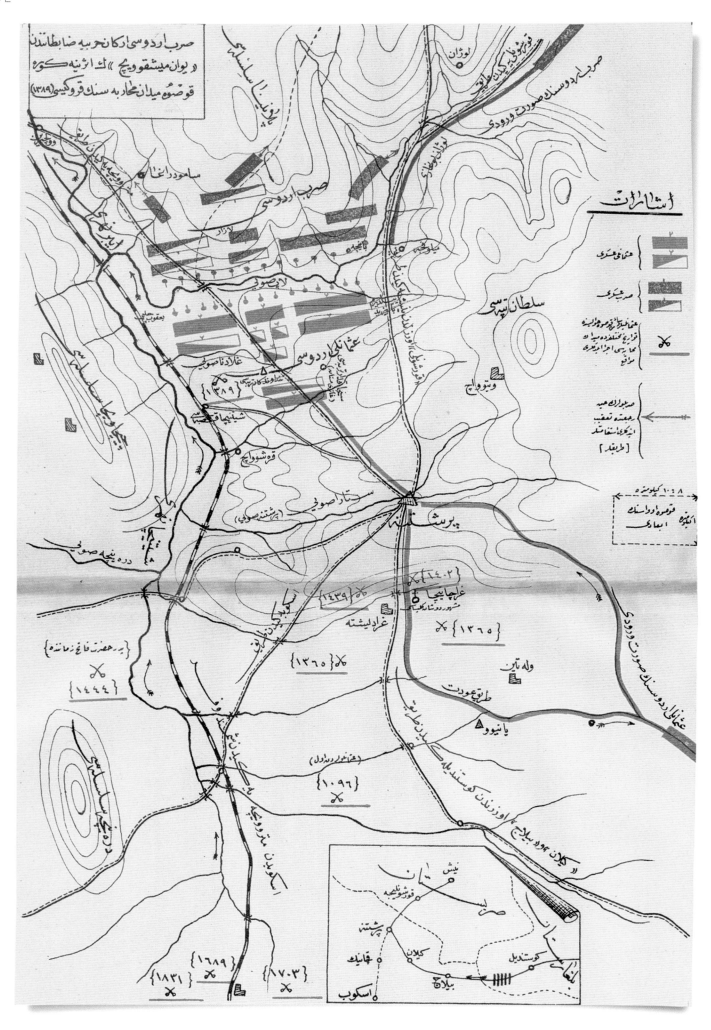

◁ 희귀한 오스만 지도

1908년에 아흐메드 무타르 파샤 수상이 발간한 오스만 제국의 군사 지도책에서 발췌한 이 지도는 언덕이 많은 코소보 폴레 인근 지형과 전투에 임하는 두 군대의 진격 모습을 보여 준다.

▽ 라자르 군의 접근

니시에서 연합군을 편성한 라자르가 남서쪽으로 진군한다. 연합군은 라자르 부대, 부크 브란코비치 부대, 보스니아 왕 트브르트코 1세가 파견한 부대 외에 크로아티아 기사단, 구호 기사단, 알바니아군 등 소규모 부대로 구성되어 있다.

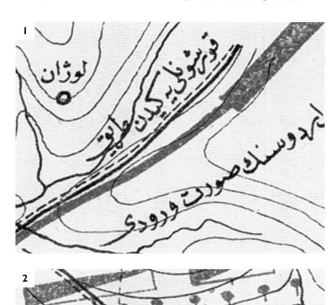

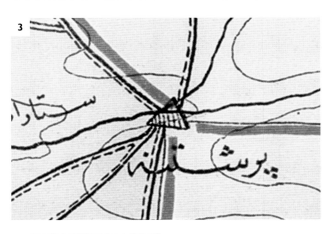

△ 강변 방어선

라자르 연합군은 루브강을 방어선으로 이용했다. 라자르는 우익에 브란코비치와 세르비아군 주력 부대, 좌익에 부코비치가 지휘하는 보스니아군을 배치하고, 중앙에서는 본인이 직접 보병을 지휘했다.

▽ 대적

정예군 예니체리와 유럽 징집병을 포함해 4만 명의 무라트 군은 6월 14일 프리슈티나에 도착했다. 거기서 무라트 군은 라자르 군과 싸우기 위해 코소보를 향해 진격했다.

◁ 오스만군 좌익

아나톨리아(아시아) 기병으로 이루어진 야쿠프 휘하의 좌익은 처음에 세르비아 기병대의 맹렬한 돌격에 직면했다. 야쿠프는 반격에 성공했지만 나중에 왕위를 계승한 그의 형 바예지트에게 살해되었다.

코소보 전투

1389년에 코소보 폴레에서 벌어진 오스만 제국 술탄 무라트 1세와 세르비아 왕자 라자르의 충돌은 두 지휘관이 모두 사망하는 것으로 끝났다. 이 전투로 막대한 손실을 입은 세르비아는 돌이킬 수 없을 만큼 약화되었고 결국 1459년 오스만 제국에 합병되었다.

1389년 봄, 발칸반도에서 오스만 제국의 영토를 꾸준히 확장하던 술탄 무라트 1세는 4만 명에 달하는 병력을 모아 소피아를 거쳐 불가리아에서 코소보 남부로 진군했다. 6월 15일에 세르비아에서 가장 큰 공국의 군주 라자르 흐레벨랴노비치 왕자는 오스만의 위협에 맞서기 위해 루브강 북쪽 기슭에 (무라트 군보다 수적으로 훨씬 열세인) 병력을 집결했다.

전투는 기병대의 초기 돌격으로 세르비아에 유리하게 시작되었지만, 오스만군이 거세게 반격했다. 싸움은 라자르의 죽음으로 끝났고, 전장에서 도망친 브란코비치는 반역자 취급을 받았다. 전투 도중에 세르비아 귀족이 무라트를 죽이면서 오스만의 승리에 찬물을 끼얹었지만, 술탄이 된 바예지트가 라자르의 딸과 결혼하고 라자르의 아들 스테판 라자레비치를 오스만 봉신으로 삼아 세르비아의 왕좌에

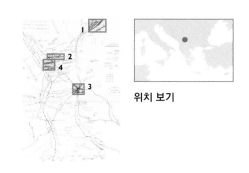

위치 보기

앉히면서 승리에 쐐기를 박았다. 그 뒤로 오스만 제국은 서서히 세르비아를 합병해 나가 1392년에 스코페를 차지하고, 1459년에는 세르비아의 독립을 완전히 종식했다.

> *"행운이 미소 지을 때는 선해지기 쉽다. 역경은 영웅의 영혼을 드러낸다."*
>
> 세르비아 희곡 《산 화환》에서, 1847년

혼돈의 전장

오스만군 좌익에서 야쿠프가 브란코비치의 공격을 저지했다. 바예지트는 보스니아 부대와 격렬한 전투를 벌였다. 수적 열세에 몰린 세르비아군 본대 일부가 후퇴하며 라자르가 적군에 노출되었다. 그곳에서 라자르와 여러 세르비아 귀족이 최후의 항전을 벌이다 전사했다.

기호 보기

■ 도시

오스만군

🏇 기병 ⇢ 퇴각

🧍 보병 🏰 군영

→ 공격

세르비아 연합군

🏇 기병 → 공격

🧍 보병 ⇢ 퇴각

부크 브란코비치 · 라자르 왕자 · 블라트코 부코비치 · 야쿠프 · 무라트 1세 · 바예지트

바예지트가 맹렬하게 반격해 중앙의 라자르 왕자 부대가 고립된다.

브란코비치의 공격이 야쿠프에 의해 격퇴된다.

프리슈티나

기사단의 우세

전투 초반은 기병의 힘으로 적을 밀어내는 튜턴 기사단에 유리하게 전개되었다. 하지만 타타르군을 추격하느라 일부 기사가 전장을 이탈하면서 전열이 약화되었다.

1 양군의 도착 1410년 7월 14일 저녁-7월 15일 오전 6시

폴란드-리투아니아 연합군이 전투 전날 전장에 도착한다. 튜턴 기사단은 이튿날 오전 6시경에 도착한다. 기사단장 폰 융잉겐이 후위에서 15개 배너(약 200명으로 구성된 부대 단위)를 지휘한다. 폰 융잉겐 앞에 봉신국 군대와 기사단의 포병이 배치된다.

2 지연되는 전투 7월 15일 오전 6-9시

야기에우워가 폴란드 군영 인근의 종군 예배당에서 승리를 기원하느라 전투 시작이 늦어진다. 폰 융잉겐이 조롱하듯 칼 두 자루를 보내 싸움을 재촉한다. 하지만 늦은 아침 시간이 되어서야 워드비고보 마을 인근에서 야기에우워 군 좌익인 폴란드 부대가 모습을 드러낸다. 폴란드 부대 오른쪽에 비타우타스가 이끄는 리투아니아 부대가 있고, 타타르 부대가 야기에우워 군 우익을 맡고 있다.

오전 9시 기사단 사수들이 대포를 두 발밖에 발사하지 못하고 타타르 기병에게 죽는다.

오전 10시 리투아니아군과 타타르군이 후퇴하자 러시아군의 3개 배너와 일부 폴란드 기병이 우익을 지킨다.

스템바르크 (타넨베르크)

오전 9시 튜턴 기사들이 뒤로 물러나며 폴란드군의 공격을 유도한다.

오전 10시 튜턴 기사단의 9개 배너가 리투아니아군을 뒤쫓아 전장을 벗어난다.

그룬발트

폰 융잉겐

비타우타스

야기에우워

워드비고보

오전 11시 폰 융잉겐이 돌격을 이끌어 크라쿠프 왕기를 거의 탈취할 뻔한다.

오전 6시 폴란드 기병대가 크라쿠프의 왕기(王旗)를 들고 중앙에 자리 잡는다.

오전 8시 폰 융잉겐이 야기에우워를 자극해 공격을 유도하려고 칼 두 자루를 보낸다.

울노보

3 타타르 부대의 돌격 오전 9-10시

비타우타스가 타타르 부대에 기사단의 좌익을 향해 돌격하라는 명령을 내린다. 리투아니아 경기병이 그 뒤를 따른다. 타타르 부대가 1진을 돌파하자 2진의 기사들이 반격해 타타르군을 내쫓는다. 기사단의 4개 배너가 타타르군을 전장에서 몰아낸다.

→ 타타르군과 리투아니아군의 돌격	⇢ 타타르군의 퇴각 및 기사단의 추격	
→ 튜턴 기사단의 반격		

4 기사단의 공격 오전 10-11시

리투아니아 경기병이 뒤로 밀려 숲속으로 퇴각한다. 일부 튜턴 기사가 전열을 이탈해 리투아니아 경기병을 뒤쫓지만 폴란드 예비병 부대에 도륙된다. 그사이 폰 융잉겐이 폴란드군을 향해 총공세를 펼치라는 명령을 내리면서 중앙에서 대혼전이 벌어진다.

⇢ 뒤로 밀리는 리투아니아군   → 폴란드군의 저항
→ 튜턴 기사단의 진격

5 폴란드군의 분전 오전 11시-정오

중앙 전투가 튜턴 기사단에 유리하게 돌아간다. 그러자 야기에우워가 예비 기병에게 전진 명령을 내린다. 동시에 중앙을 증강하고 우익을 지원하기 위해 3진도 전진 배치한다. 폴란드군이 좌익 방면의 튜턴 기사단을 뒤로 밀어내며 진전을 보이기 시작한다. 하지만 마지막 예비병까지 투입한 야기에우워 군이 여전히 위태로운 상태다.

→ 폴란드 기병과 3진의 진격

튜턴 기사단의 팽창

튜턴 기사단은 발트 제국 서부 지역에 거점을 확보하고 십자군 원정을 통해 프로이센, 리투아니아, 에스토니아로 영토를 넓혔다. 1386년에 리투아니아의 대공 야기에우워가 폴란드 여왕과 결혼하면서 세력 균형이 바뀌어 튜턴 기사단을 위협하게 되었다.

리에파야

엘가바

쿠틀란트

사모기티아

라그니트

쾨니히스베르크

프로이센

마리엔부르크

포메라니아

쿨름

비드고슈치

그룬발트 1410년

토룬

마조프셰

그니에즈노

도브진

체르빈스크

프워츠크

바르샤바   브레스트

비스와강

오데르강

폴란드

라돔

루블린

기호 보기
- ✕ 주 전투
- 🏰 튜턴 기사단의 성채
- 🏛 기사단 본부

기사단의 종말

튜턴 기사단이 의존한 군사력은 중기병이었다. 기사단은 그룬발트 전투에서 많은 병력을 잃어 영토 방위 능력이 약화되었다. 그래서 값비싼 용병에 의존할 수밖에 없었고, 결국 국가의 쇠퇴와 파산으로 이어졌다.

기호 보기

마을	타타르 부대	폴란드 부대	튜턴 기사단	
▨ 마을	🐎 기병	🚶 보병	🚶 보병	⚔ 포병
🏛 종군 예배당	🐎 기병	🐎 기병	🐎 기병	🛡 군영
	⛺ 군영	⛺ 군영	🐎 예비병	

리투아니아 동맹군
🐎 기병   ⛺ 군영

타임라인

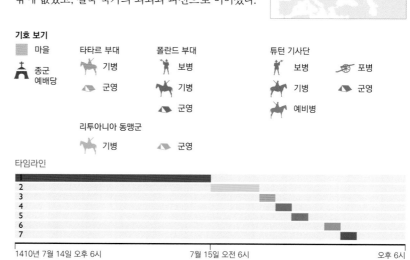

1410년 7월 14일 오후 6시   7월 15일 오전 6시   오후 6시

그룬발트 전투

십자군 국가인 튜턴 기사단은 1410년에 폴란드-리투아니아 연합군의 침공을
그룬발트 전투(타넨베르크 전투라고도 함)에서 저지하려고 했다. 이 전투에서 튜턴 기사단이 포위되어 섬멸되면서
발트 제국 서부 지역에 대한 튜턴 기사단의 지배는 막을 내렸다.

1409년에 폴란드 왕 브와디스와프 야기에우워가 옛 폴란드령 사모기티아에서 튜턴 기사단을 상대로 일어난 반란을 지원하자, 수년째 갈등을 빚던 튜턴 기사단과 폴란드-리투아니아 사이에 싸움이 벌어졌다. 몇 차례 결말 없는 전투 끝에 보헤미아와 헝가리 왕이 휴전을 중재했다. 하지만 두 교전국은 짧은 평화 기간을 이용해 동맹군을 모았다. 브와디스와프의 사촌인 리투아니아 대공 비타우타스는 타타르인, 러시아인, 몰도바인을 끌어들였고, 튜턴 기사단 단장 울리히 폰 융잉겐은 서유럽 기사를 끌어모았다.

야기에우워는 교단 본부가 있는 마리엔부르크를 목표로 한 대규모 본진의 공격을 숨기기 위해 북쪽으로는 사모기티아로, 남쪽으로는 포메라니아로 군대를 보내는 양동 작전을 폈다. 1410년 7월 2일, 야기에우워가 이끄는 4만 명의 대군이 비스와강을 건넜다. 군대를 분리하는 실수를 저지른 폰 융잉겐은 마리엔부르크로 가는 마지막 장애물인 드르벵차강으로 달려가 적군을 동쪽 그룬발트 방향으로 몰았다.

그룬발트 전투의 패배로 튜턴 기사단은 거의 종말을 맞았다. 기사단의 일부 병력은 마리엔부르크로 탈출하는 데 성공했다. 하지만 야기에우워가 바로 이들을 뒤쫓지 않았기 때문에 새 기사단장 하인리히 폰 플라우엔은 마리엔부르크 방어를 강화하면서 증원군을 모을 수 있었다. 야기에우워가 철수했고, 기사단은 1411년 2월에 토룬 조약을 맺고 일부 영토를 야기에우워에게 넘겨주었다. 그럼에도 튜턴 기사단은 군사력이 약화되어 결국 정치적으로 무의미한 존재로 전락했다.

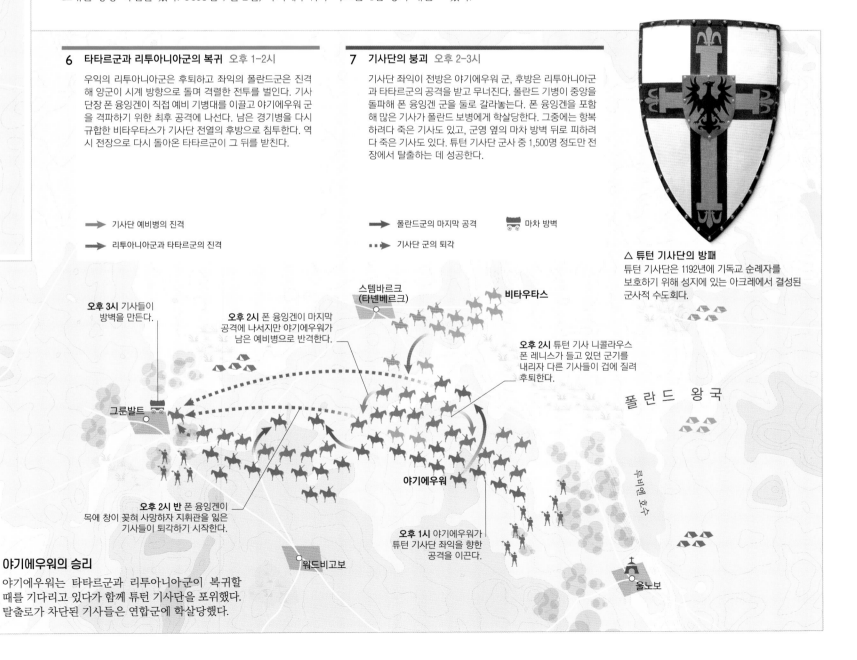

6 타타르군과 리투아니아군의 복귀 오후 1-2시

우익의 리투아니아군은 후퇴하고 좌익의 폴란드군은 진격해 양군이 시계 방향으로 돌며 격렬한 전투를 벌인다. 기사단장 폰 융잉겐이 직접 예비 기병대를 이끌고 야기에우워 군을 격파하기 위한 최후 공격에 나선다. 남은 경기병을 다시 규합한 비타우타스가 기사단 전열의 후방으로 침투한다. 역시 전장으로 다시 돌아온 타타르군이 그 뒤를 받친다.

→ 기사단 예비병의 진격
→ 리투아니아군과 타타르군의 진격

7 기사단의 붕괴 오후 2-3시

기사단 좌익이 전방은 야기에우워 군, 후방은 리투아니아군과 타타르군의 공격을 받고 무너진다. 폴란드 기병이 중앙을 돌파해 폰 융잉겐 군을 둘로 갈라놓는다. 폰 융잉겐을 포함해 많은 기사가 폴란드 보병에게 학살당한다. 그중에는 항복하려다 죽은 기사도 있고, 군영 옆의 마차 방벽 뒤로 피하려다 죽은 기사도 있다. 튜턴 기사단 군사 중 1,500명 정도만 전장에서 탈출하는 데 성공한다.

→ 폴란드군의 마지막 공격
▪▶ 기사단 군의 퇴각
🛒 마차 방벽

△ **튜턴 기사단의 방패**
튜턴 기사단은 1192년에 기독교 순례자를 보호하기 위해 성지에 있는 아크레에서 결성된 군사적 수도회다.

오후 3시 기사들이 방벽을 만든다.

오후 2시 폰 융잉겐이 마지막 공격에 나서지만 야기에우워가 남은 예비병으로 반격한다.

오후 2시 튜턴 기사 니콜라우스 폰 레니스가 들고 있던 군기를 내리자 다른 기사들이 겁에 질려 후퇴한다.

스템바르크 (타넨베르크)

비타우타스

폴 란 드 왕 국

그룬발트

오후 2시 반 폰 융잉겐이 목에 창이 꽂혀 사망하자 지휘관을 잃은 기사들이 퇴각하기 시작한다.

야기에우워

오후 1시 야기에우워가 튜턴 기사단 좌익을 향한 공격을 이끈다.

워드비고보

울노보

루비엔 호수

야기에우워의 승리

야기에우워는 타타르군과 리투아니아군이 복귀할 때를 기다리고 있다가 함께 튜턴 기사단을 포위했다. 탈출로가 차단된 기사들은 연합군에 학살당했다.

아쟁쿠르 전투

1415년, 영국 왕 헨리 5세는
프랑스 왕위 계승권 주장을 관철하기 위해 프랑스를 침공했다.
두 달 뒤 그는 프랑스에 대패를 안겼다.
들판이 좁은 데다 진흙탕이어서 기동이 자유롭지 못했던
프랑스 중기병 수천 명이 영국 장궁병의 화살 세례를 받고 목숨을 잃었다.

1337년, 영국 왕 헨리 5세는 영국과 프랑스 간의 100년 전쟁을 촉발한 증조부 에드워드 3세의 프랑스 왕위 계승권을 물려받았다. 1414년에 그는 아키텐과 노르망디를 비롯한 몇몇 프랑스 내의 영국 영지에 대한 영구적 권리의 인정과 프랑스 왕 샤를 6세의 딸인 카트린과의 결혼을 요구하며 두 나라 사이에 25년간 지속된 휴전을 깨뜨렸다.

프랑스가 이 요구를 거부하자 1415년 8월에 헨리는 군사 약 1만 2천 명을 이끌고 프랑스 북부 아르플뢰르에 상륙했다. 아르플뢰르 공성전을 하느라 시간을 끈 헨리는 영국으로 돌아가지 않고 영국이 점령하고 있던 칼레로 가기로 했다. 영국군이 지체한 사이에 프랑스도 군대를 소집해 무관장 샤를 달브레 지휘하에 영국군의 솜강 도하를 막았다. 영국군은 하는 수 없이 100km 이상 남쪽으로 내려가 프랑스군이 지키지 않는 여울목을 찾았다. 프랑스군은 신속한 기동과 대규모 병력으로 인한 이점에도 불구하고 아쟁쿠르에서 대패했다. 프랑스 지휘관들은 살해당했고, 샤를 6세는 트루아 조약에 동의해야 했다. 1420년에 체결된 이 조약에 따라 헨리 5세는 카트린과 결혼하고 프랑스 왕위 계승자로 인정받았다.

영국군과 프랑스군의 교전

헨리 5세의 군대가 해안으로 진군하자 프랑스가 대군을 집결시켰다. 프랑스군은 마침내 아쟁쿠르 마을 인근에서 영국군을 가로막았다.

기호 보기

▦ 마을	
🐎 중기병 (프랑스군)	🏹 궁수
🗡 중무장 병사	
	🏹 보병 (영국군)
	🏹 장궁병

타임라인

1 · 2 · 3 · 4 · 5 · 6

1415년 10월 24일 — 10월 25일 — 10월 26일

△ **대격전**
15세기 필사본의 세밀화로 영국군이 패주하는 프랑스군을 공격하는 모습을 묘사한 것이다.

영국의 무력시위

아르플뢰르를 점령한 헨리 5세는 칼레로 진군하며 무력시위를 하기로 했다. 프랑스군이 블랑슈타크에서 솜강 도하를 막자 헨리는 남쪽으로 방향을 틀어야 했다. 프랑스군은 대폭 감소한 영국 병력이 칼레로 가지 못하게 하려고 블랑기 북쪽에서 다시 영국군을 막아섰다.

기호 보기

✕ 주 전투
➡ 영국군의 이동 경로
➡ 프랑스군의 이동 경로

10월 11-12일 헨리는 식량을 대가로 협상을 벌여 아르크와 외를 통과한다.

10월 13일 프랑스군 6천 명이 솜강 도하를 막는다.

10월 24일 영국군이 블랑기에 도착해 보니 프랑스 본대가 메종셀 북쪽에 집결해 있다.

8월 8일 영국군이 9월 22일에 아르플뢰르를 함락하고 이곳을 떠난다.

10월 19일 영국군은 프랑스군이 지키지 않는 여울목을 발견하고 솜강을 건넌다.

칼레 · 불로뉴 · 아쟁쿠르 · 메종셀 · 블랑기 · 생폴쉬르테르누아즈 · 블랑슈타크 · 아브빌 · 퐁레미 · 외 · 디에프 · 바폼 · 아르크 · 아미앵 · 보브 · 페론 · 페캉 · 몽빌리에 · 아르플뢰르 · 루앙

캉슈강 · 오티강 · 베튄강 · 솜강 · 센강 · 프 랑

포진 10월 24일–10월 25일 오전 8시

10월 24일에 양군이 아쟁쿠르 인근에 도착한다. 이튿날 아침 일찍 영국군이 일렬로 진을 벌이고, 헨리가 중앙, 그의 사촌 요크공 에드워드가 우익, 카모이스 남작이 좌익을 맡는다. 프랑스군은 병력을 '배틀'이라 불리는 세 그룹으로 나눠, 대부분의 귀족을 선봉에 배치하고 궁수와 장궁병을 2선에 배치한다.

➡ 영국군의 진격

2 장궁병의 전투 준비 오전 8시

헨리가 양 측면에 장궁병을 배치한다. 장궁병은 적의 기병이 다가오지 못하도록 날카롭게 깎은 말뚝을 땅에 비스듬히 박는다. 이렇게 하면 말뚝 뒤에 숨어 최대 200m까지 활을 쏠 수 있다. 장궁병이 준비하는 동안 다른 군사들은 기다린다.

//// 박아 놓은 말뚝

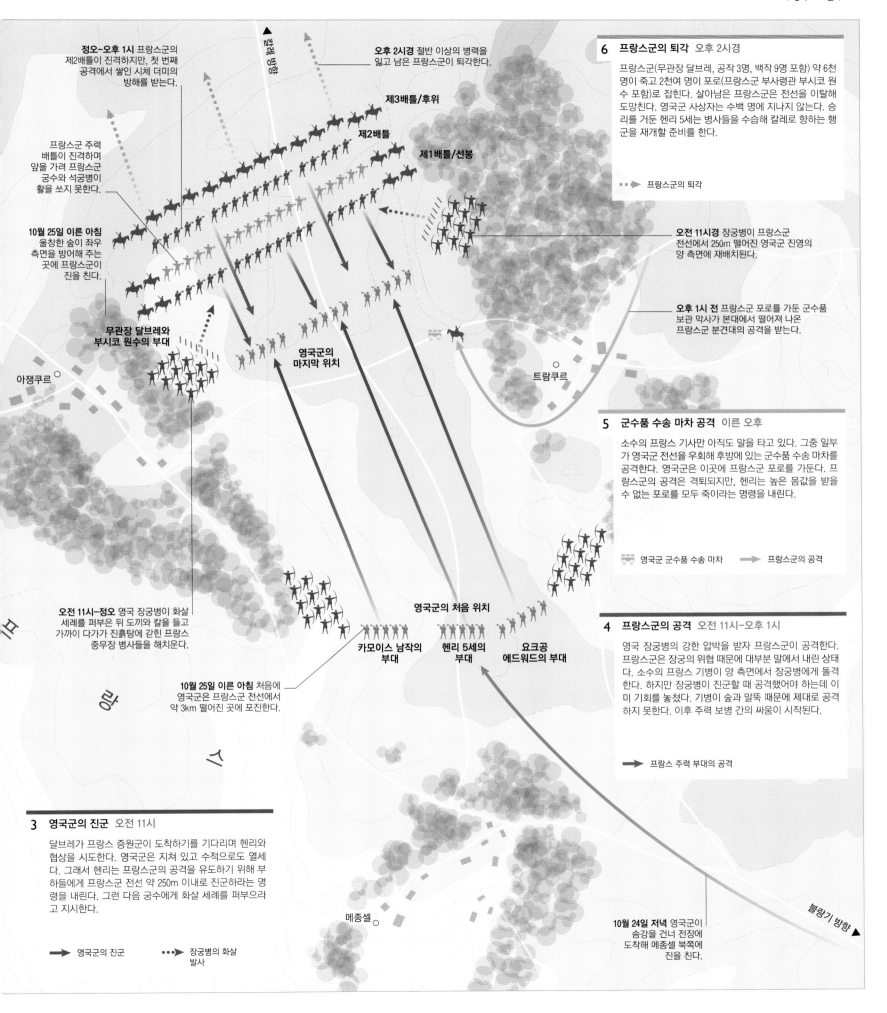

정오-오후 1시 프랑스군의 제2배틀이 진격하지만, 첫 번째 공격에서 쌓인 시체 더미의 방해를 받는다.

오후 2시경 절반 이상의 병력을 잃고 남은 프랑스군이 퇴각한다.

제3배틀/후위

제2배틀

제1배틀/선봉

프랑스군 주력 배틀이 진격하며 앞을 가려 프랑스군 궁수와 석궁병이 활을 쏘지 못한다.

10월 25일 이른 아침 울창한 숲이 좌우 측면을 방어해 주는 곳에 프랑스군이 진을 친다.

무관장 달브레와 부시코 원수의 부대

아쟁쿠르 ○

영국군의 마지막 위치

영국군의 처음 위치

오전 11시-정오 영국 장궁병이 화살 세례를 퍼부은 뒤 도끼와 칼을 들고 가까이 다가가 진흙탕에 갇힌 프랑스 중무장 병사들을 해치운다.

카모이스 남작의 부대

헨리 5세의 부대

요크공 에드워드의 부대

10월 25일 이른 아침 처음에 영국군은 프랑스군 전선에서 약 3km 떨어진 곳에 포진한다.

6 프랑스군의 퇴각 오후 2시경

프랑스군(무관장 달브레, 공작 3명, 백작 9명 포함) 약 6천 명이 죽고 2천여 명이 포로(프랑스군 부사령관 부시코 원수 포함)로 잡힌다. 살아남은 프랑스군은 전선을 이탈해 도망친다. 영국군 사상자는 수백 명에 지나지 않는다. 승리를 거둔 헨리 5세는 병사들을 수습해 칼레로 향하는 행군을 재개할 준비를 한다.

┈┈▶ 프랑스군의 퇴각

오전 11시경 장궁병이 프랑스군 전선에서 250m 떨어진 영국군 진영의 양 측면에 재배치된다.

오후 1시 전 프랑스군 포로를 가둔 군수품 보관 막사가 본대에서 떨어져 나온 프랑스군 분견대의 공격을 받는다.

트람쿠르 ○

5 군수품 수송 마차 공격 이른 오후

소수의 프랑스 기사만 아직도 말을 타고 있다. 그중 일부가 영국군 전선을 우회해 후방에 있는 군수품 수송 마차를 공격한다. 영국군은 이곳에 프랑스군 포로를 가둔다. 프랑스군의 공격은 격퇴되지만, 헨리는 높은 몸값을 받을 수 없는 포로를 모두 죽이라는 명령을 내린다.

▦ 영국군 군수품 수송 마차   ▶ 프랑스군의 공격

4 프랑스군의 공격 오전 11시-오후 1시

영국 장궁병의 강한 압박을 받자 프랑스군이 공격한다. 프랑스군은 장궁의 위협 때문에 대부분 말에서 내린 상태다. 소수의 프랑스 기병이 양 측면에서 장궁병에게 돌격한다. 하지만 장궁병이 진군할 때 공격했어야 하는데 이미 기회를 놓쳤다. 기병이 숲과 말뚝 때문에 제대로 공격하지 못한다. 이후 주력 보병 간의 싸움이 시작된다.

▶ 프랑스 주력 부대의 공격

3 영국군의 진군 오전 11시

달브레가 프랑스 증원군이 도착하기를 기다리며 헨리와 협상을 시도한다. 영국군은 지쳐 있고 수적으로도 열세다. 그래서 헨리는 프랑스군의 공격을 유도하기 위해 부하들에게 프랑스군 전선 약 250m 이내로 진군하라는 명령을 내린다. 그런 다음 궁수에게 화살 세례를 퍼부으라고 지시한다.

▶ 영국군의 진군   ••▶ 장궁병의 화살 발사

메종셀 ○

10월 24일 저녁 영국군이 솜강을 건너 전장에 도착해 메종셀 북쪽에 진을 친다.

블랑기 방향 ▲

오를레앙 공성전

프랑스는 1428년부터 1429년까지 오를레앙 방어에 성공했다.
이는 영국이 전쟁에서 승리할 것처럼 보이던 중요한 순간에 찾아온
100년 전쟁의 전환점이었다. 프랑스의 승리는 신의 계시를 받은
잔 다르크가 개입했기 때문에 가능했다.

1420년에 트루아 조약이 체결되면서 영국 왕은 프랑스 왕위 계
승자로 인정받았고, 영국과 영국의 동맹국은 파리와 랭스를 지
배하게 되었다. 하지만 저항이 계속되자 1428년에 솔즈베리 백
작은 군대를 이끌고 루아르강 변에 있는 전략적 요충지 오를레
앙을 공격했다.

10월 12일, 영국군은 요새화된 관문 레 투렐이 지키는 다리
를 건너 오를레앙으로 쳐들어가기로 했다. 하지만 10월 24일에
영국군이 레 투렐을 점령하고 보니 프랑스군이 이미 다리를 쓸
수 없게 만들어 놓았다. 이틀 뒤 솔즈베리 백작이 치명상을 입자
지휘권은 서퍽 백작에게 넘어갔다. 서퍽 백작은 공격을 중단하
고, 장기 공성전을 하기 위해 요새와 토루를 구축했다. 전면 봉
쇄를 하기에는 서퍽의 병력이 부족했지만, 새해가 되자 성안에
있는 사람들이 굶주리기 시작했다. 이듬해 2월, 17세 시골 소녀
잔 다르크가 왕세자 도팽이 있는 시농성으로 길을 떠났다. 잔 다
르크는 신의 계시를 받았다고 하며 오를레앙을 구하러 갈 수 있

게 해 달라고 도팽을 설득했다. 병사들의 사기에 영향을 미쳤는
지 아니면 전술적 감각이 뛰어나서였는지는 모르지만, 잔 다르
크는 포위망을 푸는 데 성공하고(아래 박스 참조) 프랑스에서 영
국군을 몰아내는 발판을 마련했다.

지도 설명

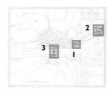

1. 4월 29일에 잔 다르크의 프랑스군
은 구호물자를 가지고 성안으로 들
어갔다.

2. 5월 4일에 생 루는 프랑스군에 함락
되는 첫 번째 영국 요새가 되었다.

3. 5월 7일에 프랑스군은 레 투렐 관문
에서 영국군을 몰아냈다.

> "저는 하느님이 영국인을 사랑하는지 미워하는지는 모르지만, 그들이 모두
> 프랑스에서 쫓겨나리라는 사실은 알고 있습니다…."
>
> 잔 다르크 한 것으로 추정되는 말, 재판 기록, 1431년

오를레앙 구출

1429년 4월 29일, 잔 다르크는 영국
군의 포위망을 피해 군사 500명을
이끌고 구호물자를 가지고 오를레앙
에 들어갔다. 시민들의 열광적인 환
영을 받은 잔 다르크는 공격을 요구
했다. 하지만 프랑스 사령관 장 드 뒤
누아는 원군을 끌어온 5월 4일에서
야 생 루의 영국군 요새를 점령했다.
이틀 뒤 잔 다르크를 필두로 한 프랑
스군은 강을 건너 오를레앙 남쪽의
요새화된 영국군 진지를 공격했다.
치열한 전투 끝에 5월 6일에 오귀스
틴 요새가 함락되고, 이튿날 레 투렐
요새가 무너졌다. 영국군은 5월 8일
에 공성전을 포기했다.

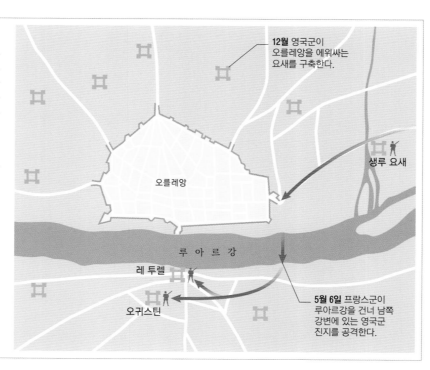

12월 영국군이
오를레앙을 에워싸는
요새를 구축한다.

생루 요새

오를레앙

루아르강

레 투렐

5월 6일 프랑스군이
루아르강을 건너 남쪽
강변에 있는 영국군
진지를 공격한다.

오귀스틴

기호 보기

⌘ 영국군 요새

➡ 프랑스군의 진군

⚔ 프랑스군의 공격

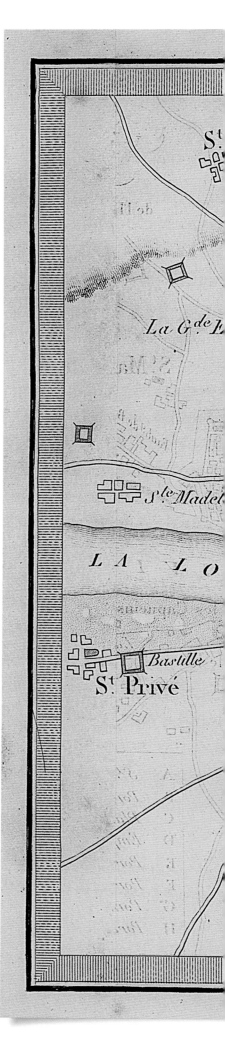

St

La G.de

S.te Madel

LA LO

Bastille

St. Privé

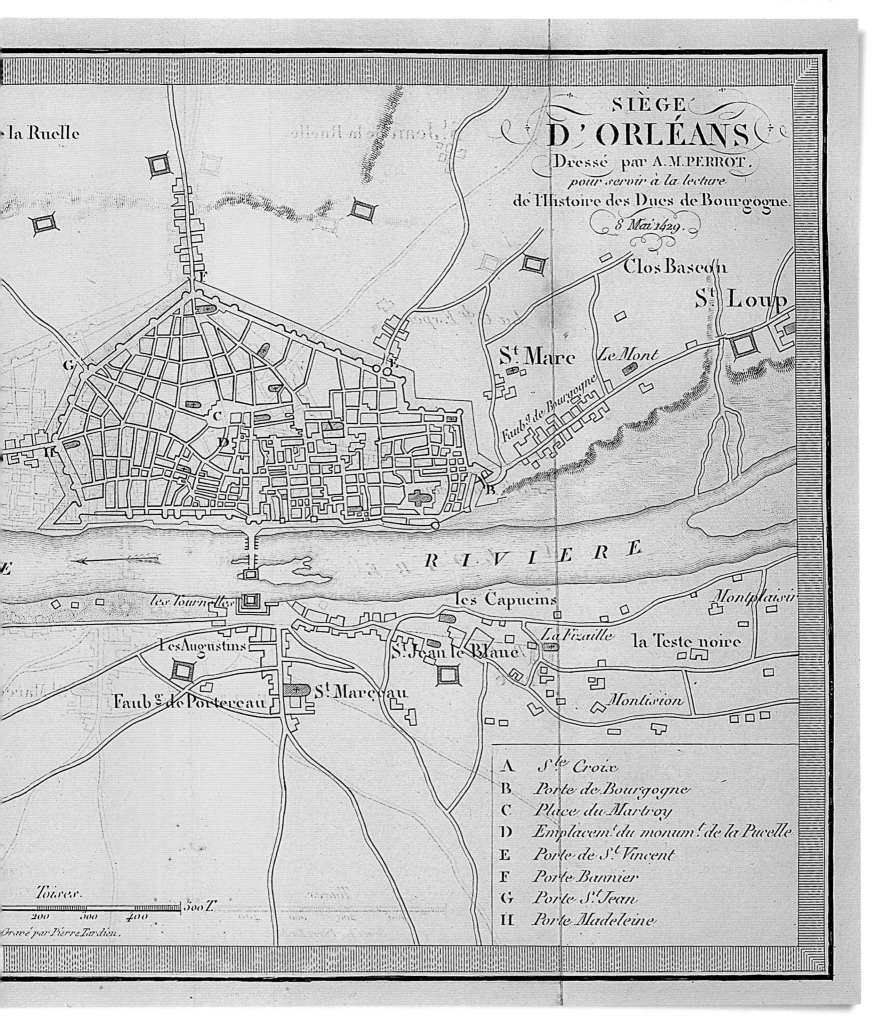

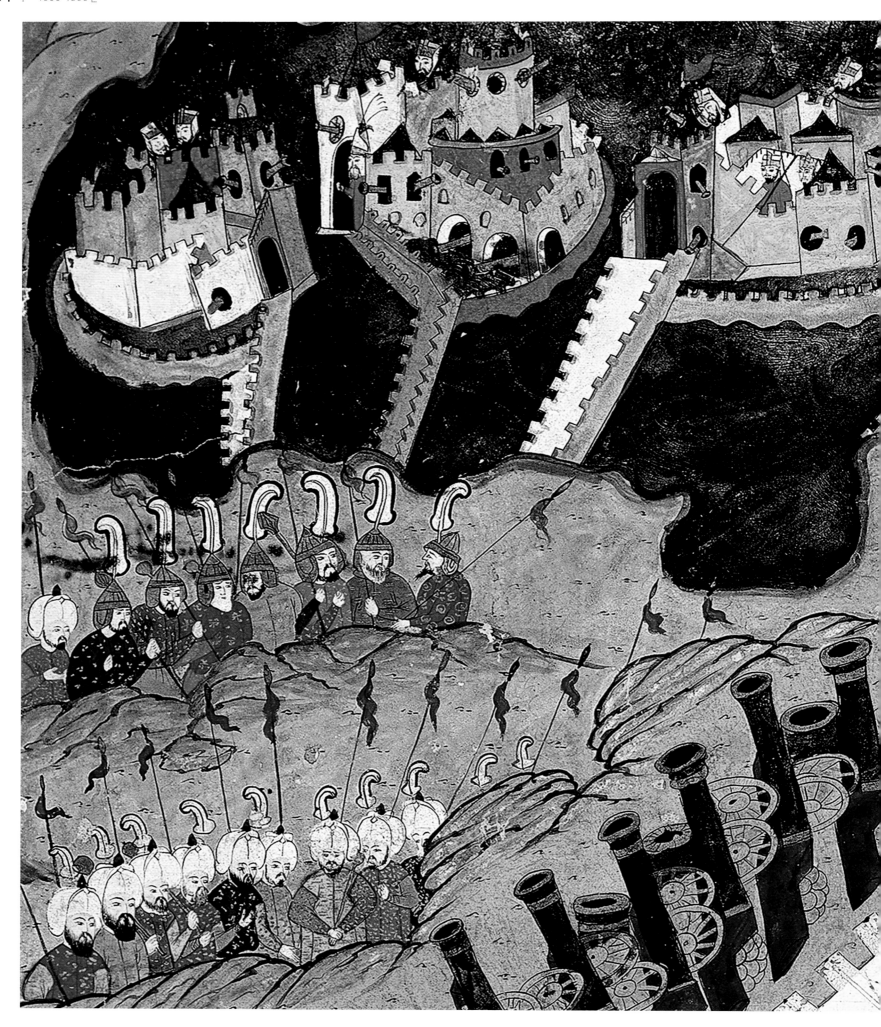

화약 무기

10세기부터 중국에서 사용하기 시작한
화약 기반의 무기가 점점 발전하기 시작했다.
1500년 무렵이 되자 화약 무기의 영향으로
아시아와 유럽 전역에서
전투와 공성전의 전술이 바뀌었다.

13세기 무렵에 이미 다양한 화약 무기(폭탄, 로켓, 소이탄 등)의 지식이 유럽에 전해졌고, 1346년에는 영국군이 전장에 소형 대포를 배치하기 시작했다. 14세기 후반부터 여러 유럽 제국은 강력한 공성포를 만들기 위해 경쟁했다. 사석포라고 불린 이 크고 무거운 대포는 중세 도시나 성채의 돌벽을 부수는 데 매우 효과적이었다. 튀르키예의 오스만군은 이 사석포를 받아들여 1453년에 난공불락이던 콘스탄티노

△ 선회포
15세기에 유럽의 선박은 대포를 설치하기 시작했다. 초기에 설치한 대포는 사진에서 보는 것과 같은 작은 회전식 대포였다.

플 성벽을 부수는 데 사용했다(96쪽 참조). 야포와 휴대용 대포는 공성포와 함께 발전했다. 같은 해에 카스티용 전투에서 프랑스군은 대포를 쏴 돌격하는 영국군 기사들을 괴멸시켰다. 휴대용 화기는 개발에 시간이 더 오래 걸렸다. 16세기 초에는 신뢰성이 떨어지고 부정확했지만 아르케부스가, 그리고 뒤이어 머스킷이 활을 대체하기 시작했다.

변화하는 전술

대포와 머스킷 공격에 취약해진 기사는 권총과 검을 휘두르는 경기병으로 진화했다. 공성포에 맞서 유럽 전역에서는 낮은 높이에 방벽이 두꺼운 별 모양의 새로운 요새가 건설되었다. 요새의 방벽은 포탄에 강한 흙으로 쌓았고, 방어용 대포를 거치할 수 있는 포좌를 설치했다.

시게트바르 공성전, 1566년
오스만 제국, 사파비 왕조의 페르시아, 인도의 무굴 제국은 대포와 머스킷을 사용해 '화약 제국'으로 알려졌다. 오스만 제국이 헝가리에서 공성전을 할 때 사용한 대포를 묘사한 그림이다.

△ **14세기의 화창**(火槍)
중국에서 발명된 화창은 창끝에 화약을 채운 관을 부착한 단발 무기로 사거리가 짧았다. 그림에서는 유럽의 병사가 화창을 사용하고 있지만, 실제로 유럽 전쟁에서는 거의 사용되지 않았다.

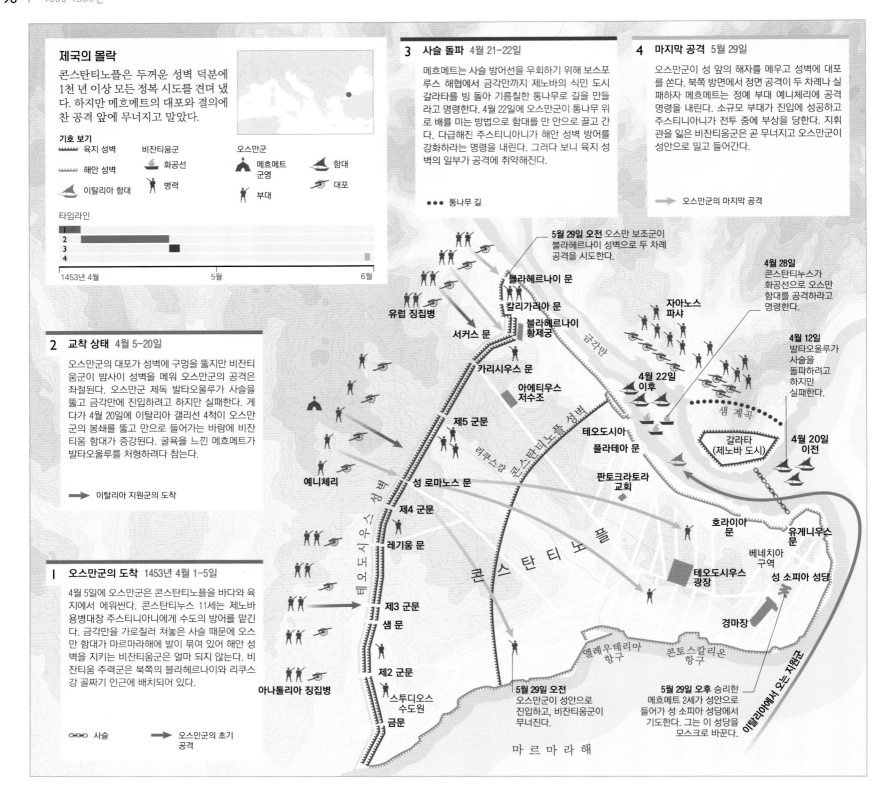

제국의 몰락

콘스탄티노플은 두꺼운 성벽 덕분에 1천 년 이상 모든 정복 시도를 견뎌 냈다. 하지만 메흐메트의 대포와 결의에 찬 공격 앞에 무너지고 말았다.

기호 보기

육지 성벽
해안 성벽
이탈리아 함대

비잔티움군
화공선
병력

오스만군
메흐메트 군영
부대
함대
대포

타임라인

1
2
3
4

1453년 4월 — 5월 — 6월

3 사슬 돌파 4월 21~22일

메흐메트는 사슬 방어선을 우회하기 위해 보스포루스 해협에서 금각만까지 제노바의 식민 도시 갈라타를 빙 돌아 기름칠한 통나무로 길을 만들라고 명령한다. 4월 22일에 오스만군이 통나무 위로 배를 미는 방법으로 함대를 만 안으로 끌고 간다. 다급해진 주스티니아니가 해안 성벽 방어를 강화하라는 명령을 내린다. 그러다 보니 육지 성벽의 일부가 공격에 취약해진다.

••• 통나무 길

4 마지막 공격 5월 29일

오스만군이 성 앞의 해자를 메우고 성벽에 대포를 쏜다. 북쪽 방면에서 정면 공격이 두 차례나 실패하자 메흐메트는 정예 부대 예니체리에 공격 명령을 내린다. 소규모 부대가 진입에 성공하고 주스티니아니가 전투 중에 부상을 당한다. 지휘관을 잃은 비잔티움군은 곧 무너지고 오스만군이 성안으로 밀고 들어간다.

→ 오스만군의 마지막 공격

2 교착 상태 4월 5~20일

오스만군의 대포가 성벽에 구멍을 뚫지만 비잔티움군이 밤사이 성벽을 메워 오스만군의 공격은 좌절된다. 오스만군 제독 발타오울루가 사슬을 뚫고 금각만에 진입하려고 하지만 실패한다. 게다가 4월 20일에 이탈리아 갤리선 4척이 오스만군의 봉쇄를 뚫고 만으로 들어가는 바람에 비잔티움 함대가 증강된다. 굴욕을 느낀 메흐메트가 발타오울루를 처형하려다 참는다.

→ 이탈리아 지원군의 도착

1 오스만군의 도착 1453년 4월 1~5일

4월 5일에 오스만군은 콘스탄티노플을 바다와 육지에서 에워싼다. 콘스탄티누스 11세는 제노바 용병대장 주스티니아니에게 수도의 방어를 맡긴다. 금각만을 가로질러 쳐놓은 사슬 때문에 오스만 함대가 마르마라해에 발이 묶여 있어 해안 성벽을 지키는 비잔티움군은 얼마 되지 않는다. 비잔티움 주력군은 북쪽의 블라헤르나이와 리쿠스 강 골짜기 인근에 배치되어 있다.

◦━◦ 사슬
→ 오스만군의 초기 공격

5월 29일 오전 오스만 보조군이 블라헤르나이 성벽으로 두 차례 공격을 시도한다.

4월 28일 콘스탄티누스가 화공선으로 오스만 함대를 공격하라고 명령한다.

4월 12일 발타오울루가 사슬을 돌파하려고 하지만 실패한다.

블라헤르나이 문
칼리가리아 문
블라헤르나이 황제궁
유럽 징집병
서커스 문
카리시우스 문
아에티우스 저수조
제5 군문
예니체리
성 로마노스 문
제4 군문
레기움 문
아나톨리아 징집병
제3 군문
샘 문
제2 군문
스투디오스 수도원
금문

자아노스 파샤
4월 22일 이후
갈라타 (제노바 도시)
샘 계곡
4월 20일 이전
금각만
테오도시아 문
플라테아 문
판토크라토라 교회
호라이아 문
유게니우스 문
베네치아 구역
성 소피아 성당
테오도시우스 광장
경마장
엘레우테리아 항구
콘토스칼리온 항구

5월 29일 오전 오스만군이 성안으로 진입하고, 비잔티움군이 무너진다.

5월 29일 오후 승리한 메흐메트 2세가 성안으로 들어가 성 소피아 성당에서 기도한다. 그는 이 성당을 모스크로 바꾼다.

이탈리아에서 오는 지원군

마 르 마 라 해

콘스탄티노플 함락

1453년, 오스만 제국의 술탄 메흐메트 2세는 비잔티움 제국의 수도 콘스탄티노플 공략에 나섰다. 콘스탄티노플의 강력한 성벽은 오스만군의 포격을 몇 주 동안 버텨 냈지만, 결국 5월 29일에 콘스탄티노플이 함락되면서 비잔티움 제국은 종말을 맞이했다.

1451년에 메흐메트 2세는 오스만 제국의 술탄 자리에 올랐다. 메흐메트 2세는 콘스탄티노플 점령을 목표로 삼고 그곳으로 들어가는 해로를 봉쇄하기 위해 보스포루스 해협에 요새를 건설했다. 그리고 100척으로 구성된 함대와 8만 명의 군대를 소집했다. 그는 거대한 헝가리 대포로 무장하고 성벽으로 둘러싸인 도시를 향해 진군했다.

비잔티움 황제 콘스탄티누스 11세는 서방의 기독교 국가에 군사 지원을 호소했지만, 지원해 준 나라는 거의 없었다. 그가 현지에서 징집한 병력은 겨우 8천 명가량이었다. 그의 유일한 희망은 1천 년 이상 공격을 버텨온 성벽뿐이었지만, 그마저도 1453년 5월 29일에 메흐메트의 공격에 무너지고 말았다. 콘스탄티노플은 오스만 제국의 수도가 되었고, 메흐메트와 그의 뒤를 이은 술탄들은 발칸 반도 정복에 나서 1529년에 빈의 성문에까지 이른다.

그라나다 정복

스페인의 여러 왕국에서 진행하던 이베리아반도의 무슬림 점령지 탈환은 13세기에 그라나다 토후국의
완강한 저항에 부딪혀 중단되었다. 아라곤의 페르난도와 카스티야의 이사벨이 연합해 벌인 전쟁은
1492년에 그라나다를 점령하고 무슬림을 추방하면서 끝이 났다.

라스 나바스 데 톨로사 전투(74쪽 참조)에서
무와히드 왕조가 패배하면서 스페인 기독교도
통치자들은 레콩키스타가 곧 끝나리라 기대했
지만 그런 기대는 시기상조였다는 사실이 드러
났다. 기독교 국가들은 1236년에 코르도바,
1248년에 세비야를 탈환했지만 더 이상 남진
하지 못했고, 무슬림의 저항은 유일하게 남은
영토인 나스르 왕조의 그라나다에 집중되었다.

1469년, 카스티야의 이사벨과 아라곤의 페
르난도 2세가 결혼하면서 힘의 균형이 바뀌어
나스르 왕조에 대한 두 연합 왕국의 영향력이
커졌다. 나스르 왕조는 술탄 보압딜과 그의 아

버지 아부 알하산 알리, 그의 삼촌 알자갈 사이
의 권력 투쟁으로 분열되어 있었다. 1483년에
보압딜은 카스티야군에 사로잡혔다가 카스티
야 연합군이 알 자갈이 통치하는 그라나다 지
역을 점령하는 것을 돕는 조건으로 풀려났다.
돌이킬 수 없을 만큼 분열된 나스르 왕조는 카
스티야 연합군의 공세에 조직적으로 저항할 수
없었다. 결국 1492년에 그라나다는 카스티야
연합군의 수중에 떨어졌다. 보압딜은 지지자들
과 함께 떠날 수 있었고 그라나다는 종교의 자
유가 보장되었다.

레콩키스타의 마무리

무슬림이 지배하던 스페인 마지막 토후국
의 분열로 카스티야와 아라곤은 1482년부
터 10년에 걸친 전쟁을 통해 대부분의 도시
를 점령했고, 1492년에 수도 그라나다를
함락하며 레콩키스타를 끝맺었다.

기호 보기

— 그라나다 국경선　　→ 1482–1492년
기독교군의 진격　　⚑ 기독교군이 점령한 도시

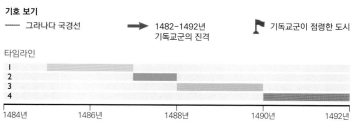

타임라인

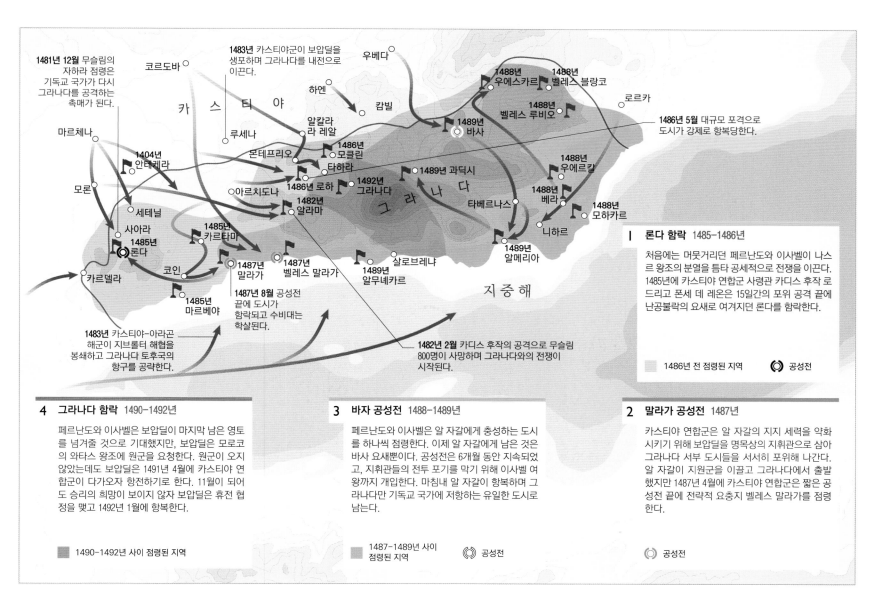

1481년 12월 무슬림의
자하라 점령은
기독교 국가가 다시
그라나다를 공격하는
촉매가 된다.

1483년 카스티야군이 보압딜을
생포하며 그라나다를 내전으로
이끈다.

코르도바　　하엔　　우베다

마르체나

1404년
안테케라

모론

세테닐

사아라

1485년
론다

카르델라

코인

1485년
마르베야

루세나

알칼라
라 레알

몬테프리오

아르치도나

1485년
카르타마

1487년
말라가

1487년
벨레스 말라가

1486년 모클린

타하라

1486년 로하

1482년
알라마

1492년
그라나다

1487년 8월 공성전
끝에 도시가
함락되고 수비대는
학살된다.

1483년 카스티야-아라곤
해군이 지브롤터 해협을
봉쇄하고 그라나다 토후국의
항구를 공략한다.

캄빌

1489년 과딕스

살로브레냐

1489년
알무녜카르

지 중 해

1488년
우에스카르　　1488년
벨레스 블랑코

1488년
벨레스 루비오

로르카

1486년 5월 대규모 포격으로
도시가 강제로 항복당한다.

1488년
우에르칼

1488년
베라

1488년
모하카르

타베르나스

니하르

1489년
알메리아

바사

1482년 2월 카디스 후작의 공격으로 무슬림
800명이 사망하며 그라나다와의 전쟁이
시작된다.

Ⅰ 론다 함락　1485–1486년

처음에는 머뭇거리던 페르난도와 이사벨이 나스
르 왕조의 분열을 틈타 공세적으로 전쟁을 이끈다.
1485년에 카스티야 연합군 사령관 카디스 후작 로
드리고 폰세 데 레온은 15일간의 포위 공격 끝에
난공불락의 요새로 여겨지던 론다를 함락한다.

■ 1486년 전 점령된 지역　◎ 공성전

4 그라나다 함락　1490–1492년

페르난도와 이사벨은 보압딜이 마지막 남은 영토
를 넘겨줄 것으로 기대했지만, 보압딜은 모로코
의 와타스 왕조에 원군을 요청한다. 원군이 오지
않았는데도 보압딜은 1491년 4월에 카스티야 연
합군이 다가오자 항전하기로 한다. 11월이 되어
도 승리의 희망이 보이지 않자 보압딜은 휴전 협
정을 맺고 1492년 1월에 항복한다.

■ 1490–1492년 사이 점령된 지역

3 바사 공성전　1488–1489년

페르난도와 이사벨은 알 자갈에게 충성하는 도시
를 하나씩 점령한다. 이제 알 자갈에게 남은 것은
바사 요새뿐이다. 공성전은 6개월 동안 지속되었
고, 지휘관들의 전투 포기를 막기 위해 이사벨 여
왕까지 개입한다. 마침내 알 자갈이 항복하며 그
라나다만 기독교 국가에 저항하는 유일한 도시로
남는다.

■ 1487–1489년 사이
점령된 지역　◎ 공성전

2 말라가 공성전　1487년

카스티야 연합군은 알 자갈의 지지 세력을 약화
시키기 위해 보압딜을 명목상의 지휘관으로 삼아
그라나다 서부 도시들을 서서히 포위해 나간다.
알 자갈이 지원군을 이끌고 그라나다에서 출발
했지만 1487년 4월에 카스티야 연합군은 짧은 공
성전 끝에 전략적 요충지 벨레스 말라가를 점령
한다.

◎ 공성전

기타 주요 전투: 1000-1500년

알만수라 전투
1250년 2월 8–11일

이 전투는 팔레스타인을 무슬림 지배에서 해방시키려는 기독교 세력의 마지막 시도였던 제7차 십자군 원정(1248-1254년)의 결정적 전투였다. 프랑스 왕 루이 9세의 십자군은 예루살렘을 점령하고 있던 아이유브 왕조의 본거지 이집트를 바로 공격했다. 다미에타 항구를 점령한 뒤 카이로를 향해 남쪽으로 진군했다. 십자군의 진군은 알만수라 인근의 운하 건너편에 포진해 있던 아이유브군에 의해 저지되었다.

전투는 루이 9세의 동생 아르투아의 로베르가 이끈 정예 템플 기사 단원 수백 명이 솔즈베리의 윌리엄이 이끈 영국군과 함께 운하를 건너 무슬림 군영을 기습 공격하면서 시작되었다. 이집트군은 혼란에 빠져 마을로 도망쳤다. 기사들은 루이 9세가 석궁병과 보병을 이끌고 올 때까지 기

다리지 않고 충동에 휩싸여 적군을 추격했다. 이집트군의 지휘권을 잡은 맘루크 출신 장군은 군대를 재편성한 뒤 도시의 좁은 길에 적군을 가두었다. 십자군은 사방에서 포위되어 학살당했다. 아르투아의 로베르와 솔즈베리의 윌리엄도 대부분의 템플 기사 단원과 함께 전사했다.

남은 루이의 주력 부대는 거듭된 공격을 격퇴하면서 버텼다. 이집트군은 십자군 보급선 여러 척을 나포하고 파괴했다. 식량 부족과 질병에 시달리던 루이의 군대는 마침내 4월에 다미에타로 퇴각하지만 도중에 이집트군에게 패하고 루이는 포로로 잡혔다. 많은 십자군이 목숨을 잃었고, 루이는 거액의 몸값을 지불해야 했다.

▷ 15세기 필사본의 삽화로 무슬림군이 십자군을 죽이는 모습을 묘사한 것이다.

> "짐은 너의 영토를 공격할 것이다 … 짐의 마음은 변하지 않을 것이다."
>
> 루이 9세, 이집트 술탄에 대한 선전포고에서

양양 공성전
1268-1273년

5년에 걸친 양양(오늘날의 중국 후베이성) 공성전은 몽골의 중국 정복에 결정적인 사건이었다. 1260년에 몽골은 중국 북부를 장악하고 쿠빌라이 칸이 다스리는 원나라를 세웠다. 하지만 인구가 많고 부유한 중국 남부는 여전히 송나라가 지배하고 있었다. 큰 강과 성곽도시가 많은 이 지역은 몽골 초원 기병(78쪽 참조)의 전통적인 전투 기술에 적합하지 않았다. 쿠빌라이는 한강에 면한 성곽도시 양양을 남쪽으로 가는 핵심 관문으로 보고 1268년에 양양을 포위했다. 몽골군은 해군 작전 경험이 전

혀 없었음에도 배 5천 척을 동원해 한강을 봉쇄했다. 또 페르시아에서 기술자를 데려와 강력한 트레뷰셋 투석기를 비롯해 여러 가지 공성 무기를 만들었다. 양양은 원시적인 소이탄과 폭발물도 사용했다.

공성전을 벗어나기 위한 시도가 모두 실패로 돌아가자 양양은 1273년 3월에 몽골군에 항복했다. 6년 뒤 송나라가 멸망하자 쿠빌라이 칸은 중국의 유일한 지배자가 되었다.

쿠르트레 전투
1302년 7월 11일

'황금 박차 전투'로도 알려진 플랑드르의 쿠르트레(또는 코르트리크, 오늘날의 벨기에)에서 벌어진 이 중세 전투는 플랑드르의 일반 보병이 프랑스 기사를 상대로 승리를 거둔 것으로 유명하다. 플랑드르군은 프랑스 왕 필리프 4세의 플랑드르 점령에 반발해 반란을 일으켰다. 1302년 여름에 플랑드르군은 프랑스가 점령한 쿠르트레 성을 포위했다. 필리프 4세는 반란을 진압하기 위해 아르투아 백작 로베르 2세 휘하의 군대를 파견했다. 양군의 병력은 약 1만 명으로 거의 비슷했지만, 플랑드르군은 주

로 민병대로 대부분이 보병이었고 프랑스군은 기갑 기병 약 2,500기가 있었다. 플랑드르군은 습지대의 개울과 배수로 뒤에 진을 쳤다. 프랑스군이 돌격하자 말이 습지대에서 버둥거리다 배수로에 빠졌다. 그러자 플랑드르군이 돌진해 파이크와 고덴닥으로 알려진 큰못이 박힌 곤봉을 휘둘러 이들을 죽였다. 1천여 명의 프랑스 귀족과 기사가 목숨을 잃었는데 로베르도 그 중 하나였다. 승리한 플랑드르군은 전장에서 박차 약 500개를 노획했고, 그 결과 이 전투는 그 유명한 애칭을 얻게 되었다.

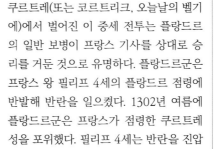

푸아티에 전투

1356년 9월 19일

이 전투는 100년 전쟁(57쪽 참조) 기간에 프랑스가 영국에 패배한 주요 전투 중 하나다. 흑태자로도 알려진 웨일스 공 에드워드가 이끄는 영국군 수천 명은 영국 점령지 아키텐에서 나와 프랑스 중부 지방을 약탈했다. 프랑스 왕 장 2세는 푸아티에서 외곽에서 영국군보다 훨씬 많은 병력으로 영국군을 가로막았다. 영국군은 어렵게 손에 넣은 약탈물을 버리지 않고는 빠져나갈 수 없어서 전투를 받아들였다. 영국군은 지형지물, 특히 가운데 길이 나 있는 빽빽한 산울타리를 이용해 방어하기로 했다. 9월 19일, 에드워드는 기사들을 말에서 내리게 하고 장궁병을 양익에 배치하며 전

투 준비를 했다. 프랑스 기사들이 말을 타고 1차 공격을 했지만 영국 장궁병의 화살을 맞고 말이 쓰러졌다. 장 2세의 후계자 도팽은 기사들을 말에서 내리게 한 뒤 2차 공격을 이끌어 영국군과 치열한 근접전을 벌였다. 마침내 장 2세가 직접 전투에 뛰어들자 에드워드는 전군 돌격 명령을 내렸다. 기마 기사 200명으로 구성된 영국군 예비대가 우회해 프랑스군을 후방에서 공격했다. 살육전이 벌어지는 아수라장 속에서 왕을 포함해 여러 프랑스 귀족이 사로잡혔다. 장 2세는 프랑스에서 몸값으로 300만 크라운을 지급하겠다고 동의한 1360년까지 영국에 포로로 잡혀 있었다.

앙카라 전투

1402년 7월 20일

앙카라 전투는 뛰어난 군사 지휘관인 오스만의 술탄 바예지트 1세와 튀르크-몽골의 전사 티무르(테멀레인) 사이에 벌어진 싸움이었다. 중앙아시아 사마르칸트에 근거지를 둔 티무르는 델리에서 다마스쿠스에 이르는 광대한 지역을 정복하며 학살과 파괴로 이름을 떨쳤다. 1402년에 그는 아나톨리아(오늘날의 튀르키예)의 오스만 영토를 침공했다. 바예지트가 침략자와 맞서기 위해 군대를 이끌고 동쪽으로 진군했지만, 티무르는 한발 앞서 오스만군의 뒤로 들어가 오스만군이 떠난 기지를 점령했다.

바예지트 군은 지쳐 있었고 티무르 군이 인근의 물줄기를 돌려놓아 식수도 떨어졌다. 활로 무장한 티무르의 초원 기병은 오스

만군을 압도했다. 바예지트의 봉신 세르비아군은 치열하게 싸웠지만 나머지 동맹군은 티무르 군에 투항했다. 바예지트는 기병의 호위하에 전장에서 도망치다 생포되었고 이듬해에 하다가 죽었는데, 그가 우리에 갇혀 있었다는 이야기는 진위가 불확실하다.

티무르는 1405년 중국으로 진군하다가 사망했고, 그의 제국은 곧 내전에 돌입했다. 오스만 제국은 1413년까지 내전에 시달리다가 이후 메흐메트 2세(96쪽 참조), 술레이만 1세(112-117쪽 참조) 같은 술탄 치하에 다시 전성기를 맞이했다.

▽ 16세기 그림으로 바예지트 1세가 티무르에게 포로로 잡힌 모습을 묘사한 것이다.

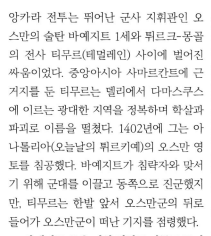

니코폴리스 전투

1396년 9월 25일

△ 니코폴리스 전투에서 오스만 기병이 기독교 기사를 공격하고 있다.

1396년에 오스만 제국은 오늘날의 불가리아 북부에 있는 니코폴에서 기독교 군대를 대파하며 세계 최대 제국 중 하나를 건설하는 발판을 마련했다. 오스만 술탄 바예지트 1세는 유럽 남동부 지방을 잠식해 들어가며 기독교 국가 헝가리를 위협했다. 이에 맞서 헝가리 왕 지기스문트는 프랑스와 구호 기사단을 포함한 다국적 십자군을 모아 니코폴리스의 오스만 거점을 포위했다. 바예지트는 포위망을 깨기 위해 군대를 이끌고 북상했다. 여기에는 1389년의 코소보 전투(86-87쪽 참조) 이후 오스

만제국의 봉신이 된 세르비아 기사들도 참여했다. 그가 도착하자 깜짝 놀란 십자군은 급히 전투 준비를 했다. 지휘 체계의 분열과 지위 논쟁에 시달리던 기독교 군대는 오스만군의 전투력이나 병력의 배치도 모르는 채 오스만군을 공격했다. 잘 훈련된 오스만군은 십자군의 돌격을 막아 낸 뒤 반격을 가해 십자군을 궤멸했다. 승리를 거둔 바예지트는 자비를 베풀지 않았다. 그는 비싼 몸값을 지불할 수 있거나 노예로 삼을 수 있는 사람을 제외하고는 모든 포로를 죽였다.

보즈워스 전투

1485년 8월 22일

영국 미들랜드의 보즈워스 필드에서 리처드 3세가 패배하면서 튜더 가문이 영국 왕권을 가져갔다. 요크 가문과 랭커스터 가문은 영국 왕국을 차지하려고 30년간 장미 전쟁을 벌였다. 요크 가문은 1471년 튜크스베리 전투에서 승리하며 전쟁을 끝낸 것처럼 보였지만, 왕 리처드 3세가 신망을 잃으며 추방된 랭커스터가의 헨리 튜더에게 왕권 도전의 기회가 왔다. 프랑스에서 출발한 헨리는 웨일스의 밀퍼드헤이븐에 상륙해 잉글랜드로 진군하며 도중에 지지 세력을 규합했다. 리처드 3세는 레스터셔의 마켓 보즈워스 인근에서 헨리를 공격했다.

양군의 병력은 모두 합해 수천 명이었다. 왕의 병력이 더 많았지만 충성심은 불확실

했다. 전투가 한창일 때 리처드 3세는 기사를 이끌고 헨리를 향해 돌격했다. 그 순간 강력한 스탠리의 부대가 헨리 편으로 돌아서 리처드 3세를 공격했다. 리처드 3세는 포위되어 죽임을 당했다. 헨리는 권력을 잡고 튜더 왕조의 첫 영국 군주가 되었다.

△ 보즈워스 전투에서 양군의 배치를 나타낸 지도다.

1500-1700년

초기의 화약 무기가 지속적으로 개선되고,
군대는 더욱 체계화되고 전문화된다.
세계 곳곳에서 종교 전쟁과 왕위 계승 전쟁이 벌어지고,
군함은 막강한 화력을 지원하는 대형 함선으로 발전한다.

△ 강력한 보호 장비
기마 전사가 아직 전장에서 중요한 역할을 하던 16세기에 인도의 무굴 제국 기병이 쓰던 사슬 투구다.

1500-1700년

16세기와 17세기에는 화약이 전장을 더 치명적으로 만들면서 전쟁 방식이 달라졌다.
아시아에서는 이전보다 더 큰 규모의 군대가 영토 확장을 위한 전쟁에 투입되었고
유럽에서는 갈수록 전문화된 군대가 종교 전쟁과 왕조 간의 전쟁에 참전했다.

1500년 이전에는 봉건제도하에서 징집병과 기사로 이루어진 소규모 군대가 전투에 투입되었지만, 그로부터 200년 뒤에는 기동 훈련을 받고 군복을 입은 군인 수천 명으로 구성된 전문 군대가 대규모 교전을 벌이기 시작했다. 이 군대는 머스킷과 야포로 무장했다.

화약의 도입은 이런 변화를 촉진했다. 휴대용 아르케부스와 머스킷이 점점 확산되어, 이탈리아 전쟁 중에 벌어진 1503년의 체리뇰라 전투나 1522년의 비코카 전투와 같은 교전에서 보듯이 갈수록 전투에서 중요한 역할을 했다. 격발 방식은 매치록(화승식)에서 휠록(치륜식), 플린트록(수석식)으로 점차 개선되었다. 발사 속도와 사거리도 점점 좋아졌다. 이로 인해 총기 대신 창으로 무장한 전통적인 기갑 기병은 사라지고, 갑옷을 거의 입지 않거나 전혀 입지 않고 검과 권총을 휘두르는 기병과 함께 보병이 전장을 지배하기 시작했다. 15세기에 성벽을 부수는 데 어려움을 겪었던 대포도 비슷한 발전 과정을 거쳤다. 1600년

> "전쟁은 피할 수 있는 것이 아니라 다른 사람에게 유리하게 연기될 수 있을 뿐이다."
>
> 니콜로 마키아벨리, 《군주론》, 1513년

경에는 야포의 구경이 커져서 가공할 방어력을 가진 성벽을 제외한 모든 성벽을 위협할 정도였다. 이에 대응해 프랑스의 세바스티앙 르 프레스트르 드 보방이나 네덜란드의 메노 판 쿠호른 같은 기술자는 요새 축조 방법을 개선했고, 새로운 공성전 기법을 주창했다(148-149쪽 참조).

전투는 역사적으로 소규모 군대가 수행하던 기동전으로 되돌아갔고, 보병 중심의 새로운 군대는 점점 커졌다. 이런 대규모 군대는 갈수록 조직이 복잡해지고 훈련이 늘어났으며, 휘장과 군복이 군대 생활의 특징이 되었다. 공식적인 군사 훈련은 1590년대에 네덜란드 사령관 모리스 드 나소가 도입했다.

전쟁 방식의 변화

대규모 군대를 유지하는 비용이 증가하면서 통치 방식이 바뀌었고, 이것은 권력의 중앙 집중화로 이어졌다. 전쟁 준비가 잘되다 보니 전쟁이

◁ 해협에서 벌어진 전투
1620년경에 그려진 그림으로 스페인 무적함대와 엘리자베스 1세의 함대가 1588년에 영불 해협에서 충돌하는 장면을 묘사한 것이다(120-121쪽 참조). 16세기에 북유럽에서 벌어진 가장 큰 규모의 이 해전으로 해군의 군비 경쟁이 촉발되었다.

화약 무기의 발전

화약 무기의 기술 발전 속도가 빨라지면서 유럽에서는 군사적 대변혁이 일어났다. 전쟁 비용이 증가하면서 국가는 세수를 늘리는 방법을 개발했고, 이것은 다시 전쟁 수행 능력을 높여 더 많은 분쟁으로 이어졌다. 비유럽 열강도 화약 무기를 받아들였다. 화약 무기는 유럽의 영토 침략에 저항할 수 있게 해주기도 했지만, 자국의 영토 확장을 돕거나 내전을 부채질하기도 했다.

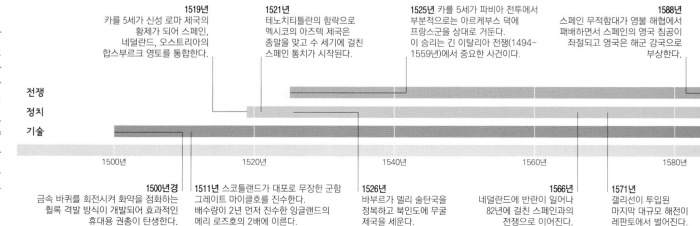

1519년
카를 5세가 신성 로마 제국의 황제가 되어 스페인, 네덜란드, 오스트리아의 합스부르크 영토를 통합한다.

1521년
테노치티틀란의 함락으로 멕시코의 아즈텍 제국은 종말을 맞고 수 세기에 걸친 스페인 통치가 시작된다.

1525년 카를 5세가 파비아 전투에서 부분적으로는 아르케부스 덕에 프랑스군을 상대로 거둔다. 이 승리는 긴 이탈리아 전쟁(1494-1559년)에서 중요한 사건이다.

1588년
스페인 무적함대가 영불 해협에서 패배하면서 스페인의 영국 침공이 좌절되고 영국은 해군 강국으로 부상한다.

전쟁
정치
기술

1500년 | 1520년 | 1540년 | 1560년 | 1580년

1500년경
금속 바퀴를 회전시켜 화약을 점화하는 휠록 격발 방식이 개발되어 효과적인 휴대용 권총이 탄생한다.

1511년 스코틀랜드가 대포로 무장한 군함 그레이트 마이클호를 진수한다. 배수량이 2년 먼저 진수한 잉글랜드의 메리 로즈호의 2배에 이른다.

1526년
바부르가 델리 술탄국을 정복하고 북인도에 무굴 제국을 세운다.

1566년
네덜란드에 반란이 일어나 82년에 걸친 스페인과의 전쟁으로 이어진다.

1571년
갤리선이 투입된 마지막 대규모 해전이 레판토에서 벌어진다.

▷ 첫 발사
머스킷 총병과 권총을 든 기병은 30년 전쟁의 첫 번째 대규모 전투인 백산 전투(128쪽 참조)에서 우위를 차지한다.

◁ 실패한 왕
영국의 찰스 1세는 의회와 상의 없이 세금을 인상해 전쟁 경비를 충당하려다가 이 일이 내전으로 이어져 1649년에 처형당했다.

더 자주 일어났다. 유럽은 가톨릭과 개신교 간의 종교 전쟁으로 분열되었고, 이런 상황은 800만 명에 달하는 군인과 민간인이 사망한 30년 전쟁(1618-1648년)에서 절정에 달했다. 그 뒤로 종교 전쟁은 줄었지만, 프랑스의 루이 14세 같은 군주가 합스부르크가의 스페인과 네덜란드의 영토를 빼앗으려고 하면서 유럽은 대규모 왕조 간 분쟁의 장이 되었다. 비유럽 열강도 대규모 전쟁을 치렀다. 튀르키예의 오스만 제국, 이란의 사파비 제국, 인도의 무굴 제국은 봉건적 기병에 의존하던 방식에서 탈피해 중앙에서 모병하는 군대를 육성했다. 이들은 기본적으로 통치자에게 충성을 바쳤다. 일본은 다이묘(군벌)와 사무라이 가신을 기반으로 하는 독자적인 군사 문화를 발전시켰다. 이들은 1603년에 도쿠가와 막부가 일본을 재통합할 때까지 여러 차례 내전을 벌였다.

해상 전투도 큰 변화를 겪었다. 14세기부터 유럽과 아시아 군함은 주로 대인용 대포 몇 문을 탑재했지만, 1500년경부터 유럽 함선에 중포를 점점 더 많이 탑재하면서 해전 양상이 바뀌었다. 레판토 해전(118-119쪽 참조)에 투입되었던, 노잡이들이 배치된 갤리선은 차츰 개폐식 포문을 통해 현측에서 일제 포격을 하는 함선으로 대체되었다. 영국, 네덜란드, 프랑스 같은 해양 국가는 해군에 막대한 돈을 쏟아부으면서 육지에서의 경쟁을 대서양과 인도양의 해상 분쟁으로 넓혀 갔다. 육지에서와 마찬가지로 부유하고 체계가 잘 잡힌 국가만이 전비가 끝없이 치솟는 바다에서 군사적 경쟁을 할 수 있었다.

1600년
세키가하라 전투에서 도쿠가와가 승리하며 일본 재통합의 기틀을 마련한다.

1603년
150년간의 내전 끝에 도쿠가와 이에야스가 일본을 통합하며 도쿠가와 막부 시대를 연다.

1632년
스웨덴군이 뤼첸 전투에서 신성 로마 제국군을 상대로 승리를 거두지만 국왕 구스타브 아돌프는 전사한다.

1645년
찰스 1세의 왕당파 군대가 네이즈비 전투에서 의회파 군대에 패배하면서 제1차 잉글랜드 내전이 끝난다.

1683년
오스만이 빈 공성전에서 패배하며 발칸반도 밖으로 진출하는 데 한계를 드러낸다.

1600년　　　1620년　　　1640년　　　1660년　　　1680년　　　1700년

1590년경
종이 탄피가 널리 보급되어 전장식 총기의 탄환 장전이 쉬워지고 발사 속도가 빨라진다.

1615년경
진정한 의미의 플린트록 격발 방식이 최초로 개발되어 총의 효율성과 신뢰성이 높아진다.

1643년
루이 14세가 즉위한다. 그는 72년간 통치하며 프랑스 최고의 권력을 누린다.

1660년
18년에 걸친 내전과 공화정 끝에 영국의 군주제가 부활한다.

1655-1703년
보방이 프랑스 각지에 새로운 장거리 화기와 중포에 맞설 수 있는 요새를 구축한다.

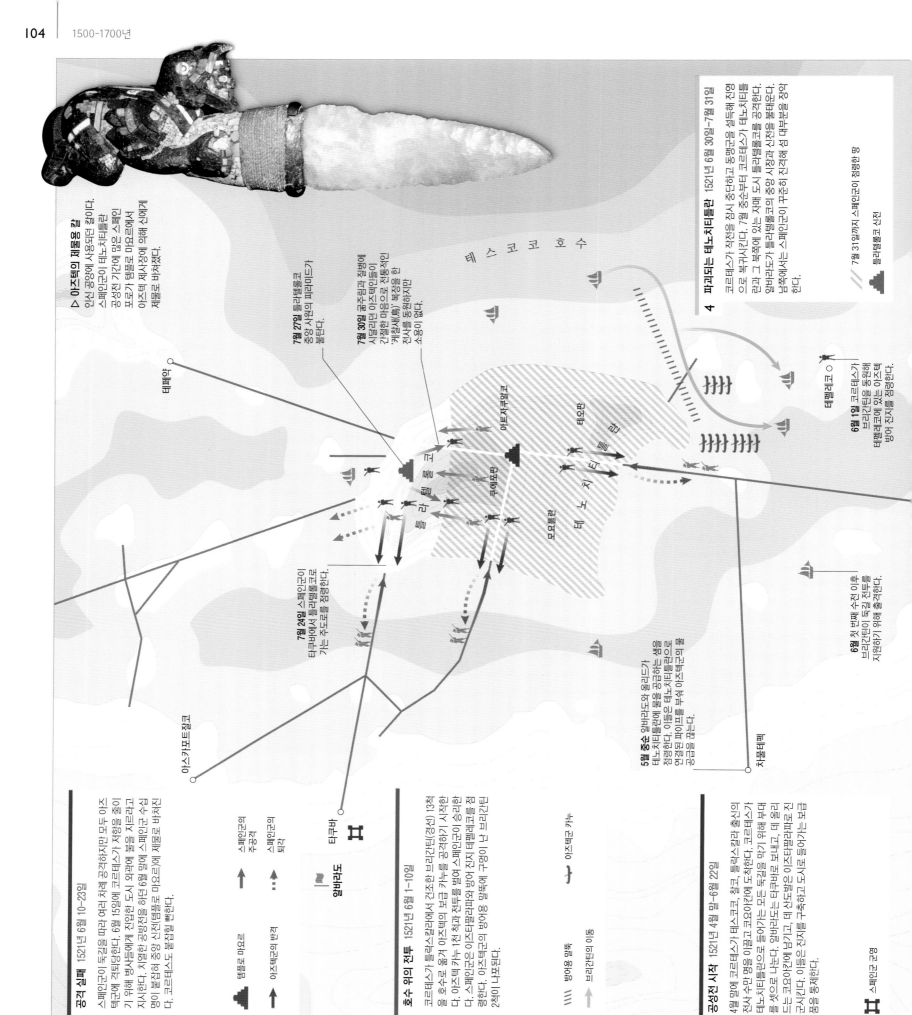

▷ 아즈텍의 제물용 칼

인신 공양에 사용되던 칼이다. 스페인군이 테노치티틀란 공성전 기간에 점령하지 않은 스페인 포로가 램불로 마요르에서 아즈텍 제사장에 의해 신에게 제물로 바쳐졌다.

7월 27일 틀라텔롤코 중앙 사원이 피라미드가 불탄다.

7월 30일 콰우테목과 장병에 살아남은 아즈텍인들이 간절한 마음으로 전통적인 '개청새(鳥)' 복장을 한 전사를 동원하지만 소용이 없다.

테스코코 호수

4 파괴되는 테노치티틀란 1521년 6월 30일~7월 31일

코르테스가 작전을 잠시 중단하고 동맹군을 설득해 진영으로 복귀시킨다. 7월 중순부터 코르테스가 테노치티틀란과 그 북쪽에 있는 자매 도시 틀라텔롤코를 공격한다. 8월 13일 아바라도가 틀라텔롤코의 중앙 시장과 신전을 불태운다. 남쪽에서는 스페인군이 꾸준히 진격해 섬 대부분을 장악한다.

7월 31일까지 스페인군이 점령한 땅

틀라텔롤코 신전

6월 1일 코르테스가 브리간틴을 동원해 테펠레리코에 있는 아즈텍군 방어 진지를 점령한다.

6월 첫 번째 수전 이후 브리간틴이 독립 전투를 지원하기 위해 출격한다.

5월 중순 알바라도와 올리드가 테노치티틀란에 물을 공급하는 샘을 점령한다. 이들은 테노치티틀란으로 연결된 파이프를 부셔 아즈텍군의 물 공급을 막는다.

차풀테펙

7월 24일 스페인군이 타쿠바에서 틀라텔롤코로 가는 주도로를 점령한다.

테페야크

틀라텔롤코

아토자쿠일코

테오만

테노치티틀란

모욜틀란

쿠에포판

틀라텔롤코

▷ 아즈텍의 제물용 칼

---

3 공격 실패 1521년 6월 10~23일

스페인군이 둑길을 따라 여러 차례 공격하지만 모두 아즈텍군에 격퇴당한다. 6월 15일에 코르테스가 저항을 줄이기 위해 병사들에게 진입한 도시 외곽에 불을 지르라고 지시한다. 처음엔 공방전을 하던 6월 중에 스페인군 수십 명이 붙잡혀 중앙 신전(템플로 마요르)에 제물로 바쳐진다. 코르테스도 붙잡힐 뻔한다.

템플로 마요르

스페인군의 주공격

스페인군의 퇴각

아즈텍군의 반격

---

2 호수 위의 전투 1521년 6월 1~10일

코르테스가 틀락스칼라에서 건조한 브리간틴(경선) 13척을 호수로 옮겨 아즈텍의 보급 가능을 공격하기 시작한다. 아즈텍 카누 1천 척과 전투를 벌여 스페인군이 승리한 다. 스페인군은 아즈텍군의 방어 진지 테펠레리코를 점령한다. 아즈텍군의 방어용 말독에 구멍이 난 브리간틴 2척이 나포된다.

방어용 말독

브리간틴의 이동

아즈텍군 카누

---

1 공성전 시작 1521년 4월 말~6월 22일

4월 말에 코르테스가 테스코코, 찰코, 틀락스칼라 출신의 전사 수만 명을 이끌고 코요아칸에 도착한다. 코르테스가 테노치티틀란으로 들어가는 모든 둑길을 막기 위해 부대를 셋으로 나눈다. 알바라도는 타쿠바로 보내고, 데 올리드는 코요아칸에 남기고, 데 산도발은 아즈텍팔라파로 진군시킨다. 이들은 인지를 구축하고 도시로 들어가는 보급 품을 통제한다.

스페인군 군영

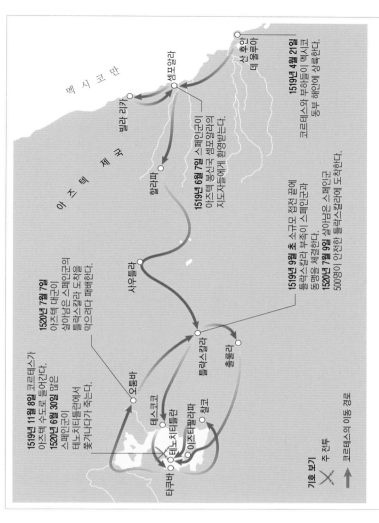

1519년 11월 8일 코르테스가
아즈텍 수도로 들어간다.
1520년 6월 30일 많은
스페인군이
테노치티틀란에서
쫓겨나다가 죽는다.

1520년 7월 7일
아즈텍 대군이
살아남은 스페인군이
테오티우아칸 도주를
막으려다 패배한다.

1519년 6월 7일 스페인군이
아즈텍 봉신국 셈포알라의
지도자들에게 환영받는다.

1519년 9월 초 소규모 접전 끝에
틀락스칼라 부족이 스페인군과
동맹을 체결한다.
1520년 7월 9일 살아남은 스페인
500명이 안전한 틀락스칼라령에 도착한다.

1519년 4월 21일
코르테스와 부하들이 멕시코
동부 해안에 상륙한다.

멕 시 코 만

산 후안
데 울루아

셈포알라

할라파

사우틀라

틀락스칼라

촐룰라

테스코코

테노치티틀란

이즈타팔라파

타쿠바

오툼바

촐코

기호 보기

✕ 주 전투

➤ 코르테스의 이동 경로

테노치티틀란을 향한 진군

1519년 4월에 상륙한 코르테스는 느슨하게 아즈텍의 피지배의 아즈텍이 파지배 주민들과 동맹을 맺었다. 아즈텍의 숙적 틀락스칼라 부족이 동맹군에 합류하며 스페인군은 아즈텍이 강력한 위험이 되었고, 드디어 11월 테노치티틀란에 입성했다. 8개월 후 호수 위의 도읍을 따라 간신히 도망치는 네 성공한 코르테스 군은 오툼바에서 집단 괴멸될 위기에 처하지만, 평원에서 스페인 기병을 마주한 아즈텍군의 미숙한 보병이 제대로 싸우지 않았다.

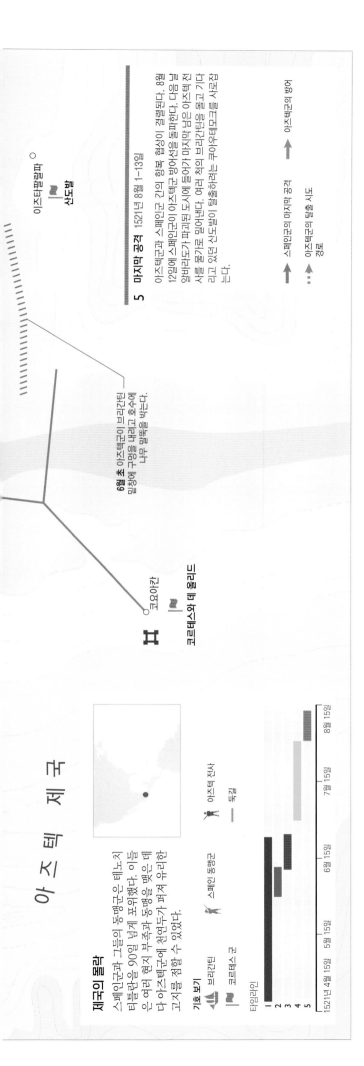

제국의 몰락

스페인군과 그들의 동맹군은 테노치티틀란을 90일 넘게 포위했다. 이들은 여러 현지 부족과 동맹을 맺은 데다 아즈텍군의 천연두가 퍼져 유리한 고지를 점할 수 있었다.

기호 보기

🏛 브리간틴
🏛 코르테스 군

타임라인

1521년 4월 15일 5월 15일 6월 15일 7월 15일 8월 15일

🏹 아즈텍 전사
━━ 둑길

1 ━━━━━━
2 ━━━━
3 ━━━
4 ━━
5 ━

5월 15일 6월 15일 7월 15일 8월 15일

6월 초 아즈텍군이 브리간틴
밑창에 구멍을 내려 호수에
나무 말뚝을 박는다.

이즈타팔라파 ○
🏛 산도발

코요아칸 ○
🏛
코르테스와 데 올리드

5 마지막 공격 1521년 8월 1~13일

아즈텍군과 스페인군 간의 항복 협상이 결렬된다. 8월
12일에 스페인군이 아즈텍군 방어선을 돌파한다. 다음 날
알바라도가 파괴된 도시에 들어가자 남은 아즈텍 전
사들 몸과 불과 리고 직접 브리간틴을 몰고 가다
리고 있던 산도발이 탈출하려는 쿠아우테모크를 사로잡
는다.

테노치티틀란
공성전

1519년에 시작된 에르난 코르테스의 멕시코 침공은
3개월에 걸친 아즈텍 수도 테노치티틀란의 공성전으로 끝이 났다.
격렬한 저항이 이어졌지만 스페인군과 원주민 동맹군은
1521년 8월에 최후의 보루를 점령해 아즈텍 제국을 멸망으로 이끌었다.

1519년 4월에 쿠바에서 에르난 코르테스
(106~107쪽 참조)가 오늘날의 산 후안 데 울루아
인근에 상륙하자 아즈텍 황제 목테수마 2세는 경
계하면서도 평온하게 대응했다. 코르테스의 병력
은 600명에 불과했지만, 아즈텍 통치에 불만을 품
은 원주민을 맞상으로 동맹군을 모집해 진군한 끝
에 11월 8일에 아즈텍 수도 테노치티틀란으로 들
어갔다. 처음에는 물이 쌓인 관계가 우호적이었지만 곧
악화되었다. 코르테스는 목테수마 2세를 가택에
연금하고 자신이 직접 제국을 지배하려고 했다. 이
전략은 실패로 돌아가 반스페인 봉기가 일어났고,
그 과정에서 목테수마가 사망했다. 1520년 6월
30일, 코르테스는 큰 피해를 보고 테노치티틀란

에서 쫓겨났다. 틀락스칼라까지 도망친 코르테스
가 원주민 동맹군을 재규합해 천연두가 창궐한 테
노치티틀란으로 돌아가는 데는 거의 10개월이 걸
렸다.

테노치티틀란이 섬에 위치해 있어 직접적인 공
격이 어려웠기에 공성전은 1521년 5월부터 8월까
지 이어졌다. 하지만 도시가 사로잡히고, 많은 아즈텍 귀족이
죽거나 처형당하면서 아즈텍군은 더 이상 저항할
수 없었다. 테노치티틀란의 함락으로 이후 300년
동안 스페인이 옛 아즈텍 제국과 제국의 풍부한
자원을 장악하게 되었다.

아즈텍 제국

짐꾼
16세기에 테오도르 드 브리가 그린 그림으로 스페인의 콩키스타도르가 원주민의 노동력을 착취해 짐과 장비를 나르게 하는 모습을 묘사한 것이다.

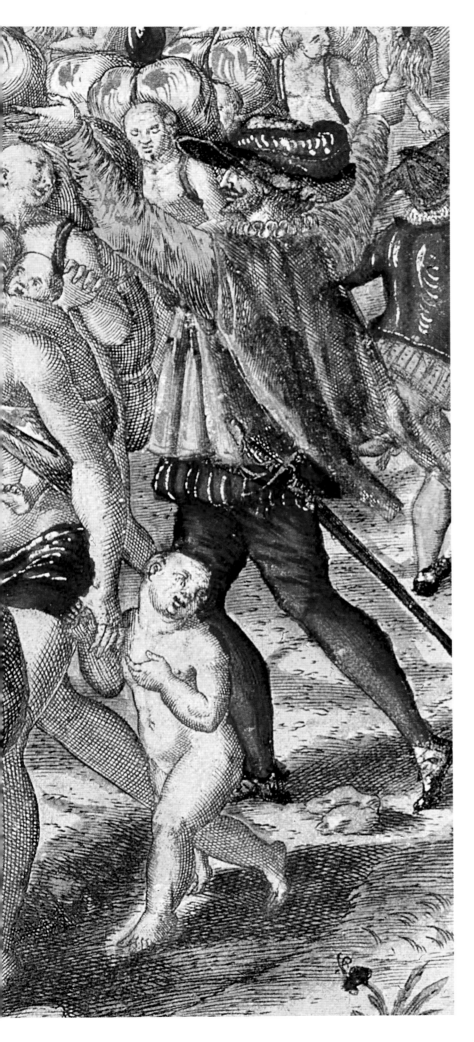

스페인의 콩키스타도르

16세기에는 귀족, 군인, 다양한 탐험가로 구성된
여러 소규모 스페인 탐험대가 수차례 신대륙으로 탐험을 떠났다.
그 결과 스페인은 아메리카 대륙의 상당 부분을 점령할 수 있었다.

오랫동안 스페인의 아메리카 대륙 정복에 대해 전해 내려오는 이야기에는 뛰어난 무기를 가진 침략군이, 수는 많았지만 원시적이었던 원주민 제국을 무너뜨렸다는 신화가 지배적이었다. 콩키스타도르로 알려진 이 정복자들은 말, 강철 검, 갑옷, 파이크, 석궁 그리고 소수의 아르케부스와 경대포를 가지고 왔다. 모두 아메리카 대륙에서는 들어본 적이 없는 것이었다. 실제로 이들이 마주친 군대 중 일부는 기본적인 돌 무기로 무장했지만, 다른 군대들은 규모가 크고 훈련도 잘되어 있는 발달한 문명권에 속해 있었다.

△ 효과적인 무기
가장자리에 흑요석 날을 단 나무 방망이 마쿠아후이틀은 아즈텍군의 주요 무기였다.

교활한 침략자

1519-1521년에 스페인 군인 에르난 코르테스가 멕시코를 정복할 수 있었던 것은 발달한 무기보다는 주로 현지의 동맹군을 활용하고 교활한 외교적 수완을 이용한 덕분이었다(104-105쪽 참조). 코르테스는 수많은 적과 불온한 피지배 주민이 있는 아즈텍 제국과 싸웠다. 게다가 자신도 모르게 스페인군이 가져간 천연두의 도움도 받았다. 하지만 1532-1533년에 프란시스코 피사로가 소수의 병력으로 잉카 제국을 정복한 사례에서 보듯이, 스페인의 기술과 조직력이 승리를 결정짓는 데 더 분명한 역할을 한 경우도 있었다.

그렇지만 콩키스타도르가 기술에서 우위를 차지하고 있어도 이것으로 날씨, 질병, 굶주림, 갈증을 막을 수는 없었다. 많은 탐험이 이런 요인 탓에 실패로 돌아갔다. 때로는 기존의 분열을 이용한 콩키스타도르의 능력이 승리로 이어져서 대륙의 구도가 재편되기도 했다.

△ 코르테스를 환영하는 아즈텍인
16세기에 도미니카 선교사 디에고 두란이 그린 삽화로 아즈텍 통치자 몬테수마 2세가 에르난 코르테스와 그의 군대를 환영하는 모습을 묘사한 것이다. 아즈텍인은 간단한 면 망토를 두르고 있고 갑옷을 입은 스페인군은 무기를 들고 있다.

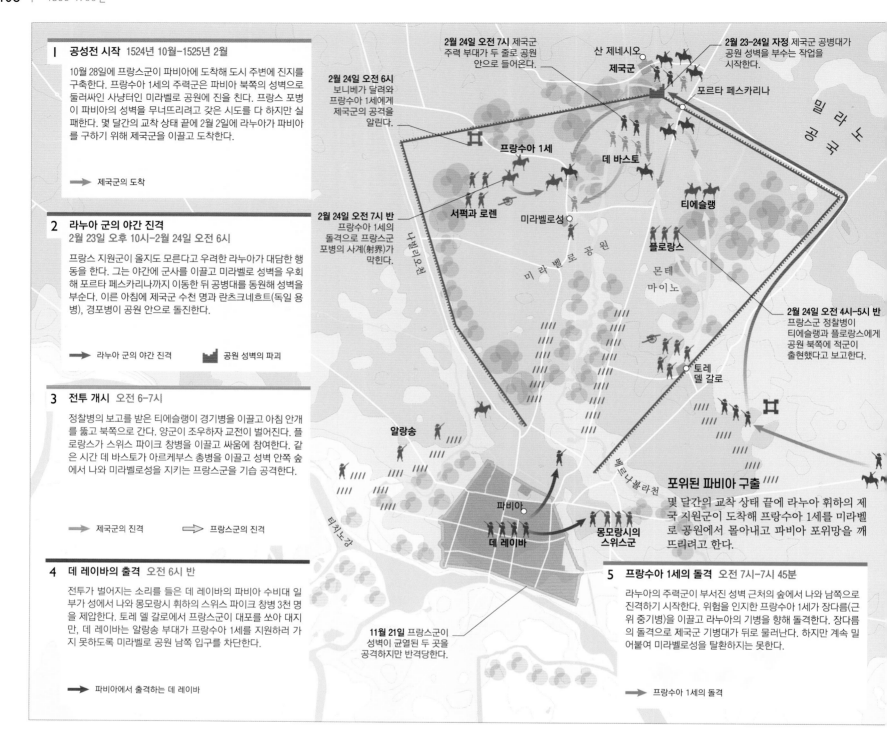

1 공성전 시작 1524년 10월-1525년 2월

10월 28일에 프랑스군이 파비아에 도착해 도시 주변에 진지를 구축한다. 프랑수아 1세의 주력군은 파비아 북쪽의 성벽으로 둘러싸인 사냥터인 미라벨로 공원에 진을 친다. 프랑스 포병이 파비아의 성벽을 무너뜨리려고 갖은 시도를 다 하지만 실패한다. 몇 달간의 교착 상태 끝에 2월 2일에 라누아가 파비아를 구하기 위해 제국군을 이끌고 도착한다.

➡ 제국군의 도착

2 라누아 군의 야간 진격 2월 23일 오후 10시-2월 24일 오전 6시

프랑스 지원군이 올지도 모른다고 우려한 라누아가 대담한 행동을 한다. 그는 야간에 군사를 이끌고 미라벨로 성벽을 우회해 포르타 페스카리나까지 이동한 뒤 공병대를 동원해 성벽을 부순다. 이른 아침에 제국군 수천 명과 란츠크네히트(독일 용병), 경포병이 공원 안으로 돌진한다.

➡ 라누아 군의 야간 진격   🏰 공원 성벽의 파괴

3 전투 개시 오전 6-7시

정찰병의 보고를 받은 티에슬랭이 경기병을 이끌고 아침 안개를 뚫고 북쪽으로 간다. 양군이 조우하자 교전이 벌어진다. 플로랑스가 스위스 파이크 창병을 이끌고 싸움에 참여한다. 같은 시간 데 바스토가 아르케부스 총병을 이끌고 성벽 안쪽 숲에서 나와 미라벨로성을 지키는 프랑스군을 기습 공격한다.

➡ 제국군의 진격   ⇨ 프랑스군의 진격

4 데 레이바의 출격 오전 6시 반

전투가 벌어지는 소리를 들은 데 레이바의 파비아 수비대 일부가 성에서 나와 몽모랑시 휘하의 스위스 파이크 창병 3천 명을 제압한다. 토레 델 갈로에서 프랑스군이 대포를 쏘아 대지만, 데 레이바는 알랑송 부대가 프랑수아 1세를 지원하러 가지 못하도록 미라벨로 공원 남쪽 입구를 차단한다.

➡ 파비아에서 출격하는 데 레이바

2월 24일 오전 7시 제국군 주력 부대가 두 줄로 공원 안으로 들어온다.

2월 23-24일 자정 제국군 공병대가 공원 성벽을 부수는 작업을 시작한다.

산 제네시오

제국군

포르타 페스카리나

밀라노 공국

2월 24일 오전 6시 보니베가 달려와 프랑수아 1세에게 제국군의 공격을 알린다.

프랑수아 1세

데 바스토

티에슬랭

2월 24일 오전 7시 반 프랑수아 1세의 돌격으로 프랑스군 포병의 사계(射界)가 막힌다.

서펵과 로렌

미라벨로성

플로랑스

몬테 마이노

2월 24일 오전 4시-5시 반 프랑스군 정찰병이 티에슬랭과 플로랑스에게 공원 북쪽에 적군이 출현했다고 보고한다.

나빌리오 요천

미라벨로 공원

삐라나볼라천

토레 델 갈로

알랑송

파비아

데 레이바

몽모랑시의 스위스군

11월 21일 프랑스군이 성벽이 균열된 두 곳을 공격하지만 반격당한다.

포위된 파비아 구출 ////

몇 달간의 교착 상태 끝에 라누아 휘하의 제국 지원군이 도착해 프랑수아 1세를 미라벨로 공원에서 몰아내고 파비아 포위망을 깨뜨리려고 한다.

5 프랑수아 1세의 돌격 오전 7시-7시 45분

라누아의 주력군이 부서진 성벽 근처의 숲에서 나와 남쪽으로 진격하기 시작한다. 위험을 인지한 프랑수아 1세가 장다름(근위 중기병)을 이끌고 라누아의 기병을 향해 돌격한다. 장다름의 돌격으로 제국군 기병대가 뒤로 물러난다. 하지만 계속 밀어붙여 미라벨로성을 탈환하지는 못한다.

➡ 프랑수아 1세의 돌격

파비아 전투

합스부르크 가문으로부터 이탈리아 북부의 지배권을 빼앗으려던 프랑스 왕 프랑수아 1세의 시도는
1525년에 파비아에서 제국군이 야음을 틈타 프랑스군을 기습하면서 좌초되었다.
처음으로 화약 무기가 전장을 지배한 전투에서 프랑스군은 참패했다.

1494년부터 1559년까지 이어진 이탈리아 전쟁은 이탈리아 북부 지방을 지배하려는 프랑스의 야욕으로 촉발되었다. 1524년 9월, 합스부르크 제국군은 마르세유 공성전에서 실패한 뒤 이탈리아로 퇴각해야 했다. 그러자 1524년 10월에 프랑수아 1세는 공세를 펴기 시작했고, 4만 명의 대군을 이끌고 먼저 밀라노를 점령한 뒤 샤를 드 라누아가 지휘하는 제국군 주력 부대를 추격했다. 추격 도중 프랑스군은 안토니오 데 레이바 휘하의 용병이 지키고 있던 전략적 요충지 파비아를 포위했다. 하지만 공성전은 교착 상태에 빠졌다. 시간을 번 라누아는 병력을 재편성하고 보강한 뒤 2월 초에 파비아에 도착했다. 그러다 전선을 우회해 프랑스군을 기습 공격했다. 프랑수아 1세는 포로로 잡혀 투옥되었고 이탈리아에 대한 프랑스의 권리를 모두 포기하는 조약에 서명해야 했다. 그는 풀려나자마자 조약을 파기하고 영국의 헨리 8세를 포함하는 새로운 반합스부르크 동맹을 결성했다. 이탈리아 전쟁은 1559년까지 간헐적으로 지속되었다.

프랑수아 1세의 패배

프랑수아 1세의 북부 이탈리아 침공은 파비아에서 멈췄다. 공성전이 길어져 제국 지원군이 파비아에 도착해 수비대를 구출할 수 있었다. 제국군은 심야에 프랑스 주력군이 주둔해 있던 성벽으로 둘러싸인 공원을 습격했고 혼란을 틈타 승리를 거뒀다.

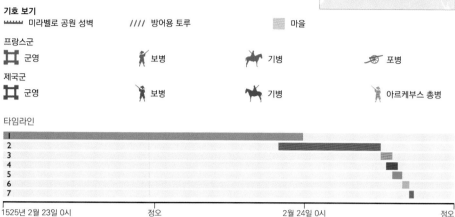

기호 보기

〰〰〰 미라벨로 공원 성벽　　////방어용 토루　　▨ 마을

프랑스군

⊞ 군영　　🔫 보병　　🐎 기병　　🔫 포병

제국군

⊞ 군영　　🔫 보병　　🐎 기병　　🔫 아르케부스 총병

타임라인

1525년 2월 23일 0시　　정오　　2월 24일 0시　　정오

아르케부스

아르케부스는 15세기에 유럽과 오스만 제국에서 사용하기 시작했다. 아르케부스는 불붙은 화승을 방아쇠로 화약 접시에 닿게 해 폭발을 일으키는 화승총이다. 전장식이라 다루기 힘들었고, 습기가 있으면 화약이 젖어 점화가 잘되지 않았다. 총의 무게 때문에 외부 지지대 위에 올려놓고 발사해야 했다. 하지만 아르케부스는 전장을 바꾼 첫 번째 총이었다. 기병과 보병에 혼란과 손실을 야기할 수 있었기 때문이다. 오스만 제국, 명나라, 네덜란드에 의해 일제 사격 방법이 개발되며 위력이 배가되었다.

초기의 아르케부스

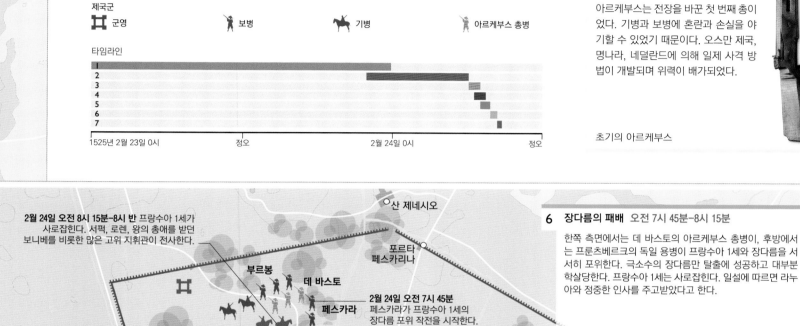

2월 24일 오전 8시 15분-8시 반 프랑수아 1세가 사로잡힌다. 서퍽, 로렌, 왕의 총애를 받던 보니베를 비롯한 많은 고위 지휘관이 전사한다.

산 제네시오

포르타 페스카리나

부르봉　데 바스토

페스카라

2월 24일 오전 7시 45분 페스카라가 프랑수아 1세의 장다름 포위 작전을 시작한다.

서퍽과 로렌　프랑수아 1세

미라벨로성

프룬츠베르크

아국 바누 콜미

나빌리오천

미라벨로공원

시틀리치

플로랑스

토레 델 갈로

알랑송

데 레이바

파비아

베르나불라천

몽모랑시의 스위스군

티치노강

사로잡힌 왕

공원으로 쏟아져 들어오는 제국군을 막기 위한 프랑수아 1세의 성급한 돌격은 프랑스군의 패배로 끝났고 프랑수아 1세는 사로잡혔다. 왕이 포로로 붙잡히자 프랑스군은 퇴각했다.

6 장다름의 패배 오전 7시 45분-8시 15분

한쪽 측면에서는 데 바스토의 아르케부스 총병이, 후방에서는 프룬츠베르크의 독일 용병이 프랑수아 1세와 장다름을 서서히 포위한다. 극소수의 장다름만 탈출에 성공하고 대부분 학살당한다. 프랑수아 1세는 사로잡힌다. 일설에 따르면 라누아와 정중한 인사를 주고받았다고 한다.

7 프랑스군의 궤멸 오전 8시 15분-8시 반

제국군의 공격이 계속되자 우측의 프랑스군이 토레 델 갈로를 지나 뒤로 후퇴한다. 그 와중에 몽모랑시와 플로랑스가 사로잡힌다. 마지막까지 결집해 있던 알랑송 휘하의 마지막 프랑스군이 제국군과 싸우기보다는 불가피한 패배를 받아들이고 퇴각하면서 제국군이 승리를 결정짓는다.

➡ 제국군의 진격　　┄➡ 프랑스군의 퇴각

△ **공격받는 프랑스군 군영**

미라벨로 공원의 전투 장면을 묘사한 7개의 태피스트리 중 하나의 일부 장면이다. 전투가 끝나고 몇 년이 지난 뒤 플랑드르 화가 버나드 반 오를리가 제작한 것이다.

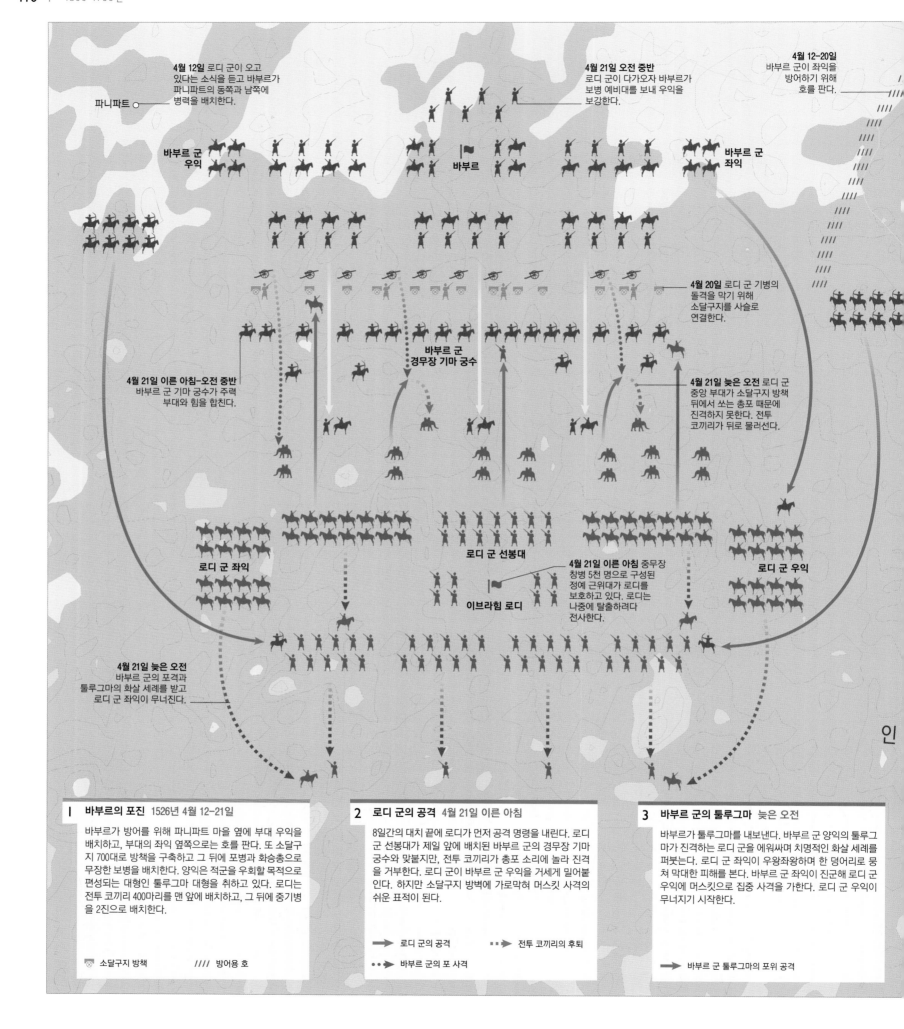

4월 12일 로디 군이 오고 있다는 소식을 듣고 바부르가 파니파트의 동쪽과 남쪽에 병력을 배치한다.

4월 21일 오전 중반 로디 군이 다가오자 바부르가 보병 예비대를 보내 우익을 보강한다.

4월 12–20일 바부르 군이 좌익을 방어하기 위해 호를 판다.

파니파트

바부르 군 우익

바부르

바부르 군 좌익

4월 20일 로디 군 기병의 돌격을 막기 위해 소달구지를 사슬로 연결한다.

4월 21일 이른 아침–오전 중반 바부르 군 기마 궁수가 주력 부대와 힘을 합친다.

바부르 군 경무장 기마 궁수

4월 21일 늦은 오전 로디 군 중앙 부대가 소달구지 방책 뒤에서 쏘는 총포 때문에 진격하지 못한다. 전투 코끼리가 뒤로 물러선다.

로디 군 좌익

로디 군 선봉대

4월 21일 이른 아침 중무장 창병 5천 명으로 구성된 정예 근위대가 로디를 보호하고 있다. 로디는 나중에 탈출하려다 전사한다.

로디 군 우익

이브라힘 로디

4월 21일 늦은 오전 바부르 군의 포격과 툴루그마의 화살 세례를 받고 로디 군 좌익이 무너진다.

인

1 바부르의 포진 1526년 4월 12–21일

바부르가 방어를 위해 파니파트 마을 옆에 부대 우익을 배치하고, 부대의 좌익 옆쪽으로는 호를 판다. 또 소달구지 700대로 방책을 구축하고 그 뒤에 포병과 화승총으로 무장한 보병을 배치한다. 양익은 적군을 우회할 목적으로 편성되는 대형인 툴루그마 대형을 취하고 있다. 로디는 전투 코끼리 400마리를 맨 앞에 배치하고, 그 뒤에 중기병을 2진으로 배치한다.

2 로디 군의 공격 4월 21일 이른 아침

8일간의 대치 끝에 로디가 먼저 공격 명령을 내린다. 로디 군 선봉대가 제일 앞에 배치된 바부르 군의 경무장 기마 궁수와 맞붙지만, 전투 코끼리가 총포 소리에 놀라 진격을 거부한다. 로디 군이 바부르 군 우익을 거세게 밀어붙인다. 하지만 소달구지 방벽에 가로막혀 머스킷 사격의 쉬운 표적이 된다.

3 바부르 군의 툴루그마 늦은 오전

바부르가 툴루그마를 내보낸다. 바부르 군 양익의 툴루그마가 진격하는 로디 군을 에워싸며 치명적인 화살 세례를 퍼붓는다. 로디 군 좌익이 우왕좌왕하며 한 덩어리로 뭉쳐 막대한 피해를 본다. 바부르 군 좌익이 진군해 로디 군 우익에 머스킷으로 집중 사격을 가한다. 로디 군 우익이 무너지기 시작한다.

소달구지 방책   //// 방어용 호

→ 로디 군의 공격   ▪▪▶ 전투 코끼리의 후퇴

▪▪▶ 바부르 군의 포 사격

→ 바부르 군 툴루그마의 포위 공격

바부르의 뛰어난 전술

이브라힘 로디의 군대는 전투 코끼리 수백 마리를 자랑스럽게 끌고 나왔다. 하지만 대포와 머스킷으로 무장한 바부르 군대의 상대가 되지 못했다.

기호 보기

바부르 군
- ▌ 사령관
- 🏃 보병
- 🏹 화승총병
- 🐎 기병
- 🐎 기마 궁수
- 🔫 대포

로디 군
- 🚩 사령관
- 🏃 보병
- 🐎 기병
- 🐘 전투 코끼리

타임라인

	1526년 4월 12일	4월 14일	4월 16일	4월 18일	4월 20일	4월 22일
2						
3						
4						

△ 화약 무기와 전투 코끼리
로디의 공격이 늦어지면서 바부르는 방어시설을 구축하고 대포와 머스킷 총병을 배치할 시간을 벌 수 있었다. 로디 군의 전투 코끼리는 바부르 군의 화력과 방어시설 앞에서 무용지물이었다.

도

4 로디 군의 참패 정오

바부르 군 중앙 부대가 전열이 흐트러진 로디 군을 향해 돌진한다. 로디가 기병을 이끌고 탈출하려고 하지만 바부르 군의 포위망을 돌파하려다 전사한다. 지휘관을 잃은 로디 군이 붕괴한다. 아직 포위되지 않은 로디 군 예비 부대가 무질서하게 도망친다. 로디 군이 바부르 군의 4배에 달하는 1만 5천 명의 사상자를 낸다.

⇒ 바부르 군의 2차 돌격
⇢ 로디 군의 퇴각

파니파트 전투

1526년 4월, 중앙아시아의 군벌 바부르는 파니파트 전투에서 뛰어난 전술과 화약 무기를 사용해 델리의 술탄 이브라힘 로디를 상대로 놀라운 승리를 거두었다. 그는 북인도 대부분을 정복해 이후 3세기 동안 지속되는 무굴 제국을 세웠다.

몽골의 지도자 칭기즈칸(78쪽 참조)과 티무르의 후손인 바부르는 1494년에 페르가나(오늘날의 우즈베키스탄 소재)의 통치자가 되었다. 그는 1504년에 카불을 점령하며 자신의 왕국을 만들기 시작했다. 하지만 그의 야망은 여기서 그치지 않았다. 그는 1519년부터 여러 차례 델리의 술탄 이브라힘 로디가 통치하던 펀자브에 정찰대를 파견했다. 로디가 귀족들의 신임을 잃었기 때문에 일부 귀족은 바부르와 손잡고 로디를 축출하려고 했다.

기회를 포착한 바부르는 군사 1만 명을 소집해 오스만 제국에서 들여온 화약 무기 사용법을 가르쳤다. 1525년 11월, 바부르 군은 펀자브를 향해 진격을 시작해 시알코트와 암발라를 점령했다. 바부르는 1526년 4월 2일에 야무나강 인근에서 델리군의 반격을 격퇴하지만, 로디가 10만 대군을 이끌고 오고 있다는 소식을 들었다. 그는 델리에서 북쪽으로 85km 떨어진 파니파트에 진을 치고 로디를 기다렸다.

바부르는 유목민의 기동력과 최신 무기를 결합한 뛰어난 전술로 규모가 훨씬 큰 적군을 무너뜨렸다. 로디가 전장에서 죽자 델리 술탄국은 급격히 무너졌다. 5년이 지나지 않아 바부르는 북인도의 지배자가 되었다. 비록 아들 후마윤이 1540년에 폐위되기도 했지만, 바부르가 세운 무굴 제국은 그의 손자 악바르(재위 1556-1605) 치하에서 전성기를 맞이해 인도 중부 지방까지 세력을 확장했다.

무굴 제국

바부르는 카불에 기반을 둔 그의 왕국에 펀자브만 병합할 계획이었다. 하지만 파니파트에서 예상치 못한 결정적 승리를 거두면서 훨씬 남쪽까지 지배력을 넓힐 수 있었다. 바부르의 아들 후마윤이 제국을 잃었지만, 손자 악바르가 수차례에 걸친 긴 원정을 통해 핵심 영토를 되찾고 무굴 제국의 지배권을 베라르 지방까지 넓혔다. 그의 후계자들은 더 많은 영토를 정복했고, 1707년에 6대 황제 아우랑제브가 죽자 인도 아대륙의 끝부분과 유럽 소유의 몇몇 영토만 무굴 제국의 통치에서 벗어날 수 있었다.

기호 보기

- ╱ 아프가니스탄에 있던 바부르의 왕국
- ▬ 1539년까지 바부르가 정복한 땅
- ■ 1556년 악바르 치하의 무굴 제국
- ▨ 1605년까지 정복한 땅
- ░ 1707년까지 정복한 땅
- 🚩 정복한 지역과 연도

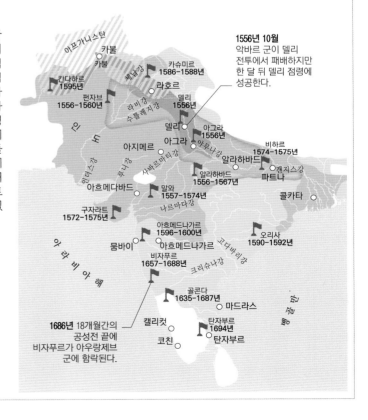

1556년 10월
악바르 군이 델리 전투에서 패배하지만 한 달 뒤 델리 점령에 성공한다.

1686년 18개월간의 공성전 끝에 비자푸르가 아우랑제브 군에 함락된다.

오스만 제국의 팽창

오스만 제국은 1453년에 콘스탄티노폴리스를 점령한 뒤 발칸반도로 진출했다. 이제 오스만 제국과 오스트리아의 합스부르크 왕가 사이에 남은 땅은 헝가리 왕국뿐이었다. 모하치 전투 이후 술레이만은 1529년에 빈을 포위해 공성전을 펼쳤고, 1541년에는 헝가리의 넓은 지역을 병합하며 발칸반도에서 오스만 제국 팽창의 절정기를 맞이했다.

기호 보기

✕ 주 전투

□ 1512년의 오스만 제국과 그 봉신국

□ 1639년의 오스만 제국과 그 봉신국

□ 오스트리아의 합스부르크 왕가 영토

□ 스페인의 합스부르크 왕가 영토

— 1600년경의 국경

✕ 오스만군의 승리

✕ 오스만군의 패배

예니체리

그림에서 술탄의 검열을 받고 있는 예니체리는 오스만군의 정예 보병들이었다. 기독교 가정에서 태어났지만 어릴 때부터 무슬림으로 양육되어 전사 훈련을 받은 예니체리는 총기를 다루는 능력이 뛰어난 무시무시한 군인이었다. 하지만 그들의 높은 급여와 반항적인 성향으로 인해 결국 1807년에 해체되었다.

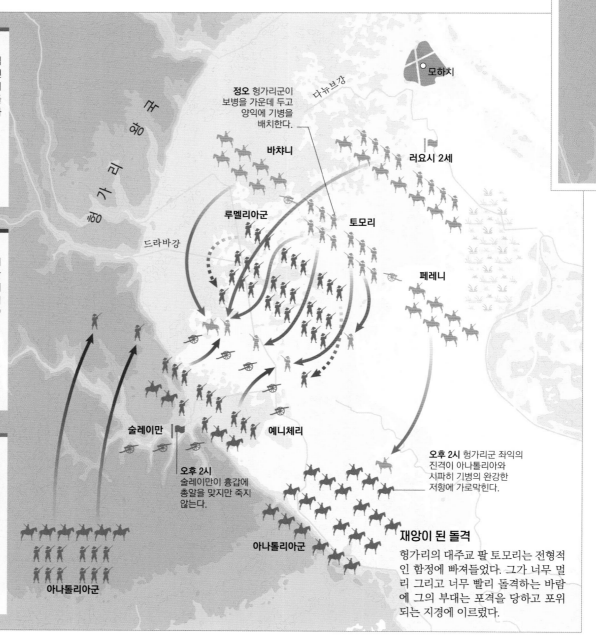

1 양군의 도착 1526년 8월 29일 오후 1시

헝가리군이 먼저 전장의 북쪽에 도착한다. 헝가리군 좌익은 자연적 방어지대인 습지에 접해 있다. 오스만군이 전투 대형으로 7시간을 행군해 전장에 도착한다. 팔 토모리 휘하의 헝가리군이 먼저 도착한 루멜리아 부대를 향해 돌격한다. 대부분 비정규군으로 이루어진 루멜리아 부대가 뒤로 물러난다.

→ 헝가리군의 초기 공격

┅▶ 루멜리아군의 퇴각

2 오스만군의 보강 오후 1-2시

루멜리아군의 퇴각으로 토모리는 술레이만의 군영 근처까지 진격한다. 술레이만 본인도 총알을 맞는다. 하지만 정예 부대인 예니체리를 비롯해 다른 부대가 곧 도착해 오스만군을 지원한다. 전장이 내려다보이는 능선에 배치된 아나톨리아 포병이 헝가리군 1진과 소규모 포대를 향해 대포를 쏜다.

→ 예니체리의 진격

3 헝가리군의 진격과 격퇴 오후 2-3시

토모리가 승세를 몰아 오스만군 포대를 향해 돌격한다. 러요시도 남은 기병을 전투에 투입한다. 하지만 아나톨리아 부대가 속속 도착하며 오스만군이 압도적인 수적 우위를 차지한다. 뒤이어 벌어진 피비린내 나는 근접전에서 헝가리 보병이 거의 괴멸된다.

→ 헝가리군의 진격

→ 오스만 지원군의 도착

정오 헝가리군이 보병을 가운데 두고 양익에 기병을 배치한다.

모하치

다뉴브강

바챠니

러요시 2세

루멜리아군

토모리

드라바강

페레니

예니체리

술레이만

오후 2시 술레이만이 흉갑에 총알을 맞지만 죽지 않는다.

오후 2시 헝가리군 좌익의 진격이 아나톨리아와 시파히 기병의 완강한 저항에 가로막힌다.

아나톨리안군

재앙이 된 돌격

헝가리의 대주교 팔 토모리는 전형적인 함정에 빠져들었다. 그가 너무 멀리 그리고 너무 빨리 돌격하는 바람에 그의 부대는 포격을 당하고 포위되는 지경에 이르렀다.

아나톨리안군

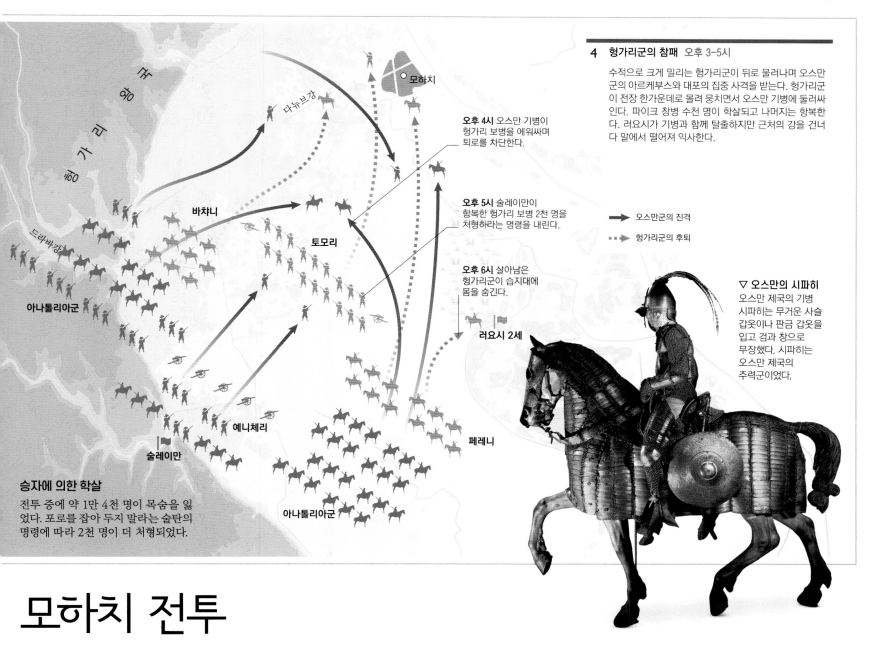

4 헝가리군의 참패 오후 3-5시

수적으로 크게 밀리는 헝가리군이 뒤로 물러나며 오스만 군의 아르케부스와 대포의 집중 사격을 받는다. 헝가리군 이 전장 한가운데로 몰려 뭉치면서 오스만 기병에 둘러싸 인다. 파이크 창병 수천 명이 학살되고 나머지는 항복한 다. 러요시가 기병과 함께 탈출하지만 근처의 강을 건너 다 말에서 떨어져 익사한다.

오후 4시 오스만 기병이 헝가리 보병을 에워싸며 퇴로를 차단한다.

오후 5시 술레이만이 항복한 헝가리 보병 2천 명을 처형하라는 명령을 내린다.

오후 6시 살아남은 헝가리군이 습지대에 몸을 숨긴다.

→ 오스만군의 진격

┈> 헝가리군의 후퇴

▽ 오스만의 시파히

오스만 제국의 기병 시파히는 무거운 사슬 갑옷이나 판금 갑옷을 입고 검과 창으로 무장했다. 시파히는 오스만 제국의 주력군이었다.

승자에 의한 학살

전투 중에 약 1만 4천 명이 목숨을 잃 었다. 포로를 잡아 두지 말라는 술탄의 명령에 따라 2천 명이 더 처형되었다.

모하치 전투

1526년에 모하치 전투에서 러요시 2세의 헝가리군이 오스만 제국의 술탄 술레이만 대제에게 패배한 것은 헝가리 왕국에 재앙이었다. 러요시 2세가 죽고 그의 군대가 괴멸되면서 헝가리는 빠른 속도로 오스만 제국에 함락되어 독립국의 지위를 상실했다.

1354년의 갈리폴리 점령을 시작으로 꾸준히 발칸 반도로 세력을 확장하던 오스만 제국은 1520년 대에 이르러 헝가리 국경을 잠식해 들어갔다. 1516년에 러요시 2세가 왕위에 올랐을 때 헝가 리는 1514년의 대규모 농민 반란과 전왕 울라슬 로 2세와 힘 있는 의원들 간의 내부 권력 다툼으 로 국력이 쇠약해진 상태였다.

1521년, 술레이만은 전략적 요충지 베오그라 드를 점령해 헝가리 침공의 전진 기지로 삼았다. 4년 뒤 그는 프랑스의 프랑수아 1세와 동맹을 체 결해 헝가리와 프랑스의 동맹 가능성을 무력화 했다. 이듬해 4월에 술레이만은 5만 대군을 이 끌고 콘스탄티노플을 출발했다. 그사이 러요시 2세는 주저하는 헝가리 귀족들로부터 군사를

끌어모았다. 술레이만이 어디를 공격할지 몰라 수도 부더에서 기다리던 러요시는 술레이만이 다가오자 모하치로 진격해 결국 패배하고 죽음 을 맞았다.

술레이만은 승리의 여세를 몰아 부더로 진격 해야 했음에도 시간을 지체했다. 헝가리는 분열 되어 동쪽은 헝가리 귀족 서포여이 야노시가 지 배했고, 서쪽과 크로아티아는 신성 로마 제국 황 제 페르디난트 1세가 다스렸다. 서포여이의 왕국 일부는 1541년에 오스만 제국으로 넘어갔고, 헝 가리는 1918년이 되어서야 독립국의 지위를 되 찾았다.

헝가리의 몰락

술레이만의 승리가 예상외로 결정적인 성격을 띠면서 헝가리 왕국은 급속히 몰 락해 오스만 제국과 합스부르크 제국 간 패권 경쟁의 무대가 되었다.

기호 보기

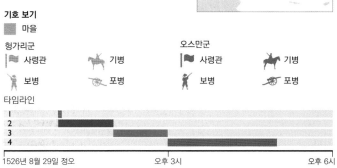

무장한 군대
16세기 후반의 그림으로 오스만 제국 술탄 셀림 2세(1524-1574년)의 군대를 묘사한 것이다. 왼쪽에 머스킷을 든 예니체리가 있고, 오른쪽에 방패와 창을 든 기병이 있다.

오스만 제국의 군대

수 세기 동안 유럽과 지중해 유역에서 중요한 역할을 했던 오스만 제국군은 14세기부터 16세기까지 가공할 전술을 보여 주었던 무시무시한 전문 군대였다.

오스만 제국의 군대는 뚜렷하게 구분되는 세 부대로 구성된 대군이었다. 핵심 부대는 국가가 통제하고 급여를 지급하며 훈련하는 중앙군이었다. 17세기에 이 부대는 군사가 수만 명에 이르렀는데, 술탄의 친위대인 예니체리를 포함해 대부분이 보병이었다. 군사들은 대개 장기 복무하는 전문 군인이었다. 처음에는 튀르키예의 중세 전통에 따라 노예를 징집했지만 나중에는 지원병으로 충원했다. 이런 중앙군 밑에 규모가 더 큰 봉건제도하의 지방 징집병이 있었다. 징집병은 주로 경기병이었지만 보병도 있었다. 이들은 훈련 수준이 떨어지고 장비가 열악했으며 사기도 높지 않았다. 세 번째로 이슬람이나 기독교 신앙을 가진 봉신국 출신의 보조군 부대가 있는데, 이들은 원정에 동행했다. 보조군은 전투 수준이나 부대 구성이 제각각이었다. 주로 타타르 부대나 맘루크 부대, 기타 동방의 부대가 오스만 제국군을 따라다녔는데, 다른 봉신국 부대의 참전도 드물지 않았다. 1396년 니코폴리스 전투(99쪽 참조)에서는 세르비아 기사가 오스만군과 함께 싸웠고, 1683년 제2차 빈 공성전에서는 퇴쾨이 임레가 이끈 프로테스탄트 헝가리의 2만 군대가 오스만군을 지원했다.

△ 장인의 기술
17세기의 헌체(단도)로 곧은 칼날과 화려하게 장식된 상아 손잡이가 달려 있다. 오스만 제국 장인의 뛰어난 손재주를 보여 준다.

뛰어난 기량

오스만 제국의 중앙군은 대부분 훈련이나 무장 수준이 높았다. 기병은 유럽 기병의 무기보다 가벼운 전통 무기를 선호했다. 포병은 사격 실력이 뛰어났고, 대개 유럽군보다 더 많은 병력이 참전했다.

술레이만 1세 1494-1566년

술레이만 대제(재위 1520-1566년)로 더 잘 알려진 술레이만 1세는 오스만 제국을 전성기로 이끌었다. 그는 통치 기간에 여러 전투를 지휘했는데, 잘 알려진 것으로는 베오그라드 전투(1521년), 로도스 전투(1522년), 모하치 전투(1526년, 112-113쪽 참조) 등이 있다. 하지만 그는 1529년 빈 공성전에 이어 몰타 대공성전(116-117쪽 참조)에서도 패배하며 더 이상 서유럽으로 진출하지 못했다. 그가 사망할 무렵에는 유럽 동남부 지방 일대, 북아프리카 해안 지역, 중동이 오스만 제국의 지배하에 있었다.

몰타 공성전

1565년, 오스만 술탄 술레이만 대제는
구호 기사단으로부터 몰타섬을 빼앗으려고 하다가
격렬한 저항에 부딪혔다. 기사단장 드 발레트가 이끈 기사들은
지원 함대가 도착해 오스만군을 쫓아낼 때까지
거의 4개월 동안 여러 요새를 방어했다.

16세기 중반에 오스만 제국은 지중해 서부 지역 진출을 꾀하고 있었다. 가장 큰 걸림돌은 지중해의 몰타섬이었다. 군사적 기독교 수도회인 구호 기사단은 1522년에 마지막 거점 로도스를 상실한 뒤 1530년부터 몰타를 거점으로 삼고 있었다. 이들은 오스만 제국의 비호하에 기독교 선박을 습격하는 해적(사략선)을 공격했다. 이에 대항해 1551년에 해적 드라구트는 고조섬을 약탈하지만 본섬인 몰타 약탈에는 실패했다. 1560년에 기독교 세력이 트리폴리의 해적 기지를 공격하기 위해 원정을 떠났지만 제르바에서 오스만군에 패배했다. 이제 술레이만이 기사단의 저항을 분쇄하기 위해 몰타 공격 명령을 내리는 것은 시간문제였다.

구호 기사단장 장 드 발레트는 섬의 방어를 강화하며 철저히 준비했다. 마침내 1565년 5월에 오스만군의 공격이 시작되었다. 드 발레트는 지원 함대가 도착해 오스만 원정군을 몰아낼 때까지 버텨 냈다. 이로 인해 기독교 세력의 사기가 되살아나 새로운 동맹이 결성되었고, 1571년의 레판토 해전(118-119쪽 참조)에서 오스만 해군을 격파했다.

> "사람들이 주권이라고 부르는 것은 세속적 갈등과의 끊임없는 전쟁이다."
>
> 술레이만 대제의 시에서, 16세기경

산텔모 요새 공격 1565년 5월 24일-6월 23일

오스만의 두 지휘관 피알리 파샤와 무스타파 파샤는 전략이 서로 달랐다. 무스타파는 산미키엘 요새를 공격하고 싶었지만, 함대가 마삭셋만을 이용할 수 있도록 산텔모 요새를 먼저 공격하자는 피알리의 의견을 받아들인다. 요새는 몇 차례 대규모 공격을 막아 내지만 6월 23일에 함락되고 수비대 1,500명이 전사한다. 하지만 오스만군은 트리폴리 총독 드라구트를 포함해 6천 명이 전사한다.

→ 오스만군의 공격

5월 24일 마르사에서 진군해 온 오스만군이 공성전을 시작하기 위해 산텔모 요새 주위에 진을 친다.

2 해상 공격 7월 15일

산미키엘 요새를 공격하기로 한 피알리가 산탕글루 요새의 대포를 피하기 위해 배 100척을 스케베라스산을 넘어 그랑만으로 운반한다. 하지만 드 발레트는 이 계획을 알고 셍글레아반도 주위에 목책을 둘러 오스만군의 상륙을 막는다. 많은 오스만 배가 산탕글루 요새 해수면 바로 위에 설치한 대포를 맞고 침몰한다.

 산을 넘어 이동하는 오스만군의 배   몰타군의 목책

3 육상 공격 7월 15일

오스만군이 바다에서 셍글레아반도를 공격하는 동안 오스만 제국의 알제 총독 하셈 휘하의 부대가 반도의 육지쪽 끝부분에서 공격을 시작한다. 몰타 지원군이 비르구에서 배다리를 이용해 셍글레아반도로 들어오는 바람에 육상 공격도 실패한다.

◆━━◆ 배다리 → 오스만군의 육상 공격

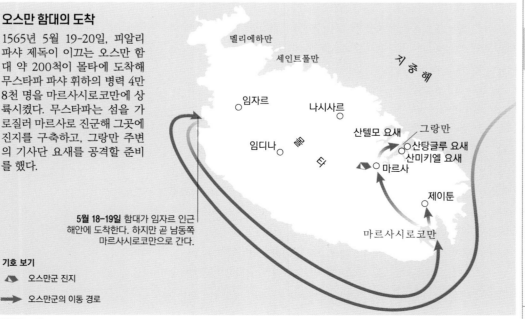

오스만 함대의 도착

1565년 5월 19-20일, 피알리 파샤 제독이 이끄는 오스만 함대 약 200척이 몰타에 도착해 무스타파 파샤 휘하의 병력 4만 8천 명을 마르사시로코만에 상륙시켰다. 무스타파는 섬을 가로질러 마르사로 진군해 그곳에 진지를 구축하고, 그랑만 주변의 기사단 요새를 공격할 준비를 했다.

멜리에하만 / 세인트폴만 / 지중해 / 임자르 / 나시사르 / 임디나 / 산텔모 요새 / 그랑만 / 산탕글루 요새 / 산미키엘 요새 / 마르사 / 제이툰 / 마르사시로코만

5월 18-19일 함대가 임자르 인근 해안에 도착한다. 하지만 곧 남동쪽 마르사시로코만으로 간다.

기호 보기
◢ 오스만군 진지
→ 오스만군의 이동 경로

△ 오스만 함대의 도착
17세기에 그려진 이스탄불의 세밀화로 몰타에 도착한 오스만 함대를 묘사한 것이다. 함대가 도착하자 섬에 살던 많은 주민이 성안으로 피신했다.

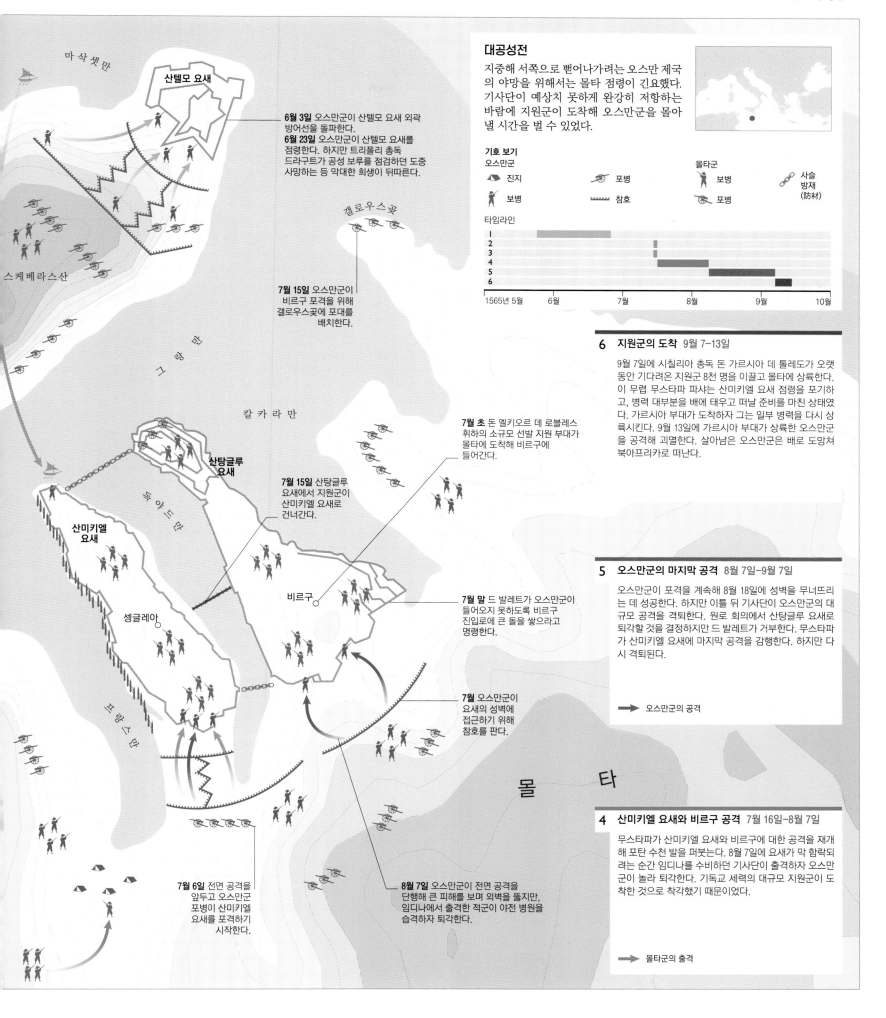

마 삭 셋 만

산텔모 요새

6월 3일 오스만군이 산텔모 요새 외곽 방어선을 돌파한다.
6월 23일 오스만군이 산텔모 요새를 점령한다. 하지만 트리폴리 총독 드라구트가 공성 보루를 점검하던 도중 사망하는 등 막대한 희생이 뒤따른다.

스케베라스산

갤로우스곶

7월 15일 오스만군이 비르구 포격을 위해 갤로우스곶에 포대를 배치한다.

대공성전

지중해 서쪽으로 뻗어나가려는 오스만 제국의 야망을 위해서는 몰타 점령이 긴요했다. 기사단이 예상치 못하게 완강히 저항하는 바람에 지원군이 도착해 오스만군을 몰아낼 시간을 벌 수 있었다.

기호 보기

오스만군
- 진지
- 보병

몰타군
- 포병
- 참호
- 보병
- 포병

사슬 방재(防材)

타임라인

1
2
3
4
5
6

1565년 5월 | 6월 | 7월 | 8월 | 9월 | 10월

---

6 지원군의 도착 9월 7-13일

9월 7일에 시칠리아 총독 돈 가르시아 데 톨레도가 오랫동안 기다려온 지원군 8천 명을 이끌고 몰타에 상륙한다. 이 무렵 무스타파 파샤는 산미키엘 요새 점령을 포기하고, 병력 대부분을 배에 태우고 떠날 준비를 마친 상태였다. 가르시아 부대가 도착하자 그는 일부 병력을 다시 상륙시킨다. 9월 13일에 가르시아 부대가 상륙한 오스만군을 공격해 괴멸한다. 살아남은 오스만군은 배로 도망쳐 북아프리카로 떠난다.

칼 카 라 만

7월 초 돈 멜키오르 데 로블레스 휘하의 소규모 선발 지원 부대가 몰타에 도착해 비르구에 들어간다.

산탕글루
요새

7월 15일 산탕글루 요새에서 지원군이 산미키엘 요새로 건너간다.

독 야 드 만

산미키엘
요새

비르구

7월 말 드 발레트가 오스만군이 들어오지 못하도록 비르구 진입로에 큰 돌을 쌓으라고 명령한다.

셍글레아

---

5 오스만군의 마지막 공격 8월 7일-9월 7일

오스만군이 포격을 계속해 8월 18일에 성벽을 무너뜨리는 데 성공한다. 하지만 이틀 뒤 기사단이 오스만군의 대규모 공격을 격퇴한다. 원로 회의에서 산탕글루 요새로 퇴각할 것을 결정하지만 드 발레트가 거부한다. 무스타파가 산미키엘 요새에 마지막 공격을 감행한다. 하지만 다시 격퇴된다.

→ 오스만군의 공격

7월 오스만군이 요새의 성벽에 접근하기 위해 참호를 판다.

7월 6일 전면 공격을 앞두고 오스만군 포병이 산미키엘 요새를 포격하기 시작한다.

8월 7일 오스만군이 전면 공격을 단행해 큰 피해를 보며 외벽을 뚫지만, 임디나에서 출격한 적군이 야전 병원을 습격하자 퇴각한다.

몰 타

---

4 산미키엘 요새와 비르구 공격 7월 16일-8월 7일

무스타파가 산미키엘 요새와 비르구에 대한 공격을 재개해 포탄 수천 발을 퍼붓는다. 8월 7일에 요새가 막 함락되려는 순간 임디나를 수비하던 기사단이 출격하자 오스만군이 놀라 퇴각한다. 기독교 세력의 대규모 지원군이 도착한 것으로 착각했기 때문이었다.

→ 몰타군의 출격

△ **전투 대형의 함선**
16세기에 야코포 암만 폰 요스트가
제작한 채색 목판화로 레판토
해전의 시작을 묘사한 것이다.
기독교 함대와 오스만 함대의
초승달 진형, 포연을 내뿜는 대형
갈레아스선, 양익이 근접 전투를
벌이는 모습 등을 선명하게 보여 준다.

▷ **도시국가의 힘**
목판화 구석에서 베네치아의 상징과
빅토리아가 전투 장면을 내려다보고
있다. 베네치아 공화국은 날개 달린
사자를 상징으로 사용했고, 승리의
신 빅토리아는 여성으로 묘사되었다.

◁ **강력한 화력**
베네치아의 갈레아스선은 돛과
노를 모두 이용하는 중무장 대형
갈리선이었다. 기독교군은
근접전에서 적선에 대포를 쏘기
위해 이 육중한 배를 함대
전면에 배치했다.

▷ **산타 크루스의 예비 전대**
스페인 후작 산타 크루스가
지휘하는 예비 전대는 중앙
전대와 우익의 도리아 전대
사이에 벌어진 위험한 틈을
메우면서 기독교 함대 승리에
결정적 역할을 했다.

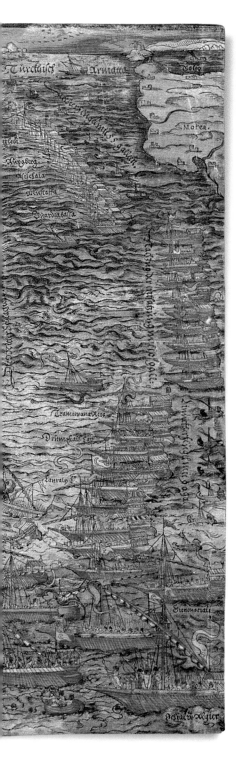

레판토 해전

돈 후안 데 아우스트리아가 이끄는 기독교 함대는 레판토에서 알리 파샤가 지휘하는
오스만 제국 함대와 싸움을 벌였다. 노 젓는 배로 싸운 서양의 마지막 대규모 해전에서
기독교 함대는 오스만 제국 함대의 무적 신화를 깨뜨렸다.
오스만 제국은 함대를 재건하지만 새로운 해군 기술이 유럽에 도입되며 곧 힘을 잃고 말았다.

1570년, 오스만 제국과 베네치아 공화국 사이에 키프로스 전쟁
이라고도 불리는 제4차 오스만-베네치아 전쟁이 발발했다. 오스
만 제국이 베네치아 영토 키프로스를 침공한 것이었다. 1571년
에 교황은 기독교 국가를 연합해 신성 동맹을 결성했다. 그해
9월, 돈 후안이 이끄는 대규모 신성 동맹 함대가 키프로스를 구
하기 위해 시칠리아를 떠났다. 하지만 키프로스는 함대가 도착
하기 전에 함락되고 말았다.

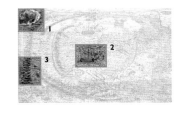

위치 보기

　10월 7일에 돈 후안은 레판토 인근에서 알리 파샤가 이끄는
오스만 함대와 맞섰다. 양 함대는 초승달 대형으로 진을 펼쳤다.
규모는 캘리선 220여 척과 갤리엇선 56척으로 구성된 오스만
함대가 더 컸지만, 기독교 함대가 무장과 훈련에서 앞섰다. 돈 후
안의 함대는 갤리선 200여 척에 병사 6만 명과 노잡이가 타고
있었고, 배마다 뱃머리에 중포 1문과 소형포 여러 문이 장착되
어 있었다. 또 대포 44문을 장착한 베네치아의 갈레아스선 6척
도 있었다. 교전이 벌어졌다. 배가 서로 엉키며 바다는 전쟁터로

변했다. 바르바리고와 슐루크가 전사했고, 알리 파샤의 기함 술
타나가 점령되며 알리 파샤도 목숨을 잃었다. 두 시간 뒤 기독교
함대는 갤리선 117척과 갤리엇선 20척을 나포했고, 배 50척을
파괴했으며, 포로 1만 명을 붙잡았다. 기독교인 갤리선 노예 수
천 명도 풀어 주었다. 오스만 사령관 중 울루츠 알리만 탈출에
성공해 당초 함대의 약 1/6만 끌고 콘스탄티노플로 돌아갔다.
전투의 패배로 이 지역에서 오스만 세력이 더는 커지지 못했고,
오스만 해군의 명성에도 흠집이 났다.

> " …갈레아스선의 중포는 그 이전에 목격한 어떤 해군의 대포보다도 파괴력이
> 컸다…."

에드워드 셰퍼드 크리시, 《오스만 제국의 역사》에서 레판토 해전에 관한 언급, 1878년

바다에서 벌어진 혼전

오스만 진영 우익에서 슐루크 휘하
의 갤리선이 기독교 함대의 뒤로 빠
져나가려고 했다. 바르바리고가 뱃
머리를 북쪽 해안으로 돌려 근접전
을 펼쳤다. 산타 크루스의 예비 전
대가 개입하며 슐루크는 퇴각했다.
중앙에서 파샤 알리와 돈 후안이
맞붙었고 오스만 진영 좌익에서 울
루츠 알리가 도리아의 전대를 남쪽
으로 끌어들인 뒤 기독교 진영의 틈
새를 공격했다. 전투가 치열했지만,
산타 크루스의 예비 전대가 합류하
며 오스만 진영의 중앙이 무너졌다.

기호 보기

- ⚓ 기독교 연합 함대
- ⚓ 갈레아스선
- → 기독교 연합 함대의 진격
- ⚓ 오스만 함대
- → 오스만 함대의 공격과 퇴각
- ▨ 모래톱

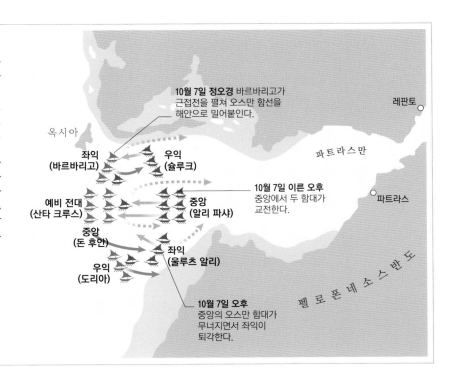

10월 7일 정오경 바르바리고가
근접전을 펼쳐 오스만 함선을
해안으로 밀어붙인다.

레판토

옥시아

파트라스만

좌익
(바르바리고)

우익
(슐루크)

예비 전대
(산타 크루스)

중앙
(알리 파샤)

10월 7일 이른 오후
중앙에서 두 함대가
교전한다.

파트라스

중앙
(돈 후안)

좌익
(울루츠 알리)

우익
(도리아)

10월 7일 오후
중앙의 오스만 함대가
무너지면서 좌익이
퇴각한다.

펠로폰네소스반도

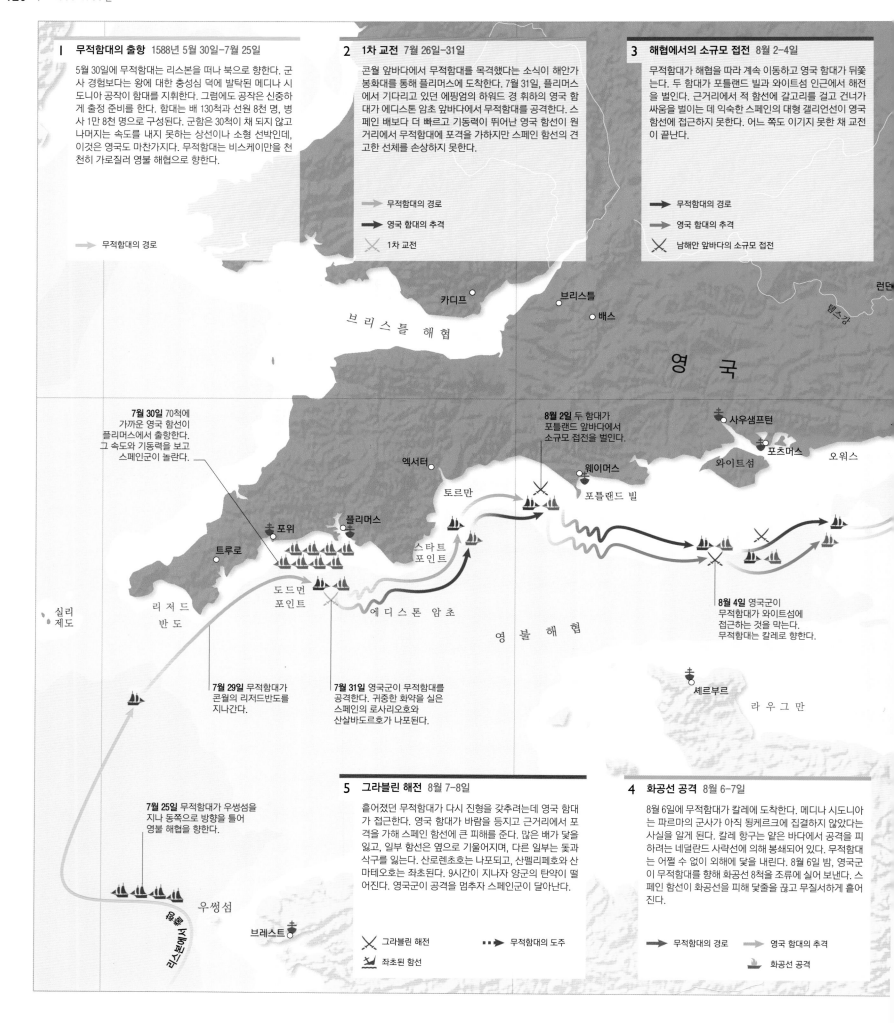

1 무적함대의 출항 1588년 5월 30일–7월 25일

5월 30일에 무적함대는 리스본을 떠나 북으로 향한다. 군사 경험보다는 왕에 대한 충성심 덕에 발탁된 메디나 시도니아 공작이 함대를 지휘한다. 그럼에도 공작은 신중하게 출정 준비를 한다. 함대는 배 130척과 선원 8천 명, 병사 1만 8천 명으로 구성된다. 군함은 30척이 채 되지 않고 나머지는 속도를 내지 못하는 상선이나 소형 선박인데, 이것은 영국도 마찬가지다. 무적함대는 비스케이만을 천천히 가로질러 영불 해협으로 향한다.

→ 무적함대의 경로

2 1차 교전 7월 26일–31일

콘월 앞바다에서 무적함대를 목격했다는 소식이 해안가 봉화대를 통해 플리머스에 도착한다. 7월 31일, 플리머스에서 기다리고 있던 에핑엄의 하워드 경 휘하의 영국 함대가 에디스톤 암초 앞바다에서 무적함대를 공격한다. 스페인 배보다 더 빠르고 기동력이 뛰어난 영국 함선이 원거리에서 무적함대에 포격을 가하지만 스페인 함선의 견고한 선체를 손상하지 못한다.

→ 무적함대의 경로
→ 영국 함대의 추격
⚔ 1차 교전

3 해협에서의 소규모 접전 8월 2–4일

무적함대가 해협을 따라 계속 이동하고 영국 함대가 뒤쫓는다. 두 함대가 포틀랜드 빌과 와이트섬 인근에서 해전을 벌인다. 근거리에서 적 함선에 갈고리를 걸고 건너가 싸움을 벌이는 데 익숙한 스페인의 대형 갤리언선이 영국 함선에 접근하지 못한다. 어느 쪽도 이기지 못한 채 교전이 끝난다.

→ 무적함대의 경로
→ 영국 함대의 추격
⚔ 남해안 앞바다의 소규모 접전

카디프
브리스틀
배스
런던
브리스틀 해협
영국
테스강

7월 30일 70척에 가까운 영국 함선이 플리머스에서 출항한다. 그 속도와 기동력을 보고 스페인군이 놀란다.

8월 2일 두 함대가 포틀랜드 앞바다에서 소규모 접전을 벌인다.

사우샘프턴
엑서터
웨이머스
포틀랜드 빌
포츠머스
와이트섬
오워스
토르만
플리머스
포위
스타트 포인트
트루로
도드먼 포인트
실리 제도
에디스톤 암초
리저드 반도
영불 해협

8월 4일 영국군이 무적함대가 와이트섬에 접근하는 것을 막는다. 무적함대는 칼레로 향한다.

7월 29일 무적함대가 콘월의 리저드반도를 지나간다.

7월 31일 영국군이 무적함대를 공격한다. 귀중한 화약을 실은 스페인의 로사리오호와 산살바도르호가 나포된다.

셰르부르
라우그 만

5 그라블린 해전 8월 7–8일

흩어졌던 무적함대가 다시 진형을 갖추려는데 영국 함대가 접근한다. 영국 함대가 바람을 등지고 근거리에서 포격을 가해 스페인 함선에 큰 피해를 준다. 많은 배가 닻을 잃고, 일부 함선은 옆으로 기울어지며, 다른 일부는 돛과 삭구를 잃는다. 산로렌초호는 나포되고, 산펠리페호와 산마테오호는 좌초된다. 9시간이 지나자 양군의 탄약이 떨어진다. 영국군이 공격을 멈추자 스페인군이 달아난다.

⚔ 그라블린 해전
▪▪▶ 무적함대의 도주
좌초된 함선

4 화공선 공격 8월 6–7일

8월 6일에 무적함대가 칼레에 도착한다. 메디나 시도니아는 파르마의 군사가 아직 됭케르크에 집결하지 않았다는 사실을 알게 된다. 칼레 항구는 얕은 바다에서 공격을 피하려는 네덜란드 사략선에 의해 봉쇄되어 있다. 무적함대는 어쩔 수 없이 외해에 닻을 내린다. 8월 6일 밤, 영국군이 무적함대를 향해 화공선 8척을 조류에 실어 보낸다. 스페인 함선이 화공선을 피해 닻줄을 끊고 무질서하게 흩어진다.

→ 무적함대의 경로
→ 영국 함대의 추격
화공선 공격

7월 25일 무적함대가 우썽섬을 지나 동쪽으로 방향을 틀어 영불 해협을 향한다.

우썽섬
브레스트

해협에서 벌어진 싸움

스페인은 무적함대를 끌어모으고 무장하느라 막대한 자원을 쏟아부었다. 함대가 전투에서 패배하고 폭풍우를 만난 것은 영국 프로테스탄트 정신의 승리로 받아들여졌다.

기호 보기
- ■ 영국
- ⚓ 항구
- ⛵ 스페인 함대
- ⛵ 영국 함대

타임라인

1588년 5월 15일 — 6월 15일 — 7월 15일 — 8월 15일

8월 7일 영국군이 가연성 물질을 실은 낡은 배 '헬 버너' 8척을 칼레의 스페인군을 향해 띄운다.

8월 7-8일 영국 함대가 그라블린 해전에서 무적함대에 심각한 손상을 입힌다.

8월 8일 무적함대가 북쪽으로 도주한다. 스페인으로 귀환하는 도중에 많은 배를 잃는다.

△ **위험한 횡단**
스페인군의 항해는 비스케이만의 악천후로 지연되었다. 그 덕분에 영국군은 방어시설을 정비하고 봉화 체계를 구축할 시간을 벌 수 있었다.

스페인의 무적함대

1588년, 스페인의 왕 펠리페 2세는 영국 여왕 엘리자베스 1세를 왕좌에서 끌어내리기 위해 무적함대를 보냈다. 영국 군함의 거듭된 공격을 받으며 영불 해협을 통과한 무적함대는 그라블린 해전에서 패배하고 도망가다 폭풍우를 만나 대파했다.

스페인의 가톨릭 왕 펠리페 2세와 영국의 프로테스탄트 여왕 엘리자베스 1세 간에 갈등이 이어졌고 결국 1585년에 선전포고도 없이 전쟁이 발발했다. 펠리페 2세는 엘리자베스 1세의 이복언니 메리 1세 여왕과 결혼해 영국의 공동 군주 역할을 하고 있었는데 메리 1세가 자식 없이 죽어 버렸다. 게다가 펠리페 2세는 엘리자베스 1세가 스페인령 네덜란드에서 일어난 프로테스탄트의 반란을 지원하는 것이나 영국의 사략선이 스페인 선박을 약탈하는 것에 분개했다.

1587년 봄, 펠리페 2세는 엘리자베스 1세를 축출하기 위해 '위대하고 가장 축복받은 함대'를 소집하기 시작했다. 영국의 카디스 습격으로 출항이 지연되다 마침내 1588년 5월 말에 배 130여 척으로 이루어진 함대가 리스본을 출발했다. 무적함대의 계획은 영불 해협을 지나 스페인령 네덜란드에서 파르마 공작의 3만 군사와 합류해 영국을 침공하는 것이었다. 하지만 무적함대는 영불 해협에서 영국 함대의 공격을 받은 데다 파르마 공작과도 합류하지 못하고 그라블린 해전에서 패배해 뿔뿔이 흩어졌다. 재편성된 함대는 북쪽으로 도망쳐 대서양으로 나가다 폭풍우를 만나 완전히 파괴되었다.

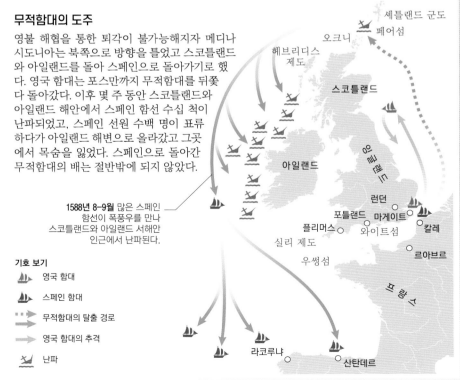

무적함대의 도주

영불 해협을 통한 퇴각이 불가능해지자 메디나 시도니아는 북쪽으로 방향을 틀었고 스코틀랜드와 아일랜드를 돌아 스페인으로 돌아가기로 했다. 영국 함대는 포스만까지 무적함대를 뒤쫓다 돌아갔다. 이후 몇 주 동안 스코틀랜드와 아일랜드 해안에서 스페인 함선 수십 척이 난파되었고, 스페인 선원 수백 명이 표류하다가 아일랜드 해변으로 올라갔고 그곳에서 목숨을 잃었다. 스페인으로 돌아간 무적함대의 배는 절반밖에 되지 않았다.

1588년 8-9월 많은 스페인 함선이 폭풍우를 만나 스코틀랜드와 아일랜드 서해안 인근에서 난파된다.

기호 보기
- ⛵ 영국 함대
- ⛵ 스페인 함대
- ⇢ 무적함대의 탈출 경로
- → 영국 함대의 추격
- ⛵ 난파

스케브닝언 해전(1653년)
17세기에 그려진 이 그림에서 영국 함대와 네덜란드 함대는 대형 현측 대포로 무장한 전장(全裝) 갤리언선을 사용하고 있다. 영국 함선을 향해 대포를 쏘는 네덜란드 기함 브레데로데호(왼쪽)는 50문 이상의 대포로 무장했다.

갤리선과
갤리언선

15세기부터 17세기 사이에
해전의 전략과 기술, 목표는 끊임없이 진화했고
그 결과 유럽 해군은 전 세계로 뻗어 나갔다.

16세기 초에는 돛과 노를 동력원으로 하는 매끈한
선체의 갤리선이 가장 중요한 군함이었다. 이들 군
함은 그보다 수는 적지만 개조된 상선의 지원을
받았다. 갤리선 전투는 이 시기에 특히 지중해에서
절정에 달했다. 이런 싸움은 기독교 국가와 오스만
제국 사이에서뿐만 아니라 기독교 국가 간에도 일
어났다. 전투가 벌어지면 때로는 함선 수백 척으로
구성된 함대와 함대가 맞붙어 계속해서 싸웠다.
갤리선 수백 척을 나란히 세우고 주로 근거리에서 싸움을 벌였던 1571년의 레판토
해전(118-119쪽 참조)이 대표적인 사례다.

△ **막대기 탄(bar shot)**
이 발사체는 돛과 삭구를
손상시키기 위한 것이다. 탄을
쏘면 빙빙 돌면서 날아가다
막대기 양 끝이 늘어난다.

갤리언선의 등장

같은 시기에 특히 지중해 밖에서 항행 위주의 상선이 개조되어 군함으로 발전했다.
갤리언선으로 알려진 이 대형 선박은 돛을 동력원으로 하고 여러 문의 대포를 장착
했다. 갤리언선은 갤리선보다 장거리 항해와 거친 바다에 더 적합했다. 갤리선 전투
가 충돌과 적의 배로 건너가는 방식에 의존했다면, 중무장한 갤리언선은 멀리서 대
포를 쏘는 방식을 이용했으므로 적의 배로 건너가는 전투 방식이 차츰 사라졌다.
17세기 말에는 갤리언선이 지배적인 군함이 되었다.

갤리선은 잔잔한 연안 해역에서 한동안 계속 사용되었다. 러시아와 스웨덴 해군
은 19세기 초까지도 발트해에서 갤리선을 사용했다. 하지만 레판토 해전이 끝나고
17년밖에 지나지 않은 1588년에 스페인 무적함대의 원정(120-121쪽 참조)에서 갤
리언선이 주도적인 역할을 했다. 그 이후 외해에서는 화력과 내구성이 뛰어난 갤리
언선이 점점 지배적인 위치를 차지했다.

△ **노 젓기**
16세기의 갤리언선(왼쪽)과 갤리선(오른쪽)을 묘사한 스페인 화가 라파엘 몬레온의 그림이다.
주로 노를 저어 나아가는 갤리선은 선체가 길고 날씬하다. 반면 갤리언선은 돛을 이용해
움직이고 갑판 양쪽에 여러 문의 대포를 장착하고 있다.

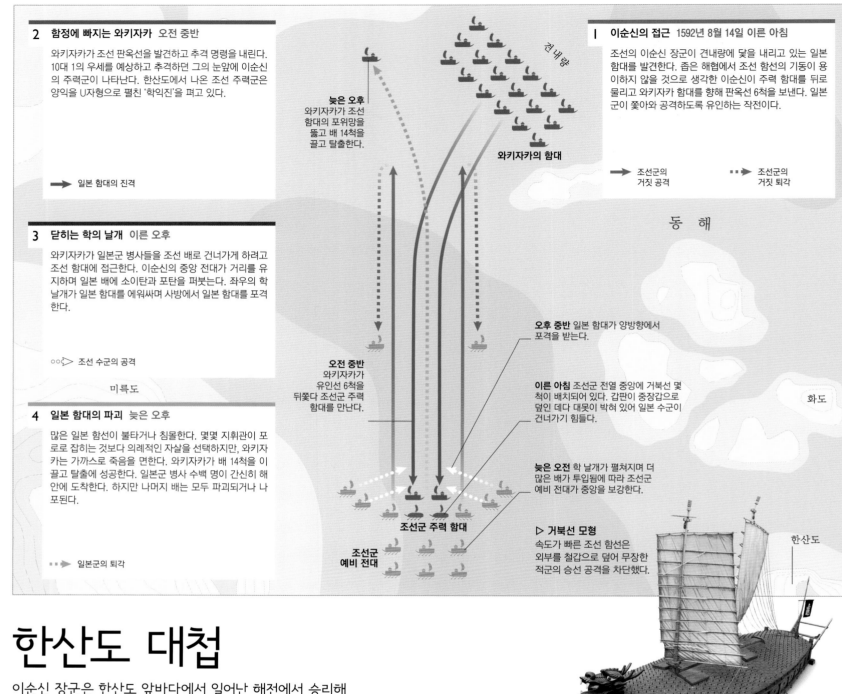

2 함정에 빠지는 와키자카 오전 중반

와키자카가 조선 판옥선을 발견하고 추격 명령을 내린다. 10대 1의 우세를 예상하고 추격하던 그의 눈앞에 이순신의 주력군이 나타난다. 한산도에서 나온 조선 주력군은 양익을 U자형으로 펼친 '학익진'을 펴고 있다.

➡ 일본 함대의 진격

3 닫히는 학의 날개 이른 오후

와키자카가 일본군 병사들을 조선 배로 건너가게 하려고 조선 함대에 접근한다. 이순신의 중앙 전대가 거리를 유지하며 일본 배에 소이탄과 포탄을 퍼붓는다. 좌우의 학 날개가 일본 함대를 에워싸며 사방에서 일본 함대를 포격한다.

∘∘◁ 조선 수군의 공격

미륵도

4 일본 함대의 파괴 늦은 오후

많은 일본 함선이 불타거나 침몰한다. 몇몇 지휘관이 포로로 잡히는 것보다 의례적인 자살을 선택하지만, 와키자카는 가까스로 죽음을 면한다. 와키자카가 배 14척을 이끌고 탈출에 성공한다. 일본군 병사 수백 명이 간신히 해안에 도착한다. 하지만 나머지 배는 모두 파괴되거나 나포된다.

▪▪▶ 일본군의 퇴각

I 이순신의 접근 1592년 8월 14일 이른 아침

조선의 이순신 장군이 견내량에 닻을 내리고 있는 일본 함대를 발견한다. 좁은 해협에서 조선 함선의 기동이 용이하지 않을 것으로 생각한 이순신이 주력 함대를 뒤로 물리고 와키자카 함대를 향해 판옥선 6척을 보낸다. 일본군이 쫓아와 공격하도록 유인하는 작전이다.

➡ 조선군의 거짓 공격   ▪▪▶ 조선군의 거짓 퇴각

견내량

동 해

늦은 오후
와키자카가 조선 함대의 포위망을 뚫고 배 14척을 끌고 탈출한다.

와키자카의 함대

오전 중반
와키자카가 유인선 6척을 뒤쫓다 조선군 주력 함대를 만난다.

화도

오후 중반 일본 함대가 양방향에서 포격을 받는다.

이른 아침 조선군 전열 중앙에 거북선 몇 척이 배치되어 있다. 갑판이 중장갑으로 덮인 데다 대못이 박혀 있어 일본 수군이 건너가기 힘들다.

늦은 오전 학 날개가 펼쳐지며 더 많은 배가 투입됨에 따라 조선군 예비 전대가 중앙을 보강한다.

조선군 주력 함대

조선군 예비 전대

▷ **거북선 모형**
속도가 빠른 조선 함선은 외부를 철갑으로 덮어 무장한 적군의 승선 공격을 차단했다.

한산도

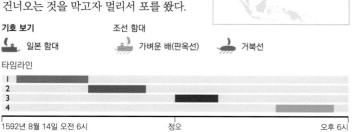

한산도 대첩

이순신 장군은 한산도 앞바다에서 일어난 해전에서 승리해
일본의 군벌 도요토미 히데요시의 조선 침략 전쟁에 저항하는 데 일조했다.
이순신은 일본군을 함정으로 유인해 장갑선으로 적 함대를 격파했다.

1592년, 도요토미 히데요시는 일본의 재통일을 거의 끝마쳤다. 일본의 실질적 지도자로서 도요토미는 공격적 외교 정책을 펴서 명나라를 정복하려고 했다. 그러려면 군대의 이동 경로를 확보하기 위해 조선 땅 대부분을 점령해야 했다.

하지만 조선 함대는 온전하게 남아 있었다. 조선 함대의 중포와 장갑을 두른 '거북선'은 가벼운 일본 함선에 대단히 위협적이었다. 도요토미는 군벌 와키자카 야스하루에게 이순신의 함대를 토벌하라고 명령했다. 와키자카는 지원군을 기다리지 않고 배 75척 정도만 이끌고 출항했다.

1592년 8월 14일에 조선 함대는 한산도 인근에서 일본 함대와 교전해 큰 승리를 거두었다. 일본군은 이 전투에서 패배한 뒤에도 계속 진격하지만, 명나라가 조선에 지원군을 보내자 1594년 5월에 히데요시는 휴전에 동의하고 조선에서 상호 철수하기로 했다.

조선 수군의 전략

이순신은 일본 함대를 넓은 한산도 앞바다로 유인해 포위한 뒤 일본군의 대포가 부족한 점을 이용했고, 또 일본군이 조선 배로 건너오는 것을 막고자 멀리서 포를 쐈다.

기호 보기

⛵ 일본 함대

조선 함대

🚣 가벼운 배(판옥선)   🛶 거북선

타임라인

I			
2			
3			
4			

1592년 8월 14일 오전 6시   정오   오후 6시

세키가하라 전투

일본의 패권을 차지하려는 봉건 영주 도쿠가와 이에야스의 시도는
이시다 미쓰나리가 이끄는 연합군의 반대에 부딪혔다.
1600년 10월, 미쓰나리의 서군과 이에야스의 동군이 세키가하라에서
충돌했다. 서군의 주요 세력이 배반하며 동군이 압승을 거두었고
이로써 이에야스는 도쿠가와 막부를 수립했다.

1598년에 도요토미 히데요시(124쪽 참조)가 죽자 도쿠가와 이에야스가 일본에서 가장 중요한 군벌로 떠올랐다. 이에야스는 히데요시의 아들 히데요리의 섭정 역할을 하지 않고 자신이 직접 통치하려고 시도했다. 하지만 히데요리의 충신 이시다 미쓰나리를 중심으로 결집한 세력의 반대에 부딪혔다. 양측은 싸움에 대비해 서둘러 황실이 있는 교토 주변의 전략적 요충지를 차지하기 시작했다. 미쓰나리의 서군은 후시미성과 오가키성을 점령했고, 그사이 동군은 기후성을 차지했다. 그러자 미쓰나리는 세키가하라 인근의 방어선에 군사를 재배치하고 10월 21일에 동군과 싸움을 벌였다. 이 전투에서 이에야스는 서군을 대파하고 결정적인 승리를 거두었다.

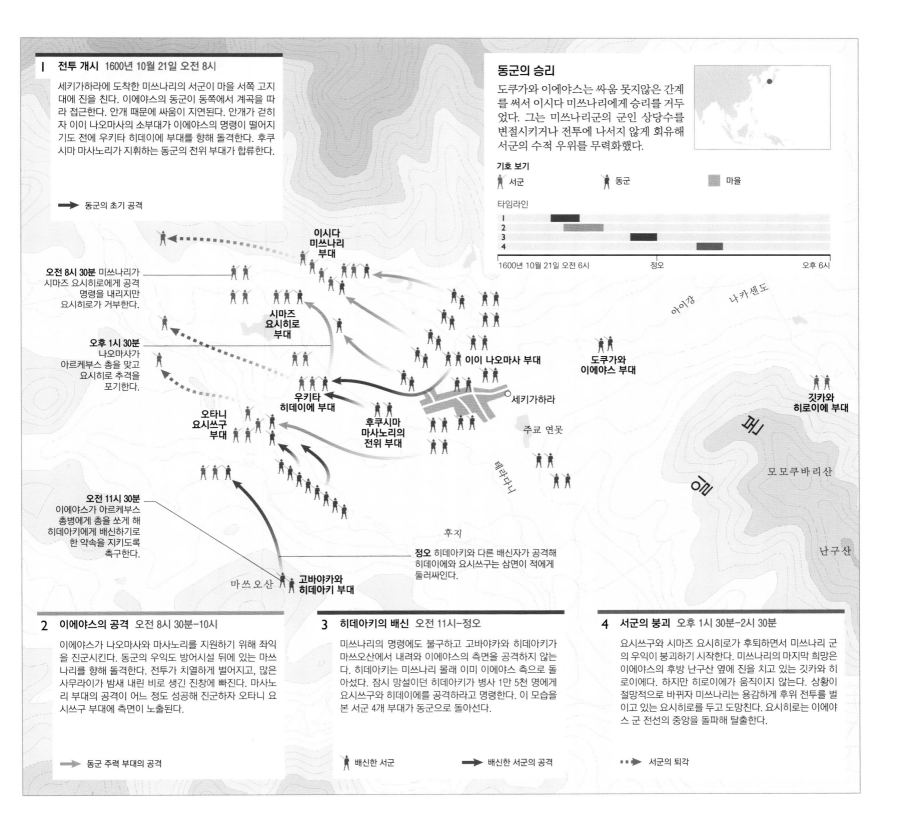

전투 개시　1600년 10월 21일 오전 8시

세키가하라에 도착한 미쓰나리의 서군이 마을 서쪽 고지대에 진을 친다. 이에야스의 동군이 동쪽에서 계곡을 따라 접근한다. 안개 때문에 싸움이 지연된다. 안개가 걷히자 이이 나오마사의 소부대가 이에야스의 명령이 떨어지기도 전에 우키타 히데이에 부대를 향해 돌격한다. 후쿠시마 마사노리가 지휘하는 동군의 전위 부대가 합류한다.

→ 동군의 초기 공격

동군의 승리

도쿠가와 이에야스는 싸움 못지않은 간계를 써서 이시다 미쓰나리에게 승리를 거두었다. 그는 미쓰나리군의 군인 상당수를 변절시키거나 전투에 나서지 않게 회유해 서군의 수적 우위를 무력화했다.

기호 보기

👤 서군　　👤 동군　　▨ 마을

타임라인

1600년 10월 21일 오전 6시　　정오　　오후 6시

오전 8시 30분 미쓰나리가 시마즈 요시히로에게 공격 명령을 내리지만 요시히로가 거부한다.

오후 1시 30분 나오마사가 아르케부스 총을 맞고 요시히로 추격을 포기한다.

오전 11시 30분 이에야스가 아르케부스 총병에게 총을 쏘게 해 히데아키에게 배신하기로 한 약속을 지키도록 촉구한다.

이시다 미쓰나리 부대

시마즈 요시히로 부대

우키타 히데이에 부대

오타니 요시쓰구 부대

후쿠시마 마사노리의 전위 부대

이이 나오마사 부대

도쿠가와 이에야스 부대

세키가하라

주교 연못

아이강　나카센도

깃카와 히로이에 부대

모모쿠바리산

마쓰오산 고바야카와 히데아키 부대

후지

정오 히데아키와 다른 배신자가 공격해 히데이에와 요시쓰구는 삼면이 적에게 둘러싸인다.

난구산

2　이에야스의 공격　오전 8시 30분-10시

이에야스가 나오마사와 마사노리를 지원하기 위해 좌익을 진군시킨다. 동군의 우익도 방어시설 뒤에 있는 마쓰나리를 향해 돌격한다. 전투가 치열하게 벌어지고, 많은 사무라이가 밤새 내린 비로 생긴 진창에 빠진다. 마사노리 부대의 공격이 어느 정도 성공해 진군하자 오타니 요시쓰구 부대에 측면이 노출된다.

→ 동군 주력 부대의 공격

3　히데아키의 배신　오전 11시-정오

미쓰나리의 명령에도 불구하고 고바야카와 히데아키가 마쓰오산에서 내려와 이에야스의 측면을 공격하지 않는다. 히데아키는 미쓰나리 몰래 이미 이에야스 측으로 돌아섰다. 잠시 망설이던 히데아키가 병사 1만 5천 명에게 요시쓰구와 히데이에를 공격하라고 명령한다. 이 모습을 본 서군 4개 부대가 동군으로 돌아선다.

👤 배신한 서군　　→ 배신한 서군의 공격

4　서군의 붕괴　오후 1시 30분-2시 30분

요시쓰구와 시마즈 요시히로가 후퇴하면서 미쓰나리 군의 우익이 붕괴하기 시작한다. 미쓰나리의 마지막 희망은 이에야스의 후방 난구산 옆에 진을 치고 있는 깃카와 히로이에다. 하지만 히로이에가 움직이지 않는다. 상황이 절망적으로 바뀌자 미쓰나리는 용감하게 후위 전투를 벌이고 있는 요시히로를 두고 도망친다. 요시히로는 이에야스 군 전선의 중앙을 돌파해 탈출한다.

▪▪▶ 서군의 퇴각

사무라이의 전설적 인물
19세기에 제작된 목판으로 미나모토 요시쓰네(왼쪽)가 홋카이도에 도착해 신하들의 환영을 받는 모습을 묘사한 것이다. 요시쓰네는 겐페이 전쟁의 영웅적인 활약으로 일본에서 가장 위대한 사무라이 전사 중 한 사람으로 꼽힌다.

사무라이와 쇼군

중세 시대에 일본의 권력이 교체되면서 군인과 경찰을 혼합한 형태인 사무라이가 새로운 전사 계급으로 등장했다. 사무라이는 12세기에 이르러 전쟁과 정치의 핵심 세력이 되었다.

8세기 말에 당나라의 침략이 임박했다는 두려움이 사라지자 일본 황실은 정예 병력을 해산했다. 그 자리를 사무라이라고 불리는 새로운 민간 군사 전문가 집단이 채웠다. 이들은 주로 나라의 내

△ **사무라이의 무기**
가타나라고 불리는 이 장검은 에도 시대(1603~1868년)에 사무라이가 착용하던 무기다.

부 소요를 처리하고 경찰 임무를 수행했다. 사무라이는 활과 칼로 무장하고 말을 타고 싸웠으며 필요할 때마다 궁정과 나라를 위해 복무했다. 그 대신 이들은 돈과 땅을 보상으로 받았다. 이런 제도는 겐페이 전쟁(68쪽 참조), 13세기의 두 차례에 걸친 몽골 침입, 1336년부터 1392년까지 두 조정이 대립한 남북조 시대까지 계속 이어졌다.

권력의 변화

오닌의 난(1467-1477년)이 일어나고 중앙집권적 관료제가 쇠퇴한 전국 시대(1467-1615년)에 새로운 권력 구조가 부상했다. 쇼군은 사무라이들이 서로 차지하려고 싸운 막강한 관직이었다. 다이묘라고 불리는 영주는 사적 가신을 거느렸는데, 다이묘가 농지를 직접 통제하면서 가신의 규모는 점점 커졌다. 중앙 권력이 다이묘를 동원하는 일이 줄었고 다이묘는 토지 소유를 위해 서로 싸우기 시작했다. 이런 추세는 1543년에 포르투갈의 아르케부스가 도입되면서 가속화되었다. 아르케부스는 활보다 훈련 시간이 짧아 군벌들이 쉽게 대규모 병력을 운용할 수 있었다. 쇼군과 사무라이 전사 계급은 19세기 중반까지 일본을 지배했다.

일본의 봉건 제도

중세 시대에는 주로 황실에서 토지에 대한 완전한 통제권과 소유권을 가지고 있었고, 사무라이는 복무의 대가로 토지 증서를 받을 수 있었지만 세습은 할 수 없었다. 그래서 처음 몇 명의 쇼군은 자치권을 가진 영주라기보다는 조정의 대리인이었다. 15-16세기에 이르러서야 우에스기 겐신(1530-1578년, 오른쪽) 같은 사무라이 영주가 특정 지역을 독립적으로 통제하고 관리하며 또한 방어하기 시작했다.

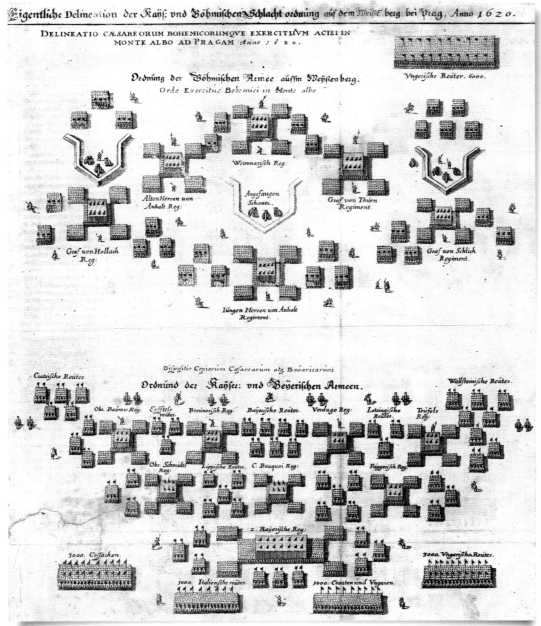

Eigentliche Delineation der Kaÿs: vnd Böhmischen Schlacht ordnung auf dem Weiße berg bei Prag, Anno 1620.

DELINEATIO CÆSAREORUM BOHEMICORUMQVE EXERCITUVM ACIEI IN MONTE ALBO AD PRAGAM Anno 1620.

Ordnung der Böhmischen Armee aufm Weÿßenberg.
Orde Exercitus Bohemici in Monte albo

Vngerische Reüter. 6000.

Weimarisch Reg.

AltenHerren von Anhalt Reg. *Angefangen Schantz.* *Graf von Thürn Regiment.*

Graf von Hollach Reg. *Graf von Schlick Regiment.*

Iüngen Herren von Anhalt Regiment.

Dispositio Copiarum Cæsarearum atq; Bauaricarum.
Ordnünd der Kaÿse: vnd Beÿerischen Armeen.

Ceatische Reüter. *Wallsteinische Reüter.*
Obr. Bauros Reg. *Erfftels reüter.* *Breünezisch Reg.* *Bayesische Reüter.* *Verdugo Reg.* *Lotingisch Reüter.* *Treüfels Reg.*

Obr. Schmidts Reg. *Lippische Reüter.* *C. Bouquoi Reg.* *Függenish Reg.*

2. Bayerische Reg.

3000. Cossacken. *1000. Italienische reüter.* *1000. Croaten sind Vngaren.* *3000. Vngerische Reüter.*

Ordnünd der Kaÿse
...ozs Reg. *Erfftels reüter.* *Breünezisch Reg.*

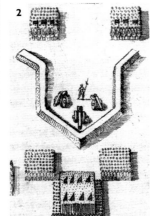

△ '사도'
가톨릭 동맹군은 '12사도'라는 별칭이 붙은 중포 12문이 있었다. 가톨릭 동맹군은 12시 15분경에 진격 신호를 보내기 위해 이 포를 쐈다.

◁ 보루
보헤미아군은 고원 위의 비탈을 파고, 프라하 성궁(星宮)의 성벽 일부를 보루로 이용했다.

▽ 테르시오
가톨릭 보병은 테르시오 진형을 갖추었다. 이 진형은 파이크 창병을 중앙에 배치하고 네 모서리에 머스킷 총병을 집중적으로 배치한 진형으로, 최대 3천 명의 보병으로 구성한다.

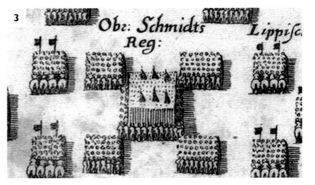

Obr: Schmidts Reg: *Lippisch...*

◁ 양군의 배치
1662년에 그려진 이 전투 배치도는 21권으로 구성된 독일어권 국가의 역사서 《테아트룸 오이로파에움》에서 가져온 것이다. 전투 시작 전의 보헤미아군(위)과 제국군(아래)의 배치를 보여 준다.

백산 전투

1620년 11월 8일, 합스부르크 가문의 신성 로마 제국 황제는
보헤미아의 프라하 인근 백산(White Mountain)에서 벌어진 30년 전쟁(1618-1648년)의 첫 번째 대규모 전투에서
프로테스탄트 연합군에 승리를 거두었다. 이 전투에서 보헤미아군이 완패하면서 보헤미아 반란이 진압되었다.

1617년에 합스부르크가의 오스트리아 대공 페르디난트 2세는 보헤미아 왕에 즉위하자마자 프로테스탄트 신민들의 종교적 자유를 박탈하기 시작했고, 이것은 보헤미아 반란(1618-1620년)으로 이어졌다. 신성 로마 제국 황제가 된 페르디난트 2세는 1620년에 반란을 종식하기로 결심했다. 그해 11월에 제국군은 보헤미아군을 프라하 외곽으로 밀어냈다.

11월 8일 아침, 점점 줄어들고 있던 보헤미아군이 프라하로 가는 길목의 낮은 고원지대인 백산에 집결해 제국군 약 2만 5천 명과 맞섰다. 제국군 우익이 진격해 보헤미아군의 기병을 쓸어 버리고 무너지는 보헤미아군 좌익으로 돌격했다. 보헤미아군 좌익이 붕괴되자 보헤미아군 기병이 제국군 보병을 향해 돌격했다. 하지만 곧 제국군의 저항에 부딪혀 퇴각했다. 보헤미아 보병도 간신히 한 차례 일제 사격을 하고는 바로 프라하로 도망쳤다. 전투는 두 시간도 채 되지 않아 끝났다.

백산 전투의 패배로 보헤미아 반란도 끝이 났다. 프라하는 함락되었고, 보헤미아는 신성 로마 제국에 다시 흡수되었다. 이후 프로테스탄트는 브라이텐펠트 전투(130-131쪽 참조)에서 처음으로 대규모 승리를 거두었다.

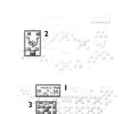

위치 보기

브레다 공성전

9개월 동안 이어진 브레다 공성전은 네덜란드가 스페인으로부터 독립하려고 벌인
80년 전쟁(1568-1648년)에서 스페인이 거둔 가장 큰 승리였다.
스페인이 구축한 공성 보루는 군사 공학의 불가사의로 유럽 전역의 방문객을 끌어모으고 있다.

1566년, 저지대 국가들은 그곳을 다스리던 합스부르크 가문의 스페인 국왕 펠리페 2세에게 저항해 반란을 일으켰다. 이렇게 시작된 네덜란드 반란은 80년 전쟁으로 이어졌다. 1624년에 스페인군은 1581년에 독립을 선언한 네덜란드 연합주의 남부 국경에 있는 요충지 브레다를 포위했다.

스페인 장군 암브로조 스피놀라의 목표는 식량 공급을 끊어 항복을 유도하는 것이었다. 스페인의 대군은 한 달도 안 되어 브레다 주위에 복잡한 공성 보루를 구축했다. 양군은 강과 배수로

를 이용해 들판을 물에 잠기게 하거나 수로의 물을 막아 배를 다니지 못하게 하는 방법으로 전술적 우위를 차지하려고 했다. 포위망을 뚫으려는 지원군의 시도를 스페인군이 두 차례나 좌절시킨 끝에 1625년 6월 5일 브레다 총독 유스티누스 판 나소가 항복했다. 수천 명에 이르는 네덜란드 수비대의 절반 이상이 사망했다. 스페인군은 공성전의 성공으로 어느 정도 명성을 되찾았지만 자원을 지나치게 소모했다. 1637년에 네덜란드는 브레다를 탈환했고 1648년에 스페인은 네덜란드의 독립을 승인했다.

지도 설명

1. 성형 요새 브레다에는 각보 6개가 있었다. 적의 공격을 늦추기 위한 부차적 방어시설이다.

2. 스피놀라의 포위망은 브레다를 에워싼 참호, 요새, 보루로 이루어졌다.

3. 블랙 다이크(검은 제방)는 침수된 저지대를 지나가기 위해 스페인군이 구축한 둑길이었다.

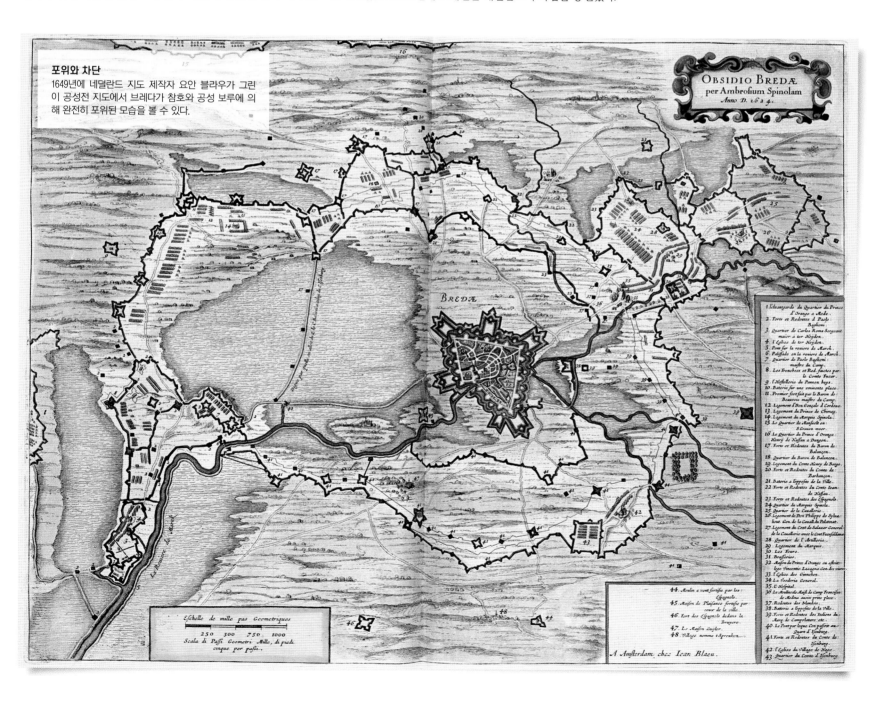

포위와 차단
1649년에 네덜란드 지도 제작자 요안 블라우가 그린 이 공성전 지도에서 브레다가 참호와 공성 보루에 의해 완전히 포위된 모습을 볼 수 있다.

OBSIDIO BREDÆ per Ambrosium Spinolam Anno D. 1624.

BREDÆ

브라이텐펠트 전투

1631년, 스웨덴 국왕 구스타브 2세 아돌프는
브라이텐펠트에서 가톨릭 제국군을 꺾고
천재적 전술가로서의 명성을 얻었다.
그는 제국군의 전통적인 진형을 깨뜨리고
30년 전쟁에서 프로테스탄트 세력을 되살렸다.

30년 전쟁은 신성 로마 제국 황제 마티아스(재위 1612년-1619년)와 그의 후계자 페르디난트 2세(재위 1619-1637년)가 가톨릭을 강요하는 것에 프로테스탄트가 반발하면서 1618년에 보헤미아에서 시작되었다. 이 전쟁은 스페인, 프랑스 그리고 반대 세력인 독일의 제후 연맹이 끼어들면서 판이 커졌다. 1630년에 가톨릭계 제국군 사령관 틸리가 프로테스탄트를 지지하는 마지막 독일 제후들을 제거하기 위한 군사 행동에 나서면서 프로테스탄트는 압박을 받았다. 하지만 스웨덴왕 구스타브 2세 아돌프가 개입하며 힘의 균형이 바뀌었다.

구스타브는 작센의 선제후 요한 게오르크를 동맹으로 끌어들였다. 그리고 1631년 5월에 제국군의 마그데부르크 약탈을 이용해 더 많은 동맹군을 규합했다. 위험을 감지한 틸리는 작센을 침공했지만 3만 5천 명에 이르는 그의 군대는 예나에서 지원군과 합류하기 전에 라이프치히 북서쪽에 있는 브라이텐펠트에서 구스타브 군과 마주쳤다. 구스타브 군은 높은 훈련 수준과 구스타브의 임기응변 능력에 힘입어 대승을 거두었다. 이후 잇따른 승리로 프로테스탄트의 사기가 고조되었다. 하지만 구스타브는 1632년에 뤼첸 전투에서 전사했고, 전쟁은 1648년까지 계속되었다.

기호 보기

- 스웨덴으로 할양
- 브란덴부르크로 할양
- 트란실바니아로 할양
- 작센으로 할양
- 프랑스로 할양
- 바이에른으로 할양
- 폴란드로 할양
- 네덜란드 연합주로 할양

- ✗ 주 전투
- ✗ 제국군/가톨릭군의 패배
- ✗ 제국군/가톨릭군의 승리
- → 1631-1632년 구스타브의 원정
- — 1648년 신성 로마 제국의 국경

30년 전쟁의 종식

1648년에 체결된 베스트팔렌 조약으로 합스부르크가의 오스트리아와 스페인, 가톨릭 동맹국이 프로테스탄트 세력과 싸움을 벌인 30년 전쟁이 끝났다. 조약에 따라 스웨덴과 프랑스, 그 동맹국이 제국의 영토를 획득했다.

 포진 1631년 9월 17일 오전 9시-정오

구스타브가 로버천 바로 남쪽 포델비츠 마을 인근에 병력 4만 2천 명을 배치한다. 좌익에 요한 게오르크가 이끄는 작센군, 우익에 스웨덴 주력 기병을 배치하고, 중앙에 보병을 종심 6열로 얇게 배치한다. 반면 틸리는 중앙에 팔랑크스와 유사한 진형의 보병 부대인 테르시오 17개를 배치하고, 양익에 파펜하임과 퓌르스텐베르크 휘하의 기병을 배치한다.

로버천

바네르

오후 2-3시 스웨덴 보병 부대에 배치된 야포가 포도탄을 발사해 파펜하임 휘하의 기병을 궤멸한다.

오후 2-3시 파펜하임이 바네르 부대를 향해 일곱 차례 돌격하지만 모두 실패한다.

파펜하임

유연한 전술

구스타브 2세 아돌프가 이 전투에서 이긴 것은 부대의 기동력이 뛰어나고 그가 전술을 신속하게 전장에 맞게 조정했기 때문이다. 이 전투의 승리로 30년 전쟁에서 프로테스탄트 세력을 지켜 냈다.

기호 보기

스웨덴군		제국군	
사령관	기병	사령관	기병
보병	포병	보병	포병

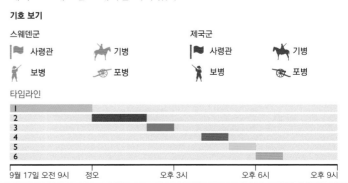

타임라인

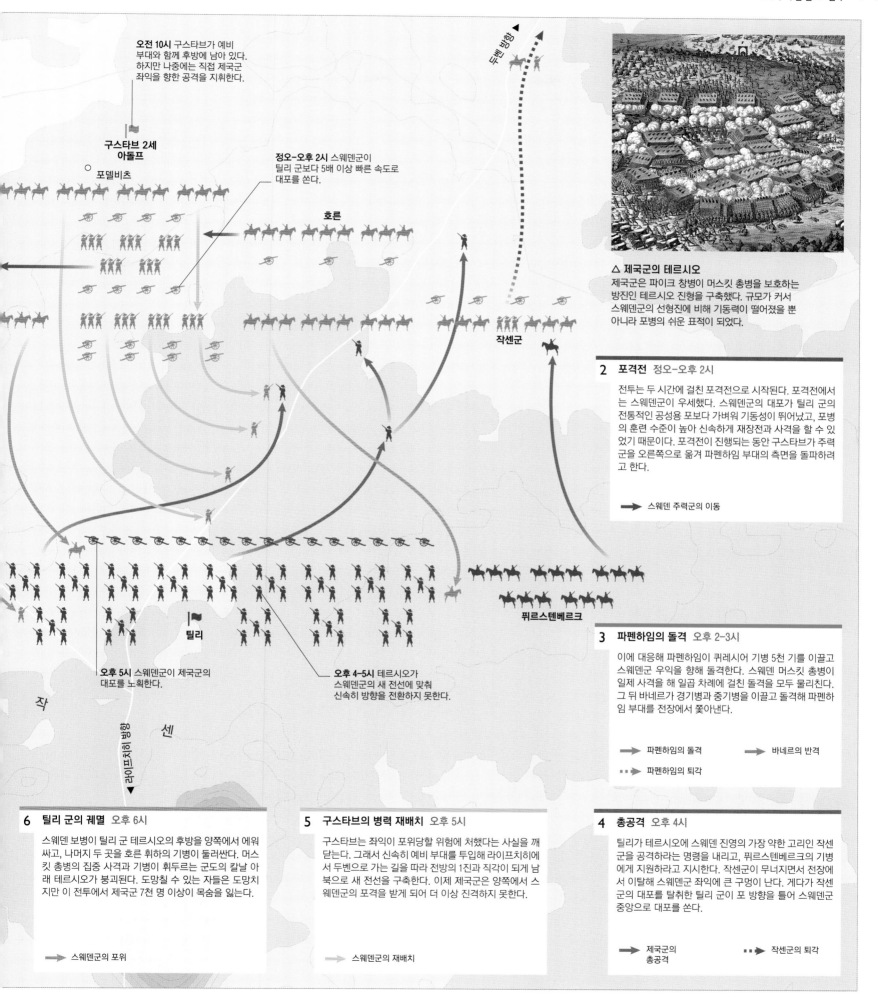

오전 10시 구스타브가 예비 부대와 함께 후방에 남아 있다. 하지만 나중에는 직접 제국군 좌익을 향한 공격을 지휘한다.

구스타브 2세 아돌프

포델비츠

정오-오후 2시 스웨덴군이 틸리 군보다 5배 이상 빠른 속도로 대포를 쏜다.

호른

작센군

뒤벤 방향

퓌르스텐베르크

틸리

오후 5시 스웨덴군이 제국군의 대포를 노획한다.

오후 4-5시 테르시오가 스웨덴군의 새 전선에 맞춰 신속히 방향을 전환하지 못한다.

작센

라이프치히 방향

△ 제국군의 테르시오
제국군은 파이크 창병이 머스킷 총병을 보호하는 방진인 테르시오 진형을 구축했다. 규모가 커서 스웨덴군의 선형진에 비해 기동력이 떨어졌을 뿐 아니라 포병의 쉬운 표적이 되었다.

2 포격전 정오-오후 2시

전투는 두 시간에 걸친 포격전으로 시작된다. 포격전에서는 스웨덴군이 우세했다. 스웨덴군의 대포가 틸리 군의 전통적인 공성용 포보다 가벼워 기동성이 뛰어났고, 포병의 훈련 수준이 높아 신속하게 재장전과 사격을 할 수 있었기 때문이다. 포격전이 진행되는 동안 구스타브가 주력군을 오른쪽으로 옮겨 파펜하임 부대의 측면을 돌파하려고 한다.

➡ 스웨덴 주력군의 이동

3 파펜하임의 돌격 오후 2-3시

이에 대응해 파펜하임이 퀴레시어 기병 5천 기를 이끌고 스웨덴군 우익을 향해 돌격한다. 스웨덴 머스킷 총병이 일제 사격을 해 일곱 차례에 걸친 돌격을 모두 물리친다. 그 뒤 바네르가 경기병과 중기병을 이끌고 돌격해 파펜하임 부대를 전장에서 쫓아낸다.

➡ 파펜하임의 돌격   ➡ 바네르의 반격

┅➤ 파펜하임의 퇴각

6 틸리 군의 궤멸 오후 6시

스웨덴 보병이 틸리 군 테르시오의 후방을 양쪽에서 에워싸고, 나머지 두 곳을 호른 휘하의 기병이 둘러싼다. 머스킷 총병의 집중 사격과 기병이 휘두르는 군도의 칼날 아래 테르시오가 붕괴된다. 도망칠 수 있는 자들은 도망치지만 이 전투에서 제국군 7천 명 이상이 목숨을 잃는다.

➡ 스웨덴군의 포위

5 구스타브의 병력 재배치 오후 5시

구스타브는 좌익이 포위당할 위험에 처했다는 사실을 깨닫는다. 그래서 신속히 예비 부대를 투입해 라이프치히에서 두벤으로 가는 길을 따라 전방의 1진과 직각이 되게 남북으로 새 전선을 구축한다. 이제 제국군은 양쪽에서 스웨덴군의 포격을 받게 되어 더 이상 진격하지 못한다.

➡ 스웨덴군의 재배치

4 총공격 오후 4시

틸리가 테르시오에 스웨덴 진영의 가장 약한 고리인 작센군을 공격하라는 명령을 내리고, 퓌르스텐베르크의 기병에게 지원하라고 지시한다. 작센군이 무너지면서 전장에서 이탈해 스웨덴군 좌익에 큰 구멍이 난다. 게다가 작센군의 대포를 탈취한 틸리 군이 포 방향을 틀어 스웨덴군 중앙으로 대포를 쏜다.

➡ 제국군의 총공격   ┅➤ 작센군의 퇴각

파이크와 머스킷

1500년대부터 17세기 후반까지 유럽 전투에서
가장 눈에 띄는 특징은 무리 지은 파이크 창병과
머스킷 총병이었다. 군사 전략가들은
이 둘을 결합하는 최적의 방법을 찾는 과제에 직면했다.

초기의 화약 무기가 불안정했음에도 군사 전략가들은 밀집된 보병을 아르케부스와 매치록(화승식) 머스킷으로 무장하려는 대담한 발상을 했다. 파이크는 원시적이었지만 그래도 기병을 상대할 때는 효과적인 무기였다. 1470년대부터 스위스에서 파이크 창병의 밀집대형이 방어에서뿐만 아니라 공격('파이크로 밀어붙이기'라고 한다)에서도 효과적이라는 사실이 입증되었다. 16세기에는 스페인의 테르시오처럼 이 대형에 머스킷 총병을 더한 압도적인 전투 진형이 개발되었다. 전통적으로 여러 나라의 군대에서 정예 병력이었던 기병은 전장의 지배적인 지위를 상실했다.

처음에는 비교적 적은 수의 머스킷 총병이 배치되어 파이크 창병을 지원했다. 하지만 17세기가 되자 지휘관들은 잘 훈련받은 밀집된 머스킷 총병이 하는 일제 사격의 잠재력을 인정하게 되었다. 잉글랜드 내전(1642-1651년)이 벌어질 무렵에

△ 매치록(화승식) 머스킷
부정확하고 불안정한 화기인 매치록 머스킷은 잘 훈련된 병사들이 일제 사격을 할 때 가장 효과적이었다. 이 독일 머스킷은 1580년경에 제작된 것이다.

는 머스킷 총병이 파이크 창병보다 2대 1의 비율로 많았고, 화기 부대가 별도로 편제되어 파이크 창병의 양익에 배치되었다. 기병도 권총과 검으로 무장하면서 그 위력을 되찾았다. 1700년경에 총검을 장착한 플린트록(수석식) 머스킷이 도입되면서 파이크는 역사 속으로 사라졌다.

란츠크네흐트

1486년에서 1487년 사이에 창설된 란츠크네흐트는 당초 신성 로마 제국을 위해 모집한 용병 집단이었다. 란츠크네흐트는 파이크 창병 위주로 구성되었지만, 양손검과 미늘창을 쓰는 정예 병사와 화기 부대도 있었다. 이들은 전장 안팎에서 무시무시한 명성을 얻었다. 제멋대로인 이들의 거만함은 화려한 색상의 찢어진 의복에 반영되어 있다. 란츠크네흐트는 이탈리아 전쟁(1494-1559년)과 프랑스 종교 전쟁(1562-1598년)에서 중요한 역할을 했다.

대형을 갖춘 전투
피터 스나이더가 그린 그림으로 1568년부터 1648년까지 네덜란드와 스페인이 벌인 80년 전쟁의 전투 장면을 묘사한 것이다. 파이크 창병의 밀집 방진 가장자리에 배치된 머스킷 총병이 권총으로 무장한 기병을 향해 총을 겨누고 있다.

네이즈비 전투

영국 내전(1642-1651년)은 의회파(의회 통치 지지자)와
왕당파(절대군주 찰스 1세 지지자) 간에 벌어진 싸움이다.
1645년 6월 14일에 의회파의 신모범군이 네이즈비에서
왕당파 군대를 상대로 승리를 거두며 전쟁의 전환점을 마련했다.

영국 왕 찰스 1세와 의회파의 관계가 악화되며 1642년에 내전이 벌어졌다. 전쟁으로 영국은 3년 동안 황폐화되었다. 1645년 5월, 전문 병사로 새로 편성한 군대인 의회파의 신모범군의 총사령관 토머스 페어팩스 경은 왕당파 도시 옥스퍼드를 포위해 공격했다. 그러자 왕당파 사령관인 라인의 루퍼트 왕자는 옥스퍼드에서 북쪽으로 99km 떨어진 의회파의 거점인 레스터를 점령하는 것으로 응수했다. 병력 약 1만 4천 명을 이끌고 옥스퍼드에서 진군한 페어팩스는 6월 12일에 레스터 남쪽 42km 지점에서 왕당파 군을 발견했다. 병력 9천여 명으로 구성된 왕당파 군은 후퇴하다가 6월 14일에 네이즈비 인근에서 맞서 싸우기로 했다. 의회파가 수적 우세였지만 꼭 이긴다는 보장이 없었다. 루퍼트 왕자는 노련한 군인이었고, 신모범군은 상대적으로 경험이 부족했다. 하지만 루퍼트는 두 가지 큰 실수를 저질렀다. 첫째, 싸우겠다는 열망에 사로잡혀 방어에 유리한 위치를 포기하고 전장 선택권을 페어팩스와 의회파 부사령관 올리버 크롬웰에게 넘겨주고 말았다. 둘째, 전투가 시작되자마자 기병을 이끌고 적의 기병을 추격하는 바람에 결정적인 순간에 보병을 지원할 수 없었다. 의회파는 압도적인 승리를 거두었다. 경험이 풍부한 많은 장교를 포함해 왕당파 군사 5천 명이 포로로 붙잡혔다. 이로써 의회파는 내전에서 결정적 우위를 점하게 되었다.

> "칸워스 백작이 왕의 말 굴레를 잡고 … '죽음의 길로 떠나시렵니까?'라고 말했다."
>
> 에드워드 워커 경, 왕의 비서, 17세기경

올리버 크롬웰
(1599-1658년)

영국의 군사 정치 지도자 올리버 크롬웰은 공화정을 수립해 잉글랜드 공화국을 이끈 인물로 알려져 있다. 그는 1628년에 의원이 되어 왕과 대립하던 의회를 지지했다. 전쟁이 터지자 의회파 편에 서서 싸울 강한 전문 군대를 만드는 일을 도왔다. 크롬웰은 독학으로 군사 업무를 익혀 완전히 새로운 신모범군을 창설하는 데 기여했다. 1653년에 잉글랜드 공화국 수반인 호국경에 올라 5년 후 사망할 때까지 재임했다. 그가 죽은 뒤 군주제가 복원되고 찰스 2세가 즉위했다.

왕당파 군의 공격

루퍼트 왕자가 이끄는 왕당파 군은 의회파 군과 교전하기로 했다. 왕당파 군은 이스트 미들랜드의 네이즈비 마을 외곽에 진을 쳤다.

기호 보기

■ 마을

의회파 군대		왕당파 군대	
🏃 보병	🏃 머스킷 총병	🏃 보병	▶ 사령관
🏃 기병	▌사령관	🐴 기병	

타임라인

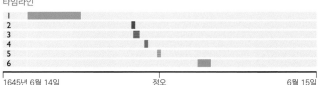

1645년 6월 14일   정오   6월 15일

---

1 양군의 포진 6월 14일 이른 아침

6월 14일 이른 아침, 루퍼트가 적의 진지를 발견한다. 루퍼트가 유리한 위치에 있는 진지를 포기하고 네이즈비를 향해 남쪽으로 진군한다. 양군 모두 중앙에 보병을 배치하고 양익에 기병을 배치하는 진형을 선택한다. 하지만 의회파 군은 좌익에 용기병 연대를 숨겨 둔다.

➡ 왕당파 군의 도착   ➡ 산울타리 뒤에 배치한 용기병

---

2 왕당파 군의 진격 오전 10시경

왕당파 군 보병이 진격한다. 이에 맞서 스키폰 휘하의 보병이 앞으로 나간다. 단 한 차례 머스킷 일제 사격을 주고받은 뒤 양군의 파이크 창병이 충돌한다. 백병전이 벌어지자 경험 많은 왕당파 군이 의회파 군을 밀어붙이지만 전열을 돌파하지는 못한다.

➡ 왕당파 군 보병의 진격   ➡ 의회파 군 보병의 진격

---

3 루퍼트 왕자 휘하 기병의 돌격 오전 10시-10시 30분

루퍼트의 기병이 오케이 휘하의 용기병과 사격을 주고받은 뒤 의회파 군 좌익을 향해 돌격해 아이어튼 휘하의 기병과 치열한 전투를 벌인다. 아이어튼이 왕당파 군을 상대로 어느 정도 전과를 올리지만 30분이 지나지 않아 많은 병사가 전장에서 쫓겨난다. 루퍼트의 기병이 계속 돌격해 의회파의 군수품 수송 마차에 이른다.

➡ 루퍼트 왕자 기병의 돌격   ➡ 아이어튼의 진격
🚚 군수품 수송 마차   ▶▶ 아이어튼의 퇴각

6 왕의 도주 오후 중반

마침내 루퍼트가 랭데일의 기병을 수습하고 있던 왕과 다시 합류한다. 페어팩스가 남은 왕당파 군과 최후의 결전을 벌이기 위해 보병과 기병을 재정비한다. 하지만 그런 기회는 오지 않는다. 오케이의 용기병이 머스킷으로 한 차례 일제 사격을 하자 왕당파 군이 전장에서 도망친다. 의회파 군이 추격해 부대를 수습하려는 왕당파 군을 학살한다. 그중에는 왕당파의 종군 여성들도 포함되었다.

```
┅┅▶ 왕당파 군의 퇴각
```

▷ 왕당파 기병
왕당파 기병이 싸울 준비를 하는 모습을 묘사한 18세기의 그림이다.

○ 시버토프트

오후 중반 잔존 병력이 무질서하게 전장에서 도망치자 찰스 1세가 퇴각한다.

찰스 1세

잉 글 랜 드

더 스 트 힐

롱홀드로드

루퍼트

애스틀리

랭데일

오전 11시 크롬웰 기병의 맹렬한 공격을 받고 랭데일의 기병이 흩어진다.

오전 10시 오케이의 용기병이 말에서 내려 왕당파 우익에 총격을 가한다.

오전 9시 한가운데 조그만 내가 흐르는 얕은 골짜기를 사이에 두고 양군이 대치한다.

오전 11시 크롬웰의 기병이 왕당파 중앙 부대를 향한 공격에 합류한다.

오케이

브로드 무어

오전 10시 보병의 백병전이 벌어진다.

5 마지막 움직임 정오

크롬웰이 왕당파 보병의 좌측면을 공격하는 동안 아이어튼의 남은 기병이 오케이의 용기병과 함께 왕당파 군 우측면을 공격한다. 수적으로 열세인 데다 포위까지 당하자 왕당파 군 보병 대부분이 무기를 내려놓는다. 그 사이 의회파의 군수품 수송 마차 탈취에 실패한 루퍼트가 전장으로 돌아가려고 한다.

```
──▶ 크롬웰의 공격        ──▶ 오케이 휘하 용기병의 공격
```

아이어튼

스키폰

크롬웰

오전 10시 30분 루퍼트의 기병과 왕당파 보병이 돌격하자 의회파 좌익과 중앙이 혼란에 빠진다.

페어팩스

4 크롬웰의 왕당파 군 좌익 공격 오전 11시

왕당파 군 좌익의 마머두크 랭데일 경이 기병을 이끌고 험한 지형을 거슬러 진격한다. 크롬웰의 기병이 언덕에서 내려와 랭데일 부대의 측면으로 돌격한다. 크롬웰의 기병이 수적 우위를 앞세워 쉽게 랭데일의 기병을 격파한다. 크롬웰이 남은 기병을 이끌고 애스틀리 휘하의 보병을 공격한다.

밀 힐

오전 10시 루퍼트의 기병이 아이어튼의 기병을 흐트러뜨린 뒤 전장 뒤편까지 추격한다.

네이즈비 마을 방향 ▲

```
──▶ 랭데일의 진격        ──▶ 크롬웰의 돌격
┅┅▶ 랭데일의 퇴각
```

▷ 빈 구출 전투
빈 공성전을 묘사한 당시의 네덜란드 판화로
오스만 군의 주둔 막사가 별 모양의 빈 성벽
외곽을 둘러싸고 있는 모습이 담겨 있다.
앞쪽에 오스만군의 군수품 운반 낙타가 보인다.

빈 공성전

1683년 9월 12일에 얀 3세 소비에스키는 군대를 이끌고
오스만 제국이 포위한 빈을 구했다.
역사상 최대 규모로 알려진 기병전에서 소비에스키가 승리하면서
오스만 제국의 동유럽 지배가 막을 내렸다.

1664년 이래로 헝가리의 합스부르크와 오스만 국경은 평화를
유지했다. 1681년에 퇴쾨이 임레가 헝가리의 프로테스탄트 세력
을 이끌고 로마 가톨릭의 합스부르크 제국에 반기를 들며 오스
만 제국의 재상 카라 무스타파 파샤에게 지원을 요청하자 카라
는 10만 명이 넘는 대군을 이끌고 왔다. 1683년 7월 14일, 카라
는 합스부르크 제국의 수도 빈을 포위했다. 빈은 성벽을 보강하
고, 수비대를 증강하며, 적이 엄폐물로 사용할 수 없도록 성곽
주위를 파괴하는 등 철저히 준비했다. 오스만군의 대포는 성벽
에 거의 영향을 미치지 못했지만, 시간이 지나며 성안에는 식량
이 부족해졌다. 질병도 양군을 괴롭혔다.

9월 11일, 소비에스키와 로렌의 샤를이 독일군과 폴란드군
8만 명가량을 이끌고 도착했다. 소비에스키의 지휘 아래 지원군
은 빈 북쪽과 북서쪽에 집결했다. 9월 12일 아침에 지원군은 오
스만군의 주둔 막사를 휩쓸고 내려왔다. 카라 무스타파는 병력
을 둘로 나눠 하나는 공성전을 계속하고 하나는 지원군과 싸우

지도 설명

1. 별 모양의 성벽은 오스만군의 포격과
   땅굴 파기를 오래 버텨 냈다.

2. 오스만군은 병사가 몸을 숨기고 성벽에
   접근할 수 있는 참호를 비롯해 광범위
   한 공성 보루 망을 구축했다.

3. 오스만군은 레오폴트슈타트섬을 점령
   했지만 다리가 파괴된 데다 강물이 깊
   고 빨라 빈을 공격할 수 없었다.

게 했다. 하지만 소비에스키가 기병 1만 8천 명으로 오스만군의
저항을 격퇴했다. 빈 수비대를 포함해 사방에서 공격을 받은 오
스만군은 도망갔다. 소비에스키의 승리로 헝가리 탈환의 발판이
마련되었고 유럽을 향한 오스만 제국의 영토 확장은 끝이 났다.

> "우리는 오늘 한 도시가 아니라 기독교 세계 전체를 구해야 한다."
>
> 얀 3세 소비에스키, 빈 공성전에서 한 말, 1879년

전투 순서

9월 12일 오전에 지원군 좌익을 맡은 로렌의
샤를 부대가 칼렌베르크 언덕 오른편의 거친
지형을 따라 느리지만 꾸준히 진격해 내려오
며 오스만군을 밀어붙였다. 그사이 오스만군
의 예니체리와 시파히는 빈을 맹렬히 공격했
다. 늦은 오후가 되자 지원군 우익의 소비에스
키 부대가 개활지에서 전투 대형을 취했다. 샤
를 부대는 왼쪽에서 밀고 내려오고 소비에스
키의 대규모 기병은 오른쪽에서 돌격을 감행
해 오스만군 전선을 돌파했다.

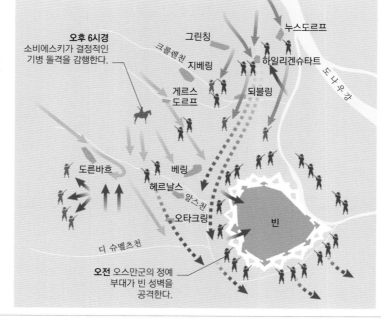

오후 6시경
소비에스키가 결정적인
기병 돌격을 감행한다.

누스도르프
그린칭
크룰렌천 지베링
하일리겐슈타트
게르스 도르프
되블링
도나우강
베링
도른바흐
헤르날스
알스천
빈
오타크링
디 슈멜츠천

오전 오스만군의 정예
부대가 빈 성벽을
공격한다.

기호 보기

■ 마을
🏇 폴란드군
🏹 오스만군
→ 소비에스키의 진격
➡ 오스만군의 공격
➡ 로렌의 샤를의 진격
▪▪▪▶ 오스만군의 퇴각

Amstelodami apud Nicolaum Visscher cum Privil: Ordin: General.

기타 주요 전투: 1500-1700년

마리냐노 전투
1515년 9월 13-14일

1494년에서 1559년 사이에 프랑스, 스페인과 이탈리아의 여러 나라는 이탈리아를 장악하기 위해 유럽의 국가들이 참전하는 전쟁을 수차례 벌였다. 1515년에 밀라노 공국을 중심으로 분쟁이 벌어졌다. 밀라노 공국은 구 스위스 연방(신성 로마 제국 내 소규모 독립 국가의 느슨한 연합체)의 손에 넘어갔다. 프랑수아 1세 휘하의 프랑스 군은 대포 72문을 끌고 알프스를 넘어 밀라노를 탈환했다. 9월 13일에 양군은 밀라노 남동쪽에 있는 마리냐노 마을(오늘날의 멜레냐노)에서 맞섰다. 프랑스군은 약 3만 명으로 2만 명이 조금 넘는 스위스군보다 많았지만 승리를 거둘 수는 없었다. 다음 날 프랑스 포병은 유럽 최고라고 평가받는 스위스 보병의 진격에 맞서 포격을 퍼부었다. 하지만 스위스군은 프랑스 지원군인 베네치아 군대가 도착한 뒤에야 퇴각했다. 프랑스군의 승리로 프랑수아 1세는 밀라노 공국을 되찾았다. 1516년 11월 29일, 프리부르에서 '영구 평화 협정'이 체결되면서 수백 년에 걸친 스위스와 프랑스 간의 긴밀한 협력이 시작되었다.

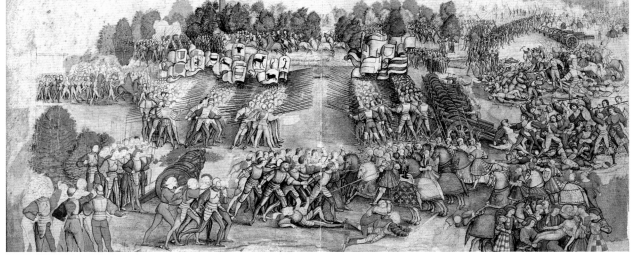

△ 마리냐노 전투를 그린 16세기의 펜화

리다니야 전투
1517년 1월 22일

콘스탄티노플 점령(96쪽 참조) 이후 오스만 제국은 영토를 확장했다. 술탄 셀림 1세는 남쪽으로 내려가 이집트와 메카, 메디나, 예루살렘 등의 성도를 통치하던 맘루크 술탄국을 공격했다. 1516년에 시리아의 마르즈 다비크에서 맘루크군을 격파한 셀림의 군대는 이집트 카이로로 진군했다.

맘루크 왕조의 술탄 투만베이 2세는 카이로 외곽의 리다니야에서 진을 쳤고 1월 22일에 양군이 충돌했다. 오스만군 본진이 맘루크군을 공격하는 동안 기병대는 맘루크군 측면으로 돌격했다. 투만베이는 일단의 군사를 이끌고 셀림의 군막에 도착했다. 뒤이어 벌어진 싸움에서 오스만 제국의 재상 하딤 시난 파샤가 죽었지만 결국 맘루크군이 완패했다. 투만베이가 나일 강을 거슬러 도망치는 동안 셀림은 카이로를 점령하고, 맘루크 술탄국의 17대이자 마지막 칼리프 알무타와킬 2세를 포로로 잡았다. 투만베이는 오스만 제국을 상대로 게릴라전을 벌이다 1517년 4월에 생포되어 교수형을 당했다. 이후 셀림은 맘루크 술탄국 전체를 오스만 제국에 병합했다.

크사르 엘케비르 전투
1578년 8월 4일

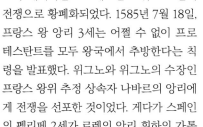

1578년, 포르투갈의 세바스티앙 1세는 숙부 아브드 알말리크에게 술탄 자리를 빼앗긴 아부 압둘라 무함마드 2세의 복권을 위해 모로코를 공격했다. 6월 24일, 2만 명의 병력과 다량의 대포를 싣고 알가르브에서 포르투갈령 모로코를 향해 출항했다. 탕헤르 남쪽에 상륙해서 아부 압둘라가 이끄는 무어인 부대 6천 명과 합류했다.

내륙으로 진군하던 포르투갈군은 8월 4일에 크사르 엘케비르(알카세르키비르) 인근 와디 알마카진에서 병력이 훨씬 많은 아브드 알말리크 군대와 맞섰다. 알말리크는 전선을 넓게 벌려 무어인 부대를 중앙에, 기병 1만 기를 양익에 배치했다. 머스킷 일제 사격과 포격을 수차례 주고받은 뒤 양군이 맞붙었다. 알말리크의 기병이 포위하자 포르투갈군 양익이 무너졌다. 4시간의 전투 끝에 포르투갈군이 패배했다. 세바스티앙 1세를 포함해 약 8천 명이 죽었고, 남은 군사도 포로로 붙잡혔다. 이 전투의 패배로 포르투갈의 아비스 왕조(1385-1580년)가 끝나고, 포르투갈은 스페인과 이베리아 연합을 결성해 60년간 스페인의 필리파나 왕조 치하로 들어갔다.

쿠트라 전투
1587년 10월 20일

1562-1598년에 프랑스는 로마 가톨릭교도와 개혁적인 프로테스탄트 위그노 간의 전쟁으로 황폐화되었다. 1585년 7월 18일, 프랑스 왕 앙리 3세는 어쩔 수 없이 프로테스탄트를 모두 왕국에서 추방한다는 칙령을 발표했다. 위그노와 위그노의 수장인 프랑스 왕위 추정 상속자 나바르의 앙리에게 전쟁을 선포한 것이었다. 게다가 스페인의 펠리페 2세가 로렌의 앙리 휘하의 가톨릭 연합을 지원하면서 뒤얽힌 갈등이 폭발해 '세 앙리의 전쟁'이 벌어졌다. 1587년 10월 20일, 나바르의 앙리는 프랑스 남서부 지방 아키텐의 쿠트라에서 국왕군 사령관 주와이외즈 공작과 맞붙었다. 공작은 포병을 잘못 배치해 1차 기병 돌격 기회를 날렸다. 반면 나바르의 앙리는 포병을 잘 활용했고, 기병대가 머스킷 총병 소대를 지원하도록 병력을 배치했다. 국왕군은 프로테스탄트 경기병의 돌격으로 무너졌고, 공작은 붙잡혀 처형되었다. 프로테스탄트가 대규모 전투에서 거둔 첫 승리였다. 나바르의 앙리는 앙리 3세가 죽은 뒤 1589년 왕위에 올랐다. 하지만 왕위 유지를 위해 1593년에 가톨릭으로 개종해야 했다.

명량 해전

1597년 9월 16일

훗날 '명량의 기적'으로 알려진 이 전투에서 이순신 장군은 조선 수군을 이끌고 황해를 장악하려는 일본 수군을 상대로 승리했다. 그해 조선 함대는 칠천량에서 일본 수군에게 괴멸되다시피 했다. 그래서 이순신은 돛과 노를 동력원으로 하고 대포를 장착한 판옥선 13척으로 열 배가 넘는 일본 군함과 싸웠다고 전한다.

뛰어난 전략가였던 이순신은 현지 바다에 대한 지식을 이용해 전세를 뒤집었다. 이순신은 일본군을 어란포에 묶어 둔 뒤 강한 조류가 3시간마다 방향을 바꾸는 명량 해협으로 철수했다. 일본 함대가 해협에 들어서자 황해 쪽으로 흐르는 조류에 의해 이순신의 배가 기다리고 있는 좁은 물길로 떠밀려 왔다. 조선 함대는 대포와 화살을 퍼부었다. 조류의 방향이 바뀔 때쯤 일본 함대는 이미 대혼란에 빠져 있었다. 이 전투에서 일본군은 배 30여 척과 많은 지휘관을 잃었다. 함대 사령관 도도 다카토라는 부상을 당했다.

뤼첸 전투

1632년 11월 16일

브라이텐펠트 전투(130-131쪽 참조)에서 승리를 거둔 스웨덴의 구스타브 2세 아돌프는 프로테스탄트 세력과 스웨덴의 연합군을 이끌고 바이에른(독일 남부)으로 남하했다. 스웨덴군은 알브레히트 폰 발렌슈타인 사령관이 이끈 신성 로마 제국군에

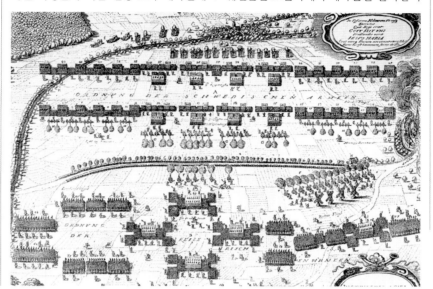

의해 바이에른에서 밀려났다. 1632년 9월, 발렌슈타인이 작센을 침공하면서 11월 16일에 양군이 뤼첸에서 충돌했다. 병력이 각각 2만여 명으로 거의 백중세였던 양군은 안개를 뚫고 서로 돌격했다. 스웨덴군은 오른쪽에서 제국군을 몰아붙이

며 순조롭게 출발했다. 파펜하임 백작이 제국 지원군을 이끌고 도착했지만 포탄에 맞아 치명상을 입었다. 이른 오후 구스타브 2세 아돌프가 기병을 이끌고 치열한 교전이 벌어지던 측면을 공격하다가 고립되었다. 그는 총알 여러 발을 맞고 칼에 찔려 말에서 떨어졌다. 남은 스웨덴 병력은 제국군의 중앙 부대와 우익에 의해 밀려났다. 왕의 복수를 하기 위해 전장으로 복귀한 스웨덴군은 치열한 싸움 끝에 제국군의 대포를 탈취했고 제국군은 한밤중에 퇴각했다. 30년 전쟁(1618-1648)에서 가장 중요한 이 전투로 가톨릭이 작센을 위협하는 일은 사라졌다. 하지만 '북방의 사자' 구스타브 2세 아돌프의 죽음으로 프로테스탄트 진영은 유능한 지도자를 잃었고, 스웨덴 역시 자국을 유럽의 강대국으로 부상시킨 왕을 잃었다.

◁ 뤼첸에서 프로테스탄트의 스웨덴군과 로마 가톨릭의 제국군이 포진한 모습을 묘사한 그림이다.

솔베이 해전

1672년 6월 7일

1672년 4월, 영국 왕 찰스 2세는 네덜란드 공화국에 전쟁을 선포했다. 1672년 6월 초에 영불 연합 함대는 요크 공작의 지휘 아래 잉글랜드 동부 서퍽 해안의 사우스월드 만(솔베이라고도 함)에 정박해 있었다. 6월 7일 새벽, 네덜란드 함대가 순풍을 타고 연합 함대를 기습했다. 연합 함대는 급히 전투 준비를 하고 겨우 바다로 나갔다.

고의였는지 잘못 생각했기 때문이었는지는 알 수 없지만, 프랑스 함대를 지휘하던 데스트레 백작은 함선 30척을 이끌고

남쪽으로 가서 원거리 전투만 했다. 그러자 네덜란드 함대 대부분이 영국 함선 60척에 공격을 집중할 수 있었다. 샌드위치 백작의 기함 로열 제임스 호는 근거리에서 현측 일제 포격을 받은 뒤 화공선에 부딪혔다. 전투는 해 질 녘에 끝났다. 양군 모두 많은 병사를 잃었고 상당수의 배가 파손되었다. 비록 결정적인 전투는 아니었지만 솔베이 해전으로 네덜란드를 봉쇄하겠다는 영불 연합군의 계획이 끝이 났다.

△ 불타는 영국 군함 로열 제임스호

보인강 전투

1690년 7월 1일

1688년의 명예혁명으로 잉글랜드·아일랜드의 가톨릭 왕 제임스 2세는 오라녜 공 빌럼으로 알려진 그의 조카이자 사위인 프로테스탄트 윌리엄 3세에 의해 폐위되었다. 왕위를 되찾기로 결심한 제임스 2세는 1689년에 빈약하게 무장한 프랑스 군대와 잉글랜드·스코틀랜드·아일랜드 지원군을 이끌고 아일랜드에 상륙했고, 아일랜드 대부분을 장악한 뒤 더블린으로 향했다. 1690년 6월에 윌리엄 3세는 얼스터에 상륙해 3만 6천 명의 군대를 이끌고 남쪽으로 진군했다. 최신 플린트록(수석식) 소총으로 무장한 네덜란드와 덴마크의 전문 직업 군인도 함께였다.

1690년 7월 1일, 양군은 더블린에서 북쪽으로 48km 떨어진 곳에서 보인강을 마주하고 맞섰다. 윌리엄 3세가 측면 공격을 위해 로그레인지에 병력 1/3을 내리게 하자 제임스 2세가 그에 대응해 병력 절반을 보냈다. 양군은 계곡의 늪지대에 막혀 교전할 수 없었다. 한편 윌리엄 3세 휘하의 정예 네덜란드 푸른 근위대는 올드브리지 여울

△ 전투를 기념하는 메달

에서 제임스 2세의 보병을 밀어붙였지만 제임스 2세의 기병에게 발이 묶였다. 결국 윌리엄 3세의 기병이 지원해 제임스 2세군을 격퇴했다. 제임스 2세는 후위 전투를 벌이던 군대를 버리고 프랑스로 도망쳤다. 전투가 끝나자 더블린과 워터퍼드는 곧 항복했다. 1691년 말에 남부 아일랜드 전역이 진압되었다. 이후 소수파 프로테스탄트가 아일랜드의 사회, 정치, 경제를 장악했다.

1700-1900년

전장에서 기술이 훨씬 더 중요해지고
전문 군대와 징병제가 늘어난다.
유럽, 인도, 아메리카 대륙에서 최초로 진정한 의미의 세계 전쟁이 벌어지고
산업화로 화약 무기의 비약적인 발전이 이루어진다.

△ 황제의 문장
은도금한 척탄병의 모표로 차르 표트르 3세의 문장이다. 표트르 3세의 외조부 표트르 대제는 1700년경 러시아를 이름난 군사 강국으로 만들었다.

▽ 운명의 돌격
19세기 영국 화가 엘리자베스 톰슨의 작품 〈스코틀랜드여 영원하라〉로 워털루 전투에서 로열 스콧츠 그레이스 (영국 용기병 제2연대)의 돌격을 묘사한 것이다. 이 기병대는 프랑스 보병 진형을 돌파했지만 예비 기병대에 의해 궤멸되었다.

1700-1900년

18세기와 19세기에 전쟁의 양상은 급격히 변화했다.
전문 육군과 해군이 세계를 무대로 전쟁을 벌였고, 수십만 명에 달하는 대규모 징집병이 충돌했다.
신기술과 자원의 활용이 전투 의지 못지않게 중요해졌다.

1700년까지도 유럽 열강은 수 세기 동안 이어진 왕조 간의 전쟁에 휘말려 있었다. 스페인 왕위 계승 전쟁이 벌어지던 1704년에 프랑스군을 물리친 말버러 공작 휘하의 영국-오스트리아 연합군은 그 이전의 군대보다 규모가 컸고 공작 자신도 군사적 천재였지만, 그가 이용한 기술이나 전술은 이전에 사용했던 것과 별반 다르지 않았다.

7년 전쟁(1756-1763년)은 변화의 신호탄이었다. 슐레지엔(오늘날의 중부 유럽)을 둘러싼 오스트리아와 프로이센 간의 영토 분쟁으로 시작된 이 전쟁은 프랑스와 영국뿐만 아니라 북미와 인도에 있는 양국의 식민지까지 개입하는 진정한 의미의 첫 세계 전쟁으로 확대되었다.

> **"이제 포병은 그 어느 때보다도 더 보병에게 없어서는 안 될 동반자가 되었다."**
>
> 콜마르 폰 데어 골츠 장군, 1883년

프로이센의 프리드리히 대제는 무시무시한 전투력을 보유한 군대를 육성했다. 전장에서 빠르게 기동하도록 훈련받은 그의 중보병은 훈련 수준이 떨어지는 적을 압도했다. 프로이센군은 왕의 뛰어난 전술에 힘입어 1757년 로이텐 전투(151쪽 참조)에서 그랬던 것처럼 놀라운 승리를 거두었다.

전통적인 방식의 기동 훈련을 받은 대규모 군대는 북미에서 식민지가 정치적 권리와 부당한 과세에 저항해 영국을 상대로 일으킨 전투에서는 효용성이 떨어진다는 사실이 입증되었다. 미국인들은 현지 지식을 활용하고 소규모 게릴라전 전술과 장총을 능숙하게 사용해 1783년에 독립 전쟁에서 승리를 거두었다. 미국인들은 시민군으로 구성된 새로운 형태의 군대를 탄생시켰다. 프랑스에서 이 제도를 도입했고 1789년의 혁명 이후 이 제도를 더욱 발전시켰다. 5년이 지나지 않아 프랑스는 백만 대군을 보유하게 되었고, 귀족 출신의 나이 든 지휘관을 전문 장교로 대체하기 시작했다. 이런 대규모 군대에는 새로운 전술과 조직이 필요했다. 나폴레옹 보나파르트는 이탈리아에서 첫 지휘를 맡아 마렝고 전투(160-161쪽 참조)에서 승리하는 등 탁월한 지휘 능력을 발휘했고 새로운 전술과 효율적인 병참도 고안해 냈다. 나폴레옹은 군단을 군대 내의 독립적인 부대로 발전시켰다. 그리고 우회 기동을 통해 적의 후방을 격파하며 공격적 전술을 펼쳤다. 그는 자신의 군대에 전통적인 보급선의 의존도를 줄이고 현지에서 식량을 징발해 자급자

시대의 변화

1700년에서 1900년 사이에 전쟁의 범위와 비용, 사상자는 늘어났다. 군대의 커진 규모와 전문성, 새로운 화기의 등장으로 전쟁의 치명성과 비용도 증가했다. 더 많은 인력 자원, 돈, 기술에 대한 접근성 그리고 세계적 동맹을 구축하는 능력은 군사적 성공의 전제 조건이 되었다. 이런 변화의 결과 유럽의 식민 지배에 저항하는 비유럽 국가는 명백하게 불리한 상황에 놓였다.

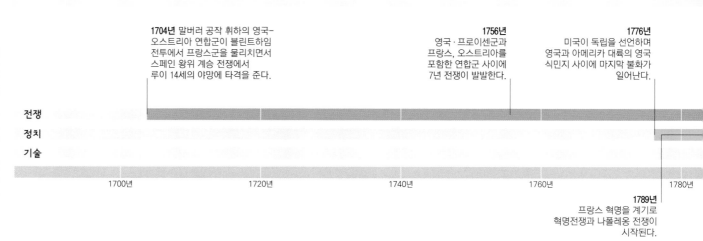

1704년 말버러 공작 휘하의 영국-오스트리아 연합군이 블린트하임 전투에서 프랑스군을 물리치면서 스페인 왕위 계승 전쟁에서 루이 14세의 야망에 타격을 준다.

1756년 영국·프로이센군과 프랑스, 오스트리아를 포함한 연합군 사이에 7년 전쟁이 발발한다.

1776년 미국이 독립을 선언하며 영국과 아메리카 대륙의 영국 식민지 사이에 마지막 불화가 일어난다.

전쟁
정치
기술

1700년　　1720년　　1740년　　1760년　　1780년

1789년 프랑스 혁명을 계기로 혁명전쟁과 나폴레옹 전쟁이 시작된다.

◁ **치명적인 발명품**
미국 태생의 영국 발명가 하이럼 맥심이
1884년에 자신이 발명한 맥심 기관총을
쏘고 있다. 맥심 기관총은 발사 속도가
빨라 적은 수의 병력으로도 엄청난
살상력을 발휘했다.

족하라고 요구했다. 나폴레옹은 이런 조직적·전략적 혁신으로 눈부신
성공을 거두었지만, 상대 연합군이 이런 방식에 맞는 전략을 개발하며
형세를 역전시켰다. 그 결과 그는 1814년에 몰락했고 워털루 전투
(178-179쪽 참조)에서 최후의 패배를 맞이했다.

전쟁의 산업화

18세기 중엽이 되자 산업화와 함께 대량 징병이 이루어지며 진정한 의
미의 현대식 군대가 탄생했다. 노예제도 문제를 둘러싸고 벌어진 남북
전쟁(1861-1865년)에서 북군과 남군은 철도와 전신 같은 기술을 도입
했다. 이들은 미니에탄(강선 머스킷용 총알)을 쏘는 강선 소총과 같은,
사거리와 살상력이 향상된 새로운 형태의 화기도 받아들였다. 이로 인
해 게티즈버그 전투(186-187쪽 참조)에서 남군의 마지막 돌격과 같은
보병의 돌격은 자살 행위나 다름없었을 수도 있었다. 이렇게 새로운 환
경에서 비유럽 군대는 선진 기술로 무장한 유럽 침략자를 상대로 힘겨
운 싸움을 벌여야 했다. 이들은 1879년 이산들와나 전투(193쪽 참조)
에서 줄루족 전사들이 영국군에 승리한 것처럼 어쩌다 전술적으로 무
능한 적을 마주했을 때나 한 번씩 이길 수 있었다. 결국 대부분 옴두르
만 전투(195쪽 참조)에서 영국군을 향해 돌격하다 맥심 기관총에 맞
아 몰살된 수단의 마흐디파(派)와 같은 운명을 맞이했다. 전쟁에서 미
래는 이런 뛰어난 기술과 효과적인 전술, 전략적 리더십을 갖춘 자의
것이 되었다.

△ **마지막 돌격**
게티즈버그 전투(186-187쪽 참조)에서 북군이 세머터리 리지
고지를 차지하려는 조지 피킷 장군 휘하의 남군 보병과 맞서
싸우고 있다. 이 돌격으로 남군은 사상자 수천 명을 냈고,
리 장군의 북부 침공은 명백한 실패로 끝났다.

1805년 허레이쇼 넬슨
제독이 트라팔가르
해전에서 승리하며
한 세기에 걸친 영국 해군의
패권이 시작된다.

1815년 영국-프로이센
연합군이 나폴레옹
보나파르트를 꺾고
다시 그의 퇴위와
유배를 이끈다.

1861-1865년
미국의 북부
연방과 남부 연합
사이에 내전이
벌어진다.

1863년 로버트 E. 리 장군의 게티즈버그 전투
패배로 펜실베이니아주 해리스버그에서
북군의 철도 보급로를 끊으려던 남군의
계획이 실패로 돌아간다. 북군은 전쟁을
끝내기 위한 정치적 해결책을 모색한다.

1876년 미국의 기병대 대장
조지 커스터가 리틀 빅혼
전투에서 라코타족과 수족
주도의 원주민 연합군에
패배한다.

1800년　　　　　　　1820년　　　　　　　1840년　　　　　　　1860년　　　　　　　1880년　　　　　　　1900년

1815년
빈 의회는 나폴레옹
전쟁의 혼란을 딛고
새로운 정치 질서를
확립한다.

1830년 도시를 잇는
최초의 철도가
개통되어 철로를 통해
병력을 수송하는
시대가 열린다.

1833년
전신이 발명되어
수도와 전선 사이의
소식 전달이
빨라진다.

1849년 프랑스군이 클로드에티엔
미니에가 개발한 미니에탄을 채택한다.
미니에탄은 발사 시 강선이 있는 총열
내에서 팽창해 장전하기 쉽고 사거리가
늘어난 총알이다.

1862년 미국 발명가
리처드 개틀링이 빠른
연발이 가능한 최초의
신뢰성 있는 개틀링
기관총을 개발한다.

1871년 프랑스가 패배하고 나폴레옹 3세가
포로가 됨에 따라 독일이 통일되어
독일 제국이 탄생한다. 이탈리아에서도
이탈리아군이 로마를 점령하며 비슷한
통일이 이루어진다.

블린트하임 전투

프랑스와 대동맹 간의 스페인 왕위 계승 전쟁(1701-1714년) 때 벌어진
블린트하임 전투는 프랑스군의 초기 상승세를 저지하는 데 중요한 역할을 했다.
말버러 공작은 네덜란드에서 다뉴브강까지 진군한 뒤,
1704년 8월 13일에 대동맹군을 이끌고
여러 차례 피비린내 나는 공격 끝에 승리를 거두었다.

1700년, 합스부르크 가문의 스페인 왕 카를로스 2세가 죽으면서 왕위를 부르봉 가문의 프랑스 왕 루이 14세의 손자인 필리프에게 물려주었다. 이로 인해 유럽의 두 거대 가문 간의 갈등이 고조되어 1701년에 전쟁이 벌어졌다. 한쪽은 프랑스와 바이에른 연합군이었고, 다른 한쪽은 신성 로마 제국, 영국, 네덜란드 연합주로 구성된 대동맹군이었다.

1704년에 프랑스-바이에른 연합군은 오스트리아의 합스부르크 왕조를 공격해 대동맹을 깨뜨리려고 빈으로 진군했다. 오스트리아에 대한 압박을 해소하기 위해 영국 사령관 말버러 공작은 저지대 국가에서 군사를 이끌고 불과 5주 만에 다뉴브강까지 내려갔다. 그는 도중에 동맹군과 합류했다. 대동맹군은 다뉴브강 유역의 블린트하임(블레넘) 마을 인근에 진을 쳐 적의 허를 찔렀다. 넓은 평원 건너편에는 바이에른 선제후, 마르생 원수, 탈라르 원수가 지휘하는 프랑스-바이에른 연합군이 있었다. 연합군은 뤼칭겐, 오버글라우, 블린트하임 마을에 병력을 집중적으로 배치한 뒤 마을 사이로 길게 뻗은 언덕에 방어선을 구축했다. 8월 13일, 치열한 전투 끝에 말버러 공작은 세 마을에 있는 적군을 포위했다. 그런 다음 본대를 투입해 중앙에 있는 탈라르의 부대를 돌파했다. 대동맹군은 대승을 거두었다.

바이에른에서 벌어진 전투

바이에른의 도나우뵈르트에서 남서쪽으로 16km 떨어진 다뉴브강 변의 블린트하임 마을에서 프랑스군은 50여 년 만에 처음으로 대패를 당했다.

기호 보기

■ 마을

프랑스-바이에른군

⚑🐎 탈라르의 기병
🏹 탈라르의 보병
⚑🐎 마르생과 바이에른 선제후의 기병
🏹 마르생과 바이에른 선제후의 보병
🔫 포병

대동맹군

⚑🐎 말버러의 기병
🏹 말버러의 보병
⚑🐎 외젠 공의 기병
🏹 외젠 공의 보병
🔫 포병

타임라인

	8월 13일 오전 0시	오전 6시	정오	오후 6시
1				
2				
3				
4				
5				
6				

6 마지막 공격 오후 5시 30분

프랑스-바이에른군을 오버글라우와 블린트하임에 묶어 둔 말버러는 보병 1만 5천 명과 기병 8천 기로 적의 중앙을 공격하기 시작한다. 프랑스군 전열이 무너진다. 탈라르가 포로로 잡히고 그의 군대는 도망간다. 뤼칭겐 인근에 있던 바이에른 선제후 군대도 퇴각한다.

→ 동맹군의 돌파
▪▪▶ 프랑스-바이에른군의 퇴각

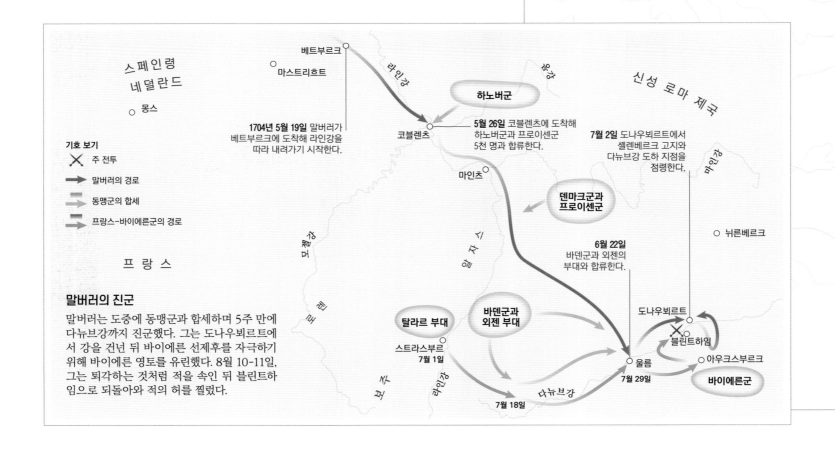

말버러의 진군

말버러는 도중에 동맹군과 합세하며 5주 만에 다뉴브강까지 진군했다. 그는 도나우뵈르트에서 강을 건넌 뒤 바이에른 선제후를 자극하기 위해 바이에른 영토를 유린했다. 8월 10-11일, 그는 퇴각하는 것처럼 적을 속인 뒤 블린트하임으로 되돌아와 적의 허를 찔렀다.

기호 보기

✕ 주 전투
→ 말버러의 경로
⇒ 동맹군의 합세
⇒ 프랑스-바이에른군의 경로

스페인령 네덜란드
몽스
베트부르크
마스트리히트
라인강
하노버군
코블렌츠
1704년 5월 19일 말버러가 베트부르크에 도착해 라인강을 따라 내려가기 시작한다.
5월 26일 코블렌츠에 도착해 하노버군과 프로이센군 5천 명과 합류한다.
마인츠
덴마크군과 프로이센군
7월 2일 도나우뵈르트에서 셸렌베르크 고지와 다뉴브강 도하 지점을 점령한다.
신성 로마 제국
뉘른베르크
6월 22일 바덴군과 외젠의 부대와 합류한다.
프랑스
탈라르 부대
바덴군과 외젠 부대
스트라스부르 7월 1일
도나우뵈르트
블린트하임
울름 7월 29일
아우크스부르크
바이에른군
다뉴브강 7월 18일

1 포진 1704년 8월 13일 0시-오후 1시

8월 12일 밤에 말버러가 병력 3만 6천 명을 배치한다. 그와 맞선 탈라르 원수의 병력 3만 3천 명은 오버글라우와 블린트하임 마을에 집중적으로 배치되어 있다. 말버러의 오른쪽에는 사부아 공작 외젠이 제국군 1만 6천 명을 이끌고 마르생 원수와 바이에른 선제후의 군대 2만 3천 명과 대치하고 있다.

2 첫 공격 오후 1시

말버러가 공격 명령을 내린다. 좌익에서 커츠 경이 영국군을 이끌고 블린트하임으로 돌격한다. 많은 영국군이 방책을 넘으려다 쓰러진다. 우익에서는 외젠 공이 제국군을 이끌고 뤼칭겐으로 돌격하지만, 병력이 많은 선제후와 마르생의 군대에 밀려 세 차례나 격퇴당한다.

→ 동맹군의 공격　　→ 프랑스-바이에른군의 반격

┈▶ 동맹군의 퇴각　　┈▶ 프랑스-바이에른군의 퇴각

3 전술적 실수 오후

블린트하임에 대한 추가 공격이 이어지자 프랑스-바이에른군은 중앙 부대에서 7개 대대, 예비 부대에서 11개 대대를 보내 방어를 강화한다. 블린트하임은 병력 1만 2천 명으로 미어진다. 이 병력은 곧 있을 필요한 순간에 중앙으로 빨리 돌아갈 수 없게 된다.

→ 프랑스-바이에른군의 병력 증강

오후 1시 외젠 공의 군대가 뤼칭겐으로 돌격하지만 계속해서 격퇴당한다.

슈베넨바흐

외젠 공

볼페르트슈테텐

오후 1시 말버러의 군대가 부교를 이용해 네벨강을 건넌다.

운터글라우

말버러

네벨강

뤼칭겐

마르생과 바이에른의 선제후

오버글라우

오전 8시 '와일드 기스'로 알려진 아일랜드 여단을 포함해 14개 대대가 오버글라우에 배치된다.

탈라르

바 이 에 른

오후 1시 커츠 휘하의 영국군이 블린트하임으로 진격한다.

블린트하임

오전 8시 프랑스군이 대포를 쏘자 영국군이 응사한다.

오후 3시 동맹군이 적군 1만 2천 명을 블린트하임에 묶어 둔다.
오후 9시 블린트하임에 있는 드 블랑작 후작 휘하의 프랑스군이 마침내 항복한다.

오후 6시경 탈라르의 군대는 회흐슈테트로 도망가고 탈라르는 포로로 잡힌다.

존데르하임

다뉴브강

5 오버글라우의 외젠 공 오후 2시 30분

오버글라우에서 말버러가 공포의 아일랜드 '와일드 기스'를 포함한 드 블렝빌 후작 휘하의 군대와 치열한 교전을 벌인다. 2시 30분경, 마르생이 말버러 군 측면을 향해 프랑스 기병 60개 대대를 돌격시킨다. 외젠 공이 즉시 반격해 프랑스 기병을 쫓아낸다. 동맹군 보병과 포병이 진격해 마르생의 군사를 오버글라우으로 몰아넣는다.

→ 마르생 기병의 돌격　　→ 외젠 공의 반격

4 장다름의 패주 오후

블린트하임과 뤼칭겐을 향한 공격이 재개되는 사이에 말버러가 보병 18개 대대와 기병 72개 대대를 프랑스군 중앙으로 진격시킨다. 동맹군이 진격하자 프랑스의 정예 중기병인 장다름이 언덕에서 달려 내려와 말버러 휘하의 용기병과 교전한다. 용기병이 돌격하자 장다름이 겁에 질려 도망친다.

→ 동맹군의 진격　　→ 장다름의 돌격

┈▶ 장다름의 퇴각

△ 승자의 궁전
말버러 공작은 승리에 대한 보상으로 옥스퍼드셔에 땅을 하사받았고 그 땅에 블레넘 궁전을 지었다. 이 궁전에는 공작을 그린 이 태피스트리가 걸려 있다.

러시아의 부상

칼 12세는 폴란드에 있는 스웨덴 기지 그로드노에서 러시아를 공격했다. 폴타바 전투의 승리로 표트르 대제의 러시아가 스웨덴 대신 폴란드와 발트해 연안을 지배했다.

기호 보기

마을

스웨덴군
- 🚩 사령관
- 보병
- 기병

러시아군
- 보병
- 기병
- 포병
- 보루
- 방어시설

타임라인

1
2
3
4
5

1709년 7월 8일 0시   정오   자정

칼 12세의 러시아 침공

1708년, 러시아 영토로 들어간 칼은 동맹군과 합류하려고 남쪽으로 갔다. 레스나야 전투에서 군수품 수송 마차를 잃어서 그의 군대는 폴타바에서 굶주림과 추위, 강행군으로 지쳐 있었다.

1708년 8월 칼이 드니프로강을 건넌다.
1708년 7월 4일 홀로브친
그로드노
1708년 10월 9-10일 레스나야
1708년 10월 9-10일 스웨덴군이 군수품 수송 마차를 탈취당한다.
1709년 7월 8일 폴타바
1709년 5월 2일 칼이 폴타바를 포위한다.
데모티카

발트해
프로이센
폴란드
작센
빈
오스트리아
오스만 제국
아드리아해

기호 보기

- → 칼 12세의 러시아 침공, 1708년-1709년
- ✕ 스웨덴군의 승리
- ✕ 러시아군의 승리
- ✕ 주 전투
- → 폴타바에서 패주하여 스웨덴으로 귀환하는 칼의 경로, 1709-1715년

스웨덴군의 좌절

6월 20일에 유탄을 맞은 칼 12세는 전투 지휘권을 칼 구스타브 렌셸드 원수에게 넘겼다. 스웨덴군은 공격 초기에 러시아군 외곽 방어시설을 돌파하려다 병사 수백 명을 잃었다.

1 보루 습격 1709년 7월 8일 오전 4시

러시아군은 숙영지를 방어하기 위해 흙으로 보루 10개를 구축했다. 칼은 야간에 보루를 장악한 뒤 러시아군 숙영지를 기습 공격하기로 한다. 하지만 스웨덴군은 날이 밝을 때까지 보루를 점령하지 못한다. 칼 구스타브 루스가 이끄는 보병이 간신히 보루 2개를 점령했을 때 러시아군이 포격으로 공격을 중단시킨다. 알렉산드르 멘시코프 휘하의 러시아 기병이 반격을 시작하지만 크로이츠가 이끄는 스웨덴 기병에 밀려난다.

- ➡ 스웨덴군의 보루 공격
- ➡ 스웨덴 기병의 공격
- ➡ 러시아군의 반격
- ⇢ 러시아 기병의 퇴각

오전 5시 스웨덴 기병과 보병이 진격하자 러시아 기병이 퇴각한다.

오전 5시 렌셸드의 보병이 보루 방어선을 통과해 북쪽 들판에 재집결한다.

멘시코프

7월 8일 아침 러시아군이 방어시설과 포대에 둘러싸여 있다.

오전 4시 30분 러시아군 약 4천 명이 보루에 배치되어 있다.

부디셴스키 숲
야코베츠키 숲
보로스클라강

2 러시아 기병의 반격 오전 4-6시

스웨덴 보병 대부분이 러시아군 숙영지 서쪽에 다시 집결한다. 하지만 루스 휘하의 부대는 러시아군 보루 건너편인 동쪽으로 이동해 본대와 단절된다. 본대의 위치를 알지 못한 루스가 병력 약 1,500명을 이끌고 야코베츠키 숲으로 들어간다. 멘시코프 부대에 쫓기던 루스가 결국 폴타바 근처에서 러시아에 투항한다.

- ➡ 스웨덴군의 진격과 재집결
- ⇨ 러시아군의 루스 추격
- ⇢ 루스의 퇴각
- 🚩 루스의 항복

레벤하우프트
루스
크로이츠
렌셸드
폴타바

▷ **표트르 대제**
열정적인 개혁가였던 차르 표트르 1세 (1672-1725년)는 어린 시절부터 서구의 영향을 받았다. 대북방전쟁은 그의 주요 군사 프로젝트였다.

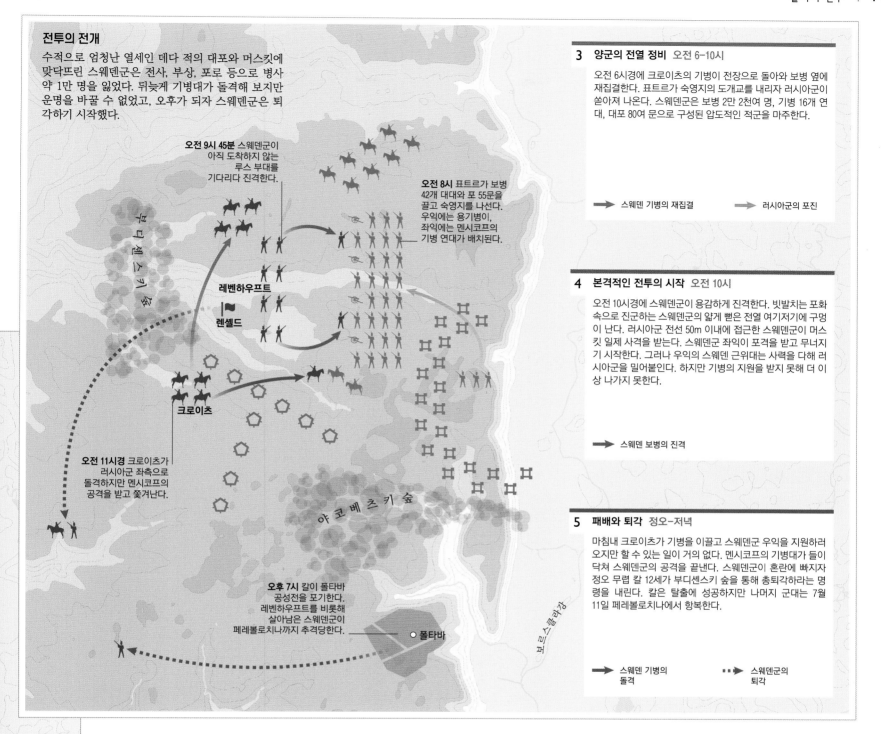

전투의 전개

수적으로 엄청난 열세인 데다 적의 대포와 머스킷에 맞닥뜨린 스웨덴군은 전사, 부상, 포로 등으로 병사 약 1만 명을 잃었다. 뒤늦게 기병대가 돌격해 보지만 운명을 바꿀 수 없었고, 오후가 되자 스웨덴군은 퇴각하기 시작했다.

오전 9시 45분 스웨덴군이 아직 도착하지 않는 루스 부대를 기다리다 진격한다.

오전 8시 표트르가 보병 42개 대대와 포 55문을 끌고 숙영지를 나선다. 우익에는 용기병이, 좌익에는 멘시코프의 기병 연대가 배치된다.

레벤하우프트

렌셸드

크로이츠

오전 11시경 크로이츠가 러시아군 좌측으로 돌격하지만 멘시코프의 공격을 받고 쫓겨난다.

무디셴스키 강

야코베츠키 숲

오후 7시 칼이 폴타바 공성전을 포기한다. 레벤하우프트를 비롯해 살아남은 스웨덴군이 페레볼로치나까지 추격당한다.

폴타바

보르스클라 강

3 양군의 전열 정비 오전 6-10시

오전 6시경에 크로이츠의 기병이 전장으로 돌아와 보병 옆에 재집결한다. 표트르가 숙영지의 도개교를 내리자 러시아군이 쏟아져 나온다. 스웨덴군은 보병 2만 2천여 명, 기병 16개 연대, 대포 80여 문으로 구성된 압도적인 적군을 마주한다.

→ 스웨덴 기병의 재집결   → 러시아군의 포진

4 본격적인 전투의 시작 오전 10시

오전 10시경에 스웨덴군이 용감하게 진군한다. 빗발치는 포화 속으로 진군하는 스웨덴군의 얇게 뻗은 전열 여기저기에 구멍이 난다. 러시아군 전선 50m 이내에 접근한 스웨덴군이 머스킷 일제 사격을 받는다. 스웨덴군 좌익이 포격을 받고 무너지기 시작한다. 그러나 우익의 스웨덴 근위대는 사력을 다해 러시아군을 밀어붙인다. 하지만 기병의 지원을 받지 못해 더 이상 나가지 못한다.

→ 스웨덴 보병의 진격

5 패배와 퇴각 정오-저녁

마침내 크로이츠가 기병을 이끌고 스웨덴군 우익을 지원하러 오지만 할 수 있는 일이 거의 없다. 멘시코프의 기병대가 들이닥쳐 스웨덴군의 공격을 끝낸다. 스웨덴군이 혼란에 빠지자 정오 무렵 칼 12세가 부디셴스키 숲을 통해 총퇴각하라는 명령을 내린다. 칼은 탈출에 성공하지만 나머지 군대는 7월 11일 페레볼로치나에서 항복한다.

→ 스웨덴 기병의 돌격   ⇢ 스웨덴군의 퇴각

폴타바 전투

1709년 7월, 표트르 대제가 이끈 러시아군은 오늘날의 우크라이나에 있는 폴타바에서 칼 12세의 스웨덴군을 격퇴했다. 표트르 대제의 승리로 북동 유럽에서 러시아가 패권을 차지했고, 강대국이었던 스웨덴 제국이 쇠퇴하기 시작했다.

폴란드-작센, 러시아, 덴마크가 한 세기 동안 발트해 지역을 장악하고 있던 스웨덴 제국을 무너뜨리려고 하면서 대북방전쟁(1700-1721년)이 시작되었다. 하지만 1709년에 이르자 이 전쟁은 유능한 스웨덴 장군 칼 12세와 러시아를 강력한 근대 국가로 탈바꿈시키고 있던 표트르 1세라는 야심에 찬 두 지도자 간의 싸움이 되었다. 1708년에 러시아를 침공한 칼 12세는 혹독한 한파를 뚫고 진군한 끝에 성곽도시 폴타바(코사크 헤트만국의 땅)에 도착해

포위망을 구축했다. 스웨덴군을 격파해 포위망을 뚫고 싶었던 표트르 1세는 병력 4만여 명을 보루 10개로 둘러싸인 숙영지에 머무르게 했다. 스웨덴군 2만 5천여 명은 대담한 야간 기습을 시도했지만 실패했다. 공격에 참여한 보병 1/3이 보루에서 죽거나 포로로 붙잡혔다. 나머지 군사도 러시아군의 힘에 밀려 궤멸되었다.

공성전의 발전

17세기 후반에 혁신적인 기술자들이
축성 방법과 전술을 크게 발전시키기 시작했다.
그 영향으로 유럽 전역에서 성채 설계와 공성전 수행은
새로운 시대로 접어들었다.

△ **공성전 시대의 왕**
프랑스 국왕 루이 14세는 국경의 여러
요새 건설을 감독했고, 보방이 참여한
공성전 40회 가운데 절반을 가까이서
지켜보았다.

성채 축조가 확산되어 공성전이 평야 지대 전투
보다 많아지기 시작한 11세기 이후로 공성전은
유럽 전쟁의 특징으로 자리 잡았다. 15세기에 대
포가 도입되면서 성곽 설계도 혁신적으로 달라졌
다. 그 결과 포격을 견딜 수 있도록 각 모서리에
돌출된 능보를 설치한 다각형 요새인 '성형(星形)
요새'가 개발되었다.

17세기 초에는 성채가 더욱 복잡해져서 성형
요새에 래블린(반월보) 같은 외보가 추가되었다
(아래 그림 참조). 성벽은 포격을 잘 견딜 수 있도록
흙으로 낮게 축조되었다. 프랑스에서 루이 14세
(1643-1715년)가 통치하던 시절에는 공성전이
전투의 중심을 이루었다. 국왕의 수석 엔지니어
였던 세바스티앙 르 프레스트르 드 보방(나중에
후작이 됨)은 요새 설계와 공성전에 엄청난 영향을 끼쳤다. 그는 과학적 접근방법을
통해 갈수록 강력해지는 대포를 공성전에 적절히 섞어 활용했다. 보방은 여러 요새
와 성곽도시를 건설하기도 했고, 프랑스의 북동 전선을 따라 두 줄의 방어시설도 축
조했다.

공성전을 위한 무기도 진화했다. 예컨대 성벽 너머로 또는 공성 참호 안으로 포탄
을 발사하는 박격포, 새로운 유형의 정예 병사인 척탄병이 던지는 수류탄 같은 무기
가 개발되었다.

△ **강화된 스페인 요새**
17세기 중반에 그려진 바다호스 요새의 설계도로 성형 요새에 능보를 추가한
모습을 묘사한 것이다. V자형 또는 반월형 쐐기 모양의 능보(또는 외보)를
설치하면 포 사격에 전술적 이점이 생긴다.

루이 14세의 공격, 1673년
17세기에 플랑드르 화가 아담 프란츠 반 데르 뮐렌이 그린 그림으로 프랑스군이 성곽도시 마스트리흐트를 포위한 모습을 묘사한 것이다. 프랑스군은 한 달 안에 네덜란드의 성벽을 무너뜨렸다. 이 공성전에는 보방이 도입한 평행호 공성법이 이용되었다.

플라시 전투

1757년 6월 23일, 영국 동인도 회사는 배신과 행운이 겹쳐
플라시 전투에서 프랑스 대포 몇 문을 지원받은 벵골의 나와브 군에 승리를 거두었다.
이 전투의 승리로 영국은 인도 지배의 기틀을 마련했다.

1750년대에 프랑스, 네덜란드, 영국 회사는 벵골에서 무역 경쟁을 벌였다. 벵골의 나와브(통치자) 시라지 우드 다울라는 무역 관행과 영국 동인도 회사(EIC)의 식민지 야욕에 분개해 1756년 6월, 대군을 이끌고 영국의 무역 기지 캘커타(콜카타)를 점령했다. 로버트 클라이브 대령이 이끈 EIC 지원군은 1757년 1월에 콜카타를 탈환했다. 이 무렵 영국과 프랑스는 7년 전쟁(142쪽 참조)을 치르는 중이었기에 클라이브는 찬데르나고르(찬다나가르)에 있는 프랑스 무역 거점을 탈취하기로 했다. 이것을 계기로 다울라는 프랑스군과 동맹을 맺고 영국군 축출에 나섰다. 6월 23일, 플라시(팔라시) 인근에서 벌어진 전투에서는 영국군이 수적으로 열세였다. 하지만 사령관 미르 자파르를 포함한 일부 벵골 지휘관이 싸움에 나서지 않기로 비밀리에 합의하고, 게다가 벵골군의 가용 화약마저 동이 난 바람에 클라이브는 승리를 거둘 수 있었다.

△ **나와브 군의 포병**
포수, 포탄, 화약 등을 포함한 벵골군 포대는 거대한 판에 실려 운반되었다. 이 판은 소 50마리가 끌었는데, 때로는 코끼리가 동원되기도 했다.

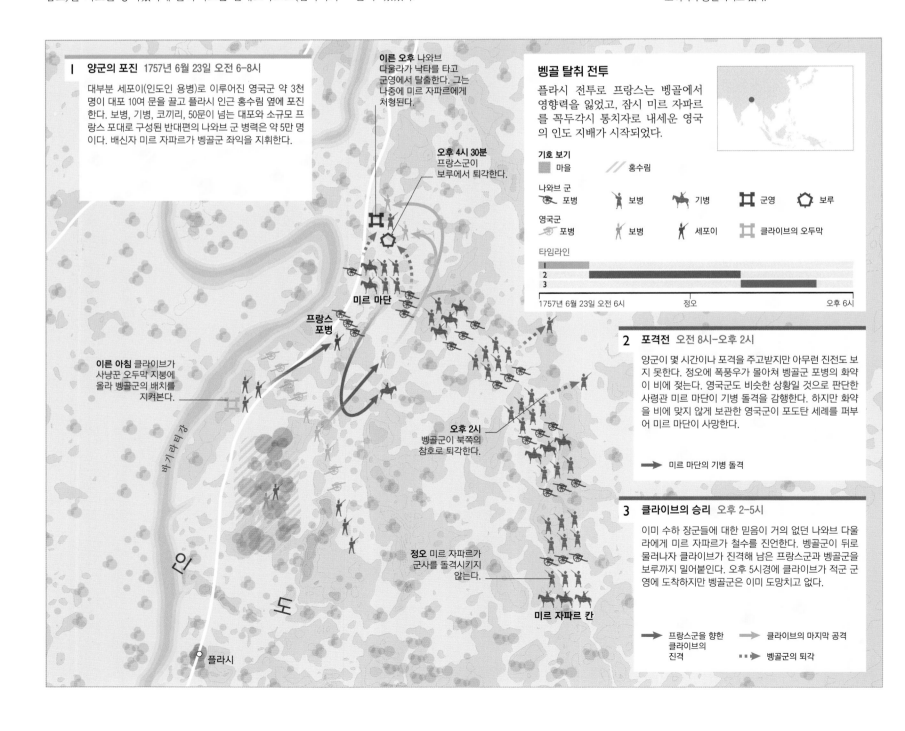

양군의 포진 1757년 6월 23일 오전 6-8시

대부분 세포이(인도인 용병)로 이루어진 영국군 약 3천 명이 대포 10여 문을 끌고 플라시 인근 홍수림 옆에 포진한다. 보병, 기병, 코끼리, 50문이 넘는 대포와 소규모 프랑스 부대로 구성된 반대편의 나와브 군 병력은 약 5만 명이다. 배신자 미르 자파르가 벵골군 좌익을 지휘한다.

이른 오후 나와브
다울라가 낙타를 타고 군영에서 탈출한다. 그는 나중에 미르 자파르에게 처형된다.

오후 4시 30분
프랑스군이 보루에서 퇴각한다.

미르 마단

프랑스 포병

이른 아침 클라이브가 사냥꾼 오두막 지붕에 올라 벵골군의 배치를 지켜본다.

바기라티강

오후 2시
벵골군이 북쪽의 참호로 퇴각한다.

정오 미르 자파르가 군사를 돌격시키지 않는다.

미르 자파르 칸

인 도

플라시

벵골 탈취 전투

플라시 전투로 프랑스는 벵골에서 영향력을 잃었고, 잠시 미르 자파르를 꼭두각시 통치자로 내세운 영국의 인도 지배가 시작되었다.

기호 보기
- 🟦 마을
- ⬜ 홍수림

나와브 군
- 포병
- 보병
- 기병
- 군영
- 보루

영국군
- 포병
- 보병
- 세포이
- 클라이브의 오두막

타임라인

1 / 2 / 3

1757년 6월 23일 오전 6시 | 정오 | 오후 6시

2 포격전 오전 8시-오후 2시

양군이 몇 시간이나 포격을 주고받지만 아무런 진전도 보지 못한다. 정오에 폭풍우가 몰아쳐 벵골군 포병의 화약이 비에 젖는다. 영국군도 비슷한 상황일 것으로 판단한 사령관 미르 마단이 기병 돌격을 감행한다. 하지만 화약을 비에 맞지 않게 보관한 영국군이 포도탄 세례를 퍼부어 미르 마단이 사망한다.

➡ 미르 마단의 기병 돌격

3 클라이브의 승리 오후 2-5시

이미 수하 장군들에 대한 믿음이 거의 없던 나와브 다울라에게 미르 자파르가 철수를 진언한다. 벵골군이 뒤로 물러나자 클라이브가 진격해 남은 프랑스군과 벵골군을 보루까지 밀어붙인다. 오후 5시경에 클라이브가 적군 군영에 도착하지만 벵골군은 이미 도망치고 없다.

➡ 프랑스군을 향한 클라이브의 진격
➡ 클라이브의 마지막 공격
┅➤ 벵골군의 퇴각

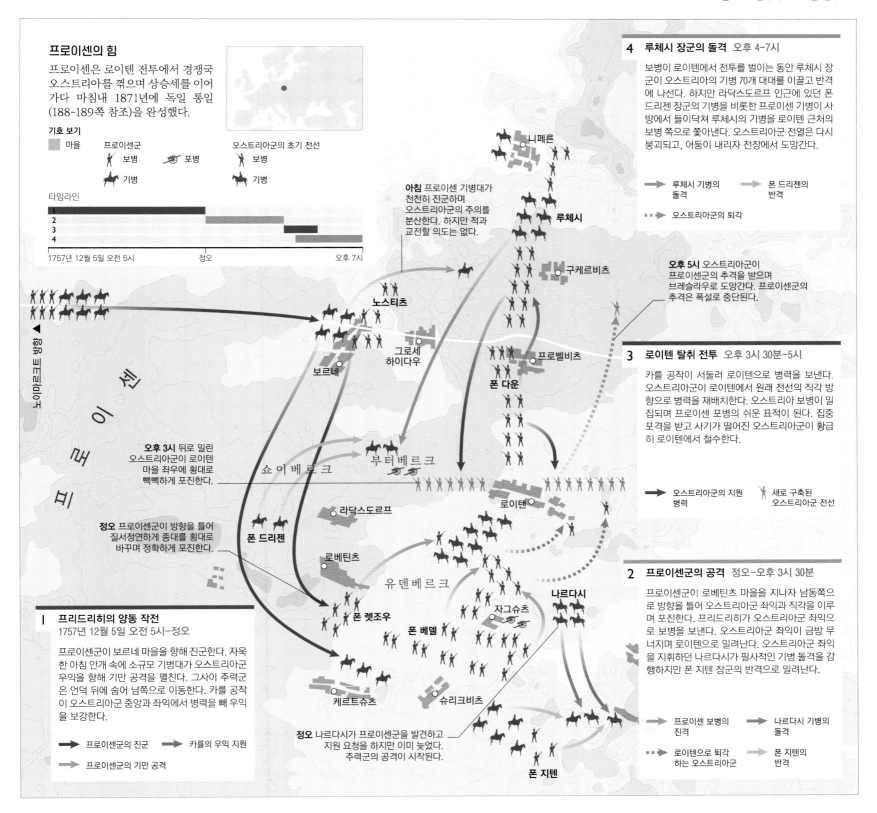

프로이센의 힘

프로이센은 로이텐 전투에서 경쟁국 오스트리아를 꺾으며 상승세를 이어 가다 마침내 1871년에 독일 통일 (188-189쪽 참조)을 완성했다.

기호 보기

마을

프로이센군
보병
포병
기병

오스트리아군의 초기 전선
보병
기병

타임라인

1
2
3
4

1757년 12월 5일 오전 5시 　정오 　오후 7시

아침 프로이센 기병대가 천천히 진군하며 오스트리아군의 주의를 분산한다. 하지만 적과 교전할 의도는 없다.

노스티츠

그로세 하이다우

보르네

쇼이베르크

오후 3시 뒤로 밀린 오스트리아군이 로이텐 마을 좌우에 횡대로 빽빽하게 포진한다.

부터베르크

라닥스도르프

정오 프로이센군이 방향을 틀어 질서정연하게 종대를 횡대로 바꾸며 정확하게 포진한다.

폰 드리젠

로베틴츠

유덴베르크

Ⅰ 프리드리히의 양동 작전
1757년 12월 5일 오전 5시-정오

프로이센군이 보르네 마을을 향해 진군한다. 자욱한 아침 안개 속에 소규모 기병대가 오스트리아군 우익을 향해 기만 공격을 펼친다. 그사이 주력군은 언덕 뒤에 숨어 남쪽으로 이동한다. 카를 공작이 오스트리아군 중앙과 좌익에서 병력을 빼 우익을 보강한다.

→ 프로이센군의 진군
→ 카를의 우익 지원
→ 프로이센군의 기만 공격

폰 렛조우
케르트슈츠
슈리크비츠
폰 베델

정오 나르다시가 프로이센군을 발견하고 지원 요청을 하지만 이미 늦었다. 주력군의 공격이 시작된다.

폰 지텐

니페른

루체시

구케르비츠

프로벨비츠

폰 다운

로이텐

나르다시

자그슈츠

4 루체시 장군의 돌격 오후 4-7시

보병이 로이텐에서 전투를 벌이는 동안 루체시 장군이 오스트리아의 기병 70개 대대를 이끌고 반격에 나선다. 하지만 라닥스도르프 인근에 있던 폰 드리젠 장군의 기병을 비롯한 프로이센 기병이 사방에서 들이닥쳐 루체시의 기병을 로이텐 근처의 보병 쪽으로 쫓아낸다. 오스트리아군 전열은 다시 붕괴되고, 어둠이 내리자 전장에서 도망간다.

→ 루체시 기병의 돌격
→ 폰 드리젠의 반격
⤑ 오스트리아군의 퇴각

오후 5시 오스트리아군이 프로이센군의 추격을 받으며 브레슬라우로 도망간다. 프로이센군의 추격은 폭설로 중단된다.

3 로이텐 탈취 전투 오후 3시 30분-5시

카를 공작이 서둘러 로이텐으로 병력을 보낸다. 오스트리아군이 로이텐에서 원래 전선의 직각 방향으로 병력을 재배치한다. 오스트리아 보병이 밀집되며 프로이센 포병의 쉬운 표적이 된다. 집중 포격을 받고 사기가 떨어진 오스트리아군이 황급히 로이텐에서 철수한다.

→ 오스트리아군의 지원 병력
╳ 새로 구축된 오스트리아군 전선

2 프로이센군의 공격 정오-오후 3시 30분

프로이센군이 로베틴츠 마을을 지나자 남동쪽으로 방향을 틀어 오스트리아군 좌익과 직각을 이루며 포진한다. 프리드리히가 오스트리아군 좌익으로 보병을 보낸다. 오스트리아군 좌익이 금방 무너지며 로이텐으로 밀려난다. 오스트리아군 좌익을 지휘하던 나르다시가 필사적인 기병 돌격을 감행하지만 폰 지텐 장군의 반격으로 밀려난다.

→ 프로이센 보병의 진격
→ 나르다시 기병의 돌격
⤑ 로이텐으로 퇴각하는 오스트리아군
→ 폰 지텐의 반격

로이텐 전투

1757년 로이텐 전투는 7년 전쟁의 주요 전투 중 하나였다. 프로이센의 프리드리히 2세는 훨씬 큰 규모의 오스트리아군을 상대로 승리를 거두었다. 그는 대담한 측면 기동 작전을 통해 유럽 최고의 군사 지휘관이라는 명성을 얻었다.

유럽에서 7년 전쟁(142쪽 참조)의 주요 쟁점은 프랑스와 오스트리아의 합스부르크 제국이 프리드리히 2세가 이끄는 프로이센의 팽창을 저지하는 것이었다. 1757년 말에 프랑스군과 대적하던 프리드리히는 슐레지엔을 탈환한 오스트리아군과 싸우기 위해 되돌아왔다. 12월 5일, 로트링겐 공 카를과 폰 다운 백작은 6만 명이 넘는 제국군을 이끌고 프리드리히와 맞붙기 위해 로이텐(루티니아, 오늘날의 폴란드 소재)에 집결했다. 8km나 되는 길이로 늘어서 있

던 오스트리아의 대군은 언덕 아래쪽에 진을 치고 있던 프로이센군 약 3만 5천 명과 맞섰다. 프리드리히는 오스트리아군 우익을 공격하는 척하면서 언덕 뒤에 숨어 적의 전선을 가로질러 이동한 뒤 오스트리아군 좌익을 공격했다. 고도로 훈련된 병사들만 할 수 있는 대담한 작전이었다. 양군 모두 큰 손실을 입었지만, 프리드리히의 전술이 성공하며 오스트리아군은 패주했다.

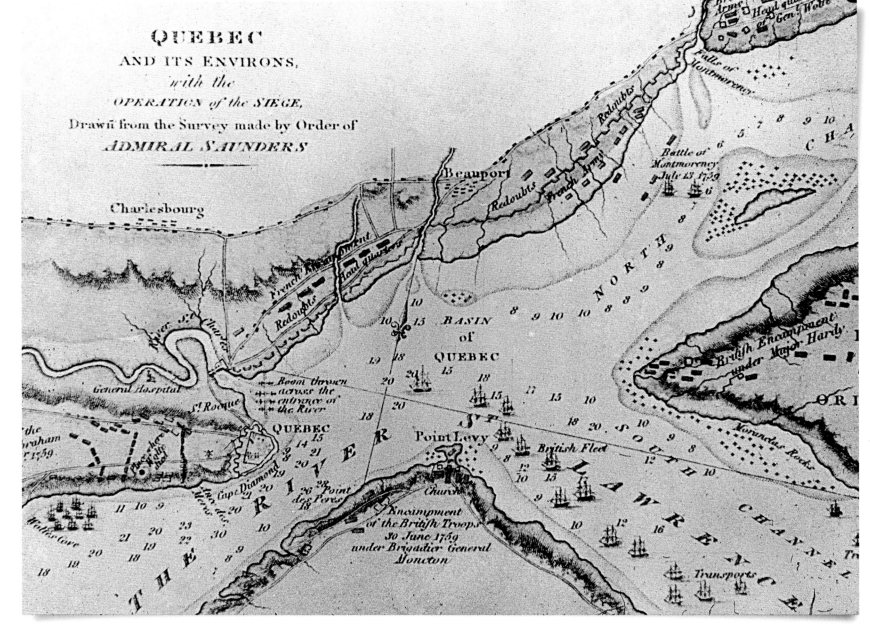

QUEBEC
AND ITS ENVIRONS,
with the
OPERATION of the SIEGE,
Drawn from the Survey made by Order of
ADMIRAL SAUNDERS

△ **퀘벡 공성전**
영국 함대 사령관의 명령에 따라 측량을 기반으로
작성한 이 지도에는 세인트로렌스강을 막은 방재와
강변의 보루를 포함해 퀘벡 공성전 기간의 프랑스
방어시설이 표시되어 있다.

아브라함 평원 전투

프랑스-인디언 전쟁(1757-1763년)의 중추적 전투인 아브라함 평원 전투에서
제임스 울프 소장이 이끈 영국군은 퀘벡의 프랑스군을 기습 공격해 3개월의 공성전 끝에
퀘벡을 점령했다. 영국군은 이 전투에서 승리하며 캐나다 지배의 길을 열었다.

영국과 프랑스가 북아메리카의 지배권을 두고 다투기 시작한
지 5년이 지난 1759년 6월, 제임스 울프 장군 휘하의 영국군은
1534년에 프랑스가 세운 식민지 누벨 프랑스의 수도 퀘벡을 공
격하기 위해 세인트로렌스강을 거슬러 올라갔다. 울프는 퀘벡
맞은편에 있는 오를레앙섬에 진지를 구축하고 퀘벡을 포위했다.
7월 31일, 영국군은 보포르에 상륙하려고 했지만 실패했다. 게
다가 질병이 영국군 진영을 휩쓸었다. 9월이 되자 울프는 시간
에 쫓겼다. 겨울이 되면 얼음 때문에 철수해야 했기 때문이다.
그래서 퀘벡 서쪽 상류에 있는 랑세 오 포울롱에 상륙하는 도
박을 감행하기로 했다. 이곳은 54m 높이의 벼랑 아래쪽에 있

는 만이다. 9월 12일, 윌리엄 하우 대령이 야음을 틈타 지원병
24명을 이끌고 절벽을 기어올라 프랑스 수비대를 제압하고 교
두보를 확보했다. 아침이 되자 4천 명이 넘는 영국군이 아브라
함 평원에 집결했다. 프랑스군 지휘관 몽캄 후작은 몬트리올에
서 오는 보급선이 끊길 것을 우려해 군사를 이끌고 퀘벡에서 나
왔다. 몽캄과 울프는 모두 치명상을 입었다. 프랑스군은 근거리
에서 쏘는 머스킷을 당해 내지 못해 후퇴했고, 결국 9월 18일에
퀘벡을 내주었다.

지도 설명

1. 울프가 오를레앙섬에서 퀘벡을 포위한다(1759년
   6월 28일-9월 18일).
2. 영국군 소부대가 랑세 오 포울롱에서 절벽을 타
   고 올라가 교두보를 확보한다.
3. 영국군이 포격을 피해 엎드려 있다가 근거리에서
   두 차례 머스킷 일제 사격을 한다.

벙커 힐 전투

영국군은 미국 독립 전쟁(1775-1783년)의 첫 번째 주요 전투에서
보스턴 인근의 찰스타운에 있는 두 언덕에서 대륙군을 축출하려다 큰 손실을 입었다.
이 전투를 계기로 대륙군은 영국령 아메리카 식민지에서 독립해야겠다고 더욱 의지를 다졌다.

세금, 자치권, 무역, 영토 확장 등을 둘러싸고 영국과 아메리카 식민지 사이에 갈등이 고조되다 1775년 4월에 미국 독립 전쟁이 발발했다. 독립을 원하는 독립파와 영국 정권을 지지하는 왕당파가 매사추세츠의 렉싱턴과 콩코드에서 소규모 접전을 벌인 뒤 대륙군이 보스턴을 포위했다. 대륙군 1만 5천 명은 1775년 6월 17일까지 영국군 약 6천 명을 보스턴에 가둬 두었다. 대륙군은 보스턴의 영국군 진지가 내려다보이는 찰스타운반도까지 점령했다. 영국군 사령관 토머스 게이지 장군은 1759년에 퀘벡에서 절벽을 기어올랐던 윌리엄 하

우 장군에게 군사를 이끌고 출전하라는 명령을 내렸다. 영국군은 포격을 가한 뒤 찰스타운반도에 상륙했다. 하지만 세 차례의 시도 끝에 겨우 대륙군을 쫓아낼 수 있었다. 게다가 영국군의 사상자는 1천 명이 넘었지만 대륙군은 450명 정도였다. 이 전투는 영국군에는 공허한 승리였고, 대륙군에는 고도의 훈련을 받은 유명한 영국군을 상대로 잘 싸울 수 있다는 사실을 확인하고 용기를 얻는 계기가 되었다.

독립 전쟁

뉴잉글랜드는 미국 독립 전쟁의 중심지로, 보스턴 인근의 렉싱턴과 콩코드에서 전쟁의 첫 전투가 벌어졌다 (1775년 4월 19일).

기호 보기

대륙군		영국군		
🪖 보병	🔫 포병	🪖 보병	⛵ 함대	👁 포병

타임라인

1775년 6월 16일　　　6월 17일　　　6월 18일

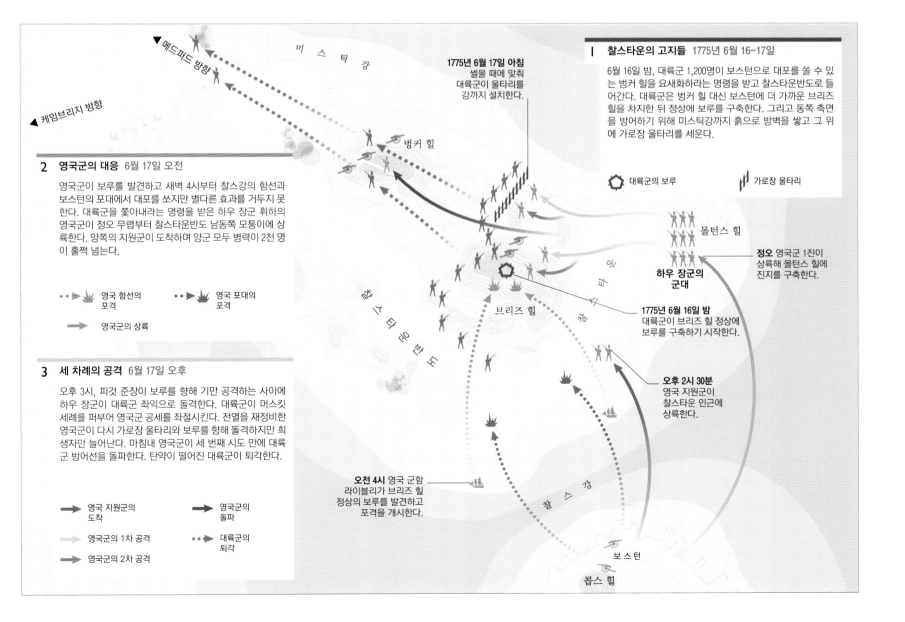

1775년 6월 17일 아침
썰물 때에 맞춰 대륙군이 울타리를 강까지 설치한다.

■ 찰스타운의 고지들 1775년 6월 16-17일

6월 16일 밤, 대륙군 1,200명이 보스턴으로 대포를 쏠 수 있는 벙커 힐을 요새화하라는 명령을 받고 찰스타운반도로 들어간다. 대륙군은 벙커 힐 대신 보스턴에 더 가까운 브리즈 힐을 차지한 뒤 정상에 보루를 구축한다. 그리고 동쪽 측면을 방어하기 위해 미스틱강까지 흙으로 방벽을 쌓고 그 위에 가로장 울타리를 세운다.

⬡ 대륙군의 보루　　　▯▯ 가로장 울타리

2 영국군의 대응 6월 17일 오전

영국군이 보루를 발견하고 새벽 4시부터 찰스강의 함선과 보스턴의 포대에서 대포를 쏘지만 별다른 효과를 거두지 못한다. 대륙군을 쫓아내라는 명령을 받은 하우 장군 휘하의 영국군이 정오 무렵부터 찰스타운반도 남동쪽 모퉁이에 상륙한다. 양쪽의 지원군이 도착하며 양군 모두 병력이 2천 명이 훌쩍 넘는다.

‥‥▶ 영국 함선의 포격　　　‥‥▶ 영국 포대의 포격

⟶ 영국군의 상륙

3 세 차례의 공격 6월 17일 오후

오후 3시, 피컷 준장이 보루를 향해 기만 공격하는 사이에 하우 장군이 대륙군 좌익으로 돌격한다. 대륙군이 머스킷 세례를 퍼부어 영국군 공세를 좌절시킨다. 전열을 재정비한 영국군이 다시 가로장 울타리와 보루를 향해 돌격하지만 희생자만 늘어난다. 마침내 영국군이 세 번째 시도 만에 대륙군 방어선을 돌파한다. 탄약이 떨어진 대륙군이 퇴각한다.

⟶ 영국 지원군의 도착　　　⟶ 영국군의 돌파

⟶ 영국군의 1차 공격　　　‥‥▶ 대륙군의 퇴각

⟶ 영국군의 2차 공격

정오 영국군 1진이 상륙해 몰턴스 힐에 진지를 구축한다.

1775년 6월 16일 밤 대륙군이 브리즈 힐 정상에 보루를 구축하기 시작한다.

오후 2시 30분 영국 지원군이 찰스타운 인근에 상륙한다.

오전 4시 영국 군함 라이블리가 브리즈 힐 정상의 보루를 발견하고 포격을 개시한다.

메드퍼드 방향　　미 스 틱 강　　벙커 힐　　몰턴스 힐　　하우 장군의 군대

케임브리지 방향　　브리즈 힐　　찰 스 강　　보스턴　　콥스 힐

버고인 부대의 행군

버고인 부대는 혹독한 행군을 견디며 올버니로 향했다. 보급 물자가 절실했던 그는 베닝턴을 습격했다가 병사 1천 명을 잃었다. 대륙군은 세인트 레저 대령의 부대가 포위한 스탠윅스 요새를 구하러 지원군을 보냈다. 세인트 레저 대령의 발이 묶이는 바람에 버고인은 새러토가에서 병력 6천 명으로 대륙군과 맞서야 했다.

기호 보기

⚔ 주 전투
🔻 습격
🏰 요새
➡ 버고인의 새러토가 행군
➡ 게이츠의 새러토가 경로
➡ 스탠윅스 요새 구출
➡ 세인트 레저의 경로

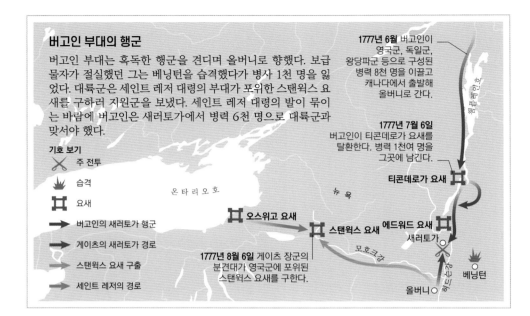

1777년 6월 버고인이 영국군, 독일군, 왕당파군 등으로 구성된 병력 8천 명을 이끌고 캐나다에서 출발해 올버니로 간다.

1777년 7월 6일 버고인이 티콘데로가 요새를 탈환한다. 병력 1천여 명을 그곳에 남긴다.

온타리오호

티콘데로가 요새

뉴욕

오스위고 요새 스탠윅스 요새 에드워드 요새

새러토가

모호크강

1777년 8월 6일 게이츠 장군의 분견대가 영국군에 포위된 스탠윅스 요새를 구한다.

올버니 베닝턴

새러토가 출정

전략적으로 중요한 허드슨강 계곡을 장악하기 위한 영국의 1777년 출정은 새러토가 전투로 끝이 났다. 허드슨강은 아메리카 동부 해안의 뉴욕 북쪽에 있다.

기호 보기

🏠 프리먼 농장

대륙군
🧍 보병
〰 게이츠의 방어시설

영국군
🧍 보병
〰 보루와 방어시설

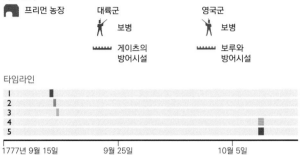

타임라인

1
2
3
4
5

1777년 9월 15일   9월 25일   10월 5일

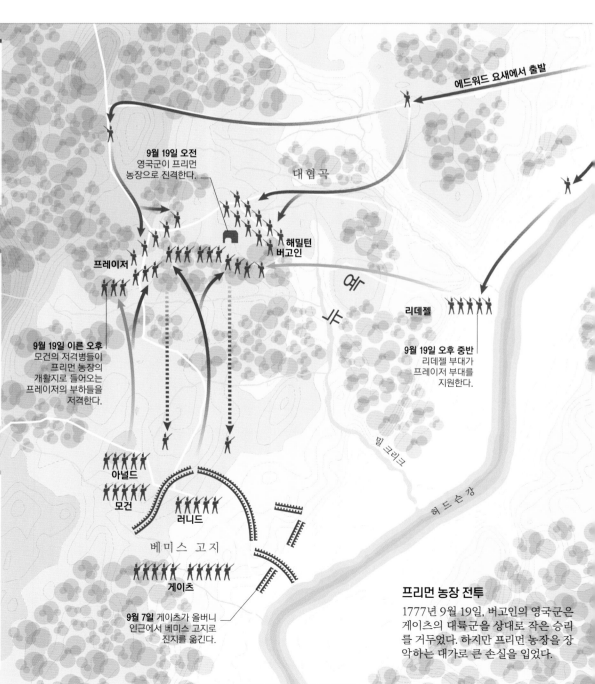

1 버고인의 준비 1777년 9월 19일 오전

영국군이 세 부대로 나눠 진격한다. 리데젤 남작은 왼쪽 부대를 이끌고 베미스 고지의 대륙군 기지를 공격하는 척한다. 사이먼 프레이저 준장은 오른쪽 부대를 이끌고 프리먼 농장으로 진격한다. 그의 궁극적 목표는 베미스 고지 북서쪽에 있는 고지를 점령하는 것이다. 버고인과 제임스 해밀턴 장군은 중앙 부대를 지휘한다.

➡ 영국군의 진격

2 첫 교전 이른 오후

게이츠의 부하 베네딕트 아널드가 영국군의 계획을 짐작하고, 방어 진지에 머물려는 게이츠에게 나서서 적의 진격을 차단하라고 압박한다. 프레이저의 산병이 프리먼 농장 인근에 나타나자 대니얼 모건이 이끄는 대륙군 저격병들이 영국군 장교 대부분을 제거한다. 모건의 부하들이 산병을 추격하지만 바로 프레이저의 본대와 맞닥뜨린다.

➡ 모건의 탐색전

3 리데젤의 지원 오후

버고인이 자기 부대를 보내 프레이저를 지원하게 한다. 게이츠도 민병 연대 몇몇을 투입하며 전투가 커진다. 오후 3시경에 버고인이 리데젤에게 지원군을 보내라는 명령을 내린다. 리데젤이 진격해 대륙군 우익으로 총격을 가하자 대륙군이 베미스 고지로 퇴각한다. 버고인이 승리하지만 부하 600명을 잃는다.

➡ 대륙군의 주공격   ▪▪▶ 대륙군의 퇴각
➡ 리데젤의 지원

에드워드 요새에서 출발

9월 19일 오전 영국군이 프리먼 농장으로 진격한다.

대협곡

해밀턴 버고인

프레이저

9월 19일 이른 오후 모건의 저격병들이 프리먼 농장의 개활지로 들어오는 프레이저의 부하들을 저격한다.

리데젤

9월 19일 오후 중반 리데젤 부대가 프레이저 부대를 지원한다.

아널드

모건

러니드

베미스 고지

게이츠

밀 크리크

허드슨강

9월 7일 게이츠가 올버니 인근에서 베미스 고지로 진지를 옮긴다.

프리먼 농장 전투

1777년 9월 19일, 버고인의 영국군은 게이츠의 대륙군을 상대로 작은 승리를 거두었다. 하지만 프리먼 농장을 장악하는 대가로 큰 손실을 입었다.

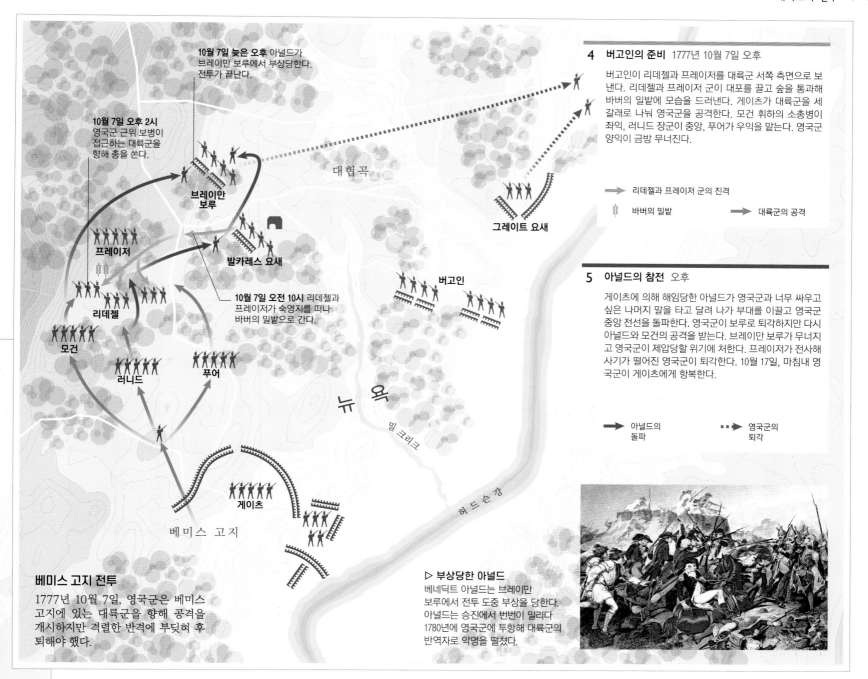

10월 7일 늦은 오후 아널드가 브레이만 보루에서 부상당한다. 전투가 끝난다.

10월 7일 오후 2시 영국군 근위 보병이 접근하는 대륙군을 향해 총을 쏜다.

브레이만 보루

프레이저

발카레스 요새

10월 7일 오전 10시 리데젤과 프레이저가 숙영지를 떠나 바버의 밀밭으로 간다.

리데젤

모건

러니드

푸어

게이츠

베미스 고지

대협곡

그레이트 요새

버고인

뉴 욕

밀 크리크

허드슨 강

4 버고인의 준비 1777년 10월 7일 오후

버고인이 리데젤과 프레이저를 대륙군 서쪽 측면으로 보낸다. 리데젤과 프레이저 군이 대포를 끌고 숲을 통과해 바버의 밀밭에 모습을 드러낸다. 게이츠가 대륙군을 세 갈래로 나눠 영국군을 공격한다. 모건 휘하의 소총병이 좌익, 러니드 장군이 중앙, 푸어가 우익을 맡는다. 영국군 양익이 금방 무너진다.

→ 리데젤과 프레이저 군의 진격

🌾 바버의 밀밭 → 대륙군의 공격

5 아널드의 참전 오후

게이츠에 의해 해임당한 아널드가 영국군과 너무 싸우고 싶은 나머지 말을 타고 달려 나가 부대를 이끌고 영국군 중앙 전선을 돌파한다. 영국군이 보루로 퇴각하지만 다시 아널드와 모건의 공격을 받는다. 브레이만 보루가 무너지고 영국군이 제압당할 위기에 처한다. 프레이저가 전사해 사기가 떨어진 영국군이 퇴각한다. 10월 17일, 마침내 영국군이 게이츠에게 항복한다.

→ 아널드의 돌파   ▪▪▶ 영국군의 퇴각

베미스 고지 전투

1777년 10월 7일, 영국군은 베미스 고지에 있는 대륙군을 향해 공격을 개시하지만 격렬한 반격에 부딪혀 후퇴해야 했다.

▷ **부상당한 아널드**

베네딕트 아널드는 브레이만 보루에서 전투 도중 부상을 당한다. 아널드는 승진에서 번번이 밀리다 1780년에 영국군에 투항해 대륙군의 반역자로 악명을 떨쳤다.

새러토가 전투

1777년, 새러토가 인근에서 벌어진 두 차례의 전투는 미국 독립 전쟁의 전환점이 되었다.
영국군과 연합군의 병사 약 6천 명을 사로잡으며 대륙군의 사기가 높아졌다.
이 전투를 계기로 프랑스가 영국과의 싸움에 뛰어들었다.

미국 독립 전쟁(1775-1783년)이 시작된 지 2년이 지난 1777년, 영국군은 반란을 완전히 종식하기 위한 계획을 세웠다. 세 부대를 항구 도시 올버니에 집결해 반란의 중심지로 알려진 뉴잉글랜드 식민지와 왕당파가 많은 중남부 식민지를 분리하고자 했다. 존 버고인 장군의 부대는 캐나다에서 남진하면서 서쪽에서 진군하는 배리 세인트 레저 대령의 소규모 부대와 합류하고, 윌리엄 하우 장군의 부대는 뉴욕시에서 북진하면서 대륙군을 삼면에서 밀어붙이기로 했다. 하지만 세인트 레저 대령은 스탠윅스 요새에서 대륙군의 거센 저항에 부딪혀 올버니 도착이 지연되었고, 하우 장군은 방향을 바꿔 필라델피아를 공격하려고 이동했다.

버고인 장군은 올버니로 가는 길목에서 베미스 고지에 주둔한 허레이쇼 게이츠 장군의 대륙군과 홀로 맞서야 했다. 첫 전투는 몇 시간 동안 지속되었다. 대륙군이 물러갔지만 버고인은 병사 수백 명을 잃었다. 10월 7일에 버고인은 베미스 고지의 대륙군 기지를 탈취하려고 했다. 하지만 그의 군대는 금방 제압되었다. 버고인은 병사 수백 명을 더 잃고 퇴각하다가 마침내 10월 17일에 항복하고 말았다.

요크타운 공성전, 1781년
요크타운에서 영국군이 항복하면서 대륙군이 미국 독립 전쟁에서 결정적인 승리를 거두는 장면을 묘사한 판화다. 프랑스-미국 연합군은 찰스 콘월리스 장군 휘하의 영국군을 포위했다.

아메리카의 군대

1775년 4월, 북아메리카에서 반군과
영국군 사이에 분쟁이 발생했다.
6월 14일에 열린 제2차 대륙회의에서는 영국과 싸우기 위해
대륙군 창설을 승인했다.

대륙군은 시민으로 구성된 민병대가 아니라 훈
련받은 군대가 있어야 식민지에서 영국군과 싸
울 수 있으리라는 믿음에서 창설되었다. 대륙
군의 첫 번째 병사는 이미 보스턴 공성전(1775
년 4월-1776년 3월)에 투입되었던 민병대원이
었다. 곧이어 자원자들이 입대하기 시작했지만
1777년이 되어서야 본격적으로 모병을 위한
노력이 이루어졌다.

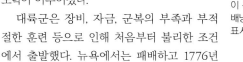

△ 휘장을 붙인 배낭
이 복제품에서 보듯이 대륙군의
배낭에는 자수로 연대와 중대를
표시한 경우가 많았다.

대륙군은 장비, 자금, 군복의 부족과 부적
절한 훈련 등으로 인해 처음부터 불리한 조건
에서 출발했다. 뉴욕에서는 패배하고 1776년
의 보스턴 공성전에서는 승리하는 등 전장에서의 초기 성적은 엇갈렸다. 1776년
에 트렌턴과 프린스턴에서도 작은 승리를 거두었지만, 이듬해 브랜디와인과 저먼
타운에서 다시 패배했다. 대륙군이 처음으로 확실하게 승리를 거둔 것은 새러토
가 전투(154-155쪽 참조)에서였고, 1778년 몬머스 코트하우스 전투에서도 우위
를 점했다. 하지만 1780년에 캠던 전투에서는 다시 패배했다.

대륙군은 갖은 문제에 시달리긴 했지만 그래도 일부 외국 참관인으로부터 찬
사를 받았다. 훈련, 지휘 역량, 장비는 점차 개선되었지만 그러한 개선이 꾸준히 이
루어지지는 않았다. 대륙회의의 자금 지원도 정치적 갈등이나 자원 부족으로 계
속되지 않았다. 결국 영국군을 꺾는 데 성공한 것은 대륙군이 잘 싸워서라기보다
프랑스와 스페인이 개입한 영향이 더 컸다. 식민지 13곳이 독립을 쟁취한 1783년
대륙회의의 첫 번째 조치는 대륙군 대부분을 해산하는 것이었다.

조지 워싱턴 (1732-1799년)

워싱턴은 프랑스-인디언 전쟁(1754-1763년)
기간에 하급 사령관으로 활동하다가 퇴임
이후 정치에 참여하기 시작했다. 대륙회의
는 대륙군을 창설한 뒤 그를 사령관으로 임
명했다. 군사 행정과 훈련에 뛰어난 역량을
발휘한 워싱턴은 독립 전쟁에서 대륙군이
승리하는 데 핵심 역할을 했다. 1789년에 그
는 새로 탄생한 미합중국의 초대 대통령이
되었다.

8

Frasne

Sombref

Ligny

French   Austrians
Position   *Position*
before the battle *before the battle*

Position   *Position*
during the battle *during the battle*

Cavalry   Infantry   Artillery

Rivulet

Roman Causeway

G^l Champ

S. Amand

Mellet

Brunehault

Brunehault

Pont Pli Vignelloup

S. Fiacre

Chaussee

Picton

Thameon

Hepignies

Wagnée

FLEURUS

Wansersee

Gouy

Mont à Gouy

Gosches

Bailet

Velaine

Courcelles

Ransart

Wood
of
Fleurus

Herlaymont

Trazegnies

Mill

Lambusart

Picton R.

Roux

Jumet

Sambre R.

la Gloriette

Picton

Forchies

Baumont

Gilly

Pond de Loup

Wood
of
Monceaux

Picton R.

CHARLEROI

Chatellet

Fontaine
l'Eveque

Marchienne
au Pont

BATTLE
OF
FLEURUS
26. June 1794.
A K JOHNSTON F R G S

Retreat

Lernes

SCALES
Military Steps 2½ Feet each

Sambre R.

English Miles

Vespe

W & A K Johnston Edin^r

△ **1848년의 플뢰뤼스 전투 지도**
플뢰뤼스 전투는 1794년에 오늘날의 벨기에에 있는
상브르강 북쪽의 샤를루아 교외에서 벌어졌다.
이 전투는 프랑스 혁명 전쟁 기간의 제1차 대프랑스
동맹에서 핵심 전투였다.

플뢰뤼스 전투

전투에서 정찰 풍선을 최초로 사용한 것으로 유명한 플뢰뤼스 전투에서 프랑스 혁명군은
제1차 대프랑스 동맹군(1792-1797년)을 상대로 의미 있는 승리를 거두며
벨기에와 네덜란드 공화국을 손에 넣었다.

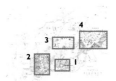

1789년의 혁명 이후 프랑스 공화정 정부는 혁명 이념의 확산을 우려한 유럽 군주들에게 공격을 받았다. 프랑스는 1793년부터 대규모 징집을 통해 대군을 양성했다. 1794년 6월 12일, 프랑스의 주르당 장군은 병력 7만여 명을 이끌고 샤를루아를 포위했다. 6월 25일에 작센코부르크의 요지아스 공이 포위망을 풀기 위해 오스트리아와 네덜란드 병사 5만여 명을 이끌고 도착했다. 샤를루아를 구하기에는 이미 늦었지만, 6월 26일에 요지아스 공은 부대를 5개로 나눠 프랑스군을 공격했다. 프랑스군은 전위 부대를 북동쪽의 플뢰뤼스에 두고, 나머지는 샤를루아를 중심

으로 호를 그리듯이 배치했다. 주르당은 정찰 풍선 랑트르프레낭을 통해 오스트리아군의 동태를 파악하고 있었다. 처음에는 프랑스군 양익이 뒤로 밀려났지만, 주르당이 병력을 재배치하며 중앙과 양익이 자리를 지킬 수 있었다. 요지아스 공이 전의를 상실하며 오스트리아군은 15시간의 사투 끝에 퇴각했다. 이 전투는 프랑스군에 전략적 승리를 안겨 주었다. 프랑스군은 공세를 이어가 오스트리아령 네덜란드를 합병했다.

지도 설명

1. 샤를루아는 오스트리아 지원군이 포위망을 풀기 위해 도착한 6월 25일에 주르당 장군에게 항복한다.

2. 프랑스군 좌익이 상브르강을 건너는 프랑스군 퇴로를 장악하고 있다.

3. 주네와 랑사르에 있는 프랑스군 예비대가 좌익과 우익을 지원한다.

4. 오스트리아군이 람부샤르를 점령하지만 프랑스 지원군이 탈환한다.

피라미드 전투

1798년 7월 21일, 이집트의 피라미드 인근 엠바베에서 벌어진 전투에서
프랑스의 나폴레옹 보나파르트는 사단을 대규모 방진 대형으로 배치하는 혁신적인 방법을 활용해
이집트의 맘루크군을 상대로 승리를 거두었다.

1798년 5월, 혁명 정부에서 가장 신임받는 장군 나폴레옹은 군함 약 30척과 여러 사단 병력을 태운 수송선 400척을 이끌고 이집트 침공에 나섰다. 그의 목표는 홍해를 통한 영국의 인도 무역로를 봉쇄하는 동시에 새로운 수입원을 확보하는 것이었다. 7월 1일에 이집트에 상륙한 나폴레옹은 다음 날 알렉산드리아를 점령한 뒤 나일강 서안을 따라 남진하다 7월 21일에 엠바베에서 맘루크 지도자 무라드 베이의 군대와 맞섰다. 그날 오후 맘루크 기병 6천 기가 프랑스군 2만 5천 명을 향해 돌격했다. 프랑스군은 외곽에 대포를 거치하고, 그 안에 보병을 종심 6열로 배치해 가운데 있는 기병과 군수품을 보호하는 5개 사단 방진을 짰다. 프랑스군 방진은 맘루크군의 돌격을 여러 차례 물리쳤다. 그러다 봉 사단이 엠바베를 급습해 맘루크 수비대를 격퇴했다. 많은 맘루크 병사가 나일강을 건너 도망치려다 익사했다. 맘루크군은 나폴레옹에게 카이로를 내주었지만, 2주도 지나지 않아 영국군이 나일강 전투에서 프랑스 함대를 격파했다.

위치 보기

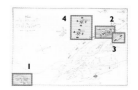

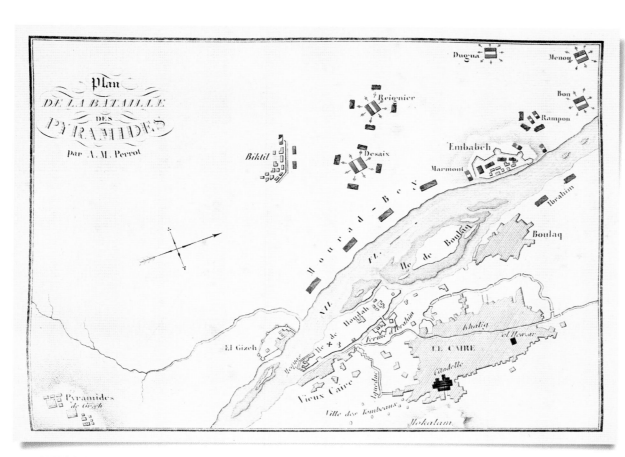

◁ **1828년의 프랑스군 전투 지도**
피라미드 전투는 카이로에서 6km, 기자의 피라미드에서 15km 떨어진 나일강 서안의 엠바베에서 벌어졌다.

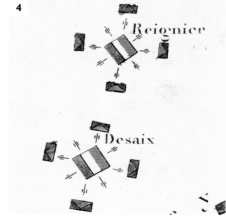

△ **밀집된 보병과 대포**
나폴레옹의 대규모 보병 방진은 맘루크 기병에 매우 효과적이었다. 이것은 나폴레옹이 유일하게 고안한 중요한 혁신적 전술이었다.

▽ **맘루크의 예비대**
무라드와 함께 맘루크를 공동 통치하던 이브라힘 베이 휘하의 맘루크군은 나일강 동안에 머문 채 전투에 참여하지 않았다.

△ **명소 이름을 딴 전투**
피라미드에서 약간 떨어진 곳에서 전투가 벌어졌지만 전투 명칭에 피라미드를 사용했다. 전투 이름을 붙일 때 흔히 명소를 사용한다.

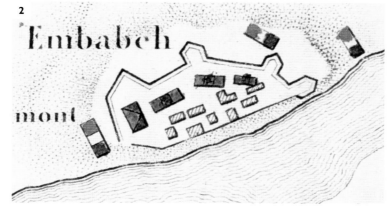

◁ **전략적 목표**
전투 중 프랑스군이 급습한 엠바베(오늘날의 임바바)는 나일강 삼각주 상부의 중요한 시장 도시였다.

마렝고까지의 경로

1800년 5월 중순, 나폴레옹은 비밀리에 그레이트 세인트 버나드 고개를 넘어 이탈리아로 갔다. 나머지 프랑스 병력은 그보다 북쪽에서 알프스를 넘었다. 프랑스군은 남진하며 밀라노, 파비아, 피아첸차, 스트라델라를 점령하고 포강을 따라 이어지는 오스트리아군의 주 보급로를 차단했다. 하지만 6월 4일에 오스트리아의 오트 장군이 공성전으로 제노바를 점령해 나폴레옹의 위협에 대처할 만큼 병력에 여유가 생겼다. 오트는 오스트리아군을 이끌고 알레산드리아로 진군했다.

기호 보기
✕ 주 전투

프랑스군
🚩 사령관

오스트리아군
🚩 사령관

⇨ 프랑스군의 경로
⇒ 오스트리아군의 경로

이탈리아 분쟁

나폴레옹이 알레산드리아 외곽의 마렝고 평원에서 승리한 지 하루 만에 오스트리아군은 이탈리아 북서부에서 철수하고 이탈리아에서 군사 작전을 중단하기로 합의했다.

기호 보기
⬛ 마을

오스트리아군		프랑스군	
🚩 사령관	🐎 기병	🚩 사령관	🐎 기병
🔫 보병		🔫 보병	포병

타임라인

6월 14일 오전 6시 · 오전 11시 · 오후 4시 · 오후 9시

오스트리아군의 우세

몇 시간에 걸친 싸움 끝에 마침내 오스트리아군이 프랑스군 전선을 돌파했다. 프랑스군은 오후 늦게 산 줄리아노 방면으로 철수해야 했다.

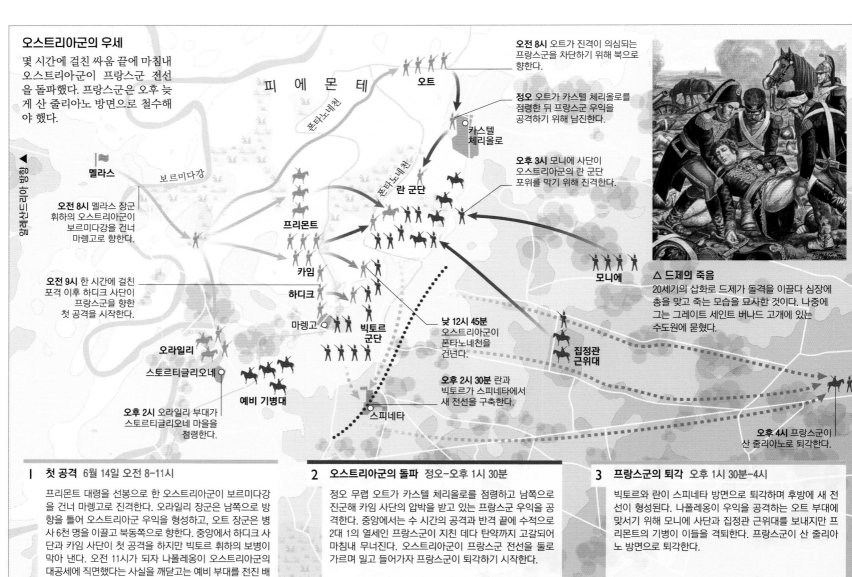

오전 8시 오트가 진격이 의심되는 프랑스군을 차단하기 위해 북으로 향한다.

정오 오트가 카스텔 체리올로를 점령한 뒤 프랑스군 우익을 공격하기 위해 남진한다.

오후 3시 모니에 사단이 오스트리아군의 란 군단 포위를 막기 위해 진격한다.

오전 8시 멜라스 장군 휘하의 오스트리아군이 보르미다강을 건너 마렝고로 향한다.

오전 9시 한 시간에 걸친 포격 이후 하디크 사단이 프랑스군을 향한 첫 공격을 시작한다.

낮 12시 45분 오스트리아군이 폰타노네천을 건넌다.

오후 2시 오라일리 부대가 스토르티글리오네 마을을 점령한다.

오후 2시 30분 란과 빅토르가 스피네타에서 새 전선을 구축한다.

오후 4시 프랑스군이 산 줄리아노로 퇴각한다.

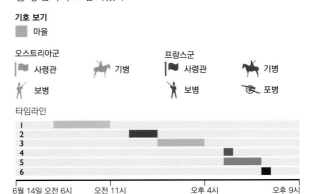

△ **드제의 죽음**
20세기의 삽화로 드제가 돌격을 이끌다 심장에 총을 맞고 죽는 모습을 묘사한 것이다. 나중에 그는 그레이트 세인트 버나드 고개에 있는 수도원에 묻혔다.

1 첫 공격 6월 14일 오전 8-11시

프리몬트 대령을 선봉으로 한 오스트리아군이 보르미다강을 건너 마렝고로 진격한다. 오라일리 장군은 남쪽으로 방향을 틀어 오스트리아군 우익을 형성하고, 오트 장군은 병사 6천 명을 이끌고 북동쪽으로 향한다. 중앙에서 하디크 사단과 카임 사단이 첫 공격을 하지만 빅토르 휘하의 보병이 막아 낸다. 오전 11시가 되자 나폴레옹이 오스트리아군의 대공세에 직면했다는 사실을 깨닫고는 예비 부대를 전진 배치하고 드제 장군의 분견대를 불러들인다.

2 오스트리아군의 돌파 정오-오후 1시 30분

정오 무렵 오트가 카스텔 체리올로를 점령하고 남쪽으로 진군해 카임 사단의 압박을 받고 있는 프랑스군 우익을 공격한다. 중앙에서는 수 시간의 공격과 반격 끝에 수적으로 2대 1의 열세인 프랑스군이 지친 데다 탄약까지 고갈되어 마침내 무너진다. 오스트리아군이 프랑스군 전선을 둘로 가르며 밀고 들어가자 프랑스군이 퇴각하기 시작한다.

3 프랑스군의 퇴각 오후 1시 30분-4시

빅토르와 란이 스피네타 방면으로 퇴각하며 후방에 새 전선이 형성된다. 나폴레옹이 우익을 공격하는 오트 부대에 맞서기 위해 모니에 사단과 집정관 근위대를 보내지만 프리몬트의 기병이 이들을 격퇴한다. 프랑스군이 산 줄리아노 방면으로 퇴각한다.

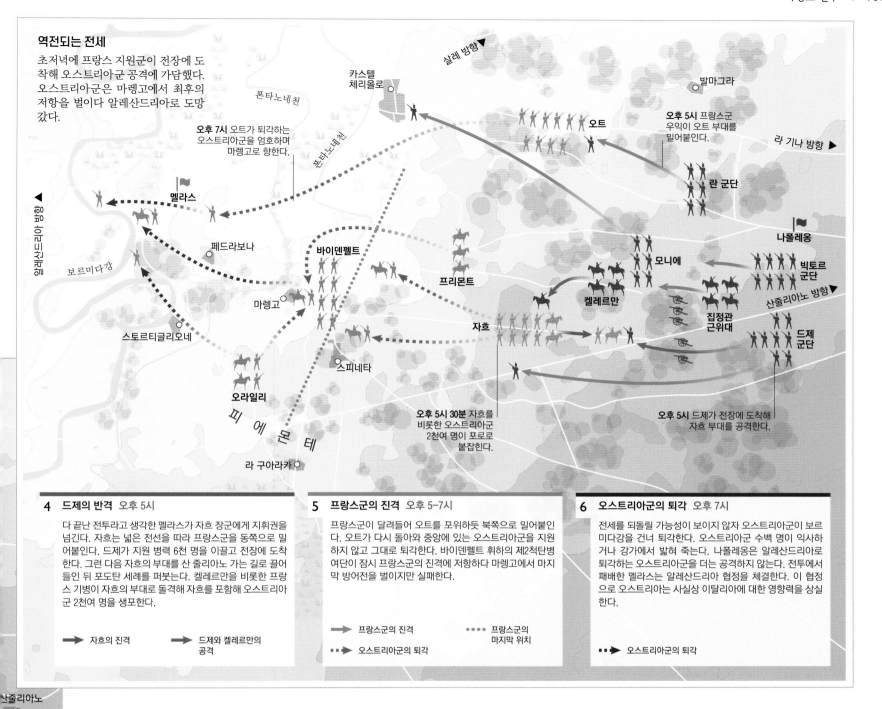

역전되는 전세

초저녁에 프랑스 지원군이 전장에 도착해 오스트리아군 공격에 가담했다. 오스트리아군은 마렝고에서 최후의 저항을 벌이다 알레산드리아로 도망갔다.

오후 7시 오트가 퇴각하는 오스트리아군을 엄호하며 마렝고로 향한다.

살레 방향 ▲

카스텔 체리올로

폰타노네천

발마그라

오트

오후 5시 프랑스군 우익이 오트 부대를 밀어붙인다.

라 기나 방향 ▶

란 군단

나폴레옹

모니에

빅토르 군단

켈레르만

집정관 근위대

산줄리아노 방향 ▶

드제 군단

멜라스

페드라보나

바이덴펠트

프리몬트

마렝고

자흐

▲ 알레산드리아 방향

보르미다강

스토르티글리오네

스피네타

오후 5시 30분 자흐를 비롯한 오스트리아군 2천여 명이 포로로 붙잡힌다.

오후 5시 드제가 전장에 도착해 자흐 부대를 공격한다.

오라일리

피에몬테

라 구아라카

---

4 드제의 반격 오후 5시

다 끝난 전투라고 생각한 멜라스가 자흐 장군에게 지휘권을 넘긴다. 자흐는 넓은 전선을 따라 프랑스군을 동쪽으로 밀어붙인다. 드제가 지원 병력 6천 명을 이끌고 전장에 도착한다. 그런 다음 자흐의 부대를 산 줄리아노 가는 길로 끌어들인 뒤 포도탄 세례를 퍼붓는다. 켈레르만을 비롯한 프랑스 기병이 자흐의 부대로 돌격해 자흐를 포함해 오스트리아군 2천여 명을 생포한다.

➡ 자흐의 진격

➡ 드제와 켈레르만의 공격

5 프랑스군의 진격 오후 5~7시

프랑스군이 달려들어 오트를 포위하듯 북쪽으로 밀어붙인다. 오트가 다시 돌아와 중앙에 있는 오스트리아군을 지원하지 않고 그대로 퇴각한다. 바이덴펠트 휘하의 제2척탄병여단이 잠시 프랑스군의 진격에 저항하다 마렝고에서 마지막 방어전을 벌이지만 실패한다.

➡ 프랑스군의 진격

•••➤ 프랑스군의 마지막 위치

▪▪➤ 오스트리아군의 퇴각

6 오스트리아군의 퇴각 오후 7시

전세를 되돌릴 가능성이 보이지 않자 오스트리아군이 보르미다강을 건너 퇴각한다. 오스트리아군 수백 명이 익사하거나 강가에서 밟혀 죽는다. 나폴레옹은 알레산드리아로 퇴각하는 오스트리아군을 더는 공격하지 않는다. 전투에서 패배한 멜라스는 알레산드리아 협정을 체결한다. 이 협정으로 오스트리아는 사실상 이탈리아에 대한 영향력을 상실한다.

▪▪➤ 오스트리아군의 퇴각

산줄리아노

나폴레옹

마렝고 전투

알프스를 넘어 이탈리아로 진군한 나폴레옹은 1800년 6월 14일에 마렝고에서 오스트리아를 상대로 아슬아슬한 승리를 거두었다. 이 승리로 프랑스 혁명 정부를 위협하던 제2차 대프랑스 동맹이 와해되기 시작했고, 프랑스의 구세주라는 나폴레옹의 명성이 확고해졌다.

프랑스는 10년이 넘는 혁명의 혼란과 수년째 유럽 열강을 상대로 한 전쟁을 겪으며 1800년을 맞이했다. 프랑스는 이미 독일, 네덜란드, 이탈리아에서 프랑스군을 밀어낸 제2차 대프랑스 동맹(오스트리아, 러시아, 영국, 튀르키예 등이 참여)과 맞닥뜨렸다. 1799년 10월, 나폴레옹은 영국을 상대로 한 이집트 원정을 마치고 프랑스로 돌아갔다. 그는 인기가 없던 총재정부를 뒤엎고 새로운 정치 체제인 집정정부로 바꾼 뒤 집정관 세 명 중 한 명으로 취임했다. 나폴레옹은 국민의 사기를 높이고 자신의 정치적 입지를 강화하기 위해 오스트리아군을 상대로 승리

를 거두어 평화 조약 체결을 강요할 요량으로 이탈리아로 눈을 돌렸다. 그리하여 이미 이탈리아에서 싸우고 있던 프랑스군을 지원하기 위해 직접 예비 부대를 이끌고 해발 2,500m의 그레이트 세인트 버나드 고개를 넘어 이탈리아 북서부로 들어갔다. 알레산드리아에서 오스트리아군에 접근하던 나폴레옹은 적군이 싸우지 않고 도망갈 것으로 오판해 드제 장군과 라 프와프 장군을 보내 도주로를 차단하게 했다. 그 오판으로 나폴레옹은 마렝고에서 오스트리아군의 기습을 받아 거의 완패할 뻔했다.

영국 함대의 접근

영국 함대의 좌현 후미에서 바람이 불어와 콜링우드 전대는 순풍을 탔다. 전투 내내 바람이 잔잔했지만 변덕스러워 모든 함선의 움직임이 느렸다.

1 빌뇌브의 방향 전환
1805년 10월 21일 오전 6-11시

새벽에 두 함대가 서로를 발견한다. 프랑스-스페인 연합 함대는 트라팔가르곶 앞에서 일렬로 남쪽으로 항해하고 있다. 영국 함대가 서서히 두 전대로 나뉜다. 한 전대는 빅토리호에 승선한 넬슨이 지휘하고 다른 전대는 로열 소버린호에 승선한 부제독 콜링우드가 지휘한다. 영국군이 후미를 공격할 것으로 생각한 빌뇌브가 함대에 선수를 북으로 돌리라는 명령을 내린다.

→ 방향을 전환한 프랑스-스페인 함대

2 영국 함대의 접근 오전 8시-11시 45분

넬슨은 연합 함대의 전위가 방향을 틀어 영국 함대를 공격하기 전에 연합 함대의 중앙과 후위를 공격하기로 한다. 이 무렵 연합 함대는 함선 두세 척이 겹친 채 7km 넘게 뻗어 있다. 빌뇌브가 기함인 뷔생토르호에 깃발을 올리자 넬슨이 남쪽으로 방향을 틀어 뷔생토르호를 공격한다. 콜링우드가 휘하 함선에 각자 마주 보이는 적선을 향해 돌진하라는 명령을 내린다.

→ 영국 함대의 접근

3 전투 시작 오전 11시 45분-낮 12시 15분

빌뇌브가 '적선과 교전하라'는 명령을 내린다. 프랑스 군함 푸귀에호가 콜링우드의 기함 로열 소버린호를 향해 발포한다. 진격하던 영국 함대가 적함 14척의 포격을 받는다. 그전에 영국 함대에서 떨어져나온 아프리카호가 적선 전열을 따라 남쪽으로 내려가며 현측 일제 포격을 주고받는다.

정오경 전투 전에 떨어져 나온 아프리카호가 프랑스-스페인 전열을 따라 내려가며 현측 일제 포격을 주고받는다.

오전 11시 45분 넬슨이 '영국은 제군이 의무를 다할 것으로 기대한다.'라는 깃발 신호를 보낸다.

오전 8시 빌뇌브가 함대에 방향을 북쪽으로 틀어 카디스로 향하라는 명령을 내린다.

오전 8시 45분 콜링우드가 전대에 각자 마주 보이는 적선을 향해 돌진하라는 명령을 내린다.

오전 6시경 영국 함대가 넬슨과 콜링우드가 지휘하는 두 전대로 나뉜다. 동쪽으로 이동하며 전대의 대열이 약간 흐트러진다.

아프리카

넵투노
시피옹
에트레피드
코넬리
몽 블랑
뒤게 트루앵
라요
산프란치스코 데 아시스
산어거스틴
에로
오르탕스
산티시마 트리니다드
퓨렛

포미더블 (뒤마누아르)

시리우스
나이아드
피비
피클
유라이얼러스
브리타니아
넵튠
빅토리 (넬슨)
테메레르
에이잭스
리바이어던
컨커러
아가멤논
역풍을 받은 전대
안트레프리난테
오라이언

뷔생토르 (빌뇌브)
르두터블
산후스토
넵튠
산 레안드로
엔돔프타블
라인
산타아나
푸귀에
모나르카
플루토
아르거스
테미스
알제지라스
바하마
에글
몬타녜스
스윕셔
헤르미온
아고노트
아르고나우타
산일데폰소
아실리
프린시페 데 아스투리아스
베릭
산후안 네포무세노

프린스
미노토어
스파시에트
순풍을 탄 전대
드레드노트
썬더러
디펜스
폴리피머스
리벤지
디파이언스
스윕셔
아실리
벨레로폰
콜로서스
토낭
마스
벨아일
로열 소버린 (콜링우드)

대 서 양

▷ **갑판 위의 넬슨**
빅토리호 상갑판은 르두터블호로부터 머스킷 집중 사격을 받았다. 넬슨은 총에 맞아 폐동맥이 절단되는 치명상을 입었다.

트라팔가르 해전

나폴레옹 전쟁 기간 중 가장 큰 해전이었던 트라팔가르 해전은 영국이 세계 최고의 해군력을 보유하고 있고, 허레이쇼 넬슨 제독이 당대 최고의 해군 사령관이라는 사실을 보여 준 치열한 전투였다.

1804년, 영국의 공격을 받은 스페인은 제3차 대프랑스 동맹 전쟁(1803-1806년)에 프랑스의 동맹군으로 참전해 나폴레옹에게 영국과 싸울 함선을 제공했다. 1805년 9월에 부제독 빌뇌브가 지휘하는 프랑스-스페인 연합 함대의 전열함 33척은 스페인 남서부 카디스에 정박했고, 이것을 넬슨이 전열함 27척으로 구성된 영국 함대를 이끌고 주시했다. 10월 19일에 빌뇌브는 나폴레옹의 이탈리아 원정을 지원하기 위해 카디스에서 출항했고 넬슨이 추격에 나서 10월 21일에 트라팔가르곶 앞에서 빌뇌브를 따라잡았다. 넬슨은 함선과 대포 모두 수적 열세였

지만 재앙으로 끝날 수도 있는 대담한 공격을 감행했다. 넬슨은 적함과 평행하게 전열을 이뤄 현측 일제 포격을 주고받는 대신 함선을 2열로 나눠 적함에 바로 돌진했다. 앞선 함선은 적의 포화에 노출되었지만, 그래도 곧장 프랑스-스페인 함대 전열을 뚫고 돌진했다. 그러자 화력과 함선 운용 능력이 더 뛰어났던 영국군에 유리한, 넬슨이 말한 '치열한 혼전' 양상이 전개되었다. 이 작전의 성공으로 영국군은 배 한 척도 잃지 않고 20척이 넘는 프랑스-스페인 함선을 나포했다. 영국을 침공하려던 나폴레옹의 야욕은 분쇄되었고, 영국 해군의 패권은 굳어졌다.

침략 함대

나폴레옹은 영국을 침공하기 위해 프랑스 함대와 스페인 함대를 하나로 합쳤다. 넬슨은 대서양을 가로질러 연합 함대를 추격하다 마침내 카디스 인근의 스페인 해안 앞바다에서 연합 함대를 따라잡았다.

기호 보기

함선		●	영국군
기함		●	프랑스군
포격하는 함선		●	스페인군

타임라인

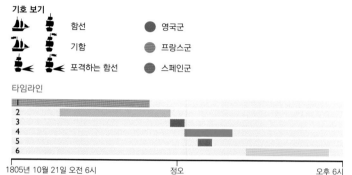

1805년 10월 21일 오전 6시   정오   오후 6시

넬슨과 빅토리호

넬슨의 기함 빅토리호는 공격 전대를 지휘하다 집중 포격을 받았지만 적 함대 전열 돌파에 성공했다. 빌뇌브의 기함 뷔생토르호도 빅토리호와 근접한 거리에서 고물에 집중 포격을 받았다. 빅토리호는 키 손잡이 로프가 포에 맞아 끊어져 르두터블호 옆으로 배를 대기 위해 하갑판에서 키를 움직여야 했다. 넬슨은 프랑스 해병이 빅토리호를 향해 쏜 총에 맞아 치명상을 입었다. 그는 오후 4시 30분에 영국군이 이겼다는 소식을 듣고 사망했다.

트라팔가르 해전을 묘사한 J. M. W. 터너의 그림이다.

치열한 혼전

한때는 연합 함대 소속이었던 경험 많은 영국 해군의 포수들은 적군에 대대적인 피해를 입혔다. 프랑스-스페인 연합 함대는 같은 수준의 피해를 입히지 못했다.

넵투노
시피옹
에트레피드
포미더블 (뒤마누아르)
몽블랑
뒤게 트루앵
아프리카
라요
산프란치스코 데 아시스
산어거스틴
에로
산티시마 트리니다드
뷔생토르(빌뇌브)
리바이어던
넵튠
넵튠
컨커러
빅토리(넬슨)
브리타니아
에이잭스
테메레르
르두터블
산후스토
아가멤논
산레안드로
엔돔프타블
미노토어
오라이언
스파시에트
산타아나
로열 소버린 (콜링우드)
벨아일
푸귀에
마스
모나르카
토낭
플루토
바하마
알헤시라스
에글
벨레로폰
콜로서스
스윕셔
알제지라스
몬타녜스
아고노트
아실리
산일데폰소
드레드노트
디파이언스
리벤지
아실리
프린스
프린시페 데 아스투리아스
디펜스
썬더러
스윕셔
폴리피머스
베릭
대 서 양
산후안 네포무세노

오후 2시 뷔생토르호가 300명에 가까운 사상자를 내고 항복한다. 빌뇌브가 전위에 적과 교전하라는 신호를 보낸다.

역풍을 받은 전대

오후 12시 45분 빅토리호가 연합 함대의 전열을 돌파한 뒤 빌뇌브의 기함 뷔생토르호를 포격한다.
오후 1시 15분 넬슨이 머스킷에 맞아 치명상을 입는다.

오후 12시 15분 콜링우드가 적 전열을 뚫고 산타아나호의 뒤로 들어간다.

6 연합 함대 전위의 참전 및 전투 종료
오후 2시 30분-5시 30분

연합 함대의 중앙과 후위에서 치열한 교전이 벌어지는 와중에 포미더블호를 탄 뒤마누아르 소장이 전위의 함선을 이끌고 방향을 돌려 넬슨 전대의 뒤에 처진 함선과 교전한다. 하지만 함대 후위가 영국군에 압도당하자 뒤마누아르가 교전을 포기하고 지브롤터 해협으로 도망간다.

⟶ 연합 함대 전위의 돌격   ⇢ 연합 함대의 도주

5 혼전에 합류하는 넬슨
오후 12시 45분-오후 1시 15분

오후 12시 45분에 넬슨의 기함 빅토리호가 연합 함대의 전선을 돌파한 뒤 뷔생토르호 옆에서 포격을 가한다. 테메레르호, 컨커러호, 넵튠호가 전투에 가세하고, 빅토리호는 르두터블호와 맞닿는다. 넬슨이 프랑스군의 머스킷에 어깨를 맞고 하갑판으로 이송된다. 테메레르호가 르두터블호에 포를 쏴 프랑스군이 빅토리호로 건너가지 못하게 한다.

⟶ 적선과 교전하는 넬슨의 전대

4 콜링우드 전대의 전열 돌파
오후 12시 15분-오후 2시

정오가 지나자마자 콜링우드의 로열 소버린호가 푸귀에호, 엔돔프타블호, 산 후스토호, 산 레안드로호의 집중 공격을 받으며 적 전열을 뚫고 산타 아나호 뒤로 들어간다. 이후 콜링우드는 첫 번째 그룹의 나머지 함선이 적과 교전할 때까지 고립된다. 오후 1시 30분경에 두 번째 그룹의 함선이 연합 함대의 후위를 에워싸며 대혼전에 뛰어든다.

⟶ 콜링우드의 첫 번째 그룹   ⟶ 콜링우드의 두 번째 그룹

넬슨의 해군

영국 해군은 1793년부터 1815년까지
허레이쇼 넬슨이 참여하거나 지휘한 해전에서 연이어 승리하면서
전 세계 바다의 지배자로 부상했다.
영국 해군의 성공은 포술, 리더십, 공격 정신을 바탕으로
이루어진 것이었다.

△ 작지만 강력한 포
함포는 단단한 철제 포탄을 발사할 때
생기는 반동 때문에 뒤로 굴러가게
만든 바퀴 달린 포차에 장착되었다.
무게 2.7kg 포는 배에서 볼 수 있는
가장 작은 구경의 포였다.

영국 해군의 군함은 영국 해군이 계속해서 격
퇴한 다른 유럽 해군의 군함보다 특별히 뛰어
나지 않았다. 대포 74-120문으로 무장한
2층이나 3층 갑판의 전열함과 1층 갑판의 프
리깃함을 섞어서 운용하는 것이 영국 해군도
사용한 당시의 전형적인 방식이었다. 영국에서
가장 유명한 해군 사령관 넬슨 휘하의 영국 해
군은 다른 나라 해군과 달리 매일 포 사격 연
습을 했다. 형식적인 전열을 이루어 해전을 벌
이는 전통적인 방식에서 탈피한 넬슨의 전술로
포수는 배 한쪽 뱃전에서 동시에 포탄 세례를 퍼붓는 현측 일제 포격으로 적선을
쳐부술 기회를 최대한 확보할 수 있었다. 해군의 행동 수칙을 정한 영국 해군 '전
쟁 규정'에 따르면 모든 지휘관은 기회가 있을 때마다 공격적으로 적과 싸워야 했
다. 이런 공격 정신을 강화하기 위해 적 함선을 나포하면 상금도 수여했다.

다양한 구성

그렇다고 해서 넬슨의 영국 해군이 완벽한 전투 기계는 아니었다. 전쟁이 일어나
면 대부분의 수병은 민간 선원을 강제 징집해 충당했다. 수요가 공급을 초과하자
비선원 또는 죄수까지도 동원해 수병으로 썼다. 출신 성분이 다양하다 보니 채찍
질을 포함한 가혹한 형벌로 질서를 유지했다. 반란이 일어나기도 했지만 전반적으
로 사기는 놀라울 만큼 높았다. 정실 인사가 만연했지만 그래도 많은 장교가 전투
를 통해 결속된 '전우'라는 넬슨의 이상을 실현하고 뛰어난 용기와 진취성을 발휘
하면서 높은 자리로 올라갔다.

허레이쇼 넬슨 제독(1758-1805년)

허레이쇼 넬슨은 1758년에 태어나 1771년
에 12세의 나이에 장교 후보생으로 해군에
입대했다. 늘 전투의 한복판에 있었던 넬슨
은 1794년에 한쪽 눈의 시력을 잃었고 1797년
에는 오른팔을 잃었다. 관습을 따르지 않았
고 때로는 반항적이었던 넬슨은 1798년 나
일강 전투에서 프랑스 함대를 격파하며 국
가 영웅으로 떠올랐다. 그는 1805년 트라팔
가르 해전(162-163쪽 참조)에서 프랑스와
스페인을 상대로 대승을 거두는 과정에 저격
수의 총탄에 목숨을 잃었다.

화염에 휩싸인 최후
1798년에 일어난 나일강 전투는 프랑스의 기
함 로리앙호가 넬슨이 전략적으로 배치한 영
국 함선의 집중 포격을 받고 불에 타 폭발하
면서 절정에 달했다. 이 그림은 미국 화가 매
더 브라운의 작품이다.

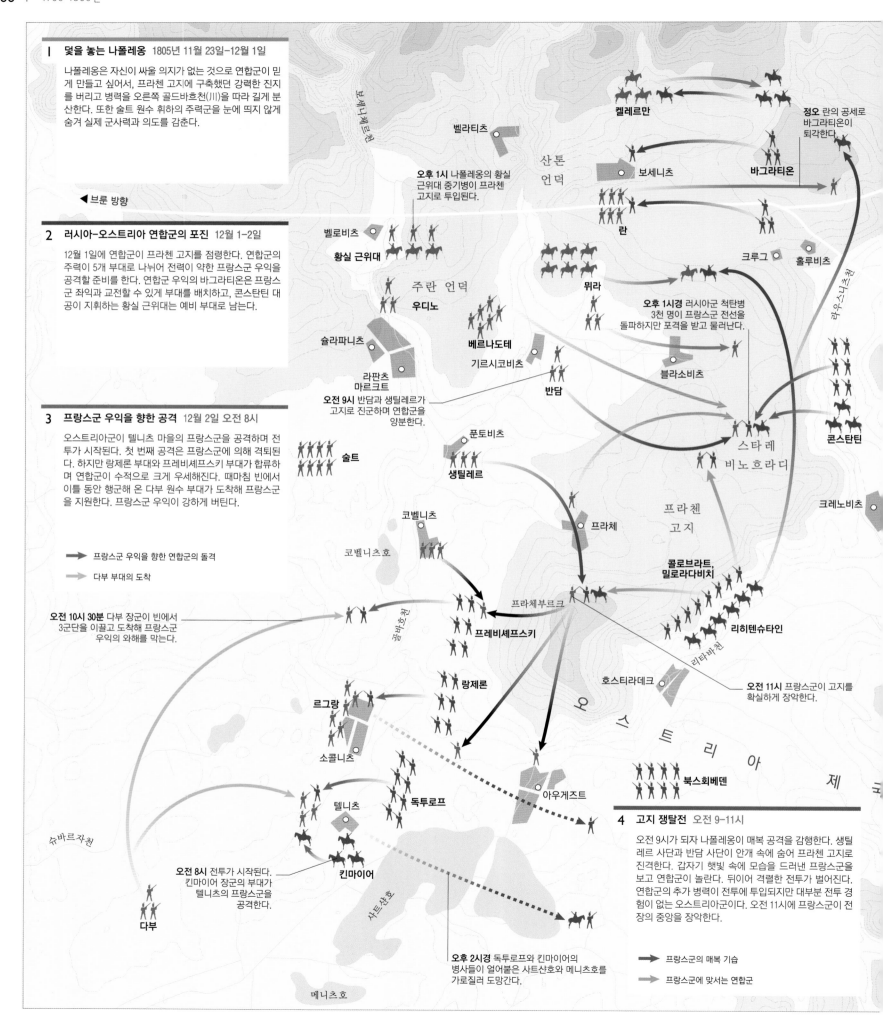

1 덫을 놓는 나폴레옹 1805년 11월 23일-12월 1일

나폴레옹은 자신이 싸울 의지가 없는 것으로 연합군이 믿게 만들고 싶어서, 프라첸 고지에 구축했던 강력한 진지를 버리고 병력을 오른쪽 골드바흐천(川)을 따라 길게 분산한다. 또한 술트 원수 휘하의 주력군을 눈에 띄지 않게 숨겨 실제 군사력과 의도를 감춘다.

◀ 브룬 방향

2 러시아-오스트리아 연합군의 포진 12월 1-2일

12월 1일에 연합군이 프라첸 고지를 점령한다. 연합군의 주력이 5개 부대로 나뉘어 전력이 약한 프랑스군 우익을 공격할 준비를 한다. 연합군 우익의 바그라티온은 프랑스군 좌익과 교전할 수 있게 부대를 배치하고, 콘스탄틴 대공이 지휘하는 황실 근위대는 예비 부대로 남는다.

3 프랑스군 우익을 향한 공격 12월 2일 오전 8시

오스트리아군이 텔니츠 마을의 프랑스군을 공격하며 전투가 시작된다. 첫 번째 공격은 프랑스군에 의해 격퇴된다. 하지만 랑제론 부대와 프레비셰프스키 부대가 합류하며 연합군이 수적으로 크게 우세해진다. 때마침 빈에서 이틀 동안 행군해 온 다부 원수 부대가 도착해 프랑스군을 지원한다. 프랑스군 우익이 강하게 버틴다.

→ 프랑스군 우익을 향한 연합군의 돌격
→ 다부 부대의 도착

4 고지 쟁탈전 오전 9-11시

오전 9시가 되자 나폴레옹이 매복 공격을 감행한다. 생틸레르 사단과 반담 사단이 안개 속에 숨어 프라첸 고지로 진격한다. 갑자기 햇빛 속에 모습을 드러낸 프랑스군을 보고 연합군이 놀란다. 뒤이어 격렬한 전투가 벌어진다. 연합군의 추가 병력이 전투에 투입되지만 대부분 전투 경험이 없는 오스트리아군이다. 오전 11시에 프랑스군이 전장의 중앙을 장악한다.

→ 프랑스군의 매복 기습
→ 프랑스군에 맞서는 연합군

고지 쟁탈전

전투는 프라첸 고지를 중심으로 벌어졌다. 나폴레옹은 연합군을 양분한 뒤 협공 작전으로 남쪽을 점령했다. 그사이 기병은 적군을 북쪽으로 밀어냈다.

울무츠 방향 ▶

발스피츠

기호 보기

■ 마을	프랑스군	러시아-오스트리아 연합군
	보병	보병
	기병	기병

타임라인

1
2
3
4
5
6
7

11월 27일 11월 28일 11월 29일 11월 30일 12월 1일 12월 2일 12월 3일

아우스터리츠

바잔

---

7 마지막 일격 오후 2시

프라첸 고지를 점령하고 연합군의 우익과 중앙을 깨뜨린 프랑스군이 남쪽으로 이동해 연합군의 남은 부대를 공격한다. 소콜니츠 마을 인근에서 연합군 수천 명이 포로로 붙잡힌다. 얼어붙은 연못을 가로질러 도망치던 연합군이 프랑스군 대포 사격을 받고 익사한다. 북스회베덴 사령관은 술에 취해 도망간다.

→ 연합군 후위를 향한 프랑스군의 공격

▪▪▶ 연합군의 마지막 퇴각

---

6 황실 근위대의 충돌 오후 1시

알렉산드르 1세가 콘스탄틴 대공에게 황실 근위대를 이끌고 고지를 향해 공격하라고 명령한다. 나폴레옹이 황실 근위대 중기병을 투입해 반격한다. 곧이어 격렬한 기마전이 벌어진다. 베르나도테의 1군단 보병이 도착해 콘스탄틴 대공을 퇴각시킨다.

→ 콘스탄틴의 공격

→ 프랑스군의 반격

---

5 북쪽 전투 오전 9시-정오

북쪽에서 리히텐슈타인 공작이 이끄는 중기병이 프랑스 경기병과 충돌하면서 격렬한 전투가 벌어진다. 뮈라 휘하의 퀴라시에(우측 설명 참조)가 리히텐슈타인 공작의 연합군을 몰아낸다. 정오 무렵 란 원수 휘하의 부대가 바그라티온의 보병을 향해 사격을 가하기 시작해 본대와 분리시킨다. 바그라티온과 리히텐슈타인이 퇴각한다.

→ 바그라티온과 리히텐슈타인의 공격

→ 뮈라와 란의 반격

아우스터리츠 전투

1805년 12월 2일, 나폴레옹은 수적 우위에 있던 러시아-오스트리아 연합군을 격파하고 빛나는 승리를 거두었다. 뛰어난 전술과 치열한 전투를 통해 얻은 나폴레옹의 승리로 오스트리아는 평화 조약을 체결해야 했고 제3차 대프랑스 동맹은 약화되었다.

1805년 11월에 나폴레옹이 이끄는 제국군 그랑다르메는 울름에서 7만 명이 넘는 오스트리아군을 꺾고, 11월 13일에는 빈을 점령하며 중부 유럽 깊숙이 진격했다. 나폴레옹은 프랑스에서 멀리 떨어져 보급선이 지나치게 길게 뻗은 상황에서 차르 알렉산드르 1세가 지휘하는 대규모 러시아-오스트리아 연합군이 동쪽에서 진군해 오고 있다는 소식을 들었다. 게다가 프로이센이 제3차 대프랑스 동맹(영국, 러시아, 오스트리아)에 합류하리라는 전망도 있었다. 하지만 나폴레옹은 철수하자는 간언을 무시하고 적군과 싸우기로 했다.

나폴레옹은 모라비아(오늘날의 체코 공화국 소재)의 아우스터리츠 마을 인근에서 전투를 벌이기로 했다. 북쪽에는 산톤과 주란이라는 언덕이 있었고 앞쪽에는 기마전에 적합한 들판이 있었다. 그 가운데 프라첸 고지라는 길고 낮게 뻗은 언덕이 있었다. 나폴레옹은 프라첸 고지를 가리키며 장군들에게 이렇게 말했다. "제군들, 이 지형을 잘 살펴보게. 이곳이 전장이 될 것이네." 나폴레옹은 연합군이 프랑스군의 오른쪽 측면을 약하게 보고 그쪽으로 공격하게 유도하는 작전을 세웠다. 연합군이 전략에 말려들면 그는 연합군의 중앙을 돌파해 기병으로 적의 우익을 공격할 계획이었다. 연합군은 그의 계획대로 움직였다. 뒤이어 벌어진 전투에서 프랑스군은 병력 7만 3천 명 중 9천 명이 죽거나 다쳤다. 프랑스군보다 병력이 많았던 연합군의 사상자와 포로는 전체 병력의 1/3이 넘었다. 그 결과 오스트리아는 제3차 대프랑스 동맹에서 탈퇴해야 했다.

> **"우리는 이 전투에서 승리해 원정을 끝내고 동계 숙영지로 갈 수 있을 것이다."**
>
> 전투 전날 나폴레옹이 부하들에게 한 말

퀴라시에

퀴라시에는 나폴레옹 전쟁 기간에 프랑스군뿐만 아니라 러시아군과 오스트리아군에도 있던 중무장 정예 기병대였다. 권총, 카빈총, 날이 길고 곧게 뻗은 군도로 무장하고, 그들의 상징과도 같은 흉갑 퀴라스를 착용하고 큰 말을 탔다. 퀴라시에의 강력한 타격은 전투의 판도를 바꿀 수 있었다. 나폴레옹은 이 타격이 줄 수 있는 효과를 잘 알고 프랑스군 퀴라시에 연대를 1개에서 14개로 늘렸다.

프랑스군 퀴라시에의 투구 모습이다.

탈라베라 전투

1808년 5월, 스페인에서 나폴레옹 통치에 반대하는 민중봉기가 일어났다.
이듬해 영국군이 스페인으로 들어가 스페인군과 합류한 뒤
마드리드 인근 탈라베라에서 나폴레옹의 형 조제프 보나파르트가 이끄는
프랑스군과 치열한 대규모 전투를 벌였다.

1809년 7월에 장군 아서 웰즐리 경(나중에 웰링턴 공작이 됨)이 이끈 영국군은 스페인으로 진군해 데 라 쿠에스타 장군 휘하의 스페인군과 합류했다. 연합군은 마드리드에서 남서쪽으로 120km 떨어진 탈라베라 외곽에서 프랑스군과 맞닥뜨렸다. 영국군 병력은 약 2만 명, 스페인군은 약 3만 5천 명이었고, 조제프 보나파르트 휘하의 프랑스군 병력은 4만 5천여 명이었다. 연합군은 탈라베라에서 북쪽으로 흐르는 포르티냐천을 따라 진을 쳤다.

7월 27일 오후 늦게 프랑스군이 기습 공격을 했지만 혼전 끝에 밀려났다. 프랑스군은 다음 날 새벽에도 공격을 감행했지만 성공하지 못했다. 스페인의 두 번째 부대가 마드리드에 도착했다는 소식을 들은 조제프는 이제 웰즐리와 정면 승부를 걸 수밖에 없다고 생각했다. 그날 오후 프랑스군은 세 군데에서 영국군 전선을 공격했다. 영국군은 중앙 전선이 거의 돌파당할 뻔했지만 웰즐리가 지원 병력을 보내 뚫리지 않고 버텨 냈다. 프랑스군은 그날 밤 퇴각했다. 양측 모두 7천 명이 넘는 사상자를 내며 큰 피해를 입었다. 이 전투의 승리로 웰즐리

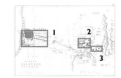

지도 설명

1. 스페인군은 탈라베라 인근에 타구스강과 돌담으로 둘러싸인 올리브 나무밭을 끼고 진을 친다.

2. 세로 데 메데인은 영국군의 주요 방위 거점이다. 프랑스군은 7월 27일과 28일에 이곳을 공격하지만 실패한다.

3. 영국 기병의 돌격에 맞서 프랑스 보병이 방진을 짠다. 눈에 띄지 않는 협곡에 빠져 영국 기병의 돌격이 실패한다.

는 웰링턴 자작 작위를 받았다. 하지만 그는 곧 프랑스군에 포위당하지 않으려고 포르투갈로 철수했다. 스페인군은 여러 차례 마드리드를 해방시키려고 노력했지만 모두 실패했다.

▷ **전장**
《앨리슨의 유럽사》(1848년) 지도책 부록에 들어 있는 손으로 그린 지도로 주 전투가 벌어질 당시 연합군과 프랑스군의 배치를 묘사한 것이다.

프랑스군의 주공격

7월 28일, 프랑스군은 세 군데에서 영국군을 공격했다. 르발의 공격은 캠벨의 4사단이 막아냈다. 중앙은 셔브룩 부대가 세바스티아니와 라피스를 너무 멀리까지 추적해 연합군 전선에 틈이 생겼다. 프랑스군이 다시 공격하자 웰즐리는 중앙 전선에 지원 병력을 투입했다. 뤼팡과 빌라트가 연합군의 측면 우회 돌파를 시도하자 영국 기병이 급히 돌격을 하다 실패했고 프랑스군은 병력 지원이 없어 철수했다.

기호 보기

 영국군
 뤼팡과 빌라트의 공격

 스페인군
세바스티아니와 라피스의 공격

 프랑스군
르발의 공격

 대포
영국군의 반격

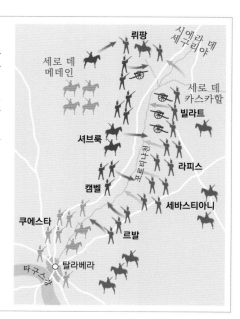

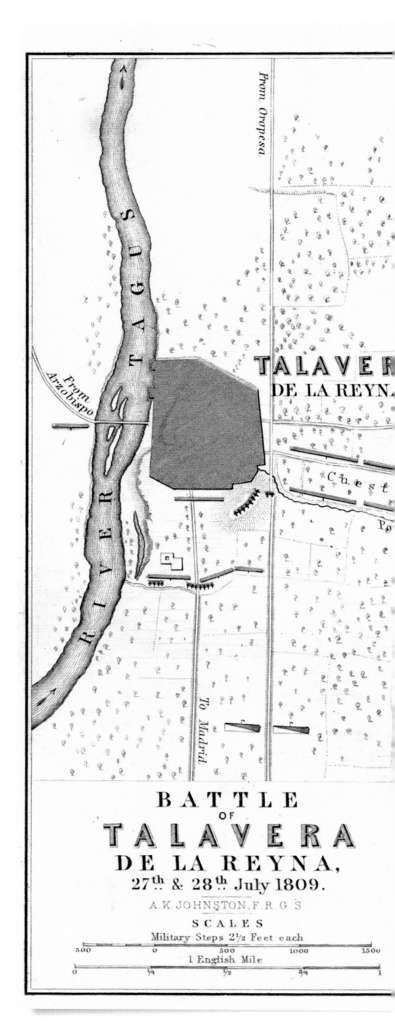

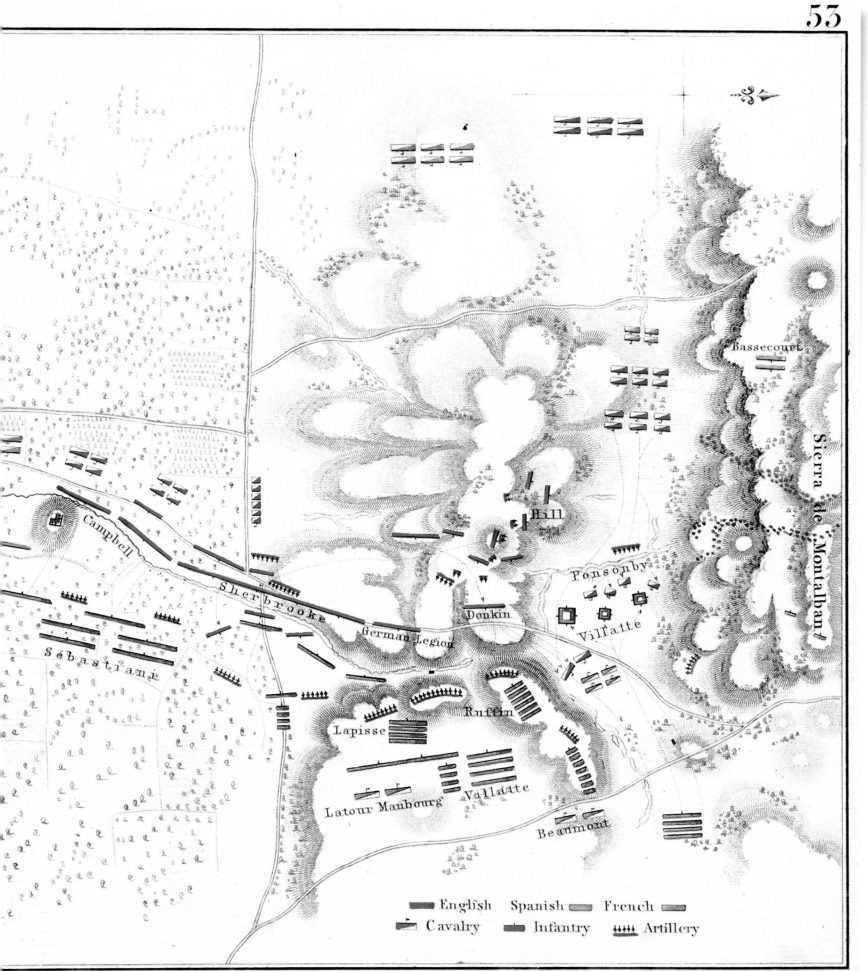

53

Bassecourt

Sierra de Montalban

Hill

Ponsonby

Villatte

Campbell

Sherbrooke

Donkin

German Legion

Sébastiani

Ruffin

Lapisse

Latour Maubourg

Villatte

Beaumont

English   Spanish   French

Cavalry   Infantry   Artillery

러시아 원정

나폴레옹의 러시아 침공은 엄청난 대가를 치렀다. 러시아군이 모스크바로 퇴각한 뒤 모스크바를 비우자 프랑스군은 좌절했다. 지친 프랑스군은 겨울이 시작되자 고국으로 되돌아가야 했다.

기호 보기

- ✕ 주 전투
- ✂ 러시아군의 승리
- ✕ 프랑스군의 승리
- → 프랑스군의 진격
- ⇢ 프랑스군의 퇴각

△ **피비린내 나는 전투**
양군이 라에프스키 보루를 장악하기 위해 치열한 싸움을 벌였다. 참전한 병사 25만여 명 중 약 7만 명이 죽거나 다쳐 보로디노 전투는 하루에 가장 많은 사람이 피를 흘린 전투로 기록되었다.

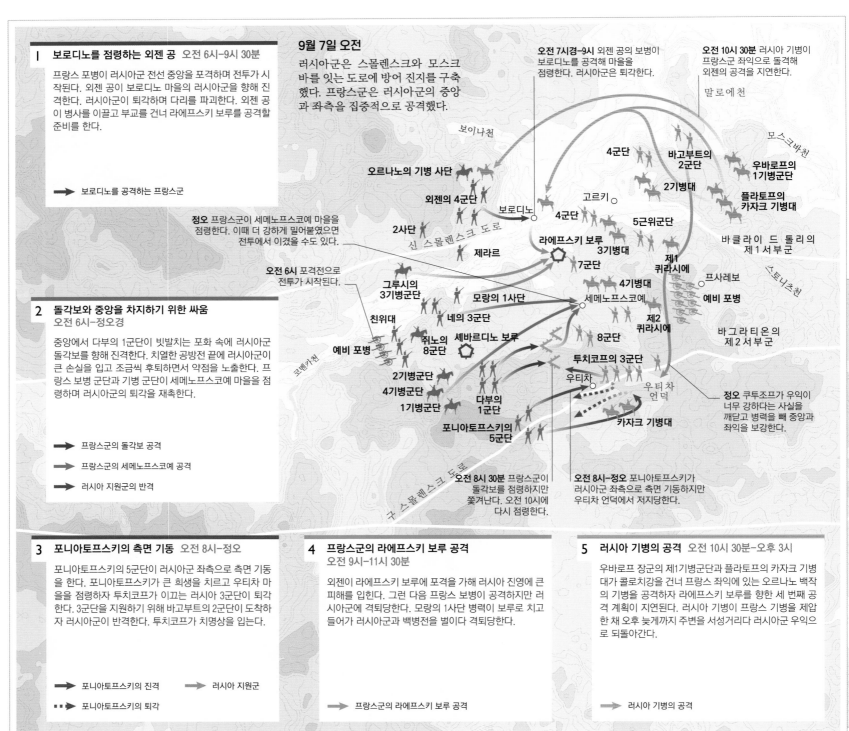

9월 7일 오전

러시아군은 스폴렌스크와 모스크바를 잇는 도로에 방어 진지를 구축했다. 프랑스군은 러시아군의 중앙과 좌측을 집중적으로 공격했다.

1 보로디노를 점령하는 외젠 공 오전 6시-9시 30분

프랑스 포병이 러시아군 전선 중앙을 포격하며 전투가 시작된다. 외젠 공이 보로디노 마을의 러시아군을 향해 진격한다. 러시아군이 퇴각하며 다리를 파괴한다. 외젠 공이 병사를 이끌고 부교를 건너 라에프스키 보루를 공격할 준비를 한다.

→ 보로디노를 공격하는 프랑스군

오전 7시경-9시 외젠 공의 보병이 보로디노를 공격해 마을을 점령한다. 러시아군은 퇴각한다.

오전 10시 30분 러시아 기병이 프랑스군 좌익으로 돌격해 외젠의 공격을 지연한다.

정오 프랑스군이 세메노프스코예 마을을 점령한다. 이때 더 강하게 밀어붙였으면 전투에서 이겼을 수도 있다.

오전 6시 포격전으로 전투가 시작된다.

2 돌각보와 중앙을 차지하기 위한 싸움 오전 6시-정오경

중앙에서 다부의 1군단이 빗발치는 포화 속에 러시아군 돌각보를 향해 진격한다. 치열한 공방전 끝에 러시아군이 큰 손실을 입고 조금씩 후퇴하면서 약점을 노출한다. 프랑스 보병 군단과 기병 군단이 세메노프스코예 마을을 점령하며 러시아군의 퇴각을 재촉한다.

→ 프랑스군의 돌각보 공격
→ 프랑스군의 세메노프스코예 공격
→ 러시아 지원군의 반격

오전 8시 30분 프랑스군이 돌각보를 점령하지만 쫓겨난다. 오전 10시에 다시 점령한다.

오전 8시-정오 포니아토프스키가 러시아군 좌측으로 측면 기동하지만 우티차 언덕에서 저지당한다.

정오 쿠투조프가 우익이 너무 강하다는 사실을 깨닫고 병력을 빼 중앙과 좌익을 보강한다.

3 포니아토프스키의 측면 기동 오전 8시-정오

포니아토프스키의 5군단이 러시아군 좌측으로 측면 기동을 한다. 포니아토프스키가 큰 희생을 치르고 우티차 마을을 점령하자 투치코프가 이끄는 러시아 3군단이 퇴각한다. 3군단을 지원하기 위해 바고부트의 2군단이 도착하자 러시아군이 반격한다. 투치코프가 치명상을 입는다.

→ 포니아토프스키의 진격
→ 러시아 지원군
⇢ 포니아토프스키의 퇴각

4 프랑스군의 라에프스키 보루 공격 오전 9시-11시 30분

외젠이 라에프스키 보루에 포격을 가해 러시아 진영에 큰 피해를 입힌다. 그런 다음 프랑스 보병이 공격하지만 러시아군에 격퇴당한다. 모랑의 1사단 병력이 보루로 치고 들어가 러시아군과 백병전을 벌이다 격퇴당한다.

→ 프랑스군의 라에프스키 보루 공격

5 러시아 기병의 공격 오전 10시 30분-오후 3시

우바로프 장군의 제1기병군단과 플라토프의 카자크 기병대가 콜로치강을 건너 프랑스 좌익에 있는 오르나노 백작의 기병을 공격하자 라에프스키 보루를 향한 세 번째 공격 계획이 지연된다. 러시아 기병이 프랑스 기병을 제압한 채 오후 늦게까지 주변을 서성거리다 러시아군 우익으로 되돌아간다.

→ 러시아 기병의 공격

보로디노 전투

나폴레옹의 그랑다르메가 러시아를 침공하자 러시아군은 후퇴하며 프랑스군을 러시아 영토 깊숙이 끌어들였다.
강행군으로 녹초가 된 프랑스군은 마침내 보로디노에서 차르의 군대와 맞닥뜨렸다.
나폴레옹 전쟁 기간의 전투 중 가장 유혈이 낭자했던 이 전투에서 수천 명이 전사했다.

1812년 6월에 나폴레옹은 수십만 명에 달하는 대군을 이끌고 러시아로 진군했다. 하지만 이전의 다른 원정과 달리 이 침공은 곧 문제에 봉착했다. 러시아군이 대규모 전투를 피하고 나폴레옹의 그랑다르메를 러시아 영토 깊숙이 끌어들인 것이었다. 프랑스군은 기아, 질병, 탈진, 악천후로 값비싼 대가를 치렀다.

마침내 9월 초, 러시아군 사령관 쿠투조프 원수는 러시아의 정신적 수도 모스크바에서 서쪽으로 불과 110km 떨어진 보로디노에 진을 쳤다. 이에 러시아군이 급히 방어시설을 구축했다. 러시아군은 내심 왼쪽 측면의 취약성을 걱정했지만, 나폴레옹은 평소의 전략적 천재성을 보여 주지 못했다. 9월 7일에 나폴레옹이 러시아 방어시설을 향한 정면 공격을 선택했다.

그날 하루에 양군을 합해 모두 7만 명이 넘는 사상자가 발생했다. 오후 5시에 프랑스군은 러시아군 방어시설을 점령했다. 러시아군은 예비 병력이 하나도 남지 않았다. 하지만 나폴레옹은 근위대를 투입해 결정적 승리를 거두라는 간언을 받아들이지 않았고 러시아군은 질서정연하게 퇴각할 수 있었다.

7일 뒤 나폴레옹이 모스크바를 점령했지만 공허한 승리에 지나지 않았다. 몇 주 뒤 프랑스군은 러시아의 겨울 날씨 속에서 재앙을 초래한 퇴각 길에 올라야 했다.

러시아군의 진지 구축

쿠투조프 원수는 스몰렌스크와 모스크바를 잇는 도로에 진을 쳤다. 러시아군이 구축한 방어시설은 9월 15일 내내 프랑스군 공격의 초점이 되었다.

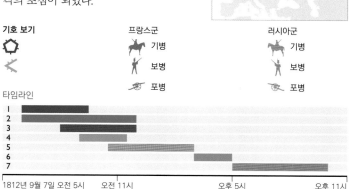

기호 보기	프랑스군		러시아군	
	🐎	기병	🐎	기병
	🧍	보병	🧍	보병
	🎯	포병	🎯	포병

타임라인

1812년 9월 7일 오전 5시   오전 11시   오후 5시   오후 11시

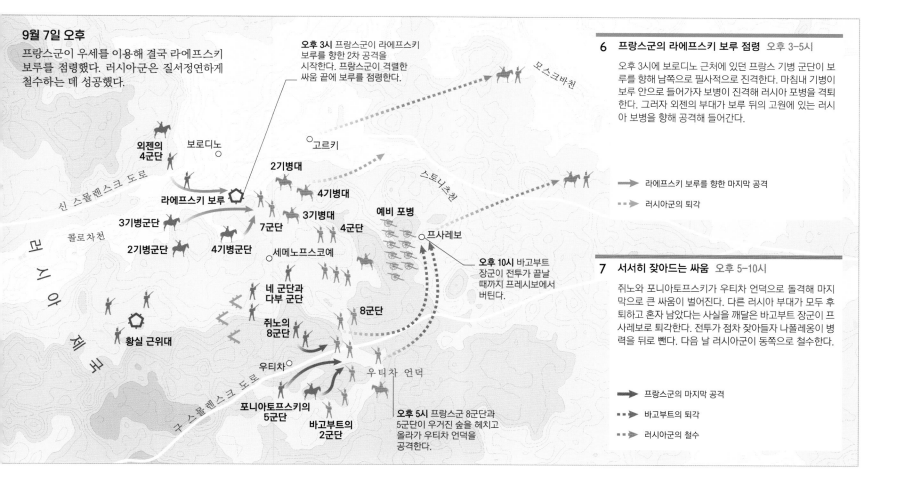

9월 7일 오후

프랑스군이 우세를 이용해 결국 라에프스키 보루를 점령했다. 러시아군은 질서정연하게 철수하는 데 성공했다.

오후 3시 프랑스군이 라에프스키 보루를 향한 2차 공격을 시작한다. 프랑스군이 격렬한 싸움 끝에 보루를 점령한다.

오후 10시 바고부트 장군이 전투가 끝날 때까지 프레시보에서 버틴다.

오후 5시 프랑스군 8군단과 5군단이 우거진 숲을 헤치고 올라가 우티차 언덕을 공격한다.

신 스몰렌스크 도로 · 콜로차천 · 모스크바천 · 스토니조천 · 구 스몰렌스크 도로

외젠의 4군단 · 보로디노 · 고르키 · 2기병대 · 4기병대 · 라에프스키 보루 · 3기병군단 · 7군단 · 3기병대 · 4군단 · 예비 포병 · 프사레보 · 2기병군단 · 4기병군단 · 세메노프스코예 · 네 군단과 다부 군단 · 쥐노의 8군단 · 8군단 · 우티차 · 우티차 언덕 · 포니아토프스키의 5군단 · 바고부트의 2군단 · 러 시 아 의 제 국 · 황실 근위대

→ 라에프스키 보루를 향한 마지막 공격
⇢ 러시아군의 퇴각

6 프랑스군의 라에프스키 보루 점령 오후 3-5시

오후 3시에 보로디노 근처에 있던 프랑스 기병 군단이 보루를 향해 남쪽으로 필사적으로 진격한다. 마침내 기병이 보루 안으로 들어가자 보병이 진격해 러시아 포병을 격퇴한다. 그러자 외젠의 부대가 보루 뒤의 고원에 있는 러시아 보병을 향해 공격해 들어간다.

7 서서히 잦아드는 싸움 오후 5-10시

쥐노와 포니아토프스키가 우티차 언덕으로 돌격해 마지막으로 큰 싸움이 벌어진다. 다른 러시아 부대가 모두 후퇴하고 혼자 남았다는 사실을 깨달은 바고부트 장군이 프사레보로 퇴각한다. 전투가 점차 잦아들자 나폴레옹이 병력을 뒤로 뺀다. 다음 날 러시아군이 동쪽으로 철수한다.

→ 프랑스군의 마지막 공격
⇢ 바고부트의 퇴각
⇢ 러시아군의 철수

나폴레옹과
그의 군대

16세의 나이에 포병 장교로 군 생활을 시작한 나폴레옹은
1804년에 스스로 프랑스 황제의 자리에 올랐다.
그의 그랑다르메는 1807년까지 유럽 대륙의
모든 주요 국가의 군대를 상대로 완승을 거두었다.

△ 샤코
나폴레옹은 이각모 대신 가죽과
펠트로 만든 원통형 샤코를 보병
모자로 채택했다.

나폴레옹의 군대는 동시대 유럽의 다른 군대에 비
해 조직적, 전술적으로 뛰어났다. 그의 군대는 이전
의 군주제와 프랑스 혁명(1789년) 이후 새로 만들
어진 체제의 산물이었다. 구체제는 경보병 전술의
개선과 야포의 표준화 같은 개혁을 했을 뿐만 아니
라 자율성을 가진 사단과 군단을 편성하는 기틀을
닦아 놓았다. 나폴레옹은 이 자율성의 취지를 살
려 군대를 운용했다.

나폴레옹의 혁신

나폴레옹은 신체제로부터 대량 징집, 전쟁에 맞추
어진 경제, 프랑스를 최대한 전쟁에 휩쓸리지 않게
만들어 준 공세적 정세 전망을 물려받았다. 나폴레옹은 적 전선을 돌파하기 위해
대규모 포병 대형을 점점 많이 사용했다. 또 그랑다르메를 군단으로 편성하고 독립
적으로 싸울 수 있는 권한을 부여했다. 군단은 본질적으로 기동성이 뛰어난 축소
판 군대였다. 울름 전투(1805년)는 군단의 효율성과 기동성을 성공적으로 입증한
첫 번째 야전 시험이었다. 나폴레옹은 여기에다 뛰어난 작전 능력, 전략적 직관력,
원수에서 하급 병졸까지 모든 군사와 유대감을 형성하는 능력을 더했다.

△ 대양 연안의 군대
1804년 8월에 나폴레옹이 불로뉴에 있는 훈련소에서 군대를 사열하는 모습을
묘사한 19세기 초의 그림이다. 새로 창설된 이 군대는 '대양 연안의 군대'로
불렸고 나중에 그랑다르메가 되었다.

전투 중인 나폴레옹
1808년에 르죈 남작 루이 프랑수아가 그린 그림으로 나폴레옹(가운데)이 피라미드 전투(159쪽 참조)에서 프랑스 보병 방진을 지휘하는 모습을 묘사한 것이다. 이런 보병 진형은 대규모 기병 돌격에 맞서기 위해 이용되었다.

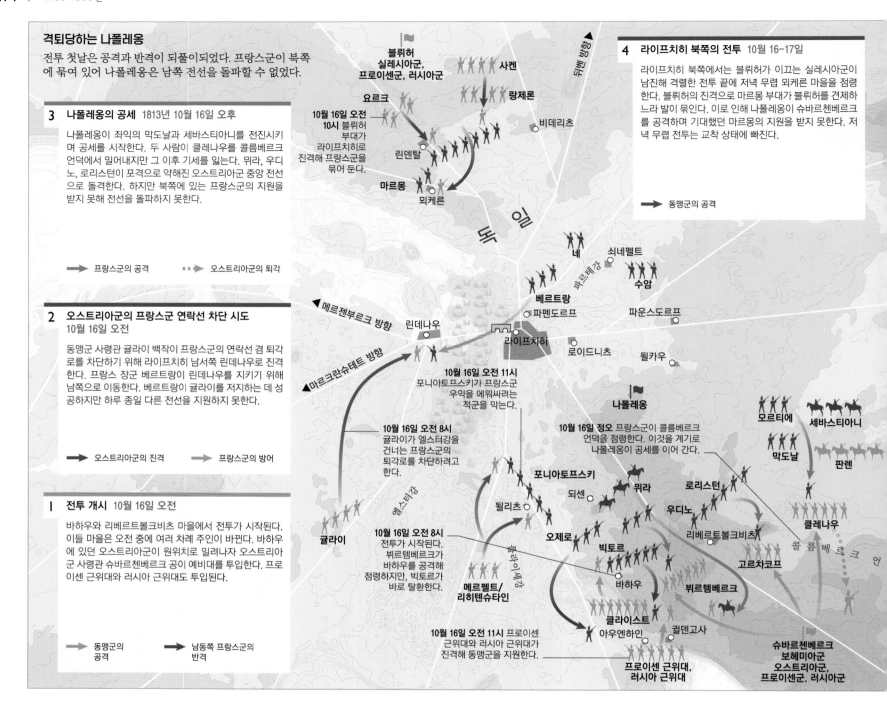

격퇴당하는 나폴레옹

전투 첫날은 공격과 반격이 되풀이되었다. 프랑스군이 북쪽에 묶여 있어 나폴레옹은 남쪽 전선을 돌파할 수 없었다.

3 나폴레옹의 공세 1813년 10월 16일 오후

나폴레옹이 좌익의 막도날과 세바스티아니를 전진시키며 공세를 시작한다. 두 사람이 클레나우를 콜름베르크 언덕에서 밀어내지만 그 이후 기세를 잃는다. 뮈라, 우디노, 로리스턴이 포격으로 약해진 오스트리아군 중앙 전선으로 돌격한다. 하지만 북쪽에 있는 프랑스군의 지원을 받지 못해 전선을 돌파하지 못한다.

→ 프랑스군의 공격　⇢ 오스트리아군의 퇴각

2 오스트리아군의 프랑스군 연락선 차단 시도
10월 16일 오전

동맹군 사령관 귤라이 백작이 프랑스군의 연락선 겸 퇴각로를 차단하기 위해 라이프치히 남서쪽 린데나우로 진격한다. 프랑스 장군 베르트랑이 린데나우를 지키기 위해 남쪽으로 이동한다. 베르트랑이 귤라이를 저지하는 데 성공하지만 하루 종일 다른 전선을 지원하지 못한다.

→ 오스트리아군의 진격　→ 프랑스군의 방어

1 전투 개시 10월 16일 오전

바하우와 리베르트볼크비츠 마을에서 전투가 시작된다. 이들 마을은 오전 중에 여러 차례 주인이 바뀐다. 바하우에 있던 오스트리아군이 원위치로 밀려나자 오스트리아군 사령관 슈바르첸베르크 공이 예비대를 투입한다. 프로이센 근위대와 러시아 근위대도 투입된다.

→ 동맹군의 공격　→ 남동쪽 프랑스군의 반격

4 라이프치히 북쪽의 전투 10월 16~17일

라이프치히 북쪽에서는 블뤼허가 이끄는 실레시아군이 남진해 격렬한 전투 끝에 저녁 무렵 뫼케른 마을을 점령한다. 블뤼허의 진격으로 마르몽 부대가 블뤼허를 견제하느라 발이 묶인다. 이로 인해 나폴레옹이 슈바르첸베르크를 공격하며 기대했던 마르몽의 지원을 받지 못한다. 저녁 무렵 전투는 교착 상태에 빠진다.

→ 동맹군의 공격

블뤼허
실레시아군,
프로이센군, 러시아군

사켄
요르크
랑제론
비데리츠

10월 16일 오전 10시 블뤼허 부대가 라이프치히로 진격해 프랑스군을 묶어 둔다.

린덴탈
마르몽
뫼케른

무덴

네
쇠네펠트
수암
베르트랑
파펜도르프
파운스도르프

메르첸부르크 방향
린데나우
라이프치히
로이드니츠
뮐카우

마르크란슈테트 방향

나폴레옹

10월 16일 오전 11시 포니아토프스키가 프랑스군 우익을 에워싸려는 적군을 막는다.

10월 16일 오전 8시 귤라이가 엘스터강을 건너는 프랑스군의 퇴각로를 차단하려고 한다.

10월 16일 정오 프랑스군이 콜름베르크 언덕을 점령한다. 이것을 계기로 나폴레옹이 공세를 이어 간다.

모르티에
세바스티아니
막도날
판렌

엘스터강
포니아토프스키
되센
뮈라
로리스턴
우디노
리베르트볼크비츠
클레나우
콜름베르크 언덕

귤라이

10월 16일 오전 8시 전투가 시작된다. 뷔르템베르크가 바하우를 공격해 점령하지만, 빅토르가 바로 탈환한다.

될리츠
오제로
빅토르
바하우
뷔르템베르크
고르차코프

플라이세강

메르펠트/리히텐슈타인

10월 16일 오전 11시 프로이센 근위대와 러시아 근위대가 진격해 동맹군을 지원한다.

클라이스트
아우엔하인
귈덴고사

프로이센 근위대, 러시아 근위대

슈바르첸베르크
보헤미아군
오스트리아군,
프로이센군, 러시아군

라이프치히 전투

1813년 10월 16-18일, 제6차 대프랑스 동맹군은 작센의 라이프치히에서 벌어진
제1차 세계대전 이전 유럽의 가장 큰 지상전에서 나폴레옹 군을 상대로 완승을 거두었다.
전투에 참전한 병사 50여만 명 중 거의 10만 명이 죽거나 다쳤다.

1812년에 러시아를 침공하다 재앙을 겪은 나폴레옹은 1813년 5월, 독일에서 다시 원정을 시작했다. 그는 프로이센이 러시아, 스웨덴과 함께 제6차 대프랑스 동맹(1813년 3월-1814년 5월)에 가입하기로 한 결정을 번복하게 만들고 싶었다. 프랑스군이 초기에 잇단 승리를 하며 6월에 휴전 협정이 체결되었지만 동맹은 계속 유지되었다. 8월에 적대 행위가 재개되며 오스트리아가 동맹에 가입해 결국 나폴레옹은 물러설 수밖에 없었다. 나폴레옹은 병력 17만 5천 명과 대포 600여 문을 라이프치히로 집결했다. 동맹군은 4개 군대가 집결해, 병력은 30만 명이 넘었고 대포도 프랑스군의 두 배나 되었다. 10월 16일, 나폴레옹 군과 보헤미아·실레시아군이 라이프치히 북쪽과 남동쪽 마을에서 격렬한 백병전을 벌이며 전투가 시작되었다. 10월 18일 새벽에 나폴레옹은 적에게 둘러싸였고, 결국 그날 밤 프랑스군은 라이프치히 외곽으로 밀려났다. 10월 19일 이른 오전에 그랑다르메는 엘스터강을 가로지르는 유일한 다리를 건너 퇴각했다. 퇴각 도중에 프랑스군 상병이 다리를 폭파하는 바람에 프랑스군 약 5만 명이 라이프치히에 갇혀 버렸다. 이로 인해 동맹군의 전술적 승리는 결정적 승리로 바뀌었다.

다국가 전투

라인강 동부 지방에 대한 나폴레옹의 지배는 독일 동부 작센의 라이프치히에서 제6차 대프랑스 동맹군에 의해 무참하게 무너진다. 이 전투로 프랑스 제1제국의 종말이 시작된다.

기호 보기

- 엘스터강 다리
- 마을/도시

동맹군		프랑스군	
사령관	기병	사령관	기병
보병	지원군	보병	

타임라인

1
2
3
4
5
6

1813년 10월 16일   10월 17일   10월 18일   10월 19일   10월 20일

◀ 드레스덴 방향

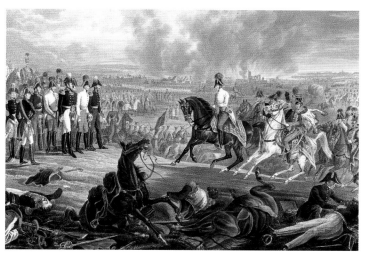

△ 승전보를 전하는 슈바르첸베르크
1835년에 제작된 프란츠 볼프의 석판화로, 오스트리아 사령관 슈바르첸베르크 원수가 라이프치히 전투의 승전 소식을 동맹군 군주들에게 전하는 모습을 묘사한 것이다.

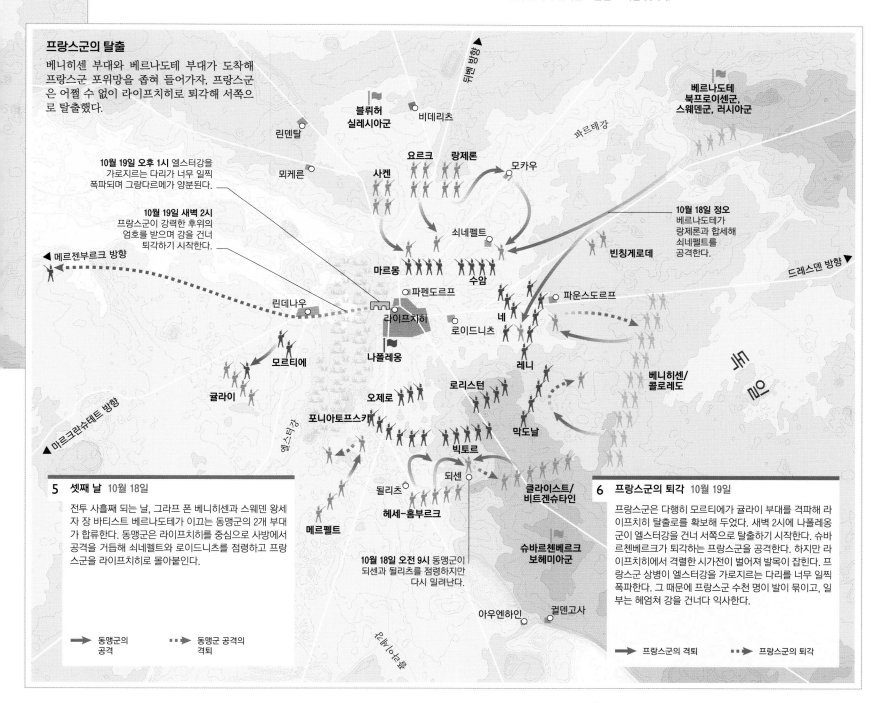

프랑스군의 탈출

베니히센 부대와 베르나도테 부대가 도착해 프랑스군 포위망을 좁혀 들어가자, 프랑스군은 어쩔 수 없이 라이프치히로 퇴각해 서쪽으로 탈출했다.

10월 19일 오후 1시 엘스터강을 가로지르는 다리가 너무 일찍 폭파되며 그랑다르메가 양분된다.

10월 19일 새벽 2시 프랑스군이 강력한 후위의 엄호를 받으며 강을 건너 퇴각하기 시작한다.

◀ 메르젠부르크 방향

◀ 마르크란슈테트 방향

10월 18일 정오 베르나도테가 랑제론과 합세해 쇠네펠트를 공격한다.

드레스덴 방향 ▶

10월 18일 오전 9시 동맹군이 되센과 될리츠를 점령하지만 다시 밀려난다.

베르나도테 북프로이센군, 스웨덴군, 러시아군

블뤼허 실레시안군

비데리츠

린덴탈

뫼케른

파르테강

요르크   랑제론

사켄

모카우

쇠네펠트

빈칭게로데

마르몽

수암

네

파펜도르프

파운스도르프

라이프치히

로이드니츠

린데나우

레니

베니히센/ 콜로레도

나폴레옹

모르티에

굴라이

막도날

로리스턴

오제로

포니아토프스키

빅토르

되센

될리츠

헤세-홈부르크

클라이스트/ 비트겐슈타인

메르펠트

슈바르첸베르크 보헤미아군

아우엔하인

귈덴고사

엘스터강

5 셋째 날 10월 18일

전투 사흘째 되는 날, 그라프 폰 베니히센과 스웨덴 왕세자 장 바티스트 베르나도테가 이끄는 동맹군의 2개 부대가 합류한다. 동맹군은 라이프치히를 중심으로 사방에서 공격을 거듭해 쇠네펠트와 로이드니츠를 점령하고 프랑스군을 라이프치히로 몰아붙인다.

→ 동맹군의 공격

▶ 동맹군 공격의 격퇴

6 프랑스군의 퇴각 10월 19일

프랑스군은 다행히 모르티에가 굴라이 부대를 격파해 라이프치히 탈출로를 확보해 두었다. 새벽 2시에 나폴레옹군이 엘스터강을 건너 서쪽으로 탈출하기 시작한다. 슈바르첸베르크가 퇴각하는 프랑스군을 공격한다. 하지만 라이프치히에서 격렬한 시가전이 벌어져 발목이 잡힌다. 프랑스군 상병이 엘스터강을 가로지르는 다리를 너무 일찍 폭파한다. 그 때문에 프랑스군 수천 명이 발이 묶이고, 일부는 헤엄쳐 강을 건너다 익사한다.

→ 프랑스군의 격퇴

▶ 프랑스군의 퇴각

뉴올리언스 전투

1815년 1월 8일, 앤드루 잭슨 소장(훗날의 미국 대통령)은 민병대, 해방 노예, 촉토족, 해적 등 이질적인 집단으로 구성된 군대를 이끌고 수적 우위에 있는 영국군의 공격을 막아 냈다. 이 전투는 미국과 영국 사이에 벌어진 1812년 전쟁의 마지막 전투가 되었다.

1812년 6월, 미국은 미국 무역을 봉쇄하고 미국 선원을 영국 해군으로 강제 징집하며 미국의 영토 확장을 막는 영국을 상대로 전쟁을 선포했다. 전쟁은 1814년 12월 24일에 체결된 겐트 조약으로 공식적으로 종료되었지만, 아직 이 소식이 미국에 전해지기 몇 주 전이었다. 그사이 미국에 있던 영국군은 전략 요충지 뉴올리언스를 점령할 계획을 밀어붙였다.

영국군이 목격되자 앤드루 잭슨 소장은 뉴올리언스에 계엄령을 선포했다. 해적 장 라피트를 비롯해 5천 명이 넘는 사람이 뉴올리언스를 지키기 위해 소집에 응했다. 전투는 잭슨이 야간에 영국군 진영을 기습하

며 시작되었다. 이후 잭슨은 로드리게스 운하를 따라 '라인 잭슨'으로 알려진 방어시설을 구축했다. 그리고 미시시피강 서안에 병사 1천 명과 대포 16문을 보내 진지를 구축하게 했다. 에드워드 파켄엄 경이 이끈 영국군은 몇 차례 소규모 접전을 하다 1월 8일에 라인 잭슨을 향해 공격을 개시했다. 두 시간도 채 걸리지 않은 전투에서 영국군 8천 명 중 2천 명 이상이 미군의 총포에 희생되었다. 마침내 평화 조약 체결 소식이 미국에 전해지면서 영국군은 1월 18일에 철수했다.

미시시피강의 대결

앤드루 잭슨은 오늘날의 뉴올리언스 교외에 있는 전장에서, 뉴올리언스를 점령해 미시시피강과 미국 남부의 무역을 장악하려는 영국군의 시도를 꺾었다.

기호 보기

미군		영국군
지휘관	보루	지휘관
병사	방어시설	병사
대포		대포

타임라인

1
2
3
4
5

1814년 12월 28일 1815년 1월 1일 1월 5일 1월 9일

◀ 뉴올리언스 방향

미 시 시 피 강

1월 5일 켄터키 부대와 제1, 제2 루이지애나연대가 미시시피강을 건넌다.

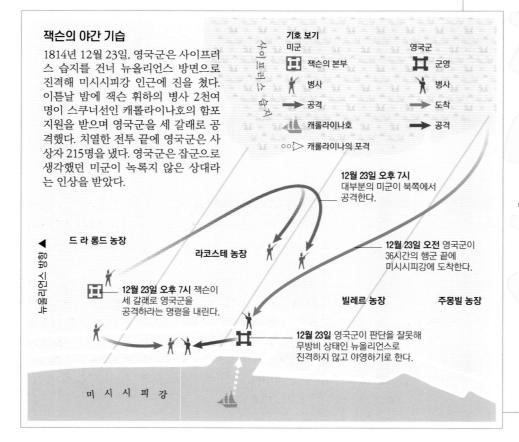

잭슨의 야간 기습

1814년 12월 23일, 영국군은 사이프러스 습지를 건너 뉴올리언스 방면으로 진격해 미시시피강 인근에 진을 쳤다. 이튿날 밤에 잭슨 휘하의 병사 2천여 명이 스쿠너선인 캐롤라이나호의 함포 지원을 받으며 영국군을 세 갈래로 공격했다. 치열한 전투 끝에 영국군은 사상자 215명을 냈다. 영국군은 잡군으로 생각했던 미군이 녹록지 않은 상대라는 인상을 받았다.

기호 보기

미군		영국군
잭슨의 본부		군영
병사		병사
공격		도착
캐롤라이나호		공격
캐롤라이나의 포격		

◀ 뉴올리언스 방향

드 라 롱드 농장

라코스테 농장

12월 23일 오후 7시 대부분의 미군이 북쪽에서 공격한다.

12월 23일 오전 영국군이 36시간의 행군 끝에 미시시피강에 도착한다.

12월 23일 오후 7시 잭슨이 세 갈래로 영국군을 공격하라는 명령을 내린다.

빌레르 농장

주몽빌 농장

12월 23일 영국군이 판단을 잘못해 무방비 상태인 뉴올리언스로 진격하지 않고 야영하기로 한다.

미 시 시 피 강

1 미군의 방어시설 시험
1814년 12월 28일-1815년 1월 1일

잭슨이 로드리게스 운하를 넓히고 방벽을 쌓은 뒤 병사 4천 명과 8개 포대를 배치한다. 군함 루이지애나호가 합류하고 미시시피강을 건너 포대가 도착하며 미군의 화력이 증강된다. 영국군이 12월 28일과 1월 1일에 공격을 해 보지만 미군의 방어시설을 뚫지 못한다.

 미 군함 루이지애나   ○○▷ 미군의 포격

2 미시시피강 서안 공격 1월 8일 새벽

1월 8일 새벽에 영국군의 포 사격이 시작된다. 그사이 파켄엄이 병력을 셋으로 나눠 미군 진지를 공격하게 한다. 킨 장군과 기브스 장군이 로드리게스 운하 방면으로 진격한다. 손턴 대령은 소규모 병력을 이끌고 미시시피강을 건넌다. 서안에 있는 미군 대포를 탈취해 잭슨 부대가 있는 곳으로 쏠 계획이다. 하지만 동안에 있는 영국군을 돕기에는 너무 늦게 대포를 탈취한다.

▶ 영국군의 서안 공격   ●●●▷ 영국군의 포격

미시시피강 방향 ▶

사이프러스 습지

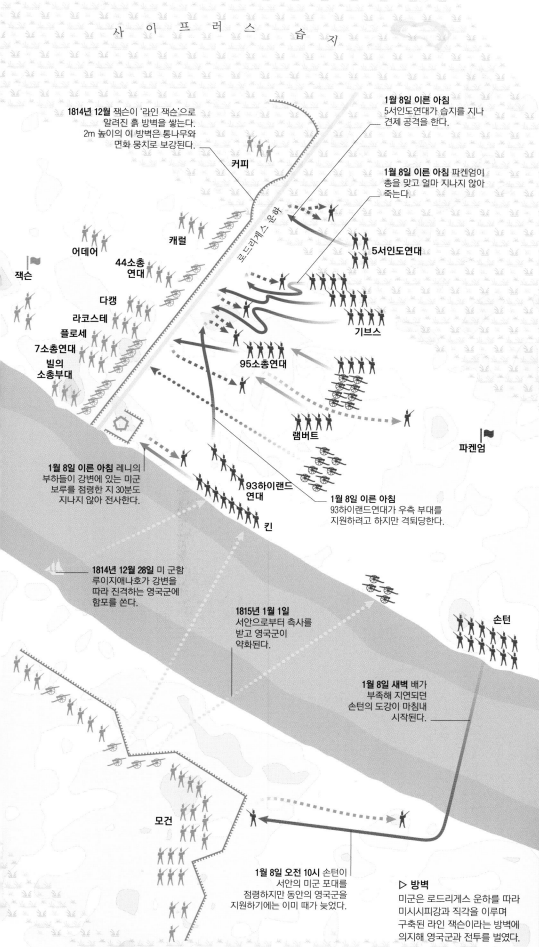

5 전투 종료 1월 8일 오전 8시 30분

기브스와 파켄엄이 치명상을 입은 상황이라 램버트가 예비 부대를 이끌고 다시 진격하지만 곧 소용없다는 사실을 깨닫는다. 램버트가 서안의 손턴을 불러들인 뒤 남은 영국군에게 미군 포의 사정거리 밖으로 퇴각하라는 명령을 내린다. 이 전투에서 영국군은 2천여 명의 사상자를 냈지만 미군 사상자는 60여 명밖에 되지 않는다.

→ 영국군의 진격   ┈▶ 영국군의 퇴각

4 미군 좌측을 향한 공격 1월 8일 이른 아침

영국군 95소총연대, 5서인도연대, 기브스 장군의 주력 부대가 미군의 중앙 좌측으로 돌격하지만 사다리가 부족해 견고한 방어시설을 넘지 못한다. 영국군이 미군 소총수에게 떼죽음을 당한다. 킨 장군의 부대와 93하이랜드연대가 중앙으로 방향을 틀어 지원하러 가지만 30분 만에 기브스와 킨이 병력의 2/3 이상(1,900명 이상)을 잃는다. 영국군이 퇴각한다.

→ 영국군의 공격   ┈▶ 영국군의 퇴각

3 보루에서 1월 8일 새벽

영국군 좌익에서 킨 장군의 부하 레니 대령이 병력 1천여 명을 이끌고 강변을 따라 진격하다 계속해서 강 건너 미군 포대의 포격을 받는다. 레니가 아직 완성되지 않은 보루를 간신히 점령한다. 하지만 뉴올리언스 민병 소대(일명 '빌의 소총부대')와 미 7보병사단이 금방 되찾는다. 30분도 안 되는 사이에 레니를 비롯한 거의 모든 영국군 병사가 죽는다.

→ 영국군의 보루 공격   ┈▶ 영국군의 퇴각

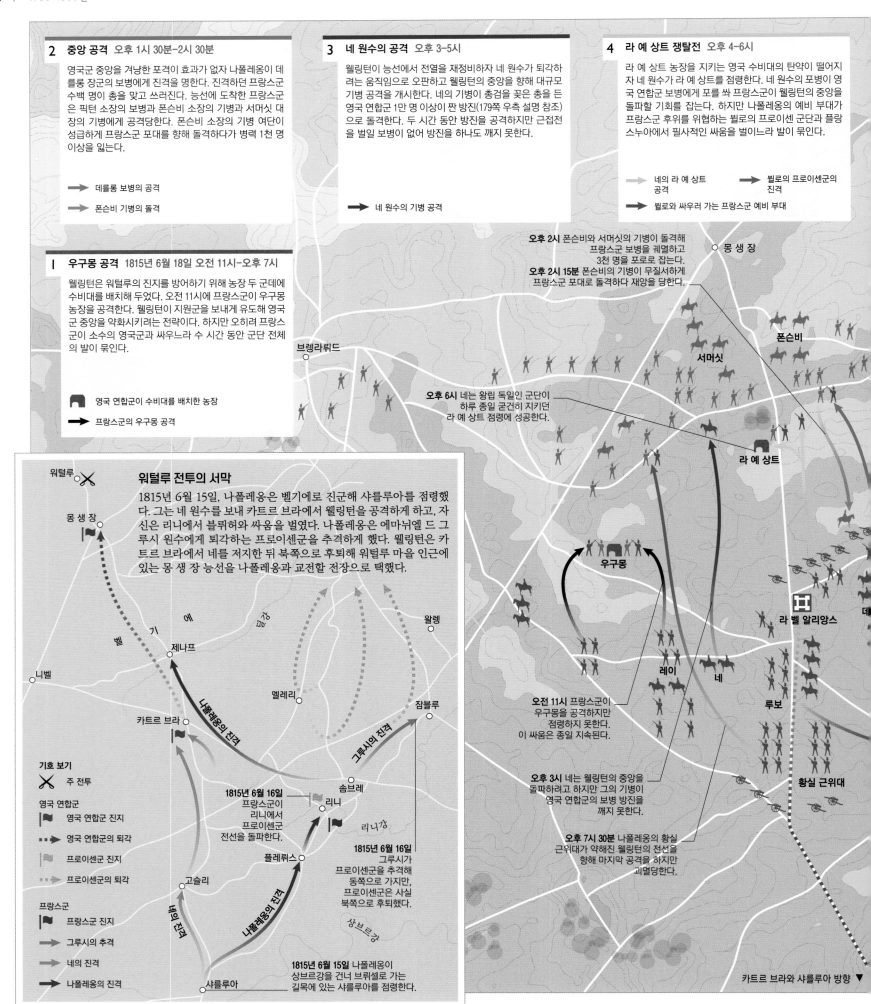

2 중앙 공격 오후 1시 30분-2시 30분

영국군 중앙을 겨냥한 포격이 효과가 없자 나폴레옹이 데를롱 장군의 보병에게 진격을 명한다. 진격하던 프랑스군 수백 명이 총을 맞고 쓰러진다. 능선에 도착한 프랑스군은 픽턴 소장의 보병과 폰슨비 소장의 기병과 서머싯 대장의 기병에게 공격당한다. 폰슨비 소장의 기병 여단이 성급하게 프랑스군 포대를 향해 돌격하다가 병력 1천 명 이상을 잃는다.

→ 데를롱 보병의 공격

→ 폰슨비 기병의 돌격

3 네 원수의 공격 오후 3-5시

웰링턴이 능선에서 전열을 재정비하자 네 원수가 퇴각하려는 움직임으로 오판하고 웰링턴의 중앙을 향해 대규모 기병 공격을 개시한다. 네의 기병이 총검을 꽂은 총을 든 영국 연합군 1만 명 이상이 짠 방진(179쪽 우측 설명 참조)으로 돌격한다. 두 시간 동안 방진을 공격하지만 근접전을 벌일 보병이 없어 방진을 하나도 깨지 못한다.

→ 네 원수의 기병 공격

4 라 예 상트 쟁탈전 오후 4-6시

라 예 상트 농장을 지키는 영국 수비대의 탄약이 떨어지자 네 원수가 라 예 상트를 점령한다. 네 원수의 포병이 영국 연합군 보병에게 포를 쏴 프랑스군이 웰링턴의 중앙을 돌파할 기회를 잡는다. 하지만 나폴레옹의 예비 부대가 프랑스군 후위를 위협하는 뷜로의 프로이센 군단과 플랑스누아에서 필사적인 싸움을 벌이느라 발이 묶인다.

→ 네의 라 예 상트 공격

→ 뷜로의 프로이센군의 진격

→ 뷜로와 싸우러 가는 프랑스군 예비 부대

1 우구몽 공격 1815년 6월 18일 오전 11시-오후 7시

웰링턴은 워털루의 진지를 방어하기 위해 농장 두 군데에 수비대를 배치해 두었다. 오전 11시에 프랑스군이 우구몽 농장을 공격한다. 웰링턴이 지원군을 보내게 유도해 영국군 중앙을 약화시키려는 전략이다. 하지만 오히려 프랑스군이 소수의 영국군과 싸우느라 수 시간 동안 군단 전체의 발이 묶인다.

영국 연합군이 수비대를 배치한 농장

→ 프랑스군의 우구몽 공격

오후 2시 폰슨비와 서머싯의 기병이 돌격해 프랑스군 보병을 궤멸하고 3천 명을 포로로 잡는다.

오후 2시 15분 폰슨비의 기병이 무질서하게 프랑스군 포대로 돌격하다 재앙을 당한다.

오후 6시 네는 왕립 독일인 군단이 하루 종일 굳건히 지키던 라 예 상트 점령에 성공한다.

몽 생 장

폰슨비

서머싯

라 예 상트

우구몽

라 벨 알리앙스

레이

네

루보

황실 근위대

오전 11시 프랑스군이 우구몽을 공격하지만 점령하지 못한다. 이 싸움은 종일 지속된다.

오후 3시 네는 웰링턴의 중앙을 돌파하려고 하지만 그의 기병이 영국 연합군의 보병 방진을 깨지 못한다.

오후 7시 30분 나폴레옹의 황실 근위대가 약해진 웰링턴의 전선을 향해 마지막 공격을 하지만 괴멸당한다.

워털루 전투의 서막

1815년 6월 15일, 나폴레옹은 벨기에로 진군해 샤를루아를 점령했다. 그는 네 원수를 보내 카트르 브라에서 웰링턴을 공격하게 하고, 자신은 리니에서 블뤼허와 싸움을 벌였다. 나폴레옹은 에마뉘엘 드 그루시 원수에게 퇴각하는 프로이센군을 추격하게 했다. 웰링턴은 카트르 브라에서 네를 저지한 뒤 북쪽으로 후퇴해 워털루 마을 인근에 있는 몽 생 장 능선을 나폴레옹과 교전할 전장으로 택했다.

워털루

몽 생 장

니벨

제나프

카트르 브라

고슬리

나폴레옹의 진격

벨 기 에

에 롱 강

멜레리

왈렝

잠블루

그루시의 진격

솜브레

리니

리니강

플레뤼스

샤를루아

상브르강

네의 진격

1815년 6월 16일 프랑스군이 리니에서 프로이센군 전선을 돌파한다.

1815년 6월 16일 그루시가 프로이센군을 추격해 동쪽으로 가지만, 프로이센군은 사실 북쪽으로 후퇴했다.

1815년 6월 15일 나폴레옹이 상브르강을 건너 브뤼셀로 가는 길목에 있는 샤를루아를 점령한다.

기호 보기

✕ 주 전투

영국 연합군

▌ 영국 연합군 진지

┅▶ 영국 연합군의 퇴각

프로이센군 진지

┅▶ 프로이센군의 퇴각

프랑스군

▌ 프랑스군 진지

→ 그루시의 추격

→ 네의 진격

→ 나폴레옹의 진격

카트르 브라와 샤를루아 방향 ▼

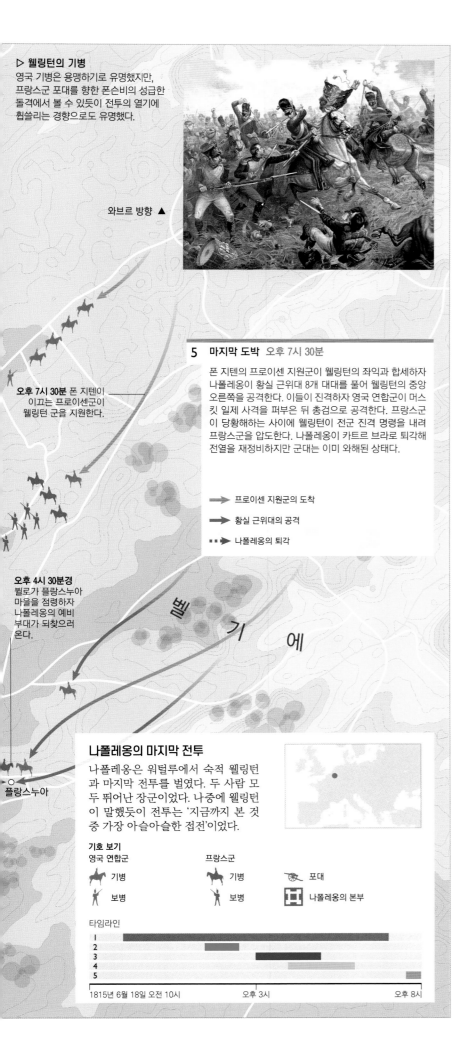

▷ 웰링턴의 기병
영국 기병은 용맹하기로 유명했지만, 프랑스군 포대를 향한 폰슨비의 성급한 돌격에서 볼 수 있듯이 전투의 열기에 휩쓸리는 경향으로도 유명했다.

와브르 방향 ▲

오후 7시 30분 폰 지텐이 이끄는 프로이센군이 웰링턴 군을 지원한다.

5 마지막 도박 오후 7시 30분

폰 지텐의 프로이센 지원군이 웰링턴의 좌익과 합세하자 나폴레옹이 황실 근위대 8개 대대를 풀어 웰링턴의 중앙 오른쪽을 공격한다. 이들이 진격하자 영국 연합군이 머스킷 일제 사격을 퍼부은 뒤 총검으로 공격한다. 프랑스군이 당황해하는 사이에 웰링턴이 전군 진격 명령을 내려 프랑스군을 압도한다. 나폴레옹이 카트르 브라로 퇴각해 전열을 재정비하지만 군대는 이미 와해된 상태다.

→ 프로이센 지원군의 도착
→ 황실 근위대의 공격
▪▪▶ 나폴레옹의 퇴각

오후 4시 30분경 뷜로가 플랑스누아 마을을 점령하자 나폴레옹의 예비 부대가 되찾으러 온다.

벨기에

○ 플랑스누아

나폴레옹의 마지막 전투
나폴레옹은 워털루에서 숙적 웰링턴과 마지막 전투를 벌였다. 두 사람 모두 뛰어난 장군이었다. 나중에 웰링턴이 말했듯이 전투는 '지금까지 본 것 중 가장 아슬아슬한 접전'이었다.

기호 보기
영국 연합군   프랑스군
🐎 기병   🐎 기병   ⚔ 포대
🏹 보병   🏹 보병   ⬚ 나폴레옹의 본부

타임라인
1
2
3
4
5
1815년 6월 18일 오전 10시 · 오후 3시 · 오후 8시

워털루 전투

1815년 6월 18일, 웰링턴 공작과 블뤼허 장군이 이끈 영국 연합군과 프로이센군은 나폴레옹 군을 상대로 승리를 거두며 마침내 나폴레옹 전쟁(1803-1815년)을 마무리지었다. 이 결정적인 전투는 벨기에의 워털루 마을 인근에서 벌어졌다.

1815년 3월, 나폴레옹이 파리 전투(1814년)가 끝나고 유배되었던 지중해의 엘바섬에서 탈출했다는 소식이 유럽 지도자들에게 전해졌다. 3월 1일에 프랑스에 상륙한 나폴레옹은 파리로 되돌아가 금방 지지층을 재건한 뒤 나폴레옹 1세라는 황제 칭호를 되찾고 '백일천하'로 알려진 집권을 시작했다. 3월 20일 무렵에 그는 대군을 모았다.

영국, 프로이센, 오스트리아, 러시아는 나폴레옹을 물리치기 위해 동맹을 결성했다. 6월이 되자 영국의 위대한 군사령관 웰링턴 공작은 10만 명이 넘는 영국 연합군을 이끌고 브뤼셀로 가고, 프로이센의 게프하르트 레베레흐트 폰 블뤼허 원수는 비슷한 규모의 군대를 이끌고 나무르에 진을 쳤다. 각각 20만 명이 넘는 러시아군과 오스트리아군도 프랑스군과 싸우기 위해 이동하고 있었다.

6월 15일에 나폴레옹은 벨기에로 진군했다. 이튿날 나폴레옹 군은 카트르 브라에서 웰링턴과, 리니에서 블뤼허와 전투를 벌였다. 치열한 전투 끝에 블뤼허는 와브르로 퇴각했고, 웰링턴은 나폴레옹과 마지막 전투를 벌이게 될 워털루 마을 인근의 몽 생 장으로 이동했다. 6월 18일 아침 식사 자리에서 나폴레옹은 지휘관들에게 앞으로 있을 전투는 '소풍'과 같을 것이라고 말했다. 하지만 실제는 전혀 그렇지 않았다. 웰링턴의 영국 연합군은 라 예 상트와 우구몽에 구축한 진지가 심한 압박을 받았음에도 거듭된 프랑스군의 공격을 잘 버텨 냈다. 블뤼허의 프로이센군이 도착하자 숨통이 트인 웰링턴은 마지막 공격을 가해 프랑스군을 전장에서 몰아냈다. 나폴레옹은 도주했고 7월 15일에 미국으로 가려고 했으나 봉쇄당하고 다시 한번 유배되었다.

영국 보병의 방진

보병 방진은 병사 약 500명으로 구성되었다(아래 사진 참조). 방진 외곽에는 빽빽하게 늘어선 병사를 두 줄 이상 배치했고, 가운데는 예비병력을 배치했다. 적의 기병이 접근하면 보병이 일제 사격을 했다. 적 기병은 쓰러진 말 때문에 추가 공격을 할 수 없었다. 방진은 기병에게는 거의 뚫리지 않았지만 머스킷 사격에 취약했고 특히 포격에는 당해 내지 못했다.

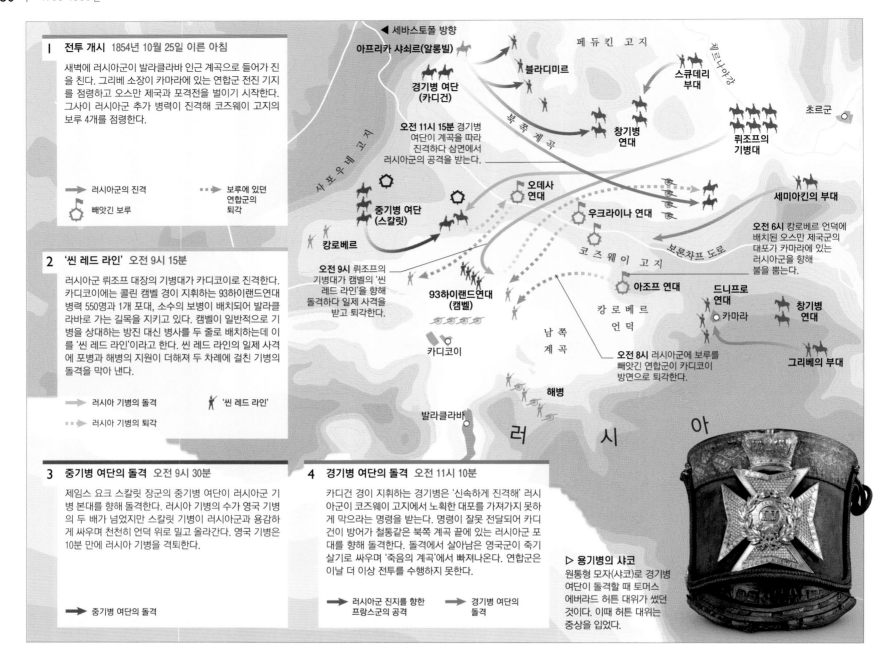

1 전투 개시 1854년 10월 25일 이른 아침

새벽에 러시아군이 발라클라바 인근 계곡으로 들어가 진을 친다. 그리베 소장이 카마라에 있는 연합군 전진 기지를 점령하고 오스만 제국과 포격전을 벌이기 시작한다. 그사이 러시아군 추가 병력이 진격해 코즈웨이 고지의 보루 4개를 점령한다.

→ 러시아군의 진격
⚙ 빼앗긴 보루
┅➤ 보루에 있던 연합군의 퇴각

2 '씬 레드 라인' 오전 9시 15분

러시아군 뤼조프 대장의 기병대가 카디코이로 진격한다. 카디코이에는 콜린 캠벨 경이 지휘하는 93하이랜드연대 병력 550명과 1개 포대, 소수의 보병이 배치되어 발라클라바로 가는 길목을 지키고 있다. 캠벨이 일반적으로 기병을 상대하는 방진 대신 병사를 두 줄로 배치하는데 이를 '씬 레드 라인'이라고 한다. 씬 레드 라인의 일제 사격에 포병과 해병의 지원이 더해져 두 차례에 걸친 기병의 돌격을 막아 낸다.

→ 러시아 기병의 돌격
┅➤ 러시아 기병의 퇴각
🪖 '씬 레드 라인'

3 중기병 여단의 돌격 오전 9시 30분

제임스 요크 스칼릿 장군의 중기병 여단이 러시아군 기병 본대를 향해 돌격한다. 러시아 기병의 수가 영국 기병의 두 배가 넘었지만 스칼릿 기병이 러시아군과 용감하게 싸우며 천천히 언덕 위로 밀고 올라간다. 영국 기병은 10분 만에 러시아 기병을 격퇴한다.

→ 중기병 여단의 돌격

4 경기병 여단의 돌격 오전 11시 10분

카디건 경이 지휘하는 경기병은 '신속하게 진격해' 러시아군이 코즈웨이 고지에서 노획한 대포를 가져가지 못하게 막으라는 명령을 받는다. 명령이 잘못 전달되어 카디건이 방어가 철통같은 북쪽 계곡 끝에 있는 러시아군 포대를 향해 돌격한다. 돌격에서 살아남은 영국군이 죽기 살기로 싸우며 '죽음의 계곡'에서 빠져나온다. 연합군은 이날 더 이상 전투를 수행하지 못한다.

→ 러시아군 진지를 향한 프랑스군의 공격
→ 경기병 여단의 돌격

지도 라벨:
◀ 세바스토폴 방향
아프리카 샤쇠르(알롱빌)
페듀킨 고지
블라디미르
스큐데리 부대
체르나야강
경기병 여단 (카디건)
오전 11시 15분 경기병 여단이 계곡을 따라 진격하다 삼면에서 러시아군의 공격을 받는다.
창기병 연대
뤼조프의 기병대
초르군
샤포우네 고지
북쪽 계곡
오데사 연대
세미야킨의 부대
중기병 여단 (스칼릿)
우크라이나 연대
오전 6시 캉로베르 언덕에 배치된 오스만 제국군의 대포가 카마라에 있는 러시아군을 향해 불을 뿜는다.
캉로베르
오전 9시 뤼조프의 기병대가 캠벨의 '씬 레드 라인'을 향해 돌격하다 일제 사격을 받고 퇴각한다.
코즈웨이 고지
보론차프 도로
93하이랜드연대 (캠벨)
아조프 연대
드니프로 연대
창기병 연대
카디코이
캉 로베르 언덕
카마라
남 쪽 계곡
오전 8시 러시아군에 보루를 빼앗긴 연합군이 카디코이 방면으로 퇴각한다.
그리베의 부대
해병
발라클라바
러 시 아

▷ **용기병의 샤코**
원통형 모자(샤코)로 경기병 여단이 돌격할 때 토머스 에버라드 허튼 대위가 썼던 것이다. 이때 허튼 대위는 중상을 입었다.

발라클라바 전투

러시아와 연합국 사이에 벌어진 크림 전쟁(1853-1856년) 기간에 일어난 발라클라바 전투는 결정적인 전투는 아니었지만 '씬 레드 라인'의 진지 사수와 경기병 여단의 무모한 돌격으로 유명하다.

1854년에 영국, 프랑스, 오스만 제국은 전해에 일어난 러시아의 발칸반도 공격에 대응해 크림반도를 침공했다. 9월 20일에 연합군은 알마 전투에서 승리를 거두었다. 이로써 러시아 해군 기지 세바스토폴로 가는 길이 열렸고, 10월 25일에 연합군은 세바스토폴을 포위했다. 러시아군은 세바스토폴의 포위선과 발라클라바에 있는 영국군 기지 사이를 차단하려고 했다. 전투는 교착 상태로 끝났다. 영국군은 발라클라바 통제권을 유지했고, 러시아군은 발라클라바에서 세바스토폴로 가는 주요 도로를 장악했다. 전사에서 이 전투는 '씬 레드 라인'으로 알려진 콜린 캠벨 경이 이끈 93하이랜드연대의 진지 사수, 중기병 여단 돌격의 성공, 빗발치는 총탄 속에 경기병 여단을 무모하게 돌격시킨 희대의 실수로 유명하다.

크림 분쟁

발라클라바 전투는 연합군이 러시아 흑해 함대 기지 세바스토폴을 오랫동안 포위 공격하면서 일어났다. 이 공격은 1855년 9월에 러시아군이 요새를 폭파하고 세바스토폴에서 철수하면서 끝났다.

기호 보기
⬡ 보루
▪ 마을

영국군	연합군	러시아군
🐎 기병	🐎 기병	🐎 기병
🪖 보병	🪖 보병	🪖 보병
🐎 포대		🐎 포대

타임라인

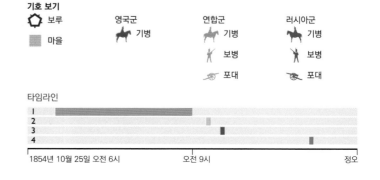

1 2 3 4

1854년 10월 25일 오전 6시 · 오전 9시 · 정오

솔페리노 전투

이탈리아 북부의 솔페리노에서 제2차 이탈리아 독립 전쟁(1859년 4-7월)의
마지막 전투가 벌어졌다. 이 전투에서 프랑스-피에몬테 연합군은
오스트리아군을 물리쳤다.

1859년, 프랑스 황제 나폴레옹 3세와 피에몬테-사르디니아 왕국의 비토리오 에마누엘레 2세는
북부 이탈리아에서 오스트리아군을 몰아내기 위해 동맹을 체결했다. 나폴레옹은 몬테벨로, 팔레
스트로, 마젠타에서 승리를 거두고 메돌레 평원에서 다시 오스트리아군과 격돌했다. 오스트리아
황제 프란츠 요제프 1세는 보병 12만 명, 기병 1만 기, 대포 430문을 끌고 왔다. 전투는 크게 세
군데로 나뉘어 진행되었다. 프랑스군 보병과 기병은 솔페리노와 그보다 남쪽에 있는 구이디촐로
에서 싸움을 벌였다. 북쪽에서는 피에몬테군이 산마르티노에서 오스트리아군과 교전했다. 결국
오스트리아군은 포위당하지 않으려고 민치오강을 건너 퇴각했다.

국가의 탄생

이 전투는 이탈리아의 통일을 앞당기는
계기가 되었다. 1871년, 로마를 새로운
이탈리아 왕국의 수도로 삼으면서 통일
이 완성되었다. 솔페리노의 참상을 본 앙
리 뒤낭은 1863년에 적십자를 창설했다.

기호 보기

□□□ 철로

프랑스군	피에몬테군	오스트리아군
보병	보병	보병
기병	기병	기병
		오스트리아의 군

타임라인

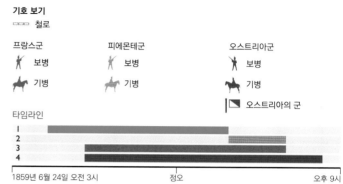

1859년 6월 24일 오전 3시　　　　정오　　　　오후 9시

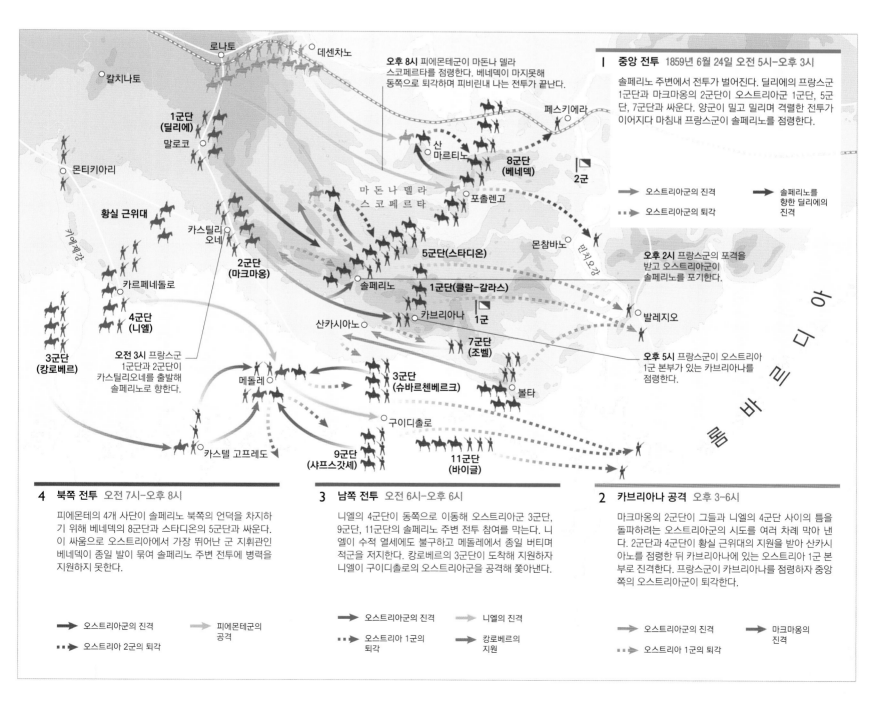

I 중앙 전투 1859년 6월 24일 오전 5시-오후 3시

솔페리노 주변에서 전투가 벌어진다. 딜리에의 프랑스군
1군단과 마크마옹의 2군단이 오스트리아군 1군단, 5군
단, 7군단과 싸운다. 양군이 밀고 밀리며 격렬한 전투가
이어지다 마침내 프랑스군이 솔페리노를 점령한다.

→ 오스트리아군의 진격　→ 솔페리노를 향한 딜리에의 진격
▪▪▶ 오스트리아군의 퇴각

오후 2시 프랑스군의 포격을 받고 오스트리아군이 솔페리노를 포기한다.

오후 5시 프랑스군이 오스트리아 1군 본부가 있는 카브리아나를 점령한다.

오후 8시 피에몬테군이 마돈나 델라 스코페르타를 점령한다. 베네덱이 마지못해 동쪽으로 퇴각하며 피비린내 나는 전투가 끝난다.

오전 3시 프랑스군 1군단과 2군단이 카스틸리오네를 출발해 솔페리노로 향한다.

4 북쪽 전투 오전 7시-오후 8시

피에몬테의 4개 사단이 솔페리노 북쪽의 언덕을 차지하
기 위해 베네덱의 8군단과 스타디온의 5군단과 싸운다.
이 싸움으로 오스트리아에서 가장 뛰어난 군 지휘관인
베네덱이 종일 발이 묶여 솔페리노 주변 전투에 병력을
지원하지 못한다.

→ 오스트리아군의 진격　→ 피에몬테군의 공격
▪▪▶ 오스트리아 2군의 퇴각

3 남쪽 전투 오전 6시-오후 6시

니엘의 4군단이 동쪽으로 이동해 오스트리아군 3군단,
9군단, 11군단의 솔페리노 주변 전투 참여를 막는다. 니
엘이 수적 열세에도 불구하고 메돌레에서 종일 버티며
적군을 저지한다. 캉로베르의 3군단이 도착해 지원하자
니엘이 구이디촐로의 오스트리아군을 공격해 쫓아낸다.

→ 오스트리아군의 진격　→ 니엘의 진격
▪▪▶ 오스트리아 1군의 퇴각　→ 캉로베르의 지원

2 카브리아나 공격 오후 3-6시

마크마옹의 2군단이 그들과 니엘의 4군단 사이의 틈을
돌파하려는 오스트리아군의 시도를 여러 차례 막아 낸
다. 2군단과 4군단이 황실 근위대의 지원을 받아 산카시
아노를 점령한 뒤 카브리아나에 있는 오스트리아 1군 본
부로 진격한다. 프랑스군이 카브리아나를 점령하자 중앙
쪽의 오스트리아군이 퇴각한다.

→ 오스트리아군의 진격　→ 마크마옹의 진격
▪▪▶ 오스트리아 1군의 퇴각

앤티텀 전투

미국 역사상 하루에 가장 많은 피를 흘린 전투는
남북 전쟁(1861-1865년) 기간에 앤티텀 크리크(개울)에서 일어난 전투다.
조지 매클렐런 장군이 이끈 대규모 북군은
로버트 E. 리가 지휘한 북버지니아 남군의 메릴랜드 침공을
저지하기 위해 큰 대가를 치렀다.

1861년, 미국의 북부 연방과 반란 주로 이루어진 남부 연합 사이에 내전이 벌어졌다. 이듬해 남군 사령관 로버트 E. 리 장군은 7일 전투와 제2차 불 런 전투(머내서스)에서 승리를 거두었다. 1862년 9월에 리 장군은 북버지니아군을 이끌고 메릴랜드를 침공했다. 메릴랜드를 점령하면 남부 연합에 대한 유럽 열강의 지지를 확보할 수 있을 뿐 아니라 다가오는 의원 선거에서 링컨 대통령의 입지를 약화할 수 있으리라는 생각에서였다.

리가 군대를 둘로 나눠 서쪽으로 진군했지만 북군의 조지 매클렐런 장군은 분리된 군대를 각개 격파할 기회를 놓쳤다. 9월 17일에 매클렐런이 메릴랜드주 샤프스버그 인근의 앤티텀 크리크에서 리를 따라잡았을 때는 리의 군대가 다시 합친 뒤였다. 그럼에도 리의 군대는 북군의 절반 정도밖에 되지 않았다. 매클렐런은 리에게 예비 부대가 있다고 생각하고 전력을 투입하지 않아 또다시 리의 군대를 격파할 기회를 놓쳤다. 종일 이어진 격렬한 싸움 끝에 전투는 무승부로 끝이 났다. 매클렐런의 묵인하에 리는 버지니아로 철수했고, 북군은 전략적 승리를 거두었다고 자평했다. 유럽 열강의 지지를 확보하려던 남부 연합의 희망은 깨졌다. 남군의 대규모 공세를 물리쳐 자신을 얻은 링컨은 1862년 9월 22일에 남부 연합의 모든 노예를 해방하는 노예해방령을 발표했다.

경합주

메릴랜드주는 남부와 북부에 걸쳐 있는 주로, 분리주의자와 연방주의자 간의 싸움에서 주요 전장이었다. 남군은 남북 전쟁 기간에 메릴랜드주를 세 차례 침략했다.

기호 보기

남군	북군	
✗ 보병	✗ 보병	/// 밀러의 옥수수밭
▷ 부대	▷ 부대	✝ 던커 교회
포병	포병	⌂ 필립 프라이 저택
		⊓ 로어 다리

타임라인

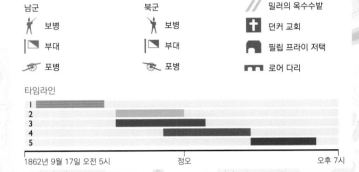

1862년 9월 17일 오전 5시   정오   오후 7시

△ '블러디 레인'의 면죄 선언
돈 트로이아니의 그림으로 북군의 아일랜드 여단이 '블러디 레인'으로 돌격하는 모습을 묘사한 것이다. '싸우는 사제' 윌리엄 코비 신부가 면죄를 선언하는 모습이 보인다.

리의 출정

1862년 9월 4일, 리는 메릴랜드로 들어갔다. 그는 병력을 나눠 잭슨, 맥로스, 워커에게는 마틴즈버그와 하퍼스 페리에 있는 북군 요새를 공격하게 하고, D. H. 힐에게는 산악 고개를 지키게 했다. 남군이 하퍼스 페리를 점령하는 동안 힐과 맥로스는 고개를 지켜 냈다. 덕분에 리는 병력을 앤티텀 크리크에 집결시켜 느리게 추격해 오는 매클렐런의 북군과 싸울 수 있었다.

기호 보기

✗ 주 전투
✗ 전투
⊓ 북군 요새
→ 북군의 이동, 9월 3-13일
➡ 북군의 이동, 9월 14-17일
→ 남군의 이동, 9월 3-13일
➡ 남군의 이동, 9월 14-17일
▪▪▪ 철로

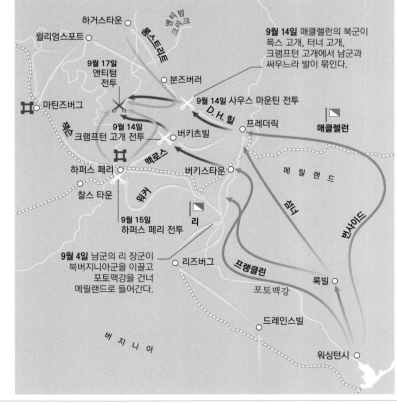

5 마지막 공격 오후 3시-일몰

번사이드가 샤프스버그 남동쪽의 남군 전선을 향해 진격하지만, 하퍼스 페리에서 27km를 행군한 끝에 도착한 A. P. 힐 장군의 경보병 사단과 마주친다. 이번에도 매클렐런이 예비 부대를 투입했으면 승리할 수 있었을 것이다. 하지만 예비 부대의 지원을 받지 못한 번사이드가 지친 데다 전투 경험이 없는 병사를 이끌고 싸우다가 해가 떨어져 전투가 끝난다.

→ 북군의 공격   → 남군의 행군과 공격
▪▪▶ 북군의 퇴각

4 로어 다리 오전 11시-오후 3시

북쪽 전투가 거의 끝날 때쯤 남쪽에서 북군의 번사이드 소장이 남군 우측으로 진격하기 시작한다. 번사이드의 병사들이 앤티텀 크리크를 가로지르는 유일한 다리를 점령한다. 번사이드가 남군 측면을 우회 공격하려고 하지만 다리가 좁아 쉽게 건너가지 못하고 고작 남군 500명에게 수 시간 동안 발이 묶인다.

→ 북군의 진격

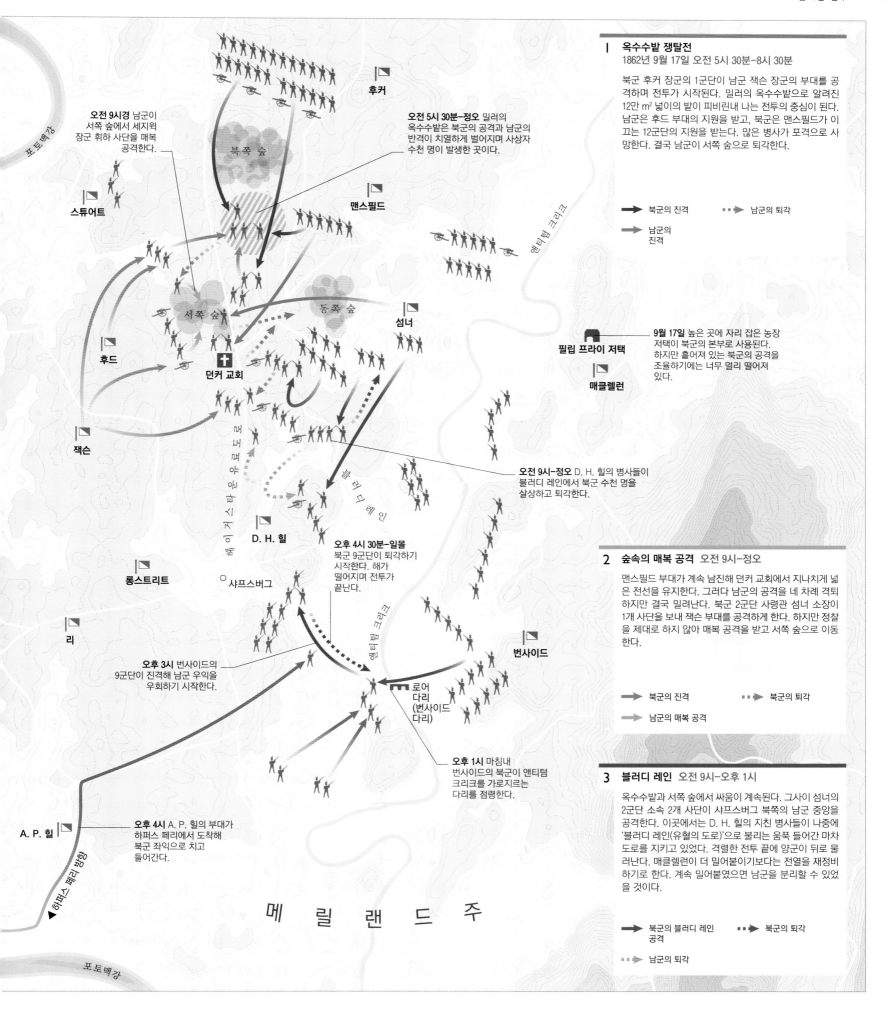

1 옥수수밭 쟁탈전
1862년 9월 17일 오전 5시 30분-8시 30분

북군 후커 장군의 1군단이 남군 잭슨 장군의 부대를 공격하며 전투가 시작된다. 밀러의 옥수수밭으로 알려진 12만 ㎡ 넓이의 밭이 피비린내 나는 전투의 중심이 된다. 남군은 후드 부대의 지원을 받고, 북군은 맨스필드가 이끄는 12군단의 지원을 받는다. 많은 병사가 포격으로 사망한다. 결국 남군이 서쪽 숲으로 퇴각한다.

오전 9시경 남군이 서쪽 숲에서 세지윅 장군 휘하 사단을 매복 공격한다.

오전 5시 30분-정오 밀러의 옥수수밭은 북군의 공격과 남군의 반격이 치열하게 벌어지며 사상자 수천 명이 발생한 곳이다.

후커

북쪽 숲

스튜어트

맨스필드

북군의 진격 ▶ 남군의 퇴각

남군의 진격

서쪽 숲

동쪽 숲

섬너

후드

9월 17일 높은 곳에 자리 잡은 농장 저택이 북군의 본부로 사용된다. 하지만 흩어져 있는 북군의 공격을 조율하기에는 너무 멀리 떨어져 있다.

필립 프라이 저택

던커 교회

매클렐런

잭슨

오전 9시-정오 D. H. 힐의 병사들이 블러디 레인에서 북군 수천 명을 살상하고 퇴각한다.

D. H. 힐

오후 4시 30분-일몰 북군 9군단이 퇴각하기 시작한다. 해가 떨어지며 전투가 끝난다.

롱스트리트

○ 샤프스버그

2 숲속의 매복 공격 오전 9시-정오

맨스필드 부대가 계속 남진해 던커 교회에서 지나치게 넓은 전선을 유지한다. 그러다 남군의 공격을 네 차례 격퇴하지만 결국 밀려난다. 북군 2군단 사령관 섬너 소장이 1개 사단을 보내 잭슨 부대를 공격하게 한다. 하지만 정찰을 제대로 하지 않아 매복 공격을 받고 서쪽 숲으로 이동한다.

리

오후 3시 번사이드의 9군단이 진격해 남군 우익을 우회하기 시작한다.

번사이드

북군의 진격 ▶ 북군의 퇴각

남군의 매복 공격

로어 다리 (번사이드 다리)

오후 1시 마침내 번사이드의 북군이 앤티텀 크리크를 가로지르는 다리를 점령한다.

3 블러디 레인 오전 9시-오후 1시

옥수수밭과 서쪽 숲에서 싸움이 계속된다. 그사이 섬너의 2군단 소속 2개 사단이 샤프스버그 북쪽의 남군 중앙을 공격한다. 이곳에서는 D. H. 힐의 지친 병사들이 나중에 '블러디 레인(유혈의 도로)'으로 불리는 움푹 들어간 마차 도로를 지키고 있었다. 격렬한 전투 끝에 양군이 뒤로 물러난다. 매클렐런이 더 밀어붙이기보다는 전열을 재정비하기로 한다. 계속 밀어붙였으면 남군을 분리할 수 있었을 것이다.

A. P. 힐

오후 4시 A. P. 힐의 부대가 하퍼스 페리에서 도착해 북군 좌익으로 치고 들어간다.

북군의 블러디 레인 ▶ 북군의 퇴각
공격

메 릴 랜 드 주

▶ 남군의 퇴각

포토맥강

남북 전쟁 기간의 무기

1861년에서 1865년 사이에 벌어진 남북 전쟁은 최초의 현대전이었다. 통신과 기술의 발전으로 전쟁의 범위가 확대되어 더 많은 병력이 투입되었고, 무기의 살상력이 높아졌으며, 전선이 넓어졌다.

△ **남부 연합기**
별은 연방에서 탈퇴한 주를 나타내는데 나중에 그 수가 추가되었다. 남부 연합은 1863년 5월에 이 기를 하얀 바탕의 직사각형 위에 십자가 무늬를 넣은 '순결한 깃발'로 바꾸었다.

남북 전쟁은 연방을 지지하는 북부 주와 연방에서 탈퇴해 남부 연합을 결성한 노예 소유의 남부 주 사이에 벌어진 전쟁이다. 전쟁을 시작할 때는 양측의 병력이 대략 20만 명으로 비슷했지만, 1863년에는 북군 병력이 남군의 두 배나 되었다.

전장에서 대포는 개량된 캐니스터탄과 유산탄 덕분에 근거리에서 살상력이 높았지만 원거리에서는 여전히 효과가 없었다. 대포의 정확도가 떨어졌을 뿐 아니라 당시만 해도 폭발탄이 아직 초기 단계였기 때문에 공세적 포격은 그다지 유용하지 않았다. 강선을 넣은 머스킷과 화약의 발전으로 보병의 화력이 향상되었다. 하지만 아주 단거리 사격이 아닌 경우라면 정확도를 높이기 위해 보병의 밀집 대형은 여전히 필요했다. 화력이 강화되어 기병 돌격은 자살 행위였지만 정찰, 수색, 습격 등을 위해서는 기병이 필수적이었다. 빨리 장전할 수 있는 연발식 카빈총이 도입되면서 기병대는 뛰어난 기동 부대가 되었다.

엄청난 화력에 직면한 병사들에게 야전용 참호는 흔한 일이 되었다. 1864년에 접어들면서 공격으로 인한 사상자가 너무 많이 발생해 결국 1865년, 공격을 계속할 수 있는 인력을 보유한 북군이 승리하면서 전쟁이 끝났다.

△ **수중의 위협**
남군은 수로를 방어하기 위해 당시에는 '어뢰'라고 불리던 기뢰를 부설했다. 모빌만 전투(1864년)에서 북군 함대(오른쪽)는 함선 1척을 잃었음에도 수로에 뿌려진 접촉식 기뢰를 뚫고 계속 전진해 남군 함대를 공격했다.

북군의 포대
버지니아주 세븐파인스 전투(1862년 5월 31일–6월 1일) 도중에 촬영한 사진이다. 페어 오크스 전투라고도 한다. 대포는 남북 전쟁 기간에 널리 사용되었는데, 포탄 무게가 약 4.5kg부터 136kg까지 다양했다.

게티즈버그 전투

1863년, 남북 전쟁의 전환점이 된 게티즈버그 전투에서
북군은 남군의 펜실베이니아 침공을 막아 냈다.
결정적 승리를 거두어 자원의 열세를 상쇄하려던 남군은
오히려 대패를 당하고 말았다.

1863년 5월에 버지니아주의 챈슬러스빌 전투에서 북군을 꺾고 기세가 오른 남군의 로버트 E. 리 장군은 또 한 번 결정적인 승리를 거둔다면 북부 주민들이 더는 전쟁을 지지하지 않을 것으로 생각했다. 그해 6월, 리는 북버지니아군을 이끌고 펜실베이니아로 진군했다. 리의 움직임을 뒤쫓던 북부의 포토맥군 사령관 조지 G. 미드 장군은 게티즈버그에서 남군과 맞섰다. 전투는 혼란스럽게 시작되었다. 남군 3군단 사령관 A. P. 힐 중장은 그 전날 북군이 목격되었다는 게티즈버그로 일부 병력을 보내 상황을 살펴보게 했다. 북군 2개 여단이 힐의 병사들을 공격하자 남군과 북군의 지원 부대가 차례로 싸움에 투입되며 사흘 동안 전투가 벌어졌다. 남군 7만 5천 명, 북군 10만 명이 참전한 이 전투는 결국 남군이 버지니아주에서 퇴각하며 끝났다. 미국 땅에서 벌어진 전투 중 가장 많은 피를 흘린 게티즈버그 전투로 사상자 약 5만 명이 발생했다. 1863년 11월에 게티즈버그 국립묘지 봉헌식에서 에이브러햄 링컨은 노예제를 폐지하고 전쟁에서 승리하겠다는 북부 연방의 의지를 재확인했다.

> "국민의, 국민에 의한, 국민을 위한 정부는
> 지구상에서 사라지지 않을 것입니다."
>
> 에이브러햄 링컨, 1863년 11월 19일

펜실베이니아 전투

전투는 펜실베이니아주 게티즈버그 마을 주변에서 벌어졌다. 북군은 마을 남쪽의 언덕과 능선을 차지한 뒤 격렬한 전투에도 불구하고 이곳을 지켜 냈다.

기호 보기

마을	
게티즈버그-하노버 철도	밀밭
	복숭아 과수원

남군

지휘관	보병	포병

북군

기병	보병	포병

타임라인

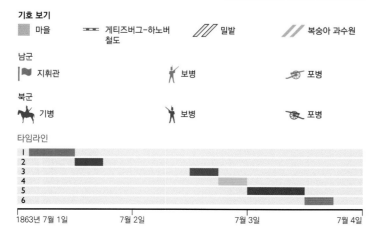

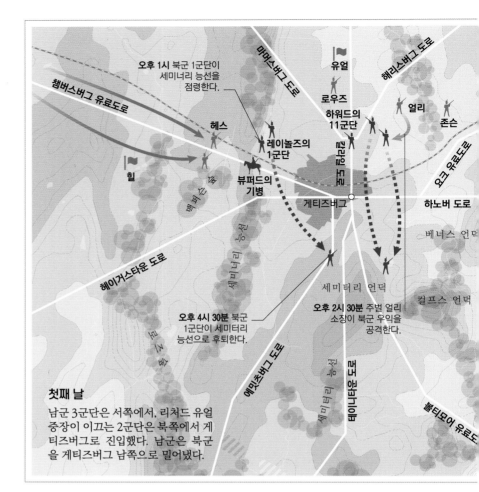

첫째 날

남군 3군단은 서쪽에서, 리처드 유얼 중장이 이끄는 2군단은 북쪽에서 게티즈버그로 진입했다. 남군은 북군을 게티즈버그 남쪽으로 밀어냈다.

오후 1시 북군 1군단이 세미너리 능선을 점령한다.

오후 2시 30분 주벌 얼리 소장이 북군 우익을 공격한다.

오후 4시 30분 북군 1군단이 세미터리 능선으로 후퇴한다.

둘째 날

롱스트리트의 1군단을 비롯한 남군이 북군 좌측면을 집중적으로 공격했다. 그 뒤 유얼의 병사들이 북군 우측면을 공격하기 시작했다. 그래도 북군은 물러서지 않았다.

오후 6시 앤더슨 장군 휘하의 병사들이 세미터리 능선에 도착하지만 북군에게 쫓겨난다.

오후 4시 후드와 맥로스가 시클스의 3군단을 공격한다.

오후 3시 미드 장군이 지원 병력 2만 명을 좌익으로 보낸다.

오후 3시 30분경 지원 병력의 도움으로 북군이 전선을 유지한다. 북군의 다른 부대가 리틀 라운드 톱 언덕을 점령하러 간다.

1 전투 개시 1863년 7월 1일 오전

A. P. 힐 휘하의 남군 1개 사단이 챔버스버그 유료 도로를 따라 게티즈버그 방면으로 이동하다가 존 뷰퍼드가 이끄는 북군 2개 기병 여단과 조우해 교전을 벌인다. 북군 기병이 게티즈버그 북서쪽의 능선으로 후퇴한다. 마침 이곳에는 존 레이놀즈의 1군단이 진을 치고 있다. 양측에서 더 많은 부대가 도착해 맥퍼슨 숲과 인근 절개지의 철로 근처에서 혼전을 벌인다. 이른 오후 무렵에 전선이 형성된다.

➡ 남군의 1차 공격

2 북군 우익의 붕괴 1863년 7월 1일 오후

남군의 유얼 중장 부대가 게티즈버그 북쪽에서 호를 그리며 배치되어 있는 북군과 마주친다. 주벌 얼리 장군 휘하의 사단이 북군 우익을 맹공격해 11군단을 세미터리 언덕으로 밀어낸다. 적에 노출되어 포격을 받던 북군 1군단도 후퇴한다. 하지만 유얼이 해 질 녘에 언덕으로 무모하게 돌격하면 너무 위험하다고 판단해 공격을 멈춘다.

➡ 얼리의 공격   ▪▪▶ 북군의 퇴각

3 북군 좌측면을 향한 공격 7월 2일 오후

다음 날 남군이 북군의 좌측면 돌출부에 노출되어 있는 시클스의 3군단을 향해 포격을 퍼붓는다. 미드 장군이 급히 좌익으로 지원 병력을 보낸다. 다른 곳에서는 북군이 전략적 요충지 리틀 라운드 톱 언덕을 제때 차지한다. 시클스가 밀밭과 복숭아 과수원에서 남군의 맥로스 사단과 후드 사단을 상대로 격렬한 전투를 벌이다 많은 병력을 잃는다. 하지만 물러서지 않고 전선을 유지한다.

➡ 북군 좌익을 향한 남군의 공격
➡ 북군의 병력 지원

4 유얼의 공격 7월 2일 저녁

유얼이 두 시간 동안 북군 전선을 향해 효과 없는 포격을 가한 뒤 두 가지 공격 명령을 내린다. 에드워드 존슨 장군의 사단은 컬프스 언덕으로 진격하다 많은 사상자를 내고 북군 12군단의 잔여 병력에 쫓겨난다. 주벌 얼리 부대는 세미터리 언덕으로 진격하다 북군과 치열한 전투를 벌이며 발이 묶인다. 로우즈의 사단이 지원하러 가지만 너무 늦게 도착해 도움을 주지 못한다.

➡ 북군 우익을 향한 남군의 공격

셋째 날

롱스트리트와 힐, 유얼 사이에 조율이 이루어지지 않아서 각자의 공격이 따로 놀았다. 이튿날 남군은 버지니아로 퇴각하기 시작했다.

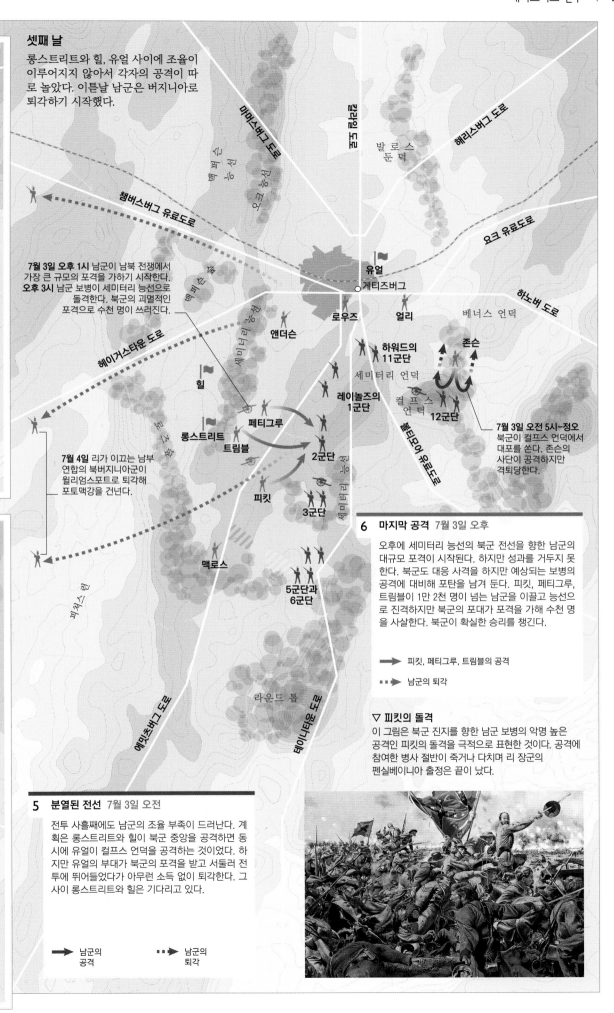

7월 3일 오후 1시 남군이 남북 전쟁에서 가장 큰 규모의 포격을 가하기 시작한다. 오후 3시 남군 보병이 세미터리 능선으로 돌격한다. 북군의 괴멸적인 포격으로 수천 명이 쓰러진다.

7월 4일 리가 이끄는 남부 연합의 북버지니아군이 윌리엄스포트로 퇴각해 포토맥강을 건넌다.

7월 3일 오전 5시-정오 북군이 컬프스 언덕에서 대포를 쏜다. 존슨의 사단이 공격하지만 격퇴당한다.

5 분열된 전선 7월 3일 오전

전투 사흘째에도 남군의 조율 부족이 드러난다. 계획은 롱스트리트와 힐이 북군 중앙을 공격하면 동시에 유얼이 컬프스 언덕을 공격하는 것이었다. 하지만 유얼의 부대가 북군의 포격을 받고 서둘러 전투에 뛰어들었다가 아무런 소득 없이 퇴각한다. 그 사이 롱스트리트와 힐은 기다리고 있다.

➡ 남군의 공격   ▪▪▶ 남군의 퇴각

6 마지막 공격 7월 3일 오후

오후에 세미터리 능선의 북군 전선을 향한 남군의 대규모 포격이 시작된다. 하지만 성과를 거두지 못한다. 북군도 대응 사격을 하지만 예상되는 보병의 공격에 대비해 포탄을 남겨 둔다. 피킷, 페티그루, 트림블이 1만 2천 명이 넘는 남군을 이끌고 능선으로 진격하지만 북군의 포대가 포격을 가해 수천 명을 사살한다. 북군이 확실한 승리를 챙긴다.

➡ 피킷, 페티그루, 트림블의 공격
▪▪▶ 남군의 퇴각

▽ 피킷의 돌격
이 그림은 북군 진지를 향한 남군 보병의 악명 높은 공격인 피킷의 돌격을 극적으로 표현한 것이다. 공격에 참여한 병사 절반이 죽거나 다치며 리 장군의 펜실베이니아 출정은 끝이 났다.

쾨니히그레츠 전투

프로이센군은 쾨니히그레츠 전투에서 뛰어난 전술과 후장식 소총을 사용해
좋은 위치를 차지하고 있던 대규모의 오스트리아군을 물리쳤다. 이 전투로
오스트리아-프로이센 간 7주 전쟁(1866년 6월 14일-7월 22일)의 승패가
결정되었고, 독일 국가들에 대한 오스트리아의 정치적 지배가 끝났다.

19세기 중반에 오스트리아와 프로이센은 독일
연방의 구성국들을 장악하기 위한 경쟁을 벌
였다. 프로이센의 수상 오토 폰 비스마르크와
참모총장 헬무트 폰 몰트케 백작은 독일을 통
일하고 오스트리아-헝가리 세력을 억제하기 위
해 오스트리아를 상대로 한 전쟁을 계획했다.
1866년 6월, 비스마르크가 오스트리아와 프로
이센의 공동 영토였던 슐레스비히홀슈타인을
둘러싼 분쟁을 촉발하며 전쟁이 시작되었다.

프로이센군은 재빨리 작센과 보헤미아로 쳐
들어갔다. 몇 차례 소규모 교전 끝에 오스트리
아 장군 베네덱은 요새화된 도시 쾨니히그레츠
의 북서쪽으로 철수했다. 7월 3일 이른 아침에
프로이센의 1군과 엘베강 군이 오스트리아군
의 좌익과 중앙을 공격했다. 오스트리아군과
동맹군은 강력한 기병과 장사정포가 있었지만

위치 보기

숲이 우거진 데다 베네덱이 지나치게 신중해서
장점을 살리지 못했다. 게다가 오스트리아군의
전장식 소총은 프로이센군의 후장식 니들 건
(바늘 공이 총)을 당해 내지 못했다. 프로이센
의 2군이 오스트리아군 우익을 공격하자 베네
덱은 퇴각했다.

△ 날려 버린 기회
베네덱은 날씨가 습해 기병 돌격이
너무 위험하다고 생각했다. 하지만
오스트리아 기병은 1만 기가 넘게
동원되어 프로이센군과 후위 지연
전투를 벌였다.

◁ 프로이센군 우익의 싸움
엘베강 군은 오스트리아의 동맹
작센군과 맞서 싸웠다. 엘베강 군이
오후 3시경에 프로블루스와 니더
프르짐을 점령하지만, 사령관
헤르바르트 폰 비텐펠트는
오스트리아군을 계속 밀어붙이지
않았다.

엘베강 인근의 교전

프로이센의 1군과 엘베강 군은 7월 3일 오전
7시부터 오스트리아군과 오스트리아의 동맹
작센군의 좌익을 공격했다. 오스트리아군은
마슬로예디, 리파, 란겐호프 인근의 방어 진지
로 후퇴한 뒤 집중포화를 퍼부어 프로이센군
의 발을 몇 시간 묶었다. 오전 11시에 오스트
리아군이 반격을 시작해 스비프 숲에서 프로
이센군 좌익을 궤멸 직전까지 몰았다. 그때 프
로이센의 2군이 도착해 오스트리아군 우익을
꾸준히 분쇄했다. 오스트리아의 라밍 원수는
오후 3시경에 마지막 반격을 한 뒤 남은 병력
을 이끌고 엘베강을 건너 퇴각했다. 오스트리
아군 4만 명이 죽거나 포로로 잡혔다.

기호 보기

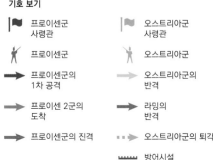

▌ 프로이센군 사령관
✕ 프로이센군
➤ 프로이센군의 1차 공격
➤ 프로이센 2군의 도착
➤ 프로이센군의 진격

▐ 오스트리아군 사령관
✕ 오스트리아군
➤ 오스트리아군의 반격
➤ 라밍의 반격
┅ 오스트리아군의 퇴각

〰 방어시설

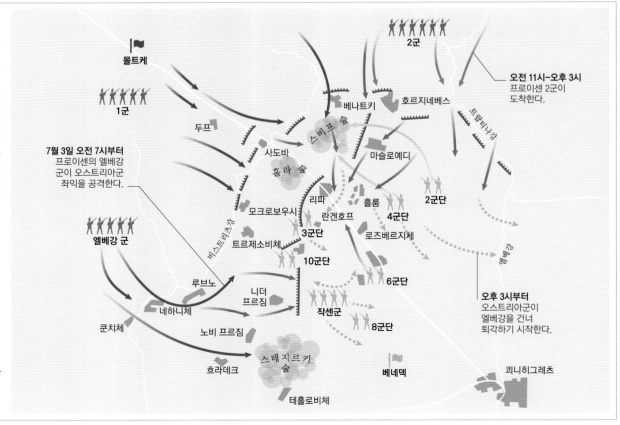

2군

오전 11시-오후 3시
프로이센 2군이
도착한다.

몰트케

1군

두프

7월 3일 오전 7시부터
프로이센의 엘베강
군이 오스트리아군
좌익을 공격한다.

엘베강 군

베나트키

호르지네베스

스비프 숲

사도바

홀라 숲

마슬로예디

리파

란겐호프

흘룸

2군단

4군단

모크로보우시

트르제소비체

3군단

10군단

로즈베르지체

6군단

루브노

네하니체

니더
프르짐

작센군

8군단

쿤치체

노비 프르짐

오후 3시부터
오스트리아군이
엘베강을 건너
퇴각하기 시작한다.

흐라데크

스테지르키 숲

베네덱

쾨니히그레츠

테흘로비체

△ 오스트리아군의 마지막 공격
오스트리아군의 마지막 반격은 흐룸과
로즈베르지체에서 일어났다. 라밍 원수는 두 마을을
탈환한 뒤 다시 밀려났다.

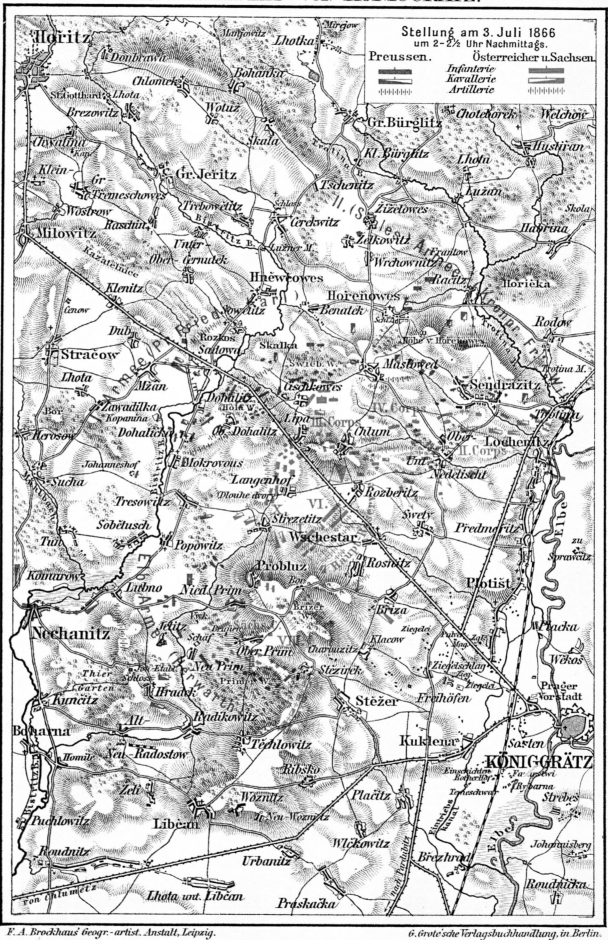

SCHLACHTFELD VON KÖNIGGRÄTZ.

Stellung am 3. Juli 1866
um 2–2½ Uhr Nachmittags.
Preussen.　Österreicher u. Sachsen.
Infanterie
Kavallerie
Artillerie

F. A. Brockhaus' Geogr.-artist. Anstalt, Leipzig.　　G. Grote'sche Verlagsbuchhandlung, in Berlin.

Maßstab 1 : 140.000.　0　1　2　3　4　5　6 Kilometer.

▷ 쾨니히그레츠 인근의 사도바
오스트리아군이 프로이센군의 포위망을 피해
퇴각하기 직전인 7월 3일 오후 사도바 전장의 모습을
묘사한 지도다.

스당 전투

1870년 9월 1일, 프랑스-프로이센 전쟁(1870-1871년) 기간의
가장 중요한 이 전투에서 헬무트 폰 몰트케 장군이 이끄는
독일군은 스당에서 프랑스의 샬롱 군을 포위했다.
나폴레옹 3세가 항복하며 프랑스 제국의 붕괴를 촉발했다.

프랑스-프로이센 전쟁은 북독일 연방의 오토 폰 비스마르크 수상과 프랑스 황제 나폴레옹 3세 사이의 유럽 지배권을 둘러싼 투쟁에서 비롯되었다. 1870년 7월 19일에 프랑스가 전쟁을 선포했다. 나폴레옹 3세는 삼촌 나폴레옹 보나파르트의 군사적 업적을 따라잡고 싶었다. 하지만 독일에는 세계 최고의 포병과 헬무트 폰 몰트케 장군이라는 탁월한 전략가가 있었다.

8월, 몰트케는 메츠에서 18만 명에 이르는 프랑스의 라인강 군을 포위했다. 파트리스 드 마크마옹이 프랑스의 샬롱 군을 이끌고 라인강 군을 구출하러 나섰다가 뫼즈강 굽이의 낮은 골짜기에 있는 스당 마을에서 포위되어 버렸다.

9월 1일에 독일군이 400여 문의 포로 프랑스군에 포격을 가하며 포위망을 좁혀 들어갔다. 프랑스군은 포위망을 돌파하려다 실패하자 항복했다. 나폴레옹 3세와 프랑스군 10만 명이 포로로 잡히며 프랑스 제2제국은 붕괴되었다. 새로 수립된 프랑스 제3공화국이 전쟁을 계속 수행했지만 1871년에 패배했다. 같은 해 5월에 체결된 평화 조약의 굴욕적인 조건은 프랑스인의 분노를 불러일으켜 제1차 세계대전의 원인으로 작용했다.

> *"전쟁은 신이 세상을 움직이는 필수적 요소다."*
>
> 헬무트 폰 몰트케, 1880년

대포의 발전

19세기에 '대포 왕'이라는 별명을 가진 독일의 철강 제조업자 알프레드 크루프는 강철을 주조하는 어려운 공정을 터득해 뛰어난 품질의 강철 강선포를 생산하기 시작했다. 스당 전투에서 프로이센군은 아연 구슬과 작약이 들어 있는 포탄을 뛰어난 정확도로 4.5km 이상 발사할 수 있는 무게 약 2.7kg 후장식 대포를 비롯한 수백 문의 크루프 대포로 무장해 프랑스군을 제압할 수 있었다.

후장식 크루프
야포

---

6 마지막 시도 9월 1일 오후-9월 2일 오전

오후 늦게 드 빔펜은 스당에서 탈출하기 위한 마지막 시도를 한다. 드 빔펜이 병사 수천 명을 모아 발랑에 있는 독일군을 맹공격한다. 독일군이 궤멸되기 직전에 포병이 다시 한번 포를 쏴 프랑스군 공격을 물리친다. 마침내 스당에 백기가 올라가고, 다음 날 드 빔펜이 항복한다.

브리니 오 부아

→ 프랑스군의 발랑 공격   ⚑ 프랑스군의 항복

오전 7시 30분
프로이센군이 뫼즈강을 건너 북쪽으로 이동한다.

5 프랑스 기병의 공격 이른 오후

정오 무렵에 프랑스군이 갇혀 사방에서 프로이센군, 바이에른군, 작센군의 압박을 받는다. 뒤크로가 독일군 전선을 돌파하기로 하고 플로잉 인근의 독일군을 향해 장 오귀스트 마거리트 장군의 기병대를 보낸다. 하지만 세 차례에 걸친 그의 돌격이 모두 독일군 포격에 무너진다. 많은 프랑스군은 공포에 질린 사람들이 거리를 가득 메운 스당으로 도망간다.

브리니 뫼즈

동셰리

→ 마거리트의 돌격   ⇢ 프랑스군의 퇴각

▼ 메지에르 방향

11군단

4 탈출로를 차단하는 독일군 오전 6시-정오

프랑스군이 지본천을 따라 교전하고 있는 동안 독일군 5군단과 11군단이 스당을 포위하기 위해 북쪽으로 이동한다. 독일군이 브린니 오 부아를 지나 상 멍지로 진격하며 북서쪽의 프랑스군 예상 탈출로를 차단한다. 프랑스 기병이 일리를 공격하지만 독일군의 포격을 받고 격퇴된다. 프랑스군이 점점 가렌 숲으로 몰린다.

5군단

→ 독일군의 포위망 완성   ⇢ 숲속으로 몰리는 프랑스군

몰트케의 절묘한 작전

프랑스군은 병력을 재편성해 반격할 시간을 벌기 위해 뫼즈강 변의 스당에 있는 17세기의 성으로 후퇴했다. 하지만 몰트케는 바로 보병과 포병으로 프랑스군을 포위하고 포격을 퍼부어 항복을 받아 냈다.

기호 보기

	프로이센군		프랑스군	
⊏⊐ 철로	보병	포병	보병	포병
■ 마을	기병		기병	

타임라인

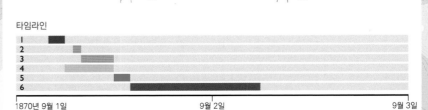

1870년 9월 1일   9월 2일   9월 3일

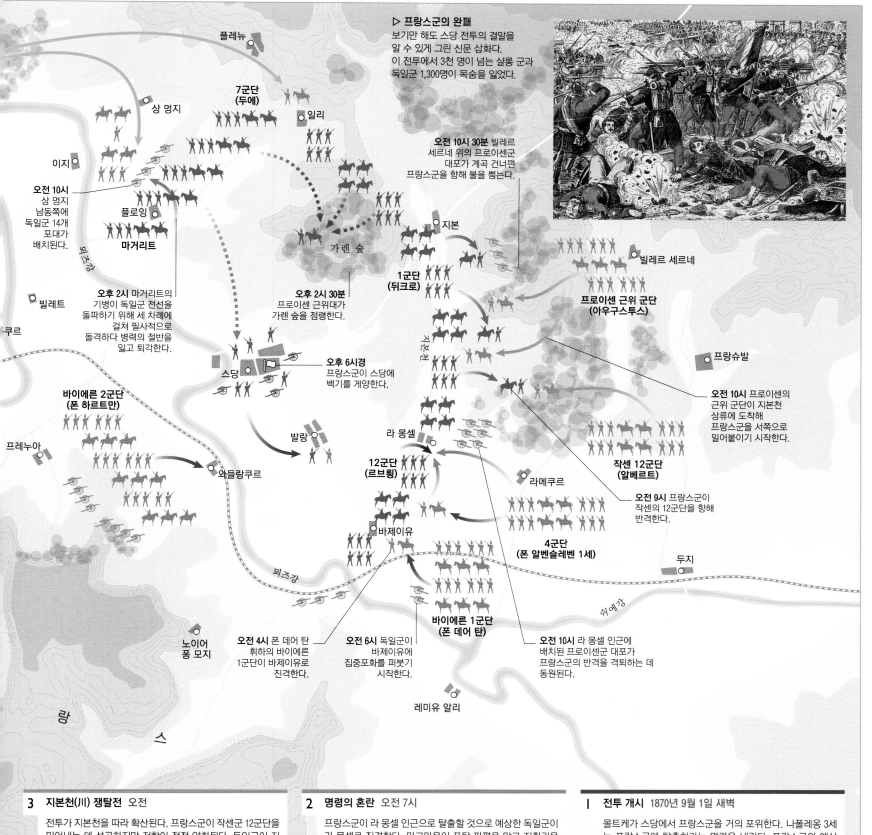

▷ **프랑스군의 완패**
보기만 해도 스당 전투의 결말을
알 수 있게 그린 신문 삽화다.
이 전투에서 3천 명이 넘는 살롱 군과
독일군 1,300명이 목숨을 잃었다.

플레뉴

7군단
(두에)
○ 일리

오전 10시 30분 빌레르
세르네 위의 프로이센군
대포가 계곡 건너편
프랑스군을 향해 불을 뿜는다.

○ 상 멍지

오전 10시
상 멍지
남동쪽에
독일군 14개 포대가
배치된다.

이지 ○

플로잉
마거리트

빌레트 ○

쿠르

오후 2시 마거리트의
기병이 독일군 전선을
돌파하기 위해 세 차례에
걸쳐 필사적으로
돌격하다 병력의 절반을
잃고 퇴각한다.

가렌 숲

오후 2시 30분
프로이센 근위대가
가렌 숲을 점령한다.

○ 지본

빌레르 세르네

1군단
(뒤크로)

프로이센 근위 군단
(아우구스투스)

프랑슈발 □

오전 10시 프로이센의
근위 군단이 지본천
상류에 도착해
프랑스군을 서쪽으로
밀어붙이기 시작한다.

스당

오후 6시경
프랑스군이 스당에
백기를 게양한다.

발랑

라 몽셀

작센 12군단
(알베르트)

오전 9시 프랑스군이
작센의 12군단을 향해
반격한다.

바이에른 2군단
(폰 하르트만)

프레누아 ○

와들랑쿠르 ○

12군단
(르브룅)

라메쿠르 ○

오전 10시 라 몽셀 인근에
배치된 프로이센군 대포가
프랑스군의 반격을 격퇴하는 데
동원된다.

4군단
(폰 알벤슬레벤 1세)

두지 □

뫼즈강

바제이유

노이어
퐁 모지

바이에른 1군단
(폰 데어 탄)

쉬에강

오전 4시 폰 데어 탄
휘하의 바이에른
1군단이 바제이유로
진격한다.

오전 6시 독일군이
바제이유에
집중포화를 퍼붓기
시작한다.

랑
스

레미유 알리 ○

---

3 지본천(川) 쟁탈전 오전

전투가 지본천을 따라 확산된다. 프랑스군이 작센군 12군단을 밀어내는 데 성공하지만 저항이 점점 약화된다. 독일군이 지본천 위의 고지대와 뫼즈강 서쪽에서 프랑스군을 향해 포격을 가한다. 프로이센 근위대와 새로 투입된 바이에른군이 동쪽에서부터 프랑스군을 압박한다. 프랑스군이 양쪽에서 공격을 받으며 상황이 점점 절망적으로 변해 간다.

2 명령의 혼란 오전 7시

프랑스군이 라 몽셀 인근으로 탈출할 것으로 예상한 독일군이 라 몽셀로 진격한다. 마크마옹이 포탄 파편을 맞고 지휘권을 오귀스트 뒤크로에게 넘긴다. 뒤크로가 퇴각 명령을 내리지만, 이마누엘 드 빔펜이 도착해 그 명령을 무효화하고 동쪽에 있는 독일군을 공격하라고 명령한다. 프랑스군이 독일군을 밀어내기 시작한다. 하지만 바제이유에서 프랑스군의 저항이 무너지며 더 많은 독일군이 라 몽셀 공격에 가담한다.

1 전투 개시 1870년 9월 1일 새벽

몰트케가 스당에서 프랑스군을 거의 포위한다. 나폴레옹 3세는 프랑스군에 탈출하라는 명령을 내린다. 프랑스군의 예상 도주로를 차단하기 위해 루트비히 폰 데어 탄 휘하의 바이에른 군단이 프랑스군 12군단이 지키고 있는 바제이유 방면으로 진격한다. 도로에서 격렬한 전투가 벌어지고 바제이유 마을은 독일군의 포격을 받는다. 서쪽에서는 바이에른 2군단이 와들랑쿠르로 진격한다.

→ 독일군의 진격　→ 프랑스군의 반격　　　→ 독일군의 진격　→ 프랑스군의 반격　　　→ 독일군의 공격

리틀 빅혼 전투

오늘날의 몬태나주에 있는 리틀 빅혼강 인근에서 벌어진 전투에서
시팅 불이 이끄는 북부 평원의 원주민 전사 2천여 명은
미군 제7기병대를 압도하고 병사 600여 명 중 약 절반을 학살했다.

1875년, 금 채굴자들이 미주리강 서쪽 지역에 정착하기 시작하면서 미국 정부와 라코타족, 다코타 수족, 아라파호족 사이에 긴장이 고조되었다. 이 지역은 1868년에 체결된 조약에 따라 원주민에게 독점 사용권이 있었다. 정부가 정착민을 내쫓지 않고 오히려 원주민에게 보호구역으로 들어가라는 명령을 내리면서 전쟁은 불가피해졌다. 1876년 봄에 전사 약 2천 명이 리틀 빅혼강에 있는 카리스마 넘치는 라코타족 족장 시팅 불의 야영지에 모여들었다. 시팅 불을 추적하라는 명령을 받은 조지 A. 커스터 중령이 6월 25일에 제7기병대를 이끌고 시팅 불의 야영지에 도착했다. 커스터는 지원 병력을 기다리지 않고 공격을 개시했다가 북부 평원의 원주민들에게 괴멸되었다.

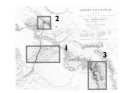

위치 보기

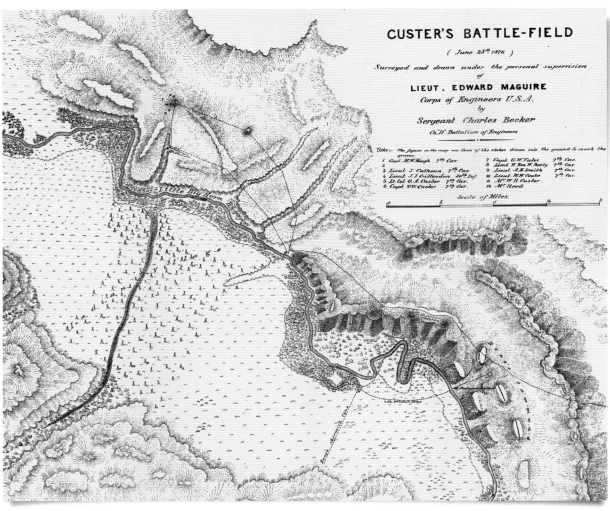

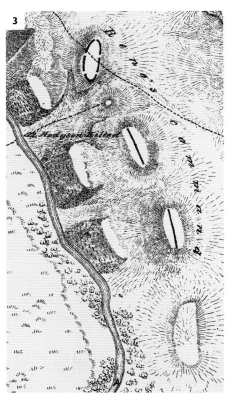

△ **방어 진지**
마커스 리노 소령의 중대와 프레더릭 벤틴 대위의 중대는 6월 27일에 테리 장군의 부대에 구출될 때까지 이 언덕에서 버텼다.

▽ **커스터의 '최후의 저항'**
커스터는 이곳에서 마지막까지 싸웠다. 사실 기병대는 수적으로 워낙 열세였고 고립되어 있어서 '저항'은 사실이라기보다는 허구에 가까웠을 것이다.

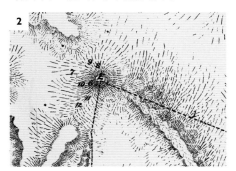

△ **전장**
이 지도는 미국 공병대원이 작성한 전투 현장이다. 지도에는 커스터와 부하 지휘관들의 무덤 표지도 그려져 있다. 그들의 마지막 행적은 논쟁의 여지가 있다.

▷ **시팅 불의 마을**
시팅 불과 크레이지 호스는 전사 약 2천 명과 그 가족을 이 마을에 모았다. 이곳은 그때까지 미국이 마주친 장소 중 가장 큰 원주민 정착지였다.

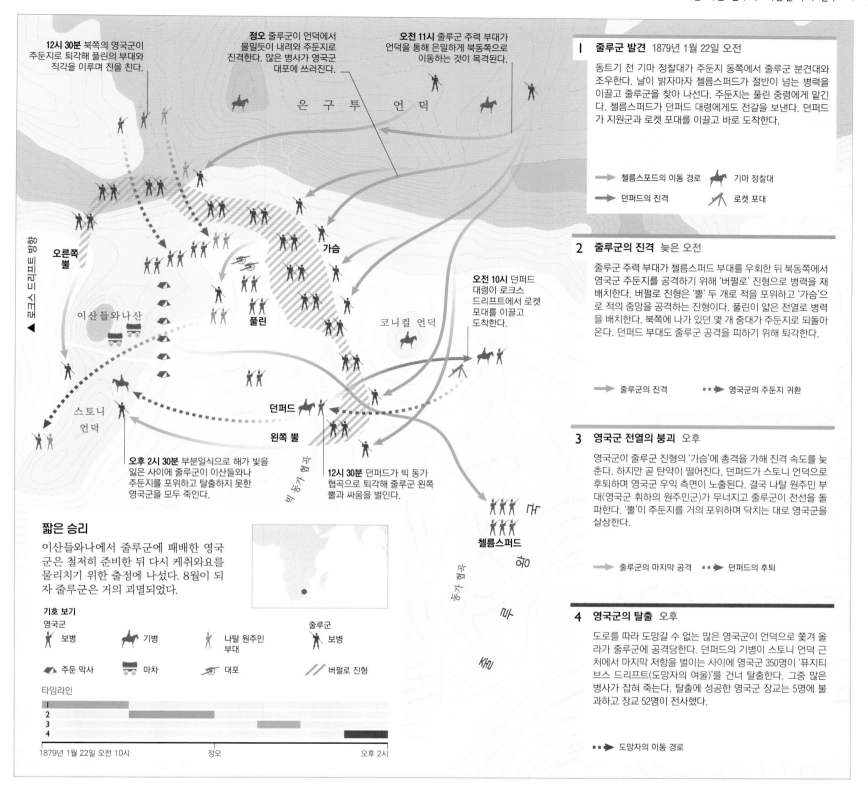

12시 30분 북쪽의 영국군이 주둔지로 퇴각해 풀린의 부대와 직각을 이루며 진을 친다.

정오 줄루군이 언덕에서 물밀듯이 내려와 주둔지로 진격한다. 많은 병사가 영국군 대포에 쓰러진다.

오전 11시 줄루군 주력 부대가 언덕을 통해 은밀하게 북동쪽으로 이동하는 것이 목격된다.

은 구 투 언 덕

오른쪽 뿔

이산들와나산

가슴

풀린

코니컬 언덕

오전 10시 던퍼드 대령이 로크스 드리프트에서 로켓 포대를 이끌고 도착한다.

로크스 드리프트 방향

스토니 언덕

던퍼드

왼쪽 뿔

빅 동가 협곡

오후 2시 30분 부분일식으로 해가 빛을 잃은 사이에 줄루군이 이산들와나 주둔지를 포위하고 탈출하지 못한 영국군을 모두 죽인다.

12시 30분 던퍼드가 빅 동가 협곡으로 퇴각해 줄루군 왼쪽 뿔과 싸움을 벌인다.

동가 협곡

첼름스퍼드

짧은 승리

이산들와나에서 줄루군에 패배한 영국군은 철저히 준비한 뒤 다시 케취와요를 물리치기 위한 출정에 나섰다. 8월이 되자 줄루군은 거의 괴멸되었다.

기호 보기

영국군
보병　기병　나탈 원주민 부대

줄루군
보병

주둔 막사　마차　대포　버펄로 진형

타임라인

1		
2		
3		
4		

1879년 1월 22일 오전 10시　　정오　　오후 2시

---

1 줄루군 발견　1879년 1월 22일 오전

동트기 전 기마 정찰대가 주둔지 동쪽에서 줄루군 분견대와 조우한다. 날이 밝자마자 첼름스퍼드가 절반이 넘는 병력을 이끌고 줄루군을 찾아 나선다. 주둔지는 풀린 중령에게 맡긴다. 첼름스퍼드가 던퍼드 대령에게도 전갈을 보낸다. 던퍼드가 지원군과 로켓 포대를 이끌고 바로 도착한다.

→ 첼름스포드의 이동 경로　　기마 정찰대
→ 던퍼드의 진격　　로켓 포대

2 줄루군의 진격　늦은 오전

줄루군 주력 부대가 첼름스퍼드 부대를 우회한 뒤 북동쪽에서 영국군 주둔지를 공격하기 위해 '버펄로' 진형으로 병력을 재배치한다. 버펄로 진형은 '뿔' 두 개로 적을 포위하고 '가슴'으로 적의 중앙을 공격하는 진형이다. 풀린이 얇은 전열로 병력을 배치한다. 북쪽에 나가 있던 몇 개 중대가 주둔지로 되돌아온다. 던퍼드 부대도 줄루군 공격을 피하기 위해 퇴각한다.

→ 줄루군의 진격　　▪▪▸ 영국군의 주둔지 귀환

3 영국군 전열의 붕괴　오후

영국군이 줄루군 진형의 '가슴'에 총격을 가해 진격 속도를 늦춘다. 하지만 곧 탄약이 떨어진다. 던퍼드가 스토니 언덕으로 후퇴하며 영국군 우익 측면이 노출된다. 결국 나탈 원주민 부대(영국군 휘하의 원주민군)가 무너지고 줄루군이 전선을 돌파한다. '뿔'이 주둔지를 거의 포위하며 닥치는 대로 영국군을 살상한다.

→ 줄루군의 마지막 공격　　▪▪▸ 던퍼드의 후퇴

4 영국군의 탈출　오후

도로를 따라 도망갈 수 없는 많은 영국군이 언덕으로 쫓겨 올라가 줄루군에 공격당한다. 던퍼드의 기병이 스토니 언덕 근처에서 마지막 저항을 벌이는 사이에 영국군 350명이 '퓨지티브스 드리프트(도망자의 여울)'를 건너 탈출한다. 그중 많은 병사가 잡혀 죽는다. 탈출에 성공한 영국군 장교는 5명에 불과하고 장교 52명이 전사했다.

▪▪▸ 도망자의 이동 경로

이산들와나 전투

남아프리카에서 영토 확장을 꾀하던 영국 식민 당국은 줄루의 왕 케취와요에게 군대 해산을 요구했지만 케취와요가 이를 거부하자 갈등이 불거졌다. 1879년 1월 22일, 창과 방패, 구식 머스킷으로 무장한 줄루 전사 2만 명은 이산들와나의 영국 주둔지를 기습 공격했고 영국군, 식민지군, 원주민군으로 구성된 연합군 1,800명을 상대로 대승을 거두었다.

1879년 1월, 남아프리카 주둔 영국군 사령관 첼름스퍼드 경은 영국군과 아프리카군으로 구성된 3개 부대 병력 1만 6천 명을 이끌고 줄루 왕국을 침공했다. 1개 부대는 북쪽으로, 1개 부대는 남쪽으로 보내고 첼름스퍼드는 중앙 부대를 따라 1월 11일에 줄루 왕국에 들어갔다. 그는 1개 대대가 주둔하고 있던 로크스 드리프트 선교 기지에서 버펄로강을 건넜다. 그런 다음 군수품 수송 마차를 끌고 1월 20일에 이산들와나 언덕에 군영을 설치했다. 한편 줄루 왕국은 2만 명에 달하는 대군을 모았다. 그중 일부는 남쪽의 영국군 부대와 싸우러 가고 대부분은 이산들와나에 있는 첼름스퍼드의 군영으로 향했다. 줄루군은 군기와 속도, 기량 면에서 영국군을 압도했다. 이 전투에서 영국군 1,300명이 전사했다. 그 뒤 줄루군은 로크스 드리프트를 공격했다. 기지를 수비하던 영국군 150명은 옥수수 부대를 쌓아 만든 벽 뒤에서 결사적으로 저항했다.

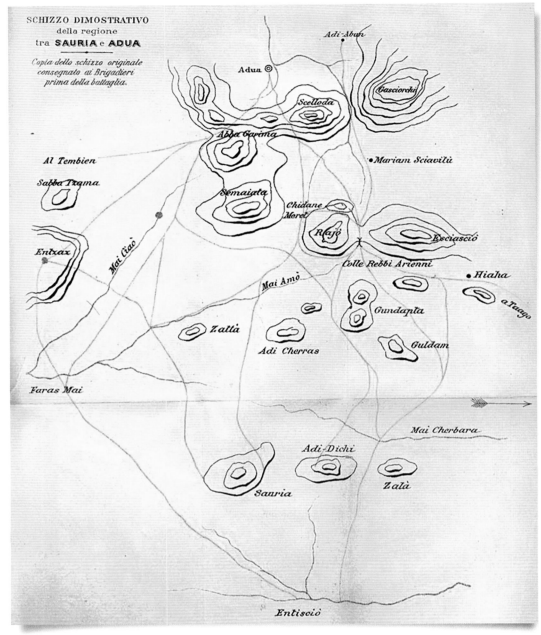

SCHIZZO DIMOSTRATIVO
della regione
tra SAURIA e ADUA

Copia dello schizzo originale
consegnato ai Brigadieri
prima della battaglia.

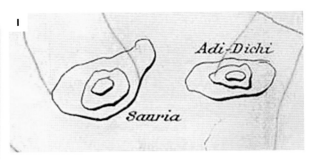

△ 사우리아
바라티에리는 교체하겠다는 엄포에
마지못해 보급품이 떨어지기 전에
사우리아의 진지를 출발해 진격했다.

◁ 아두와
에티오피아군은 아두와 외곽 언덕의
유리한 고지에 진을 쳤다. 하지만
에티오피아군도 보급품이 고갈되어
이튿날 철수할 계획이었다.

▽ 치다네 메레트
치다네 메레트 고지를 점령하라는
명령을 받은 알베르토네의 부대는
실수로 고지 뒤에 있는
에티오피아군 본진으로 진군했다.

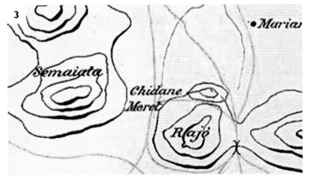

◁ 왜곡된 시각
바라티에리의 《아프리카의 기억(Memorie d'Africa)》에 실려 있는 이 지도는
이탈리아군이 아두와 전투에서 사용한 것으로 정확도가 떨어졌다. 언덕과
고개의 연결이 지나치게 단순화되어 있고 많은 장소가 잘못 표시되어 있다.

아두와 전투

1896년 3월 1일 에티오피아 황제 메넬리크 2세는 아두와 전투에서
상대의 전력을 지나치게 과소평가한 이탈리아 침략군을 물리쳤다. 이 전투의 승리로
에티오피아는 유럽 열강의 식민 지배를 한 번도 받지 않은 나라가 되었다.

1882년, 이탈리아는 에리트레아를 최초의 식민지로 삼으며 아프리카 식민지 개척에 나섰다. 이탈리아와 에티오피아 제국 간의 갈등은 1895년에 전면전으로 확대되었다. 1895년 12월 7일에 메넬리크는 암바 알라기 전투에서 이탈리아의 전초 기지를 쑥대밭으로 만들었다. 1896년 2월, 에리트레아 총독 오레스테 바라티에리 장군은 훈련 수준이 떨어지는 이탈리아 징집병 1만여 명과 에리트레아의 아스카리 수천 명을 이끌고 아두와로 진군해 근대식 무기로 무장한 경험 많은 에티오피아군과 맞섰다.

3월 1일 이른 아침, 이탈리아군 4개 여단이 아두와로 진격했다. 알베르토네가 왼쪽에서 치다네 메레트의 고지를 확보하는 동안 오른쪽과 중앙에서는 엘레나, 다보르미다, 아리몬디의 3개 여단이 레비 아랴에니 인근의 고개를 향해 진격하기로 했다. 하지만 이탈리아 지도는 정확도가 매우 떨어졌다. 알베르토네의 여단은 다른 부대와 몇 킬로미터나 떨어져 에티오피아군 수천 명에 포위된 채 학살당했다. 다른 이탈리아군 부대도 메넬리크가 보낸 기병과 셰와군 예비 부대에 차례차례 무너졌다.

바라티에리의 병력 절반 이상이 죽거나 다치거나 포로로 잡혔고, 에티오피아군도 그에 못지않은 손실을 입었다. 이 전투의 승리로 에티오피아는 유럽 열강의 식민지가 되지 않은 유일한 아프리카 국가로 남았다.

위치 보기

옴두르만 전투

옴두르만에서 벌어진 전투에서 소장 허버트 키치너 경 휘하의 영국-이집트군은
맥심 기관총, 속사 소총, 대포 등 현대식 무기의 도움을 받아 압둘라 알타아시의 마흐디군을 무찔렀다.
이 전투는 영국군이 대규모 기병 돌격을 한 마지막 전투로 기록되었다.

1898년, 수단 지배권을 되찾는 임무를 띤 키치너 장군은 영국 정규군 8천 명과 수단군·이집트군 1만 7천 명을 이끌고 나일강을 거슬러 원정을 떠났다. 9월 1일에 영국군은 나일강 연안의 엘 에게이가에 진을 쳤다.

9월 2일, 해가 뜨자마자 마흐디군 수만 명이 영국군 주둔지를 둥그렇게 둘러싸고 공격해 들어왔다. 영국군은 대포, 맥심 기관총, 속사 소총으로 마흐디군을 순식간에 격퇴했다. 오전 9시에 키치너의 부대는 옴두르만을 향해 진격하기 시작했다. 윈스턴 처칠이 소속되어 있던 21창기병연대는 수백 명의 데르비시(탁발 수도승)군을 향해 돌격했지만 그 수가 수백이 아니라 수천 명이라 치열한 싸움이 벌어졌다. 그사이 키치너 군의 후위를 맡은 수단 여단은 1만 5천 명이 넘는 마흐디군 예비 부대의 공격을 받았다. 후위는 지원군의 도움으로 마흐디군을 물리쳤다.

그날 오후 키치너는 아무런 저항도 받지 않고 옴두르만에 입성했다. 이 전투에서 영국군 전사자는 50명이 채 되지 않았지만 마흐디군 전사자는 1만 명이 넘었다.

위치 보기

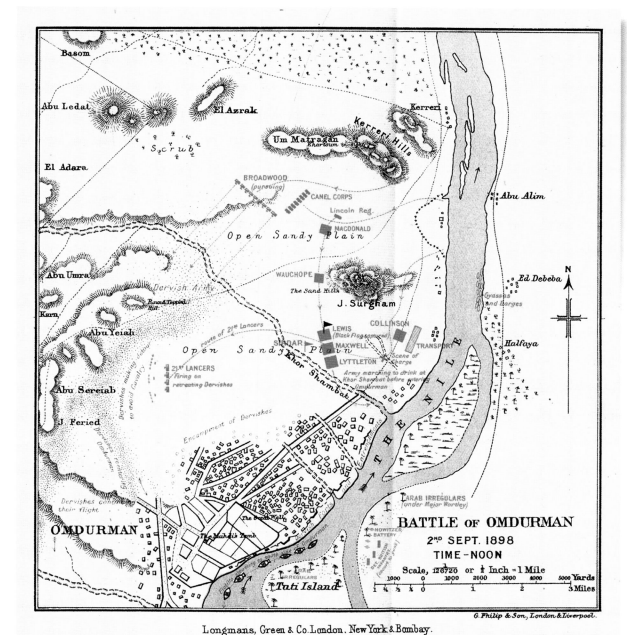

△ 나일강
키치너의 포함이 옴두르만을 포격해 성벽과 마흐디 영묘를 손상했다.

◁ 엘 엘게이가
영국군은 참호를 파고 자리바(가시덤불로 만든 방책)를 쳐 주둔지를 방어했다.

▽ 마흐디 영묘
전투가 끝난 뒤 영국군은 옴두르만에 있던 마흐디 영묘를 파괴했다. 영묘는 꼭대기의 황동 장식만 남았다.

◁ 나일강의 전쟁
1899년에 윈스턴 처칠이 수단 원정에 관해 쓴 책 《강의 전쟁》에서 발췌한 지도로, 패주하는 마흐디군을 뒤쫓아 옴두르만으로 진격하는 상황을 묘사한 것이다.

화력 혁명

19세기에는 연이은 기술 혁신으로
군사 무기의 발사 속도, 사거리, 위력이 크게 향상했다.
그 영향으로 화약이 도입된 이래
전쟁에서 가장 큰 변화가 일어났다.

△ 개틀링 기관총
초기의 속사 무기인 개틀링 기관총은
총열이 여러 개 달려 있었다. 손으로
돌리면 각 총구에서 차례대로 총알이
발사된다.

1830년대까지 병사들은 전장식 활강 머스킷과
대포를 썼고, 화약이 유일한 폭발물이었다. 보병
화력의 혁명은 1840년대에 프로이센의 드라이
제 니들 건(바늘 공이 총)과 함께 시작되었다. 후
장식 볼트액션(노리쇠 장전 방식) 소총인 니들
건은 장약, 뇌관, 탄환을 하나로 묶은 카트리지
를 사용하고 분당 6발을 발사할 수 있었다.
1880년대가 되자 볼트액션 소총의 유일한 한계
는 조준 시간뿐이었다. 당시 볼트액션 소총은
1860년대의 개틀링 기관총 같은 수동 기관총에
서 진화한 자동 기관총과 함께 사용되었다. 대
포도 소총과 함께 발전했다. 1898년에 프랑스는
분당 15발을 발사할 수 있는 75mm 후장식 야
포를 보유했다. 1800년대 후반부터는 질산염 기반의 새로운 폭약을 사용하면서
대포의 위력이 더 강해졌다. 바다에서도 군함은 고폭탄을 약 9km까지 발사할 수
있는 후장식 대포로 무장했다.

치명적 영향

이들 신무기의 등장으로 육지에서나 바다에서나 오래된 전술은 더 이상 쓸모없어
졌다. 이제 보병이나 기병이 개활지에서 진격하다가는 참호 속에 숨어 있는 적 보
병에게 괴멸될 수도 있었다. 무기의 살상력 증가는 병력의 분산과 전투 범위의 확
대로 어느 정도 상쇄되었지만, 군대 규모가 커지고 전투가 길어지면서 전체적인 사
상자는 제1차 세계대전(208-224쪽 참조)에서 볼 수 있듯이 전례 없는 수준으로
늘어났다.

하이럼 스티븐스 맥심 경 (1840-1916년)

미국 출신의 하이럼 스티븐스 맥
심 경(맨 왼쪽)은 1881년 영국으
로 이주했으며, 1884년 맥심 기관
총을 발명한 것으로 유명하다. 최
초의 완전 자동식 기관총인 맥심
기관총은 분당 600발 발사가 가
능했다. 영국군은 식민지 전쟁
(195쪽 참조)에서 이 총으로 많은
사람을 살상했다. 맥심은 수년간
기관총 소리에 노출되어 나중에
청각 장애를 갖게 되었다.

함포

1904~1905년 러일 전쟁에서 일본 제국 해군은 어뢰와 고폭탄을 사용해 결정적 승리를 거두었다. 뤼순항 해전에서 일본 해군이 어뢰를 발사하는 장면을 묘사한 그림이다.

기타 주요 전투: 1700-1900년

컬로든 전투
1746년 4월 16일

1745년, 자코바이트 반란군은 스튜어트 왕조를 영국 왕위에 복귀시키려고 했다. 망명한 스튜어트 왕조의 국왕 제임스 2세의 손자 찰스 에드워드 스튜어트(보니 프린스 찰리로 알려짐)가 이끈다. 반란군은 잉글랜드 침공에 실패한 뒤 1746년에 스코틀랜드의 인버네스로 퇴각했다. 4월 15일 밤, 자코바이트는 컴벌랜드 공작 휘하의 정부군을 기습 공격하려고 진군하는 도중, 너무 늦었음을 깨닫고 온 길로 되돌아가다 혼란에 빠졌다. 새벽녘에 정부군이 컬로든 마을 인근 드러모시 황야에서 자코바이트를 따라잡았다. 찰스는 정부군과 정면 승부를 벌였고, 지친 반란군은 정부군이 포격하는 동안 제자리를 지켰다. 찰스가 유명한 '하일랜드 돌격' 명령을 내렸다. 스코틀랜드 하일랜더들은 포연 속에 진창의 황야를 가로질러 돌진했지만 총과 포도탄의 집중 사격으로 적진에 닿지도 못했다. 적진에 닿은 병사는 총검 공격을 당했다. 전투는 1시간도 안 되어 끝났고 생존자들은 도망갔다. 몇 주에 걸쳐 많은 자코바이트가 추적 살해되었고, 찰스는 프랑스로 탈출했다. 스튜어트 왕조 재건의 꿈은 물거품이 되었다.

키브롱만 해전
1759년 11월 20일

1759년 프랑스는 7년 전쟁(150-151쪽 참조)의 기우는 전세를 뒤집으려고 영국을 침공했다. 병사 약 2만 명이 브르타뉴에 집결해 스코틀랜드까지 수송해 줄 프랑스 함대를 기다렸지만 에드워드 호크 제독이 함대를 브레스트에 묶어 두었다. 강풍으로 호크의 함대가 철수하자 프랑스 함대 사령관 콩테 드 콩플랑은 키브롱만을 향해 출항했지만 곧 영국 함대가 다시 나타났다. 수적 열세인 데다 강풍에 시달리던 콩플랑의 함대는 만의 좁은 입구로 들어갔고, 호크 함대가 그 뒤를 따랐다. 곧이어 벌어진 혼전 속에서 영국군은 배 2척을 잃은 반면 프랑스군은 배 7척을 잃고 뿔뿔이 흩어졌다. 영국 해군이 큰 승리를 거두고 영국은 제해권을 확보했다.

△ 연합군 지휘관들이 요크타운에서 마지막 공격 명령을 내린다.

요크타운 전투
1781년 9월 28일-10월 19일

미국 독립 전쟁(1775-1783년) 기간에 찰스 콘월리스 중장이 이끄는 영국군은 노스캐롤라이나 장악에 실패한 뒤 1781년 8월 버지니아주 체서피크만의 요크타운에서 전열을 재정비했다. 콘월리스는 요크타운과 인근의 글로스터를 요새화했다. 그는 해상으로 보급품을 받을 수 있을 것으로 믿었다.

하지만 9월 5일에 프랑수아 드 그라스 제독이 체서피크만 앞바다에서 영국 함대를 격파하며 해상 보급로가 차단되었다. 9월 29일, 조지 워싱턴 장군과 프랑스군 사령관 로샹보 백작은 병력 1만 9천 명을 이끌고 요크타운을 포위했다. 로샹보는 영국군의 끊임없는 포격 속에서도 요크타운 둘레에 참호, 벙커, 포대 망을 구축했다. 10월 9일에 모든 대포를 제자리에 배치한 연합군은 포격을 개시했다. 포위망은 점점 영국군 전선 쪽으로 좁혀졌다. 10월 14일, 연합군이 영국군 보루 2개를 점령하자 콘월리스는 부하들에게 요크타운에서 탈출해 글로스터로 가라는 명령을 내렸다. 하지만 악천후와 탄약 부족으로 10월 19일에 영국군이 항복했다. 독립 전쟁의 마지막 주요 전투였던 요크타운 포위전의 승리로 미국은 협상을 통해 1783년에 독립을 쟁취했다.

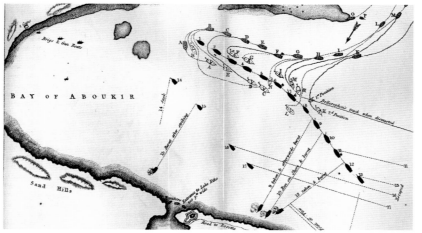
△ 아부키르만 전투를 그린 당대의 해도다.

아부키르만 해전
1798년 8월 1일

1798년 5월, 나폴레옹 보나파르트는 프랑수아 폴 브뤼에 제독이 이끄는 전열함 13척과 프리깃함 4척의 호위 아래 이집트로 출발했고, 지중해에서 영국군을 피해 가며 7월에 아부키르만에 도착했다. 전열함 13척과 함포 50문으로 무장한 포함을 이끈 영국 함대 사령관 넬슨 제독은 8월에 프랑스 함대를 발견했다. 바람 때문에 프랑스 함대 후위 대신 전위와 중앙을 공격하라고 명령했다. 함장 한 사람이 전대를 이끌고 정박해 있는 프랑스 함대와 해안 사이로 기동했다. 밤이 되자 프랑스 함대가 양쪽에서 포격을 받아 브뤼에가 전사했고, 밤 10시에 그의 기함 로리앙호가 폭발해 수병 수백 명이 사망했다. 프랑스군 후위에 있던 빌뇌브 제독은 새벽에 전열함 2척과 프리깃함 2척을 이끌고 전장에서 빠져나갔다. 승리한 넬슨은 영웅으로 칭송받았다.

바그람 전투

1809년 7월 5-6일

1809년, 오스트리아군은 아우스터리츠 전투(166-167쪽 참조)로 프랑스에 빼앗긴 독일 영토를 되찾기 위해 바이에른으로 진군했다. 이에 나폴레옹은 아르메달마냐(독일 그랑다르메)를 이끌고 빈을 점령했지만, 5월에 아스페른-에슬링 전투에서 오스트리아군에 치욕적인 패배를 당했다. 나폴레옹은 명예 회복을 위해 승리가 절실했다.

7월 4일 밤부터 5일 사이에 프랑스군은 다뉴브강 좌안으로 건너가 오스트리아군을 공격했다. 오스트리아군은 바그람 마을을 중심으로 루스바흐 언덕을 따라 호를 그리며 얇게 흩어져 있었다. 주 전투는 7월 6일 새벽에 시작되었다. 카를 대공 휘하의 오스트리아군이 연이은 공격을 퍼부어 프랑스군 좌익을 거의 포위하려고 한다. 나폴레옹은 좌익을 보강한 뒤 약 100문의 대포로 오스트리아군 전선에 집중 포격을 가했다. 앙드레 마세나 원수가 오스트리아군 우익을 향해 반격을 가하고, 막도날의 5군단이 오스트리아군 중앙 돌파를 시도하는 동안 루이-니콜라 다부 원수는 오스트리아군 좌익을 몰아냈다. 프랑스군의 공세는 점점 강해졌지만 전열을 보강할 예비 병력이 없었던 카를은 퇴각했고, 병사의 사기가 떨어지자 휴전을 모색했다. 이 전투는 대포 약 1천 문과 포탄 18만 발이라는 전례 없는 규모의 포병 화력이 동원되어 피해가 유난히 참혹했다. 전투에 참여한 병사 30만 명 중 약 8만 명이 죽거나 다쳤다.

보야카 전투

1819년 8월 7일

1809년부터 스페인의 남미 식민지는 독립 전쟁을 시작했다. 그 중심에는 베네수엘라의 군사·정치 지도자 시몬 볼리바르가 있었다. 1819년, 볼리바르와 프란시스코 데 파울라 산탄데르 장군은 누에바그라나다(오늘날의 콜롬비아)의 수도 보고타를 점령하려고 험난한 산악지대를 가로질러 누에바그라나다로 진격했다. 볼리바르의 군대는 야네로(카우보이)와 나폴레옹 전쟁(1803-1815년)에서 싸우던 영국과 아일랜드 참전용사를 포함해 현지 게릴라 약 3천 명으로 구성되었다.

볼리바르는 가메자(7월 12일)와 판타노 데 바르가스(7월 25일)에서 호세 마리아 바레이로 대령이 이끄는 스페인군과 싸운 뒤 테아티노스강에서 바레이로의 부대를 기다렸다. 8월 7일 스페인군 전위가 보야카 다리를 건너자 산탄데르가 매복 공격해 후위와 차단했다. 그사이 볼리바르는 후방에서 스페인군 주력 부대를 공격했다. 스페인군은 빠르게 제압되었고, 볼리바르는 포로를 1,600명 넘게 붙잡았다. 바레이로 등 일부 포로는 볼리바르가 보고타 점령 후 1813년에 선포한 '목숨을 건 전쟁' 포고령에 따라 처형되었다. 보야카 다리 전투는 독립운동의 전환점이었다. 이후 볼리바르는 베네수엘라와 에콰도르, 페루를 해방했다.

◁ 시몬 볼리바르가 뒷발로 선 말을 타고 있는 동상으로, 19세기에 아다모 타돌리니가 제작한 것이다. 카라카스, 리마, 샌프란시스코에 똑같은 동상이 세워져 있다.

나바리노 해전

1827년 10월 20일

1821년에 그리스는 오스만 제국에 맞서 독립 투쟁에 나섰다. 오스만군은 이브라힘 파샤가 이끄는 이집트군의 지원을 받아 반란을 진압했다. 1827년에 민족주의자들이 통제하는 땅은 얼마 남지 않았다. 영국, 프랑스, 러시아가 개입해 오스만 제국에 휴전을 받아들이라고 요구했다. 연합군은 제독 에드워드 코드링턴 경의 지휘 아래 배 27척을 지중해에 집결했다. 오스만 제국은 튀르키예와 이집트에서 배를 더 많이 모아 타히르 파샤의 지휘 아래 그리스 서부 해안의 나바리노만에 집결했다. 10월 20일에 코드링턴은 함대를 이끌고 만으로 들어가 이집트와 오스만 제국의 함선 사이에 정박했다. 곧 전투가 벌어졌다. 함선들은 적함의 현측 대포를 피하며 적함에 큰 피해를 주려고 근거리에서 서로 포격했다. 연합군 함대는 수적 열세였지만 포의 성능은 훨씬 뛰어났다. 3시간의 교전 끝에 이집트-오스만 함대가 물러났다. 이 전투로 오스만군은 배 대부분을 잃었지만 연합군은 배를 1척도 잃지 않았다. 1828-1829년의 러시아-튀르크 전쟁에서 오스만 제국이 패하며 1830년에 그리스는 독립했다.

△ 1846년에 러시아 화가 이반 아이바조프스키가 그린 작품으로 나바리노 해전을 묘사한 것이다.

빅스버그 전투

1863년 5월 18일~7월 4일

빅스버그 포위전은 남북 전쟁(1861-1865년) 기간에 북군이 가장 큰 승리를 거둔 전투였다. 이 전투로 율리시스 그랜트 소장은 명성을 떨쳤다. 북군은 이전에도 미시시피강 동안의 전략적 요충지 빅스버그를 점령하려고 여러 차례 시도했지만 실패했다. 1863년 5월, 그랜트가 이끄는 테네시군이 다시 이 마을로 진격했다. 빅스버그는 존 C. 펨버턴 중장 휘하의 남군 2만 9천 명이 지키고 있었다. 마을 주위에 반원형으로 13km에 이르는 방어시설을 구축하고 절벽 위에는 포대를 배치했다. 5월 18일에 그랜트는 빅스버그를 포위하고 5월 19일과 22일에 마을을 공격했지만 실패하고 병력 4천여 명을 잃었다. 그러자 그랜트는 작전을 바꿔 빅스버그 주위에 참호를 파 남군을 고립시켰다. 남군은 펨버턴을 구출하려고 했지만 실패했다. 외부와 단절된 데다 연이은 북군의 포격에 펨버턴 군의 상황이 빠르게 악화되었다. 7주가 다 되어 가자 펨버턴은 식량과 보급품이 바닥나 북군에 항복했다. 북군은 빅스버그를 점령하고 곧이어 허드슨항 전투에서 승리하며 미시시피강을 장악했다. 이로 인해 남군은 매우 중요한 보급선이 끊겼고 군대도 양분되었다.

1900년부터 현재까지

현대에 들어서면서 전투는 점점 새롭고 치명적인 형태로
기계화되었을 뿐만 아니라 하늘로까지 확대되었다.
세계적 분쟁이 이전에 볼 수 없었던 규모로 격렬해지면서
군사 기술을 새로운 차원으로 끌어올렸다.
이런 전쟁을 통해 핵 시대가 시작되었다.

1900년부터 현재까지

20세기는 산업, 대량 징집, 민족주의 이념이 결합해
거대한 규모의 분쟁을 만들어 내는 기계화된 세계적 전쟁의 시대였다. 급속한 기술의 발전으로
이전 세대의 군인은 전혀 상상하지 못했던 정밀 무기가 등장하고 전장은 컴퓨터화되었다.

19세기에 발칸반도의 분열로 만들어진 불씨는 1914년, 세르비아의 한 민족주의자가 오스트리아-헝가리 제국의 황태자 프란츠 페르디난트를 암살하며 전쟁으로 비화했다. 독일, 오스트리아-헝가리 제국, 오스만 제국이 러시아, 영국, 프랑스와 그 동맹국을 상대로 싸움을 벌인 제1차 세계대전이 발발했다. 전쟁이 진행되면서 기동전은 서부 전선의 참호를 따라 펼쳐지는 소모전으로 바뀌었다. 700km에 이르는 이 전선을 따라 베르됭 전투(214-215쪽 참조)나 솜 전투(220-221쪽 참조) 등이 벌어지며 한 뼘도 안 되는 땅을 뺏기 위해 수십만 명이 목숨을 잃었다. 교착 상태를 깨기 위해 독가스, 초기 형태의 전차, 항공기 등과 같은 신기술이 사용되었다. 하지만 1918년에 전쟁을 끝낸 것은 해상이 봉쇄된 동맹국의 자원 고갈과 미국의 참전이었다.

전격전에서 원자폭탄까지

제1차 세계대전이 '모든 전쟁을 끝내는 전쟁'이 될 것이라는 희망은 그릇된 것이었다. 제1차 세계대전이 초래한 피해로 유럽의 정치 지형이 바뀌었고, 독일에서는 아돌프 히틀러가 부상했다. 히틀러는 게르만 민

> "공중에서 싸우는 것은 스포츠가 아니라 과학적 살인이다."
>
> 미국 조종사 에디 리켄배커, 1919년

족을 위한 대독일제국을 추구했다. 나치의 팽창주의는 필연적인 결과를 낳았다. 1939년에 나치 독일이 폴란드를 침공하자 영국과 프랑스는

△ 참호를 넘어
1916년, 솜 전투에서 영국군이 급히 참호에서 빠져나가는 모습이다. 공격 첫날 병사 1만 9천 명 이상이 독일군 전선을 돌파하려다 목숨을 잃었다. 이들은 영국군 포대의 공격 준비 사격에 파괴되지 않은 독일군 기관총에 맞았다.

세계대전

20세기에는 세계대전이 두 차례 일어나 약 8천만 명이 목숨을 잃었다. 제2차 세계대전 이후 냉전 기간에는 미국과 소련의 핵 대치로 직접적인 전쟁은 일어나지 않았다. 하지만 두 나라는 영향력을 잃지 않기 위해 베트남, 아프가니스탄 등에서 전쟁에 참여하거나 동맹국의 전쟁을 지원했다. 냉전의 여파로 지역 전쟁이 발발하고 핵무기가 확산되었다. 소련은 해체되었지만 러시아와 중국은 계속해서 미국의 세계적 지배력에 도전하고 있다.

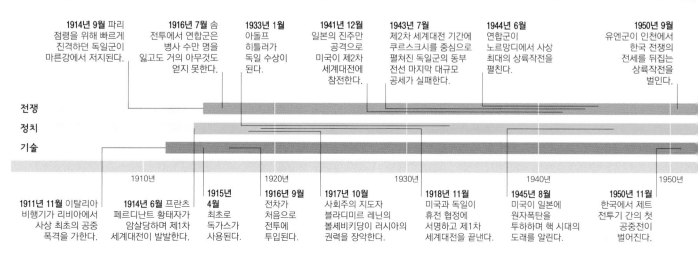

1914년 9월 파리 점령을 위해 빠르게 진격하던 독일군이 마른강에서 저지된다.

1916년 7월 솜 전투에서 연합군은 병사 수만 명을 잃고도 거의 아무것도 얻지 못한다.

1933년 1월 아돌프 히틀러가 독일 수상이 된다.

1941년 12월 일본의 진주만 공격으로 미국이 제2차 세계대전에 참전한다.

1943년 7월 제2차 세계대전 기간에 쿠르스크시를 중심으로 펼쳐진 독일군의 동부 전선 마지막 대규모 공세가 실패한다.

1944년 6월 연합군이 노르망디에서 사상 최대의 상륙작전을 펼친다.

1950년 9월 유엔군이 인천에서 한국 전쟁의 전세를 뒤집는 상륙작전을 벌인다.

전쟁
정치
기술

1910년   1920년   1930년   1940년   1950년

1911년 11월 이탈리아 비행기가 리비아에서 사상 최초의 공중 폭격을 가한다.

1914년 6월 프란츠 페르디난트 황태자가 암살당하며 제1차 세계대전이 발발한다.

1915년 4월 최초로 독가스가 사용된다.

1916년 9월 전차가 처음으로 전투에 투입된다.

1917년 10월 사회주의 지도자 블라디미르 레닌의 볼셰비키당이 러시아의 권력을 장악한다.

1918년 11월 미국과 독일이 휴전 협정에 서명하고 제1차 세계대전을 끝낸다.

1945년 8월 미국이 일본에 원자폭탄을 투하하며 핵 시대의 도래를 알린다.

1950년 11월 한국에서 제트 전투기 간의 첫 공중전이 벌어진다.

△ **게릴라 총**
소련에서 설계한 RPD 경기관총은 1944년에 도입되었다.
이 총은 신뢰성과 내구성이 뛰어나 베트콩 같은 게릴라
부대의 필수품이 되었다.

◁ **총력전**
민간인 노동자와 수류탄을
던지는 군인의 모습 아래 '어떤
대가를 치르더라도 승리하자'라는
구호가 적힌 독일 포스터.
제2차 세계대전은 사회 전체가
동원된 '총력전'이었다.

승리하지 못한 기술

1991년에 소련이 붕괴했지만 대규모 전쟁은 끝나지 않았다. 특히 중
동에서, 1991년에 쿠웨이트를 침공한 이라크군을 축출한 미국 주도
의 전쟁(270-271쪽 참조)을 시작으로 분쟁이 계속되며 혼란이 이어
졌다. 이제 양차 세계대전과 같은 규모의 전쟁은 더 이상 일어날 것 같
지 않다. 현대 전쟁은 전자 기술과 컴퓨터 기술을 융합한 정밀 유도 미
사일, 드론, 스텔스 폭격기 등으로 치러지지만, 총과 칼은 여전히 끊임
없이 일어나는 내전에서 흔히 사용되고 있다.

▽ **이라크 자유 작전**
2003년 3월에 영국군 제7기갑여단을
포함한 미국 주도의 연합군이 쿠웨이트
사막에 집결했다. 이라크를 향한 지상
공격이 이어져 사담 후세인을 타도했다.

독일에 전쟁을 선포했다. 독일은 뛰어난 기동력의 전차 부대를 앞세운
블리츠크리그('전격전') 전술을 사용해 연이어 승리를 거두었다. 하지
만 영국은 우월한 공군 전력과 레이더의 개발로 1940년의 영국 본토
항공전(232-233쪽 참조)에서 독일 공군을 격파하며 침공을 피했다.
　제2차 세계대전에서 공군은 필수 전력이 되었다. 항공모함은 미드
웨이 해전(238-239쪽 참조)과 같은 전투에서 해전과 공중전을 결합
했다. 잠수함을 이용한 독일군의 영국 봉쇄는 연합군의 대응 조치로
실패로 돌아갔다. 1941년에 히틀러가 소련을 침공했지만 결정적 타격
을 입히지 못하면서 독일은 양 전선에서 전쟁을 수행해야 했다. 미국의
참전으로, 특히 1944년에 연합군이 노르망디에서 대규모 상륙작전
(248-249쪽 참조)에 성공하며 전쟁은 막바지로 치달았다.
　1945년, 미국이 일본의 히로시마와 나가사키에 원자폭탄을 투하
하며 태평양 쪽에서의 제2차 세계대전을 끝냈다. 핵무기의 개발은 소
련과 미국 그리고 미국 우방국 사이의 이념 갈등인 냉전으로 이어졌다.
소련과 미국이 각각 북베트남과 남베트남을 지원한 베트남전에서 볼
수 있듯이 지역 분쟁에 이 두 초강대국이 개입하면서 '열전'도 벌어졌
다. 이들 초강대국의 대립은 한국, 아프가니스탄에서 앙골라, 니카라
과, 아랍-이스라엘의 연이은 전쟁에 이르기까지 세계 곳곳에서 분쟁을
부채질했다.

1967년 6월
6일 전쟁에서
이스라엘군이 아랍
연합군을 꺾고 요르단강
서안, 골란고원,
시나이반도를 점령한다.

1968년 1월
베트콩이
구정 대공세를 펼쳐
남베트남 전역을
연이어
공격한다.

1979년 2월
이란 혁명에서
이슬람 세력이 승리하며
망명했던 이슬람 지도자
아야톨라 호메이니가
이란으로 돌아온다.

1991년 1-2월
암호명 '사막의 폭풍'
작전에서 미국 주도의
연합군이 이라크 대통령
사담 후세인 군을
쿠웨이트에서 쫓아낸다.

2007-2008년
글로벌 금융 위기로
세계 경제가
불안정해지며 많은
나라가 경기 침체에
빠진다.

1960년　　　　　　　　　1970년　　　　　　　　　1980년　　　　　　　　　1990년　　　　　　　　　2000년　　　　　　　　　2010년　　　　　　　　　2020년

1957년 3월
가나가 아프리카에서
독립을 쟁취하는
첫 번째 식민지가
된다.

1962년 10-11월
중국과 인도가 험준한
산악지대에서 국경 분쟁을
벌이는 중국-인도 전쟁이
일어난다.

1980년 9월
이라크군이 이란 서부
지역을 침공하며
8년에 걸친 이란-이라크
전쟁이 일어난다.

1991년 12월
소련이 해체되어
독립국 15개로
분리된다.

2001년 10월
미국이
아프가니스탄에서
최초의 무장 드론
공격을 실행한다.

2011년
아랍 세계에서 일어난 연이은
반정부 봉기인 아랍의 봄으로
튀니지와 이집트의 독재
정권이 전복된다.

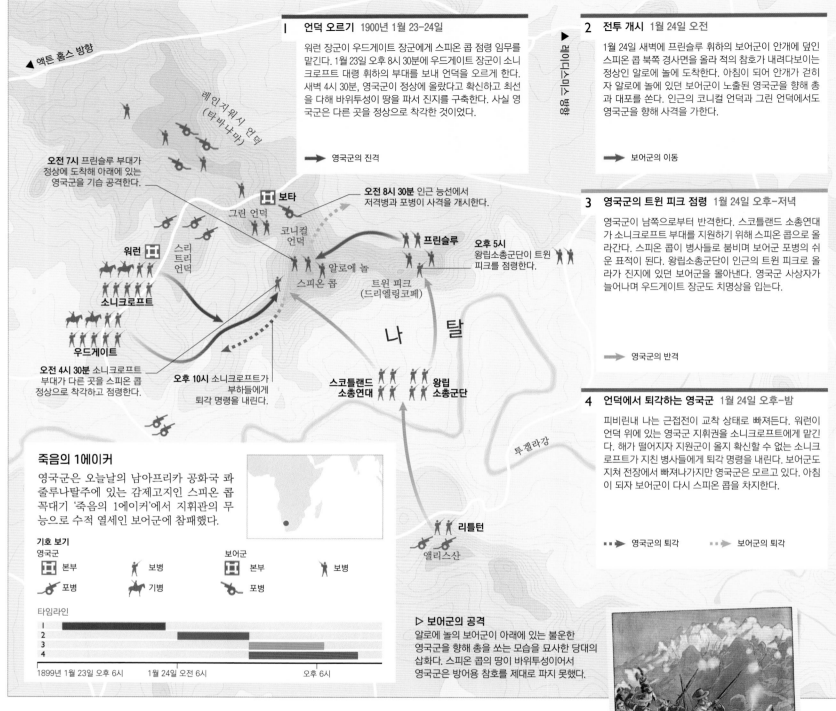

1 언덕 오르기 1900년 1월 23-24일

워런 장군이 우드게이트 장군에게 스피온 콥 점령 임무를 맡긴다. 1월 23일 오후 8시 30분에 우드게이트 장군이 소니크로프트 대령 휘하의 부대를 보내 언덕을 오르게 한다. 새벽 4시 30분, 영국군이 정상에 올랐다고 확신하고 최선을 다해 바위투성이 땅을 파서 진지를 구축한다. 사실 영국군은 다른 곳을 정상으로 착각한 것이었다.

→ 영국군의 진격

2 전투 개시 1월 24일 오전

1월 24일 새벽에 프린슬루 휘하의 보어군이 안개에 덮인 스피온 콥 북쪽 경사면을 올라 적의 참호가 내려다보이는 정상인 알로에 놀에 도착한다. 아침이 되어 안개가 걷히자 알로에 놀에 있던 보어군이 노출된 영국군을 향해 총과 대포를 쏜다. 인근의 코니컬 언덕과 그린 언덕에서도 영국군을 향해 사격을 가한다.

→ 보어군의 이동

3 영국군의 트윈 피크 점령 1월 24일 오후-저녁

영국군이 남쪽으로부터 반격한다. 스코틀랜드 소총연대가 소니크로프트 부대를 지원하기 위해 스피온 콥으로 올라간다. 스피온 콥이 병사들로 붐비며 보어군 포병의 쉬운 표적이 된다. 왕립소총군단이 인근의 트윈 피크로 올라가 진지에 있던 보어군을 몰아낸다. 영국군 사상자가 늘어나며 우드게이트 장군도 치명상을 입는다.

→ 영국군의 반격

4 언덕에서 퇴각하는 영국군 1월 24일 오후-밤

피비린내 나는 근접전이 교착 상태로 빠져든다. 워런이 언덕 위에 있는 영국군 지휘권을 소니크로프트에게 맡긴다. 해가 떨어지자 지원군이 올지 확신할 수 없는 소니크로프트가 지친 병사들에게 퇴각 명령을 내린다. 보어군도 지쳐 전장에서 빠져나가지만 영국군은 모르고 있다. 아침이 되자 보어군이 다시 스피온 콥을 차지한다.

∙∙▶ 영국군의 퇴각   ∙∙▶ 보어군의 퇴각

죽음의 1에이커

영국군은 오늘날의 남아프리카 공화국 콰줄루나탈주에 있는 감제고지인 스피온 콥 꼭대기 '죽음의 1에이커'에서 지휘관의 무능으로 수적 열세인 보어군에 참패했다.

기호 보기

영국군		보어군	
⊞ 본부	🚶 보병	⊞ 본부	🚶 보병
포병	🐎 기병	포병	

타임라인

1	▬▬▬▬▬
2	▬▬▬▬
3	▬▬▬
4	▬▬▬

1899년 1월 23일 오후 6시 | 1월 24일 오전 6시 | 오후 6시

▷ 보어군의 공격

알로에 놀의 보어군이 아래에 있는 불운한 영국군을 향해 총을 쏘는 모습을 묘사한 당대의 삽화다. 스피온 콥의 땅이 바위투성이어서 영국군은 방어용 참호를 제대로 파지 못했다.

REPRISE DE SPION-KOP PAR LES BOERS

스피온 콥 전투

제2차 보어 전쟁(1899-1902년)에서 영국군은 레이디스미스의 포위망을 풀기 위해 스피온 콥 언덕을 점령하려고 했다. 영국군은 전술적 실수를 저질러 보어군의 집중포화를 받으며 하루를 버티다 철수했다. 마침내 보어군은 스피온 콥을 지켜 냈다.

영국은 1899년부터 1902년까지 트란스발 공화국과 오라녜 자유국이라는 보어인(남아프리카에 정착한 네덜란드계 백인) 2개국과 긴 전쟁을 치렀다. 전쟁의 원인은 영국의 제국주의와 보어인의 독립이었지만, 남아프리카에서 새로 발견된 금광 개발권을 둘러싼 분쟁 때문에 바로 표면화되었다. 보어인이 세운 두 개의 소국은 영국군에 비해 무장이 빈약했지만, 1899년 말에 보어군은 영국이 다스리던 나탈의 레이디스미스를 포위했다. 영국군은 포위망을 풀기 위해 워런 장군을 보내 스피온 콥을 점령하게 했다. 스피온 콥은 레이디스미스 진입로가 내려다보이는 여러 바위 언덕 중 가장 높은 곳으로, 보타 휘하의 보어군이 지키고 있었다. 영국군은 보어군의 포격을 받고 사망 250명, 부상 1천 명 이상이라는 피해를 입은 뒤 퇴각했다. 레이디스미스는 결국 1900년 2월 28일에 구출되었다.

동해 해전

1904년, 러시아와 일본은 만주 지방의 영향력을 놓고 전쟁을 벌였다.
이듬해 봄에 대한 해협에서 벌어진 동해 해전(쓰시마 해전이라고도 함)에서
일본이 결정적인 승리를 거두며 세계 무대의 새로운 강자로 부상했다.

일본이 만주 남단의 뤼순항에 정박 중이던 러시아의 극동함대를 기습 공격하며 두 강대국 사이에 전쟁이 시작되었다. 공격에 성공하자 일본군은 만주에 주둔한 러시아군과 싸울 병력을 배로 수송할 수 있게 되었다.

이에 대응해 차르 니콜라이 2세는 뤼순항 봉쇄를 풀기 위해 발트 함대를 파견했다. 발트 함대의 긴 항해 도중에 뤼순항이 5개월에 걸친 공성전 끝에 일본군 손에 넘어갔다는 소식이 들려왔다. 일본 대본영은 러시아 함대의 도착에 대비해 이미 세계에서 가장 현대화된 일본 해군을 정비할 시간이 충분했다.

마침내 양군이 대한 해협에서 전투를 벌이기 시작하자 일본군은 단 몇 시간 만에 러시아 함대를 제압했다. 잔존한 러시아 함선은 기존 계획대로 블라디보스토크항의 분함대와 합류하기 위해 이동했고, 3개월 뒤 맺은 평화 협정에서 러시아는 대련 등 일부에 대한 권리를 포기했다.

장대한 항해

지노비 로제스트벤스키 제독은 함선 42척을 이끌고 지구 반 바퀴를 돌아 뤼순항으로 향했다. 항해 도중에 북해에서 야간 경보가 울려 영국의 저인망 어선에 포격을 가하는 바람에 영국과 충돌이 일어날 뻔했다. 함대는 7개월의 항해 끝에 대한 해협에 도착했다.

기호 보기
✕ 주 전투
➡ 주 함대
➡ 분견대
⚓ 출항지

1904년 10월 21일 영국 어선 1척을 격침한다.

1905년 5월 24일 러시아 함대 부사령관 폰 플케르잠이 항해 도중에 사망한다.

탈린
리예파야
러 시 아 제 국
블라디보스토크
뤼순항
라페루즈 해협
상하이
쓰가루 해협
대한 해협
케이프타운
인 도 양

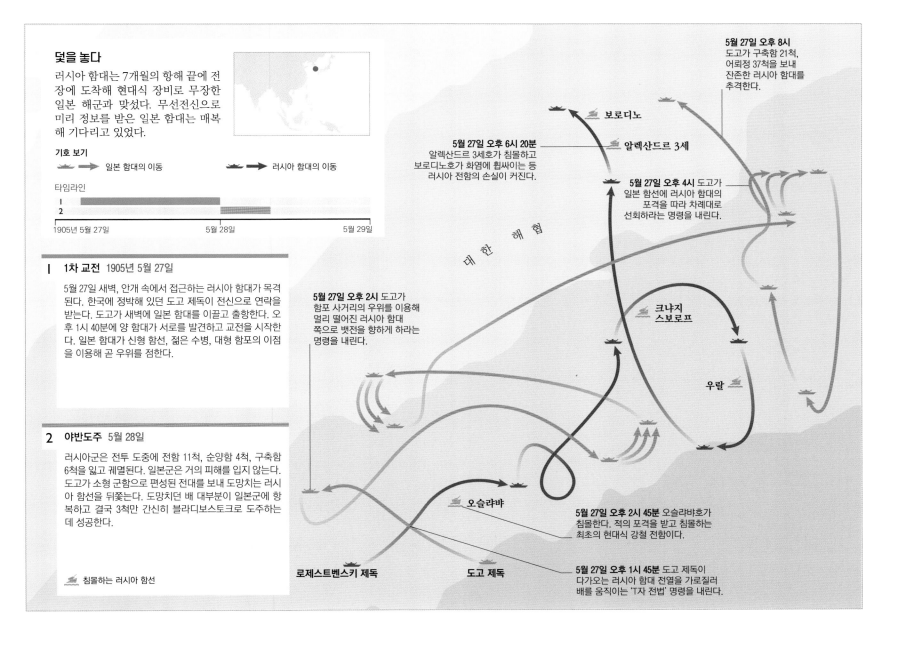

덫을 놓다

러시아 함대는 7개월의 항해 끝에 전장에 도착해 현대식 장비로 무장한 일본 해군과 맞섰다. 무선전신으로 미리 정보를 받은 일본 함대는 매복해 기다리고 있었다.

기호 보기
➡ 일본 함대의 이동
➡ 러시아 함대의 이동

타임라인
1 · 2
1905년 5월 27일 · 5월 28일 · 5월 29일

1　1차 교전　1905년 5월 27일

5월 27일 새벽, 안개 속에서 접근하는 러시아 함대가 목격된다. 한국에 정박해 있던 도고 제독이 전신으로 연락을 받는다. 도고가 새벽에 일본 함대를 이끌고 출항한다. 오후 1시 40분에 양 함대가 서로를 발견하고 교전을 시작한다. 일본 함대가 신형 함선, 젊은 수병, 대형 함포의 이점을 이용해 곧 우위를 점한다.

2　야반도주　5월 28일

러시아군은 전투 도중에 전함 11척, 순양함 4척, 구축함 6척을 잃고 궤멸된다. 일본군은 거의 피해를 입지 않는다. 도고가 소형 군함으로 편성된 전대를 보내 도망치는 러시아 함선을 뒤쫓는다. 도망치던 배 대부분이 일본군에 항복하고 결국 3척만 간신히 블라디보스토크로 도주하는 데 성공한다.

⚓ 침몰하는 러시아 함선

5월 27일 오후 8시 도고가 구축함 21척, 어뢰정 37척을 보내 잔존한 러시아 함대를 추격한다.

보로디노

알렉산드르 3세

5월 27일 오후 6시 20분 알렉산드르 3세호가 침몰하고 보로디노호가 화염에 휩싸이는 등 러시아 전함의 손실이 커진다.

5월 27일 오후 4시 도고가 일본 함선에 러시아 함대의 포격을 따라 차례대로 선회하라는 명령을 내린다.

대 한 해 협

5월 27일 오후 2시 도고가 함포 사거리의 우위를 이용해 멀리 떨어진 러시아 함대 쪽으로 뱃전을 향하게 하라는 명령을 내린다.

크냐지 스보로프

우랄

오슬랴뱌

5월 27일 오후 2시 45분 오슬랴뱌호가 침몰한다. 적의 포격을 받고 침몰하는 최초의 현대식 강철 전함이다.

로제스트벤스키 제독

도고 제독

5월 27일 오후 1시 45분 도고 제독이 다가오는 러시아 함대 전열을 가로질러 배를 움직이는 'T자 전법' 명령을 내린다.

드레드노트의 시대

1906년, 영국 해군은 해군력의 우위를 유지하기 위해
전함 드레드노트를 진수했다.
화력과 속도를 전례 없는 수준으로 끌어올린
드레드노트의 출현으로 전함의 새 시대가 열렸다.

금속 선체의 증기선은 19세기부터 사용되었지만 드레드노트가 등장하면서 당대
의 다른 모든 전함을 밀어냈다. 드레드노트는 새로운 함급 명칭이 되었다. 최초의
전체 거포(all-big-gun) 전함 드레드노트는 장거리 공격용 12인치 포 10문을 탑
재했다. 또한 최초로 증기 터빈을 사용해 최대 21노트의 속도를 낼 수 있었다. 이
배는 속도, 방어력, 화력이라는 전함 설계의 삼위일체를 잘 절충해 건조되었다. 영
국 해군이 야심 찬 전함 건조 프로그램을 추진하자 미국, 독일, 이탈리아, 일본을
비롯한 다른 나라도 그 뒤를 따라 자체 드레드노트급 전함을 건조했다.

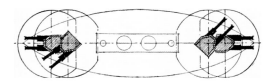

◁ **적층식 포탑**
적층식 포탑의 배치를 그린
스케치로, 갑판 높이의 포탑과
그 뒤쪽 더 높은 곳의 포탑이
한 쌍의 적층식 포탑을 이룬다.

향상된 성능의 새 전함

경쟁이 치열해지자 드레드노트급은 곧 슈퍼 드레드노트급이라고 불리는 더 강력
한 전함에 자리를 내주었다. 1910년에 13.5인치 함포로 무장한 최초의 슈퍼 드레
드노트급 전함인 영국 군함 오라이언호가 진수되었다. 이 배에는 선체의 중심선을
따라 적층식 포탑(높이를 달리한 한 쌍의 포탑)을 여러 개 배치해 화력의 집중도를
높였다. 터빈에 증기를 공급하는 보일러를 가동하는 연료도 석탄에서 서서히 기름
으로 바뀌었다. 슈퍼 드레드노트급 전함은 속도를 강조한 '고속 전함'으로 대체되
었다. 마지막 고속 전함은 1991년에 퇴역했다.

△ **R급 전함**
영국 군함 로열 오크호, 라밀리즈호, 리벤지호, 레졸루션호다. 이들 슈퍼 드레드노트 전함은
리벤지급에 속한다. 15인치 함포 8문으로 이루어진 포탑 4개를 탑재했다.

마지막 순양전함

영국 군함 후드호는 영국 해군이 건조한 마지막 순양전함이었다. 순양전함은 고속 전함과 비슷했지만 속도와 화력을 높이기 위해 얇은 장갑을 썼다. 후드호는 15인치 함포 8문으로 이루어진 포탑 4개로 무장하고 32노트의 속력을 낼 수 있었다.

타넨베르크 전투

제1차 세계대전이 발발한 지 며칠 지나지 않아
러시아는 동맹국 프랑스와 맺은 조약을 이행하기 위해
2개 군을 보내 프로이센을 침공했다.
1군은 독일군을 뒤로 밀어냈지만
남쪽에 있던 2군은 독일군에 포위되어 참패했다.

1914년 8월에 전쟁이 발발하자 독일은 양 전선, 즉 서부 전선에서는 프랑스, 동부 전선에서는 러시아와 싸워야 할 가능성에 직면했다. 러시아는 병력 동원에 몇 개월 이상 소요될 것으로 예상되었기 때문에 독일은 먼저 프랑스를 신속하게 이긴 뒤 러시아를 상대하는 전략을 택했다. 독일이 8개 군 중 7개 군을 서부 전선에 집중한 사이에 러시아는 전쟁 준비를 제대로 하지도 않고 동프로이센을 기습 침공했다.

북쪽으로 침공한 러시아군 1군은 굼비넨 전투에서 승리를 거두며 독일군을 밀어냈다. 하지만 독일군은 동프로이센을 포기하지 않고 병력을 남쪽으로 재배치했다. 남쪽에서는 러시아군 2군이 마주리안 호수 지대의 험난한 지형을 뚫고 진격하고 있었다. 열악한 통신 상태 때문에 러시아군 1군은 남쪽으로 내려와 2군을 지원하지 못하고 천천히 서쪽으로 진군했다. 보급선이 끊긴 데다 독일군 포위망이 조여 오면서 2군이 고립되었다. 식량이 떨어지고 탈출로도 없었던 대부분의 러시아군은 항복할 수밖에 없었다. 독일군 사령관 루덴도르프와 폰 힌덴부르크는 이 승리를 5세기 전에 인근의 그룬발트에서 패배한 튜턴 기사단(88-89쪽 참조)의 복수라고 언급하며 대대적으로 선전했다.

> *"전쟁은 무자비하게 할수록 더 자비로운 것이다…."*
>
> 파울 폰 힌덴부르크, 1914년

파울 폰 힌덴부르크

프로이센 귀족 가문에서 태어난 폰 힌덴부르크(1847-1934년)는 군에서 퇴역했다가 1914년에 다시 소집되었다. 그는 전략가 에리히 루덴도르프와 생산적으로 협력한 덕분에 1916년에 동맹군 최고사령관이 되었다. 독일이 패전한 이후 힌덴부르크는 전공에 힘입어 1925년, 독일 대통령에 당선되었다. 하지만 그의 재임 기간은 정치적 혼란, 불황, 나치당의 부상 등으로 점철되었다.

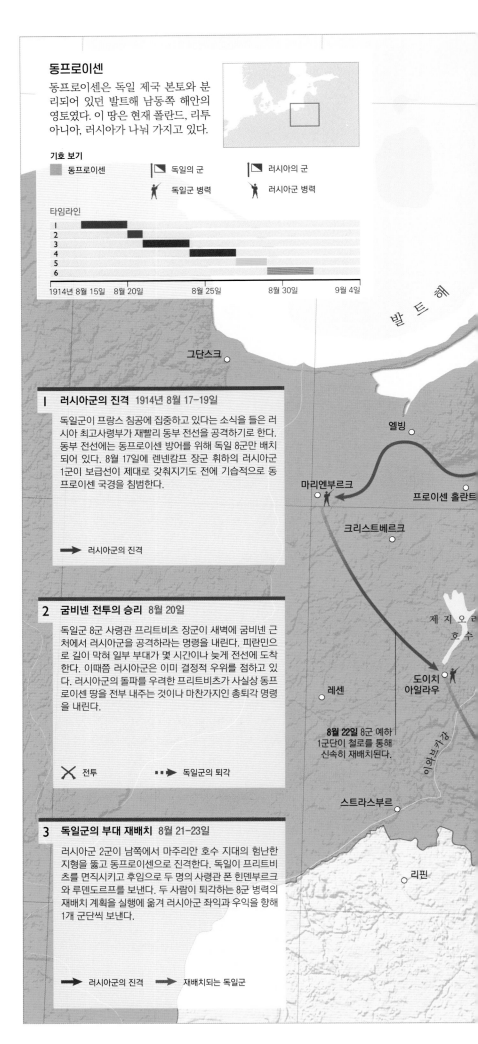

동프로이센

동프로이센은 독일 제국 본토와 분리되어 있던 발트해 남동쪽 해안의 영토였다. 이 땅은 현재 폴란드, 리투아니아, 러시아가 나눠 가지고 있다.

기호 보기

■ 동프로이센	◫ 독일의 군 ◫ 러시아의 군
	🚶 독일군 병력 🚶 러시아군 병력

타임라인

1   2   3   4   5   6

1914년 8월 15일   8월 20일   8월 25일   8월 30일   9월 4일

1 러시아군의 진격 1914년 8월 17-19일

독일군이 프랑스 침공에 집중하고 있다는 소식을 들은 러시아 최고사령부가 재빨리 동부 전선을 공격하기로 한다. 동부 전선에는 동프로이센 방어를 위해 독일 8군만 배치되어 있다. 8월 17일에 렌넨캄프 장군 휘하의 러시아군 1군이 보급선이 제대로 갖춰지기도 전에 기습적으로 동프로이센 국경을 침범한다.

➡ 러시아군의 진격

2 굼비넨 전투의 승리 8월 20일

독일군 8군 사령관 프리트비츠 장군이 새벽에 굼비넨 근처에서 러시아군을 공격하라는 명령을 내린다. 피란민으로 길이 막혀 일부 부대가 몇 시간이나 늦게 전선에 도착한다. 이때쯤 러시아군은 이미 결정적 우위를 점하고 있다. 러시아군의 돌파를 우려한 프리트비츠가 사실상 동프로이센 땅을 전부 내주는 것이나 마찬가지인 총퇴각 명령을 내린다.

8월 22일 8군 예하 1군단이 철로를 통해 신속히 재배치된다.

✕ 전투   ▪▪➡ 독일군의 퇴각

3 독일군의 부대 재배치 8월 21-23일

러시아군 2군이 남쪽에서 마주리안 호수 지대의 험난한 지형을 뚫고 동프로이센으로 진격한다. 독일이 프리트비츠를 면직시키고 후임으로 두 명의 사령관 폰 힌덴부르크와 루덴도르프를 보낸다. 두 사람이 퇴각하는 8군 병력의 재배치 계획을 실행에 옮겨 러시아군 좌익과 우익을 향해 1개 군단씩 보낸다.

➡ 러시아군의 진격   ➡ 재배치되는 독일군

그단스크
엘빙
마리엔부르크
프로이센 홀란트
크리스트베르크
제 지 오
호 수
레센
도이치 아일라우
스트라스부르
리핀

발 트 해

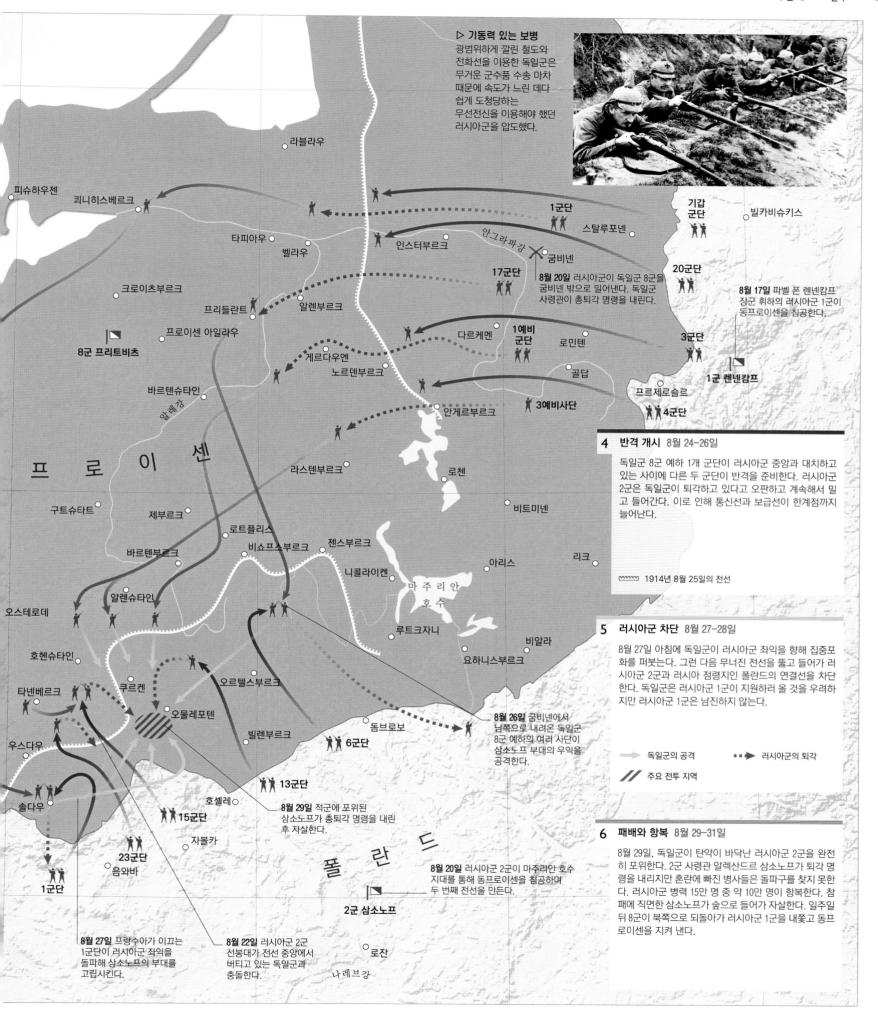

▷ **기동력 있는 보병**
광범위하게 깔린 철도와 전화선을 이용한 독일군은 무거운 군수품 수송 마차 때문에 속도가 느린 데다 쉽게 도청당하는 무선전신을 이용해야 했던 러시아군을 압도했다.

라블라우

피슈하우젠

쾨니히스베르크

1군단

스탈루포넨

기갑 군단

빌카비슈키스

타피아우

인스터부르크

안그라파강

굼비넨

20군단

8월 17일 파벨 폰 렌넨캄프 장군 휘하의 러시아군 1군이 동프로이센을 침공한다.

벨라우

크로이츠부르크

17군단

프리들란트

알렌부르크

다르케멘

1예비 군단

로민텐

3군단

프로이센 아일라우

게르다우엔

노르덴부르크

골답

프르제로슬르

8군 프리트비츠

8월 20일 러시아군이 독일군 8군을 굼비넨 밖으로 밀어낸다. 독일군 사령관이 총퇴각 명령을 내린다.

1군 렌넨캄프

바르텐슈타인

알레강

안게르부르크

3예비사단

4군단

프 로 이 센

라스텐부르크

로첸

비트미넨

---

4 반격 개시 8월 24-26일

독일군 8군 예하 1개 군단이 러시아군 중앙과 대치하고 있는 사이에 다른 두 군단이 반격을 준비한다. 러시아군 2군은 독일군이 퇴각하고 있다고 오판하고 계속해서 밀고 들어간다. 이로 인해 통신선과 보급선이 한계점까지 늘어난다.

구트슈타트

제부르크

로트플리스

비쇼프스부르크

젠스부르크

아리스

리크

바르텐부르크

니콜라이켄

마주리안 호수

〰〰〰〰 1914년 8월 25일의 전선

알렌슈타인

오스테로데

루트크자니

비알라

요하니스부르크

---

5 러시아군 차단 8월 27-28일

8월 27일 아침에 독일군이 러시아군 좌익을 향해 집중포화를 퍼붓는다. 그런 다음 무너진 전선을 뚫고 들어가 러시아군 2군과 러시아 점령지인 폴란드의 연결선을 차단한다. 독일군은 러시아군 1군이 지원하러 올 것을 우려하지만 러시아군 1군은 남진하지 않는다.

호헨슈타인

쿠르켄

오르텔스부르크

타넨베르크

오물레포텐

우스다우

빌렌부르크

돔브로보

6군단

8월 26일 굼비넨에서 남쪽으로 내려온 독일군 8군 예하의 여러 사단이 삼소노프 부대의 우익을 공격한다.

8월 29일 적군에 포위된 삼소노프가 총퇴각 명령을 내린 후 자살한다.

솔다우

13군단

호셸레

━━━▶ 독일군의 공격   ▪▪▪▪▶ 러시아군의 퇴각

╱╱╱ 주요 전투 지역

15군단

자볼카

---

6 패배와 항복 8월 29-31일

8월 29일, 독일군이 탄약이 바닥난 러시아군 2군을 완전히 포위한다. 2군 사령관 알렉산드르 삼소노프가 퇴각 명령을 내리지만 혼란에 빠진 병사들은 돌파구를 찾지 못한다. 러시아군 병력 15만 명 중 약 10만 명이 항복한다. 참패에 직면한 삼소노프가 숲으로 들어가 자살한다. 일주일 뒤 8군이 북쪽으로 되돌아가 러시아군 1군을 내쫓고 동프로이센을 지켜 낸다.

23군단

음와바

1군단

8월 20일 러시아군 2군이 마주리안 호수 지대를 통해 동프로이센을 침공하며 두 번째 전선을 만든다.

폴 란 드

2군 삼소노프

8월 27일 프랑수아가 이끄는 1군단을 통해 러시아군 좌익을 돌파해 삼소노프의 부대를 고립시킨다.

8월 22일 러시아군 2군 선봉대가 전선 중앙에서 버티고 있는 독일군과 충돌한다.

로잔

나레브강

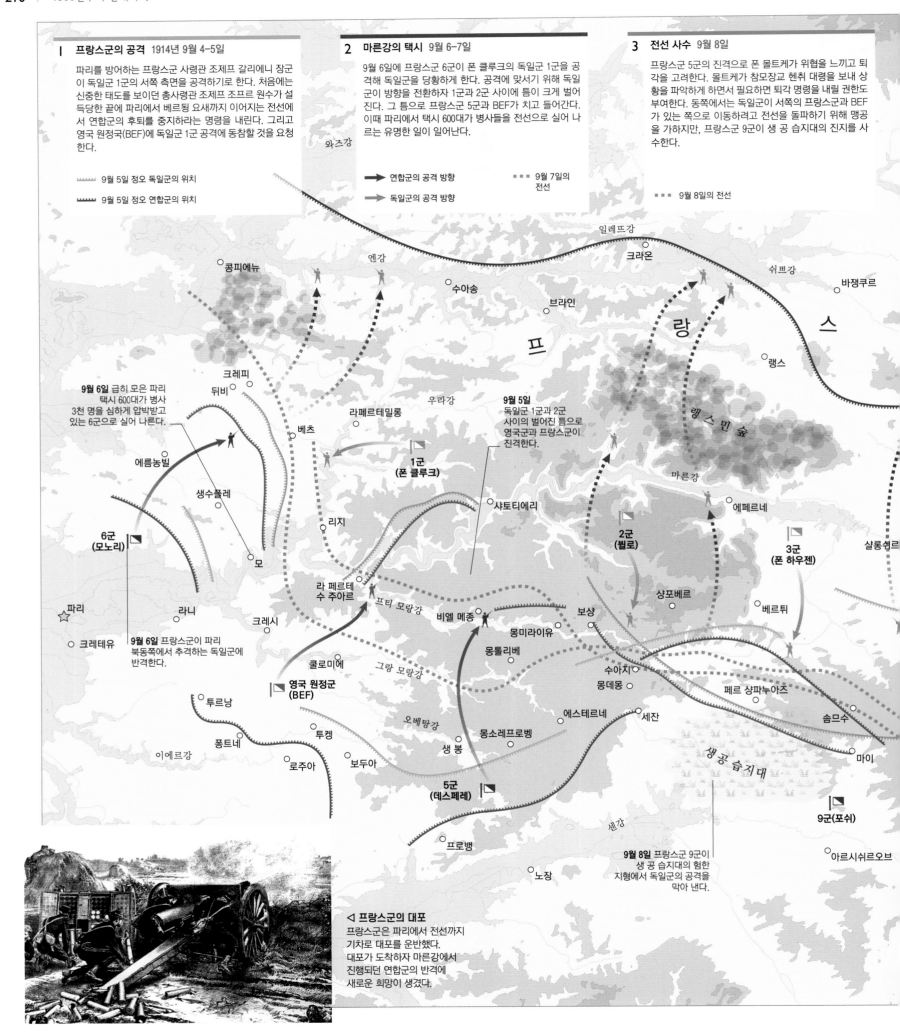

1 프랑스군의 공격 1914년 9월 4-5일

파리를 방어하는 프랑스군 사령관 조제프 갈리에니 장군이 독일군 1군의 서쪽 측면을 공격하기로 한다. 처음에는 신중한 태도를 보이던 총사령관 조제프 조프르 원수가 설득당한 끝에 파리에서 베르됭 요새까지 이어지는 전선에서 연합군의 후퇴를 중지하라는 명령을 내린다. 그리고 영국 원정군(BEF)에 독일군 1군 공격에 동참할 것을 요청한다.

〰〰〰 9월 5일 정오 독일군의 위치

〰〰〰 9월 5일 정오 연합군의 위치

2 마른강의 택시 9월 6-7일

9월 6일에 프랑스군 6군이 폰 클루크의 독일군 1군을 공격해 독일군을 당황하게 한다. 공격에 맞서기 위해 독일군이 방향을 전환하자 1군과 2군 사이에 틈이 크게 벌어진다. 그 틈으로 프랑스군 5군과 BEF가 치고 들어간다. 이때 파리에서 택시 600대가 병사들을 전선으로 실어 나르는 유명한 일이 일어난다.

➡ 연합군의 공격 방향

➡ 독일군의 공격 방향

┅┅┅ 9월 7일의 전선

3 전선 사수 9월 8일

프랑스군 5군의 진격으로 폰 몰트케가 위협을 느끼고 퇴각을 고려한다. 몰트케가 참모장교 헨취 대령을 보내 상황을 파악하게 하면서 필요하면 퇴각 명령을 내릴 권한도 부여한다. 동쪽에서는 독일군이 서쪽의 프랑스군과 BEF가 있는 쪽으로 이동하려고 전선을 돌파하기 위해 맹공을 가하지만, 프랑스군 9군이 생 공 습지대의 진지를 사수한다.

┅┅┅ 9월 8일의 전선

와즈강

일레뜨강

콩피에뉴

엔강

크라온

쉬브강

바쟁쿠르

수아송

브라인

프

랑

스

9월 6일 급히 모은 파리 택시 600대가 병사 3천 명을 심하게 압박받고 있는 6군으로 실어 나른다.

크레피

뒤비

베츠

라페르테밀롱

우라강

9월 5일 독일군 1군과 2군 사이의 벌어진 틈으로 영국군과 프랑스군이 진격한다.

랭스

랭스 민 숲

에름농빌

생수플레

1군 (폰 클루크)

샤토티에리

마른강

에페르네

6군 (모노리)

리지

2군 (뷜로)

3군 (폰 하우젠)

샬롱쉬르

모

라 페르테 수 주아르

프티 모랑강

비엘 메종

상포베르

베르튀

파리

라니

크레시

몽미라이유

보샹

크레퇴유

몽톨리베

수아치

페르 샹파누아즈

9월 6일 프랑스군이 파리 북동쪽에서 추격하는 독일군에 반격한다.

쿨로미에

그랑 모랑강

몽데몽

솜므수

영국 원정군 (BEF)

투르낭

투켕

오베탕강

에스테르네

세잔

퐁트네

이에르강

풍트네

보두아

생 봉

몽소레프로벵

마이

로주아

5군 (데스페레)

생 공 습지대

9군 (포쉬)

세강

프로뱅

9월 8일 프랑스군 9군이 생 공 습지대의 험한 지형에서 독일군의 공격을 막아 낸다.

아르시쉬르오브

노장

◁ **프랑스군의 대포**
프랑스군은 파리에서 전선까지 기차로 대포를 운반했다. 대포가 도착하자 마른강에서 진행되던 연합군의 반격에 새로운 희망이 생겼다.

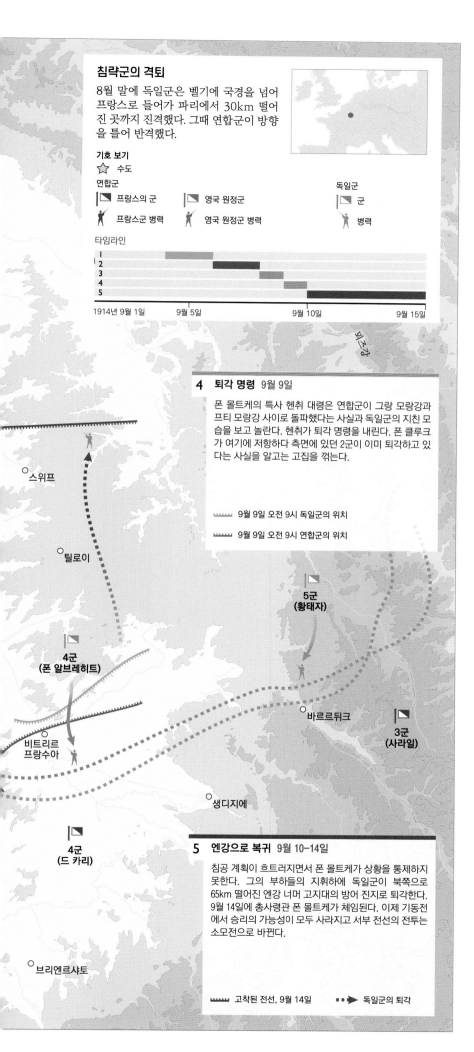

침략군의 격퇴

8월 말에 독일군은 벨기에 국경을 넘어 프랑스로 들어가 파리에서 30km 떨어진 곳까지 진격했다. 그때 연합군이 방향을 틀어 반격했다.

기호 보기

☆ 수도

연합군

| 프랑스의 군 | 영국 원정군

프랑스군 병력   영국 원정군 병력

독일군

| 군

병력

타임라인

1914년 9월 1일   9월 5일   9월 10일   9월 15일

4 퇴각 명령 9월 9일

폰 몰트케의 특사 헨취 대령은 연합군이 그랑 모랭강과 프티 모랭강 사이로 돌파했다는 사실과 독일군의 지친 모습을 보고 놀란다. 헨취가 퇴각 명령을 내린다. 폰 클루크가 여기에 저항하다 측면에 있던 2군이 이미 퇴각하고 있다는 사실을 알고는 고집을 꺾는다.

〰〰〰 9월 9일 오전 9시 독일군의 위치

〰〰〰 9월 9일 오전 9시 연합군의 위치

스위프

틸로이

4군
(폰 알브레히트)

비트리르
프랑수아

5군
(황태자)

바르르뒤크

3군
(사라일)

생디지에

4군
(드 카리)

5 엔강으로 복귀 9월 10~14일

침공 계획이 흐트러지면서 폰 몰트케가 상황을 통제하지 못한다. 그의 부하들의 지휘하에 독일군이 북쪽으로 65km 떨어진 엔강 너머 고지대의 방어 진지로 퇴각한다. 9월 14일에 총사령관 폰 몰트케가 체임된다. 이제 기동전에서 승리의 가능성이 모두 사라지고 서부 전선의 전투는 소모전으로 바뀐다.

브리엔르샤토

〰〰〰 고착된 전선, 9월 14일   ▪▪➤ 독일군의 퇴각

제1차 마른 전투

1914년 9월 6일, 프랑스군과 영국군은 파리를 향한 독일군의 거침없어 보이는 진격에 맞서 반격을 개시했다. 제1차 세계대전의 전환점이 된 이 전투로 연합군을 상대로 빠른 승리를 거두겠다는 독일군의 희망이 좌절되었다.

서부 전선에서 전쟁이 시작되자마자 독일군은 중립국인 벨기에를 지나 프랑스로 진격하면서 연이어 놀라운 승리를 거두었다. 독일군은 한 달도 되지 않아 파리를 위협했다. 영국 원정군(BEF) 6개 사단의 지원을 받은 프랑스군은 후퇴를 거듭해 병사들의 사기가 땅에 떨어졌다.

독일군의 프랑스 침공 계획(슐리펜 계획)은 서쪽으로 밀고 들어가 남쪽으로 방향을 튼 뒤 파리를 포위하는 것이었다. 하지만 9월 2일에 독일군 총사령관 헬무트 폰 몰트케는 바로 남쪽으로 진군해 퇴각하는 연합군을 포위하기로 했다. 알렉산더 폰 클루크 장군 휘하의 독일군 1군은 이 기동으로 취약해진 측면을 방어하지 않고 계속 진군했다. 그러자 1군의 측면이 파리를 방어하고 있던 프랑스군 6군의 공격에 노출되었다. 기회를 포착한 프랑스군 사령관이 후퇴하던 연합군 측에 방향을 돌려 적과 싸우라는 명령을 내렸다.

그 뒤 150km에 이르는 전선에서 연이어 교전이 벌어져 양측 모두 큰 손실을 입었다. 하지만 독일군은 지나치게 늘어난 보급선의 끝에 있었다. 사흘 뒤 몰트케는 엔강 북쪽의 방어선까지 퇴각하자는 건의를 받아들였다. 전격전 계획은 실패로 돌아갔다. 이로써 4년에 걸쳐 진행되는 참호에서의 소모전이 시작되었다.

기호 보기

▫▫▫ 1914년 9월 독일군의 최대 진격 지점

▫▫▫ 1914~1915년 겨울의 전선

☐ 연합국

☐ 동맹국

☐ 중립국

☐ 동맹국에 점령된 연합국과 중립국의 영토

슐리펜 계획

제1차 세계대전이 시작될 때 독일의 계획은 먼저 프랑스에 결정적인 승리를 거둔 뒤 동부 전선의 러시아 위협에 대처하는 것이었다. 그러려면 독일군은 중립국인 벨기에를 통과해 프랑스군 측면을 포위해야 했다. 하지만 이것은 조약 의무를 위반하는 것이었기에 영국의 참전을 불러왔다.

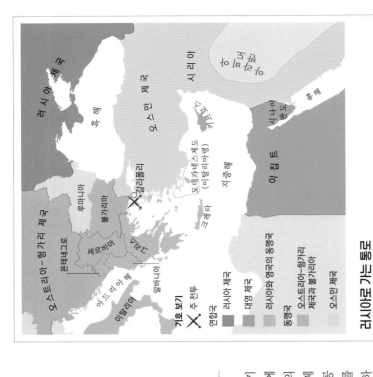

기호 보기
✕ 주요 전투

연합국
러시아 제국
대영 제국
러시아와 대영 제국의 동맹국

동맹국
오스트리아-헝가리 제국과 불가리아
오스만 제국

러시아로 가는 통로

오스만 제국의 서쪽 끝에 있는 갈리폴리반도는 지중해와 흑해(그리고 러시아)를 연결하는 다르다넬스 해협 통과를 통제할 수 있는 곳이었다.

갈리폴리 전투

갈리폴리 작전은 제1차 세계대전에서 연합군에게 가장 큰 좌절감을 안겨 준 드라마틱 많은 전투였다. 이 전투는 연합군이 교착된 서부 전선을 우회하기 위해 독일의 동맹 오스만 제국을 공격하면서 시작되었다.

1914년 말, 제1차 세계대전의 주 무대였던 서부 전선이 참호전이라는 수렁에 빠져서 영국의 해군장관 윈스턴 처칠을 비롯한 연합군 군사 지도자들은 다른 곳에서 돌파구를 찾기 시작했다. 영국과 프랑스에서 연합국 러시아로 물자를 수송할 가장 좋은 보급로는 다르다넬스 해협을 통과해 흑해로 가는 길이었지만, 10월 말에 오스만 제국이 동맹국으로 참전하면서 이 길이 차단되었다. 연합국 지휘관들은 다시 아를 지원하기 위해 오스만 제국에서 빠져나가게 할 생각이었다. 처음에 연합군은 오스만 제국을 전장에서 빠져나가기 위해 이스탄불을 공격하는 해상 공격을 시도했다. 이 공격이 실패하자 서부 해안의 갈리폴리반도를 점령하기 위해 군대를 파견했다. 연합군은 반도 남단과 그보다 15km 북쪽에 교두보를 확보했다. 호주군과 뉴질랜드군(엔작군)은 북쪽 교두보의 엔작만이라는 이름을 붙인 구역으로 파견되었다. 하지만 오스만 제국군은 예상보다 거세게 저항해 보루 돌파를 시도하는 연합군의 공격을 물리쳤다. 4개월 뒤 연합군은 수블라만에서 두 번째 대공세를 더 펼쳐 교착 상태에 빠진 전황을 타개해 보려고 했지만 그마저도 실패하고, 그해 말에 연합군 지휘관들은 철수 명령을 내릴 수밖에 없었다.

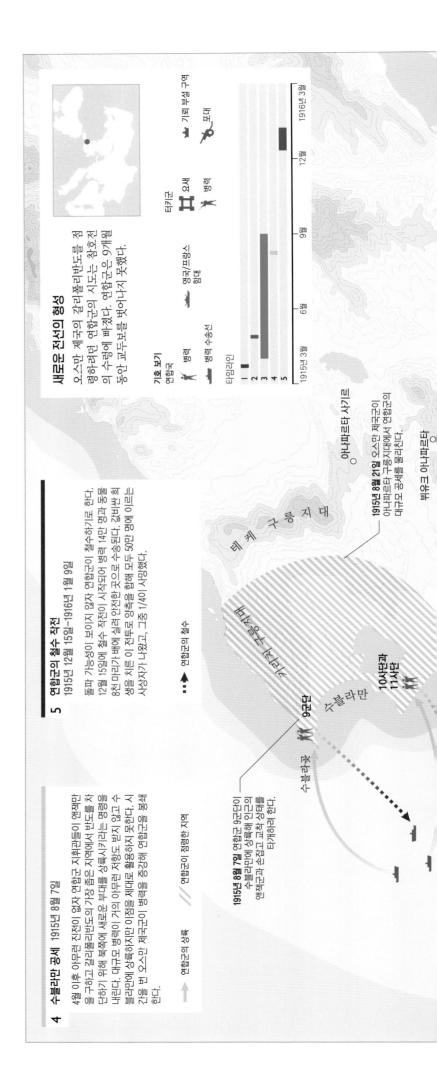

새로운 전선의 형성

오스만 제국의 갈리폴리반도를 점령하려던 연합군의 시도는 참호전의 수렁에 빠졌다. 연합군은 9개월 동안 교두보를 벗어나지 못했다.

기호 보기

연합국
🏹 병력
⛵ 병력 수송선
⚓ 타임라인

동맹국
🏹 병력
🏰 요새
⚔ 병력
⚔ 기동 부대 구역
💥 포대
타임라인

1915년 3월 — 1916년 3월 (타임라인 1–5)

---

4 수블라만 공세 1915년 8월 7일

4월 이후 이루어진 전쟁이 앞서 연합군 지휘관들이 앤잭만을 구하려고 갈리폴리반도의 가장 좁은 지역에서 반도를 차단하기 위해 북쪽에 새로운 부대를 상륙시키라는 명령을 내린다. 대규모 병력 거의 이루던 전쟁도 받지 않고 수블라만에 상륙하지만 이점을 제대로 활용하지 못한다. 시간을 번 오스만 제국이 병력을 증강해 연합군을 봉쇄한다.

↑ 연합군의 상륙
╱╱ 연합군이 점령한 지역

1915년 8월 7일 연합군 9군단이 수블라만에 상륙해 인근의 엔잭군과 손잡고 교착 상태를 타개하려 한다.

---

5 연합군의 철수 작전
1915년 12월 15일–1916년 1월 9일

동파 기둥성이 보이지 않자 연합군이 철수하기로 한다. 12월 15일에 철수 작전이 시작되어 병력 14만 명과 동물 8천 마리가 배에 실려 안전한 곳으로 수송된다. 갑대선 히 생을 치른 이 전투로 양측을 합해 모두 50만 명에 이르는 사상자가 나왔고, 그중 1/40이 사망했다.

⇢ 연합군의 철수

1915년 8월 21일 오스만 제국군이 아나파르타 구릉지대에서 연합군의 대규모 공세를 물리친다.

아나파르타 시가든

부유크 아나파르타

메게 구릉지대

수블라만

수블라곶

9군단

10사단과
11사단

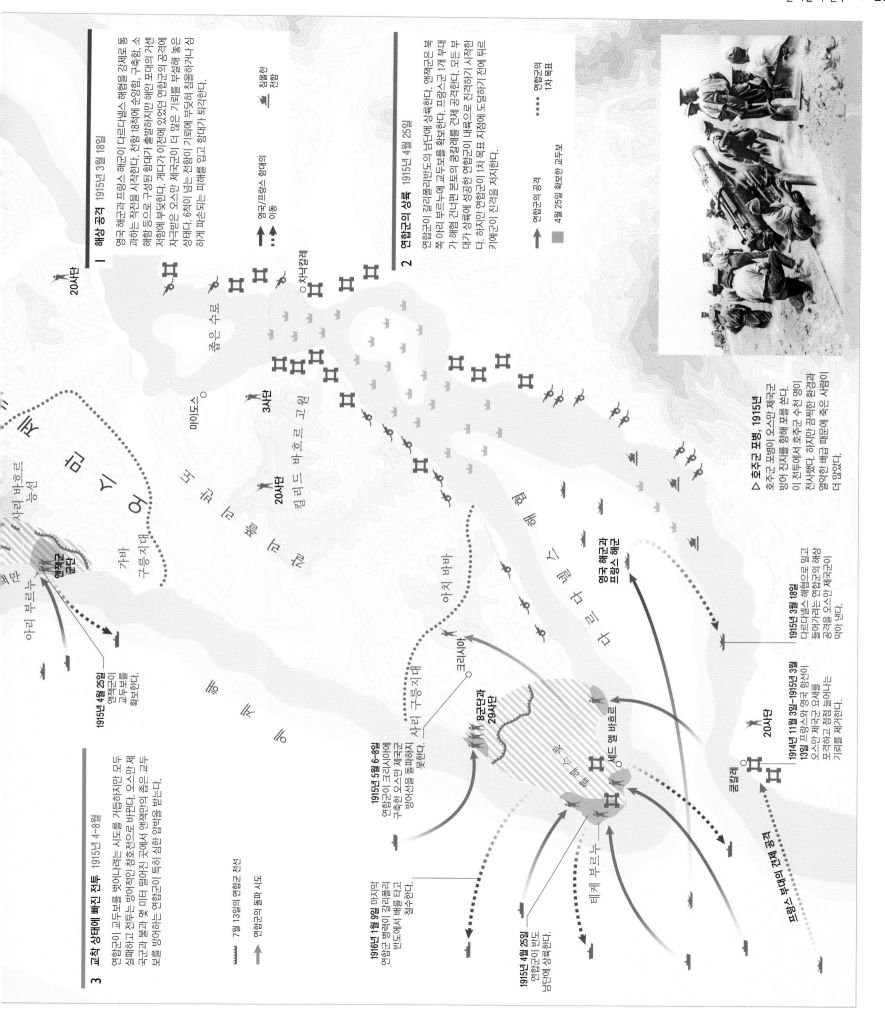

1 해상 공격 1915년 3월 18일

영국 해군과 프랑스 해군이 다르다넬스 해협을 강제로 통과하는 작전을 시작한다. 전함 18척에 순양함, 구축함, 소해함 등으로 구성된 함대가 출발하지만 해안 포대의 가세한 저항에 부딪힌다. 게다가 이전에 있었던 연합군의 공격에 자극받은 오스만 제국군이 더 많은 기뢰를 부설해 놓은 상태다. 6척이 넘는 전함이 기뢰에 부딪혀 침몰하거나 심하게 파손되는 피해를 입고 함대가 퇴각한다.

→ 영국/프랑스 함대의 이동

⚓ 침몰한 전함

2 연합군의 상륙 1915년 4월 25일

연합군이 갈리폴리반도의 남단에 상륙한다. 앤잭군은 북쪽 아리 부르누에 교두보를 확보한다. 프랑스군 1개 부대가 해협 건너편 본토의 쿰칼레를 전제 공격한다. 모든 부대가 상륙에 성공한 연합군이 내륙으로 진격하기 시작한다. 하지만 연합군이 1차 목표 지점에 도달하기 전에 튀르크 제국군이 진격을 저지한다.

→ 연합군의 공격

■ 4월 25일 확보한 교두보

△ 호주군 포병, 1915년

호주군 포병이 오스만 제국군 방어 진지를 향해 포를 쏘고 있다. 이 전투에서 호주군 수천 명이 전사했다. 하지만 끔찍한 환경과 열악한 배급 때문에 죽은 사람은 더 많았다.

1915년 3월 18일
다르다넬스 해협으로 밀고 들어가려는 연합군의 해상 공격을 오스만 제국군이 막아 낸다.

1914년 11월 3일~1915년 3월 13일 프랑스와 영국 함선이 오스만 제국 요새를 포격하고 점령 능이라는 기뢰를 제거한다.

3 교착 상태에 빠진 전투 1915년 4월~8월

연합군이 교두보를 벗어나려는 시도를 거듭하지만 모두 실패하고 전투는 방어적인 참호전으로 바뀐다. 오스만 제국군 부대 몇 곳 맞은 딸어진 곳에서 앤잭군의 좁은 교두보를 방어하는 연합군이 특히 심한 압박을 받는다.

┈┈ 7월 13일의 연합군 전선

→ 연합군의 돌파 시도

1916년 1월 9일 마지막 연합군 병력이 갈리폴리반도에서 배를 타고 철수한다.

1915년 4월 25일 연합군이 반도 남단에 상륙한다.

1915년 5월 6~8일 연합군이 크라시아에 구축한 오스만 제국군 방어선을 돌파하지 못한다.

1915년 4월 25일 앤잭군이 교두보를 확보한다.

베르됭 전투

1915년 말에 서부 전선이 교착 상태에 빠지자
독일의 전략가들은 프랑스가 평화 조약 체결을 요청할 정도로
프랑스군을 많이 살상할 수 있는 전장을 찾기 시작했다.
1916년 초, 독일군은 자신들이 찾아낸 전장인 요새 도시
베르됭을 향해 공격을 개시했다.

베르됭 전투는 제1차 세계대전에서 가장 긴 전투이자 가장 사상자가 많았던 전투였다. 독일군 참모총장 에리히 폰 팔켄하인은 베르됭이 노출된 지형의 돌출부에 있는 데다 진입로가 일반 도로 하나와 협궤 철도 하나밖에 없다는 점 때문에 이곳을 선택했다. 하지만 베르됭은 1천 년이 넘는 역사를 가진 프랑스 동부 지방 최고의 요새라는 사실도 그에 못지않게 중요했다.

베르됭은 작은 요새 28개에 이중으로 둘러싸인 난공불락의 도시였다. 독일 전략가들은 베르됭 점령보다 프랑스군을 베르됭으로 끌어들이는 데 더 신경을 썼다. 프랑스군이 베르됭을 방어하고, 특히 빼앗긴 진지를 되찾기 위해 반격할 때 집중 포격을 가해 피해를 줄 생각이었다. 팔켄하인이 예상한 대로 프랑스군은 어떤 대가를 치르더라도 베르됭을 사수하려고 했다. 프랑스군은 북쪽에서 공격하는 독일군을 막기 위해 참호에 병력을 쏟아붓다시피 했다. 프랑스군의 저항은 예상외로 완강해 극도로 몰리는 상황이 아니면 조금도 물러나지 않았고 놀랍게도 반격에 성공했다. 그리하여 1916년 내내 죽음의 교착 상태가 지속되었다. 1916년 12월, 어느 쪽도 추가 영토를 확보하지 못한 채 전투가 끝났다. 양측은 각각 35만 명에 이르는 사상자를 냈다.

> **"이 대학살의 현장은 보지 않고서 절대 상상할 수 없을 것이다."**
>
> 어느 프랑스군 병사의 편지에서, 1916년 7월

제1차 세계대전의 참전 동물

제1차 세계대전에는 1,600만 마리가 넘는 동물이 참전해 기병, 수송병, 통신병의 역할뿐만 아니라 사기를 높이는 마스코트 역할도 수행했다. 말, 당나귀, 노새, 낙타는 보급품과 탄약을 전방으로 운반했고, 개와 비둘기는 편지를 전달됐다. 전서구는 베르됭 전투에서 중요한 역할을 했다. 1916년 6월에 보 요새에 갇힌 프랑스군은 전서구를 이용해 지원 요청을 했다.

방독면을 쓴 독일군 병사와 당나귀의 모습이다.

2 시체 언덕 3월 1일–6월 7일

페탱이 모든 가용 대포를 전장에 투입하라는 명령을 내린다. 그리고 베르됭의 유일한 진입로인 라 부아 사크레를 두 배로 넓혀 보급로를 확장한다. 뫼즈강 동안에 발이 묶인 독일군이 공세의 방향을 전환해 뫼즈강 서안을 공략하며 르 모르 옴므 언덕(시체 언덕)을 차지하려는 치열한 전투가 벌어진다.

✕ 전투　　　── 3월 8일 독일군의 전선

1 프랑스군 고갈 작전 1916년 2월 21–29일

10시간에 걸쳐 프랑스군 진지에 100만 발이 넘는 포탄을 퍼부으며 전투가 시작된다. 포격이 끝나자 독일군 보병이 베르됭에서 8km 떨어진 곳까지 진격한다. 2월 25일에 두오몽 요새가 함락되자 프랑스군은 전선을 사수하라는 명령과 함께 필리프 페탱 장군을 사령관으로 임명한다.

── 1916년 2월 21일, 공세 시작 전 독일군의 전선
➡ 독일군의 진격
⚜ 점령된 두오몽 요새

뫼즈강
셉차르지
몽포콩
4예비군단
모쿠르
3 0
아보쿠르
29
10사단

독일군의 베르됭 공격

1916년 2월 21일, 독일군은 제1차 세계대전에서 가장 피비린내 나는 전투를 개시했다. 초기에 어느 정도 성과를 거둔 독일군은 곧 프랑스군의 거센 저항에 직면했고 싸움은 1년 내내 지속되었다.

기호 보기

▫▫▫ 철로
🚶 독일군 병력
　　　프랑스군
⛫ 요새
🚶 병력

타임라인

1　2　3　4　5

1916년 1월　　4월　　7월　　10월　　1917년 1월

3 '절대 통과시키지 않는다' 6월 23일

6월 23일에 독일군이 포스겐 가스 대포로 공격 준비 사격을 한 뒤 돌파를 시도한다. 프랑스군이 '절대 통과시키지 않는다'라는 구호를 내건 로베르 니벨 장군의 지휘 아래 진지를 사수한다. 독일군이 이 전투에서 가장 먼 곳까지 진격하지만 프랑스군의 저항에 부딪혀 더 이상 나가지 못한다.

4 반격 7~11월

양군의 병력 일부가 솜강으로 재배치되면서 전투는 낮은 수준에서 늦여름까지 지속된다. 10월 21일에 프랑스군이 반격을 개시한다. 프랑스군이 빼앗겼던 두오몽 요새와 보 요새를 되찾는 데 성공한다. 2주 뒤 프랑스군이 탄약 부족으로 진격을 멈춘다.

5 전투 종료 12월 15~17일

다음 달 프랑스군이 요새 북서쪽으로 공격을 재개해 이전에 빼앗겼던 땅을 되찾으며 독일군 전선을 2km 후방으로 밀어낸다. 루브몽 전투로 알려진 이 싸움을 끝으로 베르됭 전투가 종결된다. 전체적으로 보았을 때 독일군은 프랑스군을 고갈시키기 위해 비슷한 규모의 병력 손실을 입고 얼마 되지 않는 영토를 확보한다.

→ 독일군의 돌파 시도

☠ 포스겐 가스 공격

⇨ 프랑스군의 공격

■ 10월 24일, 프랑스군이 탈환한 땅

✕ 전투

■ 12월 15일, 프랑스군이 탈환한 땅

7군단

1 예비군 군단

18군단

콩상부아

플라바

빌

아잔

12월 15-17일 프랑스군이 2km 더 진격한 뒤 전투를 끝낸다.

그레미유

3군단

브라방

72사단

보몽

2월 25일 두오몽 요새가 독일군에 함락된다.
10월 24일 프랑스군이 두오몽 요새를 탈환한다.

15군단

67사단

295 고지 르 모르 옴므

베종보

말랑쿠르

모르지물랭

샹누빌

루브몽

두오몽

51사단

에탕

3월 6일 독일군이 르 모르 옴므 언덕을 목표로 뫼즈강 서안을 공격한다.

샤르니

두오몽 요새

6월 7일 보 요새가 독일군에 함락된다.
11월 2일 프랑스군이 보 요새를 탈환한다.

보

당루

6월 23일 독일군이 독가스 공격을 한 뒤 돌파를 시도한다.

플뢰리

보 요새

에르메빌

수빌 요새

엑스

모랑빌

프로메레빌

베르됭

물랑빌

시브리

레그레

벨뤼

샤티용

2군단

오뎅빌

뒤니

랑드리쿠르

렘

프렌

▷ 베르됭을 방어하는 프랑스군
유탄 발사기를 쏠 준비를 하고 있는 프랑스군 병사의 모습이 담긴 1916년의 그림엽서다.

샹플롱

에르뵈빌

수이

뫼즈강

화학전

1915년 4월 22일, 독일군은 벨기에의 이프르에서
최초로 연합군 참호에 염소가스를 살포했다.
처음에는 공황을 일으켰고 뒤이은 공격으로
병사 수백 명이 죽거나 폐인이 되었다.

독일군이 이프르 전투에서 결정적 우위를 차지하지는 못했지만, 다른 나라들은 참호전의 교착 상태를 깰 수 있으리라는 희망으로 화학 무기를 개발하기 시작했다. 당시 새로 나온 가스 무기는 염소나 포스겐 같은 질식 작용제였다. 처음에는 실린더를 이용해 독가스를 살포했는데 이렇게 하려면 풍향이 맞아야 했다. 그러다 나중에는 대포로 가스탄을 발사했다. 박격포나 가스 방사기도 사용되었다. 1917년에는 며칠 동안 잔류하며 노출된 피부를 손상하는 지속성 수포 작용제 디클로로디에틸 설파이드(겨자 가스)가 나와 공포를 더했다.

△ **색깔로 구분한 가스탄**
독일군은 구토 작용제가 든 파란색 포탄을 사용해 방독면을 벗게 만든 뒤 초록색 포탄에 든 폐 작용제에 노출되도록 했다.

　제1차 세계대전에서 독가스 공격은 기대했던 돌파구를 가져다주지 못했다. 방독면과 보호의가 도입되어 병사의 이동 속도가 떨어지기는 했지만 독가스 대응에는 효과적이었다. 화학무기는 무방비 상태의 적군을 상대할 때 가장 큰 효과를 발휘했다. 독가스는 강력한 심리적 무기였을 뿐 아니라 노출된 적에게 사망이나 장기간의 손상을 입힐 수 있었다.

　화학전은 1918년에 끝나지 않았다. 프랑스와 이탈리아, 그리고 아마 영국과 스페인도 식민지 전쟁에서 화학무기를 사용했다. 독성이 더 강한 신경 작용제를 포함한 화학무기는 1925년에 사용이 금지되었지만, 1930년대에도 에티오피아와 중국에서 사용되었을 뿐 아니라 최근에는 1980년대의 이란-이라크 전쟁과 현재 진행 중인 시리아 내전에서도 사용되었다.

△ **제1차 세계대전의 겨자 가스 희생자**
겨자 가스로 일시적으로 눈이 먼 연합군 병사를 묘사한 미국 작가 싱어 사전트의 작품이다. 겨자 가스는 매우 치명적이지는 않았지만 다른 모든 화학 작용제를 합한 것보다 더 많은 사상자를 냈다.

참호 내 독가스 공격
제1차 세계대전 당시 초기형 방독면을 쓴 러시아 병사들의 모습이 담긴 사진이다. 독가스 공격의 1차 징후가 보이면 경보음이 울리고 병사들은 서둘러 방독면을 착용했다.

유틀란트 해전

제1차 세계대전에서 가장 큰 규모의 해전으로
이때 사상 최초로 드레드노트급 전함이 충돌했다.
비록 독일 함대보다 입은 손실이 더 컸지만
영국은 이 전투로 북해 항로를 장악했다.

제1차 세계대전을 앞두고 영국과 독일은 치열한 해군 군비 경쟁을 벌였다. 따라서 대구경 함포를 장착한 증기 동력 전함인 드레드노트(206-207쪽 참조) 간의 충돌은 널리 예상되던 일이었다. 하지만 양쪽 모두 전함을 기뢰나 잠수함의 위험에 노출시키고 싶지 않았기 때문에 충돌 기회가 일찍 오지는 않았다. 드디어 1916년, 덴마크의 유틀란트 앞바다에서 두 함대가 맞붙었다.

이 전투에서 전함이 중요한 역할을 했지만 대부분의 싸움은 영국의 비티 제독과 독일의 프란츠 폰 히퍼 제독이 이끈 순양함이나 구축함 등 전함보다 작은 배로 이루어졌다. 영국의 젤리코 제독과 독일의 라인하르트 셰어 제독이 지휘한 주 함대 간의 충돌은 고작 두 차례 일어났고, 그것도 15분간의 짧은 함포 사격으로 끝났다.

이 전투를 통해 영국 함선은 구조와 무장에 약점이 있다는 사실이 드러났다. 영국은 함선 14척을 잃고 독일은 11척을 잃어 영국의 피해가 더 컸다. 마찬가지로 영국의 대함대는 수병 6,094명을 잃었고 독일의 대양함대는 2,551명을 잃었다. 이 수치를 근거로 독일군은 승리를 주장했다. 하지만 영국은 드레드노트 함대의 규모 덕분에 전략적 우위를 계속 유지했고 독일 함대는 다시는 대규모 출격의 위험을 감수하려고 들지 않았다.

> "오늘 우리 빌어먹을 배에 뭔가 문제가 있는 것 같군."
>
> 영국 군함 퀸 메리를 잃고 데이비드 비티 제독이 한 말

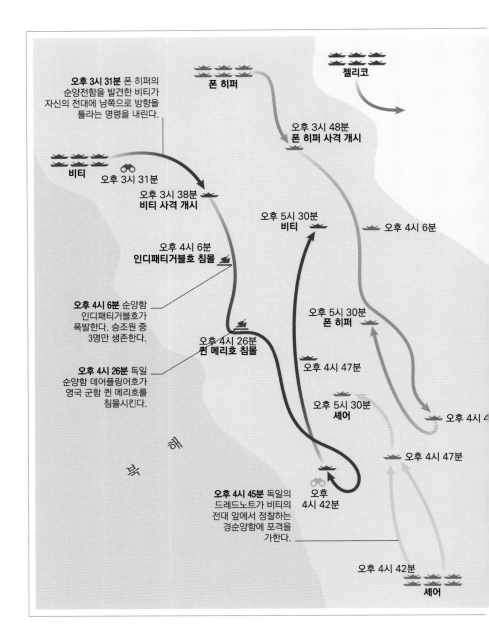

북해를 차지하기 위한 싸움

제1차 세계대전이 일어나기 수십 년 전부터 영국과 독일은 북해 제해권을 차지하기 위해 군비 경쟁을 벌여 여러 척의 드레드노트급 전함을 건조했다. 유틀란트 해전은 그 결과를 시험하는 무대였다.

기호 보기

독일군
🚢 함대 　 ⟹ 폰 히퍼 　 ➡ 독일 연합 함대
🛥 침몰한 배 　 ➡ 셰어

영국군
🚢 함대 　 ➡ 비티
🛥 침몰한 배 　 ➡ 젤리코

타임라인

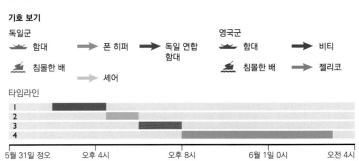

5월 31일 정오　　오후 4시　　오후 8시　　6월 1일 0시　　오전 4시

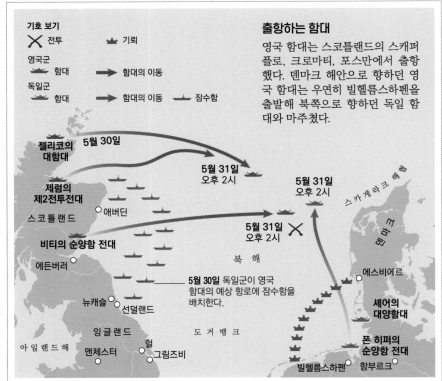

기호 보기
✕ 전투 　 🔱 기뢰
영국군
🚢 함대 　 ➡ 함대의 이동
독일군
🚢 함대 　 ➡ 함대의 이동 　 ⚓ 잠수함

출항하는 함대

영국 함대는 스코틀랜드의 스캐퍼플로, 크로마티, 포스만에서 출항했다. 덴마크 해안으로 향하던 영국 함대는 우연히 빌헬름스하펜을 출발해 북쪽으로 향하던 독일 함대와 마주쳤다.

1차 교전

주력 함대의 앞에서 정찰을 하던 영국 순양함 전대와 독일 순양함 전대가 덴마크 해안 앞바다에서 마주쳤다. 두 전대는 남쪽으로 나란히 내려가며 계속해서 전투를 벌였다.

1 조우 1916년 5월 31일 오후 2시-4시 30분

양 전대 소속의 함선이 중립국 덴마크의 배를 조사하러 가다 우연히 마주친다. 서로의 존재를 알아차린 양쪽 순양함 전대가 전열을 갖춘다. 영국 전대가 독일 전대를 따라 남쪽으로 내려가며 장거리 함포 사격전을 벌인다. 영국 군함 인디패티거블호와 퀸 메리호가 탄약고에 포탄을 맞고 폭발한다.

👓 서로를 발견한 전대

2 충돌 침로 오후 4시 30분-6시

폰 히퍼가 계속 남쪽으로 내려가며 비티를 독일군 주력 함대 쪽으로 유인한다. 비티가 독일군 주력 함대를 발견하고 유턴해 북쪽으로 향하며, 독일군 순양함이 자신의 전대를 쫓아 젤리코 제독 휘하의 영국 대함대 쪽으로 오도록 유도한다. 독일군이 미끼를 물고 비티를 뒤쫓는다.

👓 독일 함대를 발견한 비티

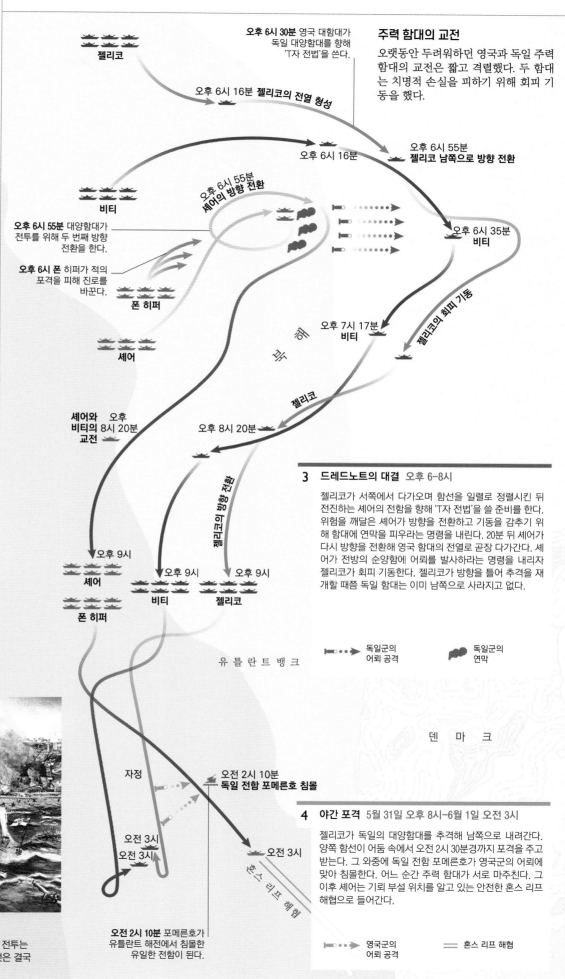

주력 함대의 교전

오랫동안 두려워하던 영국과 독일 주력 함대의 교전은 짧고 격렬했다. 두 함대는 치명적 손실을 피하기 위해 회피 기동을 했다.

오후 6시 30분 영국 대함대가 독일 대양함대를 향해 'T자 전법'을 쓴다.

젤리코

오후 6시 16분 **젤리코의 전열 형성**

오후 6시 16분

오후 6시 55분 **젤리코 남쪽으로 방향 전환**

비티

오후 6시 55분 **셰어의 방향 전환**

오후 6시 55분 대양함대가 전투를 위해 두 번째 방향 전환을 한다.

오후 6시 폰 히퍼가 적의 포격을 피해 진로를 바꾼다.

폰 히퍼

오후 6시 35분 비티

젤리코의 회피 기동

오후 7시 17분 비티

젤리코의 회피 기동

셰어

젤리코

셰어와 오후 비티의 8시 20분 교전

오후 8시 20분

젤리코의 방향 전환

3 드레드노트의 대결 오후 6-8시

젤리코가 서쪽에서 다가오며 함선을 일렬로 정렬시킨 뒤 전진하는 셰어의 전함을 향해 'T자 전법'을 쓸 준비를 한다. 위험을 깨달은 셰어가 방향을 전환하고 기동을 감추기 위해 함대에 연막을 피우라는 명령을 내린다. 20분 뒤 셰어가 다시 방향을 전환해 영국 함대의 전열로 곧장 다가간다. 셰어가 전방의 순양함에 어뢰를 발사하라는 명령을 내리자 젤리코가 회피 기동한다. 젤리코가 방향을 틀어 추격을 재개할 때쯤 독일 함대는 이미 남쪽으로 사라지고 없다.

오후 9시 셰어

폰 히퍼

오후 9시 비티

오후 9시 젤리코

▶•••▶ 독일군의 어뢰 공격   🌫 독일군의 연막

유틀란트 뱅크

덴 마 크

자정

오전 2시 10분 **독일 전함 포메른호 침몰**

오전 3시

오전 3시

오전 3시

4 야간 포격 5월 31일 오후 8시-6월 1일 오전 3시

젤리코가 독일의 대양함대를 추격해 남쪽으로 내려간다. 양쪽 함선이 어둠 속에서 오전 2시 30분경까지 포격을 주고받는다. 그 와중에 독일 전함 포메른호가 영국군의 어뢰에 맞아 침몰한다. 어느 순간 주력 함대가 서로 마주친다. 그 이후 셰어는 기뢰 부설 위치를 알고 있는 안전한 혼스 리프 해협으로 들어간다.

▶•••▶ 영국군의 어뢰 공격   ═ 혼스 리프 해협

혼스 리프 해협

오전 2시 10분 포메른호가 유틀란트 해전에서 침몰한 유일한 전함이 된다.

△ **영국 해군의 우세**
유틀란트 해전에서 불붙은 독일 함선을 묘사한 그림이다. 결정적인 전투는 아니었지만 이 전투로 영국 해군은 북해에서의 우위를 굳혔고, 이것은 결국 1918년에 독일이 패배하는 데 일조했다.

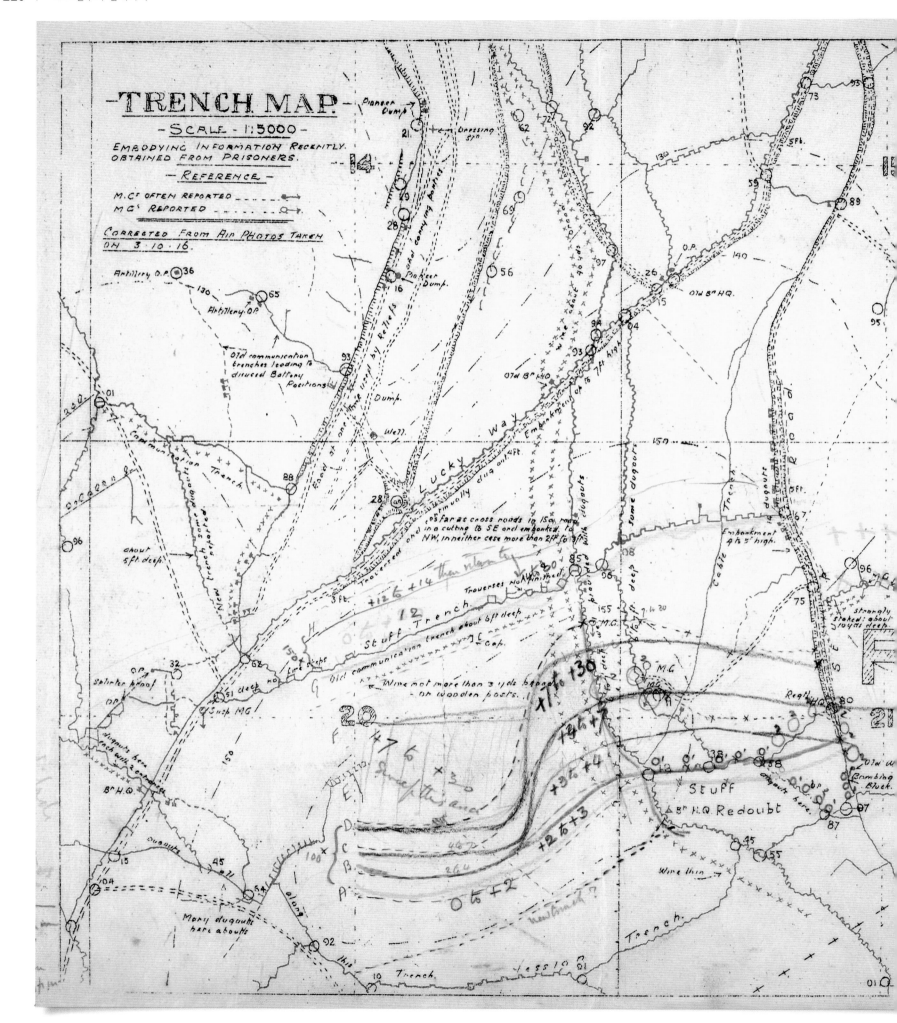

전투를 목격한 증인
1916년에 제작된 참호 지도로 고착된 전투에서 작은 전술적 결정이 얼마나 큰 역할을 했는지 상세하게 보여 준다. 독일군 포로에게서 입수한 정보가 반영된 이 지도는 전투가 진행되는 동안 항공사진을 이용해 계속 업데이트되었다.

솜 전투

1916년 여름, 연합군은 서부 전선의 돌파구를 마련하고
독일군의 사기를 꺾기 위해 솜강 유역에서 공세를 펼치기 시작했다.
몇 달에 걸친 이 전투에서 대학살이 벌어졌지만 점령한 땅은 얼마 되지 않았다.
이 전투는 제1차 세계대전에서 전쟁의 무의미함을 상징하는 전투가 되었다.

연합군은 당초 러시아와 이탈리아 전선에서 독일군을 압박하고 그와 동시에 영국군과 프랑스군이 합동으로 솜강 유역을 공격할 계획이었다. 하지만 독일군이 베르됭으로 진격하며 프랑스군이 압박을 받자(214-215쪽 참조) 그 압박을 완화하기 위해 1916년 7월에 영국군 주도로 공격을 개시했다.

주로 지원병으로 구성된 영국 원정군(BEF) 사령관 더글러스 헤이그는 사전에 오랫동안 대규모 포격을 가해 독일군 전선을 뚫고 들어갈 길을 만들 생각이었다. 이렇게 생긴 틈으로 파고들 기갑부대까지 소집했지만 현실은 달랐다. 공격 전 일주일 동안 퍼부은 포탄 150만 발 중 2/3는 고폭탄이 아니라 유산탄이어서 콘크리트 벙커 깊숙이 숨어 있던 적군에게 큰 피해를 주지 못했고 미숙련 노동자가 만든 불발탄도 많았다. 4개월이 넘는 기간 솜 계곡의 진흙밭은 살육의 땅이 되어 전사자 30만 명을 포함해 100만 명 이상의 사상자를 냈다. 이 끔찍한 피해의 거의 절반은

지도 설명

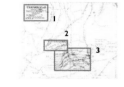

1. 독일군 기관총 위치를 보여 주는 기호('MG'로 표시)가 보인다. 화살표는 사격 방향이다.

2. 전투 중 바뀐 상황을 연필로 지도에 표시했다.

3. 독일군 참호가 빨간색으로 표시되어 있다. 손으로 그린 선 아래 숫자는 보병 공격을 지원했을 집중 포격 타이밍을 나타낸 것이다.

독일군 몫이었지만, 이 공세를 통해 연합군이 얻은 영토는 고착 전쟁으로 황폐화된 땅 12km였다. 전투는 11월 중순에 끝났지만 프랑스 북부의 교착 상태는 그대로 남아 있었다.

> "솜 전투의 결과로 적의 항전력을 꺾을 수 있다는 우리의 능력에 자신감을 가져도 된다는 사실이 입증되었다."
>
> 더글러스 헤이그 장군, 1916년

잔혹한 전선

7월 1일, 연합군 병사들에게 '참호를 넘어' 진격하라는 명령이 떨어졌다. 수천 명이 기관총 사격을 받고 쓰러지는 동안 남쪽에서만 의미 있는 진격이 이루어졌다. BEF가 약 6만 명의 사상자를 낸 이날은 영국군 역사상 인명 피해가 가장 컸던 날로 기록되었다. 남쪽의 프랑스군은 플로쿠르 고원을 넘었지만 페론까지 가지 못하고 저지당했다. 9월 중순까지는 호주군이 포지에르를 점령하는 등 몇 차례 공격이 성공하는 데 그쳤다. 이후 전선이 확대되었고, 겨울이 되어 전투가 끝날 때까지 연합군은 큰 대가를 치르며 얼마 되지 않는 땅을 빼앗았다.

기호 보기

▐◥ 영국군	▐◤ 프랑스군
➡ 영국군의 공격	➡ 프랑스군의 공격
── 1916년 7월 1일 전선	┈┈ 1916년 11월 18일 전선
▐◥ 독일군	

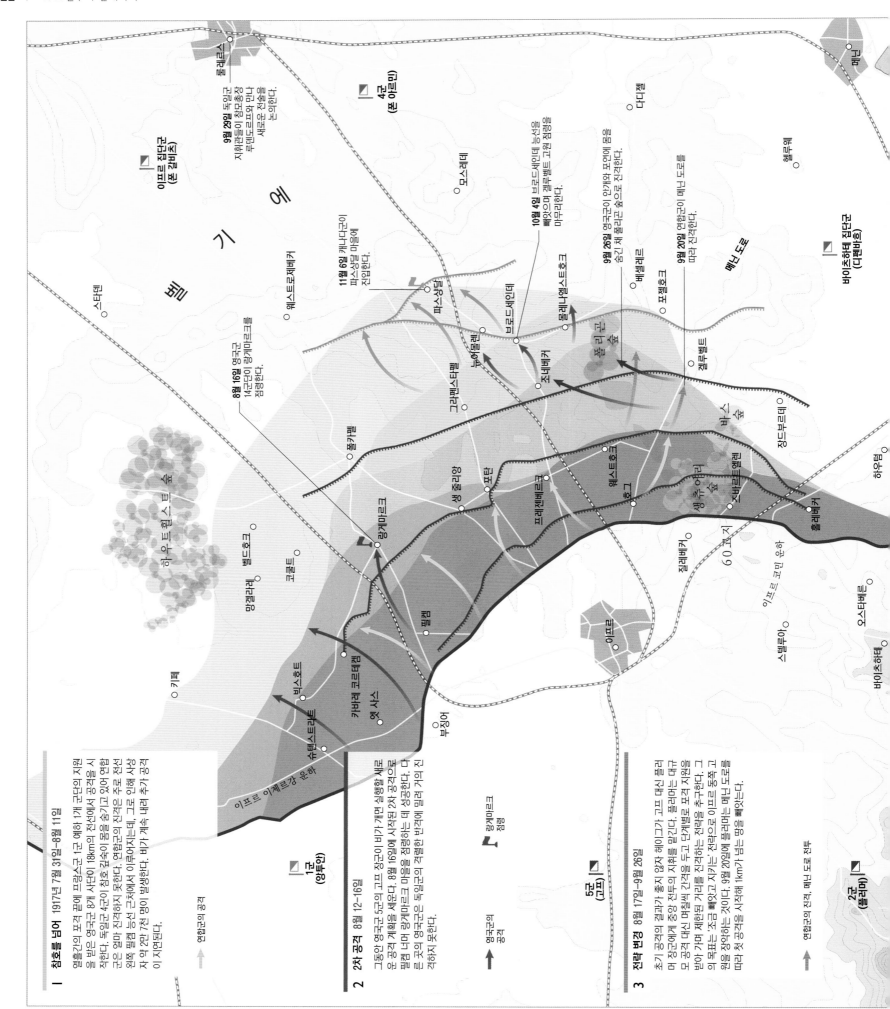

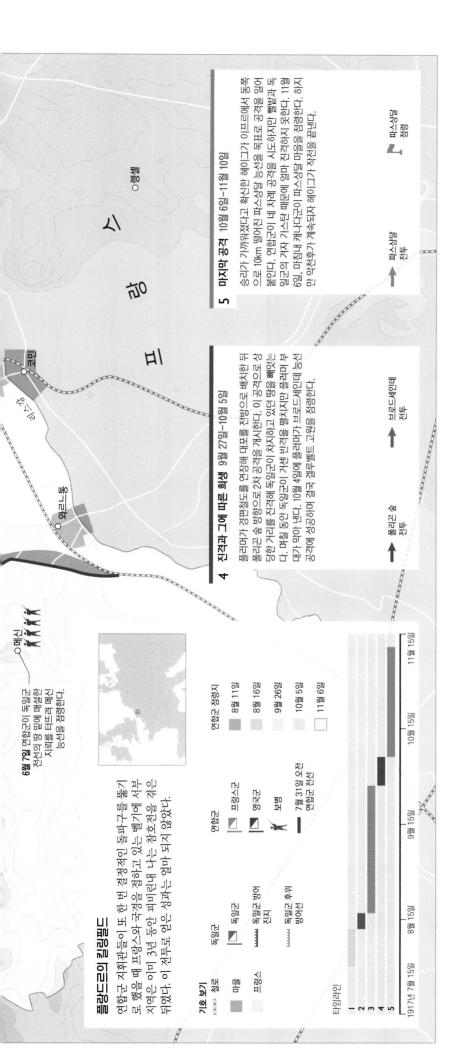

플랑드르의 킬링필드

연합군 지휘관들이 또 한 번 결정적인 돌파구를 뚫기로 했을 때 프랑스와 국경을 접하고 있는 벨기에 서부 지역은 이미 3년 동안 피바다인 나는 참호전을 쉽게 뒤ệ다. 이 전투로 얻은 성과는 얼마 되지 않았다.

5 마지막 공격 10월 6일~11월 10일

승리가 가까워졌다고 확신한 헤이그가 이프르에서 동쪽으로 10km 떨어진 파스샹달 능선을 목표로 공격을 일이 붙인다. 연합군이 네 차례 공격을 시도하지만 빨벌마 두 입군의 거자 가스탄 때문에 얼마 진격하지 못한다. 11월 6일, 마침내 캐나다군이 파스샹달 마을을 점령한다. 하지만 악천후가 계속되자 헤이그가 작전을 끝낸다.

4 진격과 그에 따른 희생 9월 27일~10월 5일

플러머가 경변철도를 연재해 대포를 전방으로 배치한 뒤 폴리곤 숲 방향으로 2차 공격을 개시한다. 이 공격으로 상 당한 거리를 전재해 독일군이 차지하고 있던 땅을 빼앗았다. 며칠 동안 독일군이 거센 반격을 펼치지만 폴리헤 부 대가 막아 낸다. 10월 4일에 폴리라가 브로드세이데 능선 공격에 성공하며 경구 결루벨트 고원을 점령한다.

기호 보기

기호		기호	
철로		독일군	
마을		독일군 방어 진지	
프랑스		독일군 후위 방어선	

연합군

| 프랑스군 | 영국군 | 보병 | 7월 31일 오전 연합군 전선 |

타임라인

	연합군 점령지
1	8월 11일
2	8월 16일
3	9월 26일
4	10월 5일
5	11월 6일
	11월 15일

1917년 7월 15일 · 8월 15일 · 9월 15일 · 10월 15일 · 11월 15일

6월 7일 연합군이 독일군 전선의 땅 밑에 매설한 지뢰를 터뜨려 메신 능선을 점령한다.

파스샹달 전투

목표 점령지 이름을 따서 파스샹달 전투로도 알려진 제3차 이프르 전투는
제1차 세계대전 기간에 서부 전선에서 벌어진 또 하나의 끔찍한 소모전이었다.
연합군은 3개월에 걸친 이 전투에서 엄청난 인명 피해를 입고도 얻은 것이 거의 없었다.

1917년 봄에 프랑스의 니벨 공세가 실패하고, 사기가 떨어진 데다 지친 프랑스 병사들이 항명하는 사건까지 일어나자 유사한 영국군의 공격 계획이 훨씬이 판 단인지에 대한 의구심이 생겼다. 데이비드 로이드 조지 수상은 회의적이었지만 영국군 사령관 더글러스 헤이그 원수는 얼마 공격 승인을 받아 냈다. 그의 계획 은 오랫동안 잭량전을 벌이던 벨기에 이프르 돌출부의 전술적 상황을 개선함과 동시에 프랑스군이 트라우마를 극복하는 동안 지속해서 독일군의 전력을 소모 하는 것이었다. 헤이그가 선택한 목표물은 독일군 집결지 역할을 하던 룰비르 스루헤(루렐라르트)의 철도 교차점으로, 이프르에서 동쪽으로 약 20km 떨어진 곳이 었다. 룰비르스 점령에 성공하면 연합군은 영국의 영국이 해상 수송로를 위협하는 U 보트의 전진 기지로 사용되던 벨기에 항구도 진격할 수 있을 터였다. 6월, 연합 군은 예비 공격을 통해 이프르 남쪽의 메신에 있는 능선을 점령하며 작전 성공 의 가능성을 높였다.

그런데 연합군은 주목표 달성에 실패했다. 폐아너 북부가 내린 베다 포격은 고통스러울 만큼 느리게 진행되었다. 게다가 지형이 평탄에 은엄한 공격도 시도 할 수 없었다. 3개월 동안 연합군이 진격한 거리는 불과 몇 킬로미터에 지나지 않았다. 그 대가는 엄청났다. 이 전투로 양쪽의 각각 25만 명에 이르는 사상자 가 발생했다.

> "싸우는 것은 고사하고 인간이 그런 수렁 속에
> 있을 수 있다는 것조차 상상할 수 없다."
>
> 어떤 연합군 조종사가 전장 위를 비행한 후에 한 말

△ 수렁에 빠진 전투
폭우가 쏟아져 전차를 비롯한 탈것 통행이 불가능한 곳이 많았다. 고지대를 차지하고 있던 독일군은 상대적으로 유리했다.

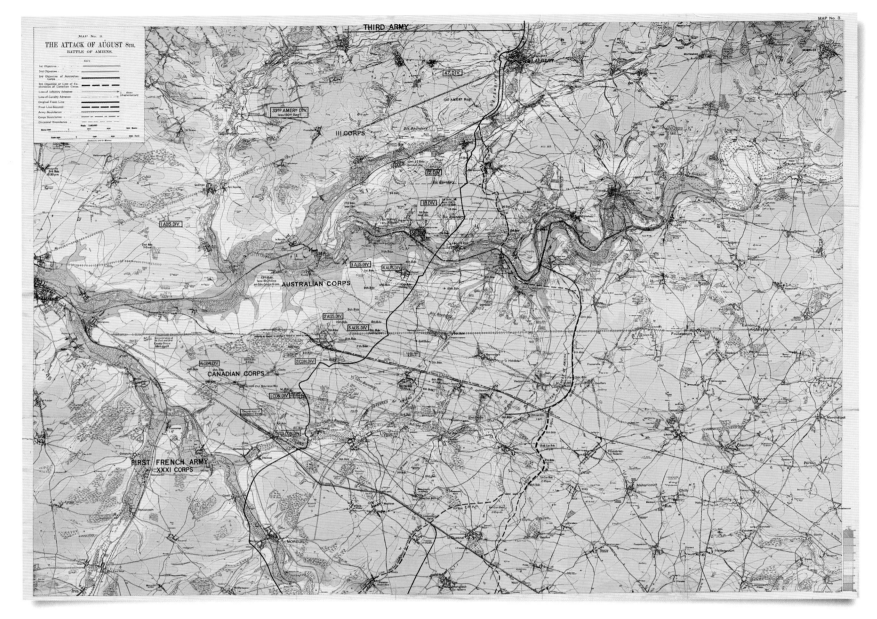

△ 전투 첫날
전쟁이 끝난 뒤 작성된 전장 지도로, 아미앵에서 동쪽으로 40km까지 뻗어 있다. 연합군이 전투 첫날 지나치게 길게 늘어선 독일군을 10km 이상 밀어내며 빼앗은 땅을 보여 준다.

아미앵 전투

1918년 8월, 연합군은 프랑스 북부의 아미앵 인근에서
독일군을 향해 대규모 공격을 감행했다. 이 전투를 시작으로 100일 동안 공세를 벌여
독일군의 사기를 꺾은 연합군은 3개월 뒤 제1차 세계대전을 끝냈다.

1918년 봄이 되자 전황은 독일에 유리하게 돌아가는 것처럼 보였다. 3월에 러시아가 전쟁에서 손을 떼면서 독일은 서부 전선에만 집중할 수 있었다. 독일군 참모총장 에리히 루덴도르프는 1917년에 연합군 편으로 참전한 미국이 대규모 병력을 유럽으로 파견하기 전에 결정적인 돌파에 성공해서 전쟁을 마무리 짓고 싶었다.

루덴도르프의 춘계 공세는 초반에는 상당한 성공을 거두었다. 생 캉탱에서는 영국군이 60km나 뒤로 밀려났고, 엔강에서는 프랑스군의 방어선이 무너져 마른강까지 돌파를 허용해 파리가 위험했다. 하지만 어느 쪽도 루덴도르프가 원하는 만큼 성과를 거두지는 못했다. 8월이 되자 연합군은 결정적인 일격을

가할 준비가 되었다. 연합군은 프랑스 북부에 있는 아미앵 동쪽 지역을 전장으로 택했다. 이곳에는 영국군, 호주군, 캐나다군의 남쪽 측면에 프랑스군 1군이 배치되어 있었다. 8월 8일 새벽, 전차를 앞세운 보병이 안개를 뚫고 기습 공격을 감행해 전선을 무너뜨리고 독일군을 패주시켰다. 나중에 루덴도르프가 '독일군 암흑의 날'이라고 부른 이날 독일군은 3만여 명이 죽거나 다치거나 포로로 붙잡혔다. 그 뒤로 독일군은 새로 전쟁에 투입된 미군 수십만 명에게 쫓겨 싸우며 퇴각하기를 반복했다. 8월 말이 되자 루덴도르프는 전쟁에서 독일군이 이길 가능성이 없다는 사실을 깨달았다.

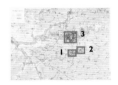

지도 설명

1. 호주군이 전투 첫날 오전 11시에 아르보니에르까지 진격하는 데 성공한다.

2. 영국군 장갑차가 정오 무렵 프라메르빌에 있는 독일군 11군단 본부를 점령한다.

3. 영국군이 솜강 북안의 쉬피이에서 격렬한 저항에 부딪힌다.

바르샤바 전투

레닌은 연합국의 러시아 내전 추가 개입을 막기 위해
붉은 군대를 서쪽에 보내 혁명을 유럽 전역으로 퍼뜨리려고 했다.
1920년 8월, 붉은 군대의 진군은 새로 독립한 폴란드의 수도
바르샤바 외곽에서 저지되었다.

1917년의 볼셰비키 혁명 이후 벌어진 오랜 내전에서 붉은 군대가 우위를 차지하자, 레닌은 공산주의를 러시아 국경 너머로 수출해 '백군' 편에서 내전에 개입한 연합국 정권을 약화하려고 했다. 부활한 폴란드는 1920년 5월까지 벨로루시 영토 대부분과 우크라이나 서부 지역을 점령했다. 하지만 8월이 되자 붉은 군대가 폴란드군을 신생 수도 바르샤바까지 다시 밀어냈다. 폴란드 지도자 유제프 피우수트스키는 붉은 군대를 수도 외곽 최후의 방어선에 묶어 두고 적의 취약한 왼쪽 측면을 남쪽에서 공격하기로 했다. 그의 작전이 성공을 거두며 러시아군은 일주일 만에 서둘러 퇴각했다. 이로써 무력으로 서유럽에 혁명을 확산하려던 레닌의 계획은 사실상 끝났다.

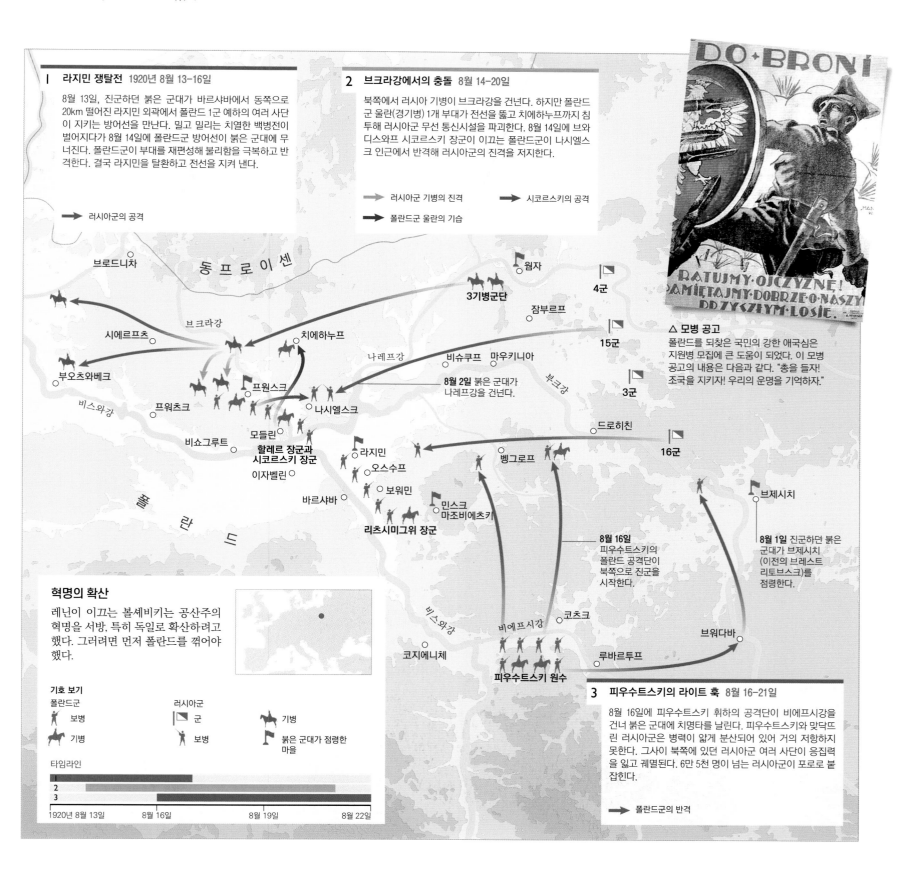

1 라지민 쟁탈전 1920년 8월 13~16일

8월 13일, 진군하던 붉은 군대가 바르샤바에서 동쪽으로 20km 떨어진 라지민 외곽에서 폴란드 1군 예하의 여러 사단이 지키는 방어선을 만난다. 밀고 밀리는 치열한 백병전이 벌어지다가 8월 14일에 폴란드군 방어선이 붉은 군대에 무너진다. 폴란드군이 부대를 재편성해 불리함을 극복하고 반격한다. 결국 라지민을 탈환하고 전선을 지켜 낸다.

→ 러시아군의 공격

2 브크라강에서의 충돌 8월 14~20일

북쪽에서 러시아 기병이 브크라강을 건넌다. 하지만 폴란드군 울란(경기병) 1개 부대가 전선을 뚫고 치에하누프까지 침투해 러시아군 무선 통신시설을 파괴한다. 8월 14일에 브와디스와프 시코르스키 장군이 이끄는 폴란드군이 나시엘스크 인근에서 반격해 러시아군의 진격을 저지한다.

→ 러시아군 기병의 진격   → 시코르스키의 공격
→ 폴란드군 울란의 기습

△ 모병 공고

폴란드를 되찾은 국민의 강한 애국심은 지원병 모집에 큰 도움이 되었다. 이 모병 공고의 내용은 다음과 같다. "총을 들자! 조국을 지키자! 우리의 운명을 기억하자."

8월 2일 붉은 군대가 나레프강을 건넌다.

8월 16일 피우수트스키의 폴란드 공격단이 북쪽으로 진군을 시작한다.

8월 1일 진군하던 붉은 군대가 브제시치(이전의 브레스트 리토브스크)를 점령한다.

혁명의 확산

레닌이 이끄는 볼셰비키는 공산주의 혁명을 서방, 특히 독일로 확산하려고 했다. 그러려면 먼저 폴란드를 꺾어야 했다.

기호 보기

폴란드군		러시아군		
보병		▌ 군		기병
기병		보병		붉은 군대가 점령한 마을

타임라인

1
2
3

1920년 8월 13일   8월 16일   8월 19일   8월 22일

3 피우수트스키의 라이트 훅 8월 16~21일

8월 16일에 피우수트스키 휘하의 공격단이 비에프시강을 건너 붉은 군대에 치명타를 날린다. 피우수트스키와 맞닥뜨린 러시아군은 병력이 얇게 분산되어 있어 거의 저항하지 못한다. 그사이 북쪽에 있던 러시아군 여러 사단이 응집력을 잃고 궤멸된다. 6만 5천 명이 넘는 러시아군이 포로로 붙잡힌다.

→ 폴란드군의 반격

손 폭격
한 영국군 조종사가 조종석 창문을 열고 손으로 소형 폭탄을 투하하고 있다. 이런 원시적 기술은 제1차 세계대전 초기의 전술 폭격에 사용되었다. 전쟁 후반에는 기계식 투하 장치를 통해 더 큰 폭탄을 떨어뜨렸다.

초기의 군용기

제1차 세계대전은 땅과 바다는 물론이고
하늘에서도 싸운 최초의 대규모 전쟁이었다.
군용기는 제공권을 장악하기 위해 싸웠고,
지상의 적군을 공격했으며,
심지어 도시의 민간인까지 폭격했다.

1914년에 전쟁이 시작할 때는 교전국의 모든 군용기를 합쳐도 엉성한 비무장 정찰기 500대를 넘지 않았다. 하지만 전쟁이 끝날 때인 1918년에는 영국 한 나라만 해도 2만 대가 넘는 군용기를 보유했다. 종류도 다양해져 공중전용 기관총으로 무장한 전투기, 다발 엔진 폭격기 등이 출현했다. 이들 항공기의 주 임무는 적진을 촬영해 포병의 목표물 타격을 돕거나 기총 소사나 폭격으로 적군

▷ **독일 전투기**
1917년에 도입된 포커 DR.1 삼엽기는 공중전을 위해 특별히 개발된 제1차 세계대전의 항공기다.

을 공격하는 등 지상군을 지원하는 것이었다. 하지만 관심을 가장 많이 끈 것은 전투기와 전투기가 벌이는 '공중전'이었다. 선전 매체들은 전투기 조종사를 '하늘의 기사'로 칭하며 적기를 많이 격추한 '에이스'를 영웅으로 만들었다.

전환점

항공기가 도시 폭격까지 하면서 공군은 독립적 역할을 맡았다. 1915년에 독일은 처음에는 비행선 전단으로, 나중에는 폭격기를 동원해 런던을 공격했다. 이에 대응해 영국과 프랑스도 독일의 도시를 폭격했다. 당시 민간인 희생자는 비교적 적은 편이어서 영국에서 발생한 사망자는 1,400여 명이었다. 하지만 이렇게 도래한 전략 폭격은 현대전의 전환점이 되었다.

△ **전쟁에 투입된 비행선**
독일은 1915년에서 1918년 사이에 체펠린과 쉬테 란츠 비행선 50대 이상을 동원해 런던과 파리를 폭격했다. 비행선은 시민들을 공포에 떨게 했지만 속도가 늦고 불이 잘 붙어 전투기의 공격에 취약했다.

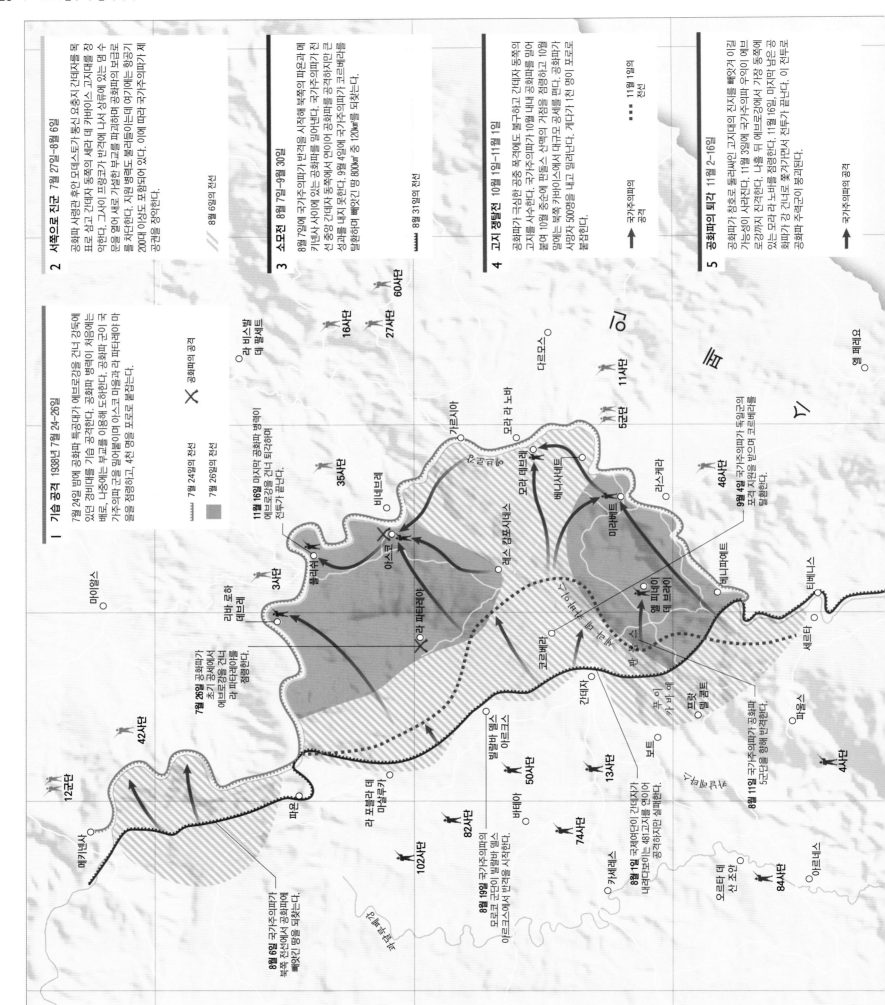

1 기습 공격 1938년 7월 24-26일

7월 24일 밤에 공화파 특공대가 에브로강을 건너 강둑에 있던 경비대를 기습 공격한다. 공화파 병력이 처음에는 배로, 나중에는 부교를 이용해 도하한다. 공화파 군이 국가주의파 군을 밀어붙이며 이스코 마을과 라 파타레야 마을을 모두 붙잡는다.

7월 26일 공화파가 초기 공세에서 에브로강을 건너 라 파타레야를 점령한다.

8월 6일 국가주의파가 북쪽 전선에서 빼앗긴 땅을 되찾는다.

⸺⸺⸺ 7월 24일의 전선

━━━━ 7월 26일의 전선

▨ 공화파의 공격

✕ 공화파의 공격

2 서쪽으로 진군 7월 27일-8월 6일

공화파 사령관 후안 모데스토가 통신 요충지 간데사를 목표로 삼고 간데사 동쪽의 시에라 데 카바이스 고지대를 장악한다. 그사이 프랑코가 반격에 나서 상류에 있는 댐 수문을 열어 새로 가설한 부교를 파괴하며 공화파의 보급로를 차단한다. 지원 병력도 불러들이는데 여기에는 항공기 200대 이상도 포함되어 있다. 이에 따라 국가주의파가 제공권을 장악한다.

⸺⸺⸺ 8월 6일의 전선

3 소모전 8월 7일-9월 30일

8월 7일에 국가주의파가 반격을 시작해 북쪽의 마요와 매키넨사 사이에 있는 공화파를 밀어낸다. 국가주의파가 전선 중앙 간데사 동쪽에서 연이어 공화파를 공격하지만 큰 성과를 내지 못한다. 9월 4일에 국가주의파가 코르베라를 탈환하며 빼앗긴 땅 800㎢ 중 120㎢를 되찾는다.

▦▦▦ 8월 31일의 전선

4 고지 쟁탈전 10월 1일-11월 1일

공화파가 구심한 공중 폭격에도 불구하고 간데사 동쪽의 고지를 사수하는데, 국가주의파가 10월 내내 공화파를 밀어붙여 10월 중순에 판둘스 산맥의 거점을 점령하고 10월 말에는 북쪽 카베이스에서 대규모 공세를 편다. 공화파가 사망자 500명을 내고 밀려난다. 게다가 1천 명이 모포로 붙잡힌다.

⟶ 국가주의파의 공격

5 공화파의 퇴각 11월 2-16일

공화파가 참호로 둘러싸인 고지대로 진지를 빼앗겨 이김 기능성이 사라진다. 11월 3일에 국가주의파 우익이 에브로강까지 진격한다. 나흘 뒤 에브로강에서 가장 동쪽에 있는 모라 라 노바를 점령한다. 11월 16일, 마지막 남은 공화파가 강 건너로 쫓겨가면서 전투가 끝난다. 이 전투로 공화파의 주력군이 붕괴된다.

⟶ 국가주의파의 공격

····· 11월 1일의 전선

⟶ 국가주의파의 공격

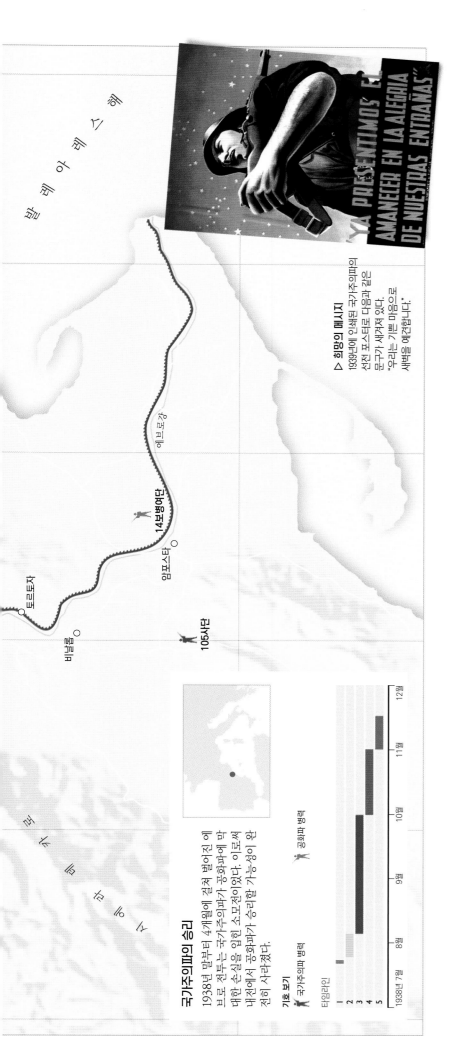

발레아레스 해

에브로강

14보병여단

암포스타

105사단

토르토사

비날룸

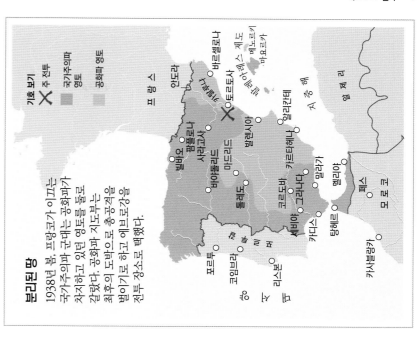

▷ **희망의 메시지**
1939년에 인쇄된 국가주의파의 선전 포스터로 다음과 같은 문구가 새겨져 있다. "우리는 기쁜 마음으로 새벽을 예견합니다."

국가주의파의 승리
1938년 말부터 4개월에 걸쳐 벌어진 에브로 전투는 국가주의파가 공화파에 막대한 손실을 입힌 소모전이었다. 이로써 내전에서 공화파가 승리할 가능성이 완전히 사라졌다.

기호 보기
✗ 국가주의파 병력
✗ 공화파 병력

타임라인
1　2　3　4　5
1938년 7월　8월　9월　10월　11월　12월

기호 보기
✗ 주 전투
　국가주의파 영토
　공화파 영토

프랑스

인도라　벨보라　팜플로나　사라고사　바르셀로나　마드리드　발렌시아　톨레도　바다호스　코르도바　그라나다　세비야　말라가　카디스　탕헤르　카사블랑카

지중해

포르투　코임브라　리스본

분리된 땅
1938년 봄, 프랑코가 이끄는 국가주의파 군대는 공화파가 차지하고 있던 영토를 둘로 갈랐다. 공화파의 지도자는 좌익의 도박으로 중부지역을 방어기로 하고 에브로강을 전투 장소로 택했다.

에브로 전투

스페인 내전의 마지막 격전은 에브로강 서안의 메마른 구릉지에서 벌어졌다.
공화파는 초기의 지역에 성공했지만 독일과 이탈리아의 지원을 받은 국가주의파에 밀려났다.
이후 공화파는 다시는 이 패배에서 회복하지 못했다.

1936년에 좌파 이념과 우파 이념으로 국가를 양분했으나 총선이 끝난 뒤, 스페인의 일부 군부가 공화파 인민전선 정부를 상대로 쿠데타를 일으키며 스페인 내전이 발발했다. 공화파가 반격에 나서면서 스페인은 3년간 걸친 유혈 사태에 돌입했다. 프란시스코 프랑코 장군이 이끄는 국가주의파는 히틀러의 독일과 무솔리니의 이탈리아로부터 지원을 받았고, 공화파는 여타 나라의 반파시스트 지원병으로 구성된 국제여단과 소련의 지원을 받으며 전쟁의 양상을 띠었다. 공화파는 격렬히 저항했지만 1937년부터 훈련과 보급 수준이 더 높은 프랑코 군에 밀리기 시작했다. 1938년 4월, 국가주의파는 지중해의 북으로 진군해 공화파의 남은 영토인 스페인 남동부 지방과 카탈루냐를 차단하며 공화파를 궁지에 몰아넣었다. 이에 대응해 공화파는 차단된 두 지역을 연결하고 잃어버린 발렌시아로 가는 길을 방어하기 위해 에브로강을 따라 총공격을 감행하면서 공화파의 희망이 높아졌

지만, 독일의 콘도르 군단과 이탈리아의 항공 군단는 끊임없는 폭격을 퍼부으며 공화파의 입장에서 열파는 참담했다. 두 달 가해 전체를 역전시켰다. 공화파의 입장에서 열파는 참담했다. 두 달 뒤 바르셀로나가 함락되었다. 1939년 4월 1일에 마드리드마저 점령한 프랑코는 국가주의파의 승리를 선언했다.

"그들이 다리를 폭파한다고 해도 / 내가 에브로강을 건너는 모습을 보게 될 거야 / 작은 보트나 카누를 타고서라도."
공화파 노래에서

됭케르크 철수 작전

1940년 봄, 영국군을 비롯한 연합군은
제2차 세계대전의 개전 초기 전투에서 독일군에 패퇴해
프랑스 해안 지방 됭케르크에 갇히게 되었다.
이들을 해상으로 철수시킨 작전은 대성공을 거두었다.

1939년 9월에 제2차 세계대전이 시작되자 영국은 프랑스와 함께 나치 독일에 전쟁을 선포한 뒤 영국 원정군(BEF)을 프랑스에 파견했다. BEF가 전투를 피하고 있던 중 1940년 5월 10일에 독일군은 네덜란드와 벨기에를 침공하고 이틀 뒤 프랑스로 쳐들어갔다. 전차를 앞세운 독일군은 항공 지원을 받아 가며 신속하게 스당의 프랑스 방어선을 돌파한 뒤 북쪽으로 방향을 틀어 도버 해협 해안으로 향했다. 벨기에로 진격하던 BEF는 후방과 차단당할 위기에 처했다. 상황이 악화되자 연합군은 독일군 포위망을 돌파해 남쪽의 프랑스군과 합류하려던 계획을 포기했다. 그 대신 BEF는 위태롭기는 하지만 그래도 아직 연합군이 접근할 수 있는 유일한 항구인 됭케르크로 후퇴했다.

5월 23일, 영국군 군단장 앨런 브룩 장군은 '지금은 기적만이 BEF를 구할 수 있다.'라는 글을 남겼다. 민간 선박(아래 참조)도 참여한 이 작전으로 약 34만 명에 가까운 연합군 병력이 됭케르크 항구와 해변에서 영국으로 철수했고, 그중 2/3는 영국군이었다. 또한 다른 프랑스 항구에서도 20만 명에 가까운 병력이 추가로 구출되었다. 철수 작전에서 보여 준 기술과 용기에 고무된 영국의 선전 매체들은 참담한 패배를 큰 성공을 거둔 탈출로 표현했다. 이에 대해 윈스턴 처칠 수상은 '전쟁은 철수로 이기는 것이 아니다.'라고 말했다. 이 철수로 인해 많은 프랑스인이 동맹국 영국으로부터 버림받았다고 느꼈고, 이런 느낌은 쓰라린 유산으로 남아 있다. 프랑스가 항복한 6월 22일 이후에도 '됭케르크의 기적'에 고무된 영국은 히틀러에 맞서 계속 싸우는 길을 택했다.

됭케르크의 '소형 선박'

병사 대부분이 영국 해군의 구축함이나 소해함을 타고 영국으로 철수했지만, 민간인 소유의 소형 선박 군단도 중요한 역할을 했다. 이들 대부분은 이미 해군 '소형 선박 풀'에 등록된 배였다. 저인망 어선이나 예인선부터 구조선과 개인 요트까지 참여한 소형 선박 군단은 얕은 물로 들어가 해변에 있는 병사들을 먼바다에 있는 전함까지 실어 날랐다. 이 위험한 작전을 수행하던 도중 '소형 선박' 약 200척이 파괴되었다.

됭케르크의 민간 '소형 선박' 모습이 담긴 사진이다

---

1 철수 결정 1940년 5월 20-26일

BEF가 벨기에와 프랑스를 뚫고 진격하는 독일군에 위협당하자 5월 20일에 버트럼 램지 부제독이 '다이너모 작전'이라는 해상 철수 계획을 세우라는 명령을 받는다. 연합군이 됭케르크로 후퇴하는 도중 5월 24일에 아돌프 히틀러가 이틀 동안 독일군 전차의 진격을 중지시킨다. 연합군은 항구 주변에 방어시설을 급조할 시간을 번다. 5월 26일, 영국군이 철수 작전을 실행하라는 명령을 받는다.

■ 5월 26일의 연합군 지역

◀ 영국 해안 방향

굿 윈 사주

5월 28일 항로 Z가 폐쇄되면서 항로 Y가 주 철수 항로가 된다.

항로 Y: 87해리

5월 29일 항로 X가 개통되지만 수심이 얕아 위험한 곳이 있어 낮에만 이용할 수 있다.

항로 X: 55해리

2 시간 싸움 1940년 5월 26-31일

퇴각하는 연합군이 됭케르크로 쏟아져 들어와 해변을 가득 메운다. 램지는 단 며칠이면 철수가 끝날 것으로 예상했지만 방어선은 굳게 유지한다. 처음에 영국과 프랑스 전함은 항구의 석조 방파제인 모울에서 병력을 태운다. 그러다 소형 선박이 도착해 병사들을 해변에서 바로 실어 나른다. 덕분에 5월 28일에 1만 8천 명이던 하루 철수 인원이 사흘 뒤에는 7만 명으로 늘어난다.

■ 됭케르크 해변   ■ 5월 28일의 연합군 지역

5월 27일 칼레가 함락된 이후 항로 Z가 독일군 포격 사정권 안에 들어 더는 사용할 수 없게 된다.

5월 26일 칼레항이 독일군에 함락된다.

항로 Z: 39해리

3 공습 1940년 5월 26일-6월 4일

5월 26일, 히틀러가 독일 공군에 됭케르크 탈출을 저지하라는 명령을 내린다. 독일군 급강하 폭격기 슈투카가 전투기의 호위를 받으며 항구와 배, 해변을 공격한다. 5월 29일에 항구가 심하게 파괴된다. 영국 공군 전투기의 방어에도 불구하고 슈투카가 큰 피해를 입는다. 침몰한 연합군 함선 대부분은 공습 때문이었다. 양측이 항공기 150대 이상을 잃는다.

칼레

/// 공중습격과 전투

⚜ 폭격당한 됭케르크 항구

4 마지막까지 싸우는 후위 1940년 5월 28일-6월 4일

대부분 프랑스군으로 이루어진 후위가 용감하게 싸우지만 독일군이 포격을 가하며 됭케르크로 점점 조여 들어온다. 6월 2일이 되자 주간 철수는 불가능해진다. 그날 밤 영국군이 철수를 완료한다. 후위를 맡은 프랑스군 일부 병력이 다음 날 밤에 철수한다. 6월 4일에 작전이 종료되며 프랑스군 약 4만 명이 항복한다.

□□□ 5월 28일의 후위 전투   ── 최후의 방어선
∘∘∘∘ 5월 29일의 후위 전투

5월 24-25일 독일군 전차가 히틀러의 명령에 따라 이틀 동안 진격을 멈춘다.

플라이스트 기갑 집단

▷ **선박을 기다리며**
수많은 영국군과 연합군이
됭케르크 인근 해변에서 구출되기를
기다려야 했다. 이들은 종종 공습을
받기도 했다.

5월 28일–6월 3일 북동쪽으로
갔다가 남서쪽으로 방향을 틀어
됭케르크로 가는 항로 Y는 공중과
지상 공격에 가장 취약하다.

5월 28일–6월 3일
병사 약 10만 명이 됭케르크
외곽 해변에서 구출되었다.

아슬아슬한 탈출

1940년 5월 26일부터 6월 4일까지 연
합군이 프랑스 북부의 됭케르크와 주변
의 해변에서 해상을 통해 철수하는 동안
나머지 병력은 격렬한 전투를 벌여 독일
군의 진격을 저지했다.

기호 보기

연합군 보병	독일군 보병	영국군 항로
연합군 전차	독일군 전차	얕은 지역
주요 전투	독일군의 진격	

타임라인

1
2
3
4

1940년 5월 20일   5월 25일   5월 30일   6월 5일

스트롬 뱅크

오스텐드

18군

뉴포르

6월 3일 프랑스군이 됭케르크
외곽의 됭케르크–뵈르네
운하를 따라 최후의 저항을
한다.

5월 27일 벨기에군이
오스텐드 동쪽에 있는
전선을 따라 벌어진
전투에서 패배한다. 다음 날
국왕 레오폴이 항복한다.

뵈르네

딕스뮤드

됭케르크

말로 레 방
(됭케르크 항구)

6월 1일 독일군이
베르그–뵈르네 운하 선에서
대대적인 공세를 시작한다.

베르그

노르드쇼트

5월 29일 독일 공군의
폭격으로 됭케르크 항구가
거의 봉쇄된다.

속스

렉스푸드

웨스트 카펠

이제르강

워름후트

4군

러드항겜

이프르

4군

포프랭그

6군

카셀

바이츠하테

리스강

코민

카에스트

5월 28일–31일
릴 공성전에서
프랑스군이 사흘 동안
독일군과 싸우다
항복한다.

아즈브루크

스트라젤

4군

클라이스트 기갑 집단

생토메르

스

5월 28일 영국군이
지연작전을 벌인다.

메르빌

릴

영국 본토 항공전

영국 공군과 독일 공군 사이에 벌어진
영국 본토 항공전은 제2차 세계대전의 중요한 전환점이었다.
영국 공군은 제공권을 장악하려는 독일 공군의 시도를
성공적으로 막아 내면서 독일의 침공 위협으로부터
영국을 지켜 냈다.

1940년 봄에 벌어진 공세(230-231쪽 참조)에서 승리를 거둔 독일은 영국 남부와 가까운 거리에 있는 프랑스와 벨기에에 공군 기지를 건설했다. 해상으로 영국 침공을 계획하고 있던 히틀러는 전력이 뛰어난 영국 해군을 항공기로 공격하기로 했는데, 그러려면 먼저 영국 공군을 꺾어야 했다. 독일 공군 사령관 헤르만 괴링은 빠른 승리를 자신했지만 영국은 방공 시스템을 잘 갖춰 놓았다. 레이더 기지와 방공 감시병이 상호 보완해 조기에 경보를 발령하면서, 무선으로 지휘를 받는 전투기 편대가 쳐들어오는 독일 항공기를 요격했다. 영국 공군의 전투기사령부 사령관 휴 다우딩 대장은 소모전 와중에도 전투 자원을 잘 보존했다. 전투기는 영국 공장에서 많이 생산되었지만 조종사가 부족할 때가 많았다. 이에 따라 영연방 국가, 체코슬로바키아, 폴란드 등에서 조종사를 공급해 영국의 생존에 도움을 주었다.

영국 공군이 꺾이지 않고 계속 저항하자 독일은 영국 침공 계획을 포기하고 야간 폭격으로 방향을 전환했다. 1941년 5월까지 지속된 '전격전' 공습으로 런던을 비롯한 영국의 여러 도시에서 큰 타격을 입었다. 그럼에도 히틀러는 영국 공군을 꺾는 데 실패하면서 전쟁에서 처음으로 큰 실패를 맛보았다.

> "인류의 분쟁에서 이렇게 많은 사람이 이렇게 적은 사람에게 이렇게 큰 도움을 받은 적은 없었다."
>
> 윈스턴 처칠, 1940년 8월 20일

헤르만 괴링(1893-1946년)

제1차 세계대전 기간에 전투기 조종사로 명성을 얻은 헤르만 괴링은 1920년대에 나치당에 입당해 아돌프 히틀러의 영향력 있는 측근이 되었다. 독일군 최고 계급인 제국 원수에 임명된 그는 1940년 여름에 영국을 상대로 한 항공 작전을 직접 지휘했다. 이 작전의 실패로 그의 명성이 크게 훼손되었다. 괴링은 독일이 패배한 뒤 전범으로 기소되었지만 처형을 피하려고 자살했다.

공중 전장

영국 공군은 신호 정보를 통해 사전에 독일군의 계획을 어느 정도 파악했다. 아울러 강화된 방공 시설, 방공 감시단, 레이더, 속도가 빠른 스핏파이어, 기체가 튼튼한 허리케인에 힘입어 한 달간 이어진 독일 공군의 대낮 공습을 버틸 수 있었다.

기호 보기

- 고성능 레이더 탐지 범위
- 저성능 레이더 탐지 범위
- 방공 감시단
- 대공 포대
- 추축국 점령지
- 독일군 전투기 행동반경

타임라인
1940년 7월 — 8월 — 9월 — 10월 — 11월

1 침공 계획 1940년 7월

7월 초에 수립된 '바다사자'라는 암호명의 영국 침공 계획에 따르면, 독일군은 바지선과 수송선을 이용해 병력을 영국으로 수송하기로 되어 있었다. 주 타격 목표는 도버 해협 서쪽의 영국 해안으로, 7월 16일에 히틀러가 준비를 시작하라는 명령을 내린다. 도하를 방해할 수 없을 정도로 선제적으로 반드시 영국 공군을 '두들겨 부순' 다음 영국 해군이 도저히 개입할 수 없는 상태일 때 침공하라고 지시한다.

- 독일군 군집단
- 예정 침공 경로
- 독일군 군단
- 독일군 병력

스완시

2 해협의 전투 1940년 7월 4일-8월 11일

독일 공군이 영국의 방공 시설을 탐색하기 위해 산발적인 공격을 하면서 하늘의 전투가 시작된다. 프랑스 북부 기지에 있는 독일 폭격기가 영국 군항과 해협의 호송 상선단을 타격 목표로 삼는다. 영국 공군이 해상 운송을 보호하기 위해 전투기를 긴급 출격시킨다. 독일이 카날캄프(해협 전투)로 명명한 이 초기 전투는 치열하기는 했지만 결전은 아니었다.

- 영국 군항
- 해협 전투의 주무대

플리머스

3 전투기사령부 공격 1940년 8월 13-18일

8월 13일에 아들러안그리프(독수리 공격)라는 암호명을 붙인 독일 공군의 영국 공군 분쇄 작전이 본격적으로 시작된다. 괴링은 프랑스 북부에서 출격한 폭격기로 나흘 안에 영국 방공 시설을 무력화하겠다고 말한다. 영국 공군의 능력과 회복력을 지나치게 과소평가한 발언이었다. '가장 힘든 날'로 알려진 8월 18일에 영국 본토 항공전에서 가장 큰 규모의 전투가 벌어져 양측 모두 항공기 70여 대를 잃는다.

- 독일 공군 기지
- 기타 독일 공군 비행장
- 1940년 8월 18일 '가장 힘든 날'의 공습

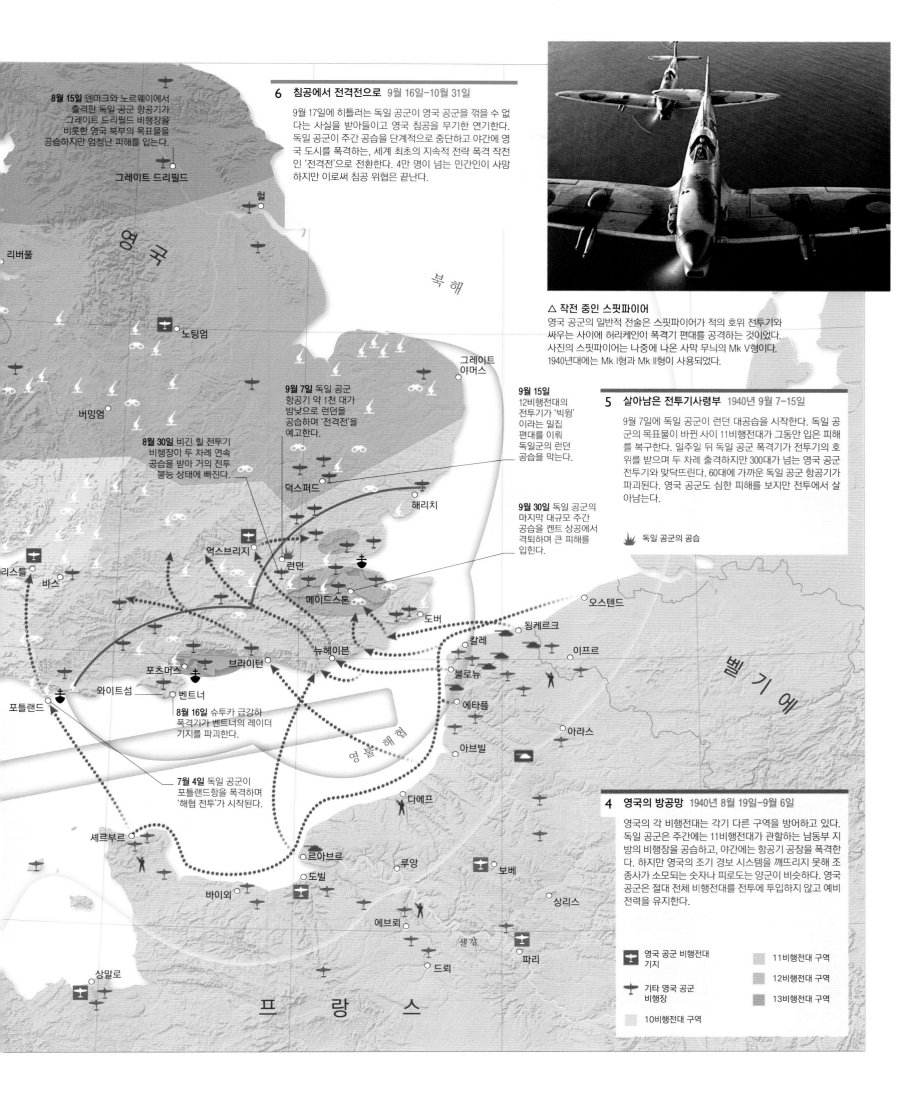

8월 15일 덴마크와 노르웨이에서 출격한 독일 공군 항공기가 그레이트 드리필드 비행장을 비롯한 영국 북부의 목표물을 공습하지만 엄청난 피해를 입는다.

그레이트 드리필드

6 침공에서 전격전으로 9월 16일-10월 31일

9월 17일에 히틀러는 독일 공군이 영국 공군을 꺾을 수 없다는 사실을 받아들이고 영국 침공을 무기한 연기한다. 독일 공군이 주간 공습을 단계적으로 중단하고 야간에 영국 도시를 폭격하는, 세계 최초의 지속적 전략 폭격 작전인 '전격전'으로 전환한다. 4만 명이 넘는 민간인이 사망하지만 이로써 침공 위협은 끝난다.

리버풀

헐

영 국

북 해

노팅엄

그레이트 야머스

버밍엄

△ 작전 중인 스핏파이어
영국 공군의 일반적 전술은 스핏파이어가 적의 호위 전투기와 싸우는 사이에 허리케인이 폭격기 편대를 공격하는 것이었다. 사진의 스핏파이어는 나중에 나온 사막 무늬의 Mk V형이다. 1940년대에는 Mk I형과 Mk II형이 사용되었다.

9월 7일 독일 공군 항공기 약 1천 대가 밤낮으로 런던을 공습하며 '전격전'을 예고한다.

9월 15일 12비행전대의 전투기가 '빅윙'이라는 밀집 편대를 이뤄 독일군의 런던 공습을 막는다.

5 살아남은 전투기사령부 1940년 9월 7-15일

9월 7일에 독일 공군이 런던 대공습을 시작한다. 독일 공군의 목표물이 바뀐 사이 11비행전대가 그동안 입은 피해를 복구한다. 일주일 뒤 독일 공군 폭격기가 전투기의 호위를 받으며 두 차례 출격하지만 300대가 넘는 영국 공군 전투기와 맞닥뜨린다. 60대에 가까운 독일 공군 항공기가 파괴된다. 영국 공군도 심한 피해를 보지만 전투에서 살아남는다.

덕스퍼드

해리치

9월 30일 독일 공군의 마지막 대규모 주간 공습을 켄트 상공에서 격퇴하며 큰 피해를 입힌다.

8월 30일 비긴 힐 전투기 비행장이 두 차례 연속 공습을 받아 거의 전투 불능 상태에 빠진다.

억스브리지

런던

메이드스톤

오스텐드

도버

됭케르크

🌿 독일 공군의 공습

리스틀

바스

뉴헤이븐

칼레

이프르

벨기에

포츠머스

브라이턴

불로뉴

와이트섬

벤트너

에타플

아라스

포틀랜드

8월 16일 슈투카 급강하 폭격기가 벤트너의 레이더 기지를 파괴한다.

영 불 해 협

아브빌

7월 4일 독일 공군이 포틀랜드항을 폭격하며 '해협 전투'가 시작된다.

셰르부르

디에프

4 영국의 방공망 1940년 8월 19일-9월 6일

영국의 각 비행전대는 각기 다른 구역을 방어하고 있다. 독일 공군은 주간에는 11비행전대가 관할하는 남동부 지방의 비행장을 공습하고, 야간에는 항공기 공장을 폭격한다. 하지만 영국의 조기 경보 시스템을 깨뜨리지 못해 조종사가 소모되는 숫자나 피로도는 양군이 비슷하다. 영국 공군은 절대 전체 비행전대를 전투에 투입하지 않고 예비 전력을 유지한다.

르아브르

루앙

보베

도빌

바이외

상리스

에브뢰

센 강

파리

드뢰

상말로

프 랑 스

🛬 영국 공군 비행전대 기지		11비행전대 구역
✈ 기타 영국 공군 비행장		12비행전대 구역
		13비행전대 구역
10비행전대 구역		

전략전

1940년부터 1944년까지 북서 유럽의 지상전은
영불 해협이라는 장애물에 가로막혔다.
미국은 훨씬 더 먼 대서양 건너편에 있었기 때문에
양측은 상대방을 굴복시키기 위해
전략 무기로 눈을 돌렸다.

독일의 전체적인 전쟁 전략은 완전한 승리를
고집하는 히틀러의 지시에 따라 결정되었는데,
지상군이 신속한 승리를 거두었을 때는 이 전
략이 잘 작동했다. 하지만 모든 전선에서 성공
할 수는 없었다. 독일 공군은 영국 본토 항공전
(232-233쪽 참조)과 뒤이은 전격전을 통해 영
국을 몰아내려고 했지만, 영국 공군이 하늘에
서 점점 상대적 우위를 차지하면서 실패하고
말았다. 1942년에 접어들어 영국 폭격기가 독
일 도시에 훨씬 더 큰 피해를 입히고 점점 더 많
은 미국 항공기가 여기에 가담하자, 독일은 갈
수록 심해지는 연합군의 공습을 막기 위해 안

△ 연합군의 보복
"적이 당신의 불빛을 본다"라고 적힌
독일 포스터. 연합군 폭격기가
목표물을 식별하지 못하도록 민간인에게
등화관제를 하라는 경고문이다.

그래도 부족한 항공기와 대포를 다른 전선에서 빼 본국으로 돌릴 수밖에 없었다.

U보트 전쟁

독일 해군 사령관 카를 되니츠가 주도한 잠수함 작전은 항공전보다 효과적이었
다. 독일은 영국과 소련에 보급품을 공급하는 대서양 호송 선단을 공격했다. 이에
따라 연합군 상선 2,600척이 U보트 함대에 격침되며 영국은 벼랑 끝에 몰렸다.
하지만 1943년 5월에 미국의 B-24 리버레이터의 도움으로 전세가 뒤집혔다.
B-24는 행동반경이 넓어 이전에는 연합군 호송 선단을 공중 엄호할 수 없었던 '대
서양 틈새'까지 장악했다. 게다가 영국군이 독일군의 암호를 해독하며 U보트의
전략적 영향력을 떨어뜨렸다. 1944년에 노르망디 상륙작전(248-249쪽 참조) 이
후 프랑스 항구를 빼앗기며 U보트는 더 무력화되었고 연합군의 전략적 우위는 더
확고해졌다.

△ B-24 리버레이터 폭격기
B-24는 항속거리가 길어 최초로 대서양의 넓은 구역을 장악할 수 있었다.
B-24는 1943년 이후 U보트 제압에 도움을 주었을 뿐 아니라 독일 폭격에도 이용되었다.

연합군 보급선 차단
U보트 작전이 막 시작된 1939년 12월에 독일군
잠수함 지휘관이 대서양 순찰 중에 잠망경을
들여다보고 있다.

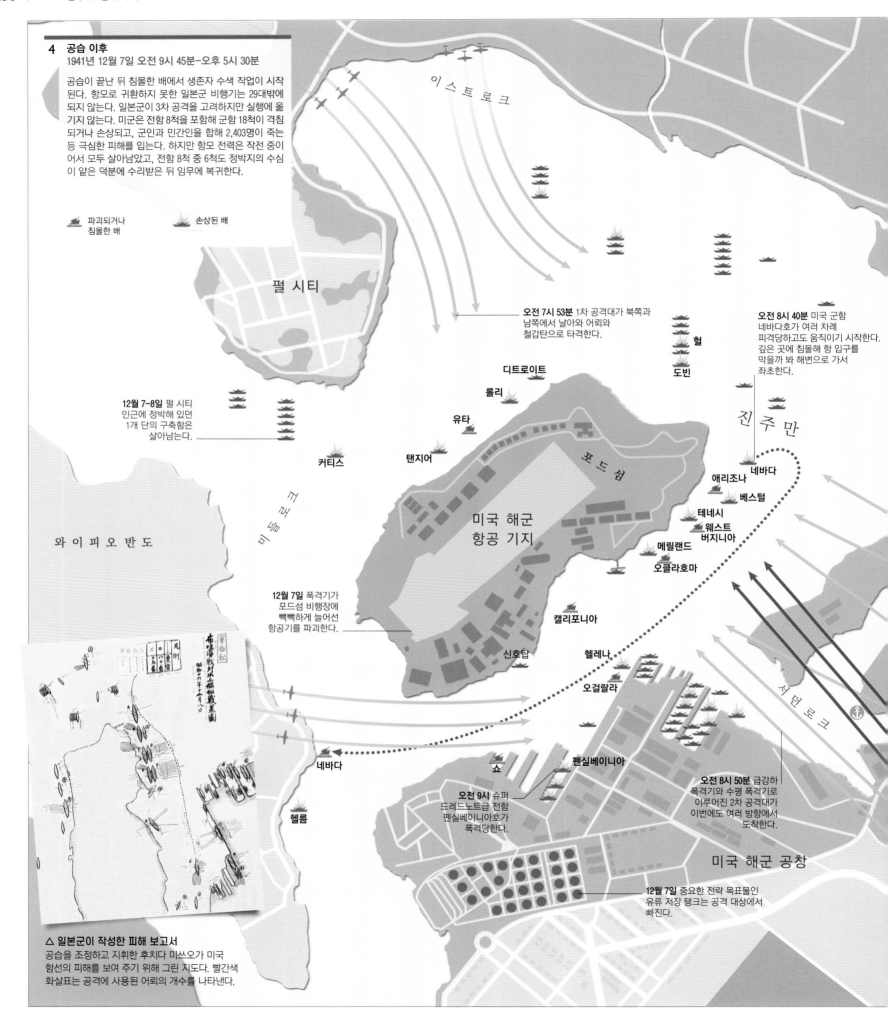

4 공습 이후
1941년 12월 7일 오전 9시 45분-오후 5시 30분

공습이 끝난 뒤 침몰한 배에서 생존자 수색 작업이 시작된다. 항모로 귀환하지 못한 일본군 비행기는 29대밖에 되지 않는다. 일본군이 3차 공격을 고려하지만 실행에 옮기지 않는다. 미군은 전함 8척을 포함해 군함 18척이 격침되거나 손상되고, 군인과 민간인을 합해 2,403명이 죽는 등 극심한 피해를 입는다. 하지만 항모 전력은 작전 중이어서 모두 살아남았고, 전함 8척 중 6척도 정박지의 수심이 얕은 덕분에 수리받은 뒤 임무에 복귀한다.

🚢 파괴되거나 침몰한 배   🚢 손상된 배

펄 시티

이스트 로크

오전 7시 53분 1차 공격대가 북쪽과 남쪽에서 날아와 어뢰와 철갑탄으로 타격한다.

오전 8시 40분 미국 군함 네바다호가 여러 차례 피격당하고도 움직이기 시작한다. 깊은 곳에 침몰해 항 입구를 막을까 봐 해변으로 가서 좌초한다.

헐

도빈

디트로이트

롤리

유타

진주만

12월 7-8일 펄 시티 인근에 정박해 있던 1개 단의 구축함은 살아남는다.

커티스

탠지어

포드섬

네바다

애리조나

베스털

테네시

웨스트 버지니아

메릴랜드

오클라호마

미국 해군 항공 기지

미들 로크

와이피오반도

12월 7일 폭격기가 포드섬 비행장에 빽빽하게 늘어선 항공기를 파괴한다.

캘리포니아

신호탑

헬레나

오걸랄라

서 로크

네바다

헬름

쇼

오전 9시 슈퍼 드레드노트급 전함 펜실베이니아호가 폭격당한다.

펜실베이니아

오전 8시 50분 급강하 폭격기와 수평 폭격기로 이루어진 2차 공격대가 이번에도 여러 방향에서 도착한다.

미국 해군 공창

12월 7일 중요한 전략 목표물인 유류 저장 탱크는 공격 대상에서 빠진다.

△ 일본군이 작성한 피해 보고서
공습을 조정하고 지휘한 후치다 미쓰오가 미국 함선의 피해를 보여 주기 위해 그린 지도다. 빨간색 화살표는 공격에 사용된 어뢰의 개수를 나타낸다.

공중의 위협

일본의 타격 함대는 11월 26일에 일본에서 출발해 하와이 북쪽에 집결했다. 첫 번째 공격은 12월 7일 오전 7시 53분, 두 번째 공격은 오전 8시 50분에 이루어졌다. 다음 날 미국은 일본에 전쟁을 선포했다.

🛬 정박한 미국 군함 ▪ 포드섬 해군 항공 기지

타임라인

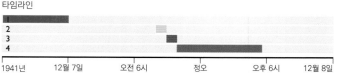

1941년　12월 7일　오전 6시　정오　오후 6시　12월 8일

I 접근 1941년 11월 26일-12월 7일

11월 26일에 항공모함 6척을 포함한 일본 해군 기동 함대가 일본 북쪽의 쿠릴 열도에서 출발한다. 함대가 엄격한 무선 침묵을 유지한 채 들키지 않고 하와이 북쪽 400km 해상에 도착한다. 12월 7일 새벽에 1차 공격대가 이륙한다. 일본과 관계가 극한 상황이었으므로 경계를 늦추지 말았어야 할 진주만의 미군이 일요일 아침의 느긋한 분위기를 즐기고 있는 도중에 일본군 항공기가 도착한다.

오전 8시 일본군 폭격기가 정박 중인 미국 전함을 공격해 애리조나호, 캘리포니아호, 오클라호마호, 웨스트버지니아호를 격침하고 네바다호에 손상을 입힌다.

2 괴멸적 타격
1941년 12월 7일 오전 7시 55분-8시 50분

1차 공격대는 미츠비시 '제로센' 전투기의 호위를 받는 나카지마 '케이트' 수평 폭격기와 아이치 '발' 급강하 폭격기 등 항공기 183대로 이루어졌다. 발과 제로센이 하늘에 뜬 비행기와 비행장을 공격해 하와이에 있는 항공기 400대 중 절반을 파괴하는 동안, 케이트는 어뢰와 철갑탄을 이용해 전함을 폭파한다. 일본군이 엄청난 피해를 입히지만 중요한 유류 탱크와 잠수함 기지는 공격 목표로 삼지 않는다.

 1차 공격 ⚓ 잠수함 기지 ● 유류 탱크

3 후속 공격
1941년 12월 7일 오전 8시 50분-9시 45분

오전 8시 50분에 함재기 170대로 구성된 일본군 2차 공격대가 도착한다. 2차 공격대는 미군 방공대의 거센 저항에 부딪혀 1차만큼 큰 피해를 입히지 못한다. 유일하게 기동에 성공한 전함 네바다호가 급강하 폭격기의 공격을 여섯 차례 받고 침몰하기 전에 해변으로 가서 좌초한다. 드라이 독에 있던 기함 펜실베이니아호가 옆에 있던 구축함 2척이 폭격으로 파괴되는 와중에도 살아남는다. 소수의 일본군 잠수정이 진주만을 공격하지만 효과를 거두지 못한다.

 2차 공격 ┄▶ 미국 군함 네바다호의 경로

진주만 공습

1941년 12월 7일에 일본은 하와이 진주만의 미국 해군 기지를 공습하며 미국을 제2차 세계대전으로 끌어들였다. 일본은 항공모함 함대를 동원한 공격을 멋지게 성공시키며 미국 전함에 막대한 피해를 입혔다. 이때부터 짧은 기간에 걸친 일본의 일방적 승리가 시작되었다.

일본 지도자들은 아시아에서 제국을 건설하겠다는 야망을 키웠다. 1937년에 일본은 중국에서 정복 전쟁에 착수했고, 1940년부터는 동남아시아의 유럽 식민지를 잠식하기 시작했다. 이런 팽창정책을 불안한 눈으로 바라보던 미국은 일본이 나치 독일과 동맹을 맺자 극도의 경계심을 드러냈다. 결국 미국은 일본의 군사적 모험을 중단시키기 위해 일본의 목을 죄는 경제 봉쇄를 단행했다. 제국주의의 야망을 포기할 수 없었던 일본은 미국을 상대로 전쟁을 일으킬 계획을 세웠다.

일본은 장기전으로 가면 인적 자원이나 산업 능력에서 미국의 상대가 되지 않는다는 사실을 알고 있었다. 그래서 빠른 승리를 거두어 아시아·태평양 지역에서 전술적 거점을 확보하는 모험을 하기로 하고 진주만을 비롯해 필리핀, 홍콩, 말라야 등을 공격했다. 진주만 공습은 선전포고 전에 기습적으로 이루어졌다. 이에 분노한 미국은 고립주의를 벗어던졌다.

12월 11일, 독일 지도자 아돌프 히틀러가 일본 편에 서서 미국에 선전포고를 하면서 진정한 세계대전의 전선이 형성되었다. 일본은 진주만 공습으로 동남아시아를 정복할 시간을 벌었다. 하지만 미국은 공습 당시 항구에 없어서 피해를 보지 않았던 항공모함으로 곧 반격에 나섰다. '진주만을 기억하라'라는 구호는 일본을 상대로 완전한 승리를 거두기 위한 미국의 노력을 부추겼다.

> **"드디어 때가 왔다.
> 우리 제국의 흥망이 달린 일이다…."**
>

야마모토 이소로쿠 제독(1884-1943년)

진주만 공습의 설계자는 야마모토 이소로쿠 제독이었다. 원래 이름은 다카노 이소로쿠였다. 그는 1905년 쓰시마 해전(205쪽 참조)에서 손가락 두 개를 잃었다. 1916년에 사무라이 가문이던 야마모토가에 양자로 들어간 하버드대학교에서 수학한 뒤 해군 무관으로 두 차례 워싱턴에서 근무했다. 이때 미국의 잠재력을 보고 경외심을 갖게 되었다. 1930년대에 제독이 된 야마모토는 해군 항공을 옹호했다. 그는 1939년에 연합 함대 사령관에 올라 진주만 공습을 기획했지만 미국과의 전쟁을 후회했다. 1943년 4월, 뉴기니 상공에서 타고 있던 비행기가 매복 공격을 받으며 전사했다.

1942년에 찍은 야마모토 제독의 사진이다.

미드웨이 해전

일본 제국 해군은 미드웨이섬에서 제2차 세계대전 최대 규모의
해상 작전을 통해 미국 태평양 함대의 잔존 함선을 격파하려고 했다.
하지만 일본은 제해권 확보에 항공모함의 중요성이 높아진
이 해전에서 패배하고 말았다.

일본군의 진주만 공습(236-237쪽 참조)에서
살아남은 미국 항공모함은 1942년 봄, 태평양
에서 맥아더 장군이 지휘한 반격 작전에서 중
추적인 역할을 했다. 이런 사실은 1942년 4월
에 항공모함 호넷에서 발진한 폭격기가 일본
도시를 폭격했을 때나 1942년 5월에 미국 항
공모함과 일본 항공모함이 산호해에서 격돌했
을 때 증명되었다. 이에 따라 일본 함대 총사령
관 야마모토 이소로쿠 제독은 미국 항공모함
을 파괴하기로 했다.

미드웨이섬은 태평양 중부에서 가장 서쪽에
있는 미군 기지였다. 야마모토는 먼저 알류샨
열도를 공격해 미국 함대 일부를 북쪽으로 유
인한 뒤 미드웨이를 공격해 미국 항공모함 함대
를 끌어들이려고 했다. 하지만 미군은 일본군
암호 JN-25를 해독해 이 계획을 알고 있었다.
미국의 체스터 니미츠 제독은 항공모함 3척으

위치 보기

로 구성된 함대를 미드웨이 북동쪽으로 보내
일본군을 기다리게 했다.

6월 4일 새벽, 일본군 폭격기가 미드웨이섬
을 공습하며 전투가 시작되었다. 이들 함재기가
함상에서 재급유를 받고 있을 때 미국 급강하
폭격기가 항공모함을 공격했다. 일본 항공모함
4척이 대파되어 2척은 침몰하고 2척은 자침했
다. 마지막 항공모함 히류호는 대파되기 전에
미국 항공모함 요크타운호에 치명적 손상을 입
혔다. 미군은 이 전투에서 승리하며 일본군의
태평양 제해권을 종식했다.

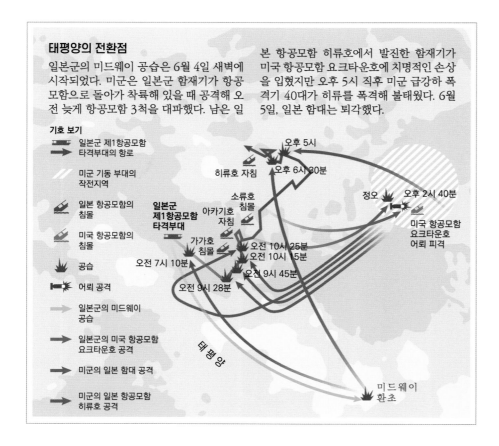

태평양의 전환점

일본군의 미드웨이 공습은 6월 4일 새벽에
시작되었다. 미군은 일본군 함재기가 항공
모함으로 돌아가 착륙해 있을 때 공격해 오
전 늦게 항공모함 3척을 대파했다. 남은 일

본 항공모함 히류호에서 발진한 함재기가
미국 항공모함 요크타운호에 치명적인 손상
을 입혔지만 오후 5시 직후 미군 급강하 폭
격기 40대가 히류를 폭격해 불태웠다. 6월
5일, 일본 함대는 퇴각했다.

기호 보기

- 일본군 제1항공모함 타격부대의 항로
- 미국 기동 부대의 작전지역
- 일본 항공모함의 침몰
- 미국 항공모함의 침몰
- 공습
- 어뢰 공격
- 일본군의 미드웨이 공습
- 일본군의 미국 항공모함 요크타운호 공격
- 미국의 일본 함대 공격
- 미국의 일본 항공모함 히류호 공격

오후 5시
히류호 자침
오후 6시 30분
소류호 침몰
아카기호 자침
일본군 제1항공모함 타격부대
정오
오후 2시 40분
가가호 침몰
미국 항공모함 요크타운호 어뢰 피격
오전 10시 25분
오전 10시 15분
오전 7시 10분
오전 9시 45분
오전 9시 28분
태평양
미드웨이 환초

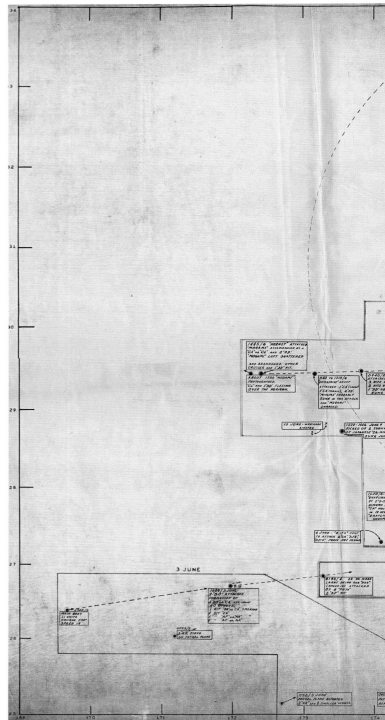

△ **대양 한가운데의 기동**
1942년 6월 3일부터 6일까지의
움직임을 그린 지도다. 전투가
벌어진 광활한 지역과 공격을
받은 일본 함대의 급격한 방향
전환을 보여 준다.

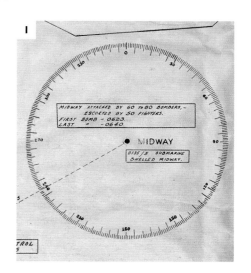

▷ **격렬한 전투**
6월 4일 새벽에 일본군
제1항공모함 타격부대에서
발진한 항공기 108대가
미드웨이를 공격했다. 공격기는
미군 전투기와 섬에서 발사한
대공포에 요격당해 약 1/3이
파괴되거나 손상되었다.

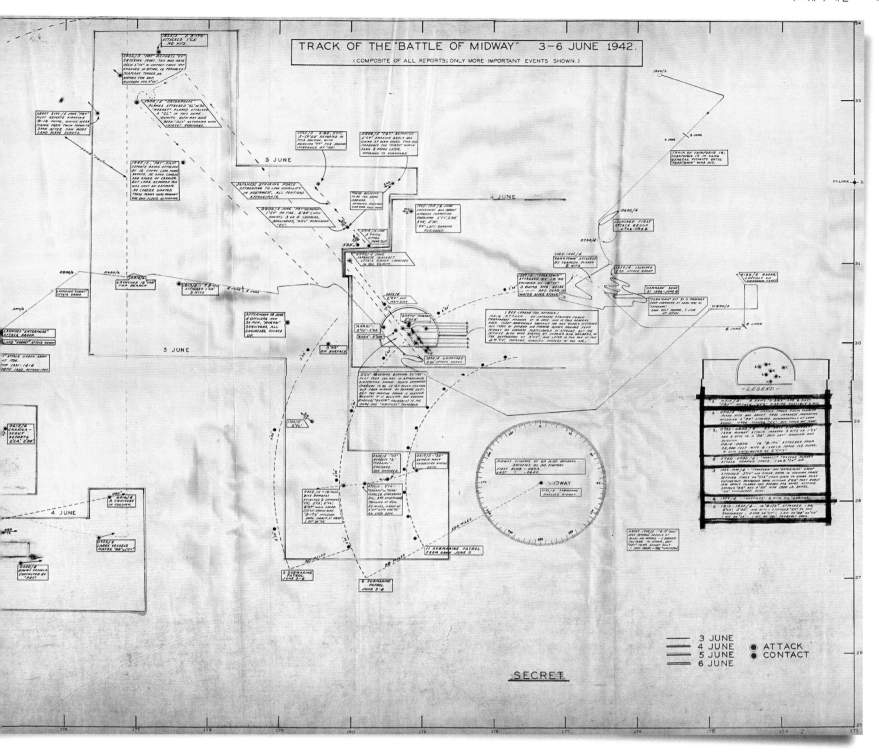

TRACK OF THE "BATTLE OF MIDWAY" 3-6 JUNE 1942.
(COMPOSITE OF ALL REPORTS; ONLY MORE IMPORTANT EVENTS SHOWN.)

SECRET

——————	3 JUNE
——————	4 JUNE
——————	5 JUNE
——————	6 JUNE

● ATTACK
○ CONTACT

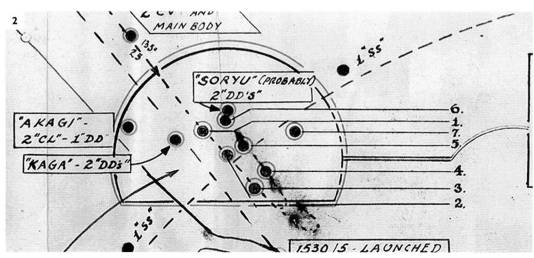

2

"SORYU" (PROBABLY)
2 "DD'S"

"AKAGI" - 2 "CL" - 1 "DD"

"KAGA" - 2 "DDs"

1530/5 - LAUNCHED

◁ 미군의 급습
미국 항공모함과 미드웨이에서
출격한 폭격기가 일본 함대를
흐뜨리면서 카가호, 소류호, 기함
아키기호 등 일본 함선이 손상된다.

3

1433-1445/4
YORKTOWN ATTACKED
BY TORPEDO PLANES
2 HITS

1550/4 LAUNCHED
2 MD ATTACK GROUP

1207/4 "YORKTOWN"
ATTACKED BY 18 "DB"
ESCORTED BY 18 "VF"
3 BOMB HITS AFIRE
— AND DEAD IN
WATER AFTER ATTACK

"HAMMANN" SUNK
AT 1536-JUNE 6

"YORKTOWN" HIT BY
FROM SUBMARINE AT 3
"HAMMANN"
SANK NEXT MORNING
AT 0501

△ 일본 함대의 마지막 활약
정오 무렵 히류에서 발진한 폭격기가
미군 전투기를 뚫고 들어가
요크타운호를 폭격했다. 뒤이어
뇌격기의 공격까지 받은 요크타운호는
마침내 6월 7일에 침몰했다.

착륙 준비
1945년 1월, 커티스 SB2C-3 헬다이버 급강하 폭격기 2대가 대함을 공격한 뒤 미국 항공모함 호넷 호에 착륙할 준비를 하고 있다. '야수'라는 별명을 가진 헬다이버는 미국 해군이 마지막으로 운용한 전용 급강하 폭격기였다.

항공모함 전투

항공모함과 함재기는 1918년에 처음으로 전쟁에 등장했다.
하지만 항공모함이 현대전의 필수 요소로 자리 잡은 것은
항공모함으로 인해 해전의 방식이 바뀐
제2차 세계대전에서였다.

바다로 인해 잠재적 적국과 떨어져 있던 일본, 영국,
미국은 항공모함의 유용성을 인식하고 1939년에 상
당한 규모의 항공모함 함대를 실전 배치했다. 프랑
스, 이탈리아, 독일, 소련 등 다른 해군 강국은 육상
기반의 항공기를 우선시해 제2차 세계대전 기간에
의미 있는 규모의 항공모함 전력을 만들지 않았다.

항공모함의 인기에도 불구하고 제2차 세계대전
기간에 항모전은 초기 단계에 머물러 있었고, 해군
은 시행착오를 겪으며 항모전의 실질적 경험을 쌓
아 나갔다. 유럽 바다에서는 항공모함이 필수적인
보조 군함이었지만 태평양에서는 최고의 전력으로
군림했다. 1942년에 벌어진 산호해 해전, 미드웨이
해전(238-239쪽 참조), 동부 솔로몬 해전, 산타크

△ **모병 공고**
항공모함 위로 F-8 크루세이더
제트기 3대가 날아가는 모습이
담긴 1957년의 모병 포스터.
항공모함은 1945년 이후 미국
해군의 존재 이유가 되었다.

루즈 해전 등 미국과 일본 간의 항모전은 해군 전설의 일부가 되었다. 항공모함은
중장갑 전함에 비해 공격에 취약했지만, 속도와 함재기의 행동 반경 덕분에 전함
의 함포 사정권 밖에서 전함을 공격할 수 있었다.

제2차 세계대전 이후 항공모함은 군사력을 해외에 배치하고 해군의 해안 포격
이라는 재래식 방법의 범위를 넘어 내륙까지 공군력을 보낼 수 있는 유연성 때문
에 큰 인기를 얻었다. 항공모함의 위력은 한국전쟁(1950-1953년), 수에즈 운하 분
쟁(1956년), 베트남 전쟁(1964-1973년), 포클랜드 전쟁(1982년), 사막의 폭풍 작
전(266-267쪽 참조) 등에서 증명되었다.

△ **현대 항공모함**
2007년에 미국 항공모함 존 C. 스테니스(CVN-74)가 해군 작전 중 아라비아해를 항해하고 있다.
갑판 위에 항공모함 비행단의 일부 함재기가 보인다. 전방의 헬리콥터는 SH-60F 시호크다.

제2차 엘알라메인 전투

1942년 가을에 연합군이 엘알라메인에서 거둔 승리는
제2차 세계대전 중 북아프리카 사막 전투의 일대 전환점이 되었다.
영국군 8군은 치밀하게 준비한 대규모 공세를 통해
독일군과 이탈리아군을 패퇴시키며
마침내 엎치락뒤치락하던 북아프리카 쟁탈전을 결정지었다.

1941년부터 독일의 에르빈 롬멜 장군은 북아프리카에서 영국군과 전차전을 벌여 계속해서 승리를 거두며 눈길을 끌었다. 1942년 7월, 이집트로 동진하던 롬멜의 아프리카 기갑군은 알렉산드리아 항구에서 약 100km 떨어진 엘알라메인에서 영국군에 저지당했다. 다음 달에 공세를 취하라는 명령을 받은 버나드 몽고메리 장군이 영국군 8군 사령관으로 부임했다. 몽고메리는 신중한 지휘관이어서 물자를 비축하고 사기를 높이는 데 주력했다. 영국군 8군은 신형 셔먼 전차를 추가하며 전력을 증강했다. 이에 비해 독일군은 갈수록 보급 문제에 시달렸고 증원군도 받지 못했다. 8월 30일에 추축국

군대는 알람 할파 능선에서 영국군을 공격했지만 패배했다. 그러자 롬멜은 지뢰와 대전차포로 방어선을 강화하며 정적 방어로 방향을 전환했다.

롬멜보다 약 2배 많은 병력을 보유한 몽고메리는 추축국 군대와 소모전을 벌였다. 많은 희생자를 낸 12일간의 전투 끝에 롬멜이 퇴각했다. 몽고메리는 리비아를 가로질러 서쪽으로 도망가는 추축국 군대를 추격했다. 그사이 미군을 비롯한 연합군이 알제리와 모로코에 상륙했다. 영국군 8군과 새로 도착한 연합군 사이에 갇힌 추축국 군대는 1943년 5월에 튀니지에서 항복했다.

> *"이 승리가 끝이 아닙니다. 끝의 시작조차 될 수 없습니다. 하지만 아마 시작의 끝이라고는 할 수 있을 것입니다."*
>
> 제2차 엘알라메인 전투에 대한 윈스턴 처칠의 말, 1942년

에르빈 롬멜 원수(1891-1944년)

'사막의 여우'로 알려진 롬멜은 보병 장교 교육을 받고 제1차 세계대전에 참전해 뛰어난 활약을 했다. 1937년에는 보병 전술에 관한 책을 출간해 히틀러의 관심을 끌었다. 총통의 총애를 받은 롬멜은 1940년에 프랑스를 침공할 때 기갑 사단장으로 참전했다. 여기서 실력을 인정받아 북아프리카의 독일 기갑부대인 아프리카 군단을 지휘하게 되었다. 그러다 사막전에서 거듭 승리를 거두며 명성을 떨쳤다. 유럽으로 복귀한 롬멜은 나중에 연합군의 노르망디 상륙 작전(248-249쪽 참조)에 뚫리는 대서양 방벽 방어를 맡았다. 그는 1944년 7월에 히틀러 암살 시도에 연루되면서 가족을 보복으로부터 지키기 위해 스스로 목숨을 끊었다.

사막의 대치

양군은 해안의 엘알라메인에서 통행이 불가능한 남쪽의 카타라 저지까지 60km에 이르는 전선을 따라 대치했다. 전투를 할 수 있는 방법은 정면 공격밖에 없었다.

기호 보기

연합군

➤ 영국군　　　　🏃 뉴질랜드군　　　🏃 인도군
🏃 호주군　　　　🏃 그리스군　　　　🏃 남아프리카공화국군

추축국 군대

🚂 독일군　　　　🚗 이탈리아군

연합군 점령지

■ 10월 23일　　■ 10월 29일　　■ 11월 2일　　■ 11월 4일

타임라인

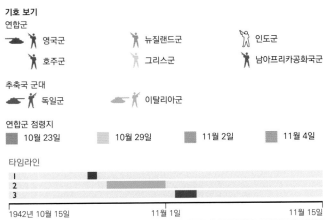

1942년 10월 15일　　　11월 1일　　　11월 15일

2 흔들리는 방어선 1942년 10월 25일-11월 1일

10월 25일 롬멜이 병가를 마치고 돌아온다. 롬멜은 반격을 위해 기갑 사단을 이동하지만 연료 부족으로 제한된 기동밖에 하지 못한다. 키드니 능선 주변과 호주군이 해안 도로를 따라 진격하는 방어선의 북쪽 끝에서 가장 치열한 전투가 벌어진다. 추축국 군대가 버티지만 감당할 수 없는 대가를 치른다. 그사이 몽고메리가 '슈퍼차지 작전'이라는 새로운 공격 계획을 세운다.

🚐➡ 연합군의 양동 상륙작전　　　➡ 추축국 군대의 이동

3 돌파 1942년 11월 2-4일

또 한 번의 대대적인 야간 포격에 이어 영국군 기갑부대가 텔 알 아카키르로 진격한다. 롬멜이 반격에 나서 대규모 전차전이 벌어진다. 이 전투에서 독일군 전차가 100대 넘게 파괴된다. 11월 3일에 롬멜이 총퇴각 명령을 내리지만 히틀러가 뒤집는다. 다음 날 밤, 인도군이 키드니 능선을 돌파하며 추축국 군대를 더 이상 버티지 못하게 만든다. 롬멜의 잔존 병력이 서쪽으로 퇴각한다.

✹ 공중 폭격　　　　　➡ 추축국의 공격
➡ 연합군의 공격　　　⇢ 추축국의 퇴각
✕ 주요 교전

이 집

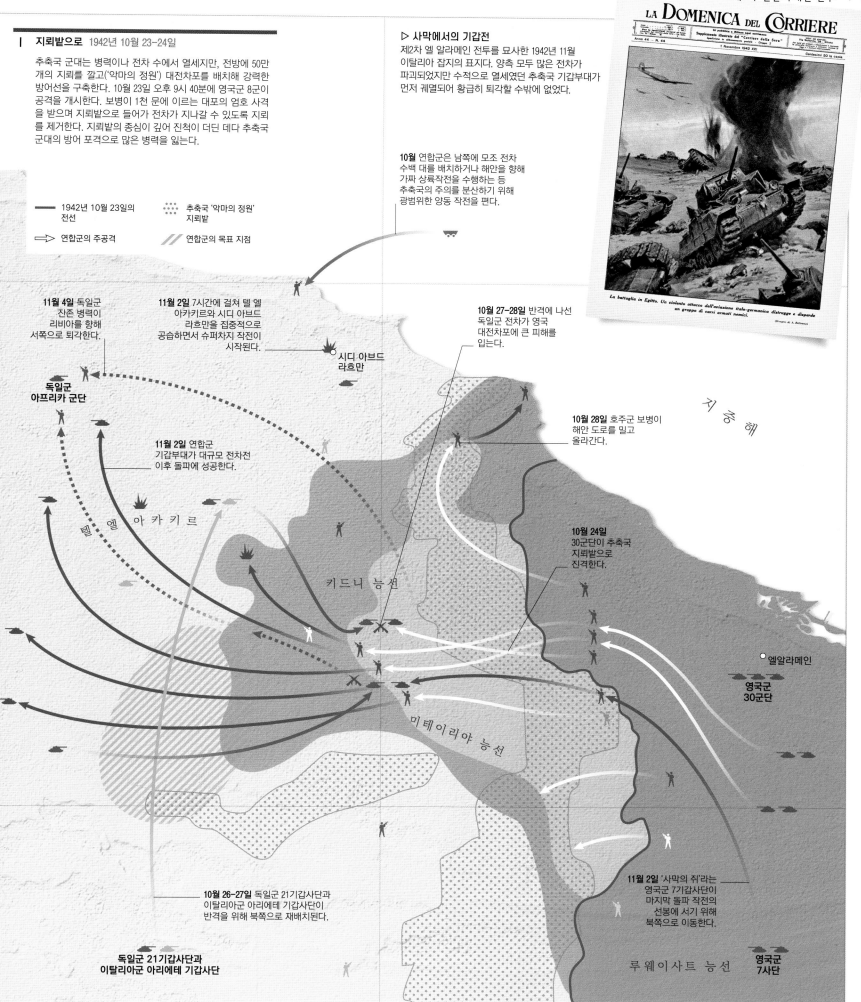

지뢰밭으로 1942년 10월 23-24일

추축국 군대는 병력이나 전차 수에서 열세지만, 전방에 50만 개의 지뢰를 깔고('악마의 정원') 대전차포를 배치해 강력한 방어선을 구축한다. 10월 23일 오후 9시 40분에 영국군 8군이 공격을 개시한다. 보병이 1천 문에 이르는 대포의 엄호 사격을 받으며 지뢰밭으로 들어가 전차가 지나갈 수 있도록 지뢰를 제거한다. 지뢰밭의 종심이 깊어 진척이 더딘 데다 추축국 군대의 방어 포격으로 많은 병력을 잃는다.

▷ **사막에서의 기갑전**

제2차 엘 알라메인 전투를 묘사한 1942년 11월 이탈리아 잡지의 표지다. 양측 모두 많은 전차가 파괴되었지만 수적으로 열세였던 추축국 기갑부대가 먼저 궤멸되어 황급히 퇴각할 수밖에 없었다.

범례

— 1942년 10월 23일의 전선

⋯⋯ 추축국 '악마의 정원' 지뢰밭

⇒ 연합군의 주공격

∥ 연합군의 목표 지점

10월 연합군은 남쪽에 모조 전차 수백 대를 배치하거나 해안을 향해 가짜 상륙작전을 수행하는 등 추축국의 주의를 분산하기 위해 광범위한 양동 작전을 편다.

11월 4일 독일군 잔존 병력이 리비아를 향해 서쪽으로 퇴각한다.

11월 2일 7시간에 걸쳐 텔 엘 아카키르와 시디 아브드 라흐만을 집중적으로 공습하면서 슈퍼차지 작전이 시작된다.

시디 아브드 라흐만

10월 27-28일 반격에 나선 독일군 전차가 영국군 대전차포에 큰 피해를 입는다.

지 중 해

독일군 아프리카 군단

11월 2일 연합군 기갑부대가 대규모 전차전 이후 돌파에 성공한다.

10월 28일 호주군 보병이 해안 도로를 밀고 올라간다.

텔 엘 아 카 키 르

10월 24일 30군단이 추축국 지뢰밭으로 진격한다.

키 드 니 능 선

미 테 이 리 야 능 선

엘알라메인

영국군 30군단

10월 26-27일 독일군 21기갑사단과 이탈리아군 아리에테 기갑사단이 반격을 위해 북쪽으로 재배치된다.

11월 2일 '사막의 쥐'라는 영국군 7기갑사단이 마지막 돌파 작전의 선봉에 서기 위해 북쪽으로 이동한다.

독일군 21기갑사단과 이탈리아군 아리에테 기갑사단

루 웨 이 사 트 능 선

영국군 7사단

La Domenica del Corriere

La battaglia in Egitto. Un violento attacco dell'aviazione italo-germanica distrugge e disperde un gruppo di carri armati nemici.

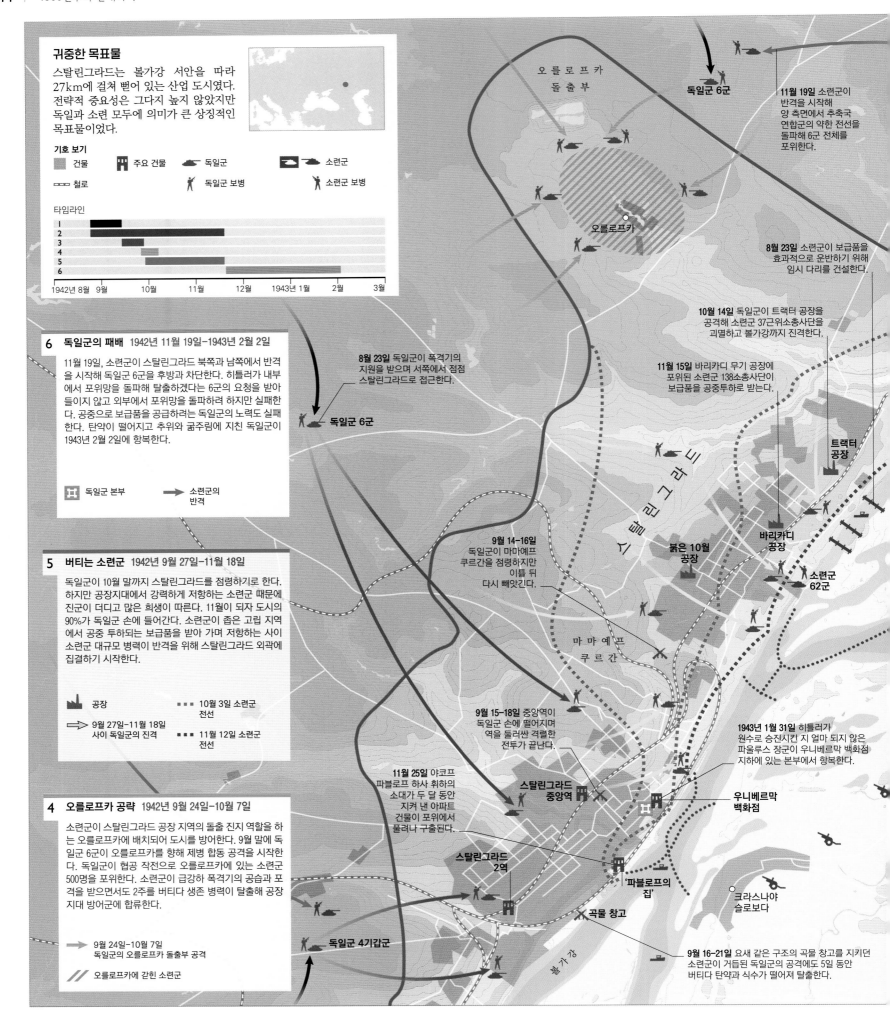

귀중한 목표물

스탈린그라드는 볼가강 서안을 따라 27km에 걸쳐 뻗어 있는 산업 도시였다. 전략적 중요성은 그다지 높지 않았지만 독일과 소련 모두에 의미가 큰 상징적인 목표물이었다.

기호 보기

- 건물
- 🏰 주요 건물
- 독일군
- 소련군
- ▭▭ 철로
- 독일군 보병
- 소련군 보병

타임라인

	1942년 8월	9월	10월	11월	12월	1943년 1월	2월	3월

6 독일군의 패배 1942년 11월 19일–1943년 2월 2일

11월 19일, 소련군이 스탈린그라드 북쪽과 남쪽에서 반격을 시작해 독일군 6군을 후방과 차단한다. 히틀러가 내부에서 포위망을 돌파해 탈출하겠다는 6군의 요청을 받아들이지 않고 외부에서 포위망을 돌파하려 하지만 실패한다. 공중으로 보급품을 공급하려는 독일군의 노력도 실패한다. 탄약이 떨어지고 추위와 굶주림에 지친 독일군이 1943년 2월 2일에 항복한다.

- 🏰 독일군 본부
- → 소련군의 반격

5 버티는 소련군 1942년 9월 27일–11월 18일

독일군이 10월 말까지 스탈린그라드를 점령하기로 한다. 하지만 공장지대에서 강력하게 저항하는 소련군 때문에 진군이 더디고 많은 희생이 따른다. 11월이 되자 도시의 90%가 독일군 손에 들어간다. 소련군이 좁은 고립 지역에서 공중 투하되는 보급품을 받아 가며 저항하는 사이 소련군 대규모 병력이 반격을 위해 스탈린그라드 외곽에 집결하기 시작한다.

- 공장
- ⇒ 9월 27일–11월 18일 사이 독일군의 진격
- ▪▪▪ 10월 3일 소련군 전선
- ▪▪▪ 11월 12일 소련군 전선

4 오를로프카 공략 1942년 9월 24일–10월 7일

소련군이 스탈린그라드 공장 지역의 돌출 진지 역할을 하는 오를로프카에 배치되어 도시를 방어한다. 9월 말에 독일군 6군이 오를로프카를 향해 제병 합동 공격을 시작한다. 독일군이 협공 작전으로 오를로프카에 있는 소련군 500명을 포위한다. 소련군이 급강하 폭격기의 공습과 포격을 받으면서도 2주를 버티다 생존 병력이 탈출해 공장지대 방어군에 합류한다.

- → 9월 24일–10월 7일 독일군의 오를로프카 돌출부 공격
- ╱╱ 오를로프카에 갇힌 소련군

독일군 6군

오를로프카 돌출부

오를로프카

11월 19일 소련군이 반격을 시작해 양 측면에서 추축국 연합군의 약한 전선을 돌파해 6군 전체를 포위한다.

8월 23일 소련군이 보급품을 효과적으로 운반하기 위해 임시 다리를 건설한다.

10월 14일 독일군이 트랙터 공장을 공격해 소련군 37근위소총사단을 괴멸하고 볼가강까지 진격한다.

11월 15일 바리카디 무기 공장에 포위된 소련군 138소총사단이 보급품을 공중투하로 받는다.

8월 23일 독일군이 폭격기의 지원을 받으며 서쪽에서 점점 스탈린그라드로 접근한다.

독일군 6군

9월 14–16일 독일군이 마마예프 쿠르간을 점령하지만 이틀 뒤 다시 빼앗긴다.

9월 15–18일 중앙역이 독일군 손에 떨어지며 역을 둘러싼 격렬한 전투가 끝난다.

11월 25일 야코프 파블로프 하사 휘하의 소대가 두 달 동안 지켜 낸 아파트 건물이 포위에서 풀려나 구출된다.

트랙터 공장

바리카디 공장

붉은 10월 공장

소련군 62군

스탈린그라드 중앙역

우니베르막 백화점

1943년 1월 31일 히틀러가 원수로 승진시킨 지 얼마 되지 않은 파울루스 장군이 우니베르막 백화점 지하에 있는 본부에서 항복한다.

스탈린그라드 2역

'파블로프의 집'

곡물 창고

크라스나야 슬로보다

독일군 4기갑군

9월 16–21일 요새 같은 구조의 곡물 창고를 지키던 소련군이 거듭된 독일군의 공격에도 5일 동안 버티다 탄약과 식수가 떨어져 탈출한다.

볼가강

△ **폐허가 된 도시**
소련군 병사들이 전투의 여파로 폐허가 된 스탈린그라드 중심부의 잔해를 뒤지고 있다. 독일군의 포위 공격으로 도시가 파괴되고 인구가 감소했다.

I　폐허가 된 도시　1942년 8월 23일-9월 13일

독일군이 스탈린그라드로 진군하는 사이 8월 23일부터 일주일 동안 독일 공군 폭격기가 도시를 집중 폭격한다. 폭격으로 건물이 폐허가 되고 민간인 사상자가 많이 발생한다. 프리드리히 파울루스 장군이 이끄는 6군이 서쪽에서 스탈린그라드로 접근한다. 헤르만 호트 장군이 지휘하는 4기갑군은 남쪽에서 6군을 지원한다.

➡ 8월 23일-9월 13일
독일군의 진군

━ 9월 13일 소련군 전선

▦ 1942년 9월 13일 독일 점령지

2　스탈린그라드 방어　1942년 8월 23일-11월 18일

소련은 62군과 64군으로 스탈린그라드를 방어한다. 경무장한 공장 노동자인 노동자 민병대가 이들을 지원한다. 보급품과 증원군은 소련이 차지하고 있는 볼가강 동안에서 소형 선박이나 임시 다리를 이용해 운반된다. 추이코프가 독일군을 '껴안으라'고 명령한다. 독일군이 자국군 피해를 우려해 공습이나 포격을 하지 못하도록 독일군 가까이 바싹 붙으라는 뜻이다. 주요 건물은 지뢰밭과 철조망으로 둘러싸인 요새로 바뀐다.

⚔ 포병 벨트
•••• 보급선
▭▭▭ 임시 다리
⛴ 선박 도하

🧍 스탈린그라드 전선군

1942년 스탈린그라드 전선군은 수 개 군으로 편성되어 있다.

3　시가전　1942년 9월 13일-27일

9월 13일에 독일군이 도시 중심부를 향해 대대적인 진격을 시작한다. 중앙역이나 마마예프 쿠르간 언덕 같은 주요 지점은 여러 차례 주인이 바뀐다. 폐허에 몸을 숨긴 소련군 저격수가 기록적인 수의 독일군을 죽인다. 하지만 독일군보다 소련군의 병력 손실이 훨씬 더 크다. 많은 소련군이 자기희생적인 용기를 보여 주다 죽기도 하고, '한 발짝도 물러서지 말라'는 스탈린의 명령을 어긴 죄로 처형되기도 한다.

➡ 9월 13-27일
독일군의 진격

•••• 9월 27일
소련군 전선

✕ 주요 전투지

뤼녹

스탈린그라드 전투

1942년 늦여름에 시작되어 5개월간 이어진 스탈린그라드 전투에서 소련군은 자국을 침공한 추축국 군대의 거침없는 진격을 막아 냈다.
소련의 군인과 민간인이 함께한 치열한 방어를 통해 스탈린그라드는 독일군 6군을 살상하는 죽음의 덫으로 바뀌었다.

1942년 늦여름, 독일군은 크림반도를 점령하고 캅카스로 침투하며 소련의 주요 석유 공급원을 위협했다. 독일은 스탈린그라드 점령이 심각한 문제가 되리라고 예상하지 못했다. 하지만 소련의 독재자 이오시프 스탈린은 곧 스탈린그라드 방어를 최우선 과제로 삼았다. 8월 말에 시작된 독일 공군의 스탈린그라드 폭격 이후 9월에 스탈린그라드로 진격한 독일 지상군은 거리마다, 집집마다, 심지어 하수구에서까지 치열한 싸움을 벌여야 했다. 그래서 독일군은 이 전투를 '생쥐 전쟁'이라고 불렀다. 양측은 점점 더 많은 자원을 전투에 투입했다.

소련군이 볼가강 서안의 좁은 고립 지역으로 밀리면서도 완강하게 저항하고 있는 사이에, 스탈린의 가장 유능한 장군 게오르기 주코프는 독일군을 후방의 보급선과 차단하는 엄청난 반격 작전을 준비했다. 포위된 독일군은 1943년 2월에 항복했다. 양측이 입은 손실은 어마어마했다. 독일군 역사상 가장 큰 패배인 스탈린그라드 전투 패배는 제2차 세계대전의 전환점이 되었다.

> *"도시를 지키는 단 한 가지 방법은 목숨으로 대가를 치르는 것이다. 시간은 피다!"*
>
> 바실리 추이코프 장군, 1942년 9월

바실리 추이코프(1900-1982년)

스탈린그라드의 소련군 사령관 바실리 이바노비치 추이코프는 농노 출신이었다. 그는 러시아 내전(1918-1920년)에서 혁명군 편에 서서 싸우다 장교로 승진했다. 1942년 9월, 스탈린그라드 방어를 위해 투입된 추이코프는 동요하는 기미가 보이면 자기 부하에게도 주저하지 않고 총을 쏘는 등 무자비한 자세로 임무를 수행했다. 그는 스탈린그라드 방어에 성공하며 소련의 영웅이 되었다. 1945년 봄에는 제8근위군을 이끌고 베를린을 점령했고 1955년에 소련 원수로 승진했다.

제2차 세계대전의 전차

전차는 제2차 세계대전이 진행되는 동안
급격한 기술적 발전을 겪었다. 처음에는 작은 덩치에
힘이 달릴 때가 많았고 무장 수준도 떨어졌지만
1945년 무렵에는 거대한 중무장 야수로 바뀌었다.

△ **하인츠 구데리안 장군**
구데리안의 기동 기갑전
방식은 제2차 세계대전 초기에
독일군이 승리를 거두는 데
크게 기여했다.

1939년, 참전국들은 특정 역할에 맞는 다양한 종류의 전문화된 전차를 전쟁에 투입했다. 경장갑 전차는 정찰용으로, 중(中)장갑 고속 전차는 전통적인 기병 역할인 기습 돌격용으로, 중(重)장갑 전차는 보병 지원용으로, 장갑이 가장 두꺼운 전차는 적 요새 돌파용으로 사용되었다.

참전국들은 최근에 벌어진 제1차 세계대전(1917-1918년), 스페인 내전(1936-1939년), 제2차 중일 전쟁(1937-1945년) 등에서 얻은 교훈을 바탕으로 기갑전 이론을 수립했다. 두 가지 주요 이론이 등장했다. 프랑스는 치밀하게 계획된 '체계적 전투' 이론을 내세우며 장갑 차량을 보병을 지원하는 역할과 정찰하는 역할로 사용했다. 하지만 독일에서는 전차를 앞세운, 유연하고 기동성이 좋으며 완전히 차량화된 전투 대형을 구성하는 이론이 나왔다.

1940년 봄에 독일군이 연합군을 상대로 한 전투에서 놀라운 승리를 거두며 독일 이론이 맞는다는 사실이 증명되었다. 동시에 기존의 전차 설계에 약점이 있다는 사실도 드러났다. 이듬해 각국은 속도, 장갑, 무장, 신뢰성을 높이는 경쟁을 벌였다. 독일은 제한된 산업 역량을 크기와 신기술의 향상에 집중시켰고, 연합군은 신뢰성, 유연성, 적응성을 높이는 데 주력했다. 1944-1945년에는 모든 나라의 군대가 기동력 있는 기갑사단을 운용했다. 독일은 장갑과 화력을 중요시했기에 티거 1과 같은 무시무시하지만 힘이 달리는 전차를 생산했는데, 이 전차는 제한된 수량만 실전에 배치되었다. 연합군이 운용하던 초기의 단일 목적 전차는 미국의 M4 셔먼이나 소련의 T-34 같은 성능이 뛰어나고 업그레이드가 가능하며 대량 생산되는 다목적 전차로 대체되었다.

대전차 무기

전차의 발전에 따라 대전차 무기도 발전했다. 초기에는 비교적 작은 단발 소총이 쓰였지만, 곧 휴대할 수는 있지만 다루기 불편한 대전차 소총으로 대체되었다. 지뢰와 수류탄도 사용되었다. 제2차 세계대전 시기에는 휴대할 수 있는 무반동 무기가 개발되었다. 독일의 판처파우스트('전차 주먹', 아래 사진 참조) 같은 이들 무반동 대전차 무기는 '중공 작약' 탄두가 달린 로켓탄을 사용했다. 가장 강력하고 효과적인 대전차 무기는 대전차포였다.

소련의 전차 공격
1944년에 T-34-85 전차가 제3우크라이나 전선군 병력과 함께 오데사 지역에서 적군을 공격하고 있다. 보병은 장갑차 부족으로 전차로 이동할 때가 많았는데 특히 소련군에서 그런 일이 잦았다.

노르망디 상륙 작전

1944년 6월 6일, 연합군은 제2차 세계대전에서 가장 큰 규모의 군사 작전인 독일이 점령한 프랑스 침공 작전을 시작했다. 암호명은 '디데이'였다. 상륙 작전의 성공은 프랑스 해방과 나치 독일의 패배를 향한 중요한 발걸음이었다.

연합군은 1942년부터 영국이 해협을 건너 점령당한 유럽을 침공해야 한다고 논의했다. 미국은 신속한 행동을 촉구했지만, 그런 모험이 극히 어렵다고 생각한 영국은 시간을 끌었다. 그사이 독일은 프랑스 남서부에서 스칸디나비아에 이르는 해안에 포좌, 콘크리트 벙커, 해변 장애물 등으로 대서양 방벽이라고 불리는 강력한 방어선을 구축했다.

1943년 중반부터 미국의 드와이트 D. 아이젠하워 장군을 최고사령관으로, 영국의 버나드 몽고메리 장군을 지상군 사령관으로 하는 침공 계획이 본격화되기 시작했다. 영국 남부에 집결된 대규모 병력과 보급품은 독일군의 눈을 피할 수 없었다. 하지만 연합군의 기만 작전으로 독일군은 연합군이 노르망디가 아니라 파드칼레로 상륙할 것으로 생각했다.

디데이 당일 연합군은 15만 명이 넘는 병력이 상륙하는 데 성공하며 해협을 가로질러 병력을 보강하고 물자를 조달할 수 있는 교두보를 확보했다. 이날 죽거나 다친 연합군 병사는 1만 1천 명으로 우려하던 것보다 적었다. 하지만 독일군의 치열한 대응으로 첫날 계획했던 목표 상당수를 달성하지 못했다. 연합군은 7월 말까지 상륙 해안의 거점에서 벗어나지 못하면서 노르망디 전투에서 20만 명이 넘는 사상자를 냈다. 파리는 결국 8월 25일에 해방되었다.

노르망디 침공

연합군은 다섯 개의 해변에 유타, 오마하, 골드, 주노, 소드라는 암호명을 붙였다. 미국과 영국 공수부대는 밤에 낙하산과 글라이더를 타고 침투했다. 날이 밝자 해상 공격이 시작되었다. 연합군은 해변을 점령했지만 독일군의 거센 저항으로 내륙으로 진출하지 못했다.

기호 보기

- 추축국 영토
- 노르망디 해변
- 6월 6일 자정까지 연합군의 목표
- 6월 6일 연합군 점령지
- 페가수스 다리
- 독일군 포대
- 독일군 보병사단
- 독일군 기갑사단

타임라인

1944년 6월 5일 — 6월 9일 — 6월 13일

709보병사단

91보병사단

243보병사단

6월 6일 오전 2시 30분 미 82공수사단 병력이 유타 서쪽에 낙하한다.

유타

1 공수부대의 야간 침투
1944년 6월 6일 오전 0시 15분–6시 30분

주력 부대의 상륙에 앞서 침공 지역 양 측면을 확보하기 위해 공수부대가 투입된다. 미 82공수사단과 101공수사단 병력 1만 3천 명이 유타 해변 뒤에 낙하하고, 영국 6공수사단 병력 8천 명은 소드 해변 근처에 낙하한다. 어두운 데다 기상마저 좋지 않아 많은 병사가 엉뚱한 곳으로 떨어진다. 그럼에도 대부분 목표 지역을 확보한다.

→ 상륙 함대의 도착   🪂 공수부대 낙하 지역

6월 6일 오전 1시 30분 미 101공수사단 병력이 낙하산으로 노르망디에 침투한다.

30차량화사단

2 유타 해변 상륙   1944년 6월 6일 오전 6시 30분–자정

유타 구역을 목표로 한 미 상륙군이 예기치 않은 행운을 만난다. 해류가 예상과 다르게 흘러 상륙정이 목표 도착 지점에서 남쪽으로 거의 2km 떨어진 해변에 도착한다. 이 지역은 방어가 허술해 4보병사단 병사들이 쉽게 내륙으로 이동해 공수부대원과 합류한다. 이날 모두 합해 미군 2만 1천 명이 유타 해변에 상륙한다. 사상자는 1%가 채 되지 않는다.

🚂⇢ 미군 상륙정   👤→ 미군 병력의 이동

해협 도항

전쟁 역사상 최대 규모의 상륙 작전인 노르망디 상륙 작전에는 군함 1,200척 이상과 상륙정 4천 척이 투입되었다. 함대는 6월 5일 밤과 6일 새벽 사이에 영국에서 출발해 기뢰가 제거된 항로를 따라 항해했다. 전함과 순양함이 독일군 방어 진지에 함포를 쏘고 폭격기가 공습하는 동안, 상륙군은 수송선에서 상륙정으로 갈아타고 해안으로 접근했다.

영국   사우샘프턴   쇼어햄바이시   포츠머스   와이트섬

오마하군   골드군   주노군   소드군   유타군

상륙 부대가 와이트섬 남쪽에 집결한다.

소해함이 독일군 기뢰 부설 지역을 통과하는 항로를 확보한다.

영 불 해 협

영국 기함이 영국군과 캐나다군 상륙을 지휘한다.

셰르부르   유타   오마하   골드   주노   소드

기호 보기

- 추축국 영토
- 연합국 영토
- → 연합군의 침공
- 🚢 병력 수송선
- ⫽ 기뢰 부설 지대
- ⛴ 상륙정
- 🚢 군함의 함포 사격

프랑스   노르망디   베누빌   캉

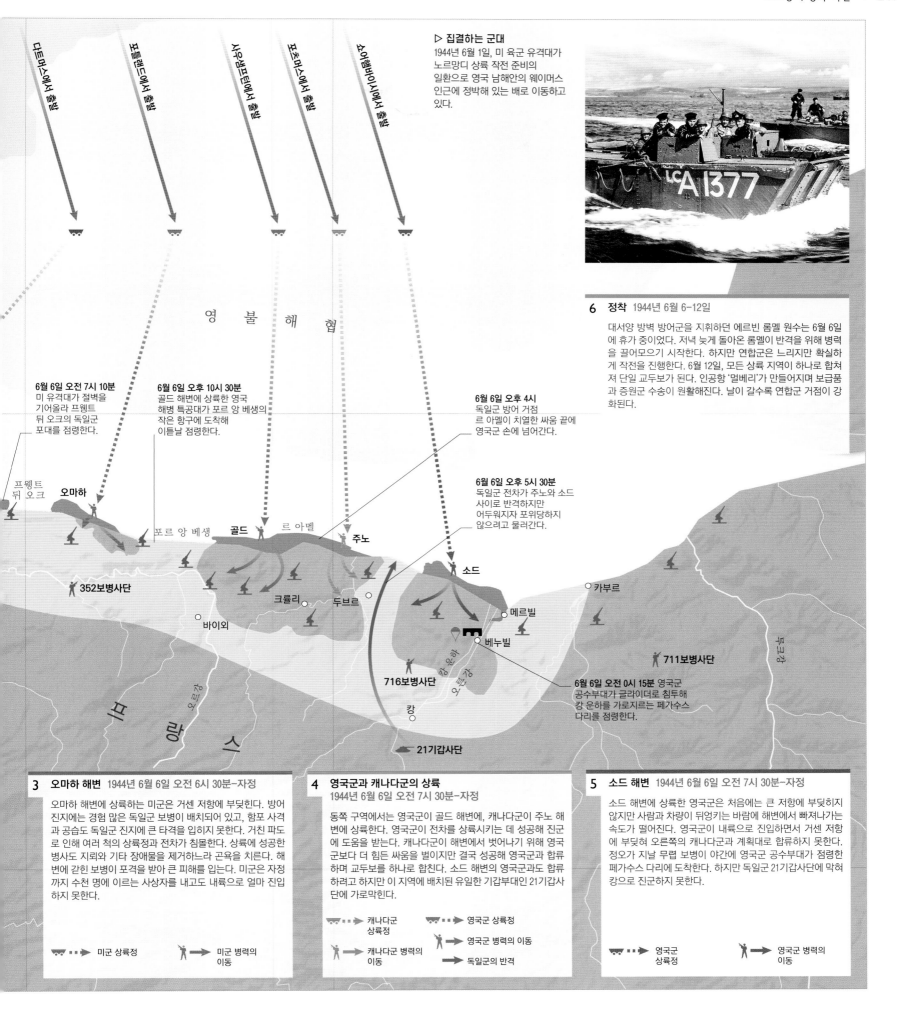

다트머스에서 출발

포틀랜드에서 출발

사우샘프턴에서 출발

포츠머스에서 출발

쇼어햄바이시에서 출발

▷ **집결하는 군대**
1944년 6월 1일, 미 육군 유격대가
노르망디 상륙 작전 준비의
일환으로 영국 남해안의 웨이머스
인근에 정박해 있는 배로 이동하고
있다.

영　불　해　협

6 정착 1944년 6월 6-12일

대서양 방벽 방어군을 지휘하던 에르빈 롬멜 원수는 6월 6일
에 휴가 중이었다. 저녁 늦게 돌아온 롬멜이 반격을 위해 병력
을 끌어모으기 시작한다. 하지만 연합군은 느리지만 확실하
게 작전을 진행한다. 6월 12일, 모든 상륙 지역이 하나로 합쳐
져 단일 교두보가 된다. 인공항 '멀베리'가 만들어지며 보급품
과 증원군 수송이 원활해진다. 날이 갈수록 연합군 거점이 강
화된다.

6월 6일 오전 7시 10분
미 유격대가 절벽을
기어올라 프웽트
뒤 오크의 독일군
포대를 점령한다.

6월 6일 오후 10시 30분
골드 해변에 상륙한 영국
해병 특공대가 포르 앙 베생의
작은 항구에 도착해
이튿날 점령한다.

6월 6일 오후 4시
독일군 방어 거점
르 아멜이 치열한 싸움 끝에
영국군 손에 넘어간다.

6월 6일 오후 5시 30분
독일군 전차가 주노와 소드
사이로 반격하지만
어두워지자 포위당하지
않으려고 물러간다.

프웽트
뒤 오크

오마하

포르 앙 베생　골드　르 아멜

주노

소드

카부르

352보병사단

크뤼리　두브르

메르빌

바이외

베누빌

711보병사단

716보병사단

6월 6일 오전 0시 15분 영국군
공수부대가 글라이더로 침투해
캉 운하를 가로지르는 페가수스
다리를 점령한다.

캉

21기갑사단

3 오마하 해변 1944년 6월 6일 오전 6시 30분-자정

오마하 해변에 상륙하는 미군은 거센 저항에 부딪힌다. 방어
진지에는 경험 많은 독일군 보병이 배치되어 있고, 함포 사격
과 공습도 독일군 진지에 큰 타격을 입히지 못한다. 거친 파도
로 인해 여러 척의 상륙정과 전차가 침몰한다. 상륙에 성공한
병사도 지뢰와 기타 장애물을 제거하느라 곤욕을 치른다. 해
변에 갇힌 보병이 포격을 받아 큰 피해를 입는다. 미군은 자정
까지 수천 명에 이르는 사상자를 내고도 내륙으로 얼마 진입
하지 못한다.

🚢···▶ 미군 상륙정　🚶▶ 미군 병력의
이동

4 영국군과 캐나다군의 상륙
1944년 6월 6일 오전 7시 30분-자정

동쪽 구역에서는 영국군이 골드 해변에, 캐나다군이 주노 해
변에 상륙한다. 영국군이 전차를 상륙시키는 데 성공해 진군
에 도움을 받는다. 캐나다군이 해변에서 벗어나기 위해 영국
군보다 더 힘든 싸움을 벌이지만 결국 성공해 영국군과 합류
하며 교두보를 하나로 합친다. 소드 해변의 영국군과도 합류
하려고 하지만 이 지역에 배치된 유일한 기갑부대인 21기갑사
단에 가로막힌다.

🚢···▶ 캐나다군
　　　상륙정　　🚢···▶ 영국군 상륙정

🚶▶ 캐나다군 병력의
　　이동　　　🚶▶ 영국군 병력의 이동

🚶▶ 독일군의 반격

5 소드 해변 1944년 6월 6일 오전 7시 30분-자정

소드 해변에 상륙한 영국군은 처음에는 큰 저항에 부딪히지
않지만 사람과 차량이 뒤엉키는 바람에 해변에서 빠져나가는
속도가 떨어진다. 영국군이 내륙으로 진입하면서 거센 저항
에 부딪혀 오른쪽의 캐나다군과 계획대로 합류하지 못한다.
정오가 지날 무렵 보병이 야간에 영국군 공수부대가 점령한
페가수스 다리에 도착한다. 하지만 독일군 21기갑사단에 막혀
캉으로 진군하지 못한다.

🚢···▶ 영국군
　　　상륙정　　🚶▶ 영국군 병력의
이동

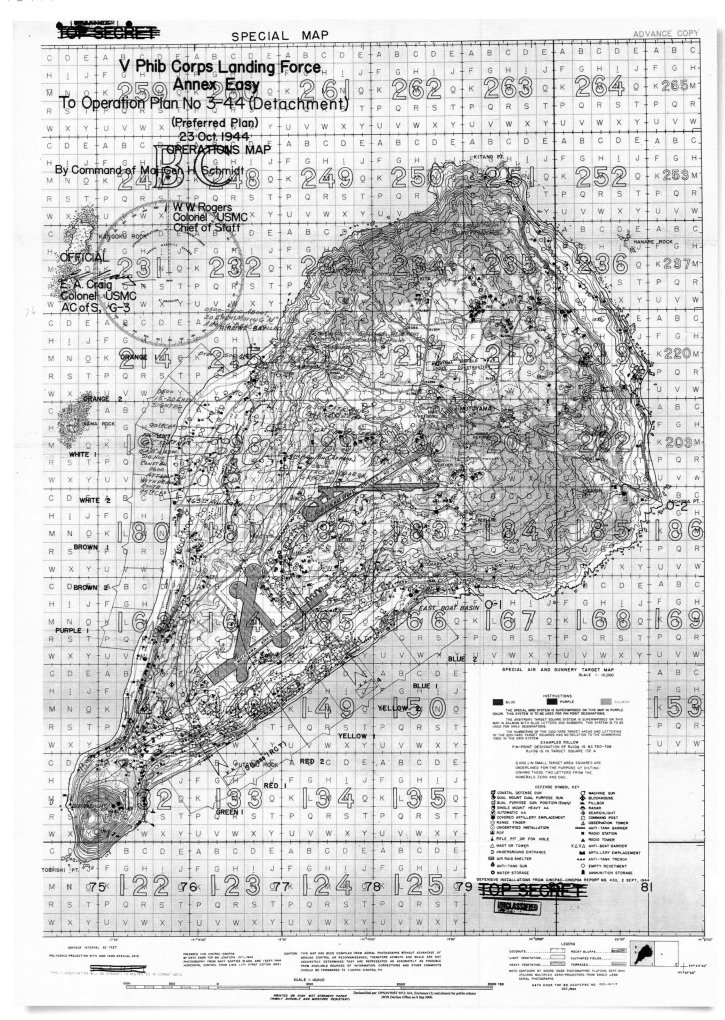

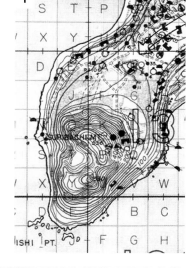

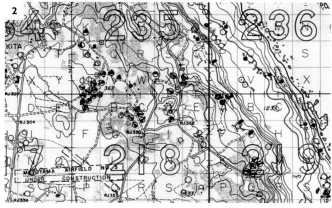

이오지마 전투

1945년 초에 미군 11만 명이 일본군 약 2만 명이 지키는 작은 섬 이오지마를 빼앗기 위해 출발했다. 제2차 세계대전의 참혹한 전투 중 하나로 꼽히는 이 전투에서 미군은 방어용 땅굴 망에 있던 일본군을 소탕했다. 마침내 한 달 뒤 미군은 전략적·심리적으로 중요한 이 전투에서 승리를 거두었다.

1942년 미드웨이 해전(238-239쪽 참조)에서 승리를 거둔 미군은 일본 해군에 막대한 피해를 입히며 태평양을 가로질러 서쪽으로 공세를 이어 갔다. 1945년 2월에 미군은 전략적 요충지인 작은 섬 이오지마를 공격하기 시작했다. 이오지마는 연합군 전투기의 기지로서나 문제가 생긴 폭격기의 피난처로 요긴한 곳이었다.

일본군은 공격에 철저히 대비했다. 구리바야시 다다미치 장군은 바위섬을 파서 벙커와 참호를 만들고, 18km에 이르는 땅굴을 파서 벙커와 참호를 연결하는 망을 구축했다. 일본군은 땅굴 덕분에 함포 사격과 공중 폭격을 받고도 큰 피해를 입지 않았다.

2월 19일에 미국 해병대 병력 11만 명 중 첫 번째 부대가 이오지마에 상륙했다. 미군은 벙커에서 갑자기 나타나 공격하는 보이지 않는 적 때문에 살금살금 진격할 수밖에 없었다. 그러다 보니 섬 점령

위치 보기

에 시간도 많이 걸렸고 대가도 많이 치렀다. 7천 명에 가까운 미군이 전사하고 1만 9천 명이 넘는 미군이 부상당했다. 구리바야시 휘하의 소규모 일본군은 3월 26일까지 버티다 대부분 전사했다. 생포된 일본군은 1천여 명에 불과했는데 이들도 많은 수가 몇 개월, 심지어 몇 년 동안 숨어 있다가 잡혔다.

느린 진격

미군은 2월 19일에 이오지마 남동쪽 해변에 상륙해 천천히 섬을 가로질러 진격했다. 2월 24일, 미군이 활주로 2개와 스리바치산을 점령했다. 그런 다음 나흘 걸려 악명 높은 '미트그라인더(고기 분쇄기)' 지역의 고지대를 점령했지만, 섬 전체의 안전이 확보되는 것은 3월 16일이 되어서였다. 3월 25일 밤에서 26일 새벽 사이에 일본군은 구리바야시의 거점에서 나와 마지막 반격을 감행했다.

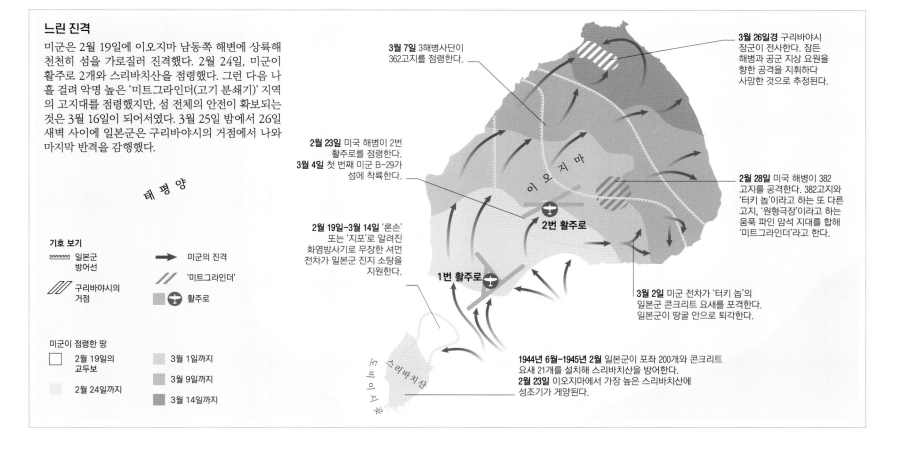

태평양

기호 보기

〰〰〰 일본군 방어선

╱╱ 구리바야시의 거점

▦ 활주로

➔ 미군의 진격

╱╱ '미트그라인더'

⬛✈ 활주로

미군이 점령한 땅

☐ 2월 19일의 교두보

⬜ 2월 24일까지

⬜ 3월 1일까지

⬜ 3월 9일까지

⬛ 3월 14일까지

3월 7일 3해병사단이 362고지를 점령한다.

3월 26일경 구리바야시 장군이 전사한다. 잠든 해병과 공군 지상 요원을 향한 공격을 지휘하다 사망한 것으로 추정된다.

2월 23일 미국 해병이 2번 활주로를 점령한다.
3월 4일 첫 번째 미군 B-29가 섬에 착륙한다.

2월 19일-3월 14일 '론손' 또는 '지포'로 알려진 화염방사기로 무장한 셔먼 전차가 일본군 진지 소탕을 지원한다.

2번 활주로

1번 활주로

2월 28일 미국 해병이 382고지를 공격한다. 382고지와 '터키 놉'이라고 하는 또 다른 고지, '원형극장'이라고 하는 움푹 파인 암석 지대를 합해 '미트그라인더'라고 한다.

3월 2일 미국 전차가 '터키 놉'의 일본군 콘크리트 요새를 포격한다. 일본군이 땅굴 안으로 퇴각한다.

1944년 6월-1945년 2월 일본군이 포좌 200개와 콘크리트 요새 21개를 설치해 스리바치산을 방어한다.
2월 23일 이오지마에서 가장 높은 스리바치산에 성조기가 게양된다.

이오지마

스리바치산

베를린 공방전

베를린은 제2차 세계대전의 유럽 지역 마지막 전투에서
압도적인 붉은 군대의 진격에 직면했다.
그럼에도 불구하고 제3제국의 종말을 목전에 둔 독일 지도자
아돌프 히틀러는 고집을 꺾지 않고 죽을 때까지 싸우라는
명령을 내려 양측에 막대한 인명 피해를 입혔다.

1944년 여름에 연합군의 노르망디 상륙 작전(248-249쪽 참조)이 성공한 뒤에도 히틀러는 고집스럽게 싸움을 이어 갔다. 1944년 12월부터 1945년 1월 사이에 아르덴에서 벌어진 벌지 전투에서 패배한 뒤에도 고집을 꺾지 않았다. 1월 중순, 소련군은 대규모 공세를 펼치며 동쪽에서 독일을 침공했다. 3월에는 서쪽에서 미군이 처음으로 라인강을 건넜다. 하늘에서는 영국과 미국의 폭격기가 제멋대로 독일의 도시를 파괴했다. 공군과 육군이 압도적으로 밀리자 히틀러는 조국을 사수하라며 어린이와 노인까지 징집했다.

연합군의 베를린 진격을 동쪽 혹은 서쪽에서 할 것인지의 문제는 논쟁의 여지가 없었다. 미국의 드와이트 D. 루스벨트 장군은 소련의 진격 요청을 기쁜 마음으로 받아들여 소련이 명예와 사상자를 모두 가져갔다. 4월 25일에 베를린 안팎에서 격렬한 전투가 계속되는 와중에 소련군과 미군이 엘베강 변의 토르가우에서 우호적으로 만났다. 치열한 전투가 벌어지는 가운데 히틀러를 비롯해 많은 나치 지도자가 치욕적인 패배를 예상하고 스스로 목숨을 끊었다. 5월 2일, 베를린이 정복하고 5일 뒤 유럽에서 전쟁이 끝났다. 소련과 서방은 베를린을 분할 점령했다. 이 분할은 나중에 동·서 베를린 분단으로 굳어져 이 상태가 1990년까지 지속되었다.

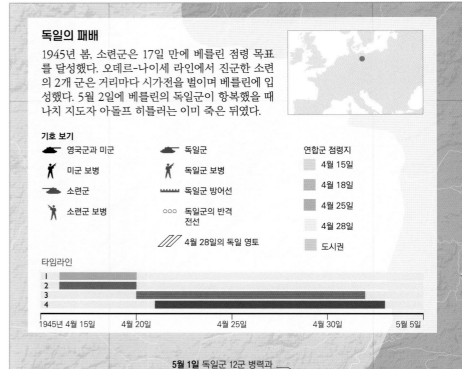

독일의 패배

1945년 봄, 소련군은 17일 만에 베를린 점령 목표를 달성했다. 오데르-나이세 라인에서 진군한 소련의 2개 군은 거리마다 시가전을 벌이며 베를린에 입성했다. 5월 2일에 베를린의 독일군이 항복했을 때 나치 지도자 아돌프 히틀러는 이미 죽은 뒤였다.

기호 보기

영국군과 미군	독일군	연합군 점령지
미군 보병	독일군 보병	4월 15일
소련군	독일군 방어선	4월 18일
소련군 보병	독일군의 반격 전선	4월 25일
	4월 28일의 독일 영토	4월 28일
		도시권

타임라인

1945년 4월 15일 — 4월 20일 — 4월 25일 — 4월 30일 — 5월 5일

5월 1일 독일군 12군 병력과 9군의 생존자가 서쪽으로 방향을 틀어 연합군에 항복한다.

12군

미 1군

△ **소련군의 승리의 행진**
1945년 5월에 나치 독일이 항복한 이후 승리한 붉은 군대 병사들이 베를린으로 행진하고 있다. 폐허가 된 베를린은 그 뒤로 수십 년간 계속된 냉전의 중심이 되었다.

4 정복되는 베를린 1945년 4월 21일-5월 2일

소련군이 베를린 중심부에 있는 히틀러의 벙커로 서서히 접근해 들어간다. 이미 연합군의 공습으로 폐허가 되다시피 한 베를린이 소련군의 포격으로 더 파괴된다. 헬무트 바이틀링 장군이 정예 친위대 병사부터 훈련받지 않은 소년에 이르기까지 다양한 병력을 동원해 베를린을 방어한다. 이들이 근접 시가전에서 붉은 군대에 많은 사상자를 내지만 패배를 피할 수 없다. 4월 30일에 히틀러가 벙커에서 자살하고 5월 2일에 바이틀링이 항복 협상을 한다.

▭ 히틀러의 벙커

데사우

할레

북부의 작전

주코프와 코네프가 베를린을 포위해 들어가는 사이에 콘스탄틴 로코숍스키 원수가 이끄는 군대는 북쪽에서 공세를 폈다. 4월 18일부터 그의 제2벨로루시 전선군은 발트해 연안으로 휩쓸고 들어갔다. 그 결과 히틀러의 3기갑군은 메클렌부르크에서 발이 묶여 베를린을 지원하러 가지 못했다.

5월 2일 비스마르가 영국군에 점령된다.

5월 4-5일 소련군이 밤사이 슈비네뮌데를 점령한다.

발트 해

비스마르
귀스트로
로스토크
립니츠
슈트랄준트
슈비네뮌데

영국군 2군
바렌
프리들란트
노이브란덴부르크
메클렌부르크
프렌츨라우
3기갑군
제2벨로루시 전선군
프리츠발크
비텐베르크
9군
대 독 일
퀴스트린
베를린
브란덴부르크
포츠담
제1벨로루시 전선군
12군
미 9군
데사우
루카우
미 1군
제1우크라이나 전선군

기호 보기

	소련군
→	제2벨로루시 전선군의 진격
	영국군과 미군
	독일군
●	주요 도시

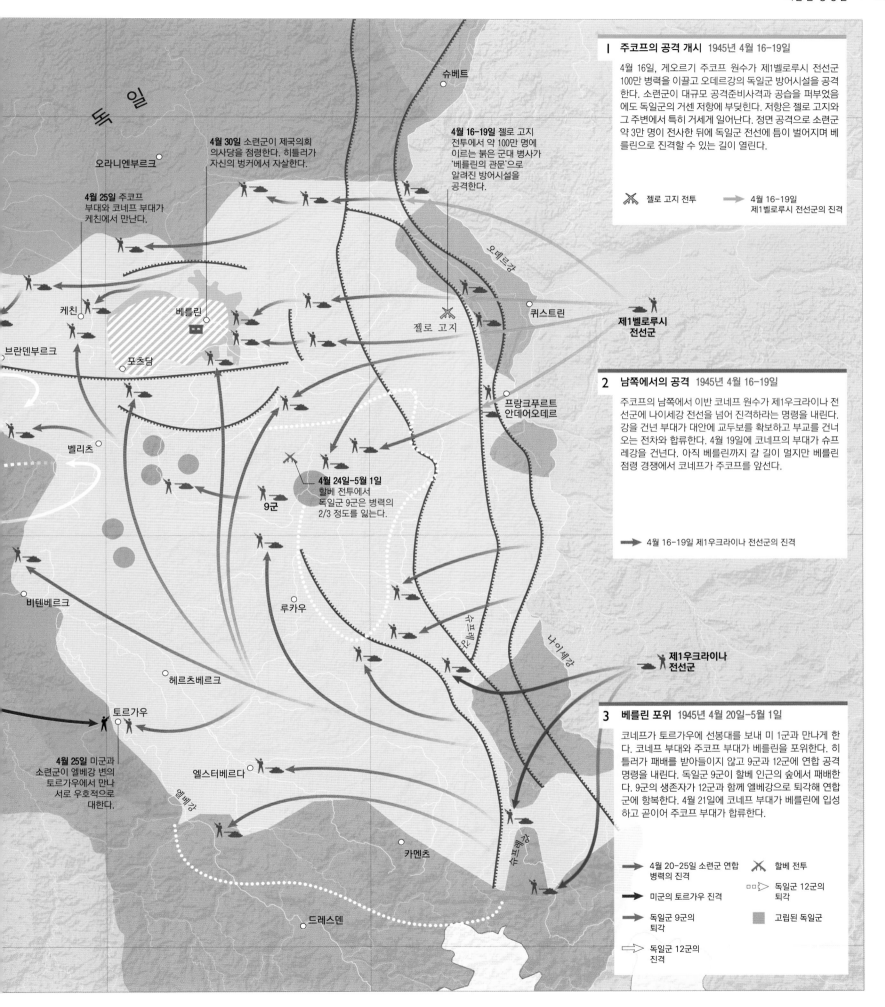

독일

오라니엔부르크

슈베트

4월 30일 소련군이 제국의회 의사당을 점령한다. 히틀러가 자신의 벙커에서 자살한다.

4월 16-19일 젤로 고지 전투에서 약 100만 명에 이르는 붉은 군대 병사가 '베를린의 관문'으로 알려진 방어시설을 공격한다.

4월 25일 주코프 부대와 코네프 부대가 케친에서 만난다.

케친

베를린

포츠담

젤로 고지

오데르강

퀴스트린

제1벨로루시 전선군

브란덴부르크

벨리츠

프랑크푸르트 안데어오데르

9군

4월 24일-5월 1일 할베 전투에서 독일군 9군은 병력의 2/3 정도를 잃는다.

비텐베르크

루카우

슈프레강

나이세강

제1우크라이나 전선군

헤르츠베르크

토르가우

4월 25일 미군과 소련군이 엘베강 변의 토르가우에서 만나 서로 우호적으로 대한다.

엘스터베르다

엘베강

카멘츠

비버강

드레스덴

1 주코프의 공격 개시 1945년 4월 16-19일

4월 16일, 게오르기 주코프 원수가 제1벨로루시 전선군 100만 병력을 이끌고 오데르강의 독일군 방어시설을 공격한다. 소련군이 대규모 공격준비사격과 공습을 퍼부었음에도 독일군의 거센 저항에 부딪힌다. 저항은 젤로 고지와 그 주변에서 특히 거세게 일어난다. 정면 공격으로 소련군 약 3만 명이 전사한 뒤에 독일군 전선에 틈이 벌어지며 베를린으로 진격할 수 있는 길이 열린다.

⚔ 젤로 고지 전투

➡ **4월 16-19일** 제1벨로루시 전선군의 진격

2 남쪽에서의 공격 1945년 4월 16-19일

주코프의 남쪽에서 이반 코네프 원수가 제1우크라이나 전선군에 나이세강 전선을 넘어 진격하라는 명령을 내린다. 강을 건넌 부대가 대안에 교두보를 확보하고 부교를 건너오는 전차와 합류한다. 4월 19일에 코네프의 부대가 슈프레강을 건넌다. 아직 베를린까지 갈 길이 멀지만 베를린 점령 경쟁에서 코네프가 주코프를 앞선다.

➡ **4월 16-19일** 제1우크라이나 전선군의 진격

3 베를린 포위 1945년 4월 20일-5월 1일

코네프가 토르가우에 선봉대를 보내 미 1군과 만나게 한다. 코네프 부대와 주코프 부대가 베를린을 포위한다. 히틀러가 패배를 받아들이지 않고 9군과 12군에 연합 공격 명령을 내린다. 독일군 9군이 할베 인근의 숲에서 패배한다. 9군의 생존자가 12군과 함께 엘베강으로 퇴각해 연합군에 항복한다. 4월 21일에 코네프 부대가 베를린에 입성하고 곧이어 주코프 부대가 합류한다.

➡ **4월 20-25일** 소련군 연합 병력의 진격

⚔ 할베 전투

➡ 미군의 토르가우 진격

▭▭▷ 독일군 12군의 퇴각

➡ 독일군 9군의 퇴각

▨ 고립된 독일군

▷ 독일군 12군의 진격

핵무기의 시대

1945년, 일본에서 처음이자 유일하게 사용된 핵무기는
그 전에 나온 어떤 군사 기술보다도 큰 공포를 불러일으켰다.
이후 핵무기는 다른 전쟁에서 쓰인 적이 없고
지금은 궁극적인 억지 수단으로 사용되고 있다.

△ 원자폭탄의 선구자
1904년에 태어난 미국 물리학자
J. 로버트 오펜하이머는 1940년대에
미국의 핵무기 프로그램
'맨해튼 프로젝트'를 이끈 인물로
유명하다.

1945년 8월, 미국이 일본의 히로시마와 나가사키
에 원자폭탄을 투하하며 세계는 핵무기의 시대로
접어들었다. 뒤이어 소련이 1949년에 핵무기를 개
발했고, 1952년에는 영국이 그 뒤를 이었다.

핵무기는 처음에 전략적 임무를 위한 특별 수
단으로 여겨졌다. 그러다 미국의 해리 S. 트루먼 대
통령 정부는 미국과 소련의 직접적 충돌을 막기
위해 핵무기의 전쟁 억지력 가능성을 이용했다. 세
계적으로 핵무기와 그 전달 체계를 획득하고 개발
하는 데 막대한 지출이 발생했고, 이로 인해 다른
분야에 충분한 국방비가 투입되지 못하는 경우도
생겨났다. 결국 핵융합 폭탄(수소 폭탄)이 개발되
어 핵분열 폭탄(원자폭탄)을 대체했다. 전략 폭격
기는 지상 발사 탄도 미사일로 대체되었고, 뒤이어
잠수함 발사 탄도 미사일(SLBM)이 개발되었다. 한 나라가 새로운 기술을 개발할
때마다 동맹국과 경쟁국이 이를 따라잡았고, 1980년대가 되자 미국과 소련은 전
세계를 몇 번이나 파괴할 수 있을 만큼 핵무기를 보유하게 되었다.

오늘날의 시나리오

이런 군비 경쟁의 긴장은 1987년에 미국과 소련이 중거리핵전력(INF) 조약을 체
결하면서 어느 정도 완화되었다. 하지만 21세기에도 핵무기는 계속 확산되고 있으
며, 각국은 핵무기를 중요한 전략 무기로 보고 있다.

대륙간 탄도 미사일

전략 방어 무기로 개발된 대륙간
탄도 미사일(ICBM)은 핵탄두를
탑재한 사거리 5,600km 이상의 지
상 발사 미사일이다. 현재 ICBM을
실전 배치한 나라는 러시아, 미국,
중국, 프랑스, 인도, 영국, 북한 등
이다.

미국의 타이탄 II ICBM의 모습을
찍은 사진이다.

버섯 구름
프랑스는 1970년에 프랑스령 폴리네시아에서 '리코른(유니콘) 작전'이라는 대기권 핵실험을 하면서 핵 '군비 경쟁'에 뛰어들었다. 이 실험에서 핵폭탄이 폭발하는 무시무시한 장면을 담은 사진이다.

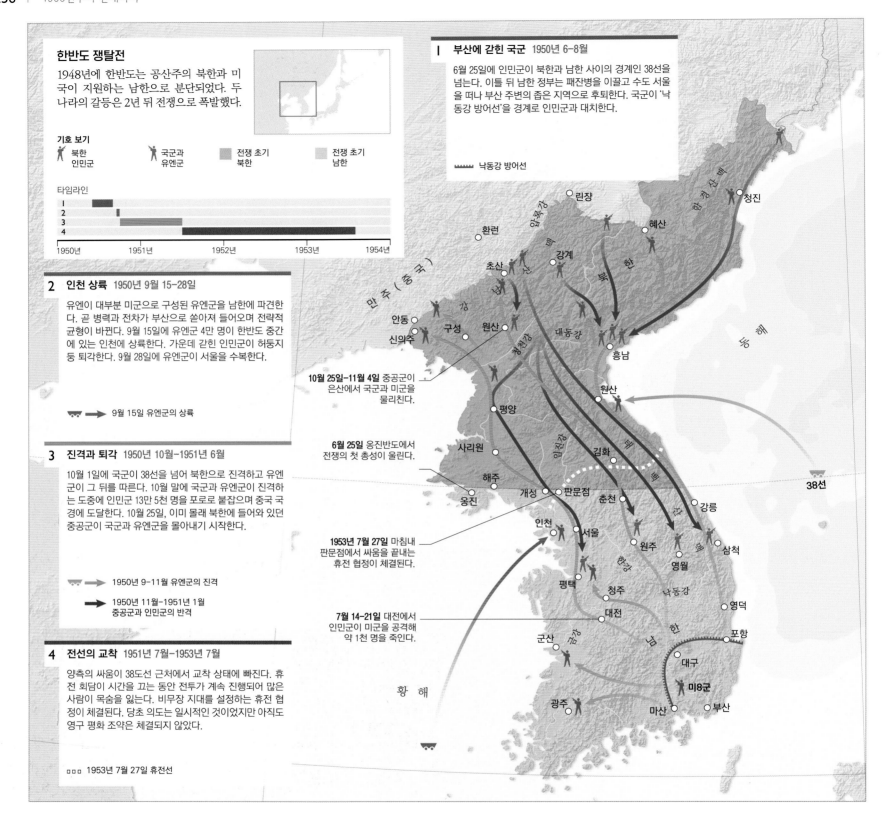

한반도 쟁탈전

1948년에 한반도는 공산주의 북한과 미국이 지원하는 남한으로 분단되었다. 두 나라의 갈등은 2년 뒤 전쟁으로 폭발했다.

기호 보기

🏃 북한 인민군 　　🏃 국군과 유엔군 　　▨ 전쟁 초기 북한 　　▨ 전쟁 초기 남한

타임라인

1
2
3
4

1950년　1951년　1952년　1953년　1954년

| 부산에 갇힌 국군　1950년 6-8월

6월 25일에 인민군이 북한과 남한 사이의 경계인 38선을 넘는다. 이틀 뒤 남한 정부는 패잔병을 이끌고 수도 서울을 떠나 부산 주변의 좁은 지역으로 후퇴한다. 국군이 '낙동강 방어선'을 경계로 인민군과 대치한다.

〰〰 낙동강 방어선

2　인천 상륙　1950년 9월 15-28일

유엔이 대부분 미군으로 구성된 유엔군을 남한에 파견한다. 곧 병력과 전차가 부산으로 쏟아져 들어오며 전략적 균형이 바뀐다. 9월 15일에 유엔군 4만 명이 한반도 중간에 있는 인천에 상륙한다. 가운데 갇힌 인민군이 허둥지둥 퇴각한다. 9월 28일에 유엔군이 서울을 수복한다.

🚢➡ 9월 15일 유엔군의 상륙

3　진격과 퇴각　1950년 10월-1951년 6월

10월 1일에 국군이 38선을 넘어 북한으로 진격하고 유엔군이 그 뒤를 따른다. 10월 말에 국군과 유엔군이 진격하는 도중에 인민군 13만 5천 명을 포로로 붙잡으며 중국 국경에 도달한다. 10월 25일, 이미 몰래 북한에 들어와 있던 중공군이 국군과 유엔군을 몰아내기 시작한다.

🚢➡ 1950년 9-11월 유엔군의 진격

➡ 1950년 11월-1951년 1월 중공군과 인민군의 반격

4　전선의 교착　1951년 7월-1953년 7월

양측의 싸움이 38도선 근처에서 교착 상태에 빠진다. 휴전 회담이 시간을 끄는 동안 전투가 계속 진행되어 많은 사람이 목숨을 잃는다. 비무장 지대를 설정하는 휴전 협정이 체결된다. 당초 의도는 일시적인 것이었지만 아직도 영구 평화 조약은 체결되지 않았다.

▫▫▫ 1953년 7월 27일 휴전선

10월 25일-11월 4일 중공군이 은산에서 국군과 미군을 물리친다.

6월 25일 옹진반도에서 전쟁의 첫 총성이 울린다.

1953년 7월 27일 마침내 판문점에서 싸움을 끝내는 휴전 협정이 체결된다.

7월 14-21일 대전에서 인민군이 미군을 공격해 약 1천 명을 죽인다.

38선

미8군

인천 상륙 작전

한국 전쟁(1950-1953년) 초기에 북한군은 국군과 동맹군을 국토 동남쪽의 좁은 구역으로 밀어 넣었다. 1950년, 유엔군은 적 전선 뒤편의 인천에서 상륙 작전에 성공하며 대규모 반격을 시작했다.

제2차 세계대전이 끝나면서 일본 통치에서 해방된 한국은 소련과 중국의 지원을 받는 북쪽의 공산주의 조선민주주의인민공화국과 미국의 지원을 받는 남쪽의 대한민국이라는 두 개의 공화국으로 분단되었다. 1950년 6월, 북한은 남한을 침공해 유엔의 군사 지원에도 불구하고 국군을 국토의 동남쪽 구석으로 밀어 넣었다. 유엔군 사령관 더글러스 맥아더는 적진 160km 후방에 있는 인천에 상륙하는 반격 작전 계획을 세웠다. 유엔군은 상륙 작전에 성공해 신속하게 빼앗긴 땅을 되찾았다. 맥아더가 중국 국경선까지 인민군을 추격하자 중공군이 참전했다. 이 때문에 유엔군이 후퇴하기 시작했고, 1951년 중반이 되자 양측은 전쟁이 시작될 때의 전선 근처로 되돌아갔다.

디엔비엔푸 전투

제2차 세계대전이 끝나자 프랑스는 인도차이나반도의 식민지에 대한 통제권을 다시 확보하려고 시도했다.
독립을 위해 오랫동안 게릴라전을 벌이던 베트남의 민족주의 세력 베트민은
마침내 1954년 5월에 디엔비엔푸 전투에서 프랑스군을 물리쳤다.

프랑스군은 독립을 쟁취하려는 베트민과 7년 넘게 전쟁을 벌였다. 1954년 초에 프랑스군은 교착 상태를 타개하기 위해 베트남 북서쪽 외딴 산악 지대에 전초기지를 건설하기로 했다. 병력과 물자를 공수해야 하지만, 일단 기지를 건설하면 인접한 라오스와 연결된 베트민의 보급로를 효과적으로 차단할 수 있을 터였다. 프랑스군은 베트민이 대공포와 대포를 이 지역까지 운반하지 못할 것으로 생각했지만 이것은 베트민 사령관 보응우옌잡을 과소평가한 것이었다. 베트민은 수개

월에 걸쳐 프랑스군 기지가 내려다보이는 사실상 난공불락의 고지에 중화기를 옮겨 놓았다. 베트민군은 기습 공격으로 프랑스군을 깜짝 놀라게 했다. 프랑스군의 외곽진지가 빠르게 함락되었지만 활주로 주변 지역은 거의 두 달 동안 버텨 냈다. 1954년 5월, 기지가 완전히 함락되며 프랑스군은 결정적인 패배를 당했다. 이 전투의 승리로 베트남은 독립과 분단의 길로 들어섰다.

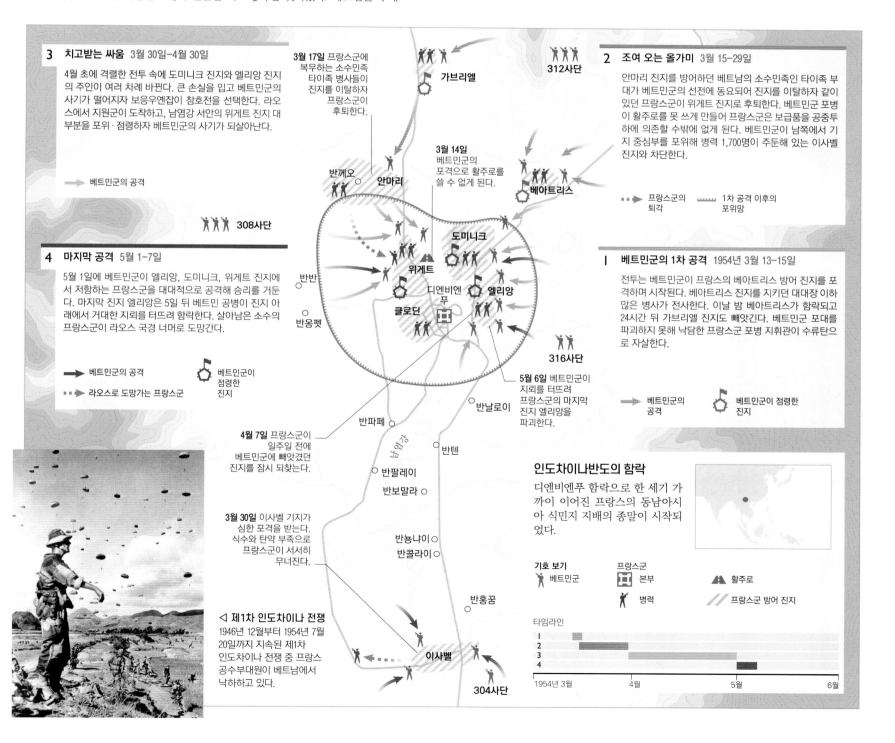

3 치고받는 싸움 3월 30일~4월 30일

4월 초에 격렬한 전투 속에 도미니크 진지와 엘리앙 진지의 주인이 여러 차례 바뀐다. 큰 손실을 입고 베트민군의 사기가 떨어지자 보응우옌잡이 참호전을 선택한다. 라오스에서 지원군이 도착하고, 남영강 서안의 위게트 진지 대부분을 포위·점령하자 베트민군의 사기가 되살아난다.

→ 베트민군의 공격

👥👥👥👥 308사단

4 마지막 공격 5월 1~7일

5월 1일에 베트민군이 엘리앙, 도미니크, 위게트 진지에서 저항하는 프랑스군을 대대적으로 공격해 승리를 거둔다. 마지막 진지 엘리앙은 5일 뒤 베트민 공병이 진지 아래에서 거대한 지뢰를 터뜨려 함락한다. 살아남은 소수의 프랑스군이 라오스 국경 너머로 도망간다.

→ 베트민군의 공격
⇢ 라오스로 도망가는 프랑스군
🚩 베트민군이 점령한 진지

3월 17일 프랑스군에 복무하는 소수민족 타이족 병사들이 진지를 이탈하자 프랑스군이 후퇴한다.

가브리엘

312사단

3월 14일 베트민군의 포격으로 활주로를 쓸 수 없게 된다.

반께오　안마리

도미니크

위게트

반반

디엔비엔푸

엘리앙

반옹펫　클로딘

베아트리스

316사단

2 조여 오는 올가미 3월 15~29일

안마리 진지를 방어하던 베트남의 소수민족인 타이족 부대가 베트민군의 선전에 동요되어 진지를 이탈하자 같이 있던 프랑스군이 위게트 진지로 후퇴한다. 베트민군 포병이 활주로를 못 쓰게 만들어 프랑스군은 보급품을 공중투하에 의존할 수밖에 없게 된다. 베트민군이 남쪽에서 기지 중심부를 포위해 병력 1,700명이 주둔해 있는 이사벨 진지와 차단한다.

⇢ 프랑스군의 퇴각
〰 1차 공격 이후의 포위망

1 베트민군의 1차 공격 1954년 3월 13~15일

전투는 베트민군이 프랑스의 베아트리스 방어 진지를 포격하며 시작된다. 베아트리스 진지를 지키던 대대장 이하 많은 병사가 전사한다. 이날 밤 베아트리스가 함락되고 24시간 뒤 가브리엘 진지도 빼앗긴다. 베트민군 포대를 파괴하지 못해 낙담한 프랑스군 포병 지휘관이 수류탄으로 자살한다.

→ 베트민군의 공격
🚩 베트민군이 점령한 진지

5월 6일 베트민군이 지뢰를 터뜨려 프랑스군의 마지막 진지 엘리앙을 파괴한다.

반날로이

4월 7일 프랑스군이 일주일 전에 베트민군에 빼앗겼던 진지를 잠시 되찾는다.

반파페

반텐

반팔레이

반보말라

인도차이나반도의 함락

디엔비엔푸 함락으로 한 세기 가까이 이어진 프랑스의 동남아시아 식민지 지배의 종말이 시작되었다.

3월 30일 이사벨 기지가 심한 포격을 받는다. 식수와 탄약 부족으로 프랑스군이 서서히 무너진다.

반뇽나이
반콜라이

반홍꿈

◁ **제1차 인도차이나 전쟁**

1946년 12월부터 1954년 7월 20일까지 지속된 제1차 인도차이나 전쟁 중 프랑스 공수부대원이 베트남에서 낙하하고 있다.

이사벨

304사단

기호 보기
👤 베트민군
👤 병력

프랑스군
⊡ 본부
👤 병력

🚩 활주로
⫽ 프랑스군 방어 진지

타임라인

	1954년 3월	4월	5월	6월
1				
2				
3				
4				

혁명과 전쟁

제2차 세계대전 이후 혁명을 추구하는 정치 세력과
민족주의 정치 세력은 게릴라전을 펼치며 반란 운동을 했다.
많은 반란군이 게릴라 전술을 통해 자기보다 우수한 장비를 갖춘
강한 적을 상대로 승리를 거두었다.

△ 두려움을 모르는 전사
베트남 전쟁에서 전사한 공산
게릴라 전사 레티홍감을
찬양하는 선전 포스터다.

20세기에 가장 성공한 게릴라전이 벌어진 곳은 베
트남이다. 1946년, 북베트남의 민족주의자 단체 베
트민은 프랑스 식민 통치에 저항하는 반란을 일으
켰다. 베트민은 중국 공산 혁명가 마오쩌둥을 본보
기로 삼았다. 마오쩌둥은 농촌에 게릴라 거점을 구
축하고 선전을 통해 대중의 지지를 얻는 전략으로
1949년에 권력을 잡은 인물이다. 베트민의 군사 전
술은 산발적인 기습, 매복 공격, 방해 공작에서 출
발해 전장의 전면적 군사 작전으로 진화했다.

베트민의 게릴라전 성공은 디엔비엔푸 전투
(257쪽 참조)에서 프랑스군을 꺾으면서 절정에 달
했다. 이 전투의 승리는 전 세계의 혁명 운동에 불
을 붙였다. 쿠바에서는 1959년에 피델 카스트로가 이끄는 게릴라가 미국의 지원
을 받는 정부를 전복했고, 알제리에서는 프랑스를 상대로 한 게릴라전이 새로 벌
어져 1962년에 알제리 독립으로 이어졌다. 뒤이어 남베트남에서 게릴라전이 재개
되어 결국 미국과의 전면전(1965-1973년)이 벌어졌다. 1965년에 아르헨티나의
에르네스토 '체' 게바라는 처음에는 콩고에, 그다음에는 남아메리카에 혁명을 널
리 퍼뜨리려고 했다. 하지만 반미 세력을 결집하려던 그의 노력은 실패로 돌아갔
다. 1970년대부터는 도시 게릴라 운동과 국제적 테러 활동이 예전 혁명가의 농촌
게릴라 활동에 비견될 만큼 눈에 띄게 늘었다.

△ 무장 순찰, 1966년
공산 베트콩 게릴라 부대가 남베트남의 강을 순찰하고 있다.
맨 앞의 병사가 들고 있는 총은 미제 M1918 브라우닝 소총이다.

선도

1959년에 쿠바의 아바나에서 쿠바 지도자 피델 카스트로(제일 왼쪽)와 체 게바라(가운데)가 승리의 행진을 선도하고 있다. 체 게바라는 전 세계의 여러 혁명 전투에서 싸움을 벌여 유명한 아이콘이 되었다.

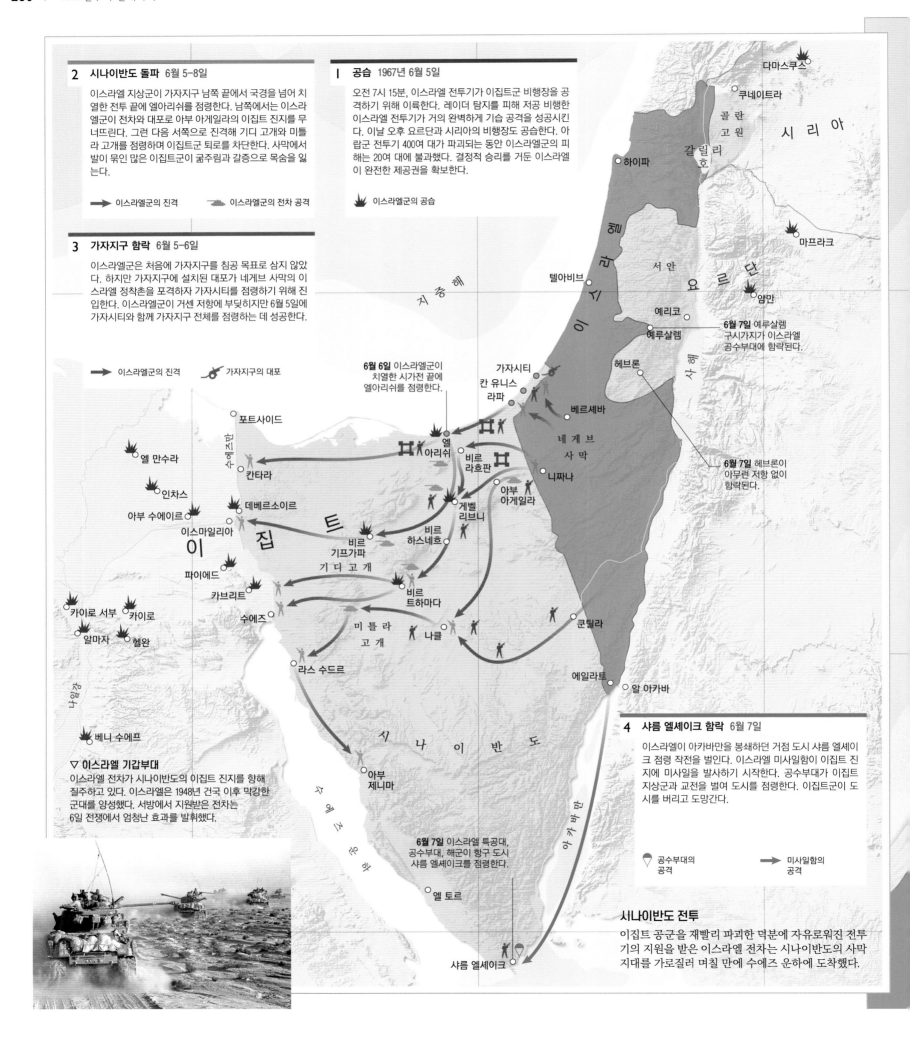

2 시나이반도 돌파 6월 5-8일

이스라엘 지상군이 가자지구 남쪽 끝에서 국경을 넘어 치열한 전투 끝에 엘아리쉬를 점령한다. 남쪽에서는 이스라엘군이 전차와 대포로 아부 아게일라의 이집트 진지를 무너뜨린다. 그런 다음 서쪽으로 진격해 기디 고개와 미틀라 고개를 점령하며 이집트군 퇴로를 차단한다. 사막에서 발이 묶인 많은 이집트군이 굶주림과 갈증으로 목숨을 잃는다.

➡️ 이스라엘군의 진격　　🚚 이스라엘군의 전차 공격

3 가자지구 함락 6월 5-6일

이스라엘군은 처음에 가자지구를 침공 목표로 삼지 않았다. 하지만 가자지구에 설치된 대포가 네게브 사막의 이스라엘 정착촌을 포격하자 가자시티를 점령하기 위해 진입한다. 이스라엘군이 거센 저항에 부딪히지만 6월 5일에 가자시티와 함께 가자지구 전체를 점령하는 데 성공한다.

➡️ 이스라엘군의 진격　　🔫 가자지구의 대포

I 공습 1967년 6월 5일

오전 7시 15분, 이스라엘 전투기가 이집트군 비행장을 공격하기 위해 이륙한다. 레이더 탐지를 피해 저공 비행한 이스라엘 전투기가 거의 완벽하게 기습 공격을 성공시킨다. 이날 오후 요르단과 시리아의 비행장도 공습한다. 아랍군 전투기 400여 대가 파괴되는 동안 이스라엘군의 피해는 20여 대에 불과했다. 결정적 승리를 거둔 이스라엘이 완전한 제공권을 확보한다.

🌟 이스라엘군의 공습

6월 6일 이스라엘군이 치열한 시가전 끝에 엘아리쉬를 점령한다.

6월 7일 예루살렘 구시가지가 이스라엘 공수부대에 함락된다.

6월 7일 헤브론이 아무런 저항 없이 함락된다.

▽ **이스라엘 기갑부대**

이스라엘 전차가 시나이반도의 이집트 진지를 향해 질주하고 있다. 이스라엘은 1948년 건국 이후 막강한 군대를 양성했다. 서방에서 지원받은 전차는 6일 전쟁에서 엄청난 효과를 발휘했다.

4 샤름 엘셰이크 함락 6월 7일

이스라엘이 아카바만을 봉쇄하던 거점 도시 샤름 엘셰이크 점령 작전을 벌인다. 이스라엘 미사일함이 이집트 진지에 미사일을 발사하기 시작한다. 공수부대가 이집트 지상군과 교전을 벌여 도시를 점령한다. 이집트군이 도시를 버리고 도망간다.

📍 공수부대의 공격　　➡️ 미사일함의 공격

6월 7일 이스라엘 특공대, 공수부대, 해군이 항구 도시 샤름 엘셰이크를 점령한다.

시나이반도 전투

이집트 공군을 재빨리 파괴한 덕분에 자유로워진 전투기의 지원을 받은 이스라엘 전차는 시나이반도의 사막지대를 가로질러 며칠 만에 수에즈 운하에 도착했다.

지도 지명:
다마스쿠스, 쿠네이트라, 골란고원, 시리아, 갈릴리호, 하이파, 서안, 요르단, 텔아비브, 마프라크, 암만, 예리코, 예루살렘, 헤브론, 가자시티, 칸 유니스, 라파, 베르셰바, 네게브 사막, 포트사이드, 엘 만수라, 칸타라, 인차스, 아부 수에이르, 데베르소이르, 이스마일리아, 이집트, 파이에드, 카브리트, 카이로 서부, 카이로, 수에즈, 알마자, 헬완, 엘, 아리쉬, 비르 라흐판, 니짜나, 아부 아게일라, 게벨 리브니, 비르 하스네흐, 비르 기프가파, 기디 고개, 비르 트하마다, 미틀라 고개, 나클, 쿤틸라, 라스 수드르, 에일라트, 알 아카바, 아부 제니마, 시나이반도, 엘 토르, 베니 수에프, 샤름 엘셰이크, 나일강, 수에즈 운하, 아카바만, 지중해

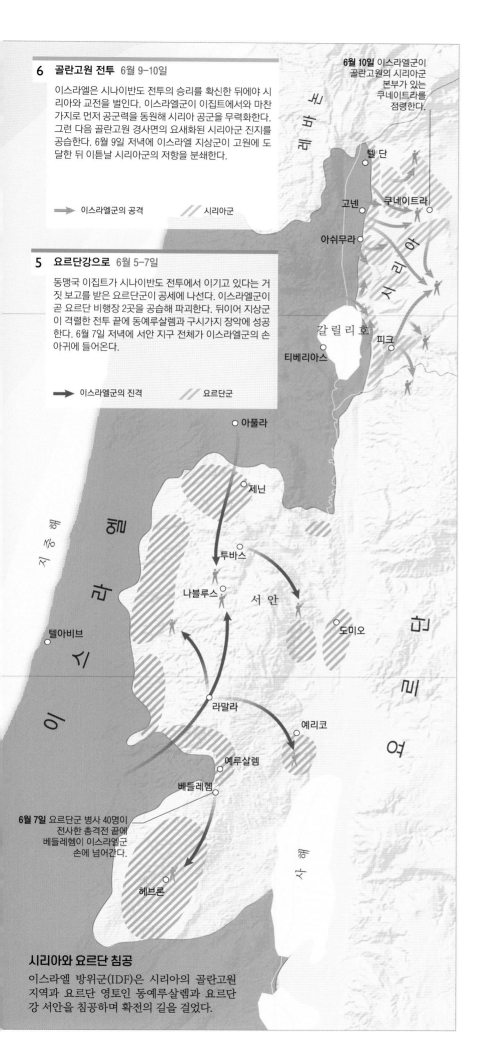

6 골란고원 전투 6월 9-10일

이스라엘은 시나이반도 전투의 승리를 확신한 뒤에야 시리아와 교전을 벌인다. 이스라엘군이 이집트에서와 마찬가지로 먼저 공군력을 동원해 시리아 공군을 무력화한다. 그런 다음 골란고원 경사면의 요새화된 시리아군 진지를 공습한다. 6월 9일 저녁에 이스라엘 지상군이 고원에 도달한 뒤 이튿날 시리아군의 저항을 분쇄한다.

→ 이스라엘군의 공격　／／／ 시리아군

6월 10일 이스라엘군이 골란고원의 시리아군 본부가 있는 쿠네이트라를 점령한다.

5 요르단강으로 6월 5-7일

동맹국 이집트가 시나이반도 전투에서 이기고 있다는 거짓 보고를 받은 요르단군이 공세에 나선다. 이스라엘군이 곧 요르단 비행장 2곳을 공습해 파괴한다. 뒤이어 지상군이 격렬한 전투 끝에 동예루살렘과 구시가지 장악에 성공한다. 6월 7일 저녁에 서안 지구 전체가 이스라엘군의 손아귀에 들어온다.

→ 이스라엘군의 진격　／／／ 요르단군

6월 7일 요르단군 병사 40명이 전사한 총격전 끝에 베들레헴이 이스라엘군 손에 넘어간다.

시리아와 요르단 침공

이스라엘 방위군(IDF)은 시리아의 골란고원 지역과 요르단 영토인 동예루살렘과 요르단 강 서안을 침공하며 확전의 길을 걸었다.

6일 전쟁

이스라엘은 1948년에 건국할 때부터
이웃 아랍국가들과 충돌했다.
1967년에 다시 긴장이 고조되자
이스라엘은 아랍국가의 비행장을 선제 타격한 뒤
지상군을 보내 아랍군을 격파하고 국경 지역을 점령했다.

1967년에 시리아가 팔레스타인 게릴라를 지원해 긴장이 고조되면서 이스라엘과 이웃 아랍국가들 사이의 오랜 적대감이 다시 증폭되었다. 이집트 대통령 나세르가 군대를 동원하고, 아카바만을 봉쇄해 이스라엘 선박 운항을 차단하며, 요르단 국왕 후세인과 방위 조약을 체결하면서 위기는 최고조에 이르렀다.

국가가 위기에 처했다고 확신한 이스라엘 최고사령부는 선제공격을 결정했다. 1967년 6월 5일, 이스라엘군은 전투기를 여러 차례 출격시켜 이집트 비행장을 폭격했다. 이 공격으로 지상에 있던 이집트 전투기 대부분이 파괴되고 활주로도 못 쓰게 되었다. 이와 동시에 지상군이 세 갈래로 시나이반도를 침공해 수에즈 운하로 향했다. 이어진 전투에서 이스라엘군은 제공권을 확보한 공군의 지원을 받아 결정적 우위를 차지했다.

요르단이 동맹국 이집트를 지원하기 위해 나섰지만 요르단군도 패퇴해 동예루살렘과 요르단강 서안이 이스라엘 수중에 떨어졌다. 잇단 승리에 고무된 이스라엘군은 시리아 국경을 넘어 전략적 요충지인 골란고원을 점령한 뒤 유엔 안전보장이사회가 촉구하는 정전을 받아들였다. 이로써 이스라엘은 불과 6일 만에 거의 7만 km²에 이르는 땅을 점령했다.

"전 국민이 시험에 맞서 끝까지 싸움에 임해야 합니다."

시리아 대통령 누레딘 알아타시, 1967년

사막의 결정

이스라엘과 주변 아랍국가 간에 고조된 적대감은 1967년 6월에 전쟁으로 터져 나왔다. 이스라엘은 공군의 선제공격으로 제공권을 장악하면서 지상군이 세 군데 전선에서 결정적 승리를 거두는 기반을 마련했다.

기호 보기

■ 전쟁 전 이스라엘의 영토	🏃 이스라엘군	⚔ 아랍군 방위 거점
■ 1967년 6월 10일 이스라엘이 점령한 영토	🏃 아랍군	● 아랍인 정착지

타임라인

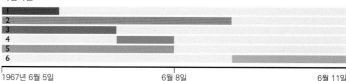

1967년 6월 5일　　6월 8일　　6월 11일

구정 대공세

1967년, 미국 지도자들은 베트남 전쟁에 대한
대중의 지지를 끌어올리기 위해 노력했다.
하지만 1968년에 공산군이 구정 대공세로 알려진 연이은 공격을 퍼붓자,
북베트남군과 베트콩군이 입힌 막대한 손실에 대한
언론의 보도에도 불구하고 미국의 여론은 반전으로 돌아섰다.

△ 베트남에 주둔한 미군
프랑스가 인도차이나반도에서 철수한 이후(257쪽 참조) 베트남은
점점 공산주의의 확산을 억제하려는 미국의 영향력 아래에 놓였
다. 1962년에는 미군 약 1만 명이 베트남에 주둔했다.

1954년, 베트남은 제네바 협정에 따라 중국과 소련이 지원하는 공산국가 북베트남과 서방이 지원하는 남베트남으로 분단되었다. 양측 사이의 적대 행위는 1965년에 미국의 전투 부대 파병으로 이어졌다. 미국에서는 전쟁 개입에 반대하는 여론이 형성되기 시작했다.

1967년에 미국 사령관 웨스트모얼랜드 장군은 '공산군은 대규모 공세를 펼칠 수 없다'라는 주장을 폈다. 하지만 북베트남 지도자들은 그해 초부터 대규모 공세를 계획하고 있었다. 북베트남은 베트남에서 가장 큰 명절인 구정(뗏)을 공격 시기로 잡았다. 1968년 초에 공산군은 사흘에 걸쳐 도시 100개 이상을 공격했다. 북부 도시 후에에서는 한 달 가까이 전투가 지속되었지만, 다른 도시에서는 공산군 대부분이 며칠 내에 쫓겨나거나 사살되었다. 이로 인해 베트콩과 베트남 인민군(PAVN) 수만 명이 목숨을 잃었다. 하지만 이 공세로 전쟁이 곧 승리로 끝날 것이라는 생각이 틀렸다는 사실이 입증되었다. 결정적 봉기를 일으키겠다는 북베트남의 희망은 무위로 돌아갔지만, 이 전투로 인해 미국 내의 반전 여론이 거세게 불타올랐다.

4 마지막 공세 2월 1-12일

이튿날 북베트남군이 공격을 재개한다. 이번에는 남부 전술 지역을 집중적으로 공략한다. 하지만 어느 공격도 성공하지 못하고, 민중의 지지를 얻는 데도 실패한다. 2월 중순까지 베트남 인민군과 베트콩은 가시적 성과를 거의 내지 못하고 병력 수만 명을 잃는다. 하지만 전쟁이 거의 끝났다는 생각은 불식되었다.

✸ 2월 1일부터 베트콩/베트남 인민군의 공격

후에 전투

구정 대공세의 가장 긴 전투는 후에에서 벌어졌다. 베트남군은 성채 일부 구역에서 적의 공격에 대항했고, 연합군은 강 남쪽의 베트남 군사지원사령부(MACV) 본부 건물에서 적과 맞서 싸웠다. 도시의 나머지 구역은 북베트남군에 점령당했다가 몇 주에 걸친 전투 끝에 탈환할 수 있었다. 이 전투로 도시는 대부분 파괴되었고, 군인과 민간인을 합해 1만여 명이 사망했다.

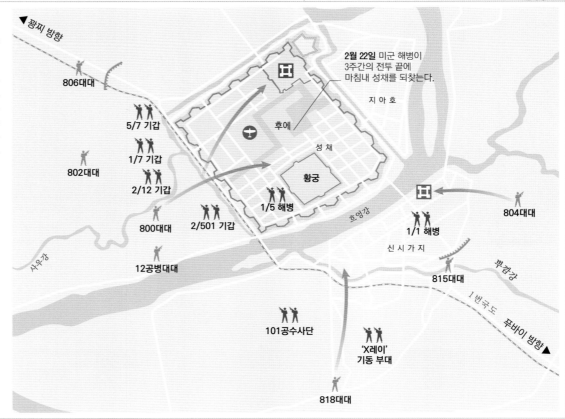

▼ 꽝찌 방향

806대대
5/7 기갑
1/7 기갑
802대대
2/12 기갑
800대대
2/501 기갑
12공병대대
1/5 해병
황궁
성채
후에
지아 호
2월 22일 미군 해병이 3주간의 전투 끝에 마침내 성채를 되찾는다.
1/1 해병
804대대
신시가지
815대대
호엉강
뿌깡강
1번국도
푸바이 방향 ▲
101공수사단
'X레이' 기동 부대
818대대
사우강

기호 보기

🏃 공산군
🏃 미군과 남베트남군
➡ 공산군의 공격
⌄⌄⌄⌄ 공산군의 저지 진지
⊞ 남베트남군 사단 본부
⊞ MACV 전투 지휘소
┉┉ 바호 철로
✈ 타이 록 비행장

수린
시소폰
시엠레아프
바탐방
끌롱야이
콤퐁솜

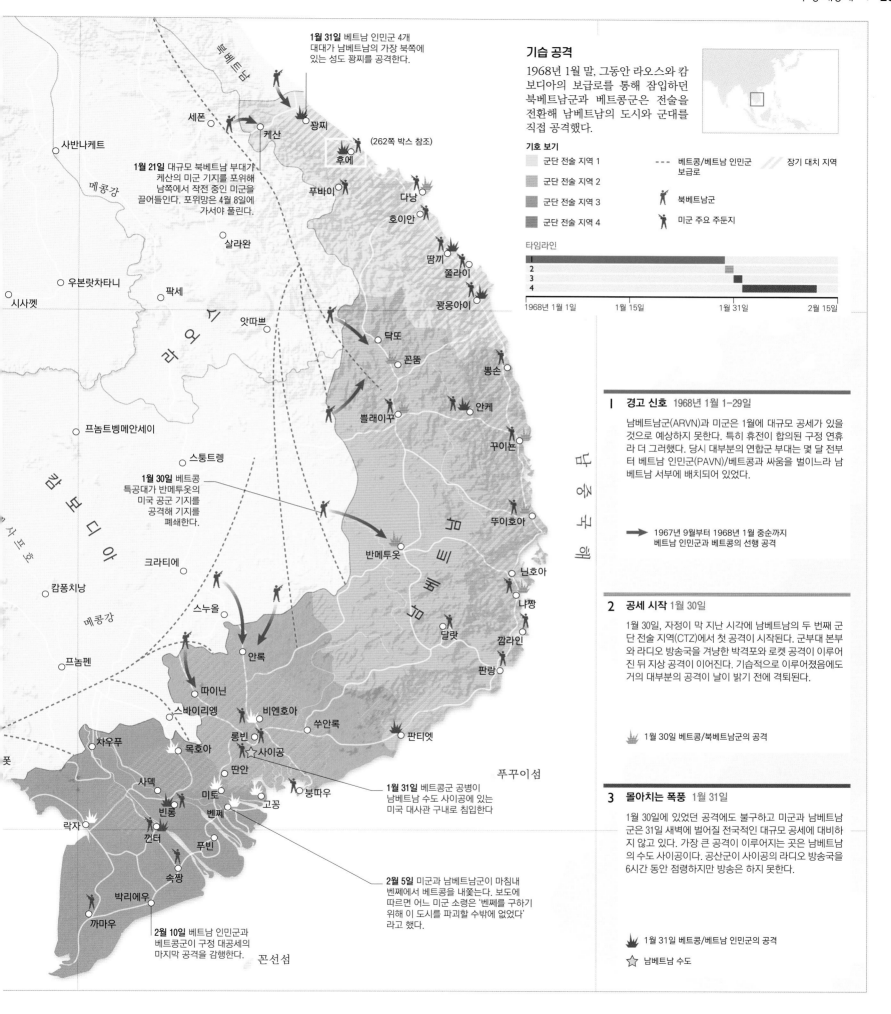

1월 31일 베트남 인민군 4개 대대가 남베트남의 가장 북쪽에 있는 성도 꽝찌를 공격한다.

(262쪽 박스 참조)

1월 21일 대규모 북베트남 부대가 케산의 미군 기지를 포위해 남쪽에서 작전 중인 미군을 끌어들인다. 포위망은 4월 8일에 가서야 풀린다.

1월 30일 베트콩 특공대가 반메투옷의 미국 공군 기지를 공격해 기지를 폐쇄한다.

1월 31일 베트콩군 공병이 남베트남 수도 사이공에 있는 미국 대사관 구내로 침입한다

2월 5일 미군과 남베트남군이 마침내 벤쩨에서 베트콩을 내쫓는다. 보도에 따르면 어느 미군 소령은 '벤쩨를 구하기 위해 이 도시를 파괴할 수밖에 없었다'라고 했다.

2월 10일 베트남 인민군과 베트콩군이 구정 대공세의 마지막 공격을 감행한다.

기습 공격

1968년 1월 말, 그동안 라오스와 캄보디아의 보급로를 통해 잠입하던 북베트남군과 베트콩군은 전술을 전환해 남베트남의 도시와 군대를 직접 공격했다.

기호 보기

- 군단 전술 지역 1
- 군단 전술 지역 2
- 군단 전술 지역 3
- 군단 전술 지역 4

- --- 베트콩/베트남 인민군 보급로
- 장기 대치 지역
- 북베트남군
- 미군 주요 주둔지

타임라인

1968년 1월 1일 — 1월 15일 — 1월 31일 — 2월 15일

I 경고 신호 1968년 1월 1–29일

남베트남군(ARVN)과 미군은 1월에 대규모 공세가 있을 것으로 예상하지 못한다. 특히 휴전이 합의된 구정 연휴라 더 그러했다. 당시 대부분의 연합군 부대는 몇 달 전부터 베트남 인민군(PAVN)/베트콩과 싸움을 벌이느라 남베트남 서부에 배치되어 있었다.

→ 1967년 9월부터 1968년 1월 중순까지 베트남 인민군과 베트콩의 선행 공격

2 공세 시작 1월 30일

1월 30일, 자정이 막 지난 시각에 남베트남의 두 번째 군단 전술 지역(CTZ)에서 첫 공격이 시작된다. 군부대 본부와 라디오 방송국을 겨냥한 박격포와 로켓 공격이 이루어진 뒤 지상 공격이 이어진다. 기습적으로 이루어졌음에도 거의 대부분의 공격이 날이 밝기 전에 격퇴된다.

🌱 1월 30일 베트콩/북베트남군의 공격

3 몰아치는 폭풍 1월 31일

1월 30일에 있었던 공격에도 불구하고 미군과 남베트남군은 31일 새벽에 벌어질 전국적인 대규모 공세에 대비하지 않고 있다. 가장 큰 공격이 이루어지는 곳은 남베트남의 수도 사이공이다. 공산군이 사이공의 라디오 방송국을 6시간 동안 점령하지만 방송은 하지 못한다.

🌱 1월 31일 베트콩/베트남 인민군의 공격

☆ 남베트남 수도

욤 키푸르 전쟁

1973년 10월, 유대교 속죄일인 욤 키푸르에 이집트와 이스라엘에 땅을 어느 정도 점령했지만
6년 전 빼앗긴 땅을 되찾기 위해 이집트와 시리아는
이스라엘에 반격을 당해 빼앗긴 영토를 되찾았다.
이집트와 시리아는 조반에 이스라엘 땅을 어느 정도 점령했지만

1967년의 6일 전쟁(260-261쪽 참조)에서 패배
하며 굴욕을 당한 이집트와 시리아의 지도자는
이스라엘에 빼앗긴 땅을 되찾을 기회를 모색
했다. 6년 뒤 기회를 잡은 두 나라는 유대교의 속
죄일인 욤 키푸르에 맞춰 기습 공격을 감행했다.

10월 6일, 이집트군은 수에즈 운하를 건너
요새화된 바레브 방어선을 공격했다. 이와 동시
에 시리아 전차는 이스라엘 북부 지방이 대피다
보이는 골란고원의 휴전선을 넘어 이스라엘을
기습 공격했다. 두 나라는 전쟁 초기에 상당한
땅을 점령하며 이스라엘을 충격에 빠트렸다. 하
지만 전쟁이 시작된 지 나흘 만에 전세가 뒤집혀

이집트군은 더 이상 진격하지 못했다. 냉전의 긴
장이 고조되어 있던 시기에 이 전쟁이 기밀 지정
하의 영향에 놓된 미국과 소련이 양측에 원조을
가해 전쟁이 시작된 지 19일 뒤에 정전이 발효되
었다. 양측 모두 이미 있는 성과는 얻지 못했지
만 이스라엘과 이집트 사이의 외교적 단절은 사
실상 끝났다. 이후 몇 년에 걸쳐 평화 협상 과정
으로 접주 이집트는 이스라엘을 국가로 인정하
고 시나이반도를 돌려받았다.

시리아 전선

10월 6일, 시리아는 동맹국 이집
트의 공격에 맞춰 5개 사단을 동
원해 1967년에 설정된 골란고원
의 휴전선을 넘어 이스라엘 진지
를 공격했다. 시리아군은 북쪽에
서 격렬한 저항에 부딪혔지만, 알
쿠네이트라 남쪽에서는 돌파에
성공해 상당히요 인근의 이스라
엘 영토를 위협하기에 이르렀다.
이스라엘은 예비군을 동원해 진
격하는 시리아군을 기존의 휴전
선 뒤로 다시 밀어냈다. 10월 11
일, 시리아 영토로 밀고 들어가다
는 명령을 받은 이스라엘군은 수
도 다마스쿠스에서 40km 떨어
진 지점까지 진격했다.

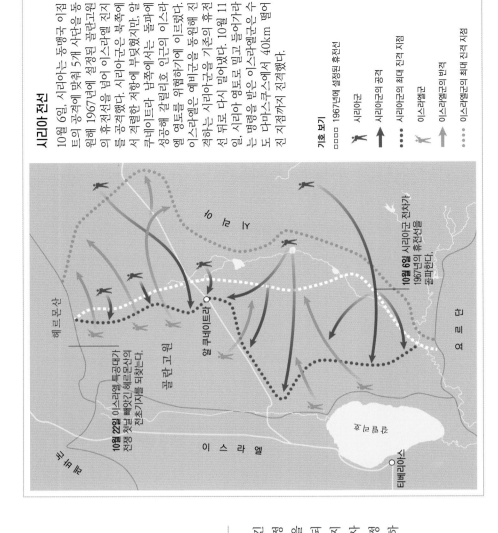

10월 22일 이스라엘특공대가
전쟁 첫날 빼앗긴 헤르몬산의
전초기지를 되찾는다.

10월 6일 시리아군 전차가
1967년의 휴전선을
돌파한다.

기호 보기

- ⬜⬜⬜ 1967년에 설정된 휴전선
- ✈ 시리아군
- ⬆ 시리아군의 공격
- ⋯✈⋯ 시리아군의 최대 진격 지점
- ✈ 이스라엘군
- ⬆ 이스라엘군의 반격
- ⋯✈⋯ 이스라엘군의 최대 진격 지점

사막의 전쟁

이집트군은 6년 전 이스라엘에 빼앗긴
땅을 되찾기 위해 바레브 방어선을 뚫고
시나이반도의 사막으로 진격했다. 이에
이스라엘군이 긴급히 반격에 나서 이집
트군을 밀어냈다.

기호 보기

	이집트군	이스라엘군
타임라인	부대	부대

- ▨ 육일 전쟁 이후 이스라엘이 점령한 땅
- ▨▨ 바레브 방어선
- ✈ 이스라엘군 요새

10월 6일 부대페스트 요새는
초기의 이집트군 공격을 격퇴한
유일한 이스라엘군 요새다.

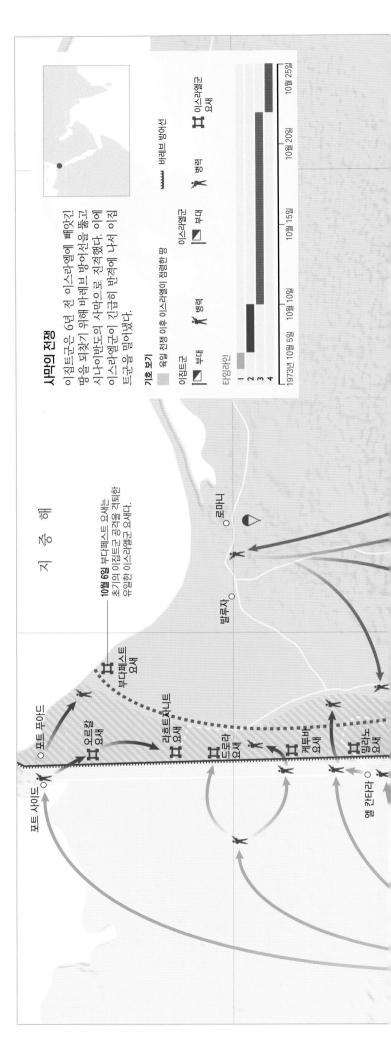

지 중 해

포트 사이드
포트 무라드
오르캄 요새
라훈트지네
라콘트 요새
드로라 요새
케트바 요새
랏다노 요새
엘 칸타라

부다페스트 요새

로마니

발루자

1973년 10월 5일 · 10월 10일 · 10월 15일 · 10월 20일 · 10월 25일

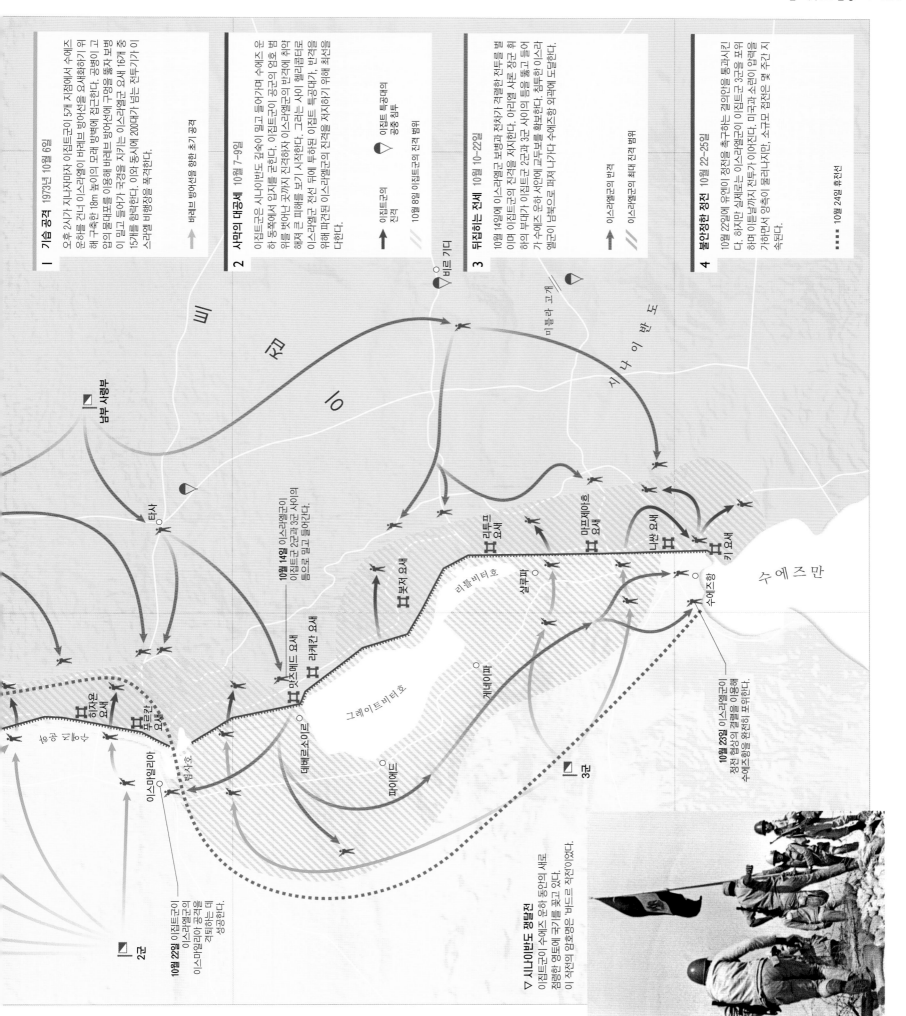

1 기습 공격 1973년 10월 6일

오후 2시가 지나자마자 이집트군이 5개 지점에서 수에즈 운하를 건너 이스라엘이 바레브 방어선을 요새화하기 위해 구축한 18m 높이의 모래 방벽에 접근한다. 공병이 고압의 물대포를 이용해 바레브 방어선에 구멍을 뚫자 보병이 밀고 들어가 국경을 지키는 이스라엘군 요새 16개 중 15개를 함락한다. 이와 동시에 200대가 넘는 전투기가 이스라엘 비행장을 폭격한다.

➡ 바레브 방어선을 향한 초기 공격

2 사막의 대공세 10월 7-9일

이집트군은 시나이반도 깊숙이 밀고 들어가며 수에즈 운하 동쪽에서 입지를 굳힌다. 이집트군이 공군의 엄호 범위를 벗어난 곳까지 진격하자 이스라엘군이 반격에 취약해져 큰 피해를 보기 시작한다. 그러는 사이 헬리콥터로 이스라엘군 전선 뒤에 투하된 이집트 특공대가, 반격을 위해 파견된 이스라엘군의 진격을 저지하기 위해 최선을 다한다.

➡ 이집트군의 진격
◗ 이집트 특공대의 공중 침투
∖ 10월 8일 이집트군의 전격 범위

3 뒤집히는 전세 10월 10-22일

10월 14일에 이스라엘군 보병과 전차가 격렬한 전투를 벌이며 이집트군의 진격을 저지한다. 아리엘 샤론 장군 휘하의 부대가 이집트 2군과 3군 사이의 틈을 뚫고 들어가 수에즈 운하 서쪽에 교두보를 확보한다. 측투한이 이스라엘군이 남북으로 퍼져 나가다가 수에즈항 외곽에 도달한다.

➡ 이스라엘군의 반격
∖ 이스라엘군의 최대 전격 범위

4 불안정한 정전 10월 22-25일

10월 22일에 유엔이 정전을 촉구하는 결의안을 통과시킨다. 하지만 실제로는 이스라엘군이 이집트 3군을 포위하려고 이틀 이틀날까지 전투가 이어진다. 미국과 소련이 압력을 가하면서 양측이 양측이 물러나지만, 소규모 접전은 몇 주간 지속된다.

‧‧‧‧‧ 10월 24일 휴전선

10월 22일 이집트군이 이스라엘군의 공격을 격퇴하는 데 성공한다.

10월 22일 이집트군이 이스라엘군의 공격을 격퇴하는 데 성공한다.

10월 14일 이스라엘군이 이집트군 2군과 3군 사이의 틈으로 밀고 들어간다.

10월 23일 이스라엘군이 정전 협상의 결렬을 이용해 수에즈항을 완전히 포위한다.

⊳ **시나이반도 쟁탈전**

이집트군이 수에즈 운하 동안에 새로 점령한 영토에 국기를 꽂고 있다. 이 작전의 암호명은 '바드르 작전'이었다.

사막의 폭풍 작전

1990년에 이라크가 쿠웨이트를 침공하자 미국은 쿠웨이트를 해방하기 위해
여러 나라의 군대를 규합해 연합군을 편성했다. 연합군은 장기간의 폭격 이후
1991년 2월에 지상군을 투입했다. 이라크군은 큰 저항을 보이지 못했다.
나흘간의 전투 끝에 미국 대통령 조지 부시가 승리를 선언했다.

1988년에 이란-이라크 전쟁이 끝난 뒤 이라크
는 이웃한 쿠웨이트와 사우디아라비아에 막대
한 빚을 졌다. 이 부채와 국경 지방의 유전을
둘러싼 분쟁으로 관계가 악화하자 1990년 8월
2일에 이라크 대통령 사담 후세인은 쿠웨이트
침공 명령을 내렸다.

이 침략에 놀란 미국 대통령 조지 부시는 전
세계 석유 공급에 미칠 영향을 우려해 사우디-
이라크 국경에 병력을 보내는 것과 동시에 사
담에게 대항할 다국적 연합군을 규합하기 시
작했다. 이에 34개국이 지원 병력을 파견했다.
병력 증강은 1991년 초까지 지속되어 드디어
50만 명이 넘는 병력이 작전 준비를 마쳤다. 전
투는 1월 16일에 연합군의 집중 폭격으로 시
작되었다. 이후 이라크의 군사 시설과 민간 기
반 시설은 6주 내내 밤낮없이 공중 폭격을 받
았다.

마침내 2월 24일, 지상군의 공격이 시작되
었다. 연합군이 쿠웨이트와 이라크로 진격하자
이라크군은 연합군이 도착하기도 전에 쿠웨이
트 유정 700군데에 불을 지르고 퇴각했다. 불
과 3일 만에 부시 대통령은 쿠웨이트 해방을

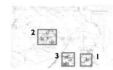

지도 설명

1. 주력군이 쿠웨이트시티를 해방하기 위해 북쪽으
   로 진격한다.
2. 미 7군과 영국군 1기갑사단이 북동쪽으로 진격해
   이라크로 들어간다.
3. 사우디군, 쿠웨이트군, 이집트군이 쿠웨이트 서
   부로 들어간다.

선언할 수 있었다. 2월 28일에 연합군이 이라
크 수도에서 240km 떨어진 곳까지 진격하자
부시는 정전을 선언했다. 망명했던 쿠웨이트 왕
은 2주 뒤 폐허가 된 고국으로 돌아갔다.

▷ 연합군의 공격 계획

1991년 2월 25일에 작성되어 3일 뒤 전쟁이 끝나면서
기밀이 해제된 상황 보고 지도다. 처음에 비밀로
분류되었던 이 지도는 지상전이 시작될 때의 움직임을
보여 준다. 파란색 화살표는 쿠웨이트와 이라크로
진격하는 연합군을 나타낸다.

공중에서 벌어진 전쟁

연합군은 F-117 전투기와 토마호
크 미사일을 이용한 전략적 공습
을 통해 이라크의 많은 군사 시설
과 일부 민간 기반 시설을 파괴했
다. 연합군의 주요 목표물은 지휘
및 통신시설, 공군 기지, 이동식 미
사일 발사대였다. 이 공격 준비 공
습으로 민간인들이 큰 혼란을 겪
기는 했지만 대규모 인명 피해는
없었다.

기호 보기

 연합군 공군 기지

➡ 연합군의
공습

✈ 이라크 공군 기지

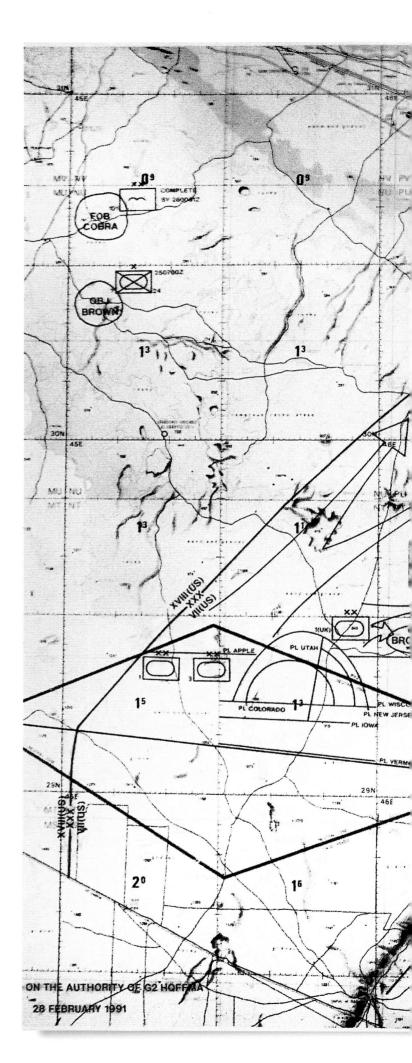

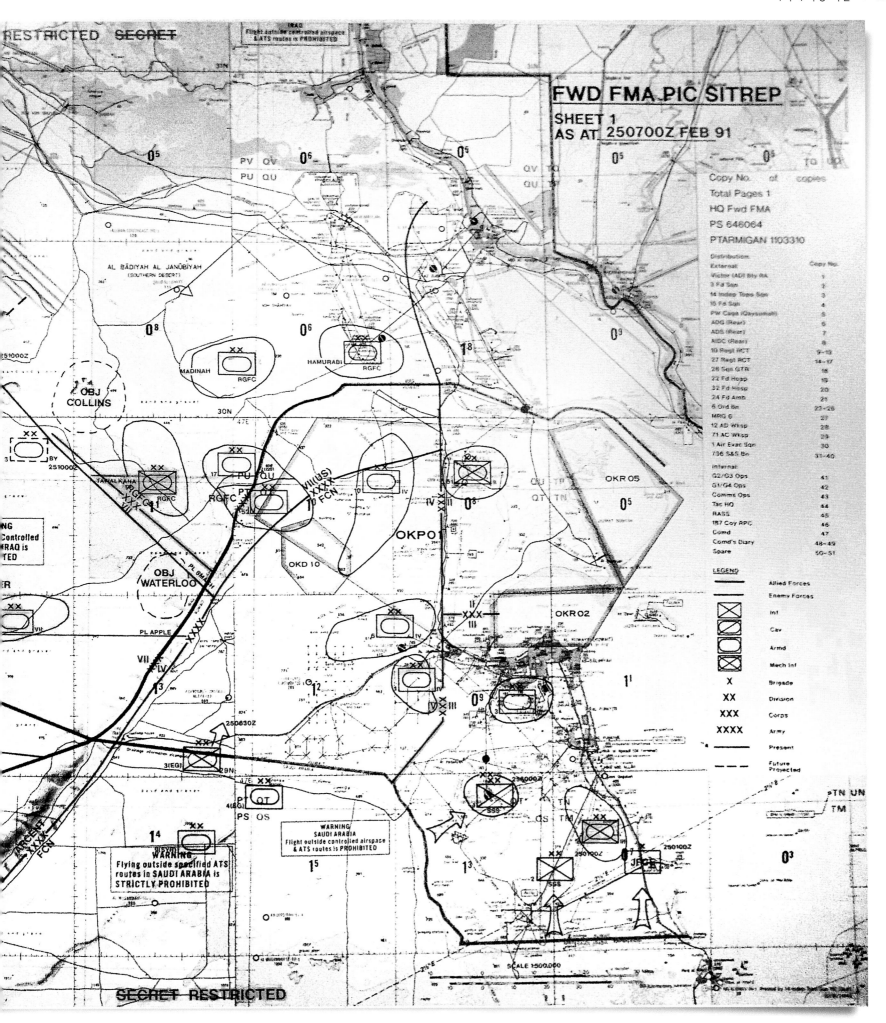

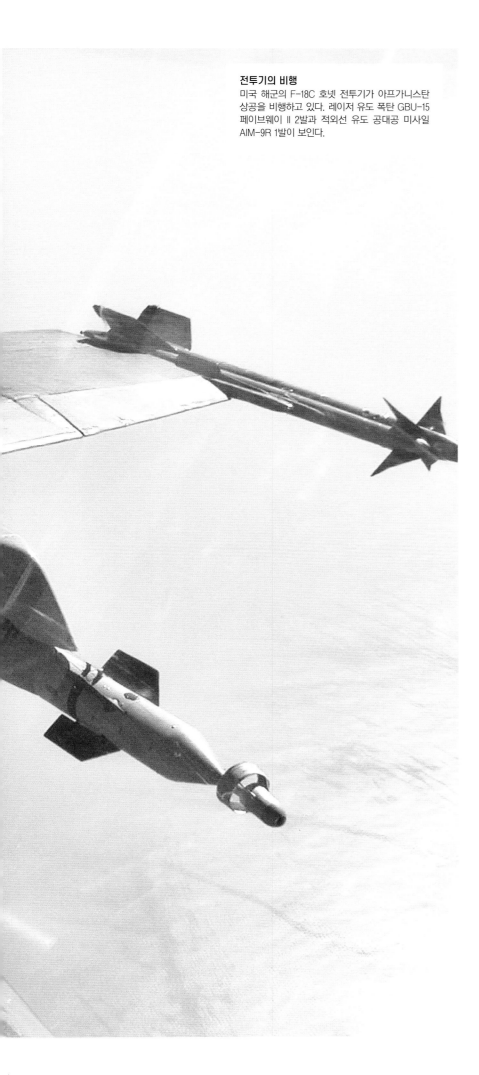

전투기의 비행
미국 해군의 F-18C 호넷 전투기가 아프가니스탄 상공을 비행하고 있다. 레이저 유도 폭탄 GBU-15 페이브웨이 II 2발과 적외선 유도 공대공 미사일 AIM-9R 1발이 보인다.

정밀 무기

최초로 작전에 투입된
정밀 무기(유도 시스템이 장착된 무기)는
1943년에 실전 배치된 독일의 대함 유도 폭탄 프리츠 X다.
이제 정밀 무기는 현대전의 일부가 되었다.

최초의 정밀 유도 무기는 무선 조종 방식이었다. 이후 기술이 발전하며 레이저 유도, 레이더 유도, 적외선 유도, GPS 위성 유도 방식의 무기가 등장했다. 유도 무기를 처음 사용한 국가는 제2차 세계 대전 시기의 독일이었지만 미국과 영국도 독자적인 연구 프로그램을 운영하고 있었다. 전후에도 계속된 미국의 프로그램에서는 지상 목표와 공중 목표 타격에 중점을 두고 가장 먼저 공대공 미사일과 지대공 미사일 개발에 진력했다. 1965년에 북베트남에 대한 미군의 지속적인 공습이 시작되면서 공대공 미사일이 널리 사용되기 시작했다. 하지만 초기의 미사일은 신뢰도가 떨어져 표적에 명중하지 않고 빗나가는 경우가 더 많았다. 이에 비해 공대지 유도 무기는 1972년의 라인배커 작전에

△ **폭발 구름**
잠수함에서 발사한 BGM-109 토마호크 순항 미사일 탄두가 시험 목표물 위에서 폭발하는 장면이다.

서 잠재력을 백분 발휘했다. 이 작전에서 미국 공군과 해군은 뛰어난 전술, 향상된 훈련, 유도 무기에 힘입어 북베트남 비행장에 큰 피해를 입혔다.

정밀 무기는 미국이 사막의 폭풍 작전(266-267쪽 참조)에서 사용한 이후 일반화되었다. 이 작전에서 미국이 사용한 무기 중 유도 무기는 9%에 지나지 않았지만, 비유도 무기에 비해 목표물을 명중시킬 확률이 훨씬 높은 것으로 밝혀졌다.

△ **정비작업**
미국 공군 기술병이 사우디아라비아의 한 격납고에서 GBU-15 페이브웨이 공대지 활강 폭탄 정비작업을 하고 있다. 뒤쪽에 390전자전투 비행대 소속의 EF-111A 전자전 전투기가 보인다.

이라크 전쟁

2003년에 미국이 주도한 연합군의 이라크 침공은
후세인을 권좌에서 끌어내리려는 당초 목적을 달성해
군사적 측면에서는 성공을 거두었다. 하지만 이 침공으로
종파 간의 피비린내 나는 폭력과 정치적 불안정이 끝없이 이어지면서
그 정당성에 대한 의구심이 커졌다.

이라크 지도자 사담 후세인은 1990년에서 1991년 사이에 벌어진 걸프전(266-267쪽 참조)에서 패배한 뒤에도 이라크를 통치했다. 걸프전 이후 가혹한 제재가 가해졌음에도 미국의 전략가들은 이라크 정권을 지속적인 위협으로 보고, 이라크 정권이 테러리스트와 결탁했을 뿐만 아니라 대량살상무기를 은닉하고 있다고 비난했다.

2001년에 알카에다가 뉴욕의 쌍둥이 빌딩을 파괴하자 2002년에 미국 의회는 이라크에 대한 조지 W. 부시 대통령의 군사력 사용을 승인했다. 미국은 영국, 호주, 폴란드를 비롯한 동맹국 규합에 착수했다. 사담 후세인이 권력 포기를 거부하자 이 '유지(有志)연합' 군대는 쿠웨이트와 맞닿은 남쪽 국경을 넘어 이라크로 쳐들어갔다. 이와 동시에 공군은 전략 목표물을 폭격하기 시작했다. 한편 튀르키예는 1991년과 마찬가지로 미국에 협력하지 않았지만, 쿠르드족 페슈메르가 게릴라군은 연합군 특수 부대와 함께 이라크 북부 지방 작전에 참여했다.

연합군은 3주 만에 바그다드에 도착했다. 사담 후세인은 숨어 지내다가 8개월 뒤 붙잡혀 재판을 받고 처형되었다. 하지만 대량살상무기는 발견되지 않았고, 이라크는 기대했던 대로 평화로운 민주주의로 이행하기는커녕 오랜 내전에 휘말려 들었다. 서방 세력은 이라크전이 촉발한 이 폭력적 혼란을 수습하기 위해 수년 동안 이라크에 묶여 있어야 했다.

> "내 이름은 사담 후세인이다. 나는 이라크 대통령이다. 협상하고 싶다."
>
> 사담 후세인이 미군에 투항하며 한 말, 2003년

이라크 침공

연합군은 이라크 침공에 대해 철저하게 계획하고 효과적으로 실행했지만, 이라크를 점령하거나 재건하는 데 필요한 계획은 세우지 않았다.

기호 보기

- 쿠르드족 지역
- 수니파 지역
- 시아파 지역
- 인구가 희박한 지역
- 수니파 삼각지대
- 유전
- 연합군
- 이라크군
- 이라크 공군 기지
- 안사르 알이슬람 캠프
- 공습 목표 지역

타임라인

2003년 3월 15일 — 3월 31일 — 4월 15일

북진 3월 20일-4월 9일

3월 20일, 연합군이 이라크로 들어간다. 본대가 빠르게 북쪽으로 진격해 4월 2일에 바그다드 외곽에 이른다. 미국 육군 수송 차량 대열이 길을 잘못 들어 나시리야에 진입하는 바람에 나시리야에서 치열한 전투가 벌어진다. 연합군 공군이 군사 시설을 공습하는 동안 특수 부대는 사막의 유전과 비행장을 접수한다.

→ 연합군의 진격

종파 간의 내란

사담 후세인이 몰락하며 이란이 지원하는 시아파 민병대와 알카에다가 지원하는 수니파 민병대가 권력 싸움을 벌였다. 2014년에 서방 군대가 철수하자 이라크-레반트 이슬람 국가(ISIL)라는 새 무장단체가 이라크 북부와 중부 지방 일대를 점령했다. ISIL은 글로벌 칼리프 국가를 선언하고 외국인 지하디스트를 많이 끌어들였지만, 서방의 공습과 쿠르드족 및 이라크 정부군의 반격으로 움츠러들었다.

기호 보기

- 시리아와 이라크의 쿠르드족 군(2018년)
- 이슬람국가 무장 단체(2018년)
- 이라크 정부군(2018년)
- 시리아 정부군(2018년)
- 시리아 반군(2018년)

△ 진로 확보

헬리콥터에서 내린 영국 육군 낙하산 연대 병사들이 이라크 남부 지방에서 무기 소지 여부를 확인하기 위해 차량 수색을 준비하고 있다.

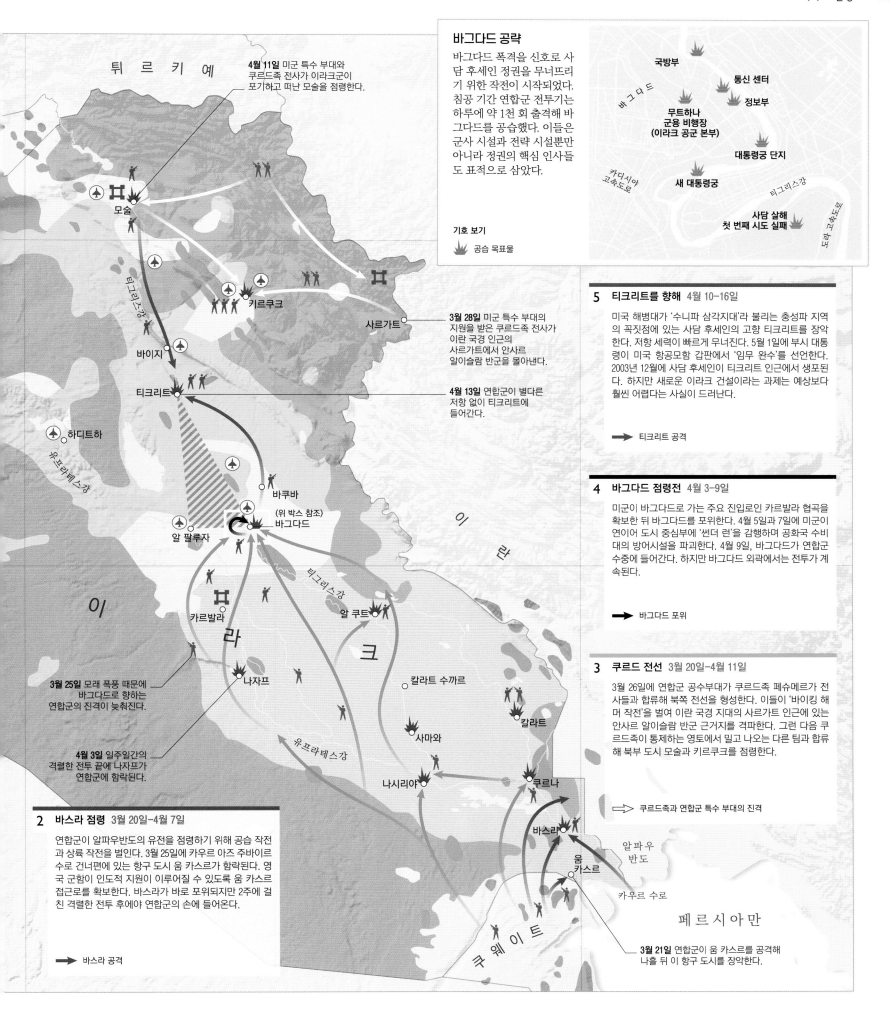

기타 주요 전투: 1900년부터 현재까지

베이징 구출 작전
1900년 6-8월

△ 일본군이 베이징에서 중국군과 싸우는 모습을 그린 삽화다.

1900년, 외국군의 베이징 점령은 청 제국이 붕괴하는 결정적 계기가 되었다. 19세기 후반에 중국은 반외세 운동의 물결에 휩싸여 의화단으로 알려진 민족주의 단체가 반서양 감정을 부추기기 시작했다. 서태후는 기독교 선교사와 외국인을 공격하는 의화단을 지지한다고 선언했다. 6월 20일, 의화단과 중국군은 외국군 약 400명이 지키고 있던 베이징의 외교관 거주 구역을 포위했다. 얼마 지나지 않아 다국적군이 지원에 나섰지만 격퇴당했다. 8월 4일에 러시아군, 일본군, 영국군, 미군, 프랑스군으로 구성된 대규모 부대가 톈진에서 출발했다. 그사이 외국인 거주 구역을 지키던 군대는 거센 공격에 맞서 싸웠다. 8월 14일, 구원 부대가 성벽으로 기어 올라가 성문을 급습했다. 전투는 8월 15일까지 계속되었고 중국군은 대부분 도망갔다. 전투가 끝난 뒤 외국군과 외국 민간인은 닥치는 대로 중국인을 약탈하고 수많은 의화단 용의자를 살해했다. 서태후는 굴욕적인 조건의 평화 조약을 받아들여야 했다. 청 황실은 다시 회복하지 못했고, 1912년에 공화정으로 대체되었다.

봉천 전투
1905년 2월 20일– 3월 10일

일본은 봉천 전투에서 러시아를 꺾고 제국주의 시대에 유럽 강대국을 상대로 한 아시아 강대국의 첫 번째 주요 승리를 기록했다. 1904년에 일본과 러시아는 만주와 조선의 지배권을 둘러싸고 전쟁을 시작했다.

러시아의 알렉세이 쿠로파트킨 장군은 만주의 수도 봉천(오늘날의 중국 랴오닝성의 선양) 남쪽에 80km 길이의 방어선을 구축하고 오야마 이와오 원수가 지휘하는 일본군과 맞섰다. 30만 명이 넘는 러시아군은 철조망을 치고 그 뒤의 참호 속에 들어갔다. 일본군은 병력이 적었지만 무장은 더 잘 갖추었다. 2월 20일, 오야마는 러시아군 방어선 좌측을 공격했다. 얼음과 눈 속에서 일본군은 적진을 돌파하지 못하고 큰 손실을 입었다. 그러자 오야마는 공격 방향을 러시아군 우측 전선으로 돌렸다. 이에 대응하려고 쿠로파트킨이 어설프게 병력을 이동하다 러시아군을 혼란에 빠뜨렸다. 일본군이 러시아군 우익을 포위하자 러시아군은 장비와 부상자를 버리고 허겁지겁 퇴각했다. 3월 10일, 일본군은 봉천을 점령했다. 일본군도 러시아군 못지않게 피해가 컸지만 쿠로파트킨은 이 지역에서 병력을 철수했다. 이 전투의 패배로 러시아 차르 정권은 사기가 떨어졌다. 러일 전쟁의 마지막 결전 장소인 동해 해전(205쪽 참조)에서도 러시아 함대가 패배했다.

뫼즈-아르곤 공세
1918년 9월 26일-11월 11일

미군 120만 명이 참여한 뫼즈-아르곤 공세는 지금까지 미군이 참전한 전투 중 가장 큰 규모였다. 이 전투는 제1차 세계대전을 종식한 연합군의 연이은 공격인 백일 공세(1918년 8-11월)의 일부였다.

프랑스군 4군의 지원을 받은 존 퍼싱 장군 휘하의 미군 1군은 울창한 아르곤 숲을 지나 프랑스 동부 독일 점령지의 주요 철도 분기점인 스당으로 진격하기로 되어 있었다. 생미엘 돌출부 전투에서 승리를 거둔 지 불과 2주 만에 급하게 준비를 갖추고 참전한 미군은 첫 전투에서 실망스러운 결과를 보여 주었다. 독일군은 깊은 벙커와 요새화된 참호가 있었을 뿐만 아니라 지형도 방어하는 편에 유리했다. 그 결과 경험이 부족했던 미국 보병은 얼마 진격하지도 못하고 큰 손실을 입었다. 폭우에 발이 묶여 중지되었던 공세가 10월 4일에 재개되었다. 퍼싱은 점점 지쳐 가는 독일군과의 소모전에서 이기기 위해 새로운 사단을 투입했다. 10월 말, 미군은 힌덴부르크 선의 한 구간인 크림힐데 스텔룽을 돌파했다. 11월 11일에 미군이 초기 목표 지점인 스당에 접근했을 때 휴전 협정이 체결되어 전투가 끝났다. 이 전투로 2만 6천 명이 넘는 미군이 목숨을 잃었다.

△ 미국 369보병연대 병사들이 아르곤 숲에서 전투를 벌이고 있다.

상하이 전투
1937년 8월 13일-11월 26일

1937년에 상하이에서 벌어진 중국과 일본의 전투는 제2차 중일 전쟁(1937-1945년)의 첫 번째 대규모 교전이었다. 일본은 1931년부터 중국 영토를 잠식했다. 이에 따라 산발적으로 벌어지던 싸움이 1937년 7월부터 확대되어 8월 13일에는 상하이까지 번졌다. 중화민국 국민정부 지도자 장제스는 수적 열세인 일본군 수비대를 제압하려고 했지만 곧 일본군이 상륙작전을 감행해 열세를 만회했다. 장기간의 시가전과 포격, 공습으로 엄청나게 많은 민간인 사상자가 발생했다. 갈수록 심한 압박을 받던 중국군은 마침내 11월 5일에 상하이에서 철수했고, 11월 26일에는 수도 난징 앞에 구축한 최후의 방어선에서도 쫓겨났다. 이 전투에서 중국은 많은 정예 병력을 잃었다. 일본은 이후 몇 년에 걸쳐 중국 땅 대부분을 점령했다. 미국의 지원으로 중국의 저항은 계속되었고, 이 저항은 넓은 의미에서 제2차 세계대전의 일부가 되었다.

바르바로사 작전
1941년 6월 22일-10월 2일

1941년 6월, 독일 지도자 아돌프 히틀러는 소련 침공에 300만 명 이상의 병력과 수천 대의 전차와 항공기를 동원했다. 6월 22일에 독일군은 발트해에서 흑해까지 뻗은 전선을 넘어 기습적으로 소련으로 쳐들어갔다. 독일 공군이 소련 군용기 수천 대를 파괴했고 지상군은 북쪽 레닌그라드(상트페테르부르크), 중앙 스몰렌스크, 남쪽 키이우를 향해 진격했다. 소련군 수십만 명이 독일군의 포위망에 갇혔고, 레닌그라드도 포위되었다. 하지만 병력 손실 증가, 길어지는 보급선, 목표의 혼란 등으로 독일군의 진격이 더뎌졌다. 추운 날씨에서 이루어진 모스크바를 향한 마지막 공세는 실패했다. 히틀러는 빠른 승리를 거두는 데 실패하고 장기전에 돌입했지만 소련을 이기기에는 자원이 부족했다.

▽ 소련군을 공격하는 독일군의 모습이다.

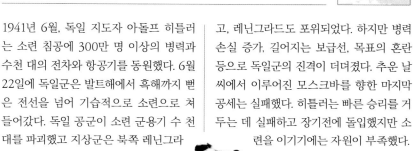

과달카날 전투
1942년 8월 7일-1943년 2월 9일

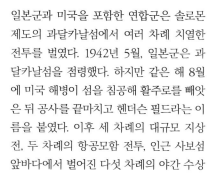

일본군과 미국을 포함한 연합군은 솔로몬 제도의 과달카날섬에서 여러 차례 치열한 전투를 벌였다. 1942년 5월, 일본군은 과달카날섬을 점령했다. 하지만 같은 해 8월에 미국 해병이 섬을 침공해 활주로를 빼앗은 뒤 공사를 끝마치고 헨더슨 필드라는 이름을 붙였다. 이후 세 차례의 대규모 지상전, 두 차례의 항공모함 전투, 인근 사보섬 앞바다에서 벌어진 다섯 차례의 야간 수상해전, 거의 매일 벌어진 공중전 등 수개월 동안 격렬한 전투가 이어졌다. 양측은 과달카날섬에 병력을 증원하고 물자를 보급하고 전투를 지원해 상대방을 몰아내려고 노력했다. 점점 자원 격차가 드러나며 마침내 미군이 승기를 잡자 일본은 12월부터 굶주린 군대를 철수하기 시작해 1943년 2월에 철수를 끝마쳤다. 이후 연합군은 태평양에서 한 번도 우세를 빼앗기지 않았다.

몬테카시노 전투
1944년 1월 17일-5월 18일

제2차 세계대전 당시 몬테카시노산은 독일군이 구축한 구스타프 선의 요충지였다. 구스타프 선은 이탈리아를 침공한 연합군의 로마 북상을 막는 방어선이었다. 알베르트 케셀링 원수가 지휘한 독일군은 산악 지형과 유속이 빠른 강을 활용해 연합군을 방어했다. 미군 5군과 영국군 8군은 방어선을 돌파하려고 전력을 다했다. 연합군은 1-3월 동안 독일군 진지를 세 차례 공격했지만 모두 실패했다. 미군은 독일군이 몬테카시노의 수도원에 있다고 오판하고 폭격기를 동원해 수도원을 파괴했다. 독일군은 폐허가 된 수도원을 접수해 강력한 방어 진지로 삼았다. 5월 11일, 연합군이 마지막 공세를 펼쳐 방어선을 돌파했다. 5월 18일, 브와디스와프 안데르스 장군 휘하의 폴란드군이 몬테카시노산 정상에 깃발을 꽂았다. 6월 5일, 로마가 연합군에 함락되었다. 독일군은 탈출해 1945년 4월까지 이탈리아 북부에서 연합군의 진격을 막았다.

수에즈 전쟁
1956년 10월 29일-11월 7일

1956년에 이스라엘, 영국, 프랑스 동맹의 이집트 공격은 군사적으로는 성공이었으나 정치적으로 유럽 식민주의의 종말을 앞당긴 재앙이었다. 전쟁은 이집트 지도자 가말 압델 나세르가 영불 합작 기업 소유의 수에즈 운하(국제 무역에 중요한 인공 수로) 국유화 결정을 내리면서 촉발되었다. 공격적 성향의 아랍 민족주의자 나세르는 프랑스와 영국뿐 아니라 이스라엘의 이익에도 위협이 되었다. 이스라엘이 이집트의 시나이반도를 침공하면 영국과 프랑스가 수에즈 운하 방어를 핑계로 군사적 개입을 한다는 계획이 수립되었다. 숨은 목표는 나세르 정권의 전복이었다.

10월 29일에 공격을 개시한 이스라엘군은 놀라운 속도로 시나이반도를 가로질러 진격했다. 11월 5일, 영불 연합군은 먼저 공중 폭격을 한 뒤 수에즈 운하 지역에 공수부대를 투입해 전략 거점을 점령해 갔다. 이튿날 대규모 병력의 일부는 전차와 함께 상륙정을 타고 해안에 상륙하고 다른 일부는 헬리콥터로 상륙했다. 상륙 작전에 헬리콥터가 사용된 최초의 사례였다. 이집트는 이에 대응해 수로에 배를 침몰시켜 운하 사용을 막았고, 수에즈 운하의 선박 통행이 5개월간 차단되었다.

작전의 주요 목표는 신속하게 달성되었지만, 이 공격은 영국을 비롯한 여러 나라에서 거센 비판을 받았다. 게다가 사전에 아무런 이야기도 듣지 못했던 미국이 외교적·금융적 압력을 가해 3국은 이틀 만에 군사 작전을 중단해야 했다. 굴욕을 당한 영국과 프랑스는 군대를 철수했고, 나세르는 아랍 세계의 강력한 영웅으로 부상했다.

△ 이집트가 수에즈 운하를 차단하기 위해 고의로 침몰시킨 화물선이 늘어서 있다.

용어 해설

갈레아스선 15-18세기 지중해에서 전쟁할 때 사용한 중무장 대형 전투 갤리선. 노잡이 50-200명이 노를 저었다.

강선 총열 안쪽의 나선형 홈. 발사되는 총알에 회전을 가해 정확도를 높이기 위해 만들어졌다.

개틀링 기관총 손잡이를 돌리면 중심축 주위에 달린 여러 개의 총열이 회전하면서 빠른 속도로 총알이 발사되는 수동식 기관총. 미국 남북 전쟁 기간인 1861-1862년에 리처드 조던 개틀링이 발명했다.

갤리엇선 네덜란드나 플랑드르의 상인들이 쓰던 좁고 흘수가 낮은 갤리선. 메인 마스트와 미즌 마스트가 달려 있고 노를 젓는 경우가 많다. 17-19세기 사이에 사용되었으며, 바르바리 해적들이 선호했던 지중해식 반 갤리선에서 발전했다. 프랑스 해군의 갈리옷선(galiote)은 갤리엇선의 이종이다.

게릴라 정해진 목표물을 기습하거나 매복 공격하는 방법으로 기존 군대와 전투를 벌이는 비정규군. 1807-1814년 이베리아반도 전쟁 시기에 프랑스군을 이베리아반도에서 몰아낸 스페인-포르투갈의 게리예로, 즉 파르티잔에 처음 사용된 말이다.

겨자 가스 피부, 눈, 호흡기에 심한 화상을 일으키는 화학 작용제로 '설퍼 머스터드'가 정확한 명칭이다. 독일군은 제1차 세계대전 시기인 1917년에 겨자 가스를 무기로 도입해 발사체에 넣어 적 참호에 발사했다.

교두보 강을 건너는 병력을 엄호하기 위해 방어선을 구축하는 교량이나 도하 지점의 전략 거점.

군단(corps) 둘 이상의 사단으로 구성된 군대 편제. 나폴레옹이 각 군단에 독자적 작전 수행 능력을 갖추게 해서 혼자 싸울 수도 있고 다른 군단과 합세해 싸울 수도 있게 한다는 개념으로 군단 편제를 고안한 것으로 알려져 있다. 이런 구조 덕분에 군대의 유연성과 기동성이 높아졌다.

그랑다르메 전통적인 프랑스의 중기병 부대. 18세기 후반에 프랑스 왕족과 관리를 보호하고, 시민 소요가 일어나면 법과 질서를 유지하는 헌병대가 되었다.

급강하 폭격기 목표물을 향해 급강하하다가 낮은 고도에 도달하면 적재한 폭탄을 투하한 뒤 수평 비행으로 바꿔 빠져나가는 군용기. 이렇게 하면 적중률이 높아진다. 이런 전술은 스페인 내전과 제2차 세계대전에서 사용되었다.

기습 무장 세력이 피해를 입히거나 특정한 전략적 목적을 달성하기 위해 어떤 장소를 신속하게 공격하는 행위. 그 장소를 점령하는 개념까지는 포함하지 않는다.

남부 연합 노예제도가 합법인 새로운 국가를 수립하겠다는 목표로 1860-1861년 사이에 미국에서 떨어져 나온 남부 11개 주의 연합. 아메리카 연합국이라고도 한다.

노트 시속 1해리(1.852km)의 속도. 17세기에 선원들이 고물에서 일정한 간격으로 매듭(knot)을 묶은 밧줄을 바다에 떨어뜨려 배의 속도를 측정한 데서 유래한다.

능보(bastion) 요새 외벽에서 밖으로 돌출된 방벽. 화살촉 모양의 돌출보는 흉벽 바로 아래의 사각지대를 없애고, 침입자를 향해 총이나 활을 쏘는 병사들을 보호할 수 있도록 설계되었다.

다이묘 10세기부터 19세기 중반까지 쇼군 아래서 일본 대부분을 통치했던 봉건 영주. 이들은 사무라이를 고용해 자신의 이익을 보호하고 권력을 유지했다.

대포 보병 화기의 사정거리를 넘어서는 대구경 무기. 포좌에 거치해서 쏘는 대포, 곡사포, 미사일 발사대 등이 있다. 대포(artillery)는 야포병, 해안포병, 대전차 포병 등과 같이 이 무기를 사용하는 병사 또는 부대를 지칭하기도 한다.

돌각보(fleche) 적을 막기 위해 요새 외부에 덧붙인 화살 모양의 방어용 구축물. 흉벽이 설치되어 있어 사격하는 병사를 보호한다.

드레드노트/슈퍼 드레드노트 1906년의 영국 해군의 혁신적인 증기 추진선 드레드노트호의 이름에서 유래한 같은 급의 전함(206-207쪽 참조). 최대 함포 14문을 탑재했는데, 이전의 전함보다 두 배 이상 많은 숫자다. 다음 세대인 슈퍼 드레드노트급 전함은 1914년부터 단계적으로 도입되어 제2차 세계대전이 발발하기 전까지 여러 나라의 기함으로 운용되었다.

드론 UAV(무인기)로도 불리는 원격 공중 정찰 장비. 자동화되어 있거나 원격으로 조종된다. 드론은 제1차 세계대전 중에 개발되어 베트남 전쟁에서 정찰, 레이더 교란, 전단 살포 등의 용도로 많이 쓰였다.

레가투스 현대의 장군에 해당하는 로마 제국군의 고위 장교. 레가투스는 병사 약 5천 명으로 구성된 로마군에서 가장 큰 부대 레기오(군단)를 지휘했다.

막대기 탄(bar shot) 쇠로 된 구체 두 개를 막대기로 연결해 만든, 아령 모양의 대포알 또는 발사체. 양 끝에 무게가 실려 있어 발사하면 회전하면서 날아가기 때문에 범선의 돛대를 절단하거나 돛과 삭구를 찢는 데 매우 효과적이다.

매치록(화승식) 최초의 휴대용 화기 발사 메커니즘. 레버나 방아쇠를 당기면 불붙은 화승이 화약 접시에 닿으면서 총신 내부의 화약을 점화시켜 총알을 발사한다.

맨해튼 프로젝트 1942-1945년에 진행된 미국 원자폭탄 개발 프로그램의 암호명. 이 프로젝트는 로스앨러모스, 뉴멕시코, 오크리지, 테네시, 워싱턴주 핸퍼드 등 여러 지역에 분산되어 진행되었다.

머스킷 머스킷 탄이나 미니에탄을 쏘는 총신이 긴 전장식·견착식 화기. 16세기에 스페인에서 처음 만들어진 머스킷은 시간이 지나면서 매치록 방식에서 플린트록, 퍼커션 캡 방식으로 진화했다. 머스킷은 19세기 후반에 후장식 소총으로 대체되었다.

목책(palisade) 나무 말뚝이나 쇠말뚝 또는 통나무를 이용해 구축한 방어벽. 말뚝 울타리라고도 하는 목책은 고대 그리스, 고대 로마, 식민지 이전의 아메리카에서 사용된 기록이 있다.

미니에탄 1849년경에 클로드 에티엔 미니에가 발명한 강선식 머스킷용 총알. 총구에 떨어뜨리는 방식으로 빠르고 쉽게 장전할 수 있고, 발사하면 총알이 팽창해 강선에 꼭 맞물리기 때문에 정확도가 높아졌다.

박격포 포신, 포판, 포 다리로 이루어진 경량의 휴대용 전장식 무기. 45도 이상의 고각으로 간접 사격하는 것만 가능하다.

보루 영구 요새 외곽에 구축한 임시 요새 또는 영구 요새에 종속된 위성 방어시설. 측면 방어벽이 없는 기본적인 토루부터 크고 튼튼하게 지은 건물에 이르기까지 종류가 다양하다.

보조군 군을 지원하는 인력. 고대 로마의 보조군은 비로마시민으로서 보통 25년을 복무하면 시민권이 주어졌다.

북부 연방 남북 전쟁(1861-1865년) 기간 미국 연방 정부를 구성한 북부의 20개 주.

브리간틴 돛대가 두 개 달린 16세기의 범선. 앞에는 가로돛, 뒤에는 세로돛을 단다. 이름은 지중해에서 해적(브리건드)이 몰던 쌍돛대 범선에서 유래했다.

블리츠크리그 독일어로 '전격전'이라는 뜻의 제2차 세계대전 군사 전술. 1939년에 독일이 폴란드를 침공할 때 사용했다. 급강하 폭격기와 자주포의 지원을 받는 대규모 전차 대형이 좁은 전선을 돌파하는 전술이다.

비행단(air wing) 여러 비행대대로 구성된 군사 항공의 지휘 단위. 1912년에 영국 왕립 항공대가 육군 항공단과 해군 항공단으로 분리된 것이 그 시초다.

사단(division) 독립 부대로 전투를 벌이는 연대나 여단 여러 개를 묶어 구성한 군대 편제. 사단은 보통 병력 1만 명에서 2만 명으로 편성된다.

사리사 마케도니아 병사들이 팔랑크스 대형을 짤 때 방패와 함께 들고 있던 최대 7m 길이의 파이크. 기원전 4세기에 마케도니아의 필리포스 2세가 도입했고, 알렉산드로스 대왕의 보병도 사용했다.

사석포(射石砲) 15세기 후반에 나온 중세 대포. 주로 공성전을 할 때 성벽을 부수기 위해 사용했다. 화약을 이용해 모르타르 탄이나 화강암 탄을 쏘는 이 철제 대포는 당대의 슈퍼 대포로 발전했다. 그 예로 1586년 러시아의 차르 대포, 1464년 오스만 제국의 다르다넬스 대포를 들 수 있다.

성형 요새 16세기에 이탈리아에서 시작된 것으로 포탄의 충격을 바로 받지 않기 위해 성벽을 각지게 구축한 요새. 포탄은 성벽에 직각으로 맞을 때 가장 큰 피해를 주기 때문이다.

세포이 인도 무굴 제국 황제 휘하의 전문직 무장 군인. 나중에는 1800년대에 영국군이나 유럽군에 복무하던 인도인 병사를 지칭하는 용어로 사용되었다.

수비대 요새, 섬, 마을 등과 같은 전략적 장소를 지키기 위해 배치된 병력.

수평 폭격기 제1차 세계대전과 제2차 세계대전에서 사용된 공습용 항공기. 수평 비행 자세를 유지하며 목표물 상공에서 폭탄을 떨어뜨렸다. 폭격조준기가 개발되면서 수평 폭격기의 폭격 정확도가 높아졌다.

순양전함 전함과 같은 무장을 갖추고 있지만 전함보다 가볍고 빠른 대형 군함. 최초의 순양전함은 1908년에 영국 해군이 취역시킨 인빈서블급 함선 3척이다.

슈보시 '말을 타다'라는 뜻의 프랑스어에서 유래한 말로, 무장한 병사가 말을 타고 적의 영토로 쳐들어가 재산을 파괴하고 약탈하는 중세의 전쟁 전술. 민간인도 표적이 될 때가 많았다.

신성 로마 제국 800년에 카롤루스 1세에서 시작해 1806년에 나폴레옹에 의해 해체될 때까지 프랑크족과 게르만족이 통치하던 서유럽과 중부 유럽의 강역.

아르케부스 총병 장총의 일종인 아르케부스와 검으로 무장한 유럽의 기병. 아르케부스 총병은 17세기에 30년 전쟁과 잉글랜드 내전에서 전술적 역할을 한 것으로 알려져 있다.

아르콘(archon) 고대 그리스 도시 국가의 최고위 관리로, 통치자를 뜻하는 그리스어. 도시국가마다 각 분야를 담당하는 여러 아르콘이 있었다. 아르콘 폴레마르코스는 군대를 지휘하는 사령관이다.

야금술 금속의 물리적·화학적 특성, 광석에서 금속을 추출하는 방법, 금속을 섞어 합금을 만드는 방법 등을 다루는 과학적 연구 혹은 기술.

여단(brigade) 일반적으로 3-6개 대대와 정찰대, 포병대, 공병대, 보급대, 수송대 등의 지원 부대로 구성되는 군대 편제.

연대(regiment) 군복, 휘장 등 다른 부대와 뚜렷이 구분되는 정체성을 가진 영구적인 군대 편제. 보통 대령이 지휘한다.

예니체리 14세기 후반부터 19세기 초반까지 있었던 오스만 제국 군대의 전문직 정예 보병. 예니체리는 최초의 근대 상비군으로 여겨진다. 전투에 참여하지 않을 때도 계속해서 막사에서 지내며 전쟁에 대비했다.

오나게르 비틀림에 의해 발생하는 힘을 이용해 돌을 발사하는 고대 로마에서 사용하던 투석기. 이름은 야생 나귀(오나게르)를 뜻하는 로마어에서 유래했는데, 돌을 발사하면 투석기의 뒷부분이 튀어 올랐기 때문이다.

용기병 말을 타고 이동하다가 말에서 내려 싸움을 벌이던 기마 보병. 용기병은 16세기에 유럽에서 시작되어 정식 편제로 자

리 잡았다. 이름은 이들이 사용하던 짧은 머스킷에서 유래했다.

전열함 17세기와 18세기의 가장 큰 군함. 3층 갑판에 포 100문 이상을 탑재했다. 전투가 벌어지면 전열을 형성해 적 함선에 현측 일제 포격을 가했다.

전위(vanguard) 주력 부대의 공격에 앞서 위험을 탐지하고 적의 동태를 파악하는 선봉 부대. 중세에는 아방가르드(avant-guard)라고 불렸다.

전함 대구경 함포와 두꺼운 장갑으로 무장한 가장 크고 무거운 군함. 전함은 20세기 초반에 해군 함대에서 가장 중요한 함선이었다.

정전(ceasefire) 군사적 적대 행위의 일시적 또는 부분적 중지. 전사자 수습이나 평화 회담 등을 목적으로 한다.

제6차 대프랑스 동맹 나폴레옹을 상대로 한 제6차 대프랑스 동맹 전쟁(1813-1814년)에서 승리한 동맹국. 영국, 러시아, 스웨덴, 스페인, 프로이센, 포르투갈, 오스트리아로 구성된 동맹이다.

척탄병 수류탄을 뜻하는 프랑스어에서 유래한 말로, 전투 시에 수류탄을 휴대하고 던지는 데 특화된 병사. 17세기 중반부터는 대대 내에 척탄병으로 구성된 정예 중대를 편성했다.

체펠린 1900년대 초에 운항을 시작한 민간 비행선. 힌덴부르크 참사와 제1차 세계대전 기간의 런던 폭격으로 유명하다. 단단한 강철 뼈대 위에 방수막을 씌운 체펠린은 부력을 얻기 위해 수소를 사용했다. 독일군은 제1차 세계대전 당시 체펠린을 전쟁에 투입했다.

총독(satrap) 경제를 통합하고(특히 세금 징수) 법과 질서를 감독하던 페르시아의 지방관. 판사 역할도 맡고 있었다. '태수'라고 번역하기도 한다.

측면(날개, 익) 전투 중인 부대의 왼쪽이나 오른쪽 옆구리. 적의 공격에 취약한 지점으로, 고대부터 군사 전술가들이 약점으로 이용했다.

카빈총 소총과 같은 모양의 총열이 짧고 가벼운 총. 길이는 보통 51cm 미만이다. 원래 기병이 쓰던 총이었지만 이후 가스 작동식 반자동 총으로 발전했다.

캐니스터탄 금속 실린더에 쇠구슬을 채워 넣은 포탄. 발사하면 캐니스터가 터지면서

산탄총 같은 효과를 낸다. 18, 19세기에 널리 사용되던 캐니스터탄은 오늘날에도 쓰이고 있다.

퀴라시에(흉갑기병) 퀴라스(흉갑. 몸통을 보호하기 위해 고안된 금속제 갑옷)를 착용하고 군도와 권총을 휴대한 기병. 18세기에 이름을 떨치기 시작해 나폴레옹 군대에서 중요한 역할을 했다.

템플 기사단 예루살렘과 성지의 기독교 순례자들을 무슬림의 공격으로부터 보호하기 위해 1119년경에 프랑스 기사들이 설립한 군사적 가톨릭 수도회.

튜턴 기사단 12세기에 예루살렘 인근에서 자원봉사자와 용병이 창설한 야전 병원이 모체인 독일의 군사적 수도회. 검은색 십자가가 그려진 하얀 튜닉(가운 같은 웃옷)을 입었다.

팔랑크스 창, 파이크, 사리사 등을 든 중무장 보병으로 구성된 직사각형의 밀집 군사 대형. 고대 수메르와 그리스에서 시작된 팔랑크스는 적군을 공격하고 위협하는 데 효율적이었다.

평화 조약 체결 요청 전투에서 지고 있는 쪽의 군대가 우세한 쪽에 전면 공세를 멈춰달라고 간청하는 행위. 더 나은 조약 체결 조건을 얻고 손실을 줄이기 위한 목적이다.

프리깃함 18세기 후반에 속도와 기동성 위주로 개발된 횡범식(가로돛을 단) 군함. 20세기에 영국 해군은 소형 호위함의 함급에 프리깃이라는 이름을 붙였다. 이후 대공 방어 무기를 완전히 갖춘 함선까지 포함하는 개념이 되었다.

플린트록(수석식) 부싯돌(플린트)를 쇠에 부딪혀 일으킨 불꽃으로 총신 내부의 화약에 불을 붙여 총을 발사하는 화기 작동 메커니즘.

피어드 7세기에 시작된 앵글로색슨 부족군. 지역 민병대로 병력은 징집된 자유민으로 충원됐다. 이들은 왕이나 지방 통치자가 소집하면 의무적으로 입대해 전투에 참여해야 했다.

허스칼 중세 바이킹 왕과 앵글로색슨 왕의 전문직 정예 근위병. 허스칼은 1015년 덴마크의 잉글랜드 정복전에서 크누트 휘하의 침략군을 구성한 부대였고, 1066년 헤이스팅스 전투(58-59쪽 참조)에서는 해럴드 군의 핵심 부대였다.

헤타이로이 마케도니아 왕 필리포스 2세가 창설한 정예 기병대. 귀족 출신으로 이루

어진 최상급 부대였다. 기원전 331년 필리포스 2세의 아들 알렉산드로스 대왕이 페르시아군을 상대로 승리를 거둘 때 헤타이로이가 핵심 역할을 했다.

현측 대포(또는 현측 일제 포격) 군함 양쪽 뱃전에 설치된 포열. 16세기부터 19세기 중반까지 군함의 일반적인 모습이었다. 이 용어는 현측 대포를 일제 사격하는 행위(현측 일제 포격)를 뜻하기도 한다.

화공선 가연성 물질을 가득 채운 뒤 불을 붙여 적 함대로 몰고 가거나 떠내려가게 만든 배. 적 함대를 공포에 빠뜨려 대형을 깰 목적으로 이용한다.

화창 창끝에 화약을 채운 관을 부착한 중국의 무기. 12세기부터 전투에서 사용되었다.

후위 주력 부대의 맨 뒤에 배치된 부대. 일반적으로 후퇴할 때 주력 부대를 엄호하는 역할을 한다.

휠록(치륜식) 플린트록보다 앞선 16세기의 화기 작동 메커니즘. 바퀴(휠)가 돌면서 황철석과 마찰을 일으키고 그때 발생한 불꽃이 화약을 점화한다.

휴전(armistice) 전쟁 당사국이 군사 작전을 중단한다는 뜻을 표명한 공식 협정. 역사적으로는 휴전 협정을 체결했어도 여전히 전쟁 상태일 수 있다고 보았지만, 현대 국제법에서는 휴전을 전쟁 종결로 본다.

T자 전법 군함 전열이 적 군함 전열과 직각을 이루면서 지나가는 해전 전술. 19세기 후반부터 20세기 중반까지 유행했다. T자를 이루며 지나가는 전열은 적 군함을 향해 현측 대포를 모두 쏠 수 있지만 적은 전방 함포만 쏠 수 있다. 이 전법은 1905년 쓰시마 해전(205쪽 참조)에서 보는 바와 같이 큰 효과를 거둘 때가 많았다.

U보트 제1차 세계대전에서 처음 사용된 독일 잠수함. 다른 나라 잠수함보다 성능이 훨씬 뛰어났던 운터제보트('잠수함'이라는 뜻의 독일어)는 침몰시키기 어렵기로 유명했다.

찾아보기

굵은 글씨체로 표시된 쪽수에는
표제어가 핵심어로 실려 있다.

감사의 말

DK 출판사는 이 책이 나오기까지 도움을 주신 다음 분들에게 감사의 말씀을 전합니다. 추가로 자문해 주신 필립 파커, 용어 해설에 도움을 주신 알렉산드라 블랙, 디자인에 도움을 주신 제시카 타폴카이, 찾아보기 작업에 도움을 주신 헬렌 피터, 교정 작업을 해 주신 조이 에바트에게 모두 감사드립니다. DK India는 편집에 도움을 주신 아르피타 다스굽타, 안키타 굽타, 소날리 진달, 데방가나 오즈하, 카니카 프라하라즈, 아누룹 산왈리아, 디자인에 도움을 주신 산자이 카우한, 미날 고엘, 노비나 차크라보티, 지도 제작에 도움을 주신 아슈토쉬 란잔 바르티, 라제시 크히버, 자파울이슬람 칸, 아니메시 파트학, 모드 지샨, 표지 디자인에 도움을 주신 프리얀카 샤르마, 살로니 싱에게 감사의 말씀을 전합니다.

DK 출판사는 사진을 복제할 수 있도록 기꺼이 허락해 주신 모든 분들에게 감사드립니다.

(참고 사항: a-위쪽, b-아래쪽 또는 맨 아래, c-중간, f-맨 끝, l-왼쪽, r-오른쪽, t-맨 위)

2 Dorling Kindersley: © The Trustees of the British Museum / Nick Nicholls. **4 Alamy Stock Photo:** Peter Horree (t). **4-5 Getty Images:** DEA / G. DAGLI ORTI (b). **5 Alamy Stock Photo:** Fine Art Images / Heritage Images (tl); Prisma Archivo (tr). **6 Alamy Stock Photo:** GL Archive (t). **6-7 Getty Images:** Popperfoto / Rolls Press (b). **7 Getty Images:** Corbis Historical / Hulton Deutsch (t). **8-9 Getty Images:** Archive Photos / Buyenlarge. **10-11 Alamy Stock Photo:** Peter Horree. **12 Alamy Stock Photo:** The Picture Art Collection (c). **Dorling Kindersley:** University of Pennsylvania Museum of Archaeology and Anthropology / Angela Coppola (tl). **13 Alamy Stock Photo:** Adam Eastland (cr); FALKENSTEINFOTO (tl). **14 Alamy Stock Photo:** Album (tl). **15 Dorling Kindersley:** University of Pennsylvania Museum of Archaeology and Anthropology / Gary Ombler (tr). **16 Getty Images:** Hulton Archive / Print Collector (cla); Science & Society Picture Library (bl). **16-17 Getty Images:** DEA / A. JEMOLO. **19 Alamy Stock Photo:** World History Archive (tr). **20 Alamy Stock Photo:** Panagiotis Karapanagiotis (bc). **Bridgeman Images:** (bl). **23 Alamy Stock Photo:** Cola Images (tc). **24 Alamy Stock Photo:** Artokoloro (c); Chronicle (bl). **24-25 Getty Images:** DE AGOSTINI PICTURE LIBRARY. **26 Alamy Stock Photo:** adam eastland (cr). **27 Alamy Stock Photo:** INTERFOTO / Fine Arts (crb). **29 Alamy Stock Photo:** Cultural Archive (tl). **30-31 Getty Images:** DEA / G. Dagli Orti. **31 Alamy Stock Photo:** Erin Babnik (bc); Science History Images (cr). **32 Getty Images:** DEA / A. DAGLI ORTI (cla). **33 Alamy Stock Photo:** The Granger Collection (cr). **35 Alamy Stock Photo:** Heritage Image Partnership Ltd (br). **36-37 Alamy Stock Photo:** Prisma Archiv (all images). **38-39 Getty Images:** Universal Images Group / Independent Picture Service. **39 Dreamstime.com:** Chris Hill / Ca2hil (cra). **Getty Images:** DEA / ICAS94 (br). **41 Bridgeman Images:** (tr). **43 Getty Images:** Corbis Historical / John Stevenson (br). **44-45 Getty Images:** LightRocket / Wolfgang Kaehler. **44 Dorling Kindersley:** Durham University Oriental Museum / Gary Ombler (cl). **Getty Images:** S3studio (bc). **46 Alamy Stock Photo:** Album (cr). **49 Alamy Stock Photo:** Ancient Art and Architecture (br). **50 Bridgeman Images:** Tallandier (tr). **52 akg-images:** Erich Lessing (c, br). **53 Alamy Stock Photo:** Niday Picture Library (br); www.BibleLandPictures.com / Zev rad (c). **54-55 Alamy Stock Photo:** Fine Art Images / Heritage Images. **56 Bridgeman Images:** (cl). **57 Bridgeman Images:** Pictures from History / Woodbury & Page (cr). **Dorling Kindersley:** Wallace Collection, London / Geoff Dann (tr). **59 Alamy Stock Photo:** Forget Patrick (br). **60-61 Alamy Stock Photo:** Vintage Book Collection. **60 Dorling Kindersley:** Gary Ombler (cla). **Getty Images:** Bridgeman Art Library / Hulton Fine Art Collection (bl). **62 akg-images:** Erich Lessing (bc). **Alamy Stock Photo:** Science History Images (tr). **64 Alamy Stock Photo:** Album (tl). **66 Bridgeman Images:** (br). **Getty Images:** DEA / A. DAGLI ORTI (bl). **68 Bridgeman Images:** (cr). **71 Alamy Stock Photo:** Album (tr). **72 Alamy Stock Photo:** Granger Historical Picture Archive (bl). **Dorling Kindersley:** Gary Ombler / © The Board of Trustees of the Armouries (cl). **72-73 Alamy Stock Photo:** World History Archive. **75 Alamy Stock Photo:** The Picture Art Collection (ca). **76 Alamy Stock Photo:** Heritage Images / Fine Art Images (cr). **78 Alamy Stock Photo:** World History Archive (tl). **Dorling Kindersley:** University Museum of Archaeology and Anthropology, Cambridge / Ranald MacKechnie (c). **78-79 Alamy Stock Photo:** Werner Forman Archive / Gulistan Library, Teheran / Heritage Images. **80 Getty Images:** Hulton Archive / Heritage Images (cl). **83 Alamy Stock**

Archive. **187 Bridgeman Images:** Troiani, Don (b.1949) / American (br). **188-189 akg-images:** Anonymous Person (all map images). **190 Dorling Kindersley:** Fort Nelson / Gary Ombler (bl). **191 Alamy Stock Photo:** Chronicle (tr). **192 Barry Lawrence Ruderman Antique Maps Inc:** (all map images). **194 Alamy Stock Photo:** Balfore Archive Images (all map images). **195 Alamy Stock Photo:** Historic Collection (all map images). **196-197 Getty Images:** DEA PICTURE LIBRARY. **196 Alamy Stock Photo:** Lordprice Collection (bc). **Dorling Kindersley:** Peter Chadwick / Courtesy of the Royal Artillery Historical Trust (cla). **198 Getty Images:** Hulton Fine Art Collection / Print Collector (cra); UniversalImagesGroup (bl). **199 Alamy Stock Photo:** Niday Picture Library (cr); Ken Welsh (bl). **200-201 Getty Images:** Corbis Historical / Hulton Deutsch. **202 Getty Images:** Hulton Archive / Fototeca Storica Nazionale. (cr). **203 Alamy Stock Photo:** Everett Collection Inc (tl); PA Images / Dan Chung, The Guardian, MOD Pool (cr). **204 Bridgeman Images:** Look and Lear (crb). **206 Alamy Stock Photo:** The Reading Room (cl); The Keasbury-Gordon Photograph Archive (bl). **206-207 Alamy Stock Photo:** Scherl / Süddeutsche Zeitung Photo. **208 Alamy Stock Photo:** Pictorial Press Ltd (bc). **209 Alamy Stock Photo:** Scherl / Süddeutsche Zeitung Photo (tr). **210 Alamy Stock Photo:** Photo12 / Archives Snark (bl). **213 Getty Images:** Fotosearch (tr). **214 Alamy Stock Photo:** World History Archive (bc). **215 Alamy Stock Photo:** Lebrecht Music & Arts (bc). **216-217 Getty Images:** Mirrorpix. **216 Dorling Kindersley:** By kind permission of The Trustees of the Imperial War Museum, London / Gary Ombler (c, cr). **Getty Images:** Imperial War Museums (bl). **219 Alamy Stock Photo:** Chronicl (bl). **220-221 Mary Evans Picture Library:** The National Archives, London. England. **223 Getty Images:** ullstein bild Dtl. (tr). **224 123RF. com:** Serhii Kamshylin. **225 Alamy Stock Photo:** Historic Collection (cra). **226-227 Alamy Stock Photo:** Chronicle. **227 Dorling Kindersley:** Gary Ombler / Flugausstellung (cr). **Getty Images:** Popperfoto (br). **229 Alamy Stock Photo:** World History Archive (tc). **230 www.mediadrumworld.com:** Royston Leonard (bc). **231 Alamy Stock Photo:** Vintage_Spac (tc). **232 Getty Images:** Bettmann (bc). **233 www.mediadrumworld.com:** Paul Reynolds (tr). **234-235 Getty Images:** ullstein bild Dtl. **234 Alamy Stock Photo:** Photo12 / Collection Bernard Crochet (bl); Pictorial Press Ltd (c). **236 Alamy Stock Photo:** Andrew Fare (clb). **237 Getty Images:** Universal History Archive (bc). **238-239 Battle Archives:** (all maps). **240-241 Getty Images:** Corbis Historical. **241 Alamy Stock Photo:** PJF Military Collection (br); Vernon Lewis Gallery / Stocktrek Images (cr). **242 Alamy Stock Photo:** Historic Images (bl). **243 akg-images:** Fototeca Gilardi (tr). **245 Getty Images:** Hulton Archive / Laski Diffusion (tc); Universal Images Group / Sovfoto (br). **246-247 Getty Images:** Universal Images Group / Sovfoto. **246 Alamy Stock Photo:** Scherl / Süddeutsche Zeitung Photo (cl). **Dorling Kindersley:** The Tank Museum, Bovington / Gary Ombler (bl). **249 Getty Images:** Hulton Archive / Galerie Bilderwelt (tr). **250-251 Getty Images:** Corbis Historical (all map images). **252 akg-images:** (cr). **254 Alamy Stock Photo:** GL Archive (cl). **Getty Images:** The Image Bank / Michael Dunning (bc). **254-255 Alamy Stock Photo:** Science History Images. **257 Alamy Stock Photo:** Keystone Pres (bl). **258-259 Alamy Stock Photo:** World History Archive. **258 Bridgeman Images:** Pictures from History (cl). **Getty Images:** Hulton Archive / Keystone (bl). **260 Alamy Stock Photo:** Photo12 / Ann Ronan Picture Library (bl). **262 Getty Images:** The LIFE Picture Collection / Larry Burrows (tr). **265 Getty Images:** Popperfoto / Bride Lane Librar (br). **266-267 Dominic Winter Auctioneers Ltd**. **268-269 Getty Images:** The LIFE Images Collection / Mai. **269 Getty Images:** Corbis Historical (cr); The LIFE Picture Collection / Greg Mathieson (br). **270 Alamy Stock Photo:** PA Images / Chris Ison (br). **272 Alamy Stock Photo:** ClassicStock / Nawrock (br); INTERFOTO (cla). **273 Getty Images:** Corbis Historical / Hulton Deutsc (br); Universal History Archive (clb)

면지 이미지
앞쪽: **Getty Images:** DEA / G. DAGLI ORTI
뒤쪽: **Getty Images:** Universal Images Group

더 자세한 정보는 다음에서 확인하세요.
www.dkimages.com